ResA. K.K.

RESA.
LEBENS(VER)LAUF EINES UNSICHTBAREN SCHMETTERLINGS

ResA. erzählt die Geschichte
ihres Lebens nach der
wahren Begebenheit

novum pro

Dieses Buch ist auch als
e-book
erhältlich.

www.novumverlag.com

Bibliografische Information
der Deutschen Nationalbibliothek:

Die Deutsche Nationalbibliothek
verzeichnet diese Publikation in
der Deutschen Nationalbibliografie.
Detaillierte bibliografische Daten
sind im Internet über
http://www.d-nb.de abrufbar.

Gedruckt in der Europäischen Union
auf umweltfreundlichem, chlor- und
säurefrei gebleichtem Papier.

© 2024 novum Verlag

ISBN 978-3-99146-723-6
Lektorat: Elena Iby
Umschlagfotos: Libux77,
Igoriss | Dreamstime.com; ResA. K.K.
Umschlaggestaltung, Layout & Satz:
novum Verlag
Innenabbildung:
Tartilastock | Dreamstime.com

www.novumverlag.com

Druckprodukt mit finanziellem
Klimabeitrag
ClimatePartner.com/16547-2311-1001

Worum es geht

Zu mir sagte mal jemand, dass alle Geschichten und Erzählungen ein Happyend haben müssen. Daraufhin regte sich Skepsis in mir, denn von dieser Aussage war ich überrascht. Ungläubig schüttelte ich meinen Kopf. Nein, nicht nur, dass das Leben wenige glückliche Episoden schreibt, mir ist Literatur bekannt, welche ebenso ohne diesen Traum auskommt.

RESA. K. K., eine der Unzähligen unter diesem Himmel, sinnt ihrem Leben nach. Sie ist mit Mo verheiratet, mit dem sie zwei Töchter hat, Charlotte und Henriette. Ich, Resa, habe mit meinem Leben gebrochen, dennoch wollte ich nie die Spuren meines Lebens vergessen lassen. In zahlreichen handgeschriebenen Tagebüchern habe ich mein aufwirbelndes Leben festgehalten. Lange Zeit, ohne zu wissen, zu welchem Zweck und für wen überhaupt. In den letzten beiden Jahren entwickelte sich in mir eine immer stärker werdende Idee, alles in einem Buch zusammenzufassen.

Du hältst mein mehr oder weniger gelebtes Leben in deinen Händen. Neugierig geworden? Dann lies mich! Du hast ja schon ein bisschen damit begonnen.

Ich verspreche, es wird nicht langweilig, jedoch mitunter brisant, spannungsgeladen und emotional aufreibend.

Alle Handlungen und Personen in diesem Buch sind frei erfunden.

TRIGGER-Warnung an meine Leser

<u>Was ist triggern?</u>

Medizinisch und psychologisch versteht man darunter <u>Auslöser</u> von Empfindungen, Affekte oder von Erkrankungen. Ich, RESA. K. K., weise dich, lieber Leser, bereits jetzt darauf hin, dass dieses Buch Abschnitte, Gedankengut und Textstellen enthält, die triggern könnten.

Folgende Auslöser, sogenannte Trigger, könnten unbeabsichtigt auftauchen oder verschlimmert werden:

* Ängste
* Depression
* Suizidgedanken
* Trauer

Nur wenn ihr als Leser emotional mit diesen Themen umgehen könnt, <u>nur dann,</u> ist vom Lesen nicht abzuraten.

1. Zyklus

Unsichtbarer Schmetterling
In meinem Alter von fünf bis neunzehn

Das Versteck

Sie rennen hin und her. Sie rufen mich: „Resa! Resa! Verflucht, wo bist du? Resa!" Finden mich nicht! Dabei bin ich nur unsichtbar! Bin mittendrin im täglichen Treiben. Doch ich will nicht dabei sein. Will weg! Will mich auflösen!

Nun wird alles noch lauter. Das Geplärre kracht in meinen Kopf.

Ich habe mich ganz klein gemacht hinter der Tür. Halte mir die Ohren zu. Meine Augen sind groß wie Teller und die Angst greift nach mir. Sie lässt mich zittern und mir ist heiß!

Es kommt ganz langsam. Ein Schatten schiebt sich vor den Türspalt.

Ich hocke im Flur zwischen unserem Kühlschrank und der Kinderzimmertür. Mache mich ganz klein. Da ist nur ganz wenig Platz. Aber er reicht für mich. So leise und langsam wie ich kann versuche ich zu atmen. Doch es gelingt mir nicht mehr.

Mit einem starken Ruck wird die Tür plötzlich von mir weggerissen. Der Luftstrom lässt meine Haare fliegen und ich bin wieder sichtbar.

Meine kurzen Arme verschränkten sich blitzschnell und augenblicklich über meinem kleinen Kopf.

Mit tosendem Lärm und einer Wortexplosion vom Vater, dröhnt und peitscht es auf mich ein. Es spritzt aus seinem Mund, als er brüllt: „Ah, da steckst du! Du stinkend faules Stück ... Du drückst dich? Willst nicht! Überlässt den anderen die Arbeit! Das wirst du bereuen! Du trocknest ab! So oder so! Und ohne Widerrede! Schere dich in die Küche! Und zur Strafe kehrst und saugst du ganz gründlich überall! Verschwinde! Bevor ich mich vergesse!"

Mein Versteck, mein Versuch zu entkommen, alles hoffnungslos gescheitert.

Tränen laufen mir über das Gesicht, aber keiner nimmt Anteil daran. Schauen weg. Trauen sich nicht. Haben auch Angst.

 9

Meine vier älteren Geschwister haben ihren Teil der Hausarbeit erledigt und verlassen den Schauplatz. Bringen sich aus der Gefahrenzone. Können mir nicht helfen. Dürfen nicht. Die Eltern sind im Wohnzimmer auf der Couch, wollen ihre Mittagsruhe halten und dulden keine Störung mehr.

Tränenerstickt, mit zugeschnürtem Hals und laut klopfendem Herzen schließe ich von innen ganz leise die Küchentür, um kein Geräusch nach draußen dringen zu lassen. Auf leisen Sohlen und möglichst ohne Krach zu verursachen, versuche ich nun doch, meine Aufgaben zu erfüllen – was für meine fünf Jahre eine echt große Herausforderung ist. Immerhin sind wir eine siebenköpfige Familie. Da fällt eine Menge Geschirr und Schmutz an.

Oh, wie soll ich diesen Berg nur schaffen? Teller, Töpfe, Brettchen, Tassen, Besteck und noch Unmengen von Küchenkram. Alles aufgetürmt und ineinander verschachtelt. Es ist wie bei Mikado.

Ich muss aufpassen, an welchem Teil ich ziehe.

Hole mir den roten, etwas kippligen Hocker heran. Reiche nicht hoch zum Abwaschtisch. Bin einfach zu klein. Klettere rauf, ziehe vorsichtig und Stück für Stück die Teile aus dem aufgeschütteten Berg.

Trockne ein Teil nach dem anderen ab und klettere immer wieder runter. Verschiebe ganz leise den Hocker, um an die Schränke und Schubladen zu kommen, um alles aufzuräumen. Ein ständiges Auf und Ab. Und nach einer Weile schwindet meine Kraft.

Doch Aufgeben ist nicht denkbar, da käme der nächste Ärger. Die Angst davor ist zu mächtig.

So kämpfte ich mich durch das Geschirr, welches Jilaiya und Seth abgewaschen hatten. Es war ein fast unbezwingbarer Berg, durch den ich mich nun arbeitete.

Immerzu liefen mir die Tränen. Und ich tadelte mich, kein besseres Versteck gefunden zu haben.

Seth, mein mittlerer Bruder. Er ist ein Blondschopf und der Sonnenschein in der Familie. Meistens ist er voll lustig drauf. Immerzu hat er irgendwelchen Quatsch im Kopf. Richtig ernst sein kann er nicht. Zumindest bringt er uns ab und an zum Lachen.

Und da ist noch Jilaiya. Meine ältere Schwester. Sie ist ein echtes lockiges, dunkelhaariges Biest mit kohlrabenschwarzen Augen und das ganze Gegenteil zu Seth. Im Nullkommanichts schafft sie es, auszuflippen, und es hageln Beleidigungen, auf wen auch immer. Ja, ganz wie der Vater. Nur um sie dreht sich das ganze Universum. Sie ist der Boss!

Irgendwann am Nachmittag hatte ich dann den Berg geschafft. Doch so einiges konnte ich nicht wegräumen. Kam einfach nicht hoch genug zum Schrank. So ließ ich es stehen. Was sollte ich auch machen?

In der Zwischenzeit waren meine Eltern schon wieder wach und tranken nun Kaffee. Er duftete durch die ganze Wohnung. Doch für mich ging es weiter. Ich bekam nichts zum Kaffee, was nicht schlimm war. Wir Kinder waren ja immer draußen um diese Zeit und da gab es nie irgendetwas zu essen oder trinken am Nachmittag.

So begann ich mit dem kehren.

Meine Augen brannten zwar noch vom vielen Weinen. Doch so langsam legte es sich und die Erschöpfung fiel über mich her. Ich hatte keine Kraft und keine Tränen mehr.

Ich nahm mir den Besen und kehrte Raum für Raum. Danach den Staubsauger und zog durch Flur und Wohnzimmer.

Das Saugrohr mit dem kleinen Polstersaugfuß war auf mich eingestellt. Der große Saugfuß war mir zu schwer und ich habe es nicht geschafft, damit zu saugen.

Es war ohnehin meine Arbeit, welche ich immer zu erledigen hatte. Und es war nicht schlimm. Irgendwann fing ich sogar an, darüber zu grinsen. Strafe? Ha! Dafür habe ich bestimmt morgen nicht so viel. Und so konnte ich mich sogar darüber freuen.

Die Stadt

Warum musste ich das nun alles machen?

Es war schon schwer, nicht mehr so spielen zu können wie früher. Da hatten wir einen großen Hof und wir durften fast im ganzen Dorf spielen. Hatten einen ganz großen Sportplatz. Einen kleinen, schönen Garten. Und Spielkameraden, die immer da waren.

Seit der großen Veränderung, als wir von unserem Zuhause weggegangen sind und nun ganz woanders wohnten, ist nichts mehr, wie es war.

Alles ist fremd und chaotisch. Die Vertrautheit, die Ordnung eingetauscht gegen Enge, Unsicherheit und Schrecken.

Gräulich grün mit schwarzen Balken steht das Haus an einer Straßenecke in der Stadt, in der wir nun wohnten. Ein riesiges Haus. Mit zwei Eingängen. Vorne, von der Straße aus mit einer schönen ausladenden Treppe und doppelter brauner Eingangstür. Hinten im Hof ein unscheinbarer, graugrüner, eiförmiger Eingang, der für uns bestimmt war.

Es ist ein Bürohaus im alten Baustil mit nur einer Wohnung. Der Geruch des Hauses war neu. Er war schwer und muffig. Es lag am Papier und an der Chemie, die zum Drucken verwendet wurde. Einzigartig und unvergesslich.

Wir mussten viele Stufen ganz nach oben laufen. Da war dann wieder eine große doppeltverglaste Tür mit bunten Blumenornamenten und dahinter ein mächtiger, fensterloser Flur mit vielen Büroschränken an den Wänden. Sie waren echt unheimlich, wie sie so dastanden. Eine Menge dunkler Ecken, die viele verschiedene Schatten warfen.

Und da war noch unsere große Wohnungstür, auch mit zwei Türen rechts und links. Wir hatten nun eine Küche gleich links, ein Wohnzimmer rechts gegenüber, daneben ein Kinderzimmer und wieder links die Schlafstube unserer Eltern.

Alle Türen waren sehr hoch, sehr alt und dunkel angestrichen.

 12

Die Toilette befand sich draußen, ganz hinten links den langen, breiten Flur entlang. Wir mussten an allen gruseligen Schränken vorbei, um zu ihr zu gelangen.

Nachts hatte ich immer wahnsinnige Angst, da hin zu gehen. Wenn man dann die Tür geöffnet hatte, war es wieder ein langer aber enger Gang zum WC. Dahinter gab es ein langgezogenes Fenster.

Zum Baden ging es in das Waschhaus unten im Keller. Hier war alles irre groß. Rechts war viel Platz. Und Mutti wusch dort immer unsere Wäsche in einer Art Riesenschüssel. Auf der anderen Seite, da standen ein riesiger Kessel für das Badewasser und eine gigantisch große Badewanne. In der Wanne hatten wir vier Kinder gleichzeitig Platz. Und zwar so viel, dass noch vier weitere Kinder reingepasst hätten. Von der rechten Seite bis zum anderen Ende konnten wir fast schwimmen und wir durchtauchten ständig die Badewanne. Rechts rein, links raus. Und immerzu. Ein herrlicher Spielplatz! Jeden Sonntag.

Baden

Einmal, wir waren wieder zu viert, Seth, Jilaiya, Bill und ich, wir tobten ausgelassen herum. Konnten spritzen und matschen, ohne vorsichtig zu sein.

Wir wuschen uns nach dem Spiel und der Ankündigung, dass der Spaß gleich vorbei sei, die Haare. Meine Brüder Seth und Bill reichten mir die Haarwäsche. Ich machte sie auf meinen Kopf, schrubbte und wunderte mich, weil es beim Waschen nicht schäumte. Und da prusteten sie los und lachten und lachten. Ich verstand nicht, warum, und versuchte die Haarwäsche noch einmal – was die zwei zu einem totalen Lachflash trieb. Mit lachenden Tränen in den Augen und scheinbar schlechtem Gewissen sagte Bill, dass Seth in die Flasche gepieselt und sie mir dann zum Waschen gegeben habe. Sie fanden es irre witzig. Für mich war es schrecklich eklig und ich schrubbte und schrubbte meinen Kopf immer wieder, bis ich endlich das Gefühl hatte, dass ich davon wieder befreit bin und es nicht mehr stinkt.

Doch ich war trotzdem belustigt über diesen Streich von Seth und nicht böse darüber. Auch ich musste eine Zeit lang lachen. Ich nahm es Seth und Bill nicht übel.

Maxims Zimmer

Für Maxim war ein Zimmer auf dem Dachboden eingerichtet worden. Er wohnte da ganz allein. Huh, ich fürchtete mich oft, zu ihm zu gehen. Doch es hielt mich nicht davon ab. Ich liebte Maxim. Er war für mich der engste von meinen Geschwistern. Wir waren viel zusammen gewesen.

Wenn ich zu ihm wollte, musste ich oben im Flur durch die doppelte Tür zur Treppe. Da war rechts die Tür zu den Bodenkammern. Aber erst noch eine schrecklich steile Holztreppe rauf. Und das Licht war nicht viel. Fast so viel wie von einer Kerze. Das war echt gruselig mit den Schatten, die das Licht warf.

Oben dann, es war eine simple Dachbodenkammer, die zu einem Zimmer umgebaut war. Und viel war auch nicht drin. Sein Bett und ein ganz schmaler Schrank für seine Sachen. Ach ja, es gab einen Stuhl und einen winzigen Tisch.

Die Wände in seinem Zimmer waren dunkel und ohne Farbe oder Tapete. Nur voll schäbig.

Rechts neben seiner Zimmertür war unsere Kammer vom Dachboden mit allem möglichen Krempel, den wir nicht mehr in unser Zimmer bekamen. Und es waren auch viele Sachen dabei, die früher in unserem Wohnzimmer standen und nun keinen Zweck mehr erfüllten.

 14

Maxim, zehn Jahre älter als ich, ist mein ältester Bruder. Er war schon richtig groß, als wir dahingezogen waren.

Doch leider war er nun oft nicht mehr da. Als ich in der ersten Klasse war, ging er fort.

Ich fragte oft nach ihm. Verstand aber nicht, warum er nicht mehr heimkam. Es bemühte sich keiner zu erklären, dass er mit der Schule fertig war und nun arbeiten musste. Sie taten es einfach ab, dass er nicht mehr da war. „Maxim ist groß. Es ist nun mal so.", kam es auf Fragen nach ihm von mir zurück. Aber eine Bekümmerung oder Sorge um ihn war nicht spürbar. Eher gegenteilig. Vater schien oftmals richtig erleichtert zu sein, sich nicht mehr um ihn kümmern zu müssen.

Irgendwie gehörte er nicht mehr dazu. Nur mir schien er schmerzhaft zu fehlen, sonst keinem. Ich fühlte mich eine Zeit lang ganz allein, auch wenn wir so eine große Familie waren.

Der Hof

Der Hof, etwas eingerückt und abgewandt von der Straße, war mit Steinplatten ausgelegt und mit Wasserablaufrinnen versehen. Riesig war er nicht. Und auch kein Vergleich zu unserem Spielplatz vom Dorf, aus welchem wir kamen. Aber er reichte und er war sauber, offen und nicht umbaut. Wir durften ihn ja auch verlassen und durch die Straßen in der näheren Umgebung ziehen. Da war es nicht all zu schlimm.

Es gab eine Überdachung für Fahrräder und einen Garten, den wir wenig nutzten, aber in Ordnung hielten. Wir schienen nicht die einzigen Nutzer des Gartens zu sein.

Nebenan war eine Firma. Ich weiß nicht mehr, was für eine. Ist auch egal. Sie war einfach nur nebenan.

Erste Lektion

Noch ausgelassen vom Spiel mit meinem siebenjährigen Bruder Bill draußen im Hof, kommen wir heim. Schon im Hausflur donnern Schreie, zudem Schimpf und Schande in unsere Ohren. Wir halten kurz inne und lauschen. Benommen von der elektrischen Spannung in der Luft schließt Bill ängstlich die Wohnungstür auf. Es wird nicht ruhiger. Im Gegenteil. Der Lärm kommt aus unserem Wohnzimmer. Die Stimme gehört dem Vater. Die Schreie Maxim. Er ist ca. vierzehn Jahre alt.

Bill geht schnell in unser Kinderzimmer. Will scheinbar nicht sehen und hören, was im Wohnzimmer passiert. Ich, damals ca. sechs Jahre alt, folge ihm nicht. Die Neugier treibt mich an.

Obwohl mich die Angst vor dem zornigen Gebrüll und den erregten, angreifenden Worten des Vaters fast lähmt und meinen Atem zum Stocken bringt, öffne ich leise und langsam die Tür zum Wohnzimmer. Kaltes Entsetzen schlägt mir entgegen. Kurz stehe ich still und fassungslos in der Tür.

Mein Vater, ein schmaler drahtiger Mann um die fünfunddreißig Jahre, mit dunklem, strubbligem Haar und hellen graublauen Augen, hält einen zur Hälfte gefalteten Ledergürtel mit Eisenverschluss an der Schlinge in seiner Hand und schlägt damit auf Maxim ein. Mich schmerzt vom Zuschauen jeder Schlag. Ich zucke mit jedem Niederprasseln der Gürtelschnalle auf meinen über alles geliebten Maxim zusammen. Die Szene zerfetzt mich. Mein Kopf, mein Bauchgefühl und mein Herz ziehen sich schmerzlich zusammen. Will nicht sehen, was da geschieht. Widerstand regt sich in mir und lässt mich unbedacht handeln. Ich kann das nicht zulassen. Muss Maxim retten – um jeden Preis. Will, dass es aufhört.

Angezogen von der Qual, die Maxim durchströmt, und davon angetrieben, stürze ich zu ihm und bedecke ihn mit meinem winzigen Körper. Die folgenden Schläge prasseln auch auf mich nieder. Ich leide unsagbare Schmerzen. Auch ich schreie mir die Seele aus dem Leib. Doch Maxim ist kurz etwas geschützt und ich habe ihm diese Atempause verschafft.

Plötzlich hält der Vater inne und erst jetzt bemerkt er mich. Er keucht ganz knapp: „Resa! Verschwinde!" Ich konnte und wollte nicht zulassen, dass er Maxim noch einmal schlug. Ich blieb. Doch ich zitterte am ganzen Körper und klammerte mich an Maxim fest. So umhüllte ich nun seinen Körper weiter und schon prasselten die Prügel wieder los. Aber dieses Mal fast nur auf mich. Er wollte mich scheinbar so verjagen. Mit erregter Stimme und spritzendem Speichel donnert der Vater, dass ich ohnehin die Lektion irgendwann lernen müsse.

Nachdem er sich abreagiert hatte, entließ er uns. Bis heute weiß ich nicht, was diesen Ausbruch verursacht hat.

Im Vorschulalter

Zu dieser Zeit besuchte ich noch die Kita. Der Weg dahin war weit und wir liefen ihn jeden Tag. Mutti nahm mich jeden Tag mit, wenn sie zur Arbeit ging.

Sie war Köchin in einer schönen, großen Küche einer Gaststube nahe des Sees. Und genau darüber, über ihrer Küche, im Treppenhaus nur eine Etage hoch, war meine Kita.

Immer roch es nach irgendwelchem Essen. Wir machten ein Ratespiel daraus und lernten, welches Gericht wie riecht.

Wenn wir Kinder an der Küche vorbeikamen, was sehr oft passierte, fragten wir stets ganz neugierig die lieben Frauen, was es denn heute zu essen gibt. Und andauernd kam die gleiche Antwort: „Nacksche Mäuse in Butter gebraten!" Das war lustig für uns und keiner wollte eine richtige Antwort hören. Es war wie ein Ritual. Das durfte nicht zerstört werden. Alle Kinder und Erzieher waren zufrieden damit.

 17

Meine Mutti war immer sehr ruhig und ich quasselte damals immerzu. Vor allem, wenn ich etwas aufgeregt war. Das fand sie immer lustig. Sie war nie genervt, nur ruhig und hörte zu. Aber vielleicht auch nicht, denn sie antwortete nur gelegentlich und erklärte selten etwas.

Oft war sie traurig und hatte viel Kopfschmerzen.

Ihr Gesicht war weich, aber ernst und von leuchtend goldgelben Haaren umspielt, die sie manchmal mit stachligen, bunten Lockenwicklern eindrehte, was ziemlich lustig aussah.

Sie hatte schöne, warme schwarze Augen. Manchmal, nicht sehr oft, konnte sie auch wunderschön lachen.

Ich hatte also, wenn ich in der Kita war, meine Mutti immer bei mir. Manchmal durfte ich zu ihr gehen, wenn sie auch arbeitete. Aber nur im Pausenraum. Die Küche war zu gefährlich, hieß es immer, und wir durften nicht über die Schwelle treten. Das war tabu.

Sie holte mich auch ab und zu von oben ab. Doch meist waren es meine Geschwister, die mich am Nachmittag abholten.

Zur Kita gehörte auch ein schöner Garten, den wir relativ schnell erreichten. Wir waren sehr oft da draußen.

Erst ging es durch einen kleinen Park, auf welchen manchmal Schafe grasten und viele Apfel- und Kirschbäume standen.

Dann war er auch schon erreicht.

Er war von wunderschönen großen Bäumen umgeben und ein hoher brauner Zaun zog sich drumherum.

Im Sommer nahmen wir alle unsere Brottaschen und den Tee – es gab immer Tee – mit raus.

Wir hatten schöne, lange, bunte Tische mit Bänken im Garten. Alle Kinder passten an zwei Tische.

Ein Klettergerüst und zwei Sandkästen sowie einige Roller, Bälle und weitere viele Spielzeuge.

Wilde Tiere

Einmal kam mich Seth abholen. Doch er kam nicht wie sonst durch die Gartentür. Nein, er kam über den hohen Zaun geflogen. Total außer Atem, ängstlich, aber mit lachenden Augen und einem Grinsen im Gesicht erzählte er kurz, dass er vor einem wilden, bösen Schaf geflüchtet sei.

Auf dem Heimweg erzählte er mir dann, dass er das Schaf dolle geärgert habe und da lief es ihm sauer nach und wollte ihn schubsen und beißen. Davor hatte er Angst und ist geflohen. Kurz bevor das Schaf Seth erreicht hatte, konnte er über den Zaun hechten. Die Tür zu öffnen hat er nicht mehr geschafft.

Mit viel Mut

Habe ich schon einmal erwähnt, dass ich ein sehr ängstliches Kind war? Nein? Na, da wisst ihr es jetzt. Doch neben meiner ständigen Angst, welche ich zu dieser Zeit nur im Dunkeln hatte, konnte ich auch unglaublich mutig, beherrscht und kämpferisch sein.

Wir, unsere ganze Familie, fuhr im Hochsommer mal in ein Freibad zum sommerlichen Vergnügen.

Alle außer mir konnten schon schwimmen. Ausgelassen spielten wir Kinder im und außerhalb des Wassers. Wir waren hoch erfreut und außer Rand und Band. Unsere Eltern sonnten sich und lagen auf einer Decke. Nach einer geraumen Zeit bekamen wir Hunger und Durst und gesellten uns zu ihnen.

„Wer traut sich denn in das tiefe Becke zu springen?", kam es vom Vater. Und er setzte noch nach: „Der bekommt fünf Mark für seinen Mut." Das ließ ich mir nicht entgehen. Ich ging unbemerkt an den Beckenrand und rief zu allen rüber: „Vati, guck doch mal!" Und schon sprang ich beherzt in das tiefe Wasser. Was kann denn schon passieren?

Alle waren entsetzt und riefen mir, fast im Chor, zu. „Resa! Nein!" Doch es war schon zu spät.

Ich war im Wasser und tat nichts. Ich bewegte mich nicht. Wartete nur auf das, was folgen würde. Wie eine Salzsäule trieb ich aufrecht im Wasser. Ich ging zu meinem eigenen Erstaunen nicht unter. Meine Haare schwammen, wie eine strahlende Blume, unter der Wasseroberfläche.

Seth holte mich rasch raus. Ihr glaubt nicht, was es für ein Durcheinander und eine Hektik war, die ich damit ausgelöst hatte. Doch ich war auch stolz auf meinen Mut und bekam die versprochene Belohnung.

Später lernte ich ohne Hilfe in einer Therme schwimmen. Auch das erfüllte mich mit Stolz.

Und da ich schon einmal dabei war, Neues zu lernen, und eines Tages Muttis Fahrrad im Hof stand, probierte ich an einem Sonnabendvormittag allein so lange darauf rum, bis ich Radfahren konnte. Auch das habe ich hinbekommen – und auch ohne Hilfe.

Wovon ich träumte

Mich würgt ein Gedanke, der mich schon immer begleitet. Ich wollte schon immer ein Junge sein. Wurde aber als Mädchen geboren. Als weniger wert wie meine Brüder! Seit ich denken und Unterschiede wahrnehmen konnte, spürte und sah ich es.

Ich kopierte oftmals das Verhalten meiner Brüder. Bestaunte sie. Erschuf mir eine Denk- und Spielweise, die eher zu einem Jungen passte. Doch das reichte mir nicht! Es muss doch noch was kommen! Da ist doch sicherlich mehr. Tief in mir spüre ich doch, dass ich kein Mädchen bin. Ich konnte und wollte kein Mädchen sein!

 20

Irgendwann im Vorschulalter habe ich dann meine Mutti gefragt: „Wann werde ich endlich ein Junge?" Eine Antwort blieb aus.

Nur das Lachen klingt heute noch in meinen Ohren. Keine Erklärung. Nichts! Nur Lachen, Lachen, Lachen! Plötzlich lachten alle.

In mir regte sich das gleiche Gefühl wie geschlagen worden zu sein. Es schmerzte mich, und keiner sah es. Es war eine Kränkung bis auf die Knochen. Die Enttäuschung, Beschämung und die Wahrheit waren hart.

Es biss und zerrte etwas in meinem Körper, in meiner Brust, meinem Kopf. Wie ein wildes Tier. Ich musste ein Junge werden! Nun spürte ich es ganz deutlich. Ich wollte kein Mädchen sein. Ich wollte weg. Wollte unsichtbar sein.

Hilfe mit Folgen

Ein schöner, sonniger Frühlingstag. Ich bin allein auf dem Weg zur Schule. Erste Klasse. Ein bisschen stolz, und doch noch so klein.

Ich treffe zum Stundenbeginn vor dem Schulgebäude meine Mitschülerin Anja. Sie weint und ist sehr aufgeregt. Ihr Gesicht ist ganz rot, geschwollen und verschmiert.

„Ich habe meinen Schlüssel verloren", schluchzt sie. „Da bekomme ich viel Scherereien zu Hause. Mein Vater wird schimpfen und vielleicht bekomme ich schelten. Kannst du mit mir den Schlüssel suchen?"

Ich bin gleich von dieser Situation gefangen, von ihrem Leid. Weiß, was es bedeutet, Ärger zu bekommen.

„Klar werde ich dir helfen!", ist meine sofortige Antwort. Nein hätte ich nicht sagen können, das verbot mein inneres Gefühl. Ich musste das Leid einfach so gut es ging abwenden. Und ich fühlte mich gut dabei, helfen zu können.

 21

Wir sprechen über den Weg, auf welchem sie zur Schule kam, und dass wir diesen genauso zurückgehen. Da werden wir den Schlüssel bestimmt finden. Also marschieren wir los.

Ein paar Meter weiter treffen wir auf Jörn aus unserer Klasse. Er ist spät dran. Die erste Stunde hat schon begonnen. Anja erzählt auch ihm von ihrem Verlust des Schlüssels. Und ehe wir uns versahen, waren wir zu dritt auf der Suche.

So verging die Zeit. Wir liefen den Weg von Anja zurück. Die Straße entlang, durch den kleinen Park, die nächste Straße, über die große Brücke am See und rechts in die Straße, in der sie wohnte. Nichts. Mist! Also noch einmal.

Und plötzlich traf uns die Erkenntnis: Wir haben die Stunden verpasst. Und nun? Trotzdem in die Schule? Aber wohin dann? Ist noch jemand da? Und der Hort! Können wir da hin, ohne in der Schule gewesen zu sein? Oh, wir trauten uns alle drei nicht mehr zur Schule!

Wir bekamen Angst vor einer Entdeckung durch Erwachsene. Wir mussten uns verstecken. Aber wo?

Jörn hatte die Lösung: In einer schönen, geräumigen Bude einer Hecke. Sein Spielplatz, sein tägliches Versteck. Genau der ideale Platz für uns!

So saßen wir nun die nächsten Stunden in dieser Hecke fest, und es war nicht sehr warm, obwohl die Sonne schien.

Uns machte nun die Zeit ganz große Sorgen. Wir kannten die Uhr noch nicht. Wann ist es so spät am Nachmittag, dass wir zur richtigen Zeit, Hortende, nach Hause können, ohne dass unser Fehlen vom Schultag auffällt?

Ich schlug vor, aufzupassen, wann die Erwachsenen auf der Straße mehr werden und sie alle nach Hause oder einkaufen gehen. Ja, das wäre ein gutes Zeichen!

So kam es, dass wir fast pünktlich nach Hause gingen. Und klar, ohne den verlorenen Schlüssel und mit ziemlich schlechtem Gewissen.

Ach, war ich froh! Ich war nun in unserem Kinderzimmer und keiner hat etwas gemerkt oder gesagt. *[Hui, das ist gutgegangen.]*

Es klingelt an der Tür. *[Besuch? Wer kommt denn jetzt noch? Ist doch schon fast abends.]* Da steht Sylvia, meine dickliche Mitschülerin, vor der Tür und fragt nach mir. Ob ich krank wäre? Sie bringe die Hausaufgaben. Erstaunt hören sich meine Eltern alles von der Kleinen an und danken ihr für die Hilfe. Nun bekam ich es mit der Angst zu tun. Und zurecht! Leise und langsam fiel die Wohnungstür ins Schloss. Augenblicke später wurde auch die Kinderzimmertür geschlossen. Ich hatte mich in meinem Bett versteckt. Bin in die hinterste Ecke gekrochen. Traute mich nicht mehr zu atmen. Ich hörte ganz leise, wie der Vater seinen Gürtel aus der Hose zog. Mir stellten sich alle Härchen auf. Die Gänsehaut bedeckte meinen ganzen Körper. Das große Beben in mir begann und dann folgte Schlag auf Schlag. Die Decke schütze mich etwas vor der Wucht der Schläge. Aber sie blieb nicht lang genug auf mir liegen. Er sagte kein Wort. Schlug nur pausenlos zu. Ich schrie und weinte. Verkroch mich. Ausweglos. Immer und immer wieder zischte, peitschte und brannte es. Ich nahm das Heranfliegen des Gürtels irgendwann nicht mehr wahr. Unablässig und pausenlos flog die Welt um mich herum, die Luft teilte sich und alles wurde für mich aus seinem festen Fundament gerissen. Ich spürte nun nichts mehr und meine Tränen und Schreie starben. Er tötete meinen Schmerz. Nur die Qual der Situation beherrschte mich noch. Nach einer gefühlten Ewigkeit hatte er sich abreagiert und hörte auf. „Zur Strafe gibt es kein Abendessen für dich und die nächsten Wochen hast du Stubenarrest!", donnerte er und sein Speichel spritze dabei aus seinem Mund. Er verließ Sekunden später das Kinderzimmer.

Benommen von der Situation, vor Schmerz und Entsetzen unfähig, mich zu bewegen und vollkommen erschüttert blieb ich im Bett zurück. Nun wusste ich, dass mein Bett keinen Schutz bietet. Die intime Vertrautheit war verflogen, weggeprügelt. Die lähmende Angst des Ausgeliefertseins blieb.

Ich hoffte, dass mich Mutti trösten kommt. Der Funken der Hoffnung starb ganz langsam in der verstreichenden Zeit dahin.

Die Qual des Alleinseins zerriss mich in der folgenden Nacht. Nein, keiner kam zu mir. Nur die Zimmerstille umgab mich. Ich hörte meine Geschwister, wie sie die Küche aufräumten. Und ich hörte den Fernseher im Wohnzimmer dröhnen. Wann meine Geschwister ins Bett gingen, bekam ich nicht mehr mit. Die Anstrengung, die Angst und die vielen Tränen haben mich müde gemacht. Aber ich fragte mich auch, warum er nicht gefragt hat, was an dem Tag geschehen war. Hoffte, dass ich das morgen erklären konnte. Leider nein. Nur kaltes Schweigen am Tag danach. Keine Frage, keine Erklärung, nichts. Episode abgehakt.

Ich finde mich

Ausgelassen tobten wir im Sportunterricht durch die Halle. Alle mit- und durcheinander. Sport war das Schulfach für mich. Hier konnte ich mit meinem Körper spielen. Konnte probieren, was ich kann. Machte die unmöglichsten Sachen. Die Leiter gefiel mir gut. Rauf und dranhängen. Beine hoch. Höher. Da geht noch was! Oh ja, toll, das schaff' ich!

Auf der Matte eine Rolle vorwärts. Ah, es gibt auch eine Rolle rückwärts, ohne umkippen! Ganz kraftvoll in den Stand. Ja, genau mein Ding!

Es war noch in der ersten Klasse. Einige aus unserer Klasse waren aufgefordert, an einem Nachmittag in eine besondere Turnhalle zu kommen. Hier machten wir ein paar Übungen, welche uns vorgegeben wurden. Mir machte der Nachmittag riesigen Spaß. Ich war ganz bei mir. Hörte zu, verstand und turnte, was abverlangt wurde.

Nun kam ein kleiner Wettkampf. Einmal durch die Halle rennen, eine weite Strecke hüpfen, über die umgekippte Bank laufen und darauf ein paar Mal springen, dann mich an der Leiter, der Sprossenwand, hochziehen, und nochmal, und nochmal und noch einmal. Und zum Abschluss an die Kletterstangen. „Na, wer kommt bis hoch?", fragte der Sportlehrer. „Ich!", ist doch klar!

Das war genau der Treibstoff, den ich brauchte, um alles um mich herum zu vergessen. Beim Sport war ich ICH!

Was der Nachmittag war, erfuhren wir einige Tage später. Dies war die Auswahl für ein Gerätesporttraining in Bergenstadt. Ich wurde privilegiert. Ja! Hurra! Und nun? Ich bekam ein Schreiben für meine Eltern mit nach Hause. Darin hieß es, dass ich mehrmals die Woche nach Bergenstadt fahren solle, um zu trainieren. Dies bedeutete für mich eine kleine Freiheit, fast jeden Tag aus meiner Familie abzutauchen, weg aus ihrem Sichtfeld, nicht greifbar und ein klein wenig unsichtbar zu sein.

In der Folge trainierte ich nun fünfmal in der Woche in Bergenstadt Geräteturnen. Später kamen Samstage hinzu. Nach ca. zwei Jahren nahm ich an Wettkämpfen teil. Ich belegte in meiner Altersklasse meist die Plätze Gold und Silber. Ab und zu mal Bronze oder den vierten Platz mit Urkunde. Mit neun Jahren war ich in meinem Landkreis mit an der Spitze der Geräteturner. Auch die Schule zeichnete meine sportlichen Leistungen mehrfach aus. Allerdings interessierten sich meine Eltern nicht einmal für meinen Sport. Anfangs war ich immer sehr traurig, weil immer alle Eltern meiner Sportkammeraden zu den Wettkämpfen kamen und sie anspornten. Keiner war für mich da. Doch nach und nach, nachdem ich die Traurigkeit darüber verloren hatte, fühlte ich mich unabhängig. Es erfüllte mich mit Stolz und dieses Gefühl gehörte nur mir allein.

In den darauffolgenden Jahren lernte ich mit Disziplin und hartem Bestreben, gesteckte Ziele zu erreichen. Immer wieder wurden nach dem Aufwärmen Kraftübungen abverlangt. Ich überschritt, anfangs unbewusst, körperliche Grenzen. Manche Übungen taten richtig weh. An der Sprossenwand zum Beispiel zogen wir unsere Beine gestreckt nach oben und tippten mit den Zehen über den Kopf. Liegestütze machten mir richtig viel Spaß. Oft fingen aber nach dem ca. sechzigsten die Arme an zu zittern, was sehr anstrengend war.

Ich nahm mehrfach an Trainingslagern teil. Durch das Training habe ich unbewusst meinen Körper gestählt. Er wurde knabenhaft. Das gefiel in meiner Familie keinem. Nur mir! Und genau das machte mir Freude. Welches schicke Mädchen trägt schon ein Sixpack auf dem Bauch? Auch der Brustbereich war von Muskeln durchzogen. Die Oberarme passten nicht mehr in Blüschen und Kleidchen. Ich wollte nicht so sein, wie sie mich wollten. Wollte nicht so werden wie sie! Es änderte sich nicht nur mein körperliches Aussehen. Die Haare waren, dank eines Missverständnisses des Frisörs, sowieso schon kurzgeschoren und passten nun genau zu mir. Ich war von Glück überflutet, als ich so viele sichtbare Muskeln bewusst an mir erkannte. Ich arbeitete im Training sehr hart. Leise und unsichtbar provozierte ich mit meinem Aussehen. Der Sport zeichnete mich künftig aus. Darin hatte ich die dringend benötigte Anerkennung und Beachtung gefunden.

Der Hass

Der Buchumschlag ist feuerrot. Ein Rot, welches in meinem Kopf sticht und beißt. Wie gleißendes Feuer liegt es vor mir. Ich spüre die Hitze, die von diesem Buch ausgeht. Ich verabscheue Bücher. Besonders dieses. Und das Rot macht es nicht besser. Meine Hände baden sich schon im Schweiß und in mir beginnt es zu vibrieren, zu zittern. Mit erhabener Stimme verkündet unserer Lehrerin, dass wir zum Vorlesen kommen. Ich hasse es. Kann es nicht. Mein Atem geht nun stoßweise. Hoffe, unsichtbar zu bleiben. Versuche auf der aufgeschlagenen Seite im Buch, den Worten der Vorleser zu folgen. Doch schon nach dem ersten Leser weiß ich nicht mehr, auf welcher Zeile wir sind. Bin raus. Werde unsicher und unruhig. Aufregung mischt sich in mir ein. Finde die Stelle nicht, wo wir sind. Ich möchte um Hilfe schreien. Aber ich kenne die Auswirkungen. Ich spüre schon die pure Ablehnung und das Gefühl, ausgeschlossen zu werden. Nun trifft es mich mit gespitztem Pfeil. Die Lehrerin hat mein Suchen, meine Verzweiflung bemerkt. Schon schwebt mein Name vernebelt und ohne Umrisse im Raum. Wie ein verhängnisvolles Grollen donnert es los: „Resa, lies bitte weiter!" Da war er, der grelle, aufgeladene Blitz. Er trifft mich mit voller Wucht. Wie von einem Lichtschalter eingeschaltet, tauche ich aus meinem inneren Versteck wieder auf. Die ganze Klasse stöhnt auf. „Oh nein, nicht die!" Ich sitze verlegen in meiner Bank. Timm, neben mir, ist nun abgewandt. Rutscht sogar mit seinem Stuhl etwas weiter weg von mir. Er will sich nicht einmischen. Sträubt sich bockig, in meine Richtung zu schauen. Muss ja den anderen weiter gefallen und eine Unterstützung zeugt von Schwäche.

So versuche ich, mit brüchiger Stimme und kaum hörbar, es irgendwo auf einer Zeile und kassiere Spott und Tadel. Mir ist zum Weinen, doch das lasse ich nicht zu. Mein Gesicht beginnt zu brennen und glüht und ich bekämpfe die aufsteigenden Tränen. Die eine Blamage reicht. Entnervt zeigt die Lehrerin auf ein Wort in meinem Buch. Schwitzend, mit Atemnot und mit donnerndem Herzen versuche ich es nun genau mit diesem Wort. Doch ich kann nur die einzelnen Buchstaben. Bringe schon das erste Wort nicht zusammen. Finde die einzelnen Silben nicht. Kann es nicht! Stocher bloß die Buchstaben heraus und das nur mit größter Anstrengung. „L... le... eo... on... n... ni", stottere ich zusammen. Halbherzig und genervt bekomme ich Unterstützung. „Le-o-ni." Ich plappre das Wort nach. Aber finde genau das, die Silben, die ein Wort erst zum Wort machen, auch im gezeigten Wort nicht heraus. So geht es Wort für Wort. Quäle mich über die Seite, den Text und durch die Zeilen. Doch verstanden habe ich nichts. Chaos und Unbehagen breiten sich in meinem Kopf und meiner Brust aus. Nicht nur das Gestöhne macht mich unsicher und traurig. Auch das Lachen und Nachäffen kratzt in mir. Es bleibt mir weiterhin ein Rätsel, wie gelesen wird.

Nach einer gefühlten Ewigkeit und endlos vielen Worten beendet die Lehrerin diese Schmach. Aber nicht ohne den Verweis, dass ich das Lesen jeden Tag üben solle. Wie immer bekomme ich eine Sechs im Lesen. Nun braut sich noch großer Unmut in mir auf. Denn diese steht jetzt nicht nur im Klassenbuch, sondern auch im Hausaufgabenheft und verlangt die elterliche Unterschrift. Ich bekomme, wie so oft, Bauchschmerzen davon und mir wird übel, weil ich weiß, was mich erwartet. Und ich frage mich zu x-ten Mal: Wie soll ich üben, wenn ich nicht weiß, wie es geht? So tauche ich, bis zum Pausenklingeln, wieder in mein inneres Versteck und werde unsichtbar.

Goldstück

Irgendwann bekamen wir einen Goldhamster. Ich weiß nicht, wer von uns. Warum und wofür? Für mich war er keine Freude. Wenn ich ihn anfassen musste, tat ich es meist nur mit zwei Fingern. Er machte viel Dreck und Arbeit. Keiner von uns wollte seinen Stall reinigen. Andauernd verschwand er irgendwo im Kinderzimmer und wir mussten ihn suchen. Er war an den unmöglichsten Orten. Er machte uns viel Ärger. An einen Namen kann ich mich nicht mehr erinnern.

Es war einmal früh vor der Schule. Wir vier Geschwister suchten wieder einmal den Miniklops auf vier Beinen. Er war weg. Tauchte nirgends auf. Und unsere Zeit, um zur Schule zu gehen, war rar. So brachen wir die Suche ab und verlegten sie auf den Nachmittag. Das war uns sehr unangenehm. Alle hatten Scheu vor den Konsequenzen, die es nach sich ziehen könnte. Aber Seth machte noch Witze darüber. So machten wir vier uns fertig und gingen zur Schule. Wir trennten uns und jeder ging seinen Aufgaben nach.

Ich weiß es noch, als wäre es erst gestern gewesen. Ich hatte in der ersten Stunde Mathe. Die Lehrerin war schon da und wir packten alle unsere Schulsachen für die Stunde aus. Ich wun-

 28

derte mich, wie meine Hefte und mein Buch aussahen. Verkrümelt und angeknabbert. Dachte mir aber noch nichts dabei. Der Unterricht begann. Und gleich zu Beginn, ich schaute runter auf meinen orangenen Ranzen, da kletterte das Mistvieh von Hamster doch genau an der Seite, auf die ich schaute, aus dem winzigen Spalte heraus und putzte sich sein Maul. Ich war geschockt. Für ein paar Sekunden hörte mein Herz auf zu schlagen. Wusste kurz nicht, was ich tun sollte. Nachdem ich mich von dem Schreck etwas erholt hatte, meldete ich mich. Aber nun raste mein Herz und mein Atem ging stoßweise. Hatte Angst vor dieser Information und was daraus nun werden sollte. Wollte das Problem aber unbedingt der Lehrerin mitteilen. Doch ich wurde einfach ignoriert. Irgendwann war mir das zu blöd. Mein Arm tat mir schon weh und alle glotzen ständig heimlich zu mir. Da stand ich einfach auf, nahm dieses Vieh und verließ ohne ein Wort, da keiner etwas sagte, den Unterricht. Naja, ich hatte ja noch keinen Schlüssel für zu Hause. So ging ich zum Klassenzimmer, in welchem Seth war. Ich brachte ihm unser Exemplar von Ausreißer. Das gab richtig viel Ärger, war doch klar. Verstanden habe ich es nicht. Wir hatten den Hamster ja nicht absichtlich mitgebracht. Und außerdem war mein Schulzeug nun angefressen, für mich ekelig und einiges war auch ganz kaputt. Ersatz gab es für mich nicht. Und zu allem Überfluss konnten wir uns zu Hause am Nachmittag auch noch eine Pfeife anbrennen. Das war total ungerecht. Es war auch vollkommen egal, dass wir den Hamster vorher zu Hause lange gesucht hatten. Alles wurde uns böse angelastet.

Aber irgendwann war dann dieses Dreckding von Hamstervieh verschwunden.

Erste Taler

Die Sonne schien schön an diesem Tag und der Himmel war himmlisch blau. Bill und ich kamen vom Spiel draußen beim Blumengarten zurück. Es war ein schöner Garten voller bunter Rosen und Sträucher, die in allen Farben blühten. Ein besonderer Duft schwebte in der Luft. Hier tummelten sich fast alle Kinder der Umgebung.

Zu Hause war Besuch eingetroffen. Irgendein Mann, mit dem mein Vater Seega spielte. Er spielte oft Seega und war stets unbesiegbar. Auch dieses Mal.

Die Stimmung war gut und ausgelassen. Der fremde Mann schenkte Bill und mir jedem einen Geldschein. Wir durften ihn behalten und sollten uns etwas Schönes davon kaufen.

Ich war zu dieser Zeit gerade um die sieben Jahre alt. Ich freute mich riesig. Das war ein Geldschein! Also viel Geld für mich. Noch nie hatte ich Geld geschenkt bekommen.

Da alle gut gelaunt waren, baten wir, in den Spielzeugladen gleich vorne um die Ecke gehen zu dürfen. Total aufgelöst vor Freude und Stolz wie Bolle ging ich in den Laden. Bisher hatte ich mir die Spielsachen ja nur vom Schaufenster ansehen können. Aber nun besaß ich viel Geld und wollte mir unbedingt etwas Tolles holen. Ich ging hinein und war wie verzaubert. Noch nie war ich so vielen schönen, tollen, bunten Spielsachen so nahe. Mein Mund blieb bei allem, was ich sah, offen stehen.

Die Verkäuferin sah mich ganz verzückt an. Ließ mich aber eine kleine Weile allein staunen. Als es ihr dann aber scheinbar zu lang dauerte, wollte sie meine Wünsche wissen. Ich zeigte ihr voller Stolz mein Geld. Am liebsten hätte ich dafür alles gekauft, was es da gab. Doch die liebe Frau sagte, dass für das alles mein Geld nicht reiche. Ich könne ja noch ein bisschen sparen und mir dann etwas später das eine oder andere kaufen. Doch ich wusste, dass das mit dem Sparen nie was wird. Das war ja mein erstes und einziges Geld. Wir bekamen nie welches, um uns etwas zu kaufen. Also musste es jetzt sein. Und ich hatte auch Angst, dass ich das Geld doch nicht behalten durfte, wenn ich damit wieder heimkam. So ließ ich mir zeigen, was ich für das Geld alles bekommen würde.

Die Auswahl war ganz klein. Aber es waren auch schöne bunte Luftballons dabei. Und ich entschied mich genau für diese. Es waren zehn Stück. Ich schwebte auf Wolke sieben und war irre glücklich. So ging ich froh und berauscht von meinem Glück nach Hause. Alle wollten gleich wissen, was ich mir denn gekauft hatte. Stolz legte ich die farbigen Luftballons auf den Tisch. Nun sah ich in bestürzte und betretene Gesichter. Seth grinste als Einziger. Bill sah etwas neidisch drein und Jilaiya zog eine gehässige Miene. Meine Mutti fing leise an zu lachen und mein Vater trötete entrüstet und erbost los: „Wie bekloppt bist du eigentlich? Du kannst mit Geld nicht umgehen! Kaufst dir Luftballons! Mensch, die bläst du doch nur auf und zerknallst sie. Da zerplatzt du das ganze Geld! Und weg ist es. Du bist echt zu doof, um mit Geld umzugehen!"

Der Mann, der mir das Geld gegeben hatte, war in der Zeit, bis ich wieder zu Hause war, gegangen.

„Dieser Idiot gibt den Kindern Geld. Nein, wie blöde kann man sein?", sprach der Vater nun über ihn.

Nun hatte ich das Gefühl, einen schweren Stein im Bauch zu haben. Mein Hals fing an zu kratzen und er schnürte sich immer fester zu. Immer wieder schimpfte der Vater an dem Abend auf mich ein. Er sagte alle Worte so abfällig, so herablassend und eindringlich. Er klang wie ein Gespenst in der Nacht, was zu mir spricht. Und immer wieder von vorne; du bist zu doof, du bist total bescheuert, du taugst zu nichts, du kapierst es nicht, du ...! Nun kullerten meine Tränen unaufhaltsam. Ich konnte mich nicht mehr beruhigen. Weinte sogar noch in der Nacht.

Am nächsten Morgen nahm ich die wunderschönen Luftballons, ging in die Küche und habe alle zerschnitten, was nicht unbemerkt blieb. Dann nahm ich sie alle und warf sie in den stinkenden Aschekübel.

So war meine Reaktion immer. Wenn ich mit meinen Sachen, wie gemalten Bildern, Briefen, die ich schrieb, oder Dingen, die ich bekam, verletzt oder ausgelacht wurde, habe ich sie stets zerstört und fortgeschmissen. Ich achtete dabei immer darauf, dass ich dabei gesehen werde. Ich wollte dann das Entsetzen der Person sehen, die mir das angetan hat.

Diese Sache blieb für immer. Sie ist wie festgeschrieben auf meiner Stirn. Zu vielen Gelegenheiten wird sie mir seither unter die Nase gerieben. Ich wäre zu doof, um mit Geld umzugehen.

Federvieh

Ach, Vögel sind so schön. Meine Eltern kauften ein paar Kanarienvögel samt Käfig und Zubehör. An einem Wochenende badete der Vater sie. Dazu fertigte er extra ein leichtes, warmes Spülmittelbad an. Weil Vögel Milben hatten und die sie nur krank machten. Leider überlebte das Bad keiner dieser Tiere. Angeblich hatten sie danach eine Lungenentzündung bekommen. *(Wer's glaubt!)'*

Allerdings hatten wir in den Folgejahren mehrere liebe, erzogene und schöne Vögel. Wellensittiche oder Rotköpfchen. Wir liebten jeden einzelnen und hatten viel Freude mit ihnen.

Bloßgestellt

Meine Lehrerin mochte mich nicht. Ich hasste ihren Deutschunterricht. Und das wusste sie. Oft hackte sie auf mir herum.

Da ich das mit dem Lesen nicht hinbekam, hatte ich auch Probleme, Wörter zu schreiben. Auch hier waren es die Silben, die es mir schwermachten. Aber auch wusste ich oft nicht, mit welchen richtigen Buchstaben ich manche Wörter schreiben musste.

 32

Einmal, es war kurz vor dem Ende der Deutschstunde, wir bekamen Diktate zurück, konnte die Lehrerin es sich nicht verkneifen, wieder einmal etwas zum Besten zu geben. Da hatte sie schon mein Heft in ihrer Hand und las der ganzen Klasse daraus ein Wort von mir vor. Sie hielt sich dabei den Bauch vor Lachen. Ganz langsam und überaus deutlich und bestimmt, weil sie sich nicht versprechen wollte, sprach sie in die Klasse, und zog damit die ganze Aufmerksamkeit theatralisch auf sich. „Resa schreibt statt Mausoleum ... Mäuseleum! Bei dir gibt es da Mäuse zu sehen! Ha, ha, ha!" Nun machten sich alle total lustig darüber und es herrschte eine Zeit lang eine ausgelassene Stimmung im Klassenzimmer. Nur mir war es nicht danach. Spott und Kränkungen schnitten tiefe Wunden in mich hinein. Ich fühlte mich elend. Wäre am liebsten im Erdboden versunken oder wenigstens unsichtbar geworden. Kurz danach klingelte es zur Pause. Aber es wurde nicht besser. Im Gegenteil. Nun wurde dieser Fehler überall breitgetragen. Ich verzog mich auf die Toilette. Wollte nicht mehr gesehen werden.

Erst zum Vorklingeln kam ich heraus und ging mit gesenktem Blick ins Klassenzimmer zurück. Meine Tränen sollte keiner sehen. Ich schaute an diesem Tag keinen mehr an. Ich suchte in mir nach einem Ort, wo ich allein sein konnte. Ich weiß es noch, keiner sprach an diesem Tag nur irgendein Wort mit mir. So war ich allein mit meinem Fehler, meinem Schmerz und der ständigen Demütigung. Hier war es nicht besser als zu Hause.

Ich

Irgendwie wuchs ich aber nicht so schön wie alle anderen. Manchmal kamen mir alle wie Riesen vor. Meine Geschwister und Mitschüler legten im Wuchs ständig zu, ich blieb eher sehr klein, drahtig und dünn. Sticheleien waren zwar meine ständigen Begleiter, aber meist störte es mich nicht. Ich hatte dafür schnell den Dreh raus, unter vielen Menschen unbeachtet verschwinden zu können. Blieb unterm Radar. Fiel nicht auf, war unscheinbar. Dies gefiel mir sehr gut, denn ich konnte so auch, wenn es sein musste, unsichtbar werden.

Mutti meinte oft über mich, ich sei hässlich und frech. Das hatte zwei Seiten: Mal war ich gekränkt darüber, mal lachten wir uns schlapp.

Manchmal hatte aber auch ich das Bedürfnis, beachtet zu werden und im Mittelpunkt zu stehen.

Mir reichte es nicht mehr aus, etwas Kraft zu haben. Da fing ich an, mich bewusst intensiver mit Jungensachen zu kleiden. Mochte Hemd und Hose ohnehin mehr als Kleid, Rock und Blusen. Das war ja überhaupt kein Problem. Wir trugen ja schon immer die Sachen der älteren Geschwister. Und da ich die jüngste von uns Geschwistern war, bekam ich auch die Kleidung meiner Brüder. Ich fühlte mich dadurch echt und wohler. So wurde ich doch, wenn auch nur für mich, zum Jungen, der ich immer schon sein wollte.

Bonbon und Schokolade

An einem etwas trüben, verregneten Tag, wir durften nicht nach draußen, waren Jilaiya, Bill und ich am Nachmittag in unserem Kinderzimmer. Der Vater war noch nicht da und Mutti noch arbeiten. Es war irgendwann unter der Woche, denn in den Büros in unserem Haus waren auch noch alle da.

Mir fiel ein kleines grünes Eimerchen im Zimmer auf. Ich band ein langes Bändchen an diesen und ließ ihn aus dem Zimmerfenster hängen. Plötzlich ruckelte es am Bindfaden und Bill und ich versuchten den Eimer wieder hochzuziehen. Doch das ging nicht. Er steckte irgendwo fest. „Mist! Resa, du musst

 34

schauen, wo er ist. Wenn was passiert! Der Eimer an eine Scheibe knallt. Diese kaputt geht. Oh, das gibt Ärger!", sagte Bill aufgeregt und panisch.

Jilaiya schaute jetzt aufmerksam zu uns herüber, wollte auch schon etwas sagen.

Auf einmal ruckte der Bindfaden wieder und wieder. Ich war irritiert und wie erschrocken zog ich ganz schnell am Bindfaden. Es war schwerer, daran zu ziehen. Komisch! Bill griff nun auch nach dem Faden und half mir dabei. Der Eimer tauchte am Fenster auf und wir kamen aus dem Staunen nicht mehr heraus. Er war proppenvoll. Voll mit Süßigkeiten. Unsere Augen weiteten sich sofort und unser Herzen machten unglaubliche Luftsprünge vor Freude. Wow, so viel schöne Sachen. Wir riefen aus dem noch offenen Fenster ganz laut ein freudiges „Danke!" im Chor. In weniger als zwei, drei Minuten hatten wir drei dann schon ganz viel davon vernascht. Aber es war noch etwas übrig und wir teilten es auf. Auch Seth bekam später, als er heimkam, etwas ab. Jeder von uns versteckte seinen Anteil. So ein Glück hatten wir nicht oft und wir wollten es nicht verlieren.

Brennende Flieger

Immer, wenn wir von der Schule oder vom Hort heimkamen, hatten wir unsere Aufgaben im Haushalt zu erfüllen. Jeder wusste, was zu erledigen war. Der Abwasch, aufräumen, kehren und was sonst noch sauber gemacht werden sollte. Doch meist erfüllten wir diese häuslichen Pflichten nicht gleich. Wir ließen uns Zeit. Spielten und machten oft verrückte Sachen.

Einmal, es war Sommer, da haben meine Brüder vom Fenster aus brennende Papierflugzeuge in den Hof fliegen lassen. Oh, war das aufregend und sah echt cool aus, wie sie so dahinflogen und immer mehr verbrannten! Wir bastelten wie irre einen Flieger nach dem anderen. Es machte Spaß und war total spannend. Die schönsten Farben brachten diese Flammen hervor. Und es Qualmte so schön bei manchem Segler. Irre schön. Allerdings gab es da den einen blöden Flieger, der ausgerechnet auf dem kleinen Teerdach von der Firma nebenan landete. Doch ging das Feuer nicht aus wie bei den anderen Fliegern. Uns stellten sich die Nackenhaare auf und eine Gänsehaut breitete sich aus. Unsere Augen weiteten sich so groß wie Ufos. Schon waren kleine andere Flammen, die nicht so hübsch bunt und vom Papier waren, zu sehen. Sie leckten am Teer und wurden stetig etwas größer. Und breiter wurde es auch. Nur noch Flammen und der Teer waren da. Vom Flieger war nichts mehr zu sehen. Den hatten die kleinen Flammen schon längst gefressen. Das Züngeln breitete sich zusehends aus. Es bildete sich ein blauer Feuerkreis, der aussah wie eine Welle in der Brandung, um die Stelle, wo der Flieger mal war. In der Mitte wurde es erst grün, dann gelb und schließlich rot. Schwarzer Rauch stieg nun auf. Aber nicht viel.

Dann auf einmal rannte Seth los. Hinunter und hinüber. Kletterte am Zaun von unserer Hofseite hoch zum Dach. Zog seinen Schuh aus und schlug auf das Feuer ein. Er bekam das schon leicht brennende Dach gelöscht. Puh, das ging noch einmal gut. War ja nichts passiert, dachten wir uns. Schweiß und schwarzer Ruß war auf Seths Gesicht. Auch ich schwitzte. Wir standen nun alle im Hof, Seth, Jilaiya, Bill und ich, und sahen uns erleichtert an. Seth war noch immer atemlos und stand unter Spannung. Augenblicke später brach es aus ihm heraus und er lachte laut los. Nach einem irritierten Moment lachten wir auch mit. Für uns war es ziemlich witzig, was da passiert war. Die Situation entspannte sich rasch.

Doch nun baute sich Jilaiya vor uns auf. Stemmte ihre Arme in die Hüften, holte tief Luft und entlud eine Unmenge an Beschimpfungen, die auf Seth und Bill niederregneten. Nachdem sie sich nun Luft gemacht hatte, erinnerte sie uns an unsere Pflichten.

Wir räumten die verbrannten Papierreste im Hof auf. Etwas bedrückt und mit gestutzten Flügeln gingen wir alle hoch. Erledigten nun auch unsere Hausarbeiten. Und wir schauten oft zum Fenster Richtung Straße raus, um nicht das Kommen der Eltern zu verpassen. Bis dahin musste ja alles erledigt sein. Jilaiya kündigte sie dann mit dem vertrauten Ruf „Sie kommen!" an.

Ihre Ankunft war alles andere als gewöhnlich und normal. Sie donnerten gleich los. Sie wussten schon von unserem Spiel und dem brennenden Dach.

Ach, so eine Scheiße! Unser Treiben blieb doch nicht unbemerkt. Die Arbeiter von der Firma nebenan hatten uns schon verpetzt. Mist!

Es gab ein riesiges Donnerwetter, Schläge und Strafen. Das meiste bekam Seth ab, weil Jilaiya ihre Klappe nicht halten konnte.

Spiele

Unsere Spiele wurden immer abenteuerlicher und ausgefallener. Immerhin waren wir sehr einfallsreich in solchen Dingen. Zeitweilig echt verrückt, was wir machten, und manchmal suchten wir auch einfach nur neue aufregende Herausforderungen.

An richtige Spielsachen im Kinderzimmer kann ich mich nicht erinnern. Gab ja keinen Grund, welche zu haben. Nur für draußen gab es mal einen Ball oder Federball. Aber wir zogen doch sowieso meist durch die Gegend, bauten Buden oder spielten mit den Kindern aus der Nachbarschaft. Da machten teure Sachen zum Spielen keinen Sinn. Außerdem gab es einige Gesellschaftsspiele wie Karten oder Brettspiele bei uns. Doch die waren im Wohnzimmer unter Verschluss. Sie wurden hervorgeholt, wenn wir alle, mit den Eltern, zusammen etwas spielten.

Spielidee Dunkelkammer

Die Eltern waren mal wieder nicht da. Einer von uns hatte eine neue Spielidee. Wer genau, weiß ich nicht. Meine Geschwister hatten den riesigen Flur mit Decken abgedunkelt. Es war echt arschfinster im Flur. Orientieren ging nur mit tasten. Nach einer kurzen Zeit wussten wir, welche Tür und welcher Schrank sich wie anfühlte. Die Stellen der Lichtschalter waren uns ja vertraut. Immer, wenn wir uns im Dunkeln gegenseitig berührten, war es wie eine elektrische Entladung. Und wir wussten nicht, wen wir berührt hatten. Die Spannung in dieser Finsternis war so stark fühlbar. Die Luft war mit elektronischen Teilchen aufgeladen. Diesen Reiz, der wie Blitze daherkam, konnten wir greifen, und erschreckten uns damit gegenseitig. Ein waschechtes Gruselkabinett. Ein Geisterflur.

Manchmal spielten wir so verstecken. Es gab ja genug Verstecke und Schränke an den Wänden. Da konnten wir obendrauf, uns an die Seiten quetschen oder drunter kriechen. Auch dahinter, wenn ein Schrank verschoben werden konnte. Mitunter waren Spinnweben in diesen Verstecken, was ganz schön abscheulich und eklig war. Überall klebten da die dünnen Fäden an einem, und ich habe nie gewusst, ob eine dieser Spinnenexemplare an mir herumkroch. Schon das war echt gruselig. Die Vorstellung, wo das Tier sein könnte, war der totale Horror. Jedes Mal schüttelte es mich nach so einer Begegnung. Ich strich dann immer hastig über meine Arme, Beine und überall an mir lang, um einer Überraschung durch so ein Tierchen zu entgehen. Es kam ein Ekel vor den Spinnen auf. Aber dieser legte sich schnell und wurde von der Angst, ein Gejagter zu sein, abgelöst. Ich legte mich manchmal nur flach auf den Boden. Und meist in die Mitte, weil da kaum jemand lang kam.

Das machte Spaß und wir konnten ausgelassen bei jedem Wetter spielen. Störte ja am Wochenende oder nach Feierabend keinen. Wir waren die einzigen Bewohner in diesem riesigen Gebäude.

Verrückte Spielchen

Doch der Blödsinn blieb auch nicht aus. Wir waren nun mal erfinderische Kinder ohne interessante Spielsachen. Da musste ab und zu mal improvisiert werden. Wer sich das ausdachte, weiß ich auch nicht.

Es wurden Wurfgeschosse gebastelt. Erst nur zwei, drei. Zum Probieren. Nach der ersten Testung wurden es mehr. Sie wurden gerecht unter uns aufgeteilt und wir bewarfen uns gegenseitig damit. Allerdings bestanden diese Geschosse aus großen Ledernadeln, die mit einem Stück Kartoffel etwas hinter der Spitze und einem längeren, aber nicht zu langem Wollfaden zum Steuern des Fluges versehen waren. Das waren richtig gute Pfeile. Und sie blieben wunderbar auf ihrem Ziel stecken. Doch die Ziele waren wir selbst.

So im dunklen Raum zu hocken, war extrem spannend, und auf jedes Geräusch zu achten, das ging nur, wenn wir unseren eigenen Atem nicht hörten, was sehr schwierig war.

Aus dem Nichts tauchte ein Zischen auf, „Fschhht", und schon steckte irgendwo in mir ein Pfeil. „Autsch! Mist!" Ich wurde voll in die linke Wade getroffen. Ah, es tut ganz schön weh! Doch am besten machte ich kein weiteres Geräusch. Und weinen war nicht gestattet. Nur ganz kurz laut jammern, um den Treffer anzuzeigen. Das war geduldet und gewollt. Dann aber schnell weg vom Versteck und ein neues Schlupfloch aufsuchen, sonst landet der nächste Pfeil in mir. Ich hörte Bill kurz auflachen.

Wir jagten uns so im Dunkeln durch den riesigen Flur. Hörten die Treffer. Aber auch, wenn das vermeintliche Ziel verfehlt wurde.

Die Hochspannung des gefährlichen Spiels beherrschte die folgenden Minuten und das Adrenalin schoss durch unsere Körper. Ab und zu durchflutete uns der Schmerz. Doch diesen ignorierten wir. Das Jagdfieber brach jedes Mal aus und wir waren wie berauscht.

In der Dunkelheit mussten wir uns nun zurechtfinden. Wir lernten leise zu atmen, auch wenn wir atemlos und vollkommen aufgewühlt waren. Machten keinen Laut, wenn wir unsere Position wechseln mussten. Alles extrem leise. Es war irre. Oft spielten wir es zu unsere aller Leid nicht. Nur meist, wenn die Eltern nicht da waren. Uns machte es schließlich Spaß. Auch wenn es mitunter ziemlich schmerzhaft war.

Enttäuschtes Gold in neuer Umgebung

An einem Sonnabend im Frühjahr.

Ich war bei einem Wettkampf in einer größeren Turnhalle als die unseres Sportvereins, jedoch in dem Ort, in dem ich wohnte. Hier kämpften wir in der Kinderliga in verschiedenen Altersklassen um gute Plätze. Unsere Sportgruppe des Sportkreises von Bergenstadt trat gegen die Turnliga des benachbarten Kreises an.

Wir hatten ausgiebig und hart für diesen Wettkampf trainiert. Das war mein erster größerer Wettkampf außerhalb von Bergenstadt. Mit Eifer und Freude zeigte ich, was ich beherrschte und gelernt hatte. Die Übungen durchzuführen und akkurat zu präsentieren machte mich stolz. Mein Trainer war immer für jeden da, wenn es an die Geräte ging. Er spornte uns alle an und lobte, wenn wir unser Können gut dargeboten hatten. Unerlässlich mit enorm viel Ausdauer gaben wir uns irre Mühe und strengten uns bei allem unwahrscheinlich an.

Erfreulicherweise schnitt ich mit mehreren Medaillen ab. Auf dem Stufenbarren belegte ich den ersten Platz und wurde mit der Goldmedaille ausgezeichnet. Das Bockspringen brachte mir eine Silbermedaille ein. Ich war stolz wie Bolle. So ging ich siegreich heim.

Daheim angekommen wurde ich von Jilaiya schon im Hof erwartet. Allerdings ging es nicht mehr hoch in die vertraute Wohnung. An diesem Tag waren wir umgezogen und wir gingen gemeinsam zur neuen Wohnung. Stolz berichtete mir Jilaiya unterwegs, dass wir zwei uns nun zusammen ein Zimmer teilen werden. Es herrschte ein heilloses Durcheinander als wir ankamen. Damit war mein Hochgefühl, welches ich vom Wettkampf und meinen Siegen hatte, verflogen. Keiner nahm Notiz davon.

Unser ganzer Kram war noch in Kisten, Körben, Taschen und Koffern verstaut. Die Möbel wurden noch nach oben in die vorgesehenen Zimmer gebracht. Dann wurde auch schon alles wieder ausgepackt und eingeräumt.

Diese Wohnung war viel größer. Immerhin gab es nun auch zwei Kinderzimmer. Eines für Seth und Bill mit einem Ofen. Eines für Jilaiya und mich ohne Ofen.

Unser Blick aus dem Kinderzimmer war wunderschön und unbezahlbar. Wir schauten auf den See – das Wahrzeichen dieser Stadt. Die Wohnstube war auch riesig und die Küche hatte einen Balkon. Allerdings befand sich die Toilette jetzt im Treppenhaus. Aber nicht mehr mit Wasserspülung. Es war nur noch eine große braune Holzkiste mit einem großen, runden Loch, dazu ein schwerer, runder Deckel. Und es stank. Wasser stand nun im Eimer daneben. Nachts war es nun noch gruseliger aufs stille Örtchen zu gehen.

Auch gab es kein Waschhaus mehr. Demnach fehlte auch die Badewanne. Diese war nun eine transportable zum Aufstellen in der Küche, ohne Anschluss zum Wasser oder Abwasser und viel, viel kleiner.

Stadtrand

Oh Mann! Schon wieder eine totale Veränderung. Für uns war es zunächst weg vom Dorf, dann rein in die Stadt in diese Gruselwohnung, und schließlich in ein graues, altes Mehrfamilienhaus, an dem der Putz nur so abbröckelte, aber mit Blick auf den See. Raus aus der Innenstadt an den Rand, mit viel Grün um uns herum.

Wir hatten zudem wieder einen schönen Garten direkt im Hof, um den wir uns kümmern konnten, sowie einen schönen, großen Wäscheplatz, den wir auch als Spielwiese nutzen durften. In diesem Garten wuchsen viele schöne bunte Blumen. Auch haben wir einen Kirschbaum gepflanzt. Und das Beste dieser grünen Oase: Es gab purpurrote Salamander.

In dem Haus waren elf belegte Wohnungen. Erstmals gab es nun Nachbarn, die Tür an Tür mit uns wohnten. Wir Kinder lebten uns hier gut ein und fanden auch schnell Anschluss und Freunde, mit denen wir spielen und nun unsere neue Umgebung unsicher machen konnten.

Kräftemessen

Ich tauchte nun tiefer in meinen Sport ein. Das war das, was ich wollte und konnte. Hier fühlte ich mich wohl und sicher.

Bei den anderen Mädchen unserer Sportgruppe war ich gut angesehen und es dauerte nicht lang, da entwickelte ich mich in unserem Team zum Vorbild an den Geräten.

Beim Bock- oder Pferdspringen schob ich das Sprungbrett superweit weg, damit eine längere Flugphase entstand, in welcher ich mich ganz elegant recht weit nach vorne strecken konnte. Dafür erhielt ich gute Punkte im Wettstreit.

Meinen Aufschwung, beispielsweise am Stufenbarren, vollzog ich extrem langsam. Dies brachte meine Muskeln so richtig in eine ansehnliche Form und außergewöhnlich zum Ausdruck. Schließlich punktete ich bei jedem Wettkampf damit.

Mit zwei weiteren Mädchen meiner Altersklasse verstand ich mich prima. Wir achteten einander sehr, da wir fast die gleichen

Leistungen vollbrachten. Trotz der geforderten Disziplinen und den speziellen Aufgaben hatten wir miteinander Spaß und betrieben den Sport mit viel Ehrgeiz und Freude.

Emsig studierten wir gemeinsam die Choreographien an den verschiedenen Geräten ein. Zu jeder Altersklasse gab es bestimmte Abläufe, die beherrscht werden mussten. Meine Favoriten waren der Stufenbarren und der Schwebebalken. Doch auch im Springen über den Bock und am Boden erzielte ich gute Ergebnisse.

Was ich auch gern tat, waren Liegestütze bis zur Erschöpfung, Klimmzüge, hangeln an der Kletterstange oder mich an der Sprossenwand auszupowern.

Nicht nur, dass ich fast jeden Tag beim Training war, ich nutzte auch die Wochenenden zum Drillen meines sportlichen Egos. So oft ich konnte entfloh ich auf diese Weise den häuslichen Pflichten. Der Sport war extrem wichtig für mich. Manchmal standen an den Wochenenden Trainingslager und ab und zu Wettkämpfe an. In diesen Zeiten gab ich alles. Mein Herzblut galt nur dem Sport allein.

Meine Kraft nutzte mir auch anderswo. Jeden, der sich gegen mich stellte, bekämpfte ich mit meiner Muskelkraft und, na klar, mit Disziplin. Ich nahm es positiv wie negativ in Angriff. Oft flogen nun Fäuste. Ich hatte ja auch gelernt, dass mit Gewalt eine gewisse Achtung und Respekt herbeigeführt werden kann. Meist waren meine Gegner ältere Jungs. Doch das machte mir keine Angst.

Ich konnte es nun auch locker mit meinem Bruder Bill und meiner Schwester Jilaiya aufnehmen. Wenn es wieder einmal heiß herging und Gewalt die Lösung versprach, ließ ich mir von ihnen nicht mehr viel gefallen und schlug so oft ich konnte zurück.

 43

Der Nachtisch

Eine kurze Zeit darauf hatte Seth jedoch seinen Schulabschluss geschafft und war nun auch ganz selten daheim, weil er eine Ausbildung in einer anderen Stadt machte.

Er fehlte richtig! Seine Späße und Ideen gaben uns meist Anlass zum Lachen. Sie heiterten so manche alltäglichen Abläufe auf.

Da wurde er mal nach dem sonntäglichen Mittagessen in die Küche geschickt, um das Kompott für alle zu holen. Wir hörten ihn in der Küche reden und fragten uns mit stutzigen Blicken, mit wem er da redete.

Als erstes schob sich sein Hintern durch die Tür in die Wohnstube. Erstaunt sahen wir, was sich da tat. Er hatte einen Bindfaden in der Hand, daran einen Kochtopf gebunden und zog ihn rückwärtslaufend hinterher. „Komm Poooott, koooomm", sprach er ruhig und eindringlich mehrfach auf den Topf ein. Führte ihn wie einen Hund an der Leine an unseren Tisch. „Das Kompott ist da!", verkündete er uns allen breit grinsend.

Das war seine Art, Kompott zu holen. Unsere Lachtränen machten uns für Augenblicke ganz blind.

Oft, wenn wir am Aufräumen waren, lief Seth umher und sagte ständig: „Los, los." Er schaute uns bei der Arbeit zu und machte selbst nichts.

Ein anderes Mal weckte er uns mitten in der Nacht. Er habe für uns Geschwister Spaghetti gekocht, die nun in der Küche darauf warteten, gegessen zu werden. Lecker!

Kochen konnte Seth echt sehr gut. Er machte Hefeklöße, die ein Traum waren. Der große Teller war schon mit einem überfüllt. Da waren noch keine Heidelbeeren drauf. Diese schwappten meist über den Tellerrand hinweg. Keinen störte das, denn diese Klöße waren ein köstlicher Gaumenschmaus.

Ja, wir vermissten Seth.

Die Chefin

Nun waren wir noch zu dritt.

Doch das war der Lauf der Zeit, dachte ich mir. Aber mit jedem Tag wurde es nun stressiger.

Jilaiya war nun die älteste von uns Geschwistern. Dies ließ sie Bill und mich auch spüren. Wobei Bill eine besondere Rolle beim Vater spielte. Er bekam viel weniger Aufgaben und hatte mehr Freiheiten. Bill war meist zurückhaltend und ab und zu eher weinerlich drauf. Jilaiya hingegen trumpfte mit ihrem Auftreten. Als sehr gewandt bezeichnete der Vater ihr anmuten. Sie musste immer im Mittelpunkt stehen. Redete dem Vater nach dem Mund, spielte sich stets als Rechthaberin auf und machte sich auch dann und wann über andere lustig. Anzüglichkeiten und Hohngelächter stand ihr oft ins Gesicht geschrieben.

Zum Anbeißen

Einmal, an einem Wochenende, brachte Seth einen Hund mit nach Hause.

Alle waren begeistert und forderten ihm ständig irgendwelche Dinge ab. Ich versuchte auch mal vorsichtig, ihm ein Leckerli zu geben. Doch er nahm es nicht an. Stattdessen biss mir in die linke Hand. Ich war total geschockt darüber. Die Wunde war zwar nicht groß, aber tief. Meine Mutti versorgte diese mit Jod, was höllisch brannte. Dann gab es noch einen dicken Verband drumherum.

Nette Worte oder Zuspruch fand ich kaum von den anderen. Dafür aber reichlich Worte, die alles herunterspielten. „Hab dich nicht so. Das passiert schon mal. Ist ja auch nichts passiert. Der hat gemerkt, dass du Angst hast. Die darfst du ihm nicht zeigen. Und bis du heiratest, ist alles wieder gut!", hörte ich sie alle sagen. Doch ich wollte mit dem Hund nichts mehr zu tun haben.

Zwischen Pflicht und gescheitertem Erfolg

Unser Alltag war für uns soweit ganz klar geregelt. Nach der Schule wurde aufgeräumt und sauber gemacht. Erst, wenn diese häuslichen Pflichten erledigt waren, durften wir nach draußen gehen.

Bislang gab es da richtig handfeste Auseinandersetzungen zwischen uns dreien. Immer wieder gab es Streit. Jeder wollte schnell fertig sein oder die besseren Aufgaben machen. Das Geschirr abzuwaschen war besser als es abzutrocknen oder wegzuräumen. Das Wohnzimmer aufzuräumen war besser als Staub zu saugen. Im Flur war es hingegen besser zu kehren als diesen in Ordnung zu bringen. Im Winter holten wir die Kohlen und Holz aus dem Keller und brachten die Asche aus den Öfen in die Tonne. Und wenn das alles fertig war, ging es an unsere Kinderzimmer. Jeden Tag die gleiche Leier. Ich musste immer schnell damit fertigwerden, denn der Sport rief mich und das ließ ich mir keinesfalls entgehen.

Auch beim Sport gab es im Umzugsjahr leider eine Veränderung. Ich fuhr nicht mehr nach Bergenstadt und verlor damit meine mir wichtig gewordene Gruppe und meinen Trainer.

Es ergab sich durch Informationen unter den Trainern, dass ich nun in meiner Heimatstadt im außerschulischen Sportverein weitermachen sollte.

Dieser Wechsel vollzog sich im Zuge der elterlichen Weigerung, mich auf die Sportschule gehen zu lassen. Nachdem ich alle Qualifikationen dafür erkämpft und bestanden hatte, wurde eine Nominierung für mich verfasst. Allerdings lehnten meine Eltern diese ab.

Dabei hatte ich es zu dieser Zeit sogar geschafft, den Kreismeister in meiner Altersklasse zu erringen. Alle Auszeichnungen und Ehrungen nutzten jedoch nichts, da beide Elternteile keinen Anteil an meinem Sport nahmen und keine Wertschätzung dafür aufbrachten. Es war eben nur, mit den Worten meines Vaters ausgedrückt, „eine tägliche Spielerei" meinerseits.

Ich wurde über die Entscheidung der Eltern von meinem ersten Trainer, ein bereits etwas betagter, nahezu untersetzter, jedoch sehr sportlicher Mann informiert. Auf meine Frage warum, zuckte er nur mit den Schultern. Ich sollte doch meine Eltern danach fragen. Für meinen Sportverein in Bergenstadt war ich damit raus.

Sehr lange Zeit war ich total enttäuscht und geknickt darüber. *[Wie wäre mein Leben geworden, wenn ich in diese Sporthochschule gekommen wäre?]* Da habe ich so gekämpft, habe so viel dafür getan und war hochgradig diszipliniert und dann das! Gänzlich gescheitert! Keine Anerkennung! Kein Entrinnen! Dafür nun Frust!

Zu Hause wurde das Thema totgeschwiegen. Weder Mutter noch Vater sprachen jemals mit mir darüber. Wie immer: Häkchen dran.

Spiele durch die Nacht

An manchen Wochenenden wurde abends gespielt. Meist Karten. Rommé stand eine Weile im Vordergrund. Später kamen Canasta und Skat hinzu. Das machten wir recht gern. Oft wurde heftig geschimpft dabei, wenn wir uns bei Spielzügen vertan hatten. Vater konnte sehr ärgerlich dabei werden. So schimpfte er mit jedem, der nach seiner Meinung verkehrt spielte. Dabei betitelte er wortreich und bösartig denjenigen, der es sich gewagt hatte, eine andere Karte abzulegen, als er erwartet hatte. „Du dämlicher Hornochse" oder „Du Depp" waren seine Lieblingswörter.

„Bist wohl noch zu klein für Canasta?", kam es häufig zornig über seine Lippen. Sehr oft erwähnte er, wir wollten mit Absicht verlieren, würden nichts vom Spiel verstehen und gäben dem Gegner extra viele Punkte. Diese Sprüche und Gängeleinen gefielen uns zwar nicht, aber wir hatten trotzdem Spaß.

Mit den Karten machten wir auch Tricks. Die Bewunderung war endlos, wenn die richtige Karte zum Vorschein kam. Verraten wurden diese Rätsel nie.

Mit Streichhölzern wurden schwierige Aufgaben gelegt, die es zu entschlüsseln galt. Und auch mit Strichen auf Papier wurde manche schwierige Herausforderung gemeistert und mit Logik gelöst. Was dann oft nahtlos in unser Lieblingsspiel mit den Fliegen am Galgen überging.

Oft kamen wir an solchen Abenden erst am Sonntag früh ins Bett. Manchmal war es vier oder fünf Uhr am Morgen. Meine Eltern pflegten dann „Anständige Leute gehen ‚Früh' schlafen!" zu sagen, was unsere Mundwinkel breit auseinanderriss.

So mancher Spruch stiftete Verwirrung und war selten brauchbar. Einige waren amüsant und dann gab es noch so einige unverständliche, denn diese bleiben lebenslang ein Rätsel.

So erzählte uns Vater auch immer, wenn er mal von seinen Kindertagen sprach: „Ich war der einzige Junge meiner Eltern, ein Einzelking." Mehr erfuhren wir nicht darüber.

Verriegelte Tür

Unsere Mutter arbeitete in Schichten. Daher denke ich, dass das Folgende unter der Woche geschehen sein muss.

Ich musste nachts noch einmal hinaus auf die Toilette. Als ich an der Wohnstube vorbeikam, hörte ich noch Stimmen aus dem Fernseher. Somit waren die Eltern oder zumindest einer von beiden noch wach, dachte ich. Ich nahm den Toilettenschlüssel und verließ die Wohnung. Leicht bekleidet und vom Schlaf aufgewärmt ging ich eine halbe Etage hinunter. Trotz des Sommers war es ziemlich frisch. Nachdem ich fertig war, ging ich die halbe Etage wieder nach oben und drückte die Türklinke der Wohnungstür herunter. Doch diese war prompt verschlossen. Ich klingelte. Es war ja gerade noch der Fernseher an, dachte ich mir. Nichts! Keiner öffnete mir die Tür. Noch einmal klingeln. Nichts. Klopfen. Nichts! Klingeln und lauter klopfen. Nichts! Mensch, mir wird kalt! Ich wiederholte das Klingeln und Klopfen immer wieder. Doch die Tür blieb fest verschlossen. Keiner kam und öffnete mir. Nun stand ich da draußen frierend im Treppenhaus, mitten in der Nacht, war hundemüde, mürrisch und ratlos.

Da nahm ich mir die Fußabtreter vom Nachbarn und unseren. Legte diese so auf die Holzschwelle, dass ich darauf liegen konnte, und ließ mich darauf nieder. Anfangs hatte ich noch zu viel Angst, um einschlafen zu können, so allein da draußen und so schutzlos. Doch die Müdigkeit siegte irgendwann und ich schlief schließlich ein.

Als meine Mutti früh die Tür öffnete, um selbst zur Toilette zu gehen, stürzte sie förmlich über mich drüber. Ich war schlagartig wach und gleichzeitig froh, erlöst wurden zu sein. Irritiert, was ich doch hier draußen vor der Tür machen würde, erklärte ich ihr mein Pech dieser Nacht. Sie war erleichtert mich zu sehen und nicht über mich gestürzt zu sein. Wir lachten noch oft über diese Panne.

Fortan gab es nun auf der Toilette einen Ersatzschlüssel für die Wohnungstür.

Peinlicher Ärger

Der Toilettenschlüssel führte auch zu mancherlei Stunk.
Es war zum Gesetz bestimmt, dass der Schlüssel nach der Benutzung am Schlüsselbrett der Wohnungstür zu hängen hatte.
Nun musste der Vater am Samstagvormittag aufs Klo. Doch der Schlüssel hing nicht an seinem Platz. Er lief zu jedem von uns und fragte gereizt: „Hast du den Schlüssel noch einstecken?" Alle verneinten wir diese Frage. Da schaukelte sich auch schon die brenzliche Stimmung auf. Überall suchten wir nach dem verdammten Schlüssel. Nirgends war er zu finden.

Nach ein paar Minuten wurde der Vater, langsam aber sicher, ungehalten. Sein Ton wurde von Wort zu Wort aggressiver, lauter und schärfer. „Wo ist der Schlüssel? Wer hat ihn versteckt? Schaut noch einmal überall! Bringt mir den Schlüssel herbei! Irgendwo muss er doch sein! Macht eure Hosentaschen leer!" Das Treiben wurde immer heftiger. Der Vater immer zorniger. Wir alle ratloser.

Die Luft schien zu kochen. Elektrisch geladene Teilchen schwirrten um alles herum. Die Lunte brannte. Sekunden wurden zu Minuten. Alles war aufgestachelt und zum Platzen bereit. Augenblicke bevor die aufgeladene Spannung zur Detonation führte, in seinen Händen schien es schon gewaltig zu zucken, steckte der Vater sie in seine Hosentaschen.

Stutzte, griff richtig hinein und beförderte den gesuchten Schlüssel ans Tageslicht.

Totenstille! Nur die erlöschenden Funken der aufgeladenen Luft knisterten hörbar in dieser Stille und verschwanden ganz allmählich.

Daraufhin befestigte Mutti einen mit einem Loch versehenen, großen Holzklotz mit einem längeren Band am Schlüssel. Nein, sowas brauchte keiner mehr.

Erst lange Zeit später schafften wir es, uns darüber lustig zu machen.

Mein Elfter

Es war bei uns nicht üblich, Geburtstage zu feiern. Gewöhnlich gab es morgens liebe Gratulationen und am Nachmittag ein Kaffeetrinken für die, die gerade anwesend waren. Jedoch war dies kein Anlass, um Klassenkammeraden oder Freunde einzuladen. Allerdings schaffte ich es, meinen elften Geburtstag feiern zu dürfen. Ich bekam sogar extra zu dieser Gelegenheit einen hellbraunen Hosenanzug. Es wurde ein Kuchen gebacken und Kakao bereitet.

Mit meinen Gästen und Geschwistern saß ich an unserem großen, rechteckigen Esstisch, so richtig feierlich.

Heute habe ich noch Fotos von diesem Tag, in schwarz-weiß versteht sich.

Oh Mann, ich war damals richtig glücklich darüber und stolz darauf. Doch es sollte eine Einmaligkeit bleiben. Diese Zeit war echt schön!

Seega

Irgendwann bestimmte der Vater, dass ich nun alt genug wäre, um Seega zu lernen. Sein Lieblingsspiel, seine Welt.

Er zeigte mir, wie welche Steinchen gezogen werden durften, und schon ging es los. Ich testete dieses Spiel und probierte mein Glück. Schob die glitzernden Steine genau wie vorgeschrieben. Machte Zug um Zug. Versuchte zu verstehen, was die Logik dahinter ist. Immerzu und immer wieder. Die erlaubten Züge waren richtig, doch ich konnte dem Geschehen nichts abgewinnen. Verstand den Sinn des Ganzen nicht. Setzte irgendwann wahllos die Brocken ins Feld, aber immer regelkonform.

Hatte absolut keine Neigung dafür. Mir fehlte schlicht das Interesse daran. Wozu auch? Sport war mir lieber.

Mit jedem Spiel, und ich musste oft mit ihm spielen, ließ mich der Vater gnadenlos verlieren. Zeigte mir jedoch nicht die richtige Spielweise, gab mir zu meinen richtigen und falschen Zügen keine Hinweise oder gar Erläuterungen. Schlicht: Er erklärte mir nichts!

Naja, ich habe auch nichts gefragt. Es kam mir vor wie beim Lesen. Nur Chaos im Kopf! Doch was sollte ich auch fragen? Wenn man etwas nicht versteht, gibt es auch keine Fragen, weil man nicht weiß, was man fragen soll.

Fast mit jedem Zug, den ich machte, ließ er mich wissen, wie bescheuert ich doch wäre. „Resa! Das ist nicht logisch, was du da machst. Siehst du nicht, dass du falsche Schlüsse ziehst? Verstehst du das nicht? Wie dämlich bist du eigentlich? Nein, nicht so. So geht das nicht! Da schlage ich dich doch gleich wieder. Ach, du bist total dämlich!"

Für mich kam da nichts raus außer ständige Beleidigungen und Kränkungen. Er unterstellte mir pausenlos, noch zu klein dafür zu sein, was mich sehr traurig stimmte und innerlich verletzte. Trotzdem forderte er mich auf, immerzu mit ihm Seega zu spielen. Recht schnell hatte ich darauf keinen Bock mehr.

Das Einzige, was er mir da beigebracht hat, war, die bunten Steine auf dem Feld korrekt zu setzen und die Aufteilung zu beachten. Darüber hinaus lehrte er mich, was ich doch für eine Niete wäre. Nach jedem Spiel fühlte er sich bestätigt, der Einzige im Universum zu sein, der Seega spielen konnte. *Ich ließ ihn in dem Glauben.*

In seinen Augen werde ich fürs Leben nicht taugen. Im Gegensatz zu Jilaiya, welche auch an Schulturnieren teilnahm *[Oh, das Goldkind]*. Sie ist diejenige, welche ihr Leben meistern wird!

 52

Garten Eden

Ob beide Eltern oder nur der Vater, ich weiß es wirklich nicht, sie waren mit uns dreien nun nicht mehr ausgelastet genug. So wurde ein Stück Acker angeschafft, welcher erst urbar gemacht werden musste und von nun an unser „toller Garten" war. Den am Haus hatten wir auch weiterhin.

Ab sofort ging es nun fast jedes Wochenende, außer im Winter versteht sich, raus in den tollen Garten schuften.

Manchmal kamen wir jedoch nicht dazu. So wurde dann, wenn das Unkraut überhandzunehmen schien, bestimmt, dass wir alle beiden Tage am Wochenende in den Garten mussten. Da gab es dann morgens beim Frühstück den Spruch: „Wir müssen in den Garten!"

In diesen tollen Garten gingen wir fortwährend von früh bis spät abends. Da fiel glattweg für uns freizeitmäßig alles aus. Mich ödete das unsagbar und ziemlich oft an.

Es gab zwar eine größere schwarzgraue Bretterhütte, aber die war nur für die Geräte und zum Umziehen gedacht und nicht zur Erholung. *[Erholen konnten wir uns ja in der Schule oder unter der Woche am Nachmittag.]* Nur kleine Trink- und Essenpausen wurden bereitet. Spaß und Spiel gab es fast nie. Sowas stimmte den Vater griesgrämig und verärgerte ihn.

Gott, er war immer so hektisch beim Arbeiten. Alles musste immer schnell und sofort gemacht werden. Wenn wir langsamer als Vater waren, meinte er stetig zu uns, dass wir nur rumspielen und uns vor der Arbeit drücken würden. Langsam, sauber und ordentlich musste nicht sein. Durchhacken und so dem Unkraut auf den Leim zu rücken, reichte vollkommen aus. Die Spielerei mit dem Entfernen des abgehackten Unkrauts ist in seinen Augen zweifellos überflüssig. Eher diente es noch als Schutz vor dem Austrocknen und war ein guter Gründünger oberdrein. Jeder bekam noch ein eigenes Beet und durfte dies für sich beackern. Es musste im ganzen Garten in dieser Zeit so viel wie möglich geschafft werden. Damit war nun die schöne Zeit auch schon wieder vorbei.

Es wurde auch nicht nur für uns allein angebaut. Nein, auch für einige Gaststubenküchen unserer Stadt. Sie bekamen Kräuter, Radieschen, Kohlrabi und so manch anderes Gemüse von uns. Aber nicht erst am Nachmittag. Früh wurde geliefert. Manches musste schon vor dem Frühstück dort in der Küche sein. Und klar, nicht nur ernten, sondern auch Bündeln und küchenfertig vorbereiten war angesagt. Also die Erde abwaschen und alles abmachen, was nicht verwendet werden konnte. Nur bei den Radieschen und den Möhren blieb das Kraut dran. Folglich wurde alles in diesem Zuge der Vorbereitung meist zu Bündeln mit je zehn Stück arrangiert.

Der Spargel wurde frühmorgens schon vor fünf Uhr gestochen. Darauf musste unbedingt geachtet werden, damit sich die Spargelfliege nicht einnisten und damit die Pflanzen unbrauchbar machen konnte. Das alles brachte gutes Geld ein. Doch Taschengeld gab es für uns nicht.

Später, als meine älteren Geschwister nicht mehr mitkamen, weil auch sie ihre Ausbildungsfirmen in anderen Städten hatten, machte ich diese Vorbereitungen meist allein. Allerdings lernte ich in dieser Zeit sehr viel über den Gemüseanbau und über Pflanzen allgemein.

Mümmelmanns Zucht

Da der Gemüseanbau finanziell nicht ausreichte, trat mein Vater dem Kaninchenzüchterverband bei und schaffte viele junge Tiere für eine Zucht der Englische Schecken in schwarz-weiß an. Na klar, mit Züchternummer, reinem Stammbaum und der entsprechenden Tätowierung im Ohr des jeweiligen Tieres.

Er baute umgehend im hinteren Bereich des Hofes einen Stall, zwischen den Schuppen der anderen Hausbewohner. Doch auch beim Versorgen der Tiere musste ich mit ran. Vor allem

das Ausmisten und das frühmorgendliche Füttern war größtenteils meine Aufgabe. Und wenn ich im Sommer morgens ohnehin im Garten war, konnte ich ja auch gleich frisches Futter, also gehauenes Gras oder gerissene Brennnesseln, mitbringen. *(Ah, nur mal so erwähnt, Arbeitshandschuhe gab es bei uns nicht.])*
Da wir kein Auto hatten, zog ich mit dem Handwagen aus Holz los. Ich brauchte so ca. zwanzig bis fünfundzwanzig Minuten, um in den Garten zu gelangen. Vater war da bereits auf der Arbeit, lag manchmal im Krankenhaus oder war auf einer seiner vielen betrieblichen Reisen und konnte diese Versorgung nicht gewährleisten.

Anfänglich gefielen mir die kleinen hübschen Kaninchen. Sie waren echt süß. Doch so nach und nach schaffte mich das alles. Garten und füttern vor der Schule, das war echt stressig. Manchmal, wenn ich es nicht schaffte, oder zu spät nach den Kaninchen geschaut hatte, oder es vielleicht vergessen hatte, wurde mir Faulheit unterstellt. Oft versuchte ich noch, Erklärungen zu finden. Mehrmalig griff er dann nach seinem Gürtel oder er zog seinen Lederlatsch aus, dann gab es von mir keine Widerworte mehr. Hoffte nur noch auf ein schnelles Ende, wenn er zuschlug.

Auch war ich nach seiner Auffassung verantwortungslos, arbeitsscheu und spinnte ja, die Tiere unversorgt zu lassen. „Bist wohl noch zu klein und zu dumm dafür? Bist eben doch noch ein Bähbie!" Ich nahm mir die Vorwürfe stets sehr zu Herzen und disziplinierte und organisierte mich stetig aufs Neue. Ich versprach mir immerzu: „Nur nicht mehr in Misskritik fallen!"

Bei den Kaninchen waren auch ein paar aggressive Tiere dabei. Als ich einmal früh am Füttern war, biss mich eines in den rechten Mittelfinger. Das tat so höllisch weh, dass ich das Tier heftig von mir wegstieß. Es blutete ganz stark und die Stelle schwoll rasch an und sie färbte sich zusehends blau. Nachdem die Tiere versorgt waren, klebte ich ein Pflaster darüber und ging zur Schule. Irgendwann aber fing der Finger stark zu wummern und zu pulsieren an. Die Schmerzen nahmen zu und wurden recht heftig. Meine rechte Hand konnte ich wegen der Schwellung bei Schulende nicht mehr richtig bewegen.

Am Nachmittag versorgte Mutti die Wunde. Sie musste unbedingt gereinigt und desinfiziert werden. Und wie immer hörte ich die bekannten Sprüche: „Ist doch nicht so schlimm! Hör auf mit dem Gejammer! Das heilt schon wieder. Sowas kommt schon mal vor, und bis du verheiratet bist, ist alles wieder gut." Ich wusste nun schon aus Erfahrung, das alles waren beispiellos unbrauchbare Ratschläge! Aber ich hatte dadurch einen Nachmittag, an dem ein anderer sich um die Mümmelmänner kümmern musste.

Gegenüber diesen Langohren wurde ich vorsichtiger. Noch einmal wollte ich mich nicht von ihnen beißen lassen.

Durch das viele Futter wurden auch die Ratten angezogen. Ich bin so mancher dieser wilden Exemplare im Stall und in den Boxen begegnet. Zuweilen wurde von den Ratten auch ein junges Kaninchen totgebissen. Da hat sich der Vater etwas gekümmert, um diese Plagegeister wieder loszuwerden. Allerdings gelang dies nie ganz.

Er nahm gegen die Ratten kein Gift. Nein, er machte extra Futter für diese stinkende Meute. Darin versetzte er die Rattenspeise mit Glaswolle. Angeblich solle diese die Tiere von innen zerfleddern und die Nachkommen gleich mit.

Irgendwann bekam ich richtig Scheu davor, in den Stall zu gehen, und fing an, wenn immer es möglich war, jemanden mit dahin zu nehmen.

Wie gesagt es war eine Zucht der Tiere. Und so gab es auch Ausstellungen und Wettbewerbe um die schönsten, korrekt gezeichneten Zuchttiere.

Vater gewann eines Tages ausgerechnet mit meinem bezaubernden und elegant aussehendem Lieblingskaninchen den ersten Platz. Leider hatte er mich zur Tierschau nicht mitgenommen. *[Ach, wie schön doch das Leben sein kann!]*

 56

Von der Angst mit Blut und Tränen

So bewerkstelligten wir drei Kinder nun in der Woche die Schule und einen großen Teil des Haushalts. Am Wochenende, die Sonnabende, welche allerdings auch Arbeits- und Schultage waren, wurde die Wäsche, das Treppenhaus und der Einkauf erledigt. Unsere Mutti musste am Sonnabend oft noch bis zu Mittag schlafen, sie arbeitete schließlich in mehreren Schichten.

Nun kamen noch die Gärten und die Karnickel hinzu. Doch das alles reichte immer noch nicht aus: Irgendwann kam der Vater mit einem großen, braunen, zotteligen Hund namens Prex nach Hause. Dieser war nun unser neues Familienmitglied.

Bei meinen Brüdern Seth und Bill traf er damit den richtigen Nerv. Seth hat Prex abgöttisch geliebt. Für Bill war er ein aufregendes Abenteuer. Ich hingegen hatte kein gutes Gefühl mit ihm. Er war mir viel zu groß und enorm ungestüm.

Dieses braune Ungeheuer hörte vielfach nicht auf gegebene Kommandos. Nur wenn man ganz laut und ungehalten wurde. Doch ich war beides nicht. Ich selbst war vom Wuchs eher klein und meine Stimme wahrscheinlich auch nicht tief genug.

Zeitweilig mussten auch wir Kinder mit ihm Gassi gehen. Bill war stets begeistert darüber. Ich nicht. Wenn wir dann gemeinsam mit dem Tier hinuntergingen, wollte ich ihn nur an der Leine mitnehmen.

Einmal, wir hatten diesen Hund schon ein paar Tage, vielleicht auch Wochen, gingen Bill und ich mit ihm hinaus. Ich ging allein vornweg auf unserer Straße, auf der wir immer spielten.

Bill fand es lustig, ihm die Leine abzumachen. Ich hingegen war anderer Meinung, weil ich mich dann richtig vor ihm fürchtete. Es ängstigte mich zutiefst, als der Hund nun hinter mir herlief. Da rief Bill aus Spaß: „Prex, fass!" Dies ließ sich der Köter, komischerweise, weil er ja sonst nicht hörte, nicht zweimal sagen. Rasend schnell und bedrohlich stürmte dieser braune Riese auf vier Pfoten auf mich zu. Ich versteifte mich augenblicklich, verfiel sofort in Panik und fing laut an zu schreien.

Gott sei Dank, der Hund stoppte abrupt. Er bellte mich nun wütend und böse an. Sein ganzer Körper war sprungbereit. Doch Bill hielt sich den Bauch vor Lachen. Mir war plötzlich speiübel und ich wollte jetzt nur noch heim. So lief ich schnurstracks zurück. Bill war angepisst, weil ich nicht mitspielte, folgte mir aber. Und sagte ich solle mich doch nicht so haben. „Ist doch nicht schlimm. Du gewöhnst dich schon noch an ihn." Der Hund war noch immer ohne Leine. Trotzdem war Bill nach wie vor belustigt. Ich war hingegen gänzlich angespannt und wütend auf Bill.

Im Treppenhaus hörte ich nur noch, wie Bill noch einmal „Fass!" zu ihm sagte. Da stürzte sich der Hund auch schon von hinten auf mich. Ich fand keinen Halt und krachte nach vorne über. Uferloses Adrenalin überflutete meinen Körper. Das Tier war extrem schwer, riesig und in höchstem Maße gereizt.

Als ich nun plötzlich im Treppenhaus lag und der Hund über mir war – ich spürte und roch seinen heißen, sabbernden Geifer – versuchte ich ihn panisch vor Angst abzuwehren. Er trat mit seinen Pranken auf mir herum und seine scharfen Krallen kratzen mich überall. Lautes Knurren rasselte aus seinem Rachen. Ich schlug und trat schreiend um mich. Plötzlich war da ein reißendes, brennendes Gefühl auf meinem linken Schenkel, dann auf dem rechten Schienbein. Er schnappte immerzu in meine Beine und zerfetzte dabei meine Hose. Endloser Schmerz überwältigte mich und beraubte mir die Sinne. Ich rollte mich spontan zusammen, schlang meine Arme um meinen Körper, zog die Beine an und schrie wie angestochen. Ich weinte dabei so sehr. Mein Herz wummerte in meiner Brust und mein Atmen ging stoßweise und drohte auszusetzen. Mein Körper schlotterte vollkommen unbeherrscht. Meine Beine zitterten und waren weich wie Pudding.

Bill konnte den Hund nicht mehr bändigen. Doch er schaffte es, zwar nur mit großer Anstrengung, ihn von mir wegzuziehen. Ab sofort hatte ich so richtig Angst vor ihm. Traute mich nicht mehr an ihn heran.

Fast kriechend überwand ich die Treppenstufen bis nach oben. Zu Hause erzählte Bill zwar, dass Prex mir die Hose zerrissen habe. Aber er sagte nicht, warum. Ich selbst war so verstört und dazu nicht mehr in der Lage. Wusste ja schon, welche Sprüche kommen würden. Nein, die brauchte ich jetzt nicht. Ich wollte nur noch weg. Weg von Bill. Weg vom Hund. Weg von allen. Am liebsten wäre ich unsichtbar geworden. Keiner fragte nach, was geschehen war. Das Meckern der Eltern ertrug ich nicht mehr und habe es kaum noch wahrgenommen. Tröstende oder beruhigende Worte gab es nicht.

Nun wollte ich nur noch allein sein und ging in mein Zimmer. Verkroch mich mit meiner Decke zwischen Wand und Schrank. Weinte einen endlosen Strom von Tränen. Die blutenden Verletzungen an meinen Beinen waren zwar nicht schlimm, nur oberflächlich, dafür an beiden Beinen von oben bis unten und sehr zahlreich. Dies reichte mir völlig.

Todesangst

Einen Tag oder ein paar Tage später.

Bill und ich kamen aus der Schule heim. Wir waren die ersten zu Hause. Somit mussten wir mit Prex Gassi gehen.

Bill und ich gingen vorher noch in die Küche. Wie ein einschlagender Blitz stand Prex plötzlich riesengroß hinter uns im Türrahmen. Die einzige Möglichkeit, diesen Bereich zu verlassen, war somit versperrt. Er war vollkommen aufgebracht und außer sich. Seine Rute stand steil unbeweglich nach oben, die Lefzen waren hochgezogen und wässrig, klebriger Geifer tropfte von seiner angehobenen Schnauze. Sein fletschendes Maul hatte alle roten Farbnuancen. Sie flimmerten von hell- über blutrot bis fast tiefschwarz. Die weißgelben Hauer in seinem Gebiss stachen blitzend hervor. Laut knurrend und sprungbereit stand er da.

Bill war genauso geschockt wie ich. Er presste sich in die Ecke zwischen Schrank und Wand. Ich schaffte es, ich weiß nicht wie, wahrscheinlich aus Angst, auf den Küchentisch hoch. So standen wir wie angewurzelt da. Es muss so gegen 14:00 Uhr geschehen sein.

Mit verengtem, starrem, aber aufmerksamem Blick in seinen Pupillen und steif aufgerichteten Ohren beobachtete er uns und jede unserer Bewegung. Wir durften uns nicht mehr bewegen. Das reizte den Hund aufs Äußerste. Sein eingezogener Brustkorb zeugte von endloser Aggression in ihm. Dabei knurrte er wie irre. Es grollte wie herabrauschende Lawinen in ihm und es wurde immer lauter, wenn wir versuchten, uns irgendwie miteinander zu verständigen. Sprechen war auch nicht möglich. Die rasende Wut des Tieres ließ mich ohnehin verstummen. Ich bekam keinen Ton mehr raus. *Verdammt, das überlebe ich nicht!*

Unzählige Bilder und Szenen knallten in meinen Kopf. Alles überschlug sich förmlich in mir. Es war wie brennende Blitze im Gehirn. Hereinbrechendes Gedankengewitter. Ein Gefühl des Ausgeliefertseins durchbohrte mich. Die Erfahrung, welche ich mit ihm nun schon hatte, und die grenzenlose Angst vor ihm zerfetzte alles in mir. Irgendwann fing ich so stark an zu zittern, dass ich meinen Körper nicht mehr unter Kontrolle hatte. Tränen flossen mir dabei unaufhörlich das Gesicht hinunter, doch ich wagte es nicht, diese wegzuwischen. Jede Bewegung ließ den Hund noch aggressiver und wütender werden. Das Grauen zerquetschte mich regelrecht. Meine Zähne klapperten laut und schmerzlich. Ich kämpfte um Halt, denn meine Beine schlotterten und drohten ihren Dienst zu versagen. Übelkeit und Schwindel ergriffen mich und mein Herz raste so schnell, dass es mich zum Ersticken bringen wollte. Gänsehaut bedeckte jeden Zentimeter meines Körpers. Und jede Zelle spie ein Geysir von Schweiß aus. In meinem Kopf tobten Bilder von zerfleischten Kindern. Alles in mir schrie unentwegt um Hilfe. Wollte nur weg, weg, weg! Ich hatte den Wunsch, mich auflösen zu können.

Irgendwann, laut Schichtende unserer Mutter könnte es so gegen 15:30 Uhr gewesen sein, hörten wir, dass sich was an der Wohnungstür tat. Ich nahm nur noch die stockende, brüchige

Stimme von Bill wahr, als er rief: „Mutti, hole Hilfe! Prex!" Abrupt brach für mich auf einmal alles weg. Ab da habe ich nichts mehr mitbekommen. *[Mein Erinnerungsvermögen ist gänzlich gelöscht. An das folgende Geschehen kann ich mich bis heute nicht erinnern. Weiß nicht, wer kam. Weiß nicht, was gemacht wurde. Jahrzehnte später erfuhr ich, das Prex damals woanders hingebracht wurde. Was mit mir an diesem Tag geschehen war, habe ich nie erfahren. Und auch heute kann ich nicht mehr sagen, wann sich mein Kopf wieder zugeschaltet hat und wieder auf normal umsprang. Jedenfalls war es ein längerer Zeitraum, der unwiderruflich verlorengegangen ist.]*

Falsche Hilfsbereitschaft

Aber eine Sache gab es damals noch.

Alles, worum wir uns nun kümmern mussten, reichte noch nicht aus! Der Vater lernte eine ältere Dame kennen. Diese schaffte es nicht mehr, nachdem kürzlich ihr Mann verstorben war, ihren Garten allein zu bewirtschaften. Vater musste ihr wiederum spontan und selbstlos seine Unterstützung offerieren. *[Er hat ja noch genügend Freizeit. Weiß ja ohnehin nichts mit der vielen Zeit der Tage anzufangen und Kinder habe er ja schließlich auch noch. Da kann er sich gern um diesen Garten mitkümmern. Kein Problem!]*

So war nun Garten Nummer drei auch noch zu bewältigen. In diesem war so ziemlich alles anders! Der Anbau von Pflanzen und deren Pflege unterlag einer ständig strengen Kontrolle durch die alte Dame. Mal eine Erdbeere oder Tomate naschen war nicht drin. Dies war uns strengstens untersagt. Nur arbeiten war erlaubt. Immerfort wurde rumgemeckert. Dies hier war noch nicht ganz so schön, wie sie es gerne gehabt hätte, und dort sprießte noch ein Grashalm. Immerzu war sie unzufrieden und wir mussten nicht nur ackern, sondern obendrein vieles doppelt und dreifach machen. Wir mühten uns echt ab. Dabei war

 61

die Hilfe in ihrem Garten nur für eine recht kurze Zeit in unserem Wochenprogramm eingeplant.

Falls es je ein Dankeschön gegeben hat, wir Kinder hörten nie eines von ihr. Ob der Vater es bekam, oder ob es für ihn Geld gab, sowas haben wir nie erfahren.

Schon nach kurzer Zeit hatten wir Kinder von ihrer Drangsalierung und der Arbeit ohne Anerkennung die Schnauze gestrichen voll. Konnten und wollten es uns nicht mehr gefallen lassen, da herrschte mal Einigkeit unter uns.

So trug es sich zu, dass wir eines nachts in der Erntezeit heimlich und leise loszogen, um uns das zu holen, was uns zustand. Eine gemeinsame Sache war geboren. Zusammen plünderten wir den gänzlichen Garten aus. Selbst die Pfirsiche, die wir nicht einmal ansehen durften, da diese das Heiligtum der Dame waren, nahmen wir allesamt mit. Oh, wir schleppten uns in dieser Nacht so richtig ab. Stellten alles auf den Küchenbalkon und gingen wieder brav ins Bett.

Als der nächste Morgen anbrach und wir alle gutgelaunt am Frühstückstisch saßen, klingelte es an der Tür. *[Hui? So früh schon Besuch?]* Wir lauschten alle ganz aufmerksam dem Reden der Besucherin: „Sie müssen sofort mitkommen! Heute Nacht wurde mein schöner Garten ausgeraubt. Alles weg! Die ganze Ernte wurde gestohlen!"

Wir saßen nun schweigend, ernst und bedröppelt am Tisch. Doch wir konnten uns vor Lachen kaum noch beherrschen. Der Vater war so betroffen. Wir täuschten indes Bestürzung vor. Er ließ alles stehen und liegen, und ging sofort mit dem alten Drachen in den Garten sich die Bescherung betrachten. *[Hm ..., warum so eilig? Es war sowieso zu spät. Sie hätten langsam laufen können. Hui, sie kann gut laufen? Das bringt die Ernte aber nicht wieder zurück! Lach!]* Doch in dem Moment, als die Tür hörbar ins Schloss fiel, fiel unsere Anspannung ab und wir berichteten unserer Mutti lachend von unserem nächtlichen Treiben. Wir zeigten ihr unsere Ernte. Sie staunte nicht schlecht, als sie alles sah, und versprach sofort, wenn wir alle, einschließlich dem Vater, alsbald außer Haus sind, sich darum zu kümmern. Sie lachte auch darüber. Es gab kein erzieherisches oder böses Wort von ihr. Ganz im Gegenteil: „Das hat die alte Krähe echt verdient!", sagte sie nur feixend dazu. Der Vater weiß davon, nun so viele Jahre später, noch immer nichts. *[Grins!]*

Komplettes Familienglück

So vergingen die Jahre in dieser neuen Wohnung. Das nächste Gartenjahr brach dann auch schon wieder an. In diesem Sommer und Herbst konnte Mutti nicht mehr so viel machen. Ihr war größtenteils hundsmiserabel zumute, sie kränkelte schrecklich, sie war schwach und lange bücken oder schwere Arbeiten machen ging auch nicht mehr. Doch sie hatte ja uns und wir nahmen Rücksicht auf sie und nahmen ihr in dieser Zeit auch viel Arbeit ab. Als ich sie mal danach fragte: „Warum geht es dir denn so schlecht?", antwortete sie mir glücklich: „Wir bekommen Familienzuwachs", dabei strahlte sie über das ganze Gesicht und in ihren Augen funkelte das Licht wie Sternenglanz.

Zum Jahresende bekamen wir noch eine Schwester. Ungewöhnlich war ihr Name für mich. Ich weiß nicht, ob meine Geschwister den Namen auch so einzigartig fanden: Dalia. Ein seltener Name. Und ich konnte ihn mir nicht merken. Immerzu vergaß ich ihn: „Mutti, wie heißt das Baby nochmal?" oder „Wie war ihr Name?" Manchmal war mir das schon richtig unangenehm. Dabei erinnert ihr Name an eine wunderschöne Blume. Und wunderschön war sie. Sie roch auch bezaubernd und ihre Haut war so schön weich und sanft. Ihr zartes Stimmchen war mir nach ganz kurzer Zeit sehr vertraut. Ich war auch total stolz, sie allein im Kinderwagen ausfahren zu dürfen. Es war so faszinierend und reizvoll, so ein kleines, niedliches Wesen zu haben. Manchmal fragten mich die Leute, ob ich ihre Mama wäre. Oft habe ich darüber gelacht. Sie war für mich die erste jüngere Schwester.

Nun veränderte sich mal wieder so einiges im Familienleben. Mutti war nun jeden Tag zu Hause. Sie umsorgte Dalia und arbeitete wieder öfter im Haushalt mit. Im Winter war ja Gartenruhe. Da mussten nur die Kaninchen versorgt werden. So halfen wir oft bei der Betreuung und Pflege von Dalia mit. Mit Begeisterung lernte ich, wie man dem Baby die Flasche gibt, wie es beim Baden gehalten wird und wie mit Stoffwindeln gewindelt wird. Es interessierte mich sehr und machte mir auch Freude. Dalia wuchs mir rasch ans Herz. Immerzu staunte ich, was sie im Laufe der Zeit so konnte. Die ersten Wochen passierte ja nicht viel. Doch dann ging es los. Es fing mit dem Heben des Köpfchens an, dann konnte sie sich selbst drehen, fasste Dinge gezielt an, bekam das erste Zähnchen und, und, und. Der Zauber ihrer Entwicklung begleitete die schöne Zeit ihres ersten Lebensjahrs. Unser Leben drehte sich fast nur um sie. Aber nicht nur.

Auch das Gartenleben ging weiter. Wer von uns nicht unbedingt im Garten mithelfen musste, kümmerte sich um Dalia. Oder es war eine wunderbare Möglichkeit, eine Pause einzulegen. Auch durfte nun im Garten gespielt werden. Zwar nur mit Dalia. Aber immerhin.

Gewachsene Anforderungen und gefundene Pausen

Allerdings blieb es dabei, dass wir für die Gaststätten Gemüse und Kräuter lieferten. Auch ging es weiter mit den Kaninchen und im Haushalt ist so einiges auch mehr geworden. So schwoll der Wäscheberg jede Woche gewaltig an. Nun hatte Mutti dafür eine Waschmaschine bekommen und musste nicht mehr alles mit der Hand waschen, was sie bis zur Geburt von Dalia noch tat.

Die Maschine wusch die Wäsche aber nur. Sie war wie ein Kasten. Wasser musste mit einem Eimer oder Schlauch eingefüllt werden. Dann wurde die Temperatur eingestellt und sie heizte das Wasser auf die eingestellte Temperatur entsprechend auf. Ein am Boden der Maschine eingebautes, flaches Rad brachte starke Wirbel in das Wasser. Nachdem das Waschmittel hinzugefügt wurde, konnte die Wäsche eingelegt werden. Ein weiteres Stellrad konnte diese nun für eine festgelegte Zeit waschen. Von heller bis dunkler Wäsche wurde stets gewaschen und es musste immer wieder Wasser nachgefüllt werden. Spülen, meist in der Badewanne und schleudern war noch immer Handarbeit.

Zum Aufhängen ging es auf den Wäscheplatz oder auf den Dachboden. Letzterer war gruselig. Ich fürchtete mich immer. Doch dies war kein Grund, die Wäsche da oben nicht aufzuhängen.

Es war für mich dennoch eine gute Gelegenheit, ab und zu dem treibenden Chaos zu entkommen. Manchmal ließ ich mir so viel Zeit dabei, dass ich eine Verschnaufpause hatte. Trotz meiner großen Angst war mir der Platz da oben recht lieb. Hier war ich für mich. Keiner bestimmte, was ich tun und lassen musste, und ich träumte, so oft es ging, mich woanders hin. Hier war mein Platz, wenn ich allem entfliehen musste. Wenn ich es nicht mehr ertrug, meine Pflichten erfüllen zu müssen.

Auch das Abnehmen der Wäsche erledigten wir. Im Wohnzimmer wurde die Wäsche zusammengelegt und gebügelt. Meist war es so, dass Mutti alles bügelte und uns die fertigen Wäschestücke reichte, die wir sogleich zusammenlegten.

Bei den Hemden für den Vater war sie stets sehr genau, keine Bügelfalte durfte entstehen. Für seine Hosen nahm Mutti noch ein nasses Tuch hinzu, umso eine exakte Bügelfalte hineinzubringen. Mutti wollte immer, dass ihr Mann schick und ordentlich zur Arbeit ging. An fast allen Tagen trug er eine schmale, silberglänzende Krawatte, die im Licht glänzend schimmerte.

Höhenausfluggefühle und
die Schatten der Nacht

Ich war mal wieder in Ungnade gefallen und es hagelte böse Worte und Schläge. Leider weiß ich heute nicht mehr, worum es ging. Es spielt auch keine Rolle mehr. Doch ich wollte damals nur noch weg. Der familiäre Tumult drängte mich raus. Musste meinen inneren Schmerz bekämpfen und brauchte einen Platz nur für mich allein. Da stand eine Schüssel mit Wäsche in der Küche, die aufgehangen werden musste. Ich sah die Gelegenheit. Ergriff die Schüssel und begab mich schnell hoch auf den Dachboden. Meine eigentliche Aufgabe ließ ich erst einmal liegen. Ich war ja sowieso schon für alle zu doof, zu dumm, zu faul und was auch immer.

Doch ich hörte, wie nach mir gerufen wurde. Das versetzte mich in Panik. Ich wollte nur noch unsichtbar werden. So schaute ich nach einem Versteck auf dem Dachboden. Aber ich fand keines. Da gab es eine hässliche Leiter, die zum Dach hinaufführte. Zum ersten Mal benutzte ich diese. Ich stieg die Sprossen hoch. Mein Herz hämmerte in mir. Erst die Schmach zu Hause, dann der beängstigende Dachboden und nun diese Leiter. Die Rufe nach mir wurden lauter: „Resa! Verdammt! Wo bist du?", donnerte meine große Schwester nicht mehr weit von mir entfernt. Mein Blut rauschte in mir laut hörbar und ich kam mir vor als wäre ich Sieger beim Eintausend-Meter-Lauf geworden. So schnell ging mein Atem. Oben drückte ich vorsichtig an der Luke. Sie öffnete sich. Da gab ich alles und drückte sie hoch. Ich kletterte ganz geschwind raus und schloss die Luke wieder. Und schon ertönte der Ruf nach mir laut durch die geschlossene Öffnung. Ich erwartete, das Jilaiya nun zur Lucke rausspäht. Ich schaute eine ganze Weile gespannt nur da drauf. Doch nichts geschah. Sicherheitshalber wartete ich noch etwas ab. Es blieb dabei.

Hier war es nun still.

Nun wagte ich es, mich umzuschauen. Mein Herz hämmerte noch immer. Doch Ruhe bekam ich nicht hinein. Ich stand ganz oben auf dem Dach unseres Hauses. Der Wind fegte um mich herum. Ich traute mir nicht zu, an den Rand zu gehen. Buh, war das hoch! Nun merkte ich, dass ich zitterte. Vor Aufregung, vor Angst, vor Wut? Ich weiß es nicht. Doch ich hatte mir meinen Wunsch erfüllt. Weg und unsichtbar. Ja!

Nun schaute ich ringsherum. Das Dach hatte eine große, flache, geteerte Fläche und es gab keine weiteren Hindernisse als ein paar Schornsteine, die Antenne und die Luke. An den Rändern war das Dach schräg und mit roten Dachziegeln versehen. Doch viel Farbe hatten sie nicht mehr. Sie wirkten ausgewaschen, ausgebleicht.

Das angrenzende Dach vom Nebenhaus war etwa einen Meter höher. Es hatte eine kleinere Fläche am höchsten Punkt des Hauses. Darauf war ein graues Schieferdach. Der Platz war ideal für mich. Hier stört mich keiner, das war mein Gedanke. Und ich konnte weit in die Umgebung schauen. Der ruhige See war spiegelglatt und auf der anderen Seite sah ich die entfernte Stadt mit einem schemenhaften Berg im Hintergrund. Ich war so hoch, dass ich die Wolken berühren konnte.

Nun sah ich meine Geschwister unten auf der Straße laufen. Jetzt waren sie mal die Kleinen, und wie es aussah, suchten sie nach mir. Doch ich hatte keine Kraft, keine Lust und keinen Mut, mich bemerkbar zu machen.

So setzte ich mich dicht an die Luke, schloss meine Augen und konnte zum ersten Mal überhaupt in eine Welt abtauchen, die nur mir gehörte. Trotz der geschlossenen Augen war ich hellwach und hörte, was um mich herum geschah. Nichts. Ich ließ mir Zeit. Wollte von diesem Ort nicht weg. Wollte unsichtbar bleiben.

Doch ich wusste auch, hier kann ich nicht bleiben. So öffnete ich ganz langsam meine Augen, blinzelte etwas, riss sie weit auf und erschrak ganz schrecklich. Die Dunkelheit hatte mich hier draußen völlig verschluckt. Schwarze Finsternis, wie ich dich hasse! Ich konnte nicht mal mehr meine eigenen Hände sehen. Die Schwärze hüllte mich vollständig ein. Wie ein Mantel, der sich um mich gelegt hatte.

Nun fing mein Herz wieder an zu hämmern. Mein Blut rauschte auch wieder. Ich musste den Mantel, der mich hier unsichtbar gemacht hatte, wieder abstreifen. Er ängstigte mich bis ins Mark. Unruhig und mit zittrigen Händen suchte ich die Luke ab. Ich hatte keine Orientierung mehr. Konnte nur erahnen, an welcher Seite ich bin. Fand aber das richtige Ende, öffnete die Luke und tastete erst einmal vorsichtig, fast kopfüber, nach der Leiter. Mit schlotternden Beinen machte ich mich an den Abstieg. Der Dachboden war noch dunkler als die Schwärze auf dem Dach. Die Angst fraß unaufhörlich an und in mir. Ich schaffte es irgendwie nach einer Ewigkeit, die Luke wieder zu schließen. Doch das war nicht einfach. Ich war schlichtweg zu klein. Dabei rutschte ich ein paar Mal mit den Füßen von den Sprossen. Alles war so fremd. Noch nicht vertraut. War ja in Eile, als ich hoch und rausgestiegen war. Hatte nicht wahrgenommen, was sich wo befindet. Schließlich erreichte ich wieder festen Boden unter meinen Füßen.

Doch noch immer umgab mich das Pech. So schwarz, so dunkel. Ich musste noch eine Treppe hinunter, um an den Lichtschalter zu gelangen. Wie spät war es eigentlich? Ständig sah ich dunkle Rauchhände, die nach mir griffen. Ich fühlte sogar diese eiskalten Berührungen. Wusste aber, dass sie nicht echt waren. Ich zitterte nicht nur, nein, ich klapperte regelrecht und eine riesige Gänsehaut bedeckte meine Haut.

Nachdem ich endlich wieder Licht hatte, hängte ich die Wäsche auf. In dieser Zeit gingen mir hundert Szenarien durch meinen Kopf, denn ich musste heim. Was wird geschehen?

Ich ließ mir nun wieder Zeit. War ohnehin schon spät. Und ein Donnerwetter war nicht abwendbar.

Als ich schließlich die Wohnungstür erreichte, wurde sie mir, als ich sie öffnen wollte, schon aus der Hand gerissen. Der Vater tobte. Geifer spritzte mit jedem Wort aus seinem Mund. Die Hölle brach ein weiteres Mal über mich herein. Nun wussten alle: Ich war wieder zurück. Zu den schon vor meinem Verschwinden gesammelten blauen Flecken kamen nun noch welche hinzu. Meinen Ort, mein Geheimnis behielt ich eisern für mich. Da konnte sein Tobsuchtsanfall auch nichts ändern. Ich schwieg.

Total erschöpft ging ich gegen 23:30 Uhr zu Bett. Ich lag noch eine ganze Weile wach. Mir ging dieser wundersame Ort, den ich in meiner Panik fand, nicht mehr aus meinem Kopf. Auch was da oben geschehen war, machte mich ruhiger und gab mir die Hoffnung, mich von Zeit zu Zeit nun unsichtbar machen zu können. Mit diesem zauberhaften Gedanken schlief ich schließlich ein.

Dieser wundersame und für mich krafteinflößende Ort auf dem Dach wurde mein Rückzugsort. Hier zog ich mich in meine selbstgeschaffene Welt zurück. Träumte mir ein glückliches Leben herbei. Oft war ich sehr lange hier oben, wenn ich mal wieder fortgelaufen war. Hörte anfangs die Stimmen meiner Geschwister, wenn sie mich beim Suchen riefen, und schaute von oben auf sie herab.

Die Zeit vergeht

Jilaiya schaffte einen guten Schulabschluss und hatte eine Lehrstelle ab dem Spätsommer in einer sehr weit entfernten Großstadt angenommen.

Bill war nun in der zehnte Klasse.

Oftmals kam er nicht gleich nach der Schule heim. Er traf sich mit Freunden und sie verbrachten einen Großteil des Nachmittages irgendwo im Nirgendwo. Wenn Bill dann irgendwann am Nachmittag heimkam, schmiss er seinen fast leeren Beutel, den er für seine Schulsachen nutzte, achtlos im Zimmer in die Ecke und verschwand wieder. Ich glaubte, oft er hatte eine Freikarte. Durfte wegbleiben. Er war nun auch fast raus aus dem Haus.

In diesem Winter ging Mutti wieder arbeiten. Sie machte nur noch Spätschicht, bis Dalia alt genug für die Kita war.

Mutti wartete nun jeden Tag darauf, dass einer von uns großen von der Schule kam und Dalia weiterversorgte. Es klappte soweit auch ganz gut. Dachte ich zumindest. Oftmals, wenn ich zuerst zu Hause war, schlief Mutti auf dem Sofa und Dalia spielte im Wohnzimmer. Wenn Mutti erst gegen 23:00 Uhr heimkam und schon wieder gegen 06:00 Uhr aufstehen musste, war sie sehr erschöpft bei so wenig Nachtschlaf. Ich übernahm dann die Aufgabe der Betreuung und kümmerte mich um den Haushalt. Da ich aber noch immer trainierte, ging ich am Nachmittag weiterhin zum Sport. Weil auch Bill Termine, Freunde und Verabredungen hatten, nahm ich sehr oft Dalia mit zum Training. Sie freute sich dann immer. Ihr machte es Spaß, zuzusehen und ab und an machte sie mal mit, was sehr niedlich anzusehen war.

Was manchmal vor dem Sport geschah

Einmal, wir waren gemeinsam auf dem Weg zum Training und ich trug Dalia auf meinen Schultern, da aßen wir noch schnell ein Brötchen gemeinsam. Sie hatte es in ihrer kleinen Hand und sie ließ mich immerzu abbeißen. Bei einem Biss plötzlich schrie sie laut auf und weinte ganz laut und heftig. Ich hatte ihr versehentlich in den Mittelfinger gebissen. Das tat mir schrecklich leid und ich fühlte den Schmerz auch in mir. Sie kann sich heute noch daran erinnern. *[Puh! Sorry!]*

Doch es brachte auch viele Probleme mit sich bei all der Arbeit, die nun jeden Tag auf uns wartete. *[Eine kleine Erinnerung: drei Gärten, die Kaninchen, der Haushalt, Dalia – Sorry! – und wir hatten Hausaufgaben auf und Bill Prüfungsstress. Dies alles mussten wir unter uns regeln.]*

Da wir es gelernt haben, dass die Probleme mit Gewalt gelöst werden können, flogen bei uns oft die Fetzen.

Es war an einem Freitag. Jilaiya kam schon kurz nach dem Mittag nach Hause. Da ließ sie mich mal nicht zum Training gehen, weil noch die Küche aufgeräumt und sauber gemacht werden musste. „Resa bleibt hier! Sie macht den Abwasch. Ich lass' sie nicht gehen!" Doch Bill stellte sich ihr entgegen und wollte, dass ich zum Training gehe und Dalia mitnehmen sollte. „Resa geht zum Sport! Sie geht jeden Tag und auch heute!", sagte er verärgert. „Halt deine Fresse!", kam es von ihr zurück, „Sie macht, was ich sage!" „Nein!", entgegnete ihr stirnbietend Bill. Sie brüllten sich heftig an. Jeder beharrte auf seiner Meinung. Bald gingen jedoch beiden die Worte aus. Es entwickelte sich eine handfeste, tätliche Auseinandersetzung. Sie rauften sich förmlich die Haare. Nun war auch Dalia mittendrin. Ich wusste mit mir und ihr nicht, wohin. Was sollte ich tun? Unschlüssig nahm ich Dalia hoch in meinen Arm. Ging aber nicht weg. Ich wollte Bill in dieser Situation mit Jilaiya nicht allein lassen.

Es kam soweit, dass Jilaiya schreiend und um sich tretend vor dem Vorratsschrank in der Küche auf dem Boden lag. Bill war über ihr und hielt sie am Boden fest. Hände und Fäuste flogen und wirbelten durch die Luft. Jilaiya wehrte sich nach Leibeskräften. Und es wurde nun weiter lautstark debattiert. Von beiden Fronten gab es kein Nachlassen und die erregte Zornesstimmung wurde zusehends immer heftiger. Ab und an holte Bill zum Schlag aus, versehentlich stieß er plötzlich mit seiner Hand an die Schranktür, woraufhin sich diese öffnete. Eine große Weinflasche, sie stand wahrscheinlich am Rand des schmalen Faches, fiel heraus und traf Jilaiya seitlich am Kopf. Die Flasche ging kaputt und hinterließ eine Wunde an ihrem Kopf und einen alkoholdurchtränkten Gestank.

Ich war total geschockt und entsetzt darüber. In mir brodelte es, ich musste schleunigst weg von hier. So ergriff ich meine Sporttasche und rauschte in Windeseile mit Dalia auf dem Arm raus aus unserer Wohnung, wobei ich mit ihr hastig und gezielt zum Sportzentrum lief.

Zur Schau gestellt

Gott, mir war das alles zu viel. Ständig diese Angst, wann und was war die nächste Auseinandersetzung?

Es veränderte sich immerzu so viel. Nicht nur in der Familie. Wenn ich es nicht mehr aushielt, kletterte ich die Leiter auf dem Dachboden hoch und tauchte in meine erschaffene Welt für eine Weile ab. Manchmal war ich aber auch draußen in der Natur und in den benachbarten Geländen unterwegs und versteckte mich vor meiner Familie. Nicht immer suchten sie nach mir. Auch deshalb, weil sie mein Wegbleiben nicht bemerkten. Meist, wenn es auffiel, wurde es danach noch schlimmer und ich bekam die volle Wucht der Wutwelle vom Vater ab. Mit der Zeit redete ich weniger und stellte mich meist taub. Wollte nicht mehr hören und sehen, was um mich geschah. Kümmerte mich jedoch ganz intensiv um Dalia.

Wenn Jilaiya mal wieder zu Hause war, spielte sie sich generell auf, putzte einen dann und wann runter oder machte sich über mich lustig. Als ich zum Beispiel meine erste Regel bekam, verkündete sie dies lautstark mit Spott und Häme der ganzen Familie.

An einem Sonntag, es war abendliche Badezeit: Die Badewanne stand vorn in der Küche. Eine Zimmertür gab es nicht. Wie immer war ich die Letzte in der Wanne. Da waren alle Handtücher schon nass und der eine Waschlappen schon von jedem vor mir benutzt. Ich war gerade dabei, mich stehend zu waschen. Da bekam der Vater Besuch von Arbeitskollegen.

In seinem Job als Leiter im Fachbereich für theoretische Kenntnisse ging er voll auf. Sein Wissen war für die Behörde und später für die Baufirma unermesslich. Sogar eine Sekretärin, für sein Wirken, war seinem Büro angegliedert. Er zeigte sich ihnen allen als sehr sympathisch, nett und hilfsbereit.

Alle mussten nun an der Küche vorbei in das gegenüberliegende Wohnzimmer. Anstatt dass der Besuch unauffällig an der Küche vorbeigeleitet wurde, machte der Vater noch alle auf mich

 72

aufmerksam, indem er mich vorstellte. „Das da ist Resa." Alle glotzten mich wie irre an. Ich ließ mich schnell ins Wasser fallen. Es schwappte über und bildete einen großen See auf dem Fußboden. Mir war es so unangenehm und peinlich. Mein Kopf wurde rot wie eine überreife Tomate. Ich schämte mich und war stinksauer.

Etwas später waren die Stimmen aus der Wohnstube zu hören. Alle schienen dem Vater zuzuhören. Er gab sich klug und einfallsreich. Doch er hatte wie immer vorher in Büchern gelesen. Nun gab er vor, dass es sein Wissen sei. Nachdem seine Kollegen wieder gegangen waren, meinte er über einen, was für ein Idiot er doch wäre. Ein totaler Dummkopf und Trottel dazu. *[Ich hingegen sah nur einen Spinner. Und dieser stand gerade vor mir.]*

Wahre Freunde

In diesem Sommer wurde es anfangs besser, da waren Ferien und ich hatte mehr Zeit. Vormittags erledigte ich die Pflichten und am Nachmittag traf ich mich mit Freunden. Oft wurde ich schon am Vormittag abgeholt. Manchmal, wenn die Eltern nicht da waren, ließ ich sie in die Wohnung und sie halfen mir schnell beim Aufräumen. Naja, ich durfte keinen in die Wohnung reinlassen. Doch das trieb uns meistens nur an, schnell fertig zu werden. Dalia hat mich nie verpetzt.

Nun hatte ich letztmalig das Glück, in ein Ferienlager fahren zu dürfen. Ich war mehr als happy. Drei Wochen Auszeit. Die konnte ich echt gut brauchen. Es wurde ein Ausflug zwischen Himmel und Hölle.

Gleich zu Beginn, kurz nach der Ankunft am Ferienort, wurde ein Gruppenverantwortlicher gewählt. Weil ich die älteste war, fiel das Los auf mich. *[Böser Fehler!]*

Allerdings konnte ich mich zwischen all den Kindern nur sehr schwer unterordnen. Musste auf Kind zurückrudern, was

 73

mir weder passte noch leicht für mich war. Die Gemeinschaftsräume und die gemeinschaftlichen Sanitäreinrichtungen waren grässlich für mich, aber sauber und gepflegt. Mich zwischen all den Kindern auszuziehen, zu waschen und zu duschen war äußerst peinlich und unbehaglich. Allein wäre mir lieber gewesen. Zu dieser Zeit hatte ich schon begonnen, ab und zu eine Zigarette zu rauchen. Und so zeitig ins Bett zu gehen, war mir mittlerweile fremd. Dies führte zu allerlei Auseinandersetzungen mit der Leiterin. Oh Mann, es war sehr nervenaufreibend. Gleich am ersten Abend schwatzte ich mit dem Mädchen über mir vom Doppelstockbett. Sie war mir schon im Bus aufgefallen. Ob Zufall oder nicht, wir suchten die gegenseitige Nähe und saßen schon auf der Hinfahrt zusammen. Allerdings fanden wir mit unserem Gequassel kein Ende.

Mitten in der Nacht kamen plötzlich, angelockt vom lautstarken Quasseln und Lachen, zwei Betreuer ins Zimmer. Sie schalteten sofort das Licht ein, um die Störquelle auszumachen. Fast alle Kinder wurden wach. Unser Bett stand zwar ganz hinten, dennoch fielen wir auf, weil ich nicht so schnell in mein Bett zurückkam. So fielen wir gleich zu Beginn der Ferienzeit negativ auf. Doch es band den Faden der Freundschaft gleich ganz fest um uns.

Sie, Mila-Marie, sah vollkommen anders aus als ich. Sie hatte ganz dunkle, lange Haare und braue Augen. Ich hatte kurze, blonde, stachlige Haare mit einer langen Strähne hinter dem linken Ohr und klare, blaue Augen. Sie war nach außen lieb, doch innerlich ein ausgebrochener, unbändiger Vulkan. Ich war nach außen frech, aufgewühlt und innen lieb. Ach, Gegensätze ziehen sich an. So entsprang genau an diesem Abend eine über viele Jahrzehnte andauernde Freundschaft zwischen Mila-Marie und mir.

In der zweiten Nacht, wir sprachen leise und unter unserer Decke, kamen wieder die Betreuer Giesela und Heiko herein. Wieder wurde das Licht eingeschaltet. Zu Mila-Maries und meiner heiteren Überraschung ging es hinaus auf den schönen Sportplatz drei Runden laufen. Wir zwei freuten uns sehr und hatten Spaß daran. Doch es mussten alle aus unserem Zimmer mitmachen. Oh, waren alle anderen Kinder stinksauer auf uns.

 74

Sie waren noch im Halbschlaf, todmüde und taumelten mehr als dass sie liefen.

Nach anfänglichen Schwierigkeiten, uns zu bändigen, wurde diese Zeit eine unvergessene. Wir ließen unseren verrückten Ideen freien Lauf. Schafften es dennoch, uns sympathisch zu machen. Unsere Einfälle wurden begeistert entgegengenommen. So hatten wir es spitzbekommen, dass eine überraschende Nachtwanderung stattfinden sollte. Mila-Marie und ich bereiteten uns darauf vor. Unterrichteten die anderen Kinder über unser Vorhaben. Wir besorgten Bettlaken und Licht. Stifte, Farben und Band. So verkleideten wir uns als Gespenster und erschreckten die eigentlichen Geister. Diese Nachtwanderung durch einen Wald ist sicherlich noch dem einen oder anderem in Erinnerung.

Die längere Strecke zum Meer liefen wir stets. Am Strand versammelten wir uns alle in einer wunderschönen Bucht. Dort tobten wir fröhlich und ausgelassen herum. Gingen baden, bis uns Schwimmhäute wuchsen. Brutzelten uns in der extrem heißen Sonne, bis wir alle nach den wunderschönen drei Wochen Ferien schokoladenbraun waren. Dabei hinterließ der schöne, lindgrüne Bikini von Mila-Marie und mein blauer Badeanzug weiße Tragespuren am Rest unseres Körpers.

Am Beginn des Strandes hatten die Fischer ihre Netze hängen und es stank so erbärmlich stark nach Fisch, dass wir anfangs tüchtig die Nase rümpften. Doch nach dem dritten oder vierten Besuch störte es keinen mehr. Die geräucherten Sprotten von den Fischern hingegen waren ein so leckerer und schmackhafter Gaumenschmaus, dass wir ihn selbst nach diesen drei Wochen am Meer nicht mal ansatzweise überhatten. Mila-Marie und ich legten sogar größtenteils unser Taschengeld dafür zusammen.

Zu aller Überraschung gab es auch ein üppiges Neptunfest. So richtig mit Neptun, Zepter und Dreizack. Jeder von uns, auch die Betreuer, wurden am Ende eines Rituals noch getauft. Dabei wurden wir von Kopf bis Fuß eingeschäumt, dann mit Sand paniert und anschließend ins Wasser eingetaucht, bis alles wieder abgespült war. Wenn dies überstanden war, erhielten wir eine

 75

prächtige Urkunde mit unserem neuen Namen. Da wurde aus Mila-Marie der Wasserfloh und aus mir ein stacheliger Seestern.

Nachts schlichen wir weiterhin unbemerkt aus dem Zimmer, welches ein umgeräumtes Klassenzimmer war, durch eines der vielen Fenster. Es war nicht sehr hoch und so kamen wir ohne Anstrengung hinaus und wieder hinein. Ich rauchte genüsslich eine Zigarette und wir konnten etwas lauter quatschen.

Die große Wiese vor diesem Fenster war nachts besonders schön. Glühwürmchen tanzten am Rand zum Wald. Dort legten wir uns oft aufs Gras und schauten gen Himmel. So manche Sternschnuppe zog über uns hinweg und wir wünschten uns mit jeder Feuerkugel am Firmament so viel Zeit zusammen. Wir wollten einfach für immer zusammenbleiben. Ein echter Traum und wunderschön.

Doch leider geht auch die schönste Zeit einmal vorbei. Aber nicht ohne bleibenden Erinnerungsquatsch. So schlichen wir uns am letzten Abend nach dem Essen ins Zimmer der Betreuer. Mila-Marie stand Schmiere und ich nähte Gieselas Nachthemd zu, dekorierte die Türklinke mit Zahnpasta und schüttete etwas Wasser vor ihr Bett. *[Naja, zur Schlafenszeit wurde es dann in diesem Zimmer mal laut und lustig für uns. Prima Abschluss!]*

Tagebuch

Am Ende des Sommers verließ dann Bill auch das Elternhaus und nahm weit weg eine Ausbildung an. So waren nur noch Dalia und ich daheim.

Mich rieb indes zu Hause alles auf. Meinte, ich machte alles falsch und hatte oft das Gefühl zu stören, nicht dazuzugehören, ein Klotz am Bein zu sein. War nicht tragbar und eine Belastung für alle. Ich machte zu viele Umstände mit meinem Dasein. So begann ich mit dem Schreiben meines ersten Tagebuchs.

 76

Aus meinem ersten Tagebuch
Im Sommer zwischen der achten und neunten Klasse

Hiermit verspreche ich, mich in meinen schulischen Leistungen und auch gegenüber meinen Eltern und Geschwistern zu verbessern. Es kommt auf jede Minute an!
Ich hatte es heute versucht, mich gegenüber meinem Vater ordentlich und richtig zu benehmen. Ich habe es nicht geschafft. Ich möchte nicht mehr so faul sein und bemühe mich, den Forderungen meiner Eltern gerecht zu werden.
Heute war wieder alles normal. Nur im Garten hatte ich mit meinem Vater eine Auseinandersetzung. Dann später kam Mutti hoch und meckerte mit mir. Sie beschuldigt mich, dass ich an Lisas Nachtschrank gewesen sei. [Nein, war ich nicht!] Der Vater beschuldigt mich nun auch.
Heute war es zwar warm, aber es regnete ab und zu. Als ich heute aufgeräumt habe, bekam ich Besuch von meiner besten Ferienlagerfreundin. Sie kam ganz plötzlich und unerwartet. Trotz großer Unordnung zu Hause ließ ich Mila-Marie herein.
Ich wurde vom Vater angeschnauzt, weil ich ein wenig zu spät wiedergekommen war. Er behandelt mich in letzter Zeit wie ein Kleinkind.
Dazu, dass ich meinen Geburtstag am kommenden Wochenende feiern wollte, sagte er: „Du kannst den Geburtstag von mir aus auf der Straße feiern. Das wird dir wohl mit den anderen Spaß machen, im Dreck zu spielen." [Tränen laufen] ... Hauptsache er hat seinen Geburtstag gefeiert, ich bin ihm nur einen Dreck wert!

Vom 21. 09. bis 05. 10.

Mittwoch und Donnerstag: Nichts
Freitag: Streit mit Vati
Dienstag: Prügel wegen Wasserboiler
Mittwoch: Prügel wegen Kühlschrank
Donnerstag: Prügel wegen Einkauf und Unordnung auf dem Tisch
Sonntag: Prügel wegen Birneneimer
Donnerstag: Heute war ich froh, Vater war ganz anders als sonst (nett)
Sonntag: Prügel wegen Wasserboiler und Dalia

 77

Schule und ihre Pflichten

Da stand ich allein mit Dalia, dem Haushalt, den Kaninchen und ab und zu dem Garten. *[Ah, habe ich mal erwähnt, dass auch ich zur Schule ging?]* Somit hatte auch ich Hausaufgaben zu erledigen und hätte ab und zu mal ins Buch und die Aufzeichnungen schauen sollen. Das hatte ich auf die Bettzeit verschoben.

Für diesen Zweck baute ich mir eine Lampe aus einer Batterie, zwei dünnen Drähten und einer Miniglühbirne zusammen. Nachts im Zimmer Licht einzuschalten ging nicht. Die Eltern bildeten sich ja ein, ich mache meine schulischen Aufgaben mal ebenso zwischen Besen, Geschirr, Wäsche und Kaninchen. Es gab Höllenärger, wenn ich erwischt wurde. Doch ich schaffte es am Tag und in der Nacht nicht. Der Kopf und die Augen waren zu dieser Uhrzeit nicht mehr brauchbar.

Meine schulischen Leistungen sackten irre abwärts. Der Stress und die Müdigkeit setzten mir sehr zu. Und ich nutzte die Schule auch für alle Flausen, die ich mir zu Hause nicht erlauben durfte. In der Klasse war auch ständig Stimmung. Oft waren wir alle zusammen außer Rand und Band. So fiel es nicht groß auf, dass ich kaum Hausaufgaben machte, selten mitarbeitete, müde war und mir vom gelehrten Stoff nichts merkte.

Heute denke ich, es war damals schon alles zu viel. Doch als so junger Mensch mit dem Glauben, dass ich nur zu träge und zu faul wäre, habe ich ständig alles getan, um meiner Familie und deren Anforderungen gerecht zu werden.

Ständige Fehler

Es wurde nach Schulschluss auch nicht besser, wenn der Vater von Arbeit heimkam. Oft wurde es nur noch unerträglicher. Denn er begann nach Fehlern, die ich machte, zu suchen. Und ich machte so einige davon.

Wenn ich zwischendurch die Waschmaschine auf Aufheizen stellte, um die Wäsche zu waschen, hätte ich den Boiler abschalten müssen. Nun wusch ich aber noch das Geschirr ab und nahm Wasser aus dem Boiler. *[Welch ein Drama!]* Das schaffte unser Stromzufluss nicht. Ja, ab und zu ging eine Sicherung kaputt. Aber mir fiel es nicht ein, den Stecker zu ziehen, es musste ja alles schnell und sofort erledigt werden.

Manchmal vergaß ich, seine Kaninchen zu füttern oder auszumisten. Dann war das Abendessen für Dalia noch nicht fertig. Und, und, und.

Immerzu putzte er mich runter. Donnerte und brüllte mich an. Half aber nicht mit, ganz im Gegenteil. Er machte nie einen Handgriff im Haushalt, dies überließ er stets Mutti und seinen Kindern.

Als letztes älteres, noch zu Hause wohnendes Kind, was ich nun einmal war, immerhin steckten ja meine Beine noch unter seinem Tisch, erwartete er, dass ich alle zumutbaren häuslichen Angelegenheiten erledigte. Geifernd machte er sich immerzu tadelnd Luft über mein Unvermögen, meine Lahmarschigkeit und meiner Verantwortungslosigkeit und holte dann und wann mit der Hand, dem Latsch, dem Gürtel aus und schlug einfach zu, um sich bei der restlosen, korrekten Erfüllung meiner Pflichten Nachdruck zu verschaffen. Penibel achtete er darauf, dass Dalia nicht in der Nähe war.

Wichtig für mich sind Freunde

Wenn zu Hause alles erledigt war, ging ich nach draußen. Nahm meist Dalia mit. Zu dieser Zeit hatte ich eine Freundin namens Carla. Sie ging auch in die neunte Klasse, doch in eine andere Schule. Carla hatte einen großen Bruder. Auch er hatte, wie meine älteren Geschwister, bereits Arbeit und kam nur noch zu Besuch nach Hause. Ich war oft zusammen mit Carla. Sie holte mich meist zu Hause ab und wir verbrachten so manch schöne Stunde. Zwischen unseren Häusern, in denen wir wohnten, wurde zu dieser Zeit eine große neue Straße, die B8 gebaut. Singend flanierten wir diese entlang. Unser Lieblingslied „Du entschuldige i kenn di" sangen wir immerzu.

Da ich mich schulisch verbessern wollte, half sie mir oft bei den Hausaufgaben und ich holte mit ihr so einigen verpassten Lernstoff wieder nach. Für Dalia gab es bei Carla schönes Spielzeug und ihre Mutti kümmerte sich manchmal um sie.

Freundschaft, egal zu welchem Preis

Es war an einem Dienstag. Unser Chemielehrer kündigte für Donnerstag einen großen Test über chemisches Gleichgewicht an. Oh, darin war ich eine absolute Niete. Als dieser Stoff behandelt wurde, war ich wahrscheinlich Kreide holen. Am Nachmittag bot mir Carla an, ein paar Übungsaufgaben durchzugehen, damit ich keine Sechs kassiere. Ich freute mich sehr darüber, war gleich Feuer und Flamme und sagte zu. Wir verabredeten uns zum morgigen Nachmittag. Als es soweit war, nahm ich Dalia und mein Chemiezeug mit. Auf dem Weg traf ich überraschenderweise Jilaiya. Sie hatte frei und wollte heim. Ich bat sie, Dalia mitzunehmen, und erklärte ihr, dass ich Chemie üben bin bei Carla. Widerwillig nahm sie die Kleine mit. So ging ich den verpassten Stoff für den Test nachholen. Wir büffelten hart. Carla ließ nichts durchgehen und schaffte es, mir alles logisch zu erklären. Zum Abschluss gingen wir noch gemeinsam mehrere Übungsaufgaben durch. Froh und erleichtert, dass ich es begriffen hatte, ging ich zur Abendbrotzeit heim. Der Test morgen konnte kommen.

Zu Hause angekommen erwartete mich Jilaiya bereits im Flur. Sie funkelte mich mit ihren Augen böse an und sagte nur „Na warte, du sollst gleich zum Vater kommen." Total irritiert, doch ahnend wieso, betrat ich die Wohnstube.

Der Vater saß auf dem Sofa. Übrigens, er hatte zu dieser Zeit seinen rechten Daumen gebrochen und daher seine Hand im Gips. „Wo kommst du her? Warum musste sich Jilaiya um Dalia kümmern?", donnerte er los. Ich sah sofort auch die unbändige Wut in seinen Augen. ich fing an zu erklären: „Ich war bei meiner Freundin Carla Chemie üben und habe Jilaiya gefragt, ob sie ..." „Du lügst!", brüllte er und schnitt mir das Wort ab. „Wo warst du, will ich wissen!" „Ich sagte doch, bei Carla." „Ab sofort will ich nichts mehr von deinen Freunden hören! Hast du mich verstanden? Du gehst zu keinem mehr! Ich verbiete dir, mit deinen ‚sogenannten' Freunden zusammen zu sein!" Immer wieder ergoss sich ein Sprühnebel des Zornes vor seinem Mund. Mit jedem weiteren Satz wurde es fast ein Regenguss. „Hörst du, was ich sage? Hast du mich verstanden?!", flogen mir die Worte um die Ohren und der Zorn durch den Raum. Ich spürte dieses große Unrecht in mir. Wollte plötzlich nicht, wie sonst, klein beigeben. Und ehe ich darüber nachdenken konnte, verließ ein stures „Nein" meine Lippen. Selbst darüber schockiert, sah ich, wie er aufstand. Er fixierte mich mit seinen zornigen Augen. „Was hast du gesagt? Nein? Ich zeige dir dein Nein!", bellte er im Gehen. Nach wenigen Schritten stand er vor mir. Groß wie ein wildgewordener Grizzly. Holte mit der linken Hand aus und schlug mehrfach heftig zu. Meine Abwehr kam zu spät, denn damit hatte ich noch nicht gerechnet. Er traf mitten in mein Gesicht. In mir zog sich explosionsartig und schlagartig

 81

alles zusammen. Trotz, Sturheit oder Resignation übernahm überraschend meine Oberhand. Stoppte den aufkommenden Schmerz der Schläge. Der übliche Wasserfall aus Tränen blieb aus. Sie wurden im Aufquellen erstickt. Starrköpfig und reglos stand ich weiterhin vor ihm. Nein, ich tu nicht, was du sagst, hämmerte es in meinem Schädel.

Das brachte ihn so richtig in Rage. Ich konnte ihn in seinem Zorn ohnehin nicht stoppen. Aber heute war es für mich völlig anders, ohne es zu steuern verzog sich mein Mund und ich begann zu grinsen. Dieser Hölle konnte ich nur entkommen, wenn ich mich nicht mehr zerschlagen lasse. Das und genau das blitzte in diesem Moment in meinem Hirn auf und ich wusste, das war meine Freifahrtkarte heraus. Auch, wenn es vorerst nur in meinem Kopf stattfand. Ich stand fest, wie angenagelt und ließ den Schmerz nicht zu. Er tobte und es folgten immer weitere Schläge. Immer wieder ins Gesicht. Konnte ja nicht mit der einen Hand und dem Gürtel hantieren. Außer sich schimpfte er dabei fast mit jedem Hieb.

Ich schluckte die Wucht der Schläge und vertrieb das aufsteigende Wasser meiner Augen. Wollte ihm meine Schmach und Pein nicht mehr offen zeigen. In mir wehrte sich was gegen diese Bestrafungen. In diesen Sekunden sank meine Achtung vor ihm auf den Nullpunkt, doch leider blieb die Furcht für immer.

Jilaiya stand in der Tür, sah zu und grinste breit. In ihren Augen tanzte Freude auf.

Meine Reaktion machte ihn nun noch wütender. Ohne es kommen zu sehen, bekam ich links am Kopf, genau an meiner Schläfe, seine eingegipste Hand mit voller Wucht ab. Nun taumelte ich doch. Eine ganze Galaxie von strahlenden Himmelskörpern, die Sterne der kompletten Milchstraße in leuchtenden Farben sowie ein Meer von schimmernd fallenden Kometen, umgaben mich plötzlich. Dann herrschte schwarze, dunkle Ruhe. Alles war abgeschaltet. Mein Kopf, mein Körper, alles.

Au! Au! Verdammt! Was war das am Bauch? Au! Nun im Rücken? Noch einmal im Bauch? Au! Das schmerzt! Total benommen öffne ich meine Augen. Der Schmerz kommt von Tritten.

Als der Vater sah, dass ich ihn ansehe, hörte er auf. Wollte er mich wieder erwecken oder hatte er Bedenken, ob ich noch lebe? Mir wird bewusst, der letzte Schlag vorhin hat mich ausgeknockt. Ein metallischer Geschmack breitet sich auf meiner Zunge aus. Mit Mühe rapple ich mich auf. Tränen kommen trotz der Demut und des Schmerzes noch immer nicht. Ich kämpfe darum, dass es so bleibt. Will ihm die Genugtuung wirklich nicht geben. Hass und Traurigkeit steigen in mir auf.

Genau dieser Moment war so entladend. Ich war vom Wunsch erfüllt, aufzugeben. Wollte mein Leben nicht mehr. Wollte nur noch eins: unsichtbar sein.

Jilaiya ist verschwunden.

Ich weiß nicht, wie lange ich weggetreten war. Weiß nicht, wie spät es war.

Nun folgte ein erneuter, aber ruhigerer, zischender Redeschwall von ihm. „Zur Strafe gibt es für dich kein Abendbrot! Du gehst das Klo putzen. Gründlich! Aber mit deiner Zahnbürste! Erst, wenn du wieder vernünftig und fertig bist, lass' ich dich wieder rein!" Die Worte waberten und widerhallten in meinem Kopf wie glitschiger Wackelpudding. Leise drangen sie zu mir und ich hatte Mühe, sie zu verstehen. Sie durchströmten förmlich meine stechende Schädeldecke. Hunderte Tentakel durchwalkten mein Hirn. Die Zeit stand still. Alles verharrte. Keine Bewegung tat sich auf. Selbst die aufgewirbelten Staubpartikel in der Luft waren bewegungslos. Der Raum schien den Atem angehalten zu haben. Innerlich wehrte ich mich gegen dieses Vakuum und ich setzte mich schwerfällig Richtung Flur in Bewegung. *[Doch nur zum Putzen auf dieser Scheiß-Welt?]*

Stumpf und schwindelig gehe ich in die Küche, um einen Eimer Wasser und meine Zahnbürste zu holen. Dalia und Jilaiya sitzen am Tisch beim Essen. Als Jilaiya mich mit breitem Grinsen und gehässigen Augen anschaut, schlucke ich meine innere, wilde Wut herunter. Sie hängt wie ein riesiger Kloß in meinem Hals und quetscht ihn zu. Ferngesteuert gehe ich wie gelähmt an ihnen vorbei und schaue auf Dalia. Kämpfe jetzt stark gegen die aufkommenden Gefühle. Alles mischt sich mit einem Mal ein. Entsetzen, Panik, Wut, Liebe. Ein reines Gefühlschaos. Stehe dem ganzen vollkommen machtlos gegenüber.

So verlasse ich mit dem Eimer, meiner Zahnbürste in der Hand und hängendem Kopf die Wohnung. Mein Magen krampft, mir ist schlecht und noch immer dreht sich das Karussell. Gehe die eine Treppe runter zum Plumpsklo. Muss mich dabei krampfhaft mit der fast freien Hand am Geländer festhalten. Unkoordiniert schlotternd schiebe ich mit großer Anstrengung den Schlüssel der Toilettentür ins Schloss. Öffne hektisch und zitternd die Tür und gehe hinein. Meine Tränen kann ich nun nicht mehr zurückhalten. Hitze, Kälte, Schweiß, Hämmern. Kann meinem Körper nicht mehr folgen. Mein Magen dreht sich schlagartig um und ich kotze mir die Seele aus dem Leib. Alles brach jetzt über mich herein. Die Gedanken trafen wie vergiftete Pfeile in meinen Kopf. *[Dabei wollte ich doch nur keine Sechs in der morgigen Chemiearbeit.]*

Dalia – ich lasse dich nicht allein

Nach dem rückwärtigem Magenguss, der mir auferlegten Putzaktion und einer gefühlten Ewigkeit, als meine Mutti von der Arbeit wieder zu Hause war, wagte ich mich hoch in mein Bett. So ging ich durch das Zimmer, in dem Dalia schlief. Kurz hielt ich inne und sah ihr beim Schlafen zu. Sie war nach wie vor mein Glück und ich liebte ihre Liebe zu mir.

Schaffte und wollte diese Pein nicht mehr. Hielt das alles nicht mehr aus.

Da verließ ich in dieser Nacht, als alle schliefen, wie in Trance unsere Wohnung. Mein Kopf, mein Bauch und mein Brustkorb schmerzten noch immer sehr heftig. Ich hielt die dicke Wäscheleine in meiner linken Hand. Lief die mir bekannte Straße ein Stück entlang, dann kletterte ich über einen Zaun und lief ins nahegelegene Firmengelände. Stieg auf den Kirschbaum, der dort stand, und benutzte die Äste als Leiter bis ein Stück über die halbe Höhe. Der Baum war kahl, kalt und nass. Ich befestigte ganz ruhig den Strick fast ganz oben um einen Ast. Kletterte wieder etwas herab. Band eine Schlinge und legte sie mir um den Hals. Die Leine war schon oft gebraucht. So hatte sie starken Spliss und kratzte und stachelte am Hals. Doch es störte mich nicht. Es war mir so egal. Alles machte keinen Sinn mehr. Ich musste es beenden. Ich war so schrecklich müde. Alles um mich herum verschwamm. War getrieben von dem Wunsch, mich aufzulösen und fort zu schweben. Mir war leicht zumute. Eine finstere Leere war in mir und um mich herum. Kein Gefühl regte sich. Ich war nicht traurig und nicht froh. Gleichgültigkeit hatte Besitz von mir ergriffen.

Kurz bevor ich mich fallen lassen wollte, schaute ich noch einmal hoch zu unserem Haus. Sah die Fenster der Wohnstube und das ständig weit geöffnete der Schlafstube. Es brannte nirgends Licht in der Wohnung. Wieder wurde mein Weggehen nicht bemerkt. Egal. So egal.

Nun schaute ich hoch zum Dach. Schlagartig wie ein Blitz schießt mir Dalia in den Sinn. Ein heftiger Schmerz stach in mein Herz. Das tat weh. Sie wollte ich bei diesen Ungeheuern und dieser Hölle nicht allein zurücklassen.

So stand ich mit leerem Blick noch eine Ewigkeit. Unfähig, irgendetwas zu tun.

Erst passierte nichts. Da war nichts. Nur ein gewaltiges Vakuum, inhaltlose Leere und ein großer schwerer Stein im Bauch. Mein Herz schrumpfte auf Erbsengröße zusammen.

Von einem Augenblick zum anderen lief ein ganzer Strom aus Tränen über mein Gesicht.

Da traf ich die Entscheidung, wieder zurück in mein Bett zu gehen. Nur für Dalia musste ich es über mich ergehen lassen.

Wollte aus Liebe zu Dalia eine andere Lösung finden.

Ich war sehr jung, war naiv und dem Ganzen gegenüber viel zu schwach. Erschwerend kam hinzu, dass Liebe dumm und blind macht. Sie bringt Eltern dazu, Unmögliches zu überstehen

 85

oder zu opfern. Kinder lieben ihre Eltern ohne Wenn und Aber. Gegen alle Vernunft kann Liebe alles vergeben. Inzwischen war ich aber kein Kind mehr. Konnte akzeptieren, was passiert war, jedoch nicht vergessen.

In mir tobte es noch immer gewaltig, als ich in meinem Bett lag. Diese Nacht war an Ruhe nicht zu denken. So nahm ich mein Tagebuch und schrieb. Schrieb mir den Kummer herunter. In dieser Nacht kam der Schlaf nicht. Mein Kopf und mein Körper hatten keinen Frieden und waren zu schwach und eingeschüchtert zum Kämpfen.

Missbrauchtes Vertrauen

So war ich am darauffolgenden Tag müde und ausgezerrt. Konnte mich kaum auf den Beinen halten und verpatzte die Chemiearbeit völlig.

Es brauchte ein paar Tage. Und in dieser Zeit fingen meine Gedanken an zu hämmern. Ich konnte mich im Unterricht nicht konzentrieren und schlief auch manchmal ein. Unserer Geschichtslehrerin fiel dies auf und sie nahm mich nach einer Stunde beiseite. „Resa, was ist los mit dir? So kenne ich dich nicht. Kann ich dir helfen?" Dankbar für die Zuwendung, doch etwas zurückhaltend, lehnte ich die angebotene Hilfe ab.

Ich war zu jung, zu naiv und glaubte noch immer an das Gute im Menschen. Sie drängte mit sanften Worten noch einmal nach. Da konnte ich es nicht mehr zurückhalten. Ich berichtete ihr, voller Vertrauen, was vorgefallen war. Sie sprach tröstend auf mich ein und wollte schauen, ob sie mir helfen könne. Etwas erleichtert ging ich an diesem Tag heim. Das Gespräch tat mir gut und schenkte mir Hoffnung auf Besserung.

Zu Hause packte ich an diesem Nachmittag die Arbeit wieder kraftvoller an. Hatte wieder mehr Mut und Zuversicht. Ich kümmerte mich wie gewohnt um den Haushalt und um Dalia. Mutti ging wie gewohnt zur Arbeit.

So gegen 17:00 Uhr kam dann der Vater nach Hause. Und ohne sich auszuziehen, stürmte er in die Küche. „Was erzählst du da für Lügen?!", schrie er sofort los. Bei diesen Worten stockte ich abrupt und stand plötzlich total steif an der Spüle. Wagte es nicht zu atmen oder mich zu bewegen. Und wie ein Blitz schoss es in meinen Kopf, die Lehrerin hat mit ihm gesprochen. Oh, nein! Starr, weil ich ahnte, was kommen wird, versuchte ich dennoch zu sprechen. Aber kein Wort kam aus mir heraus. Er hatte sich inzwischen vor mir aufgebaut. Da kam Dalia in die Küche. Ich nutze diesen kurzen Moment der Ablenkung. Brauchte kurz Luft, bevor ich erstickte. So griff ich nach dem Abfalleimer und brachte ihn schnell auf den Balkon.

Die Tür stand offen und es waren nur wenige Schritte. Plötzlich hörte ich hinter mir die Tür ins Schloss fallen und das Knacken beim Schließen der Tür. Ich starrte den Vater fassungslos durch die Scheibe an. Er drehte sich weg, nahm Dalia in den Arm, ging aus der Küche und löschte das Licht.

Es war dunkel, kalt und feucht draußen. Ich hatte weder eine Jacke oder feste Schuhe an. Schon nach kurzer Zeit fing ich an zu frieren. Mehrfach klopfte ich und rief: „Mach bitte wieder auf!" Doch ich hatte keinen Erfolg damit. Die Tür blieb zu. Nach einer Weile ging das Licht in der Küche wieder an, Hoffnung keimte in mir auf. Nun konnte ich zusehen, wie er das Abendbrot für Dalia und sich machte. Ich blieb weiterhin ausgeschlossen. Eine ewige Zeit später, Dalia schlief schon längst, ließ er mich wieder rein. Total durchgefroren, zitternd und erschöpft betrat ich mit steifen Beinen die Küche. Er schickte mich sofort ins Bett. Etwas Warmes zu essen oder trinken gab es für mich nicht. Auf meinem Weg ins Zimmer erhaschte ich einen flüchtigen Blick auf die Uhr. Mittlerweile war es gegen 21:30 Uhr. Zeit für mich, Mutti von Arbeit abzuholen. Dieses Mal ging er selbst.

Heute hatte ich verschlafen und kam zu spät zur Schule. Ich erzählte einigen Mitschülern über das Geschehen vom vorigen Tag. Und kam zu dem Entschluss, zum Jugendamt zu gehen. Zu Hause war alles in bester Ordnung. Carla kam zu mir und ich musste sie wieder fortschicken. Ich räumte auf und ging mit Dalia Lotto spielen.

Ich lebe noch! Und nun für immer! [Notiz auf dem linken Tagebuchrand mit grüner Tinte]

[...] Dann kam plötzlich Vati ins Zimmer und fragte mich, ob ich schon Kaninchen füttern war, weil ich das vergessen hatte, lief ich schnell runter und fütterte sie.

Mein gelöschtes Lachen

Es war so kurze Zeit später, ich erinnere mich an den genauen Zeitraum nicht mehr. Noch immer war ich bekümmert über das Erlebte. Da rempelte mich Jilaiya im Wohnzimmer an und schnauzte mich zornig an: „Zieh nicht immer so eine grimmige Fresse! Ich könnte nur reinschlagen." Die Worte waren für mich weitere giftige Pfeile und ich schwor mir an diesem Tag, zu dieser Stunde, nicht mehr zu lachen. Nicht in dieser Familie. Dies wollte ich nur noch mit Dalia und meinen Freunden tun. *[Ich hielt es all die Jahre bis zu meinem Weggehen durch. Negative Aufmerksamkeit ist auch Aufmerksamkeit.]*

Ich brauche Freunde, meine Eltern nicht

Allerdings bin ich dem Wunsch bzw. dem Nachdruck vom Vater, alle meine Freunde aufzugeben, nicht nachgekommen. Habe sie zwar manchmal fortgeschickt, wenn sie mich abholen kamen, aber wir trafen uns weiterhin. Da konnte selbst die schlimmste Bestrafung nichts ausrichten.

Wenn ich zurückdenke, hatten unsere Eltern nur einmal, für einen kurzen Zeitraum, Freunde. Es war zu der Zeit, als Dalia geboren wurde. Leider hielt es nur ca. ein Jahr an. Was geschehen war, weiß ich nicht. Gesprochen wurde darüber nicht.

Normales Familienleben

Dalia war nun gleich drei Jahre alt. In meinen Tagebüchern habe ich gefunden, dass ich sie immer mit dabeihatte, wenn ich hinausging. Ich kümmerte mich auch weiterhin um sie. Meine Geschwister waren ja nun alle aus dem Haus.

Allerdings beschrieb ich auch angenehme Zeiten und ein normales Familienleben in meinen Tagebüchern aus dieser Zeit. So kamen meine Geschwister Seth, Jilaiya und Bill oft an den Wochenenden heim. Mitunter holte ich sie vom Bahnhof ab und brachte sie auch wieder hin. Ich buk in der Weihnachtszeit mit Mutti Kuchen und Plätzchen. Abends hörte ich Musik in meinem Zimmer. Seth brachte uns schöne Schallplatten mit. War meist nach dem Training, bis ich Dalia abholen musste, mit meinen Freunden zusammen. Die ersten Liebeleien fingen für mich an. Zu Hause gab es alltägliche Gespräche. Und manchmal, weil wir kein Radio einschalten durften, sangen wir miteinander.

Der Stress ging aber weiter

<u>Aus meinem ersten und zweiten Tagebuch</u>
<u>Vom 17. 09., ich ging in die neunte Klasse</u>

[...] abends dann kamen Vati und Dalia wieder. Es gab zwischen mir und Vati Streit wegen Dalia.

<u>Vom 25. 09.</u>

[...] vormittags hatte ich bis um 10:00 Uhr Schule. Zu Hause angekommen, meckerte mich Vati gleich wieder an. Selbst beim Birnenernten ließ er mir keine Ruhe. Das Gemeckere hörte nicht eher auf, bis ich vor Wut mit Dalia, von Mutti aus, spazieren gegangen bin.

<u>Vom 23. 10.</u>

[...] besuchte ich das erste Mal meine Ferienlagerfreundin Mila-Marie und bleib über Nacht bei ihr.

<u>Vom 25. 10.</u>

Heute hatte ich wieder Schule. Nun bin ich allein, ich habe keine Klassenfreundin mehr, da ihre Familie umgezogen ist.

<u>Vom 27 11.</u>

Als ich um 10:00 Uhr zu Hause war, musste ich noch einmal einkaufen gehen, Dreck runterbringen, Treppe wischen und mich noch um den Vorgarten beim Kaninchenstall kümmern.

Vom 28. 11.

Heute weckte mich Vati schon um 09:00 Uhr. Erst musste ich Kohlen holen, dann die Stube aufräumen und noch einkaufen gehen. Als ich nach Hause kam, aßen wir Frühstück und hörten uns Weihnachtslieder an, da der 1. Advent war.

Vom 11. 12.

So gegen 19:00 Uhr fing ich an, aufzuräumen. Als die Küche und der Flur fertig waren, wusch ich mich von Kopf bis Fuß. Mutti, Vati und Bill unterhielten sich über dies und das. Als Mutti und Vati gegen 23:30 Uhr ins Bett gegangen sind, räumte ich noch den Rest der Wohnung auf. Bill bastelte inzwischen weiter. Als ich mit aufräumen fertig war, half ich ihm.

Vom 13. 12.

Heute verlief der Tag ganz anders als sonst, denn Dalia war heute das erste Mal im Kindergarten. Als ich aus der Schule kam, wusste ich wirklich nichts anzufangen. Nachdem ich im Haushalt alles erledigt hatte, machte ich Hausaufgaben und häkelte danach. So gegen 15:30 Uhr holten Carla und ich Dalia wieder ab.

Überall Ärger mit mir – in der Schule

Doch die Probleme mit mir rissen nicht ab. Ganz im Gegenteil. Ich eckte ständig mit meinen Meinungen an. In der Schule wurde ich zum Außenseiter. Ich kam mit den Ansichten, die uns vermittelt werden sollten, und dem Verhalten von Mitschülern gegenüber einem neuen Mitschüler unserer Klasse nicht zurecht.

 91

So führte ein Referat vor der Klasse zu mehreren großen Aussprachen, weil ich andere Vorstellungen zu Ordnung und Disziplin hatte.

In meinem Tagebuch schrieb ich von einem großen Spektakel wegen meinem Vortrag.

Vom 06. 01.

Zu Hause machte ich noch dies und das, half Mutti beim Kuchen backen, räumte auf und machte Ma-Berichtigung der zweistündigen Mathearbeit (Note: Zwei). Danach schaute ich noch fern und ging ins Kinderzimmer, wo ich Tasche packte und ins Tagebuch einschrieb.

Vom 08. 07.

Danach war ich zu Hause, legte noch Wäsche zusammen und musste in den Garten Erdbeeren und Himbeeren abnehmen (am Abend) ... Dann kümmerte ich mich um Dalia und bin selbst ins Bett gegangen.

Vom 10. 07.

Mutti und die anderen sind dann ins Kino gegangen. Ich räumte noch auf und fütterte die Kaninchen. Weil Dalia erwachte und aufgestanden war, kümmerte ich mich um sie.

Vom 12. 07.

Vati und ich gingen noch Futter für die Kaninchen holen. Zu Hause fütterte ich noch Kaninchen ...

Überall Ärger mit mir – Daheim

Die Spannungen zwischen meinem Vater und mir wurden mit der Zeit wieder unerträglich. Und nicht nur das. Meine Unzufriedenheit wuchs mächtig. Mehr und mehr wurde mir bewusst, dass ich sehr wenig Freizeit hatte. Ja, ich traf mich mit Freunden. Doch meist nur kurz oder weil ich sie bei Besorgungen, die ich machte, antraf.

Einmal schrieb ich dazu meinen Eltern einen Brief und bat um Entlastung. Doch dieser führte nur zu weiteren Auseinandersetzungen. Ich hatte oft das Gefühl, dass alle gegen mich waren. Ich war nur geduldet und das nur, weil ich ein Aschenputtel für alle war.

Fluchtversuch

In diesem Sommer ertrug ich es nicht länger.

An einem Nachmittag ging ich zusammen mit Dalia zum ortsansässigen Kinderheim und habe um Aufnahme gebeten. Die Leiterin wies mich jedoch ab, mit der Begründung, dass sie Schwierigkeiten mit meinem Eltern vermeiden wollte und dies auch besser für uns war. So mussten Dalia und ich nun weiterhin in dieser Familie leben. In meinen Kopf passte das indes nicht mehr hinein. Ich wollte weg. Wollte mit Dalia unsichtbar werden.

93

Was bleibt?

Die Enttäuschung war so groß und meine Verzweiflung wuchs ein weiteres Mal mächtig an.

So trug es sich zu, dass ich auf dem Weg zum Garten mit dem Fahrrad unterwegs war. Dalia hatte ich vorne auf einem Kindersitz sitzen.

Ich befuhr eine leicht abschüssige, asphaltierte Straße, welche die neue Bundesstraße 8 kreuzte. Von links kommend nahm ich einen heranfahrenden LKW wahr. Das war die Lösung meiner Probleme und Qualen, schoss es blitzartig in mein Hirn.

Mit kräftigen Tritten in die Pedale beschleunigte ich das Fahrrad auf die für mich höchst mögliche Geschwindigkeit und raste auf die Kreuzung zu. Meine Wahrnehmung sagte mir, dass es ganz sicher zu einer Kollision mit dem LKW kommen würde. So trat ich rein, wie der Teufel es selbst nur konnte. Ich sah nur noch die Auflösung der Probleme vor meinen Augen. Dalia würde ich, wie versprochen, in dieser Hölle nicht zurücklassen. Mein Körper und mein Kopf waren wie im Dämmerzustand und besessen davon, dieses Ziel zu erreichen. Hypnotisiert von der Vorstellung der Ruhe, welche uns erwartet, war ich vollkommen von dem glücklichen Gefühl, durch unsichtbare Schmetterlingsflügel in unseren Abgang getragen zu werden, berauscht. Nur noch wenige Sekunden trennten uns davon. In mir gab es keinen Widerstand und keine Aufregung. Gleich passiere ich die friedenbringende Stelle. Jetzt! Augen zu!

Lautstark krachte es im nächsten Moment am und im LKW. Der Fahrer bremst, hupt und gestikuliert heftig. Leider kommt der LKW nur wenige Zentimeter neben uns zum Stehen. Die plötzlich drückende Luft zwischen dem Fahrerhaus und mir, kommt einer zarten Berührung der Schmetterlingsflügel gleich. Sie löst sich in einem Bruchteil von einer Sekunde aber gleich wieder auf. Mist, verdammter! Der Fahrer macht sich augenblicklich Luft um sein Herz und schimpfte wie ein Rohrspatz. Noch bevor er ausgestiegen war, erwachte ich aus meinem Däm-

 94

merzustand. Bin nicht fähig, irgendein Wort an den Fahrer zu richten und fahre einfach weiter Richtung Garten. Brennend heiße Tränen überströmten nun mein Gesicht.

Diese Situation tut mir nur für Dalia und mich sehr leid. Wir haben es nicht geschafft, Frieden zu finden. Die Enttäuschung darüber, es nicht geschafft zu haben, nagte eine gewaltige Zeit an mir. Was blieb mir nun noch?

Der Hass löst sich auf

Etwas später waren die Sommerferien schon wieder vorbei und ich war in der 10. Klasse.

Ja, zugegeben, ich war kein Mauerblümchen. So manchem Jungen verdrehte auch ich den Kopf. Und manches Mal beflügelte auch mich die große Liebe.

Da war ein hübscher, intelligenter Bengel im Ort, in dem Mila-Marie lebte. Mit ihm freundete ich mich sofort an und schwebte fortan im siebten Himmel. Da wir uns selten sehen konnten, telefonierten wir miteinander. Wenn wir uns nicht erreichten, schrieben wir unsere Geschehnisse und Gefühle in wechselseitigem, postalischem Nachrichtenverkehr auf.

Daraus entsprang über ein paar Monate hinweg eine gute Brieffreundschaft. Mila-Marie schrieb mir auch regelmäßig. Das machte den Briefkasten und die Telefonzelle zu meinen besten Verbündeten. Jeden Tag hoffte ich auf Post und wurde nur selten enttäuscht.

Allerdings kam ich somit mehr und mehr umhin, regelmäßig zu lesen und zu schreiben. Dies war gezwungenermaßen absolut förderlich für die anstehenden Prüfungen. Übung macht bekanntlich den Meister. So nahm ich manche Hürde, auch wenn nur für mich allein. Interessierte ja ohnehin keinen, ob ich lesen konnte.

Nachts im Bett spielte ich mit Worten, schrieb und versuchte auch die ersten, mich interessierenden Bücher aus. Wie aus dem Nichts klappte es, nur für mich zu lesen. Vorlesen brauchte ich ja kaum noch einem mehr. Dadurch inspiriert klappte es auch mit der Rechtschreibung und meinem Ausdruck. Alles in allem erreichte ich trotz der widrigen familiären Umstände gute Abschlusszensuren. Und mal an dieser Stelle erwähnt: Danke an euch zwei!

Geburtstagsrunde

Als der nächste Winter ins Land zog, hatte Mila-Marie Geburtstag. Sie wohnte in einem Dorf hinter Bergenstadt. Welch ein Zufall es auch war. Hier hatte ich meine ersten Trainingsjahre mit meinem Sport verbracht.

Ich erhielt von meinen Eltern auch die Erlaubnis, am Wochenende zu ihr zu fahren. An diesem Tag lagen jedoch ca. dreißig Zentimeter Neuschnee. Demzufolge fuhr kein Autobus. Selbst Autofahrer hatten arge Probleme.

Mich schreckte es nicht ab. Nahm meinen gepackten Rucksack und machte mich zu Fuß auf den Weg. Konnte ja nicht so schlimm sein. Nur ein bisschen Schnee. Da werde ich die paar Kilometer schon schaffen!

Zu meinem Erstaunen hielt sogar ein Autofahrer an und nahm mich ein ganzes Stück (ca. drei Kilometer) mit. Als er jedoch in einen leicht ansteigenden Weg einbog, kam sein Fahrzeug wegen Glatteis nicht hinauf. Aus Höflichkeit versuchte ich zu helfen. Musste es aber aufgeben und begab mich wieder auf den Weg zu Mila-Marie.

Am zeitigen Nachmittag, gerade rechtzeitig zur Feier, kam ich bei ihr an. Ihre Eltern, ich mochte sie sehr, hielten mich für verrückt. Über fünfzehn Kilometer, bei diesem Wetter, zu ihnen zu laufen. Dennoch waren alle froh, dass ich unbeschadet da war.

„Muttel", so nannte Mila-Marie stets liebevoll ihre Mutti, hatte Kuchen gebacken und Kakao vorbereitet. Ihr Bruder Lennox und ihr Vater warteten bereits hungrig und ungeduldig am Tisch auf uns. Der Duft vom Kuchen war so köstlich wie dieser selbst. Lennox konnte sich kaum bremsen. Voller Appetit stopfte er sich Stück um Stück hinein. Wir langten auch alle kräftig zu. Bei so einem Geburtstagskuchen konnte selbst ich mich nicht zurückhalten. Lecker!

Schon die Begrüßung und die Freude der Eltern und von Lennox waren so herzlich, dass ich keinerlei Bescheidenheit hatte, obwohl ich erst zum zweiten Mal bei ihnen war. Es war so irre schön, bei ihnen zu sein. Hier wurde ich beachtet. Nicht verachtet. Ich fühlte mich bei ihnen schnell pudelwohl, obwohl ihr kleines, bescheidenes Umgebindehäuschen, in dem sie wohnten, auch keinen Komfort hatte. Hier war das Plumpsklo sogar außerhalb des Hauses. Wir mussten auch bei bitterster Kälte raus. Da fror einem schon mal der Hintern ab.

Auch das Zimmerchen, in dem Mila-Marie schlief, war unbeheizt. Wie in meinem Kinderzimmer schimmerte der Frost im Winter an den Wänden und die Fenster trugen wunderschöne bizarre Eisblumen. *[Apropos Eisblumen, habt ihr diese je schon einmal gesehen oder ihnen beim Wachsen zugesehen? Für mich ist dies ein Zauber der Natur und unendlich schön.]*

In ihrem Bett, was ihr Zimmerchen fast allein ausfüllte, mussten wir zwei zusammen schlafen. Die dicke Federdecke war anfangs immer ganz klamm und eisigkalt. Eng aneinander gekuschelt trotzen wir der Kälte und vertrieben sie.

Wunderschön trifft es richtig – so frei, so geliebt, so umsorgt, so vertraut miteinander. Hier wurde ich aufgeräumt. Das Größte war, mir wurde Glauben und Vertrauen geschenkt. Ihre Eltern mochten mich sehr und dies ließen sie mich beständig spüren.

Hier fing ich an, Quatsch zu machen. Ich durfte ausgelassen rumtollen und jeden auf den Arm nehmen. Außer Rand und Band trifft es perfekt. Ja, genau genommen, alles durfte ich auch nicht. Es gab Regeln, klar. Gehört dazu. Aber ganz anders als ich es bisher kannte.

Hier machte ich meine ersten richtigen Erfahrungen mit dem lieben Alkohol. Ihr Vater trank gerne mal ein, zwei Gläschen und ich machte gerne mit. Ich war bei ihnen ja ohnehin schon innerlich gelöst und fühlte mich frei. So war ich auch ganz locker drauf, dieses Zeug zu trinken. Nicht nur, weil es mir schmeckte, nein, ich liebte das entstehende Gefühl der Schwerelosigkeit. Die Leichtigkeit verlieh mir nicht nur Flügel, sie ließ mich reden, was ich nicht mehr so leicht konnte, und die zurückgedrängte Fröhlichkeit durfte sich bei ihnen um mich herum Platz verschaffen.

Veränderungen bahnen sich mal wieder ihren Weg

Zu Hause indes blieb es nicht beim Alten. Als der Herbst Einzug hielt, veränderte es sich wieder einmal bei uns. Mutti litt oft an Kopfschmerzen und war häufig traurig. Am Wochenende behalf sie sich mit starkem Kaffee aus dieser Schwermut. Manchmal machte ich ihr einen fertig und ich durfte mir auch einen bereiten. Der Duft, welcher beim Überbrühen aufstieg, war grandios. Beim Einkauf stand jetzt öfter Rotwein oder eine andere süße Sorte Wein auf dem Einkaufzettel. Diese trank Mutti sehr gern. Meist löste sich dadurch ihre Traurigkeit ganz kurzzeitig auf. Nach einem weiteren Gläschen änderte es sich aber abrupt. Sie weinte dann sehr viel und sprach über ihre Probleme und Sichtweisen. Das zog sie immer so runter und die Aura der Trübseligkeit waberte sie kummervoll ein. Als „sentimental" bezeichnete der Vater diesen Zustand. Aber er tat nichts, was diesen Zustand geändert hätte. Nein, oft machte er es für gewöhnlich noch schlimmer. Im Streit flogen schon mal Tassen und Teller umher. So machte sich Mutti Luft. In der kommenden Zeit nahmen die leeren Flaschen und das Gezänk zu.

Eines Tages im Winter schnappte ich in einem ihrer Gespräche und Auseinandersetzungen auf, dass ein erneuter Umzug im Haus stände. „Die jetzige Wohnung mit zwei Kindern ist doch viel zu groß. Resa wird uns auch bald verlassen. Sie ist nächstes Jahr fertig mit der Schule. Da sind wir mit Dalia nur noch zu dritt", sagte der Vater aufgebracht zu Mutti. Er würde sich umhören und darum kümmern. In der Stadt würden gerade Wohnungen saniert.

Ein schönes Geschenk

Nun war die Adventszeit angebrochen. Für Dalia wurden schöne Spielsachen und ein hübsches, lindgrünes Winterkleid gekauft. Mutti und ich waren manchmal gemeinsam unterwegs, um Weihnachtsgeschenke einzukaufen. In einem Laden gab es herrlich schöne Hosen und Hemden für Männer und Jungs. Eine Etage weiter oben war eine Abteilung für Damen. Ich war noch am Schauen, Mutti stand bereits unten an der Kasse in der Schlange. Ich folgte ihr die Treppe hinunter. Da fiel mir in der Abteilung der Jungs ein wunderschönes, hellblaues, kariertes, mit ganz kleinen Karos versehenes Hemd ins Auge. Noch dazu hatte es einen weißen Stehbündchenkragen. Genau die Sorte Hemd, die ich unheimlich liebte. Ohne mich weiter umzusehen, lief ich zu Mutti und schwärmte von diesem Hemd. Ganz akribisch beschrieb ich ihr, wie dies ausschaute und dass ich mir dieses Hemd von Herzen wünschte. „Tut mir leid, Kleines, mein Geld ist fast alle, es reicht nur noch, um Brot und Wurst zu besorgen", kam es fast mitleidig von ihr zurück. Zutiefst enttäuscht blickte ich beim Verlassen des Geschäfts noch einmal in die Richtung, wo dieses wunderschöne Hemd hing. Leider musste es dortbleiben.

Wir besorgten noch die besagten Lebensmittel und machten uns auf den Heimweg. Da Mutti noch vergessen hatte, Zigaretten zu besorgen, ging ich mit dem ganzen Einkauf voraus nach Hause und sie ging in den Zeitungsladen, in welchem es auch Tabak, Lotto und andere kleine Dinge gab. Als ich zu Hause alles eingeräumt hatte, kam Mutti auch dazu und wir tranken noch einen Kaffee gemeinsam, bevor ich Dalia abholte.

Etwas später war dann auch schon das Weihnachtsfest. Wir schmückten alle gemeinsam den Weihnachtsbaum, bereiteten die Festtafel vor und Mutti füllte in der Zeit, als wir uns festlich ankleideten, für jeden einen Weihnachtsteller mit Süßem und Obst. Wie all die Jahre zuvor war pünktlich um 18:00 Uhr Bescherung. Bei uns waren die Geschenke und die Naschteller immer unter dem Weihnachtsbaum hübsch für jeden zurechtgemacht. Nacheinander durften wir unsere Geschenke und Teller holen. Aber wir mussten warten, bis alle ihres gefunden hatten. Erst dann durften wir die Päckchen vorsichtig öffnen. Neugierig schaute ich bei allen zu, was sie Schönes bekommen hatten. Ich ließ mir an diesem Abend beim Auspacken Zeit, war nicht neugierig, war noch etwas betrübt. Alle freuten sich über ihre erhaltenen Geschenke. Nun machte ich mich daran und löste die Schleife von meiner Geschenkrolle. Wickelte das Papier ab und mein Herz machte einen Freudensprung. In meinen Händen lag dieses himmelblaue Hemd mit weißem Stehbündchenkragen. Mein Traum dieser Zeit.

Beschluss und Vorbereitungen

Ein paar Wochen später hatte Vater eine schöne Dreiraumwohnung gefunden. Mitten im Stadtzentrum. Eine mit Badewanne und WC in der Wohnung. Das Kinderzimmer wäre groß genug für zwei Kinder. So war es dann eine beschlossene Sache.

 100

Die Arbeit riss mal wieder nicht ab. Meine Freizeit verlegte sich auf die Zeit nach 22:00 Uhr. Da durfte ich für eine halbe bis eine Stunde nach draußen gehen. Schulisch war nicht mehr so viel zu machen. An den Tagen, wenn keine Prüfungsvorbereitungen anstanden, hatten wir viel Freizeit. Diese nutzten wir zu Hause und räumten Kisten und Körbe schon mal mit Dingen, die nicht sehr oft gebraucht wurden, ein. Von meinen Geschwistern war ja auch noch eine Menge Kram da. Unsere drei Kellerräume mussten ebenfalls geräumt werden. Nur der mit dem Heizmaterial wurde nicht weiter angerührt. Auf dem Dachboden befanden sich viel ausrangierte Sachen aus den letzten Wohnungen und was durch Neuanschaffungen ersetzt wurde. Alles musste zusammenschrumpfen. Die neue Wohnung war viel kleiner und wir hatten nur noch einen Kohlenkeller und eine kleine Dachbodenzelle.

Mümmelmänner auf dem Schafott und der verhagelte Appetit

Vater machte sich nun ran und schlachtete im Frühjahr alle Kaninchen außer meinem Lieblingstier. Dieses verkaufte er.

Bill sollte am Wochenende beim Schlachten helfen, doch ihm wurde beim Hinsehen so schlecht und er kippte um. So gut ich konnte, musste ich nun mithelfen. Der Vater zeigte mir, wie das Kaninchen betäubt wird. Er nahm einen großen Hammer und schlug ihm damit zwischen die Augen auf die Stirn. Dann schnitt er es am Hals auf, band es an den Hinterläufen zusammen und hängte es kopfüber an den Griff der Balkontür zum Ausbluten. Da hing es nun für eine knappe halbe Stunde.

In den Türrahmen der Küche nutzte er die Schaukelösen von Dalias Schaukel und hängte das Tier nun dort auf. Er zog ihm das Fell über die Ohren und mit einem sauberen Schnitt öffnete er den Bauchraum und holte die Eingeweide heraus. Da kam dann ich wieder ins Spiel. Er ließ sie auf meine Hände gleiten, um herauszusuchen was essbar ist. Leber, Herz, Lunge und Nieren. Alles trennte er fein säuberlich voneinander.

Wenn das alles geschafft war, wurde das geschlachtete Tier luftig in der Küche oder dem Balkon aufgehangen. Das Fell spannte er auf einen zusammengebauten Fellspanner und legte diesen auf den Balkon. Erst am nächsten Tag zerlegte er das Kaninchen, um es für die Zubereitung fertigzumachen. So schlachteten wir den gesamten Kaninchenbestand.

Einmal wollte er, dass ich das Kaninchen betäubte und tötete. Den Hammerschlag setzte ich jedoch zu zaghaft und er schimpfte, dass ich dem Tier nur wehtun würde. Da übernahm er es gleich wieder selbst. Aber er konnte es sich nicht verkneifen zu sagen: „Dafür taugst du auch nicht." Auch wenn ich es nicht sein wollte, aber ich bin ein Mädchen!

Dafür musste ich, nachdem viele Maden und Fliegen die Felle auf dem Balkon besiedelt hatten, diese gerben und von Fettresten befreien. Unangenehm und eklig trifft es nicht. Widerlich passt da schon besser. Schon beim Hinsehen würgte es mich. Das Fett löste sich zwar mit dem Gerbmittel ab, doch ich musste es abkratzen und hatte nur ungeeignete Hilfsmittel zur Verfügung. So blieb mir nichts anderes übrig als von der Gegenseite, der Innenhaut, dagegen zu drücken. Wie immer gab es keine Arbeitshandschuhe bei uns. Mit der bloßen Hand, welche im frisch gehäuteten Fell steckte, drückte ich gegen das Fell, um das Fett abzuschaben. Dabei quetschte ich die Maden und winzige Ringelwürmer heraus. Sie krochen über meine Hände und Unterarme hinweg. Fielen runter, lagen und wimmelten sich nun um meine Beine und Füße.

So kam die ganze Palette der Abscheu zusammen. Verwesungsgestank, Unmengen verschiedenfarbige, schillernde und dicke, schwarze Fliegen, vermischt mit stechendem Chemiegeruch in der Nase und das sich ringelnde Gefühl der kühlen Maden auf meiner Haut. Ich lernte, hinzusehen, bei dem, was ich tat, aber ich sah es mir nicht an. Das hätte alles gesprengt, denn die Übelkeit gepaart mit Ekel beherrschte mich, während ich diese Felle zu einem verkaufsfähigen Zustand herrichtete.

Insgeheim war ich erleichtert, dass die Kaninchen weg waren. So brauchte ich sie nicht mehr ausmisten und versorgen. Auch das Holen des Grünfutters fiel weg. Die darauffolgende Entlastung tat mir gut.

Mutti bereitete unzählige Male einen Kaninchenbraten in unterschiedlicher Weise her. Mal mit Klößen und Rotkohl, mal mit Kartoffeln und Rosenkohl, oder was auch immer für Gemüse und Beilage dazu passte. Wir aßen nun sehr oft Kaninchen. Mutti kam von Anfang an nicht richtig ran an das Fleisch, obwohl sie es selbst zubereitete und nach dem dritten oder vierten Kaninchen aß sie es nicht mehr mit.

Vernachlässigungen

In den Gärten wurde nicht mehr viel gemacht. Nur noch jenes, das schnell wuchs und reifte. Die Arbeitsgeräte zogen mit um. Laufen wurde zu weit zum Garten. Wir hatten kein Auto oder sonstiges motorisiertes Fahrzeug. Vater hatte auch schon ein neues Gartengrundstück besorgt. Die Parzellen wurden zu dieser Zeit neu erschlossen und ein neuer Zugang dahin wurde gebaut.

Zu allem kamen nun meine Prüfungen. Für das Üben war wenig Zeit. In der Schule nutzte ich die Vorbereitungen darauf manchmal etwas halbherzig. An einigen Tagen war ich einfach zu groggy und mir fehlte der Elan. Oder war ich nur faul, wie alle sagten? Einige Zeit ging es dann wieder frisch voran. Ein ständiges Auf und Ab. Immer irgendwie im Wechsel. Konnte meine Leistungen nie in der Waage halten. Hoch und hinunter, hoch und wieder hinunter.

Freie Berufswahl?

Wie geht es nach der Schule weiter? Das war klar für mich. Ich wollte eine Ausbildung zur Gärtnerin machen. Konnte mir nichts anderes vorstellen. So machte ich mich dran und schrieb meine ersten Bewerbungen. Alles hübsch ordentlich mit dem Füllfederhalter aufs Papier. Termine zur Vorstellung bekam ich auch. Doch für meinen Traumberuf als Gärtnerin keine Lehrstelle. Zwei Mal waren Vater und ich gemeinsam beim Gespräch. Leider klappte es nicht.

Er meckerte ständig darauf rum, wenn ich mich in einer anderen Stadt als in jener, in der meine Geschwister wohnten, bewarb. Dies würde nur zu viel Geld und Zeit kosten und Dalia würde es noch nicht verstehen.

An einem kalten Tag im November kam er mit einer Notiz heim und sagte: „Ich habe mit einer Firma gesprochen, du sollst dich dort mal bewerben." Klar tat ich dies.

Noch hatte ich keinen Schneid, um mich gegen Wünsche meine Eltern aufzulehnen oder meine eigenen durchzusetzen.

Es handelte sich dabei um einen Beruf der Verkäuferin.

Nein, wahrlich nicht mein Traumjob. Doch was sollte ich tun? Da, wo ich mich bisher beworben hatte, klappte es ja nicht. In der Schule und daheim drängten alle: „Hast du schon einen Ausbildungsplatz? Du musst dich damit beeilen, bevor dir die Zeit davonrennt!"

So kam es, dass ich am 19. 12., also kurz vor dem Weihnachtsfest, den Lehrvertrag in diesem Kaufhaus unterschrieb.

 104

Peinlicher Auftritt

Im darauffolgenden Frühjahr meisterte ich alle Prüfungen. Meine Ergebnisse waren nicht ganz so schlecht, wie ich vermutet hatte. Der Umzug in die neue Wohnung stand zum Sommerbeginn an. Ausgerechnet an diesem Tag war auch die Übergabe der Abschlusszeugnisse an uns Absolventen.

Alle hatten Einladungen für die Abschlussfeier bekommen und sollten anmelden, wer alles daran teilnehmen wird. Doch meine Einladungen gaben mir meine Eltern nicht zurück. Mir war klar, dass ich, wie sonst auch, zu schulischen oder sportlichen Veranstaltungen allein hin gehen musste.

Am zeitigen Vormittag dieses Tages kamen ein großer LKW und noch ein paar Helfer. Alle zusammen luden wir den LKW mit unseren Möbeln und Sachen voll, und Stunden später alles wieder an der neuen Wohnung ab. Es wurde geschleppt, geräumt und geputzt. Als unser Zimmer fast fertig eingeräumt war, es fehlten nur noch kleine Dinge und die Sachen von Dalia und mir, erschrak ich darüber, wie spät es schon war. Für mich war es an der Zeit, mich umzuziehen und zur Zeugnisübergabe zu gehen.

Da waren sich meine Eltern mal wieder nicht einig. Der Vater meinte, ich sollte dableiben und weiter mithelfen. Das Zeugnis würde mir schon zugeschickt werden. Mutter meinte, ich dürfte gehen, aber nur, um mein Zeugnis abzuholen. So wurde dann entschieden, dass ich noch eine halbe Stunde beim Umzug helfen und dann nur kurz zur Veranstaltung gehen sollte, um mein Zeugnis in Empfang zu nehmen und sofort wieder heimzukommen hätte. Ich könnte gleich in den Arbeitssachen bleiben. Wir kämen ja ohnehin nicht vor morgen an meine Sachen ran.

So erschien ich nun, knapp vor dem Beginn der Veranstaltung, im schmutzigen Blaumann zum größten Ereignis meiner Schullaufbahn.

Meine Klassenkameraden waren in schicken Anzügen, mit Hemd und Krawatte, und die Mädchen mit wunderschönen Kleidern bekleidet. Unwohl, demütig und peinlich gerührt fühlte ich mich zwischen ihnen.

Ich suchte meine Klassenlehrerin und bat sie, mir mein Zeugnis auszuhändigen. „Ich muss sofort wieder heim, um weiter beim Umzug zu helfen und darf nicht dableiben." Ungläubig und entsetzt schaute sie mich an. Kopfschüttelnd ging sie hinter die Tribüne und war aus meinem Sichtfeld für eine kurze Zeit verschwunden. Wenige Momente später kam sie mit unserem fast schon betagten, leicht untersetzten, aber sehr netten Direktor zurück.

Ich konnte es kaum glauben, doch nun bekam ich von ihm ein Verbot, nach Hause zu gehen. „Warte bitte, bis du wie alle anderen dein Zeugnis bekommen hast. Dann sprechen wir noch einmal darüber." So saß ich mit meinen dreckigen Klamotten zwischen meinen festlich gekleideten Klassenkameraden. In andachtsvollem Aufmarsch betraten wir Absolventen in kleineren Gruppen die Bühne. Feierlich wurden uns die Abschlüsse, Blumen und weitere Ehrungen überreicht. Allen standen die Aufregung und Freude ins Gesicht geschrieben. Nach dieser Zeremonie machte ich mich bereit für meinen Heimweg. Lief unruhig umher. War ja schon zu lange fort und wusste, dass es großen Ärger geben würde. Da bahnte sich auch schon der Direktor den Weg wieder zu mir und sagte, dass er mich heute nach Hause begleiten wollte. Ich sollte nun noch ein wenig mit allen feiern. Unschlüssig, etwas erfreut und erleichtert, jedoch mit nagendem Gewissen blieb ich da. Meine unpassende Erscheinung und die dreckige Arbeitskleidung verursachten in mir das größte Unwohlsein aller bisherigen Zeiten.

Nach dem tollen Abendessen wurde die Tanzfläche zum Abschlussball freigegeben. Da stand unser Direktor wieder vor mir und holte mich zur Eröffnung des Tanzabends, zum ersten Tanz auf die Tanzfläche in den Saal. Schüchtern und peinlich gerührt folgte ich ihm.

Wir kamen für die kurze Zeit der ersten Tanzmusik in ein kleines Gespräch. Er gratulierte mir noch einmal persönlich zu meinem erreichten Abschlussergebnis. Dann gab er mir ein paar gute Worte für meine Zukunft mit und sagte: „In dir steckt sehr viel Potential. Nutze es und schließe deine Lehrstelle, auch wenn du diesen Beruf nie wolltest, mit den besten Ergebnissen ab. Damit wirst du unabhängig. Das brauchst du, um über dein Leben selbst zu entscheiden und es meistern zu können."

Erst spät, als schon einige Klassenkameraden und Gäste gegangen waren, begleitete mich, wie versprochen, mein Direktor nach Hause. Ich musste klingeln, da ich noch keinen eigenen Schlüssel für die neue Wohnung hatte. Der Vater selbst öffnete mir die Tür. Er war mal wieder außer sich vor Wut. Das sah ich ihm sofort an. Sein unbändiger Zorn funkelte in seinen Augen und in seiner angespannten Aura krachte die böse Energie wie ein rasendes Gewitter.

Noch bevor er was sagen oder mit der Hand ausholen konnte, tauchte hinter mir nun der Direktor auf. Der Vater hielt inne und gab mir den Weg in die Wohnung frei. Ohne Weiteres ging ich in das Zimmer von Dalia und mir und legte mich angezogen in das nicht bezogene Bett. Weil die Wohnungstür geschlossen war und die zwei Männer draußen miteinander sprachen, konnte ich nicht hören, worüber gesprochen wurde. Etliche Zeit später vernahm ich das Geräusch der Wohnungstür, als sie ins Schloss fiel. Der Vater kam nicht mehr in unser Zimmer. Ich hörte, wie er an unserem Zimmer vorbei und in das Schlafzimmer ging.

Augenblicklich ließ die Anspannung in mir nach und die Müdigkeit durchströmte meinen Körper. Nun übermannte mich ein unruhiger Schlaf.

Am nächsten Morgen, es war sonntags, gab es von meinen Eltern kein einziges Wort mehr zu diesem Tag. Nicht zum Umzug, nicht zu meinem Abschluss und auch nicht darüber, dass ich erst so spät heimgekommen war. Es wurde einfach wie immer übergangen und weitergemacht.

Tatsächlich verantwortungslos

Meine letzten Ferien hatten begonnen. Mila-Marie kam mich für mehrere Tage besuchen und durfte, zum ersten Mal überhaupt, auch bei mir übernachten.

Wir füllten unsere Tage mit Unternehmungen. Erkundeten benachbarte Orte und machten auch einmal einen schönen Stadtbummel in der nächstgelegenen Stadt.

Dieser Sommer war grässlich heiß. Für mich jedenfalls. Mila-Marie liebte diese Affenhitze. Meine helle, kurze Hose und das hellblaue T-Shirt klebten mir an diesem Tag schon zu Beginn des Ausfluges am Körper. Das weiße Kleid meiner lieben Freundin war auch nicht besser. Sie liebte dieses ärmellose Kleid mit den roten Streifen im Brustbereich und auf den Taschen. Obwohl es rückenfrei war und im Nacken mit einem Knopfverschluss der beiden Neckholderenden gehalten wurde, konnte es der Sonnenglut nichts entgegensetzen.

Am Bahnhof angekommen führte uns unser Weg direkt in die Innenstadt. Erst machten wir einen schönen, ausgedehnten Schaufensterbummel. Schauten uns alles an, rauchten Zigaretten, quatschten und hatten viel Spaß. Ein paar kleine Dinge kauften wir gelegentlich hier und da auch ein. Doch das meiste Geld ging für Essen und Trinken drauf. Ein wunderschöner Park in Waldesnähe mit angrenzendem Flusslauf brachte uns etwas Abkühlung. Am späten Nachmittag, die Zeit verging wie im Flug, machten wir uns bereit für den Heimweg. Leider reichte unser Geld nicht mehr für die Fahrkarten aus. Das war nicht schlimm, dachte ich, und begeisterte Mila-Marie fürs Trampen.

So zogen wir los. Zuerst suchten wir die Beschilderung in der Nähe ab. Suchten den richtigen Weg. Kannten ihn nicht. Das war ganz leicht. Schon das zweite und dritte Schild zeigte den weiteren Straßenverlauf, welchem wir folgen mussten. Uns hatte es in der Zeit des Bummelns in der Stadt zur gegenüberliegenden Himmelsrichtung verschlagen. So liefen wir zurück in die Innenstadt, vorbei am Bahnhof, vorbei an Zoo und

Theater. Dann hatten wir die perfekte Richtung eingeschlagen. Laufen war schon immer mein Ding. Mache ich gerne und stundenlang. Mila-Marie kam gern mit, doch ihre Erfüllung war das nicht. Sie hatte echt Bedenken. Doch diese konnte ich ihr schnell wieder nehmen. „Wenn wir aus der Stadt sind, halten wir einfach ein Auto an und fahren mit. So mache ich das auch immer, wenn ich dich besuchen komme. Außerdem sind wir schneller da, kostet nichts und passiert ist nie etwas."

Die ersten Kilometer mussten wir tatsächlich laufen. Es hielt keiner an. Doch dann, so vor dem nächsten Ortseingang, fuhr ein schöner, hübsch lackierter LKW an den Straßenrand. Begeistert fragte ich den Fahrer, ob er uns ein Stück mitnehmen könnte. Kurz und knapp sagte er: „Ja, ja." Tatsächlich, er fuhr in unsere Richtung und wir durften mit. Freude keimte auf und wir kletterten hoch in die Fahrerkabine. Schon ging es los. Wir lagen supergut in der Zeit und würden mehr als pünktlich wieder zu Hause sein.

Mensch, hier oben in der Fahrerkabine zu sitzen, war total abgefahren. Sogar rauchen durften wir. Der Fahrer schob eine Kassette in sein Radio. Country, oh wie passend. Einige Titel waren uns bekannt, die meisten jedoch nicht. Bei dem Song „Wer hat ein Herz, das nie bricht" wurden wir ruhiger und lauschten genau hin. Als es vorbei war sprach der Fahrer zum ersten Mal mit uns und fragte „Lid nokema?" Mila-Marie sah mich erschrocken an. Er ist nicht von hier, sprachen ihre Augen. Im Chor antworteten wir leise und bedrückt: „Ja." Ich glaube, das war auch der letzte Song den wir uns anhörten. Denn er spielte diesen nun immerzu.

Mich hatte alles in diesem Truck so fasziniert und beeindruckt, dass ich nicht gleich merkte, dass wir unser Ziel schon fast erreicht hatten. „Könnten Sie bitte da vorne anhalten? Wir sind schon da und müssen aussteigen." Keine Reaktion vom Fahrer. War ich zu leise? So fragte ich gleich noch einmal. „Könnten Sie bitte anhalten? Wir müssen hier aussteigen." Keine Reaktion vom Fahrer. Er blickte stur nach vorne auf den Asphalt. Etwas lauter und bestimmt sagte ich: „Stopp!" Doch nichts geschah. Er fuhr. Fuhr einfach weiter. Angsterfüllt sah mich Mila-Marie von der Seite an. Auch in mir wuchs rasch eine Höllenangst im Bauch. Panisch, mit schriller und überschlagender Stimme schrie ich nun: „Halt! Stopp!" Nichts. Er fuhr und fuhr. Mittlerweile lag unser Ziel schon in unserem Rücken. Er ist absichtlich daran vorbeigefahren. Nun schaute er mich immer wieder an. Panik stieg in mir auf. Hatte Mila-Marie recht gehabt? Mist! Wir müssen hier raus.

Da er unsere Sprache nicht verstand, hoffte ich, dass er unseren schnell geschlossenen Plan nicht durchschauen konnte. Leise flüsterten wir uns zu. „Wir müssen hier raus. Wir springen." Das stand fest. Mila-Marie saß in der Mitte. Ich an der rechten Tür. In einer Linkskurve musste er den Truck abbremsen. Dies war unsere Gelegenheit. Mit größter Kraftanstrengung öffnete ich die Tür, schaute für eine Millisekunde zu Mila-Marie und vergewisserte mich, dass sie mir folgen wird, und sprang mit einem kräftigen Satz gegen den drückenden Fahrtwind und die sich schließende Tür aus dem Fahrzeug. Die Landung war hart, Gestrüpp und Steinchen bohrten sich in meine Beine und Arme. Doch die Angst um Mila-Marie schob alles beiseite. Beißend griff die Furcht in mir zu. Aufgelöst in einer Heidenangst schrie ich irre laut dem Laster hinterher. „Mensch, spring endlich! Komm!" Tränen schoben sich in mein Blickfeld. Sekunden wurden elend lang. Eine gefühlte Ewigkeit verging. Ich hatte richtig Schiss um sie. Wenn er sie einfach mitnahm? Das Gefühl der Hilflosigkeit machte sich augenblicklich breit. Der Truck nahm schon wieder Fahrt auf. Ein „Nein" quälte sich entsetzt in mir hoch. Da, endlich, sah ich sie im Straßengraben verschwinden.

Ich stürzte sofort auf sie zu. Stolperte über Sträucher, Erdhügel und kam vor ihr atemlos zum Stehen. „Ist dir etwas passiert? Hat er dir wehgetan? Geht es dir gut? Tut dir was weh?" Meine Sorge war gigantisch groß.

Sie stand auf, putzte sich den Schmutz von ihrem schönen weiß-roten Kleid, sagte ruhig und erleichtert: „Alles gut, wir haben es geschafft." In dem Moment überfluteten uns sämtlich mögliche Emotionen mit atemberaubender Geschwindigkeit. Glück und eine große Erleichterung, groß wie ein Stein, der vom Herzen fällt, ergoss es sich über uns. Sogleich umarmten wir uns so stark und fest, aber überaus herzlich. Wollten uns nie wieder loslassen. Standen im Straßengraben und uns schwitzen die Augen.

Nach all dieser Aufregung bemerkten wir, dass es langsam dunkel wurde. Wir hatten nun, dank des Fahrers, noch ein paar Kilometer zurückzulegen. Ohne noch einmal daran zu denken, den Daumen in den Wind zu strecken, liefen wir heim.

Erst als es schon dunkel war, trafen wir bei mir zu Hause ein. Unsere Verspätung wurde allerdings nicht bemerkt, was für mich ein gutes Zeichen war. Dieser Tag blieb für immer unser kleines Geheimnis. Unsere Eltern wären sicherlich enttäuscht, sehr besorgt oder gar sauer darüber gewesen.

Unverantwortlich ohnegleichen

Ein paar Tage später, es war an einem Sonnabend, gingen Mila-Marie und ich zur Disco. Meinen Eltern erzählten wir von einem Besuch bei einem Klassenkammeraden, um uns die nötige Zeit zu verschaffen. Von dem geplanten Discobesuch konnten wir ihnen nicht berichten, dass hätten sie uns niemals erlaubt, da ich ja erst in vier Wochen siebzehn wurde und Mila-Marie zweieinhalb Jahre jünger war als ich.

So zogen wir am Nachmittag los. Mussten wieder einmal laufen, denn die Diskothek fand in einem im Umkreis liegendem Ort, nur drei Kilometer entfernt, statt.

Als wir ankamen, war schon richtig was los. Wir besorgten uns Eintrittskarten und starteten in den langersehnten Abend.

Mila-Marie und ich gingen gleich ohne Umschweife auf die Tanzfläche. Nach den ersten Songs hatten wir Durst vom Tanzen. Ich besorgte uns an der Bar etwas zum Trinken.

 111

Da saß ein attraktiver junger Mann und schlürfte an einem Drink. Nach kurzer Zeit stand ich wiederum an der Bar, prüfte mein Geld und bestellte neu. Als ich zum dritten Mal an die Bar trat, sprach er mich an und er spendierte mir einen Kräuterlikör, was ich sehr erfreut und dankend annahm. Mein Geld schmolz ja förmlich dahin. So kamen wir in ein Gespräch, was bei der Lautstärke der Musik, ziemlich anstrengend war. Ich bin ehrlich, ich hoffte, er spendierte mir noch einen Drink, mein Geld war fast alle. Aber nein, er hoffte wahrscheinlich dasselbe. Als ich gehen wollte, hielt er mich zurück und bot mir eine Wette an: Wer die meisten Kräuterliköre schafft, muss alles bezahlen. Ich suchte mit meinen Augen Mila-Marie auf der Tanzfläche, fand sie nicht, und ohne weiter darüber nachzudenken, schlug ich ein.

Puh! Der Abend hatte noch ein paar Stunden. Meine liebe Freundin, wo auch immer sie war, war nirgends auszumachen. Wir hatten uns total aus den Augen verloren.

Naja, es kam, wie es kommen musste. Der charmante Mann bestellte, wir tranken und zählten mit. Mensch, bei Nummer 7 wurde mir echt komisch zumute und ich trank was Alkoholfreies zwischendurch. Er trank Bier nebenbei. Nach einer weiteren Stunde waren wir bei dem zwölften Likör angekommen und ließen uns auch gleich Nummer dreizehn auftischen. Ganz kurz entschlossen kippte ich diesen hinunter. Der überaus freundliche, hübsche und spendable Mann rutschte vom Hocker und blieb liegen. Ich schaffte es noch, dem Wirt zu sagen: „Er bezahlt!", und ging hinaus an die warme Sommerluft. Hier schlug mir ein unsichtbarer Hammer auf den Kopf. Die Gedanken kreisten kurze Zeit um Mila-Marie. Reingehen konnte ich nicht mehr und nach ihr suchen. Da begab ich mich allein auf den Rückweg. Immer wieder musste ich stoppen. Mein Magen rebellierte und der Likör wollte raus. Klar denken ging nicht mehr und meine Beine waren wie aus Schaumstoff, der Weg aus Watte. Ich schaffte den aufrechten Gang nur sehr schwerlich.

Irgendwann in der Nacht kam ich daheim an. Der Alkohol war aus meinem Magen wieder raus. Etwas denken ging auch schon wieder, obwohl mein matschiger Schädel kreiste und das Hirn zu Wackelpudding dahinsiechte. Von meiner lieben Begleitung war nichts auszumachen. So legte ich mich vor die Wohnungstür und wartete. Ohne sie da reinzugehen, kam einem Selbstmord gleich. Erschöpft schlief ich ein.

Eine Berührung, leichtes Kippen meinerseits und eine sich öffnende Tür im Rücken weckten mich gleichzeitig und schlagartig. Da stand Mila-Marie im Treppenhaus vor der Wohnungstür. Grinste zufrieden und beruhigt. Sie hatte mich gerüttelt. Mein Vater hatte die Tür geöffnet und ich rappelte mich augenblicklich auf. Gott, Erleichterung trifft nicht das richtige Wort.

Die sich stetig wandelnde Zeit
rinnt nur so dahin

Leider geht die schönste Zeit auch einmal vorüber. Ich brachte meine liebste Freundin an einem Sonntag vor Schulbeginn zum Bus. Wir hatten uns noch so viel zu sagen und zu erzählen, sodass sie erst einstieg, als der Fahrer sie maulend von der Autobustür auf einen Platz schickte. Dieser Abschied fiel uns beiden unendlich schwer. Meine Tränen kullerten noch immer, als ich allein daheim eintraf.

So fing für Mila-Marie die Schule wieder an, sie war nun in der 8. Klasse. Für mich begann die Zeit der Berufsausbildung in diesem Kaufhaus. Meine Ausbildungsstätte befand sich in unserer Stadt in der Nähe des Sees. Die schulische Ausbildung hingegen war in einem zwanzig Kilometer entfernten Ort und ich fuhr zweimal in der Woche mit dem Zug dahin.

Die neuen Klassenkammeraden, alles neue Gesichter. Lehrer, Fächer, welche uns allen fremd waren und Anforderungen, die immer blieben. Gleich in der ersten Woche im Unterricht: „Resa, liest du uns mal bitte diesen Absatz vor!" Augenblicklich befand sich ein gigantischer Klops in meinem Hals und nahm mir die Luft. Mein Herz fing an zu meutern und aus dem ruhigen Bumm-Bumm flackerte ein gehetztes Bumm-Bumm-Bumm auf. Das übliche Stöhnen der Klasse: „Mann, oh nein!" und „Nicht die schon wieder!", kam nicht. Dennoch musste ich schwer schlucken. Zwang meine Atmung zur Ruhe. Schloss für einen Bruchteil einer Sekunde die Augen. Suchte den Beginn des Absatzes und legte mit zittriger Hand meinen rechten Zeigefinger zur genannten Stelle. Starrte auf den vor mir liegenden Text, holte tief Luft, ignorierte mein Herz und begann, laut vorzulesen. Zu meiner eigenen Überraschung blieb ich an keinem Wort hängen. Flüssig und gleichmäßig kamen mir die Silben über die Lippen. Ja okay, die Betonung fehlte. Als ich den Absatz beendet hatte, waren alle Unannehmlichkeiten in mir verschwunden. Kein Kloß im Hals, mein Herz ging ruhig und war schier nicht zu spüren, die Atmung ging normal. Doch in meinem Bauch zog sich noch etwas zusammen. „Sehr schön, Resa. Danke, zwei", sagte der Lehrer und ich traute meinen Ohren nicht. Mit meinen Augen suchte ich fassungslos den Lehrer, meine Kinnlade war runtergefallen und ich glotzte ihn erstaunt an. Wie der Urknall machte in mir alles einen Satz in Richtung Glück. Von fünf und sechs auf Note zwei, was für ein Sprung! Das gab es noch nie! Ein Hochgefühl schnipste in mir hoch. Den ganzen Tag war ich wie im Rausch.

Erstes Geld

Meine Freude hielt etwas an und machte alles viel schöner. Dann gab es auch schon mein erstes Lehrlingsgeld. Ganze 75,00 DM nur für mich.

An diesem Tag holte ich Dalia zeitiger von der neuen Kita ab. Sie musste im Zuge unseres Umzugs auch in eine andere Einrichtung wechseln. Ich hatte vor, mit ihr ein schönes Eis essen zu gehen und diesen Tag mit ihr zu feiern.

Nun stand ich in der Kita und wartete auf sie. Als sie aus dem Spielzimmer trat, konnte ich nicht glauben, was ich sah. Dalia trug eine ganz verrückte Kleidungszusammenstellung. Eine Lumpenkluft. Gelbe verwaschene und geflickte Strumpfhosen, einen blau-grün karierten Strickpullover und einen roten Sommerrock, dazu pinkfarbene Sandalen. Das ging gar nicht! Ich empfand dies als eine krasse Augenbeleidigung und echt schlimm.

So machten wir uns auf den Weg zum Kinderkaufhaus statt zur Eisbar. Nachdem wir eine schicke, bequeme, blaue Hose und ein leichtes Langarm-Sweatshirt in blau mit grünem schrägem Einsatze gekauft hatten, reichte mein Geld nur noch für zwei kleine Eis. Musste ja noch Geld für Zugfahrkarten und Zigaretten aufheben.

Eine herzliche und innige Umarmung von Dalia machte das ausgegebene Geld bedeutungslos. Der Nachmittag war gerettet, Dalia glücklich und ich fühlte mich richtig gut.

Liebe Menschen

Es dauerte auch nicht lange, da hatte ich in meiner Ausbildungsklasse eine Freundschaft mit einem Mädchen namens Beatrix geknüpft. Wir fuhren morgens zusammen mit dem Zug zur Unterrichtsstätte und auf der Arbeit machten wir vieles gemeinsam.

Heimzu bin ich oft getrampt, wenn wir Unterricht hatten. Lust darauf, zwei Stunden auf den nächsten Zug zu warten, hatte ich selten.

Auch ihre Schwester Anika lernte ich kennen. Die Chemie zwischen uns dreien stimmte und wir verbrachten ab und zu auch die Freizeit miteinander.

 115

Tja, keine Überraschung, ein neuer Garten muss her

Die Tage gestalteten sich etwas anders, nachdem wir umgezogen waren, ich die Lehrstelle antrat, keine Tiere mehr zu versorgen waren und der neue Garten erst zu einem Garten werden musste. Nach wie vor ging es oft an den Wochenenden hinaus zum neuen Acker. Wir schufteten mal wieder wie die Irren, um Beete zu erstellen, Gemüse anzubauen und eine Fläche für eine geplante Laube herzurichten. Wasser zum Gießen holten wir aus dem angrenzenden Bach mit Eimern, was ziemlich schweißtreibend und anstrengend war.

Über diesen Bach führte eine kleine errichtete Brücke die in einen schmalen längeren Weg in eine Wohnsiedlung führte. Dieser wurde von Bäumen und Sträuchern gesäumt. Abends im Sommer war die Stelle zwischen Bach und diesem Wäldchen total faszinierend. Hier flogen unzählige kleine weiße Falter, bunte Schmetterlinge und, wenn die Dämmerung in die Dunkelheit überging, tausende Glühwürmchen. Auch wenn mir die Dunkelheit oft Angst machte, war ich oft an diesem Ort um dieses beeindruckende und zauberhafte Schauspiel zu erleben.

Vaters neue Frau, ist er krank?

An einem Mittwoch kam ich von Arbeit heim und fand meinen Vater im Wohnzimmer auf der Couch liegend vor. Da dies sehr ungewöhnlich war, denn ich war meist die Erste, die zu Hause eintraf, fragte ich ihn stutzig: „Hui, schon daheim?" Darauf bekam ich „Ja, ich liege hier mit Angina flach" von ihm zur Antwort. Mal wieder ein Rätsel. Hä? Eine andere Frau? Ach nein, er hat sich erkältet. So formte es sich in meinem Kopf. „Ach so.", sagte ich und machte mich wie jeden Tag daran, die Wohnung aufzuräumen. Fragte noch nebenbei, ob er was brauche und ob er schon beim Arzt gewesen sei. Da ich keine Antworten mehr bekam, kümmerte ich mich weiter um den haushaltlichen Kram und holte später Dalia aus der Kita.

Als wir zurück kamen, war Mutti bereits eingetroffen. Sie machte sich große Sorgen um den Vater, was für mich unverständlich war. Denn eine Angina bedeutet ein bisschen Halsschmerzen und eventuell etwas Fieber. Dagegen gibt es Tabletten. Also kein Grund für diese Panik, welche Mutti an den Tag legte.

So kümmerte ich mich eben um Dalia und ließ die zwei treiben, was sie wollten. Es kümmerte mich nicht. Nachdem Dalia abends im Bett war, erhielt ich von den Eltern die Information, dass der Vater ins Krankenhaus musste, dies aber erst am Freitag möglich war. Schon wieder schoss ein *Hä* mit drei Fragezeichen in meinen Kopf. „Warum? Wegen einer Erkältung? Ist doch Quatsch", waren meine Gedanken. „Nein, er ist Herzkrank!", sagte nun die Mutti ganz besorgt. Nun verstand ich nichts mehr. Ungläubig schaute ich sie und dann ihn an. „Seit wann hat Angina was mit dem Herzen zu tun?" Der Vater lag auf dem Sofa und grinste nun in sich hinein. Mutti war verwirrt. Irritiert sagte sie „Dies ist auch eine Herzkrankheit." Nun war ich irritiert. Was ist das schon wieder? Habe ich noch nie gehört! Mutti sah, dass ich nicht wusste, was sie meinte, und klärte mich kurz auf. Es wäre eine Vorstufe vom Herzinfarkt und der Vater bräuchte Ruhe. Na toll, ganz prima, dachte ich entgeistert. Meine Emotionen waren sich da aber nicht einig. Ich stürzte kopfüber in einen Zwiespalt. Da kämpften Hoffnung und Angst miteinander. Was für ein paar wenige Sekunden mein Bauch mit mir machte, konnte ich nicht begreifen. Er hüpfte erfreut nach oben und im selben Augenblick zog er sich panisch zusammen. Aus dem Nichts überkam mich ein Gefühl der Schadenfreude, was mir in Gedanken die Schamröte ins Gesicht trieb. Doch auch eine gewisse Sorge machte sich in mir breit. Wie sollte es nun weitergehen? Was würde sich ändern?

Es kam wie angekündigt. Der Vater ging für viele Wochen ins nahegelegene, jedoch im Nachbarort stationierte Krankenhaus. Wenn ich mit dem Zug zwei Mal die Woche zum schulischen Unterricht fuhr, hielt mein Zug auch in diesem Ort. So bekam ich die Aufgabe, ihn zu besuchen und mit den benötigten Dingen zu versorgen. Dies war echt schade, weil ich gern die Strecke heim trampte. Doch ganz ließ ich es mir nicht nehmen und lief dann immer vom Krankenhaus nach Hause.

Mutti kam weniger gut damit zurecht. Sie trank nun über den Tag bedeutend mehr süßen Wein. Dabei nahm ich ihr schon so viel ab. Den Garten, Dalia, den Haushalt. Sie fuhr am Wochenende zu ihm. Kinder durften nicht ins Krankenhaus mit hinein. So blieb Dalia in dieser Zeit wie immer bei mir.

Meine große Liebe

Zu dieser Zeit lernte ich einen jungen, schlanken, schönen Mann mit braunen Augen, hellen, starken Haaren und einem sehr markanten, liebevollen Gesicht kennen, in den ich mich unsterblich verliebte. Kevin hatte an manchen Nachmittagen Zeit und holte mich von der Arbeit oft mit seinem himmelblauen Moped ab. Und wenn es meine Zeit erlaubte, fuhren wir durch die Gegend, suchten uns ein Plätzchen und sprachen von unseren Kinderzeiten und der Vergangenheit. Wir schmiedeten träumerische Pläne für die Zukunft, jedoch jeder von seiner eigenen.

Er erzählte mir, dass er einen kleinen Sohn habe, aber die Mutter des Kindes den Kontakt zu ihm nicht möchte. Das stimmte ihn sehr traurig, weil er Sehnsucht nach dem Jungen hatte, wie er sagte. Ebenso müsse er sich in einem Wohnheim mit vier weiteren jungen Männern ein Zimmer teilen, was für ihm unangenehm war und er sehr gern dort raus wollte. Mir ging es mit dem elterlichen Heim nicht anders. Wir träumten davon, ein eigenes Zuhause zu haben.

Beruflicher Neubeginn für Vater

Während des stationären Aufenthaltes erholte sich Vater wieder recht gut und konnte Wochen später genesen entlassen werden. Doch er bekam mehrere Medikamente und sollte sich schonen. Dies führte dazu, dass er seinen Job kündigte, er absolvierte in der Abendschule eine Weiterbildung zum Gastronom, begann in der gleichen Firma wie ich zu arbeiten und wurde Leiter im Servicebereich.

Da Anika eine Köchin dieser Firma im Schichtdienst war, wurde mein Vater ihr Vorarbeiter. Sie war drei Jahre älter als ich und wollte von zu Hause ausziehen. Die Wohnung, welche sie von unserer Firma zur Verfügung gestellt bekam, musste aber erst noch kräftig ausgebaut und renoviert werden. Vater übernahm diese Aufgabe gerne. Er war ja stets höflich, hilfsbereit und äußerst sympathisch zu Fremden. So kam es, dass wir uns um diesen Ausbau kümmerten und mit ihr die Wohnung einzugsfertig machten.

Auf ins Leben

Im darauffolgenden Winter schloss ich meine Berufsausbildung mit gutem Ergebnis ab und war nun Verkäuferin.

Von meinen ersten vollen Löhnen sparte ich einen Teil für eine Reise mit Anika ans Schwarze Meer. Leider schaffte ich es nicht, den vollen Betrag für diese Reise zusammenzubekommen, und lieh mir noch 200,00 DM bei Jilaiya. Diese gab ich ihr noch vor dem Antritt der Reise zurück.

Dann ging es auch schon los. In der Nacht um 00:02 Uhr fuhr unser Zug zum Hauptbahnhof der Stadt, von welcher wir fliegen würden.

<u>Aus den Urlaubsaufzeichnungen</u>

Dort verbrachten wir unsere Zeit bis morgens um 06:30 Uhr, wo wir dann mit einem Zubringerbus vom Bahnhof bis zum Flughafen gebracht wurden. Der Bus war fast schon überfüllt. Die Koffer standen in den Gängen, wo wir auch dazwischen gewürfelt wurden.

„Nun die Ausweise bitte." Ohje, die Ausweise, was schauen sie so stutzig aufs Bild, bin ich wirklich nicht zu erkennen? Ah doch. „Bitte weitergehen zum Zoll Constanza, Tür 6 bitte." Das wäre geschafft, beim Zoll auch ganz prima vorbei und was ist das? Ach, Durchleuchtung des Handgepäcks, und in meinen Sachen war auch nichts drin. Puh, das wäre geschafft. Nun stehen wir im Wartesaal, sehen das 1. Flugzeug starten. Und in so eine Maschine sollen wir auch steigen? Fetzt, das erste Mal im Leben fliegen. Was für ein Gefühl möge das sein?

Zum allerersten Mal einchecken und in einen Flieger steigen war eine aufregende Sache. Noch dazu ohne Eltern, denn ich war nun volljährig und für mich allein verantwortlich.

Anika schau mal, die Wolken sind zum Greifen nahe. Oh, hier und da, überall etwas Neues zu sehen. Nach einer großen Weile war das Schwarze Meer auf der rechten Seite. Herrlich anzusehen.

Urlaub weit weg von daheim

Mit einem Bus ging es dann ca. fünfundsiebzig Kilometer in das Feriendorf Plato. Unser Dolmetscher und Betreuer stellte sich mit Namen Gustav vor. Er würde in der gesamten Urlaubszeit unser Ansprechpartner sein.

Zwei Wochen in einem fernen, fremden Land. So viele Eindrücke und echt mal Pause vom Leben. Wir genossen diese Zeit in vollen Zügen und versuchten, so viel wie es nur ging, von dem, was uns geboten wurde, mitzunehmen. Da gab es einen Weinabend mit kulinarischen Köstlichkeiten und Musik, gespielt von einer Gesangsgruppe auf einer Bühne, ein Delfinarium mit Delfinshow, ein Ausflug nach Constanza, wo wir über eine riesige Brücke des Donaudeltakanals fuhren, Tanzveranstaltungen und eine Hafenbesichtigung des größten Hafens dieses Landes. Alles hielten wir mit unserem Fotoapparat fest.

Als ich zum ersten Mal ins Schwarze Meer baden ging, vergaß ich, meine Armbanduhr abzulegen. Leider ist sie an diesem Tag um 12:22 Uhr für immer stehengeblieben. Wir verbrachten viel Zeit am Strand und auf dem Einkaufsboulevard. An einem Stand mit Kinderkleidern kaufte ich für Dalia ein bezauberndes Sommerkleid in hellen, bunten Pastellfarben. Vielleicht könnte sie dies zum Schulanfang tragen.

Bedauerlicher Weise ging es zwei Wochen später wieder heimwärts. Die Zeit verging so schnell, war aufregend und zauberhaft schön.

Rückkehr

Kevin erwartete mich sehnsüchtig und holte uns am Nachmittag vom Heimatbahnhof ab, um mich nach Hause zu begleiten. Ich spürte, dass ihm was auf dem Herzen lag. Doch er sagte mir nicht, was ihn beschäftigte.

Zur Kaffeezeit trafen wir zu Hause ein. Mutti freute sich auf uns, hatte schon ungeduldig gewartet und Kaffee gekocht. Anika kam auch wenige Minuten nach mir bei uns an. Am Kaffeetisch erzählten wir von unserer Reise. Gespannt hörten Mutti und Dalia zu, was wir in den vergangenen vierzehn Tagen alles erlebt hatten.

Nach ca. einer Stunde kam der Vater heim und es kippte mal wieder die Stimmung. Was der Auslöser war, weiß ich bis heute nicht. Er grüßte nur kurz und einsilbig, als er uns sah, und verschwand im Wohnzimmer. Mutti folgte ihm und kam etwas später, nun ebenfalls missgestimmt, zurück in die Küche. Sie nahm sich eine Flasche Wein, ein Glas und setzte sich wieder zu uns. Doch die greifbare Spannung blieb bestehen.

Nun war der Urlaub vorbei und das alltägliche Treiben hatte uns wieder schnell im Griff.

2. Zyklus

Im Gedächtnis bewahrt
*In meinem Alter von neunzehn
bis fünfunddreißig*

Die ersehnte Lösung

Ein paar Tage später, Kevin erwartete mich nach Feierabend vor der Firma. Wir fuhren hinaus ins Grüne. Ohne Umschweife machte er mir ein Angebot, von dem wir beide etwas hätten. Sein Arbeitgeber würde ihm eine Wohnung zur Verfügung stellen, jedoch müssten wir nachweislich heiraten, um diese zu bekommen.

Mir fiel die Kinnlade runter. Das wäre die Problemlösung schlechthin, schoss es mir durch den Kopf. Ohne darüber nachzudenken, willigte ich in das Angebot ein. Seit meiner Rückkehr aus dem Urlaub war es daheim fast unerträglich. Wir verabredeten noch, dass wir am kommenden Wochenende unsere Eltern darüber in Kenntnis setzen wollten, dann brachte er mich wieder nach Hause.

Am Sonnabend dann, wir saßen mit meinen Eltern in der Küche beim Kaffee, da nahmen wir unseren Mut zusammen und berichteten von unserem Plan, heiraten zu wollen. Nun passierte nichts. Totenstille trat ein. Vater stand einen kurzen Moment später abrupt auf und verließ die Küche. Stumm saßen wir nun auf unseren Plätzen, als ein „Resa! Komm in die Wohnstube!" erklang. Diesen Tonfall kannte ich gut und augenblicklich wurde mein gesamter Körper zur zittrigen Puddingmasse. Schlotternd verließ ich allein die Küche. Die Blicke von Kevin spürte ich auf meinem Rücken. Trotz der fast fünfunddreißig Grad Celsius des sommerlichen Tages gefror ich auf dem Weg zum Eisblock. Leise betrat ich das Wohnzimmer. „Schließ die Tür!", bellte er gedämpft los. „Was soll das bitteschön? Seid ihr total bekloppt? Wie stellt ihr euch das vor?", preschten seine nächsten Worte hervor. Ich versuchte mich umständlich zu erklären. Fand aber nicht die richtigen Worte, denn ich verärgerte ihn noch mehr. „Dass du Bescheid weißt, ich bekomme sofort deinen Wohnungsschlüssel zurück. Du bist jeden Tag spätestens 21:00 Uhr zu Hause und Kevin kannst du vergessen. Hast du mich verstanden?" Nun spürte ich mal wieder diese Ungerechtigkeit wie damals. Da machte sich erneut Mut in mir Platz und ich antwortete mit einem festen, kalten, aber ruhigen „Nein". „Hat dich schon mal ein Stier getreten?", kam es nun aus ihm heraus. Seine Körperhaltung veränderte sich, er war bereit, um zuzuschlagen. Da fand ich meinen Willen wieder. „Du schlägst mich nie wieder. Du nicht!" Ich drehte mich um, meine Schritte führten mich geradewegs zu Kevin. Vater und seine Forderung ließ ich ungehört im Wohnzimmer zurück. Jetzt und hier wusste ich, was ich wollte. Ich ging in mein Zimmer, nahm meine grüne alte Schultasche und packte Zeugnisse, Ausweise, meine Tagebücher, mein gesamtes Geld und ein paar Sachen ein. Keine Minute länger konnte ich es hier ertragen. Die aufkommenden Tränen schluckte ich wie immer hinunter. Genau diese werde ich ihm nicht zeigen. Auch Kevin sollte es nicht sehen. Noch nicht. Traurig betrachtete ich Dalias Bett und ich fuhr mit meinen Händen ein letztes Mal über ihr Kopfkissen. Dann verließ ich dieses Zimmer und ging in die Küche. Da waren Mutti, Dalia und Kevin. Vom Vater war nichts zu sehen. „Kevin, komm, wir machen los und fahren zu deinen Eltern", sagte ich gefasst. Als er aus der Küche trat, legte ich wortlos Mutti meinen kleinen Schlüsselbund auf den Tisch und folgte Kevin.

Nun wusste ich nicht, wie es weitergehen sollte. Selbst überrascht von meiner Handlung, stieg ich zu Kevin auf das Moped und ließ den warmen Fahrtwind um mich strömen. Seine Streicheleinheiten brauchte ich ganz dringend. Der gesamte Schmerz tat sich auf und ich weinte auf der einstündigen Fahrt. Kevin bemerkte es nicht. Bis zum Eintreffen hatte ich mich wieder unter Kontrolle. Hatte ein schlechtes Gewissen, war unendlich traurig, weil ich Dalia zurücklassen musste und war vollkommen planlos.

Erstaunlicherweise war die Reaktion zu unseren Plänen von seinen Eltern eine andere. Nicht nur das ich herzlich empfangen wurde, nein, sie freuten sich über diese Nachrichten. Das gab mir ein etwas sicheres Gefühl, nicht ganz in mein Unglück zu stürzen. Doch ich hatte keine Kraft und keinen Mut, ihnen und Kevin zu sagen, dass ich keine Bleibe mehr hatte. Ich wollte nicht mehr nach Hause zurück. Aber ich behielt es für mich, denn ich schämte mich dafür, so überstürzt gehandelt zu haben. Was ich gar nicht wollte, war, dass andere meine Fehler ausbügelten. Nein. Irgendwie wird es gehen. Außerdem ist Sommer und eine Freundin habe ich ja auch.

Nach diesem Wochenende brachte mich Kevin wieder bis zu meinem Elternhaus. Wir verabschiedeten uns, und als er nicht mehr zu sehen war, verließ ich voller beißender Ungewissheit diese Gasse. Wohin sollte ich jetzt gehen? Wem konnte ich vertrauen? Wer würde verstehen, was ich getan habe? In meinem Kopf arbeitete es nun unentwegt. Ich kann nicht weit weg, muss morgen auf die Arbeit. Aber der Vater ist auch dort. Dennoch brauche ich das Geld. Wohin nur? Will keinem zur Last werden. Es soll auch keiner erfahren. Schlimm genug, dass ich es irgendwann Kevin sagen muss. Dalia. Du fehlst mir unendlich.

Voller Wehmut hoffte ich, dass der Vater ihr nichts antat. Genau das würde ich mir nie verzeihen können. Wollte dich doch beschützen. Und nun bin ich fort.

In der folgenden Zeit war mir, als wäre ich wie ein Pottwal auf einer Sandbank gestrandet. Um mich herum reges Treiben. Wellen brechen über meinem Kopf zusammen. Doch für mich war kein Land in Sicht. Unendliche Weite zum Greifen nahe. Doch welchen Preis müsste ich dafür zahlen, um über diesen bedrohlichen Abgrund hinwegzukommen? Weitaus schlimmer war die Vorstellung, in diesen unbekannten Fluten zu ertrinken.

Mein erster Weg führte mich durch unzählige Straßen, Wege und Gassen meiner Stadt. Noch war es hell und warm. Doch bald würde die Nacht anbrechen. Was sollte ich tun? Wohin kann ich gehen? Ein Weg führte mich bei Anika entlang. Einfach so drückte ich bei ihr auf die Klingel der Wohnung und wartete. Leider Fehlanzeige. Sie war nicht da. Enttäuscht und etwas frustriert setzte ich meinen nirgendwohin führenden Weg fort.

An diesem Abend floss mir die Zeit wie Wasser davon. Ich suchte nach einer Möglichkeit, wenigstens diese eine Nacht irgendwo schlafen zu können. Viele unauffällige Plätze gab es nicht. Die meisten waren sehr öffentlich. Wenige lagen in Parks etwas eingerückt. Doch da kamen viel zu viele Menschen entlang. Ich suchte etwas Abgelegenes, was mir nur wenig Angst vor der Nacht und dem Alleinsein machte. Mitten im Stadtzentrum, unterhalb einer Kirche, nahe der heimischen Fleischerei und eingerückt in einem wenig besuchten Park, fand ich eine Holzbank mit Lehne. Sie war umgeben von einer spärlichen Hecke und nicht zu dichten, aber zahlreichen Bäumen. Den Himmel mit vereinzelten kleinen, weißen Wolken konnte ich gerade noch erkennen, als ich mich im Dunkeln auf dieser Bank liegend aussteckte. Der nicht endend wollene Tag hatte mich sehr müde gemacht.

Auf dem Rücken liegend schob ich mir die Hände unter meinen Kopf, schloss die Augen und lauschte unwillkürlich in die Finsternis. Waren es die Sorgen, die Angst, die ungewisse Zukunft, die Gedanken an Dalia oder, oder, oder? Ich fand in dieser Nacht keinen Schlaf. Das Liegen auf der Holzbank tat auch schon nach wenigen Minuten höllisch weh. Egal, wie ich mich auf dem harten Holz zurechtrückte, immer drückte es hier und da. Ich trug nicht genug Kleidung als Polster und an eine Decke hatte ich nicht gedacht. Das Holz war zu hart oder ein Spalt zwischen den Brettern machte so unangenehme und schmerzende Vertiefungen in meiner Haut, dass ich es in den verschiedenen Positionen nicht zu liegen ertrug. Die Schatten der Bäume und Sträucher waren mehr Dämonen als Schutz vor der Welt. Trotz der warmen Nacht war mir saukalt. Die wenigen Klamotten, welche ich gestern in der Eile mitgenommen hatte, reichten nicht als Schutz vor der Abkühlung in der Nacht oder um es mir etwas bequemer machen zu können aus.

Das stetige Davonfließen der Zeit hatte gestoppt. Nun war sie eher wie aufgestaut. Ganz langsam nur kam sie voran und sie zog sich wie ein Rinnsal dahin.

So machte ich mich wiederum auf den Weg durch die düsteren Straßen und Gassen. Ersehnte mir die Zeit herbei, um zur Arbeit gehen zu können. Jedoch hatte ich Spätschicht und somit noch jede Menge Zeit. Hunger und vor allem der Durst schlichen sich als neue Empfindungen dieser Nacht herein. Hatte nichts dabei, um essen oder trinken zu können und die Geschäfte öffneten auch erst in ein paar Stunden. Meine Notdurft hinterließ ich im Park, weit abseits gelegen zur Stelle von der Bank. Händewaschen oder etwas frisch machen, ja wo? Alles Rätsel, die ich für mich umgehend und dringend klären musste. So begab ich mich mitten in dieser Nacht in Richtung Garten. Mein Weg führte an den letzten Häusern vorbei und nach weiteren zehn Minuten erreichte ich die neugeschaffene grüne Anlage. Um diese Uhrzeit war keine Menschenseele in diesem Gefilde, was sehr vorteilhaft für meine Absichten war. Ohne weitere Umschweife ging ich durch das feuchte, längere Gras zur Brücke über den kleinen Flusslauf und tauchte meine Hände in den Bach hinein. Von den schönen Schmetterlingen und Glühwürmchen war um diese Zeit nichts mehr zu sehen. Das Wasser war eisigkalt, stichig, aber trotzdem erfrischend. Da zog ich mein T-Shirt aus, wusch mir umständlich den Schweiß und den unsichtbaren, unangenehmen Schmutz von meinem Körper. Kopfüber und mit einer Hand an der Brücke festhaltend, schöpfte ich mit meiner freien Hand nach dem Wasser. Hatte auch keine Seife. Es musste so mal gehen. Mit einem Taschentuch trocknete ich mich ab. Just im selben Moment bemerkte ich den Insektenschwarm, welcher mich umgab. Diese kleinen Biester, die ich wahrscheinlich geweckt hatte, als ich durch das feuchte Gras geschritten bin, piesackten mich überall. Den Durst, den ich verspürte, hätte ich auch sehr gern mit dem dahinplätschernden Wasser gelöscht. Aber das Wissen von den Blutegeln, die ich beim Gießwasser holen gesehen habe, hielt mich davon ab. Schon dass ich mich mit diesem Nass gewaschen hatte, ließ mir eine haarige Gänsehaut wachsen. In aller Hast griff ich meine grüne Tasche und flüchtete von diesem Ort. Streifte noch durch ein paar Gärten und bediente mich am reichgedeckten Tisch der bestellten Beete mit Kohlrabi, Erdbeeren und dergleichen. In einem Bretterverschlag für Gartengeräte fand ich ein paar Limonadenflasche vor. Schuldbewusst nahm ich eine davon mit und löschte erst einmal meinen unbändigen Durst.

Nur gut, dass die Sonne endlich langsam über dem See aufstieg. Auch sie schien sich hübsch für den Tag gemacht zu haben.

Denn sie spiegelte ihr Antlitz im See. Die Angst und die Kälte in mir ließen mit dem Aufziehen der Sonne nach.

Beladen mit meiner gefüllten Tasche zog ich der Sonne entgegen Richtung Stadt. Fürs Erste war meine Müdigkeit verflogen. Hatte etwas gegessen und getrunken und fühlte mich stark, diesen Tag zu bestreiten. Den halben Vormittag vertrödelte ich mir die Zeit mit einem ausgedehnten Schaufensterbummel. Dann wollte ich es noch einmal bei Anika versuchen. So läutete ich wiederum bei ihr. Verschlafen öffnete sie ihre Wohnungstür, war erstaunt über diesen zeitigen Besuch und ließ mich hinein.

Bei einem Kaffee und ein paar Zigaretten berichtete ich ihr leise und beschämt von dem vergangenen Wochenende. Bestürzt und betroffen lauschte sie meinem Bericht. Als ich zum Ende kam, sprach sie spontan los. „Du kannst bei mir ab und zu mal schlafen, bis ihr eine Wohnung habt. Ist doch kein Ding und logo, dass ich dir helfe. Deine Sachen bekommen wir auch hier unter. Weiß Kevin davon?" Bei ihren ersten Worten fiel mir eine Last von meiner Schulter. Doch die Frage nach Kevin verknotete meinen Bauch. Froh, aber bedrückt verbrachte ich die restliche Zeit bis Schichtbeginn bei Anika.

Trotz allem gestaltete es sich sehr schwierig mit dem Schlafen bei ihr. Sie arbeitete in drei Schichten, ich in zwei. Einen Schlüssel zu ihrer Wohnung hatte ich nicht. Somit ging es immer nur dann, wenn sie daheim war. Doch war das kein Grund für mich, um Trübsal zu blasen. Endlich war ich daheim raus. Und nur darauf kam es für mich an.

Obdachlos

Der Sommer zog allmählich vorüber. Mal schlief ich bei Anika, doch oft genug auch auf besagter Bank im Park. Doch nicht mehr, ohne diese etwas zu polstern. Denn mal ganz ehrlich, es ist nicht nur unbequem, es schmerzt unheimlich, hinterlässt böse Stellen im Fleisch und auf der Haut, das ständige schmutzige und unsaubere Gefühl begleitete mich in dieser Zeit enorm und die schaurige Angst nistete sich so richtig fest in mir ein. Hinzu kam zu allem Überfluss das sich wandelnde Wetter. An warmen, trockenen Tagen und Nächten gab es weniger Probleme damit. Nur die nächtliche Kälte ließ sich schwer aushalten und am Folgetag abschütteln. Schwieriger wurde es bei Regen und Wind. Da zog ich von der Bank um und kroch in eine äußere, größere Fensternische der Kirche gleich an der Treppe, welche vom Park zum Vorplatz führte. Die bot mir etwas Schutz vor der Nässe und dem Wind. Naja, etwas zumindest.

Was nicht vorüberzog, war die Sorge um und die Sehnsucht nach Dalia. Ob sie das schöne Kleid, welches ich aus dem Urlaub mitgebracht hatte, zum Schulbeginn getragen hatte? Durfte sie es oder wurde ein neues gekauft? War ihre Enttäuschung groß, als ich nicht mehr heimkam? Kann Mutti sie genügend vor dem Vater schützen? Oder trinkt sie nun noch mehr süßen Wein? Denkt Dalia manchmal an mich? Fragt sie nach mir? Welche Antwort bekommt sie auf ihre Fragen?

Was wir bekamen, war so viel mehr als nur ein gemeinsames Zuhause

Wenn Kevin nicht auswärts arbeitete, kam er mich so oft es möglich war von der Arbeit abholen. Dann verbrachten wir die Nachmittage gemeinsam. Ende September war es dann soweit, und er überbrachte mir die gute Nachricht, dass wir endlich, in knapp vier Wochen, eine gemeinsame Wohnung bekommen sollten. Er hatte sogar schon die Unterlagen und die vorgesehene Anschrift unseres ersten gemeinsamen Domizils dabei. Nun waren wir im Zugzwang und mussten einen Eheschlie-

131

ßungstermin nachweisen. Dies stand auch schriftlich in diesen Dokumenten.

Das war gar nicht so einfach. Ich machte einen Termin beim Standesamt und wurde gleich zu den benötigten Ausweisen, Urkunden, relevanten Schriftstücken sowie der fälligen Gebühren informiert. Hoppla! Oh, da kam was auf mich zu!

Tage später, wir hatten soweit alles beisammen, nur das Geld fehlte noch, waren wir so neugierig und fuhren an einem Donnerstag zum Feierabend zur angegebenen Adresse. Wir wollten die Wohnung nur mal in Augenschein nehmen.

Sie befand sich in einer schönen Neubausiedlung mit viel Grün, Spiel- und Wäscheplätzen zwischen den vielen Bauten und eine Einkaufmöglichkeit stand genau vor diesem Haus.

Nachdem ich geläutet hatte, ging die Tür sehr schnell auf. Ein junges Mädchen stand im Eingang: „Hallo, wer seid ihr denn?" Kevin bekam kein Wort heraus. So fragte ich: „Sind deine Eltern da?" Sie lachte herzlich los und sagte strahlend: „Nein, sie wohnen nicht hier. Das ist meine Wohnung." Gott, nein! Wie konnte ich mich so vom jugendlichen Aussehen leiten lassen? Augenblicklich stieg mir die Schamröte ins Gesicht. Kevin war ebenso irritiert. Nun steckte noch ein großer, breiter Mann seinen Kopf um die Ecke. „Na, was wollt ihr denn?" Inzwischen hatte Kevin seine Sprache wiedergefunden. „Wir wollen uns gern mal die Wohnung anschauen, da wir die Nachmieter sind. Ist das möglich? Oder sollen wir später noch einmal wiederkommen?" Die zwei Bewohner tauschten kurz ein paar Blicke aus und die junge Frau bat uns herein.

Im Flur streckte uns der Mann seine rechte Hand entgegen: „Ich bin Nash." Darauf sie: „Und ich bin Mona." Sie schüttelte uns auch die Hand. Kevin stellte uns beide vor und kam gleich noch einmal zur Sache.

Mona führte uns in die geräumige Wohnstube. Da stand vor einem Fenster ein Stubenwagen aus dem Babygeräusche drangen. Davor spielte ein kleiner, lockiger Blondschopf mit Bausteinen. Es war eine schöne Zweiraumwohnung mit Bad und Küche. Mein Herz hüpfte nach oben, als ich die Badewanne sah.

„Wir wollen nicht alles, was hier ist, mit in die neue Wohnung nehmen. Könnt ihr die Gardinen, das komplette Ehebett und noch einen Schrank gebrauchen?" Erfreut darüber einigten wir uns, dass sie alles dalassen konnten, wofür sie keine Verwendung mehr hatten. Wir besaßen ja nichts. Was Kevin von seiner Familie bekommen würde, wussten wir nicht. Und ich besaß nur das, was ich im Juli alles in meiner grünen Tasche verstaut hatte.

Die folgenden zwei Wochen waren wie ein Wimpernschlag. Ich tingelte zwar noch weiterhin zwischen dem Park und Anika hin und her. Mittlerweile wurde es arschkalt und nass. Doch da war endlich ein Ende absehbar.

Für die Eheschließungsgebühren schaffte ich viele gesammelte Mehrwegflaschen fort. Mein Lohn, 383,00 DM, reichte nie weit. Einen Wunschtermin hatten wir auch schon und so machte ich auf dem Standesamt alles fest und zahlte die Gebühr. Damit hatten wir die Bedingungen für die Wohnung erfüllt. Kevin bekam den Mietvertag und Mitte Oktober durften wir einziehen.

Nash und Mona hatten für unseren Start ins gemeinsame Leben in dieser Wohnung gut vorgesorgt.

Die großen Möbel für die Küche und Wohnstube kauften wir auf Kredit. Von meinen Kollegen bekam ich alles, was in einer Küche benötigt wurde. Anika steuerte Sitzmöglichkeiten hinzu. Von Kevins Familie erhielten wir Bettwäsche, Bettdecken und Kissen, Handtücher und er selbst brachte aus seinem Kinderzimmer noch vieles mit. Unsere unbekannten Nachbarn komplettierten mit nützlichen Details.

Allen, die uns geholfen haben, unsere Wohnung einzurichten, gebührt an dieser Stelle noch einmal ein lieber Dank dafür.

Die stetig fressende Sucht nach Liebe

Die Sehnsucht nach Dalia wurde aber immer unerträglicher.
So schrieb ich damals folgende Verse nieder:

Sieben Jahre

Sieben Jahre Arbeit,
Sieben Jahre Zwang,
Sieben Jahre Glück,
Gebt mir meine Dalia zurück!

Sieben Jahre wenig Schlaf,
Sieben Jahre wenig Zeit,
Sieben Jahre Schüchternheit,
Gebt mir mein Glück,
meine kleine Schwester Dalia zurück!

Ich habe Sehnsucht nach Trine,
Sehnsucht nach meiner kleinen Biene,
Gebt mir mein Glück,
meine kleine Schwester Dalia zurück!
07. 10.

Bald darauf heirateten Kevin und ich. Seine Eltern und Geschwister hatten alles so schön vorbereitet. Ein weißes Kleid bekam ich von seiner Schwester. Er einen schönen grauen Anzug, in welchem er einem Traumprinzen glich.

Am Vorabend saßen wir alle gemütlich beisammen. Kevins Bruder spielte auf seiner Gitarre und sang dazu. Mein Favorit war: „Im Himmel spielen Geigen". Es gab etwas Bier für die Männer, außer für den Schwiegervater. Die Damen tranken leichten Wein und ich saß bei ein paar Gläsern Kakao.

Ich streifte meinen Mädchennamen ab. Wollte ihn auch nicht mehr. Zu viele, in meinen Augen schlimme Erinnerungen hafteten daran. Sie wollte ich nicht weiter mit mir herumschleppen. Und habe in einem weiteren Gedicht mich versucht, von diesem Blick in meine Vergangenheit für immer zu lösen.

 134

Liebe
An meine Eltern!

„Ich habe noch nie in meinem
Leben so geliebt wie heute!"
Wo ich hoffte, sie von Euch zu bekommen,
gabt Ihr sie mir nicht.

Doch wo Ihr saht, dass ich sie bekomme,
wolltet Ihr sie mir nehmen und zerstören.

Darum bin ich gegangen, um sie dort,
wo ich sie gebe, auch zu empfangen.
08. 12.

Freiheit, Glück und das Gefühl, mich endlich befreit zu haben, durchströmten mich im folgenden Jahr. Das Leben war wunderschön. Mir gefiel alles. Die neue Umgebung, welche mit viel Grün bespickt war und schöne gepflegte Straßenzüge im Viertel luden zu Unternehmungen ein. Die neuen Nachbarn, mit denen wir uns schnell anfreundeten. Und die endlich erreichte Unabhängigkeit. Die rosarote Brille, welche ich trug, stand mir scheinbar gut.

Väterchen Frost war da, nur Kevin nicht

Gleich zu Beginn des ersten Winters hatten wir uns eine LKW-Ladung Kohlen bestellen müssen. Diese wurden auch innerhalb von vierzehn Tagen geliefert und der Fahrer schüttete diese in der Nähe unseres Kellerfensters ab. Jedoch lagen sie nun direkt vor dem Hauseingang.

Kevin war mal wieder für mehrere Tage beruflich nicht da. So stand ich nun bei herrlichem Schneefall, minus zwanzig Grad Cel-

 135

sius und allein vor diesem Berg Kohlen, war aber recht optimistisch, es in kurzer Zeit zu schaffen, ihn in den Keller zu bringen. Leider fehlte mir nahezu alles, was dafür benötigt wurde. Ich hatte keine Kohlengabel, keine Schaufel, keinen Besen und das schlimmste, ich hatte mal wieder keine Handschuhe. An ausreichender oder der Witterung entsprechender Kleidung mangelte es bei mir nach wie vor.

Mit zwei Eimern bewaffnet trug ich nun nach und nach diesen Wahnsinnsberg ab. Körperlich schwitzte ich vom Laufen, Bücken und Treppensteigen aus allen Poren. Meine Hände jedoch froren immer wieder ein. Der glitzernde Schnee war wunderschön. Doch die eiskalten Kohlen unter den schimmernden Flocken herauszuholen, tat nach dem zehnten Eimer schon mächtig weh. So musste ich viele Pausen einlegen. In der Wohnstube hatte ich bereits geheizt. Da wärmte ich mich auch immer schnell wieder auf.

Am späten Nachmittag kamen dann die Nachbarn wieder heim. Für den letzten Rest bekam ich Hilfe. Aber auch nett gemeinte Worte: „Warum hast du nichts gesagt? Wir hätten dir gern und gut helfen können." „Naja, ich habe mich nicht getraut, zu fragen. Es war mir zu heikel und unangenehm obendrein, denn ich habe schlechte Erfahrungen gemacht, wenn ich um Hilfe gebeten habe."

Unangemeldeter, reizender Besuch

An einem Sonnabend im Januar, in der Nachmittagszeit, klingelte es an unserer Wohnungstür. Wir staunten nicht schlecht, als Mona und Nash mit ihren Kindern vor der Tür standen. Sie wollten schauen, ob wir uns bereits eingelebt hatten.

Sehr erfreut über diesen Besuch, baten wir sie hinein. Bei Kaffee und Tee unterhielten wir uns auf eine sehr angenehme Weise mit ihnen. Unsere Interessen waren nahezu identisch. Wir liebten es zu kochen, mal ab und zu ein Kartenspiel und wir gingen gern in die Natur. Selbst der kleine Junge mit seinen blonden Locken und das süße dunkelhaarige Baby mit den kräuselnden Haaren waren sehr unbefangen, spielten und schmusten mit mir. Ich war sehr entzückt von ihnen. Erst zum späteren Abend verabschiedeten wir uns herzlich und versprachen, dass wir den nächsten Besuch bei ihnen machen werden.

Auch mit der Hausgemeinschaft kamen wir prima aus. Ich lernte es kennen, lieben und schätzen, mit den Nachbarn zu sprechen und manchen Nachmittag und Abend gemeinsam mit ihnen zu verbringen. Das war so anders als ich es bisher erlebt hatte. Es war befreiender, nicht erdrückend und nicht falsch. Aber es war mir total fremd und es war eine neue, gute Erfahrung.

Unangemeldeter, aufreizender Besuch

Oft war Kevin nicht zu Hause. Durch seine Arbeit war er häufig wochenlang fort, was mich nicht weiter störte. Im Hinterkopf war ja, dass wir nur geheiratet hatten, um aus unseren Umfeldern herauszukommen.

Im Frühjahr bekam ich Besuch von Bill, als ich in der Arbeit war. Der Security des Kaufhauses hatte mich darüber informiert und dass er sich nicht wegschicken ließe. So ging ich innerlich vorsichtig, jedoch etwas ungehalten hinaus zu meinem Bruder und fragte mürrisch: „Was willst du?" Bill hielt sich nicht zurück und warf mir in einem bissigen Ton vor, dass ich mich so nicht verhalten konnte. Immerhin waren es unsere Eltern und sie waren sehr enttäuscht von mir. „Du kommst morgen zu uns und entschuldigst dich bei ihnen!" „Ähm, nein, das werde ich nicht tun." Das hatte ich bestimmt nicht vor. Dies brachte Bill zum Ausrasten. Wie wir es gelernt hatten: Wenn Worte nicht helfen, tut es die Faust. Wieder einmal wurde ich körperlich angegriffen. Die Schläge hinterließen viele blaue Stellen und, weil ich mich wehrte, etliche offene Abschürfungen. Durch die handfeste Auseinandersetzung mischte sich ein Mann vom Security ein. Allerdings war schon zu viel passiert und er war angehalten, die Rettung zu holen. Fast drei Wochen Zwangspause brachte es mir ein. Das Entsetzen von Kevin war groß, denn er wurde informiert und auch er musste seinen Dienst für ein paar Tage unterbrechen.

Ganze zwei Monate später änderte sich so einiges. Wegen diesem Vorfall hatte ich meine Stelle im Kaufhaus gekündigt. Aus irgendeinem unerfindlichen Grund schaffte ich es danach nicht mehr, die geforderte Leistung zu bringen. Meist war ich fahrig und unkonzentriert. In meinem Kopf war ich immer sonst irgendwo, nur nicht bei der Arbeit.

Doch die Firma hatte allem Anschein nach Gewissensbisse, denn sie holten mich nach weiteren zwei Monaten zurück auf eine andere Stelle ohne Leistungsarbeit und nur noch im Tagdienst.

Versöhnung

Dieser Vorfall und die daraus entstandenen Änderungen beschäftigten Kevin wahrscheinlich sehr. Denn zu Beginn des ersten Sommers unserer Ehe drängte er mich, zum Geburtstag meiner Mutter bei ihr wenigstens mal anzurufen. Ihm gefiel es nicht, dass ich gar nicht mehr den Kontakt suchten: „Immerhin sind das deine Eltern. Streit hin oder her."

Mein Gewissen und die Zweifel nagten nun stark an mir. Bin ich tatsächlich an allem schuld? Habe ich mich wirklich falsch verhalten? Habe nur ich die Fehler gemacht? Aber ich wollte nicht nachgeben. Warum auch?

So stürzte ich in einen gigantischen Zwiespalt. Doch trotz eines inneren Widerstrebens gab ich dem ganzen Druck nach, auch um allen Diskussionen aus dem Weg zu gehen, und rief Mutti zu ihrem Geburtstag in der Arbeit an. Wie zu erwarten war es ein kurzes und kühles Gespräch. Mein Magen krampfte sich zusammen und es blieb in mir ein Gefühl der Niederlage zurück.

Aber es reichte Kevin nicht. Ein paar Wochen später gingen wir gemeinsam zum Geburtstag vom Vater am Abend zu ihnen. Überraschend und ungeplant für die Eltern. Überraschend jedoch auch für uns, denn sie ließen uns hinein.

Gleich zum Anfang forderte der Vater Kevin zum Seegaspiel auf. Schon damit hatte ich ein Problem und wieder kein gutes Gefühl. Aber sie kamen irgendwie zusammen, obwohl Kevin ständig verlor.

Dalia freute sich sehr über unseren Überraschungsbesuch. Sie wich mir die gesamte Zeit nicht mehr vom Schoß, so zufrieden und glücklich war sie. Als wir gingen, gab mir Mutti ein paar persönliche Dinge, verpackt in einem Karton, aus meinem Zimmer mit. Auch wenn ständig eine schwarze Gewitterwolke über uns allen schwebte, rauften wir uns etwas zusammen und hielten nun ein wenig Kontakt zueinander.

Kevin schien alles sehr beruhigt zu haben. Ein paar Tage später in einem Gespräch meinte er: „Dein Vater ist doch ganz okay. Ich kam gut mit ihm aus. Stell dich einfach nicht so an. Bestimmt war alles ganz anders als du es wahrgenommen hast."

Finanzielles Fiasko

Die kommende Zeit wurde schwierig für uns. Weil mein bisschen Geld nicht reichte, legten wir das Konto zusammen. Ich wurde unterschriftsberechtigt auf seinem Girokonto.

Aber dies half nicht, uns vor Schulden zu bewahren. Immerzu kaufte Kevin irgendwas. Eine neue Sitzecke mit Esstisch, ein Fahrrad für mich, eine neue Küchenmaschine, ein Auto. Da das

Geld danach nicht mehr bis zum Monatsende für Lebensmittel reichte, verkaufte er fast alles wieder an unsere Nachbarn. Mehr aus Mitleid als aus Benötigung ließen sie sich immerfort darauf ein.

Seine Mutter unterstützte Kevin immerzu mit Geld. Ständig steckte sie ihm Scheine zu, die er niemals zurückgeben brauchte. Doch er war ein Fass ohne Boden. Er gab es schneller aus als ein Blitz aus Gewitterwolken krachen kann.

Auch bemerkte ich, dass einige meiner Sachen, die mir Mutti mitgegeben hatte, fehlten. Kassetten verschwanden oder diese wurden einfach gelöscht und überspielt. Die Seemannssachen und eine Trompete, welche mir Seth mal schenkte, waren verschwunden. Und vor meinem Kassettenrecorder, auch diesen bekam ich von Seth mal zum Geburtstag geschenkt, machte er auch keinen Halt. Als ihm das Geld ausging, verkaufte er diesen an seinen Vater.

Mehrfach fragte ich nach dem Verbleib meiner Sachen, doch Kevin erfand immer neue Geschichten darüber, wohin diese verschwunden sein konnten. Alles bis auf den Recorder, auch wenn ich diesen nicht zurückbekam, sah ich nie wieder.

Das Ganze machte mich traurig, verärgerte und verletzte mich sehr schlimm. „Was soll das?" schrie ich eines Abends, als wir von seinen Eltern zurückkamen. „Das ersetzt du mir! Das sind meine Dinge und du lässt deine Finger von allem! Diese Andenken bekomme ich nie wieder! Du bist echt gemein!"

Total aufgebracht machte ich mich auf den Weg nach draußen. Ich drohte in seiner Gegenwart zu ersticken. Wollte nur noch weg! Weg, weg, weg!

Unter jedem Dach wohnt ein Ach

Meist verbrachte ich meine Freizeit mit unseren neuen Freunden und Nachbarn. Bei ein paar Zigaretten, Kaffee oder Tee unterhielten wir uns stundenlang. Unzählige gemeinsame Stadtbummel haben wir Seite an Seite unternommen. Abends oder am Wochenende aßen wir auch zusammen. Diese Freiheit, Achtung und gegenseitige Wertschätzung liebte ich schnell.

Aber sonst war nicht alles Gold, was glänzte. Kevin war mal wieder dienstlich auswärts unterwegs. Auf einem Rückweg von einem Stadtbummel traf ich ihn, Arm in Arm gehend, mit einer fremden Frau. Er achtete nicht auf sein Umfeld. War total verknallt in sein Mädel. Als wir uns nahe genug begegneten, grüßte ich ihn recht freundlich. „Guten Tag, Kevin!", sagte ich recht laut, honigsüß und süffisant. Augenblicklich lief er knallrot an, was bei ihm sehr lustig aussah, und er ließ seine Begleitung abrupt los. Ich war schon vorüber, grinste ärgerlich in mich hinein und beachtete das Pärchen nicht mehr.

Auch seine Kollegen schickten mir Aufnahmen von Kevin, in welchen er mit anderen Frauen rummachte. Da unsere Eheschließung unter dem Vorwand entstand, aus unseren bisherigen Umfeldern herauszukommen, legte ich nicht viel Wert auf diese Informationen.

Pflichten und Wünsche der Frau

Ob es diese Begegnung, die gemeinsame Wohnung, das herzliche Umfeld oder die Zeit war, welche wir miteinander verbrachten, weiß ich nicht, doch es entwickelte sich sowas wie ein gemeinsames Paar zwischen uns. Wir unternahmen noch immer kleine Unternehmungen, fuhren herum, gingen im Sommer gemein-

 141

sam am See baden und besuchten neue und alte Freunde. Allerdings half Kevin im Haushalt nicht mit. „Ich kümmere mich ja schon ums Auto. Im Winter hole ich die Kohlen aus dem Keller hoch. *[Was jedoch nicht stimmte, denn dies tat er vielleicht mal am Wochenende.]* Und der Haushalt ist Frauensache. Das war schon immer so.", sagte er mir, als ich ihn um Unterstützung bat.

Da waren wir vollkommen unterschiedlicher Auffassung. In meinem Kopf wusste ich, dass auch meine Brüder im Haushalt mitmachen mussten. Nur der Vater rührte keinen Handschlag. Es störte und ärgerte mich mächtig. Immerhin gingen wir beide arbeiten und lebten gemeinsam in dieser Wohnung. Wieso sollte ich da alles allein machen? Bei unseren Nachbarn sah ich immerzu, dass sie auch alles gemeinsam erledigten. Da hängten die Männer sogar die Wäsche auf, halfen in der Küche oder sie betreuten den Nachwuchs, wenn Mama kochte. Aber ich sagte kein Ton. Nahm es wortlos hin und fraß den Frust in mich hinein. Hat ja sowieso keinen Sinn.

Auch hätte ich auch gern einen Führerschein fürs Auto gemacht. Doch dies sei absolute Männersache, so Kevin, Frauen hätten davon keine Ahnung und hätten hinter dem Lenkrad nichts zu suchen.

Selbst bei den intimen ehelichen Pflichten liefen unsere Meinungen auseinander. Einmal, ich war nicht in Stimmung für Sexspielchen, hatte keine Lust dazu und wollte es an diesem Abend nicht, er jedoch holte sich „seine Liebe" mit mir dennoch, wie er es brauchte. Mal wieder war ich machtlos und konnte mich nicht wehren. Da ich seine Frau war, sah er es anders. *[Es war eine Einmaligkeit und geschah nicht wieder.]*

Im Frühjahr unseres zweiten gemeinsamen Jahres wurde ich schwanger. Glücklich darüber, nicht nur, weil es in einer Ehe dazugehört, sondern auch, weil ich mir ein Kind wünschte und wir somit eine Familie wurden. Wir, unsere Freunde und sogar unsere Eltern freuten sich über diese Nachrichten.

 142

In mir wächst eine große Liebe heran

Es wurde festgestellt, dass das Kind in mir nicht genügend wuchs und ich fuhr zur „Schwangeren-Kur". Diese Auszeit brachte dem Kind in mir nicht viel. Es wuchs nach wie vor nicht so, wie es eigentlich sollte. Aus diesem Grund musste ich zu einer Vitaminbehandlung ins städtische Krankenhaus. Mitte Oktober durfte ich wieder nach Hause, wurde aber weiter krankgeschrieben.

Als einen Monat später der Geburtstermin heranrückte, es war eine Woche vorher, zog ich wiederum im Krankenhaus auf der Schwangerenstation ein. Die Babys im Bauch und schließlich auch die Frauen, wurden hier richtig verwöhnt. Allerdings zog sich die Zeit dahin.

Knapp zwei Wochen nach dem errechneten Geburtstermin schickten mich die Ärzte zum vierten Mal zum Ultraschall. Zurück in meinem Zimmer schaute ich mir neugierig alle Ultraschalluntersuchungen mal vergleichsweise an. Für mich zeigten diese an, dass mein Baby seit der ersten Untersuchung nicht bedeutend weitergewachsen war. Allerdings konnte ich mit dem darin befindlichen Begriff Plazentainsuffizienz nicht viel anfangen und nahm mir vor, zur Visite nachzufragen, was dies bedeute.

So kam es, dass ich am folgenden Tag den behandelnden Arzt danach fragte. „Das ist ihr Mutterkuchen den das Kind umgibt und es mit Nährstoffen und Sauerstoff versorgt", sagte der Arzt ganz wissentlich. „Und was bedeuten die Zahlen Eins, Zwei, Drei dazu?", wollte ich nun noch wissen. „Das ist der Grad des Verbrauches. Mit zunehmenden Schwangerschaftswochen verbraucht sich die Plazenta. Eins ist das Anfangsstadium, die Zwei ist die Mitte und die Drei sagt, dass er verbraucht ist und das Kind nicht mehr richtig ernährt wird." Verwundert und mit aufkommender Angst fragte ich mit einem dicken Kloß im Hals weiter. „Im Sommer, bei meiner zweiten Ultraschalluntersuchung, steht schon im Kinderuntersuchungsheft drin ‚Plazentainsuffizienz 3' ist das schlimm?" Nun stolperten förmlich die Worte des Arztes aus seinem Mund. „Zeigen Sie mir bitte dieses Heft." Total ungläubig, aufgebracht und geschockt las er die Ergebnisse nach. „Wir brechen kurz die Visite ab. Kommen aber noch einmal zu Ihnen. Das Heft leihe ich mir für diesen Moment aus." Er sprach dies aus und schon liefen sie alle durch die Tür davon.

Etwas mehr als eine Stunde später kam der Arzt mit einem Professor noch einmal zu mir. Reichte mir das Kinderuntersuchungsheft zurück und sagte: „Wir leiten morgen Früh die Geburt ein. Ab sofort wird das Kind und dessen Herztöne überwacht. Eigentlich hätte dies spätestens im September passieren müssen. Wir entschuldigen uns und hoffen das Beste für Ihr Kind."

Wie der Arzt es sagte, wurde ich an dem Monitor zur Überwachung des Kindes angeschlossen und am nächsten Morgen die Geburt eingeleitet. Aber klappen wollte diese gar nicht. Die Wehen waren zu schwach und der Muttermund öffnete sich nicht. Am Nachmittag sollte ich immer wieder mal aufstehen, etwas herumlaufen, was mit festem Standort vom Tropf schlecht ging, und ab und zu mal eine Kniebeuge machen. Nach 18:00 Uhr wollten mich die Hebammen wieder auf das Zimmer schicken, doch der Arzt und der Professor wollten dies nicht und auf den nächsten Tag verschieben war auch keine Option. Nun bekam ich zwei weitere Spritzen verabreicht und das Wehenmedikament wurde etwas erhöht. Eine Stunde später kam dann die Geburt endlich in Gang. Der Muttermund hatte sich etwas geöffnet und die Fruchtblase wurde aufgestochen. Leider waren die Wehen zu schwach und ich mittlerweile auch. Die lieben Hebammen taten alles, um mein Baby an die Welt zu holen. Da ich kaum noch Kraft hatte, kniete sich eine Hebamme leicht an meinen Bauch, so zwischen Brust und dem oberen Bauch und drückte das Baby mit ihrem Bein und unter meinem Pressen heraus. Am zeitigen Abend erblickte meine Tochter das Licht der Welt. Allerdings war sie recht klein, sehr dünn, geschwächt und federleicht. Sie kam gleich nach dem ersten Bad und der ersten Untersuchung in den wärmenden Inkubator. Auch wurde ihr umgehend eine Nährlösung intravenös im Halsbereich verabreicht und sie musste ins fünfunddreißig Kilometer entfernte Kinderklinikum verlegt werden. Ich selbst durfte sie nur für drei Minuten einmal in den Arm nehmen. Noch war nicht geklärt, ob sie durch die Mangelernährung einen Schaden erlitten hatte. Drei Wochen später konnte ich Charlotte nach Hause holen. Sie hatte gut zugenommen, ist zu Kräften gekommen und es gab keine Hinweise auf eine Schädigung. Nun waren wir eine glückliche Familie.

Altbekannter bitterer Beigeschmack

Kevin machte weiter wie bisher, gab viel Geld für seine Interessen aus. Er kümmerte sich um sein Auto, trank viel Bier, rauchte unzählige Zigaretten und überließ Charlotte, den Haushalt und sämtliche Besorgungen mir allein. Als ich ihn zur Versorgung unserer kleinen Charlotte hinzuziehen wollte, sagte er mir mal wieder: „Kinder sind nun mal Frauensache. Dies geht mich nichts an und ich habe davon keine Ahnung. Du wirst dich schon allein um Charlotte kümmern müssen." Damit hatte ich ein Déjà-vu.

Unweigerlich krachte es nun öfter zwischen uns. Meine Unzufriedenheit wuchs enorm an, wobei ich ihm wahrscheinlich mit unserem Familienleben ziemlich auf die Nerven fiel. Wenn es mal wieder richtig krachte, verschwand er tagelang oder er redete wochenlang kein Wort mit mir.

Zum ersten Geburtstag von Charlotte saßen wir auf einem großen Scherbenhaufen. Diesen Geburtstag feierte ich mit Charlotte allein. Kevin war nicht da und ich wusste nicht, wo er sich befand.

Zu allem Überfluss tauchte einen Tag später, gleich früh am Morgen, mein Vater auf. Als ich ihm die Tür öffnete, sagte er ohne Umschweife: „Ich brauche deine Hilfe." So ließ ich ihn hinein. Er bat mich, gegenüber meiner Mutter zu behaupten, er wäre gestern Abend bis heute Früh bei uns gewesen.

Himmel, ich hatte selbst genug Probleme. Da konnte ich mich nicht auch noch um eine Ausrede, weil Vater mit allen Weibern rummachte, kümmern.

„Ich hätte mich echt gefreut, wenn ihr gestern zu Charlottes Geburtstag gekommen wärt", kam prompt meine Antwort auf seine Bitte. Etwas verlegen drückte er mir Geld in die Hand und war nach einem Kaffee wieder verschwunden.

Es kam, wie es kommen musste. Einen knappen Monat vor Jahresende verlangte ich die Scheidung. Mein Leben wollte ich nicht mehr mit Kevin verbringen. Daraufhin tauchte Kevin vollkommen unter. Ich konnte ihn nirgends erreichen. Da es bis Weihnachten nicht mehr so lang war und ich mein Geld aufgebraucht hatte, ging ich zur Bank. Dort bekam ich keine Auszahlung mehr. Kevin hatte die Kontoverfügung für mich gelöscht.

Leider blieb mir da nur der Weg zum Rechtsanwalt. Da reichte ich eben gleich die Scheidung ein. Ebenso wurde eine schnelle Verhandlung einberufen, um meinen Lohn, das Kindergeld und Unterhalt für Charlotte zu verhandeln. In der Zwischenzeit lag ich unseren Nachbarn auf der Tasche. Ich schämte mich so sehr.

Vierzehn Tage später traf ich Kevin zur Verhandlung bei Gericht. Und ja, mir stand etwas Geld zu. Ich habe für Dezember noch ganze 78,00 DM erhalten. Das war das Ende!

Er behielt sein und mein Gehalt, dazu das Kindergeld. Er brauchte nur etwas Unterhalt zu zahlen. Ich verstand die Welt nicht mehr. Die Begründung vom Richter damals war: „Als Hausfrau und Mutter müsse dieser Betrag für mich und Charlotte ausreichend sein, um zwei Wochen, bis zum nächsten Geldeingang, bestreiten zu können."

Oh Mann, das war so frustrierend. Mit diesem Spruch kam ich nicht klar. Ich verkroch mich mit Charlotte zu Hause. Wollte einfach weg und nicht mehr gesehen werden.

Nachbarschaft

Im neuen Jahr sollte die Kleine in die Kita kommen. So mussten an ihrer Wäsche noch ihre Namenschildchen eingenäht werden. Damit beschäftigte ich mich am Heiligabend. Ich hatte ja nichts, womit ich diese Tage hätte feiern können, und mich weiterhin von unseren Nachbarn aushalten lassen, wollte ich nicht.

Von den 78,00 DM musste ich noch von den vergangenen Wochen Schulden zurückzahlen. Es war nichts da für die Feiertage. Hatte nur für Charlotte Nahrung besorgt, nichts für mich.

Pünktlich um 18:00 Uhr klingelte es kurz an der Tür und Augenblicke später hatte ich Besuch aus unserem Haus. Charlotte und ich wurden zu allen drei weihnachtlichen Tagen auf drei Familien verteilt.

Noch heute bin ich ihnen sehr dankbar dafür.

Kevin tauchte erst im neuen Jahr wieder auf. Aber er kümmerte sich nur um seine Belange und sprach mit mir und Charlotte kein Wort. Er war ständig stocksauer und zog stets eine Gewittermine.

An einem Abend kam einer unserer neuen Freunde und sein Arbeitskollege zu uns. Er redete mit uns über uns und dass wir uns doch zusammenraufen sollten. Man schmeißt doch eine Ehe beziehungsweise eine Familie nicht einfach weg. Wir sollten doch darum kämpfen und auch an Charlotte denken, sie braucht auch ihren Vater.

So kam eine Versöhnung zwischen Kevin und mir zustande. Ich machte die Klage zur Scheidung wieder rückgängig und wir versuchten es noch einmal.

Jedoch ließ ich mich nicht mehr auf ein gemeinsames Konto ein.

Die nächste große Liebe wächst heran

Nun begann alles wieder von vorne.

Meine Babyzeit mit Charlotte war vorbei und ich ging wieder arbeiten. Kevin hingegen wollte seinen Job kündigen und sich einen neuen suchen. Ich half ihm beim Schreiben der Kündigung, weil ich hoffte, wenn er öfter zu Hause wäre, würde unser gemeinsames Leben besser werden.

Ein paar Wochen später stellte ich fest, dass unser zweites Kind unterwegs ist. Aber auch diese Schwangerschaft verlief wieder nicht einfach, denn schon mit dem vierten Schwangerschaftsmonat bekam ich Medikamente, weil öfter mal starke Wehen zu spüren waren. Doch die Wehen hörten nicht auf. Kevin war wie immer nicht da.

Es war im Juli, als ich die nächste Untersuchung hatte. Da die Wehen schon regelmäßig aller zwei Minuten auftraten, wollte mich die Ärztin sofort im Krankenhaus behalten. Was für ein Fiasko.

So holte ich Charlotte aus der Kita, packte für sie und mich ein paar Sachen zusammen. Schrieb für Kevin eine Notiz, wo ich zu finden bin. Aber meine größte Sorge war: Wer nimmt Charlotte?

Leider war um diese Uhrzeit keiner meiner Freunde zu Hause. Mist! So lief ich zu meinen Eltern. In der Hoffnung, dass Mutti da ist, schaute ich vorher vorsichtig zum Küchenfenster hinein. Da sah ich meinen Vater über Dalia thronen, wie er sie mit spritzenden Worten anbrüllte und schon holte er aus, zum Schlag bereit.

Ich stürmte blitzartig an Charlotte vorbei zur Wohnungstür und klingelte und hämmerte dagegen und beides gleichzeitig. Machte somit einen Höllenlärm.

Dem Himmel sei Dank, denn er öffnete mir, etwas zeitverzögert, die Tür. Mein Blick fiel sofort auf Dalia und ich sah nicht nur Tränen in ihrem Gesicht.

Ein Gefühlschaos brach in mir aus. Schnell lief ich zu Dalia und nahm sie in meine Arme. Da tauchte auch schon Charlotte hinter mir auf und erinnerte mich an den Grund, warum ich hierhergekommen war. Mein Bauchgefühl sagte plötzlich und unvermittelt: Nimm beide Kinder mit und verschwinde auf Nimmerwiedersehen. Doch der heftige Tritt in meinem Bauch sagte auch: Dann gibt es mich vielleicht nicht.

Was für ein Dilemma! Nun saß ich in einer Zwickmühle. Was sollte ich nun tun? Mir waren Dalia, Charlotte und mein Ungeborenes wichtig. So ließ ich uns etwas Zeit zur Beruhigung. Musste jedoch dringend wissen, wo Mutti ist. „Dalia, ist Mutti noch arbeiten?" „Ja, sie ist noch nicht lange weg." Nein, nicht heute, durchfuhr es mein Gehirn. Scheiße! Sie hat Spätschicht, glomm die Erkenntnis in mir auf. Ich haderte mit mir. Was ist jetzt richtig? Was mein nächster Schritt?

Die aufkeimende Wut schluckte ich mal wieder runter. In mir tobte es. Wölfe zerfleischten mein Herz, doch ich stand mit dem Rücken zur Wand. Ich hasste mich für das, was ich nun tun musste.

Mit allem Mut, den ich in mir aufbringen konnte, ging ich in die Wohnstube zum Vater. Mir war klar, wenn ich jetzt was zu dieser Situation sage, wird alles noch viel schlimmer. Meine Augen trafen ihn mit klarem Blick. Mein Zittern jedoch verbarg ich, indem ich meine Atmung schnell unter Kontrolle brachte. Jetzt durfte ich nicht ins Stottern kommen. So brachte ich, mühselig nur für mein Inneres, aber für ihn nicht zu bemerken, ganz klare Worte heraus: „Könnt ihr bitte Charlotte für ein paar Tage nehmen? Ich muss im Krankenhaus bleiben, sonst verliere ich mein Baby." Als er aufsah und sich unsere Blicke trafen, erkannte ich, dass in ihm eine unangenehme Beklemmung war. Es war scheinbar der schlechteste Augenblick für ihn, in dem ich auftauchen konnte.

Hatte dieser Mann wirklich so was wie ein Gewissen? Oder fühlte er sich nur erwischt bei einer Straftat? Ihm schien klar zu sein, dass er Charlotte in keiner Weise schädigen durfte. Dafür brauchte ich keine Worte. Meine Körpersprache und meine Augen drückten dies unmissverständlich aus und ich erfüllte in diesem Moment den perfekten Anblick.

Vielleicht hatte er meine Worte „Du schlägst mich nie wieder, du nicht!" noch im Kopf. Ich hoffte es sehr, denn Charlotte ist ein Teil von mir. Damit unantastbar für ihn! Somit war wahrscheinlich auch erst einmal Dalia geschützt, wenn Charlotte bei ihr blieb.

Mit einem schweren Felsbrocken im Bauch und tausend schreiender Stimmen im Kopf verließ ich allein die Wohnung meiner Eltern und begab mich mit der größten Angst, die man je haben kann, ins städtische Krankenhaus.

Immerhin standen hier das Leben und das Wohl von meinem Kind und das von Dalia auf dem Spiel.

War meine Entscheidung richtig?

Die Gewissheit,
Leben bedeutet Veränderung

Nach einer Woche kam mich Kevin mit mürrischem Blick und schlechter Laune besuchen.

Mir fiel es schwer, ihm die Probleme, welche das Baby im Bauch machte, zu beschreiben. Weiters bat ich ihn, Charlotte wieder von meinen Eltern abzuholen. Sie war noch nie so lange ohne mich, was mich auch sehr traurig stimmte. Obendrein fraß die Sorge um sie unaufhörlich in mir.

Kevin berichtete, dass er auf Arbeitsuche sei. Der Kündigung wurde entsprochen. Jedoch hieß das auch für uns, dass wir aus dieser Wohnung mussten. Er versprach, sich um alles zu kümmern. Als er ging, war mein Herz schwer wie Blei.

Auch am folgenden Wochenende kam mich Kevin besuchen. Noch immer durfte ich nicht aufstehen, denn ein stationärer Tropf steckte in meinem linken Unterarm. Wir sprachen ganz leise, um die anderen vier Patientinnen nicht zu stören.

Er hatte inzwischen eine Arbeit, hatte eine neue Betriebswohnung bekommen und einen neuen Kita-Platz für Charlotte. Ich freute mich über diese Nachrichten und hatte endlich wieder ein bisschen Hoffnung. Aber diese Seifenblase platzte mit den nächsten Worten. „Wir ziehen in eine zweihundertdreißig Kilometer entfernte Großstadt und ich nehme Charlotte schon heute mit."

Beschreiben lässt sich mein Gefühl nun nicht mehr. Da war plötzlich nichts mehr. Kein Stein, keine Wut, kein Glück, kein Licht nur alles leer, dunkel und stumpf.

Charlotte weg. Dalia weg. Wohnung weg. Arbeit weg. Er weg. Alles weg. Dieses WEG wollte ich so nicht.

Einmal kam mich Kevin noch besuchen. Da hatte er den Umzug bereits abgeschlossen. Er gab mir die Anschrift unseres neuen Zuhauses und seine Telefonnummer von der Arbeit. Wenn ich entlassen werde, würde er mich von der Straßenbahnhaltestelle, welche unserer Wohnung am nächsten liegt, abholen kommen. Ich solle ihn dann einfach anrufen und Bescheid geben. Damit war er fort. Und Charlotte auch.

Fassungslos darüber und eine Zeit lang ohne Worte, zog ich mir die dünne Decke bis über meinen Kopf. Tauchte so unter, war für mich und alle anderen aus dem Blickfeld entschwunden. Tränen hatte ich ja schon lange nicht mehr. Diese Welt war für mich mit einem Schlag zusammengebrochen.

Abschied aus meiner Heimatstadt

An einem Vormittag im Juli, einem Freitag, wurde ich aus dem Krankenhaus entlassen. Mit zwei schweren Taschen machte ich mich auf den Weg zu meinen Eltern. Um diese Uhrzeit traf ich jedoch keinen an.

Entkräftet und deprimiert lief ich durch unsere Stadt zum Bahnhof. Mein bisschen Geld reichte tatsächlich noch für eine Fahrkarte. Da war sogar noch etwas übrig im Portemonnaie. Allerdings fuhr der Zug erst in zwei Stunden. In den Schließfächern verstaute ich meine Taschen. So hatte ich noch etwas Zeit für mich.

Ich ging hinunter zum See und verabschiedete mich mit ein paar Steinchen, die ich über seine glatte Fläche springen ließ. Ein kleiner Bummel durch meine Stadt war auch noch drin. Rasend schnell verging die Zeit.

Dann flogen die Landschaft und unendlich viele Orte wie wilde Vögel an mir vorbei. Vier Stunden später quälte ich mich durch einen nicht enden wollenden Menschenstrom der Großstadt, die nun meine Heimat werden sollte.

Auf einem großen, schön bepflanzten Platz gegenüber dem Bahnhofsgebäude stand ein kleiner Verkaufsstand für Straßenbahnfahrscheine. Den Hintergrund zierte ein graugrüner Dom, eingebettet im städtischen Waldesgrün. Ein Mann mit zwei kleinen Kindern, einem Jungen und einem Mädchen scheinbar im gleichen Alter, unterhielt sich gerade mit der Verkäuferin. In Wortfetzen bekam ich mit, dass er sich nach einer Haltestelle der Straßenbahn erkundigte. Aufmerksam belauschte ich dieses Gespräch im Vorbeigehen, denn die Warteschlange war sehr lang. Schließlich hatte ich mir schon ein paar Worte zurechtlegen können, als ich an der Reihe war. Mir war ja nur die Wohnanschrift bekannt, zu welcher ich nun fahren musste. Abgesehen von der Straßenbahnnummer benötigte ich Fahrscheine und Abfahrtszeit und -ort sowie das Ziel mit der Ankunftszeit.

Es dauerte ewig, bis ich alle Informationen und den passenden Fahrschein hatte. Begleitet wurde meine Nachfrage mit vielen mürrischen Bemerkungen der wartenden Passanten.

Nicht weit entfernt fand ich eine Telefonzelle. In meinem Portemonnaie hatte ich passendes Kleingeld. So informierte ich kurz Kevin und bat ihn, mich wie versprochen abzuholen.

Eingeengt auf einem vibrierenden Kunststoffsitz, neben mir die zwei schweren Taschen, fuhr ich nun in einer von Menschen vollgestopften Straßenbahn. Mir kam es vor, als würde diese alle einhundert Meter halten, um die Massen aus- und einsteigen zu lassen. Der Lärm der Menschen, die Hitze der Sonne, das Quietschen der Räder und das ständige Klingeln brannten sich in meinen Kopf. Mit jedem Halt und jedem Straßenzug wurde alles nahezu schriller. Ich zählte die Haltestellen für mich mit. Laut Information der Verkäuferin sollten es sechzehn sein. Nach der fünfzehnten waren meine Beine so wackelig, dass ich mit dem Aufstehen echte Probleme hatte. Eine nette Frau half mir hoch, da mein runder Bauch mich im Sitz festhielt.

An einem Brückengeländer entdeckte ich Charlotte und mein Herz machte einen Freudensprung. Kevin kam sofort an die sich öffnende Tür und nahm mir schnell das Gepäck ab. Charlotte hatte mich entdeckt und flog nun wie ein Düsenjet auf mich zu. Himmel! Was für ein Glücksmoment! In meinem Gesicht bahnte sich ein Bächlein seinen Weg. Ihre Ärmchen schlangen sich wie Tentakel um meinen Hals und sie vergrub ihr kleines Gesicht in meinem Schulter-, Hals- und Brustbereich.

Auch Kevin umarmte mich kurz zur Begrüßung. Wenige Momente später machten wir uns auf den Weg. Er führte über die kleine Bahnbrücke, über eine Straßenkreuzung und ein paar Stufen einer Treppe herauf. Schon standen wir vor dem Hauseingang. In einem großen, dunklen Hof mit vielen, schönen, alten Bäumen, einer Wiese mit Wäscheplatz und alles umgeben von halb zerfallenen Schuppen mit losen und etwas durchlöcherten, in den Angeln hängenden Türen. Nur eine Tür, an der Hofeinfahrt, schien etwas intakter zu sein.

Das Sonnenlicht hatte es schwer, hier durchzudringen. Die drückende Wärme entwickelte in dieser Umgebung einen feuchten, modrigen Geruch. In den einzelnen Lichtstrahlen, die sich auf dem Wäscheplatz ergossen, schwirrten unzählige Insekten über dem klammen Boden und der durchtränkten Wiese.

Das Treppenhaus war finster, die Fensterscheiben waren blind und wir brauchten hier auch am Tage Licht. Die Holzstufen knarrten ächzend und gaben beim Draufsteigen nach. Der Handlauf war schon längst abgegriffen und die braune Farbe war nur noch an wenigen Stellen zu sehen. Es roch nach altem Bohnerwachs. Doch es war sauber.

In der ersten Etage blieb Kevin vor einer rechten Wohnungstür stehen. Auch diese war mit der dunkelbraunen Farbe mal vor Ewigkeiten gestrichen worden. Der schwarze, runde Klingelknopf eingebettet im weißlich gelben Kunststoff war vom vielen Gebrauch schon mit einem dunkelgrauen, klebrigen Kranz umgeben und darüber hatte wahrscheinlich Kevin unseren Nachnamen mit schwarzem Faserstift geschrieben.

„Willkommen daheim, Resa!" Schon öffnete Kevin die Tür und wir traten ein.

Kurz hielt ich auf der dunkelbraunen ausgetretenen Schwelle inne. Charlotte zog mich an der Hand hinein in den Flur. Dieser war erst kürzlich renoviert worden, denn es lag noch immer ein Geruch von Leim und Feuchtigkeit der Luft. Auf dem Fußboden klebten noch Tapetenreste. Kevin musste gerade mit den Scheuerleisten zugange sein, denn diese lagen noch zur Seite geschoben an der Wand. Linksseitig füllte ein großer, fremder, dreitüriger hellbrauner Kleiderschrank die Ecke aus.

Gegenüber, in dem Zimmer, stand eine Leiter mitten im Raum, umgeben von Malerutensilien. Unsere Couch und Teile unserer Anbauwand standen an den nackten Wänden. Abgescheuertes düsteres Linoleum zierte auch hier den Fußboden.

Ganz anders in der Küche. Unbekannte hellgrüne Unterschränke mit Hängen, ein Spülschrank, ein Gasherd und daneben die Wäscheschleuder verrieten eine Funktionalität. Zwei große, über das Eck liegende Fenster betteten eine schöne Sitzecke mit einem großen Holztisch ein. Auch diese Möbel waren mir nicht vertraut.

Im letzten Zimmer standen das Kinderbett, Charlottes kleiner Kleiderschrank und alles, was sie zum Spielen benötigte. Der Boden war mit grünlicher Auslegware bedeckt und ein großer heller Ofen stand gleich vorne an der Tür.

Nachdem ich in jedem Zimmer war, ging ich zurück in die Küche. Die derben Tritte in meinem Bauch sagten mir, dass ich nun Ruhe brauchte. Der Tag hatte mich total geschafft und zerrte an meinen letzten Kräften. Vollkommen ausgelaugt setzte ich mich an den Tisch. Charlotte kletterte auf meinen Schoß und Kevin hatte in der Zwischenzeit Kaffee gemacht.

Bei einem ruhigen gemütlichen Gespräch berichtete mir Kevin von dieser Wohnung und was er bereits alles getan hatte, um hier wohnen zu können. Es gab mal eine Vorratskammer. Diese habe er beseitigt und dafür eine kleine Badewanne neben der Toilette eingebaut. Auch der Gasherd wurde neu angeschafft und von einem Fachmann angeschlossen. Nebenbei erklärte er mir, dass er ja vom Wäschewaschen keine Ahnung hatte und er die schmutzigen Sachen in den Kleiderschrank im Flur geräumt hatte.

Unsere Möbel, Sachen und anderen Dinge habe er zwischenzeitlich in dem Schuppen gleich an der Hofeinfahrt eingelagert, bis wir diese wieder einräumen können. Da ja Sommer ist, sollte es kein Problem sein.

Auch habe er schon ein paar Kollegen zur Hilfe bei der Renovierung und Fertigstellung organisiert. „Ich habe ja schon so viel geschafft, da schaffen wir das letzte Bisschen auch noch." So beendete er mit einem breiten aufmunternden Lächeln seinen Bericht.

Echt, nun wird alles besser?

Schon am nächsten Tag machte ich die Waschmaschine bereit und öffnete im Flur den großen dreitürigen Kleiderschrank. Mir fielen meine Augen bei diesem Anblick förmlich aus meinen Augenhöhlen heraus. Alle Fächer vollgestopft bis unters Dach. Es gab keinen Zentimeter Platz mehr und alles fein säuberlich durcheinander. Da war nur ein Waschprogramm möglich. Das war das Mammutprogramm. Himmel! Schonprogramm war da nicht mehr drin.

Alarmiert vom Wäscheberg führte mein nächster Weg, als ich die erste Wäsche aufhing, zum besagten Schuppen. Mein Magen krampfte sich heftig zusammen, als ich den darin befindlichen Müllberg sah. Von eingelagert konnte keine Rede sein. Es sah aus, als wäre unser gesamter Hausrat nur so reingeschüttet worden. Wieder bahnte sich ein zartes Rinnsal aus meinen Augen seinen Weg über meine Wangen.

Den Karton mit meinen wenigen Habseligkeiten, welche mir Mutti mitgegeben hatte, entdeckte ich zerquetscht, dreckig und feucht an der vorderen Wand. Eingepfercht zwischen kaputten Möbelstücken, Wäscheteilen und einem noch bezogenen Kopfkissen. Angewidert zog ich ihn heraus, wobei die feuchte Pappe nachgab und sich der Inhalt zwischen dem Unrat und vor meinen Füßen entleerte. Man könnte es Glück im Unglück nennen, denn alle meine handgeschriebenen und nicht beendeten Bücher lagen nun ausgebreitet vor mir. Schnell hob ich diese auf, sie waren schon zu dieser Zeit für mich von unschätzbarem Wert. Alles andere musste warten, bis ich es nach und nach nach oben holen konnte, um nicht alles total verkommen zu lassen. Angewidert vom Geruch der feuchten Bücher legte ich diese oben in der Küche aufs Fensterbrett in die Sonne zum Trocknen und hoffte, dass sich dieser in Wohlgefallen auflösen möge.

Nachbarschaftshilfe

Aus Gewohnheit steckte immer der Wohnungsschlüssel von außen an der Tür.

Eines Tages, ich war gerade mit dem Spülen von Geschirr beschäftigt, sprach mich plötzlich eine nette Stimme an: „Mädel, du darfst den Schlüssel nicht einfach so draußen im Türschloss stecken lassen. Hier weißt du nie, wer plötzlich in deiner Wohnung steht." Erschrocken fuhr ich herum. Eine kleine, gutaussehende, freundliche, aber bereits sehr betagte Dame stand im Flur nahe der Küche. Sie lächelte mich anmutig an und reichte mir meinen Schlüsselbund.

Ihre sehr gepflegte und für dieses Alter sehr ungewöhnliche, modische und fesche Erscheinung ließ mich rasch vom Schreck erholen. „Ja, das sehe ich jetzt auch", gab ich ihr, ebenfalls lächelnd, zur Antwort.

Diese Dame, mit Namen Gretel, tat mir schon in diesem Moment einfach nur mit ihrer Anwesenheit gut. Wenig später saßen wir gemeinsam am Küchentisch bei Kaffee und Tee und schwatzten über Gott und die Welt. Die Chemie zwischen uns war sofort erfrischend, befreiend und fühlte sich richtig und gut an. Ein Urknall einer der schönsten, intensivsten und überaus herzlichsten Freundschaft brach über uns herein und gab ihr so viel Lebhaftigkeit, dass sie bis zum bitteren und traurigsten Ende anhielt.

Ein paar Tage darauf bekamen wir einen weiteren Besuch. Ein fröhlicher Mann und Kollege von Kevin, etwas älter als wir, brachte uns Kinderkleidung und Spielsachen für Charlotte.

Hey, das war richtig toll und Geschichten kann Robert erzählen, das kann keiner so wie er.

Etwas geschieht mit mir

Ein paar Tage später. Kevin hatte die Scheuerleisten im Flur bereits angebracht. Da lag ich fast auf meinem runden Bauch auf dem Fußboden und strich diese mit wasserfester Lackfarbe in hellem Braun an.

Beim Aufräumen und Säubern der Räume entdeckte ich überall Bierflaschen oder Bierbüchsen, die Aschenbecher liefen über und in den bereits gefüllten Müllsäcken türmten sich Reste von Döner, Pizza und Co.

 157

Wider sein Versprechen wurde in den folgenden Tagen nicht weitergearbeitet. Die Arbeiten kamen zum Stillstand. An einem Vormittag kam Kevin unverhofft heim. Da noch ein paar Wege aufgrund meiner Ummeldung und der Suche nach einem neuen Arzt für mich zu machen waren, begleitete ich ihn zu seiner Arbeitsstelle, um danach mit ihm gemeinsam alles zu erledigen. So brauchte ich nicht wieder mit der unbequemen und stickigen Straßenbahn fahren. Stolz zeigte mir Kevin die Firma, in der er seit ein paar Monaten arbeitete. Der Wachschutz hatte auch mich hineingelassen. So saß ich bald darauf allein Kaffee trinkend im Aufenthaltsraum der Männer und wartete auf Kevins Rückkehr.

Als sich eine Tür öffnete, trat ein junger Mann in altertümlich wirkender Kleidung und einer Frisur, die mich eher an schon längst vergangene Zeiten erinnerte, in den Raum. Die stumpfe braune Hose aus synthetischem Material und das graugrüne Strick-Shirt wirkten, als trage er die Sachen seines Opas auf. Hinzu kam seine übergroße Brille, deren Gläser wie schrecklich düstere Tränen sein halbes Gesicht bedeckten. Wenige Augenblicke später klärten sich jedoch die selbstfärbenden Brillengläser wieder auf und enthüllten wunderschöne liebevoll blickende Augen mit einem leichten Blickfehler, die mich fröhlich anstrahlten.

„Du warst wohl beim Fußballspiel?", fragte er mit breit lächelndem Mund. „Nein! Wie kommst du denn darauf?", schoss ich zurück. „Na, du hast doch den Ball verschluckt, der seit gestern gesucht wird." Er zeigte mit seinen lachenden Augen auf meinen runden Bauch. Dieses heitere Lächeln blieb in seinem Gesicht förmlich hängen.

Mein plötzliches Auflachen ließ meine dicke Kuller spontan auf und ab hüpfen. Dabei spannte sich mein dunkelbraunes Kleid mit weißen Blümchen wie eine Haut um meinen Bauch und ließ diesen wirklich wie einen Fußball aussehen. Nur das Muster darauf passte nicht. Sein Lachen gesellte sich zu meinem und verlängerte so diesen zauberhaften Moment. „Ich hole dir einen Kaffee, wenn du möchtest." Schon stand ich auf, eilte durch den Raum und brachte ihm eine große Tasse voll dieser schwarzen Flüssigkeit. Er streckte mir seine saubere Hand entgegen und stellte sich mit „Ich bin Mo" vor, was ich sehr gern erwiderte: „Ich bin Resa."

Ohne Zögern kam zwischen uns eine ungezwungene Unterhaltung in Gang. Dabei tanzte sein rötlicher Schnauzer über seinem frechen Mund. Seine merkwürdige Art faszinierte mich auf eine neugierige Weise. Leider kam nun Kevin auch hinzu und das Gespräch änderte abrupt seine Richtung.

Als Kevin und ich, gemeinsam auf dem Weg zum Auto waren, sagte er abwertend und spitz über diesen Mann: „Der ist nur ein ganz einfacher Kerl mit riesiger Hornbrille, er schielt und stottert noch dazu."

Sekunden darauf kramte ich in meinem Hirn, doch im Gespräch mit Mo habe ich das überhaupt nicht bemerkt, dass er stottern sollte. Dies schürte nun meine Neugier noch mehr. Ja, gutaussehend ist anders. Auch schien er tatsächlich etwas befremdlich, zurückhaltend, aber vollkommen offen zu sein. Nobody is perfect, as you know. Er füllte für mich doch den tristen Raum trotz seiner in die Jahre gekommenen Erscheinung im Handumdrehen mit Magie und Heiterkeit. Kann ich mich so täuschen? Mein unbewusstes Interesse an Mo stand fortan in lodernden Flammen.

Immer zu früh dran

Eine Woche darauf hatte ich einen Untersuchungstermin. Dafür mussten wir jedoch in eine fünfundzwanzig Kilometer entfernte Klinik fahren. Der Stress der vergangenen Tage hatte mir ziemlich zugesetzt und die Autofahrt war nicht gerade sanft. Dazu kam mein schon länger anhaltendes Unwohlsein, was für die Ärztin offensichtlich war, Kevin hatte davon nichts mitbe-

 159

kommen. Der Wehenschreiber tat das, wofür er angeschafft wurde, und zeichnete alle paar Minuten die leicht ziehenden Wehen in meinem Bauch auf. Sehr beunruhigt überwies mich die Ärztin der Klinik zur Universitätsklinik und bestellte dafür einen Transport. Noch war ich ganz entspannt. Diese Wehen habe ich ja schon sehr lange. Okay, zugegeben heute sind sie schon heftiger als sonst.

Nicht einmal zehn Minuten waren vergangen, da sauste der Rettungswagen mit mir mit Blaulicht und Sirene zurück in die Großstadt. Wieder bekam ich Medikamente und einen Tropf in den linken Unterarm. Das Krankenhauszimmer teilte ich mit zwei weiteren werdenden Müttern. Hier lag ich nun die nächsten sechs Wochen fest. Kevin kam mich mit Charlotte öfters besuchen. Dass es unser Nachwuchs so eilig hatte, das Licht der Welt zu erblicken, brachte unsere gesamte Planung wiederum durcheinander und die Renovierung kam gänzlich zum Erliegen.

Reichliche zwei Wochen vor dem errechneten Geburtstermin, weil das Baby nun weit genug entwickelt war, wurde ich, wiederum an einem Freitag, entlassen. Gleich nach dem Frühstück verließ ich mit meiner Tasche das Krankenhaus. Mittlerweile war ich kugelrund und mir fiel jeder Schritt schwer.

Zehn Minuten vor der abgesprochenen Uhrzeit stand ich vor dem Gebäudeeingang der Uniklinik. Da hielt ein fremdes Auto vor mir am Straßenrand an und Mo lachte mir freundlich entgegen: „Sie haben ein Taxi ins Glück bestellt?" Verwirrung grub sich für einen kurzen Augenblick in mein Antlitz und er erklärte mir, dass Kevin ihn geschickt hatte, da er nicht von Arbeit fortgehen konnte. Nun strahle nicht nur mein Gesicht, mein Herz tat es auch.

Meine Sehnsucht nach Charlotte war inzwischen immens groß und die Sorge zehrte an mir. Ich holte sie gleich als Mittagskind aus der Kita ab. Hoch erfreut und begeistert kam sie mir eilig entgegengelaufen und sie erklomm mich wie den Mount Everest. Glücklich, sie endlich wiederzuhaben, schloss ich sie in meine Arme, was sie gern und freudig erwiderte.

Knappe zwei Wochen konnte ich Charlotte noch als Einzelkind verwöhnen.

Himmel, welch ein Glück

An einem Sonntagabend, pünktlich zum Polizeiruf 110, mit dem Film „Tod im seicht fließenden Strom" setzten die Wehen nun recht kräftig ein. Mein Blick fiel bei jedem Einsetzen auf die Uhr, um die Abstände der Wehen zu prüfen. Noch ließ ich mir Zeit. Als das Filmende erreicht war, informierte ich Kevin über die eingetretenen Geburtswehen. Er organisierte umgehend bei unsere Nachbarn eine Aufsicht für Charlotte und danach fuhr er mich, mal etwas sanfter, durch die Großstadt zur Uniklinik und brachte mich in den Kreißsaal.

Nach der Aufnahme, die recht zügig ging, da ich bereits eine Krankenakte hatte, brachte mich die Hebamme ins Bad. Erstaunt, dass sie bereits warmes Wasser in der Wanne hatte, doch dennoch sehr erfreut darüber, stieg ich in das wärmende Nass. Aber zur Entspannung kam ich nicht. Die Geburtswehen wurden übergangslos so heftig, dass ich Minuten darauf mit schmerzendem Bauch und wackligen, zitternden Beinen, die ich kaum noch heben konnte, wieder aus der Wanne stieg. In diesem Moment kam die Hebamme zurück ins Bad und war umgehend alarmiert. Abtrocknen schaffte ich nicht mehr, denn das Bett wurde schon in den Raum geschoben und ich darauf gehoben. Da ging die Fahrt auch gleich in den gegenüberliegenden Kreißsaal. Plötzlich war ich von einer großen Menschentraube aus medizinischem Personal umringt. Dann ging alles rasend schnell.

Wenig später erblickte unsere kleine Henriette, für sie endlich, weil sie es die gesamte Zeit schon nicht abwarten wollte, gesund und munter das Licht der Welt.

Im Gegensatz zu Charlotte bekam ich Henriette sofort nach ihrer Geburt in meine Arme gelegt. Das Glück überwältigte mich in diesem wunderbaren Moment. Gleich stellte ich erleichtert fest, dass sie sehr kräftig war und sehr gesund aussah. Selbst ihre Stimme war beim Schreien recht mächtig, wobei sie kaum zu beruhigen war.

Sie verließ mich nur noch einmal für ca. dreißig Minuten, um sich hübsch machen zu lassen und die Kinderärztin zu besuchen. Eine Säuglingsschwester brachte mir Henriette gleich nach meiner Verlegung auf die Mütterstation in einem transparenten Kinderbettchen auf mein Zimmer. „Die Kleine ist sehr schwer zur Ruhe zu bringen. Sie werden es nicht leicht haben mit dieser Maus", sagte die Säuglingsschwester mit tröstenden und besänftigenden Worten, während sie das Baby immerzu streichelte.

Ihre Worte konnte ich in dieser Nacht nicht richtig deuten. Verwundert sah ich ihr hinterher, als sie die Zimmertür hinter sich schloss. Was sollte mit einem Baby schon so schwierig sein? Immerhin habe ich mittlerweile schon ganz viele Babys und Kleinkinder betreut. Das ist nicht schwer, da kenne ich mich sehr gut aus.

Henriette blieb fortan Tag und Nacht an meiner Seite. Zur Ruhe kamen wir beide nicht mehr.

Wie schon zwei Mal geschehen, verließ ich fünf Tage darauf, wiederum an einem Freitag, jedoch dieses Mal mit Henriette in meinem Arm, das Krankenhaus.

Zum Glück gibt es Mo

Zu Hause hatte sich in dieser Zeit nichts verändert. Noch immer waren die Räume nicht fertig. Es wurde sehr schwierig, mit zwei Kindern in dieser Wohnung zu hausen.

Wir brauchten auch eine neue Waschmaschine. Jene, die wir hatten, war eindeutig zu klein. Außerdem gab es mittlerweile Waschautomaten mit Schleuderprogramm. Unsere wusch nur und es war noch sehr viel Handarbeit.

Kevin brachte Tage darauf eine neue Waschmaschine mit. Doch nun musste diese gleich an der Küchentür aufgestellt werden, weil sich dort die Anschlüsse befanden. Daher war es unumgänglich, den Spültisch und den Gasherd etwas zu verschieben. Für den Gasherd bestellte er noch einmal den Monteur, welcher uns nicht lange warten ließ und es sofort erledigte.

Am selben Tag kam uns Mo besuchen. Er hatte sich wegen eines Autos mit Kevin verabredet. Als er in die Küche kam, bewunderte er die neue Waschmaschine. Ich befand mich mit beiden Kindern in der Küche und war dabei, das Abendessen herzurichten.

„Hast du noch das Gas an?", Mo drehte gleich an allen Schaltern. Doch sie waren aus. „Hat Kevin was am Herd gemacht?" Mo wurde immer unruhiger. „Resa, verlasse sofort mit den Kindern die Küche. Raus mit euch! Es riecht hier stark nach Gas." Er öffnete die Fenster und holte Kevin hinzu. Mo ließ sich die Werkzeugkiste von Kevin geben. Er prüfte die Leitungen und Anschlüsse und stellte fest, dass an einem Anschluss das Gas herausströmte. Sofort verschraubte er diesen fest mit Hanf und hatte in wenigen Minuten diesen gefährlichen Schaden repariert.

Worte, die nun widerhallten

Henriette forderte fast die gesamte Tages- und Nachtzeit ein.

Es hatte nicht lang gedauert, bis mir die Worte der Säuglingsschwester zeigten, was sie damit gemeint hatte.

An einem Wochentag, Charlotte war bereits in der Kita, da weinte unsere Henriette schon am zeitigen Morgen recht heftig. Eigentlich lag gar kein naheliegender Grund dafür vor. Sie hatte frische Windeln, hatte ausreichend getrunken und bereits schon eine gewaltige Portion Streicheleinheiten bekommen. Aber sie weinte.

So wickelte ich sie erneut, gab ihr Fencheltee zu trinken, was sie jedoch verwehrte, und schaukelte sie in meinem Arm. Doch sie schrie und schrie.

 163

Mag sie vielleicht in ihr Bettchen und ist alles, was ich tu, zu stressig für sie? So legte ich Henriette in ihren hübschen Stubenwagen. Sang noch, währenddessen ich sie weiterhin behutsam streichelte, ein Liedchen. Ging aus dem Zimmer und hoffte, dass sie sich beruhigen würde. Allerdings klappte auch das nicht, denn sie schrie und schrie.

War sie von der durchweinten Nacht vielleicht übermüdet? Ich versuchte alles Mögliche. So bettete ich sie schließlich in ihren Kinderwagen und ging mit ihr an der frischen Luft spazieren. Doch sie schrie und schrie.

Daheim nahm ich sie wieder in meine Arme und versuchte weiterhin, sie zu beruhigen. Doch sie schrie und schrie.

Hatte sie vielleicht Bauchweh? So rieb ich ihr sanft ihr kleines, vom Schreien angespanntes Bäuchlein mit Kümmelöl ein und wärmte es mit einem leicht angewärmten Tuch. Aber Henriette schrie und schrie. Dabei machte sie sich richtig steif und bäumte sich auf.

War ihr vielleicht zu warm? So zog ich ihr einige Sachen aus. Dabei achtete ich genau auf ihre Körperreaktion. Nein, auch das war eine Fehlanzeige und nicht der Grund ihres Unwohlseins. Meine Henriette schrie und schrie.

Mittlerweile war es bereits kurz nach der Mittagszeit und ich schaffte es einfach nicht, sie zur Ruhe zu bringen.

In mir breitete sich eine große und hilfesuchende Ratlosigkeit aus. Da sah ich auf dem kleinen Regal mit Charlottes Medizin das Fläschchen mit den Beruhigungstropfen. Zweifel schossen in meinen Kopf. Darf ich das einem winzigen Säugling auch ohne ärztliche Verordnung geben? Verzweiflung bahnte sich ganz allmählich ihren Weg.

In meinen Armen wiegend und mit geschlossenen Augen hielt ich die schreiende Henriette ganz eng umschlungen. Die Müdigkeit und gleichzeitig ein irres Durcheinander hinter meinen Augen und meiner Stirn zerrieben mich förmlich. Meine Nerven lagen blank, mein Schädel dröhnte und ich wollte einfach nur Ruhe für uns beide.

Da läutete es an der Wohnungstür. In meinem Kopf hämmerte es sogleich los: „Kevin, du hast einen Schlüssel! Ich stehe jetzt nicht auf." Es läutete abermals, dann klopfte es ganz energisch. „Oh Mann, sein Gezeter ertrage ich nicht auch noch!"

Mürrisch ging ich mit der schreienden Henriette im Arm zur Tür, öffnete sie, indem ich nur die Türklinke herunterdrückte, ohne einen Blick auf Kevin zu werfen, und ging entnervt zurück in die Küche.

„Was ist denn hier los?", drang ruhig die Stimme von Mo in meine Ohren. Total verwirrt starrte ich ihn an, als er in die Küche hineinkommt. Trotzdem war ich sehr erfreut, ihn zu sehen und nicht Kevin. „Die gesamte Zeit über schreit sich Henriette die Seele aus dem Leib. Ich kann sie einfach nicht beruhigen, egal, was ich mache", platze es aus mir heraus. Mo sah mir scheinbar meine Ratlosigkeit an. „Da kann ich dir wahrscheinlich auch nicht helfen. Was hast du denn schon alles mit ihr gemacht?"

Nachdem ich ihm, begleitet von Henriettes Schreien, meine Nacht und den Tag geschildert habe, schob ich gleich meine im Raum stehende offene Frage nach. „Meinst du, ich kann ihr ein paar Beruhigungstropfen von Charlottes Medizin geben? Auch ohne einem Arzt?" „Schau doch mal auf die Beschreibung. Wenn es für kleine Kinder ist, warum nicht?" Er nahm mir Henriette ab und ich las ihm alles laut vor.

Wenige Minuten später entschieden wir uns gemeinsam, ihr ein paar Tropfen zu verabreichen. Genau nach Anleitung tropfte ich diese in ihr Teefläschchen und gab es ihr zu trinken. Wie schon den gesamten Tag über wehrte sie sich mit Leibeskräften dagegen. Doch ich hatte nur ein paar wenige Schlucke eingefüllt, weil ich es bereits ahnte. Zwischen ihren Schreien schluckte sie die Medizin. Mo und ich warteten auf die Wirkung und ich streichelte Henriette ganz liebevoll in dieser Zwischenzeit. Eine halbe Stunde später trug ich Henriette schlafend in ihren Stubenwagen.

Froh darüber, aber trotzdem mit nagenden Gewissensbissen, ging ich wieder in die Küche. Dankbar, dass ich diese Entscheidung nicht allein treffen musste, lud ich Mo zum Kaffee ein. Nun merkte ich meine Anspannung ganz deutlich. Ich war gleichzeitig aufgedreht und schlapp. Um mich da irgendwie wieder heraus zu bekommen, fragte ich Mo in einem Anflug der Euphorie: „Hast du Zigaretten dabei?" Er legte seine Schachtel auf den Tisch. „Du rauchst doch gar nicht. Aber bediene dich ruhig." Mit zitternden Händen entnahm ich der Packung meine erste Zigarette und steckte sie mir an. Noch wollte keine Ruhe in mir einziehen. Immerzu lief ich in das Kinderzimmer und schaute, dass die Medizin keinen Schaden anrichtete.

Nach der sechsten Zigarette und einem Kaffee ging es mir besser. Ein bisschen hatte sich die Leichtigkeit eingeschlichen. Die Anwesenheit von Mo tat mir zusätzlich gut, sie beruhigte mich und ließ in mir wieder Zuversicht wachsen. Weitere zwei Stunden später war ich mir sicher, dass es der kleinen Henriette gut ging. Als Kevin heim kam, interessierte es ihn nicht, was an diesem Tag los gewesen war.

Leider blieb es bei Henriette dabei. Sie schrie Tag und Nacht. Nur sehr selten schaffte ich es, sie zu beruhigen. Der Kinderarzt konnte uns auch nicht helfen. „Körperlich und organisch ist alles in Ordnung mit ihr. Sie schreit eben sehr viel und ab und zu können Sie ihr mal ein paar Tropfen zur Beruhigung verabreichen. Diese würden ihr nicht schaden."

Dies war aber für mich die allerletzte Lösung, und nur dann, wenn es zu schlimm wurde.

Fern von zu Hause

Von Tag zu Tag kamen mehr Probleme auf uns zu. Ein nutzbarer Raum, eine halbe Küche und der zweite Raum unbewohnbar waren für vier Personen einfach zu wenig. Da staute sich eine Menge Unmut auf, bis alles zu eskalieren drohte.

Kevin sprach daher mit seinen Großeltern, woraufhin ich mit beiden Kindern etwas später zu ihnen ins Gästezimmer zog.

Wieder war ich knapp zweihundert Kilometer von daheim entfernt. Charlotte und Henriette mussten mit den neuen Ge-

 166

gebenheiten irgendwie zurechtkommen. Eine Zeitvorgabe gab es nicht und ich wusste wieder nicht, für wie lange.

Kevin bat ich, mit Mo zu sprechen. Er hatte uns seine Hilfe angeboten. „Frage ihn bitte noch einmal. Die Wohnung muss endlich fertig werden." Vor der Abfahrt legte ich noch fest, dass ich zu Weihnachten mit beiden Mädchen wieder zu Hause sein wollte.

Auch wenn ich mich sehr unwohl damit fühlte, dankbar war ich seinen Großeltern dennoch. Diese Zeit war für alle Beteiligten sehr schwer. Immerhin kannten wir uns kaum. Beide Großelternteile hatten bereits starke gesundheitliche Probleme und ich brach mit den Kindern in ihr privates Umfeld ein. Der Fürsorge, Hilfe und Akzeptanz, welche wir von Kevins Großeltern für Charlotte und Henriette erhielten, begegnete ich mit Respekt, Höflichkeit und Unterstützung.

Der Großvater verhielt sich uns gegenüber zurückhaltend, ausweichend. Allerdings war er sehr liebevoll gegenüber seiner Frau. Fernsehen schien seine Lieblingsbeschäftigung zu sein. Gleich zum Frühstück schaltete er den Kasten ein und irgendwann, weit nach Mitternacht, wieder aus.

Das war ich überhaupt nicht gewohnt. Bei uns wurde er zum Abend eingeschaltet, meist für einen Film und für Nachrichten.

Es nervte mich mächtig. Aber ich traute mich nicht, ihn darauf anzusprechen, da immer alles zu akzeptieren war, was Eltern taten. So ertrug ich eben das Flimmern und Geschrei auf der Mattscheibe. Hinzu kam das stetige laute Weinen von Henriette.

Meist zog ich mich, wenn die Großmutter in der Arbeit war, mit beiden Mädchen in unser Zimmer zurück. Zu dieser Zeit bekamen wir drei echt wenig Schlaf. Henriette hörte nicht auf zu schreien und Charlotte kämpfte jeden Tag um Aufmerksamkeit. Der Stress nahm von Tag zu Tag und in den Nächten gewaltig zu. Ruhe gab es keine mehr. Diese Umstände ließen uns alle mächtig aufdrehen. Die Müdigkeit, gegen die ich ständig antrat, zermatschte mein Hirn. Sie ließ mich selbst am Tage unheimliche Dinge sehen, die es wahrscheinlich gar nicht gab. Nachts wurde es noch schlimmer. Es ging so weit, dass ich nach ca. einer Woche begonnen hatte, abends das leere Fläschchen von Henriette auf die Türklinke zu stellen. Darunter schob ich einen Holzstuhl, um es hören zu können, wenn beim Öffnen der Tür das Fläschchen herunterfiel. Auch legte ich einen Holzkeil vor die Tür, um ein Aufdrücken zu erschweren.

Nach kurzer Zeit beherrschte mich die Angst. Angst, dass Charlotte und Henriette oder mir was Schreckliches widerfahren würde. Diese Todesfurcht ließ mich die Nächte durchwachen. Musste doch beide Mädchen schützen. Ich schlief nur für ganz kurze Momente ein, nur dann, wenn die Erschöpfung die Oberhand bekam. Der Schlafmangel, das Geschrei von Henriette und das Geplärre vom Fernseher setzten mir aufs Heftigste zu.

In einer Nacht drehte der Großvater, höchstwahrscheinlich wegen Henriettes Geschrei, den Fernseher auf eine sehr laute Stufe. Die Stimmen nahm ich alle wahr und die Worte konnte ich fast alle verstehen, obwohl zwischen dem Wohnzimmer und unserem Zimmer ein langer Flur lag. Obendrein war meine Zimmertür geschlossen.

Draußen war es an diesem Abend bereits extrem dunkel. Schwarze und dicke Quellwolken verdeckten den ohnehin sehr schwach scheinenden Mond. Der kalte Wind rüttelte und drückte am Fenster.

Charlotte schmiegte sich in meinen Rücken, ich hielt Henriette in meinen Armen und wiegte uns im Bett fortwährend hin und her.

Irgendwann, während der laute Film noch lief, schlief Henriette doch endlich ein. Ihr schien dieses Schaukeln zu gefallen und gut zu tun. Von Charlotte nahm ich nichts mehr wahr. Also musste auch sie nun eingeschlafen sein. Meine Erschöpfung und die Angst machten es mir nicht leicht, in den Schlaf zu fallen. Gespannt lauschte ich in die Dunkelheit des Raumes und ob sich an unserer geschlossenen Tür etwas tat. Mein Herz wummerte in meiner Brust und obwohl ich atmete, bekam ich kaum Luft in meine Lunge. Zitterte ich, weil mir eiskalt war? Oder war es das Grauen, welches mich umgab? All meine Sinne gaben ihr Bestes und waren pausenlos in Hab-Acht-Stellung.

 168

Plötzlich traf uns ein gleißender, rotglühender Blitz und die brennende Hölle tat sich um uns auf. Glühende Lava ergoss sich über uns und als sie mich traf, sprang mein Körper ruckartig hoch. Ich wollte vor dieser Bedrohung fliehen. Doch ich spürte, dass mir meine Beine nicht gehorchten. Noch immer lag ich wie festgeschnürt mit meinen Mädchen auf dem Bett. Nun war ich es, die schrie. Doch meine Stimme gehorchte mir auch nicht. Nur ein röchelndes Krächzen entrann, für mich schwer wahrnehmbar, meiner Kehle. Meine Sinne waren nicht mehr die meinen. Atemlos kämpfte ich gegen diese Macht der Dämonen an. Schwitzend und benommen nahm ich unvermittelt ein lautes Kreischen von weiblichen Stimmen wahr und an dem Fenster war ein lautes, immerwährendes Klopfen zu hören.

Laut wimmernd erwachte ich aus diesem schrecklichen Traum. Noch bevor ich registriert hatte, was geschehen war, rannte ich ins Bad und übergab mich. Der Fernseher dröhnte noch immer und das Wohnzimmer wurde von blauem Flackerlicht durchzuckt. An unsere Fenster klopfte ein starker Regenguss und es gewitterte draußen.

Zurück im Bett fand ich keinen Schlaf mehr und mir wurde bewusst, dass ich meinen ersten Albtraum hatte.

Über die gesamte Zeit des Aufenthaltes bei Kevins Großeltern verfolgten mich nun sehr oft diese grauenvollen Träume, welche meist ein ähnliches Szenario enthielten. Diese waren an den Tagen darauf, noch weit in die Nachmittage hinein, eine extrem schwere Last und schwer ertragbar.

Als Kevin am Wochenende darauf zu Besuch kam, schaute er mit seinem Großvater noch einmal diesen schrecklichen Film. Doch er konnte die Handlung der bewegenden Bilder des Filmstreifens nicht für sich behalten und erzählte mir, was darin geschehen war. Das machte es für mich wirklich nicht besser, ganz im Gegenteil.

In mir formte sich mal wieder der Drang, zu verschwinden. Ich wollte nur noch weg.

 169

Gegensätze ziehen sich an

Es war an einem anderen Sonnabend, da kam uns Kevin abermals besuchen und ich freute mich sehr darüber.

Plötzlich tauchte hinter ihm im Türrahmen Mo auf. Mein Herz machte postwendend einen Freudensprung und in meinem Bauch flatterten Myriaden von Schmetterlingen. Irritiert von diesem schlagartig ausbrechenden und unerwarteten Gefühlsausbruch, stieg mir völlig überrascht die Röte ins Gesicht. Da ich jedoch wie immer darum kämpfte, Henriette zu beruhigen, fiel es keinem der Anwesenden auf.

Die kleine Maus in meinem Arm rebellierte und wehrte sich mit Händen und Füßen gegen den aufkommenden Tumult und sie machte sich obendrein stocksteif. Ich schaffte es nicht, Kevin angemessen zu begrüßen. Mo hatte seine Augen indes fest auf Henriette gerichtet und er war von ihrem störrischen Schreien auf irgendeine Art fasziniert und angetan. „Oh, sie ist aber süß. Darf ich die Kleine mal halten?", kam es, für mich sehr überraschend, von Mo. Total verwundert und perplex sah ich zu ihm auf. „Klar darfst du das! Aber sie schreit. Störe dich bitte nicht daran." Schnell drückte ich sie ihm erleichtert in seine Arme.

Im Nullkommanichts war Ruhe. Wie gespenstische Totenstille. Kein Geschrei, kein Quengeln drang mehr in unsere Ohren. Nur entspannende Ruhe umgab uns irrsinnigerweise auf rätselhafte Art. Verdutzt sah ich erst zu Mo und dann zu Henriette in seinem Arm auf. Beide himmelten und strahlten sich gelassen und tief zufrieden an. Das konnte ich jetzt echt nicht glauben. Was machte ich falsch?

An diesem Wochenende erzählte mir Mo, dass er uns, wie versprochen, in der Wohnung helfen wollte. Dies hatte er aber nur unter der Bedingung zugelassen, dass Kevin und er die Arbeiten allein und gemeinsam bewerkstelligten. Er wollte seinen Nachbarn, der bisher angeblich geholfen hatte, nicht dabeihaben. Denn immer wieder machten dann Kevin und der Nachbar bei viel Bier und Zigaretten nur Pläne und sie fachsimpelten he-

rum. Aber gearbeitet haben die zwei kaum und vieles blieb an
Mo hängen, einschließlich nerviger Vorschläge.

Auch die Planung ging sehr oft daneben. Zu wenig Farbe, zu
geringe Farbdeckung für die alten Wände, falsche Abmaße, fal-
sches Anbringen der Paneele in der Küche und, und, und.

Danke an alle

Dankbar für alle Hilfe in dieser Zeit, konnten wir ein paar Tage vor
Weihnachten endlich wieder zu Hause sein. Nun waren das Kinderzimmer, das Wohnschlafzimmer und die Küche endlich fertiggestellt.

Vor überschwänglicher Freude lud ich Mo zu unserem Weih-
nachtsfest ein. Da es das erste gemeinsame Weihnachtsfest für
Kevin und mich mit unseren Kindern war, stellte sich Mo an
Heilig Abend gleich noch als Knecht Ruprecht zur Verfügung.

Sehr mutig öffnete Charlotte dem Knecht Ruprecht die Wohnungstür, um sogleich im Wohnzimmer vor Angst unter dem
Tisch zu verschwinden. Mit viel Zuspruch kam sie dann doch
wieder aus ihrem Versteck hervor und Knecht Ruprecht schenkte ihr eine wunderschöne Puppe.

Glücklich und froh verlief das gesamte Weihnachtsfest. *[Doch
Glück ist ebenso vergänglich wie schlechte Phasen im Leben.]*

Geschenke des Lebens

Sei es drum, was der Auslöser war. Gleich im neuen Jahr breiteten
sich vermehrt juckende Bläschen auf meinen Handrücken aus.
Sie brannten und entzündeten sich sehr unangenehm schmerz-

haft, dass ich große Schwierigkeiten mit der Versorgung unserer Familie bekam. Da ich auch noch stetig gegen den nervenden Juckreiz kratzte, wurde es etwas später so schlimm, dass ich nicht mehr zupacken konnte. Wäschewaschen, Geschirr spülen, Kinder versorgen, putzen – alles war eine Qual.

Da Kevin jeden Tag erst sehr spät am Abend von Arbeit wieder nach Hause kam – welch ein Wunder – konnte ich keine Hilfe von ihm erwarten. Und ohnehin: „Das ist ja alles Frauensache, da musst du dich trotzdem darum kümmern. Geh zum Arzt, der verschreibt dir etwas." Mehr war da reinweg nicht zu erwarten.

Ja, eine Hautärztin verschrieb mir tatsächlich etwas. Doch das Zeug, eine rote Tinktur und darauf weiße, grobe, reibende Handschuhe, machten es noch schmerzvoller und eine Heilung trat nicht ein. Bald sah ich sogar meine blanken Knochen in den Wunden schimmern.

Mo konnte sich das nicht lange mitansehen. Er half mir bei meiner häuslichen Pflicht. Spülte ab und an das Geschirr. Nachts blieb er nun da, und wenn ich Henriette das nächtliche Fläschchen bereitete, übernahm er das Windeln und betreute sie auch während der Wartezeit.

Da ich nachts durch das Jucken und das Schreien von Henriette nun gar keinen Schlaf mehr fand, stellte sich bald wieder eine Überreizung in meinem Kopf ein. Die Dämonen erwachten erneut zum Leben.

Wahrheit sehen

Es war zu Beginn des neuen Jahres. Kevin hatte eine Tagung in Berlin und fuhr schon sehr zeitig an diesem Tag los. Für uns begann ein weiterer mühsamer Tag. So gegen 10:00 Uhr kam Mo auf eine Tasse Kaffee zu uns. Er war gerade am Standort und hatte Zeit.

Als die Uhr zur Mittagsstunde rückte, wurde ich unruhig. Weil ich mich nur um die Kinder und Mo kümmerte, kam ich mit dem Haushalt nicht voran.

„Was gibt es bei dir heute zum Mittag?" „Spaghetti." „Machst du für mich eine Portion mit? Ich würde gern zum Essen bleiben." „Ja, klar. Sehr gern."

Zur Kaffeezeit hielt ich es nicht mehr aus. Mir brannten so viele Fragen in meinem Kopf, die jetzt raus mussten. „Musst du nicht mehr in die Arbeit? Hast du dir freigenommen? Wo steht denn dein LKW?"

Nun grinste Mo und sah mich eindringlich mit seinen klaren, schönen Augen an, bevor er zu antworten begann. „Ich habe heute Kevins Tour bekommen. Die, die er immer hat. Und nein, in die Arbeit muss ich heute nicht mehr. Ich bin fertig."

Im ersten Moment verstand ich nicht, was er mir durch die Blume sagte. Dann weiteten sich meine Augen und meine Kinnlade fiel nach unten. In meiner Bewegung hielt ich inne, aber mein Hirn drehte sich mit einem Schlag auf Hochtouren.

Was ich bereits tief in mir ahnte, war nun Gewissheit. Von diesem Schreck erholte ich mich sehr schnell. Doch da setzte schon der nächste Schock nach. Hier in dieser Stadt kannte ich mich nicht aus und außer Mo und Gretel hatte ich keine Kontakte. Ich war völlig allein. Wie geht es nun weiter?

Ich ließ Kevin gewähren, womit er begonnen oder vielleicht nie aufgehört hatte. Stillschweigend, ohne ihn zur Rede zu stellen, machte ich zu Hause weiter wie bisher.

Da im sexuellen Sinne bei uns ohnehin nichts mehr lief und ich mich nun auch nicht mehr mit ihm dahingehend einließ, war die Trennung mein oberstes Bestreben.

Die folgende Zeit war eine Zeit der Neuorientierung für mich.

Veränderungen

Wenn Mo bei mir war, hatte ich Schmetterlinge im Bauch. Er brachte mich zum Lachen. Mit Charlotte und Henriette ging er sehr liebevoll und fürsorglich um. Nicht zuletzt half er mir, wenn ich ihn darum bat.

Da ich mit Kevin verheiratet war und mit ihm zusammenlebte, hielt sich Mo grundlegend zurück. Er respektierte unsere Ehe und wollte sie von sich aus nicht stören. So fing ich meinerseits an, Mo auch sexuell zu verlocken, was er sehr gern erwiderte. *[Lange Rede, kurzer Sinn.]*

Bald darauf trennte ich mich von Kevin und zog mit Charlotte und Henriette zu Mo. Nahm nur das Kinderzimmer, die Waschmaschine und meine persönlichen Überbleibsel aus dem Sauhaufen vom Schuppen mit.

Ob man es glaubt oder nicht: In seiner Wohnung war die Wohnstube hübsch wohnlich und das Bad funktionierte. Leider konnte man dies nicht von zwei weiteren Zimmern und der Küche sagen. Auch war es unmöglich, die Räume zu beheizen. Da hieß es nun wieder renovieren und sich zu kümmern, dass die Wohnung für uns zusammen nutzbar wurde.

Mo berichtete mir, als er diese Wohnung bekommen hatte, gab es in dieser keine Strom-, keine Wasser- und keine Gasleitungen. Er selbst hatte das Material dafür beschafft und zum großen Teil selbst verlegt und angeschlossen. Die Abnahme seiner baulichen Arbeiten machten ein Elektriker und ein Installateur, danach erst konnten der Strom, das Wasser und das Gas in Betrieb genommen werden.

Als unser gemeinsames Leben begann, lagen sehr viele schwere Steine auf unserem Weg. Mo musste seine Arbeit wechseln, da die Firma, in der er bisher gearbeitet hatte, insolvent ging. Er nahm einen Job als Fernfahrer an, somit war Mo nur an den Wochenenden daheim. Von seinem Lohn in diesem Job blieb kaum etwas übrig.

Leider verstarb der Vater von Mo wenige Monate, nachdem ich bei Mo eingezogen war. Diese Zeit war nicht leicht. Obwohl sein Vater alleinstehend war, pflegte er ein sehr liebevolles, überbehütetes, aber sehr gerechtes Elternhaus.

Weiters hatte Mo bereits zwei Kinder. Zu seinem Leidwesen durfte er Karoline und Niclas nur sehr selten sehen. Die Kindesmutter machte ihm diesbezüglich und erst recht finanziell das Leben ungemein beschwerlich.

Zu allem kam nun meine ständig schreiende Henriette, Charlotte, die es nicht leicht hatte, Beachtung zu finden, und meine Haut auf den Handrücken, wobei sich die Bläschen allmählich über den gesamten Körper ausbreiteten, noch hinzu.

Aus dem Grund, dass ich mit meinen Händen nicht mehr alles machen konnte, nahm ich dankbar die Hilfe von Mos Bruder entgegen, mich bei der häuslichen Arbeit zu unterstützen und bei der Versorgung von Charlotte und Henriette zu helfen.

Finanziell ging es für uns vier stetig bergab. Arbeit hatte ich noch keine in dieser Stadt. Aber ich bekam noch ein paar Monate Geld von der letzten Firma meiner Heimatstadt. Kevin zahlte keinen Unterhalt für seine zwei Mädchen. Er fühlte sich nicht dazu verpflichtet, schließlich hatte ich ihn ja verlassen.

Seega kurz erklärt

Die Trennung von Kevin und das Zusammenziehen mit Mo brachte es ebenso mit sich, dass wir in dieser Zeit einen gemeinsamen Besuch bei meinen Eltern machten. Dafür hatten wir uns einen Samstag Zeit genommen und wir fuhren die zweihundertdreißig Kilometer in meine Heimatstadt. Unterwegs im Auto brannte mir etwas heftig unter den Nägeln. „Mo, kannst du Seega spielen?" „Nein, wieso?" „Ach, das ist gut. Doch sollte dich mein Vater zu einer Seegapartie auffordern, lehnst du ab. Sobald du ja dazu sagst, trennen sich unsere Wege." Darauf sagte er nichts. Und weil er nicht antwortete, sagte ich auch nichts mehr.

So standen wir nun etwas später zu viert vor der Wohnungstür bei meinen Eltern. Mo hatte Henriette im Arm und trug die Tasche, ich hatte Charlotte an der Hand.

Nach unserem Klingeln öffnete der Vater die Wohnungstür und die Mutter erschien sofort hinter ihm. Noch bevor wir eingetreten waren oder zur Begrüßung kamen, wollte mein Vater von Mo wissen: „Kannst du Seega spielen?"

„Nein, Seega ist ein Spiel für Idioten", kam es darauf aus Mos Mund und mir fiel ein Stein vom Herzen. Dem Vater hingegen froren sämtliche Gesichtszüge ein, damit hatte er nicht gerechnet. Meine Mutter machte darauf große freudige Augen und lachte Mo beherzt entgegen. Ihre Begrüßung passte genau zu ihrem Strahlen.

Böse Vögelei

An diesem Wochenende besuchte ich zusammen mit Mo meine Schwester Jilaiya. Nach der Begrüßung hatten wir uns nicht viel zu erzählen, jedoch berichtete ich ihr von Mo und dass er draußen auf mich warten würde.

Zu meiner Verblüffung wollte sie ihn kennenlernen, so bat ich Mo, kurz hereinzukommen. Etwas befremdend musterte sie ihn, gab sich jedoch höflich im kurzen Gespräch mit ihm.

Als wir uns bald darauf verabschiedeten, fragte sie mich leise: „Was willst du mit diesem Vogel?" Erschrocken darüber und verwirrt verabschiedete ich mich rasch.

Zugegeben, der schönste Mann war er nicht. Wer ist das schon? Aber er war die erste Person, die mich so sah, wie ich war, und er achtete mich, beschützte mich und war zu jeder Zeit ganz lieb und rücksichtsvoll mit mir. Aber Schönheiten und die, die Anzüge, noch dazu mit Krawatten, tragen, waren meist nur Arschlöcher in meinem Leben.

Ärmel hoch und los

Nun lag es an mir, wie es für uns vier weiterging.

Bei der Wohnung fing ich an. Auch wenn eine Renovierung notwendig gewesen wäre, dafür war kein Geld da. So richtete ich erst einmal für Charlotte und Henriette den großen ungenutzten Raum als Kinderzimmer her. Von Maxim erhielt ich dafür die Doppelstockbetten und ein Gitterbettchen für Henriette. Gestaltete in diesem Raum alles so hübsch wie nur möglich und verzierte die kahlen Wände mit kleinen Blümchen- und Kinderbildern.

Weil sämtliche Öfen dieser Wohnung nicht beheizbar waren, suchte ich den Vermieter und im Anschluss mehrere Behörden auf, um diesen Zustand noch vor der nächsten eintretenden Heizperiode zu ändern. Vom Vermieter wurde ich nach einer kurzen Anhörung meiner Sorgen mit dieser Wohnung abgewiesen und sogleich zum Wohnungsamt weitergeschickt. Diese konnten uns aber nicht helfen, da es bei privatem Wohneigentum die Sache des Vermieters war, diese Mängel umgehend zu beseitigen. Auf Anraten dieser Behörde und der Dringlichkeit wegen, stellte ich sogleich einen Antrag auf einen Wohnberechtigungsschein, um auf diese Weise zu neuem Wohnraum zu gelangen. Ebenso sollte ich doch mal beim Jugendamt zu diesen Problemen vorsprechen.

Der Antrag wurde, wie zu erwarten war, mit der Begründung, dass wir in einem privatvermieteten Haus wohnten, gleich eine Woche später abgelehnt. Mein Vorsprechen beim Jugendamt brachte außer Aufregung und schäumender Wut in meinem Bauch nichts. Die „höflichen" Damen dieser Einrichtung halfen mir ebenso wenig weiter wie unser Vermieter und das Wohnungsamt, nur gaben sie mir einen irrsinnigen, *[vielleicht gut gemeinten, für wen auch immer?]* „netten" Rat, mit folgenden Worten, auf meinen Weg: „Geben Sie ihre zwei Mädchen doch ins Kinderheim und sie selbst ziehen über die kalte Jahreszeit ins Frauenhaus. Da ist ihnen doch geholfen!" Echt jetzt? Daraufhin entglitten mir meine Gesichtszüge völlig. Was für eine kaltschnäuzige und unverschämte Hilfe!

Erst mit dem Bemühen eines Rechtsanwalts bekamen wir zu dieser Sache im Herbst von unserem Vermieter endlich drei neue Öfen gestellt.

Das Schweigen klingelnder Münzen

Meine Firmenzugehörigkeit endete auch in diesem Herbst und ich stellte einen Antrag auf Arbeitslosengeld. Diesem wurde stattgegeben, aber leider ergab sich noch kein voller Anspruchszeitraum.

Im späten Frühjahr musste ich daraufhin Arbeitslosenhilfe beantragen. Hierzu waren Lohnnachweise und Unterlagen von Kevin notwendig, da wir noch immer verheiratet waren. Die Trennung fand keine Beachtung.

Mit Entsetzen stellte ich etwas später fest, dass Kevin ohne eine Benachrichtigung weggezogen war. Was nun? Wo war er?

Nach allem Vorsprechen bei Ämtern und Behörden war ich in der Pflicht, ihn ausfindig zu machen. Das zog sich dahin. Raubte uns unendlich viel Zeit, Kraft, Nerven und vor allem Geld, was wir nicht hatten. Schnell gingen uns die finanziellen Mittel aus. Beim Durchsuchen der Schränke, Schubladen und den Regalen fand ich hin und wieder etwas Kleingeld. Aber auch diese Quelle versiegte rasch.

Selbst ein ganz kleines Brötchen war unerschwinglich geworden. Auf einem unserer Wege kamen Charlotte und ich bei einem Bäcker vorbei. „Mutti, das riecht ja gut. Kann ich bitte ein Brötchen haben?" Leider hatte ich nicht mal mehr dieses bisschen Geld zur Verfügung. „Nein Charlotte, Mutti hat kein Geld mehr", entgegnete ich ihr traurig. Das wenige, was wir als Vorrat hatten, war ebenfalls ruck zuck aufgebraucht gewesen.

 178

So ließ ich es mir von der Arbeitsagentur schriftlich bestätigen, dass ich derzeit keine Gelder von ihnen bekam. Damit suchte ich das Sozialamt auf, in der Hoffnung, etwas finanzielle Unterstützung zu erhalten.

Im gleichen Zeitraum verlor Mo seine Arbeit, weil der Arbeitgeber ungerechtfertigte Leistungen außerhalb des Arbeitsvertrages einforderte. Einen Schuppen streichen, noch dazu am Wochenende, gehörte nicht zu seinem Aufgabenbereich als LKW-Fahrer. Mo erbrachte diese Leistung nicht, was zur sofortigen Kündigung seines Arbeitsvertrages führte.

Daraufhin bekam er von der Arbeitsagentur eine vorläufige Sperre zur Zahlung von Arbeitslosengeld für den Zeitraum von drei Monaten. *Das fehlte uns, zu allem Überfluss, nun auch noch.* Mo klagte gegen den Arbeitgeber.

Unsere finanzielle Lage spitzte sich in dieser Zeit gewaltig zu, was uns vollkommen von Sozialleistungen abhängig machte. Das Sozialamt berechnete meinen Bedarf und den meiner Kinder. Total peinlich war mir das damals schon. Doch was konnte ich noch tun?

Aber auch hier gab es große, verworrene Stolpersteine und diese stellten uns vor weitere unlösbare Probleme. Wütend war ich seinerzeit sehr darüber und sauer machte es mich obendrein. Hinzu kam, dass uns die volle Höhe des Kindesunterhaltes, zu dem Kevin laut Tabelle zur Zahlung verpflichtet gewesen war, jedoch keinen Pfennig zahlte, von unserem Bedarf gleich wieder abgezogen wurde. „Der Kindesvater ist gegenüber ihren Kindern schuldig, den Unterhalt zu leisten. Das betrifft nicht unsere Behörde. Beantragen Sie beim Jugendamt einen Vorschuss, wenn Sie keinen Unterhalt bekommen." Himmel, verdammt! Und keiner sagt etwas.

Bei Mo wurden die Unterhaltsleistungen, welche er der Kindesmutter für Karoline und Niclas zahlte, gleichermaßen nicht miteinbezogen. „In Zeiten der Zahlungsunfähigkeit können Sie eben keinen Unterhalt leisten. Da sollte die Kindesmutter beim Jugendamt den Vorschuss beantragen. Für Charlotte und Henriette, die zwar in ihrem Haushalt leben, sind Sie finanziell nicht verantwortlich. Daher haben Sie keinen Mehrbedarf." Wir verstanden die Welt nicht mehr!

Mein zu diesem Zeitpunkt tatsächlicher finanzieller Zufluss war nur das Kindergeld für beide Kinder zusammen in Höhe von 184,00 DM monatlich. Miete, Strom, Lebensmittel und dazugehörige Reinigungsmittel, unsere Krankenversicherungen, weil man rausfällt, wenn die Ämter keine Leistungen zahlen, Bewerbungskosten, Fahrkosten und so weiter: Für alles reichte unser bisschen Geld nicht aus. Ein wirtschaftliches Fiasko, welches sich ein paar Wochen lang in diesem Sommer dahinzog und uns in eine weit ausgedehnte, über viele Jahre belastende Schuldenfalle trieb.

Plötzlich Besuch

Weil uns an diesem Donnerstag nichts trieb, blieben wir vier bis in den Vormittag hinein in unserem großen Bett im Wohnzimmer und spielten miteinander.

Plötzlich klingelte es. Vor der Tür stand Seth. Überrascht, verwirrt und hektisch zogen wir uns an und begrüßten ihn Minuten darauf ganz lieb in unserem bescheidenen Heim.

Da wir keinerlei Lebensmittel außer etwas Brot und Zucker zu Hause hatten, borgte ich mir in der Nachbarschaft etwas Kaffee, um Seth wenigstens eine Tasse davon anbieten zu können. Diese Situation war mir überaus unangenehm.

Seth hatte wenig Zeit und war nach einer Stunde, für uns erleichternd, bereits wieder fort. So verschwand sein unangekündigter Besuch Stunden später wieder aus unseren Köpfen.

Hilfe in der Not

Auf unserem Markt hatte ein vietnamesisches Paar einen Obst- und Gemüseladen. Am Freitagnachmittag nahm ich meinen mir noch verbliebenen Mut zusammen und bat sie um etwas Gemüse, welches sie in der Woche nicht verkaufen konnten. Dabei erklärte ich ihnen umständlich meine Notsituation und dass ich ihnen leider kein Geld dafür geben konnte.

Beide berieten sich und willigten wenige Minuten später darauf ein, wenn ich mit einer Zahlung von einer Mark einverstanden wäre, mir unverkaufte Ware zu überlassen. Mit einer Kiste, beladen mit Gurken, Radieschen, Tomaten und mehr, verließ ich überglücklich und über alle Maßen dankbar ihren Laden. In einer Woche sollte ich wiederkommen. So kam es, dass ich Woche für Woche am Freitagnachmittag bei ihnen Lebensmittel abholen durfte. Oft legten sie uns Brot, Milch und Naschwerk für Charlotte und Henriette hinzu.

Wiederholungstat, der plötzliche Besuch

Am folgenden Sonnabend wurden wir noch einmal von Seth überrascht. Nun stand er mit seiner Frau und einem Auto voller Lebensmittel und vieler anderer nützlicher Dinge vor unserer Tür. Sie blieben nun für mehrere Stunden und ich war ihnen gegenüber sehr mit Dank erfüllt.

Zwei Wochen darauf trafen meine Eltern bei uns ein. Sie hatten sich den zweihundertdreißig Kilometer weiten Weg zu uns gemacht. Leider waren wir an diesem Tag nicht anzutreffen und sie stellten viele Lebensmittel vor unserer Wohnungstür für uns bereit. An der Türklinke hatten sie eine rote Gartenrose an einem Geschenkband befestigt. Als wir an diesem Tag nach Hause kamen, hatten wir mit diesem Vorfinden des großen Wocheneinkaufs wieder einmal nicht gerechnet. Sehr erfreut darüber und durchaus dankbar, füllten wir unsere Vorräte erneut auf.

Großes Dankeschön an Seth!

Der Tropfen auf dem heißen Stein

Die Schulden wuchsen jedoch allmählich immer höher und erreichten gigantische Ausmaße.

Dann kam die Gerichtsverhandlung vor dem Arbeitsgericht. Mo hatte gegen den ungerechtfertigten Verlust seiner Arbeitsstelle klagen müssen. Das Gericht gab Mo in allen Bereichen recht. Der Arbeitgeber musste einen geringen Ausgleich zahlen und die vorläufige Sperre des Arbeitslosengeldes wurde aufgehoben. Das führte für uns nun zu einer leichten finanziellen Entlastung. Auch fruchtete eine der zahlreichen Bewerbungen von Mo, und er bekam einen neuen Job.

Meine eigenen finanziellen Einnahmen änderten sich noch lange nicht. Das Amt bearbeitete meinen Antrag auf Arbeitslosenhilfe noch immer nicht. Allerdings hatte ich inzwischen in Erfahrung gebracht, wo Kevin nun wohnte. Ihn hatte es in ein anderes Bundesland verschlagen. Abgesehen davon war er ebenfalls arbeitslos geworden.

Beim Amt setzte ich alle Hebel in Bewegung, dass sich die Ämter miteinander austauschten, um an die fehlenden Unterlagen zu kommen. Zu unserem Leidwesen waren die Bemühungen seitens des Amts nur halbherzig. Noch immer meinten sie, dass ich ihnen diese im Original vorlegen sollte. Doch genau das konnte ich niemals erreichen.

Nun sprach ich zwei Mal in der Woche auf dem Amt vor. Die zusätzlichen Wege, weil ich alles mit den Kindern laufen musste, zerrten heftig an meinen Nerven.

Änderungen gibt es immer wieder. Denn das Amt wurde verlegt.

So sprach ich gemeinsam mit Mo an einem Freitag um die Mittagszeit – ich war die letzte Kundin meiner Beraterin an diesem Tag – noch einmal vor. Doch noch immer lagen keine neuen Informationen vor.

Mittlerweile hatte der Herbst schon einige Wochen Einzug gehalten. Eine Woche brauchte das Amt für seinen Umzug. Am Eröffnungstag, gleich montags in der Früh, saß ich mit Mo, Charlotte und Henriette wieder im Wartebereich, aber im neuen Gebäude.

Mein Name erklang und ich ging in das vorgesehene Zimmer. Eine neue Beraterin begrüßte mich mürrisch. Erschöpft ratterte ich meine einstudierten Worte herunter, in der großen Hoffnung, dass es diesmal eine positive Antwort gab. Ich war am Ende aller meiner Kräfte.

„Nein, Ihren Antrag haben wir noch nicht bearbeiten können. Sie waren ja auch schon seit einem halben Jahr nicht mehr bei uns und es fehlen noch immer Unterlagen, die Sie uns einreichen müssen. Sonst geht gar nichts." „Ich war in den vergangen Monaten jede Woche mehrfach hier!", bellte ich aufgebracht und vollkommen aus der Fassung geraten zurück. Nun wurde sie lauter: „Ich habe hier keine Einträge dazu gefunden! Im Mai ist der letzte aufgezeichnet worden!"

In meinem Kopf knallte es heftig. Blitze durchzogen mein Hirn. Eine fremdes Wesen nahm augenblicklich meinen Platz ein. Und mit überschäumender Wut schoss mein Körper aus dem harten Sitz nach oben und riss mit bösem Zorn den schweren Schreibtisch samt Computer mit einer kurzen Handbewegung nach oben. Er landete der Beraterin kopfüber vor den Füßen. Geschockt presste sie sich mit ihrem Rücken voller Angst gegen die Wand. „Braucht man hier ein Mutti-Heft um sich das Erscheinen dokumentieren und bestätigen zu lassen?!", brüllte

 183

es aufs Heftigste aus meinem Munde. Stinksauer kochte meine in höchstem Ausmaß geratene Wut an die Oberfläche. Doch so schnell wie sie kam, war sie auch wieder verschwunden. Heiße Verzweiflungstränen brannten in meinem Gesicht.

Angezogen vom Tumult kam Mo mit beiden Kindern in den Raum. Die Beraterin hatte inzwischen irgendwo angerufen, wobei ich nur noch die Worte „Schicken Sie die Rettung! Diese Frau gehört in die Klapse!" vernahm. Dann trat Ruhe ein.

Augenblicke später stellte sich ein Mann bei uns als Leiter dieser Einrichtung vor. Dann kamen orangefarbene Männer herbeigeeilt. Wütend lehnte ich deren Scheiß-Hilfe ab. Denn das wäre zu viel gewesen ... für all meine Bemühungen. Mo sprach noch ein ganzes Weilchen mit ihnen.

Selbst verwirrt, hundeelend fühlend und mit großer Übelkeit von diesem Verlauf folgte ich dem Leiter in einen fast leeren Raum und er reichte mir ein Glas Wasser. Folgend ließ er sich von mir, ganz in Ruhe, das eingetretene Problem schildern. Was er nicht verstand, hinterfragte er geduldig, und fünfundvierzig Minuten später sollte ich wieder zu Mo gehen und noch kurz warten.

Bald darauf erschien er bei uns und überreichte mir einen Sofort-Scheck über 1000,00 DM. Mit der Information, dass er sich nun selbst um meinen Antrag kümmern wollte, machten wir uns verlegen auf den Heimweg.

Ganze Sieben Tage darauf kam der erste, aber eigentlich der letzte Änderungsbescheid. Eine größere Nachzahlung traf auf meinem Konto ein und es folgten im täglichen Rhythmus weitere vier Bescheide in umgekehrter Datumreihenfolge, und den sechsten Bescheid, den ich erhielt, war die Bewilligung. Endlich ...

Nur ein vager Verdacht

An diesem Tag waren wir auch wegen Charlotte unterwegs. Ich hatte in großer Sorge einen Termin bei einer Kinderpsychologin gemacht, da sie sehr auffällige Verhaltensweisen für ihr Alter im sexualen Sinne an den Tag legte. Uns war klar, dass das überhaupt nicht ging.

Nach ca. einer Stunde beruhigte uns die Psychologin: „Nein, ihr ist nichts geschehen. Jedoch kann ich nicht ausschließen, dass Charlotte diesbezüglich etwas mitbekommen oder gesehen hat. Mehr kann ich für Sie leider nicht tun."

Dass Charlotte bei uns was gesehen oder mitbekommen hatte, konnten wir ausschließen. In mir war ein vager Verdacht.

Zwischenzeitlich geschehen im selben Sommer.

Zu meiner Person

Die Haut meines Körpers bildete überall Bläschen, riss stellenweise auf und entzündete sich aufs Heftigste.

Mo zeigte mir eine neue Hautarztpraxis und ich kam in die Akutbehandlung. Diese hielt über fünf Jahre an mit relativ guten Erfolgen, aber auch mit dramatischen Rückschlägen.

Mit meinem Körper kam ich wegen der bleibenden Erkrankung, mit der Diagnose der Neurodermitis, aber nicht mehr klar. Er wurde mir irgendwie fremd. Nichtsdestotrotz brachte ich eine Akzeptanz auf und pflegte meinen Körper weiterhin mit viel Disziplin.

Die Großstadt war echt nichts für mich. Auf meine Art kämpfte ich mich durch. Doch der Lärm, die Anonymität, der Müll und Dreck verstärkten mein Unwohlsein täglich mehr.

 185

„Nette" Nachbarn

Weil Henriette viel schrie und weinte, waren unsere Nächte meist recht kurz. Oft war ich allein zu Hause, da Mo arbeiten war und erst an den Wochenenden nach Hause kam. Die Nachbarschaft unserer Straße war alles andere als freundlich. Im gegenüberliegendem Gebäude wohnten „nette" Zeitgenossen, die meist nachts ihre Besorgungen erledigten. Manches Mal wurden wir zusätzlich von denen aus dem Schlaf gerissen. Da fuhren diese „netten" Nachbarn mit maximal aufgedrehter Lautstärke ihres Kassettenradios durch die Straßen. Zwangsbeschallung. Da hatten alle was davon.

Anfangs sprach ich noch mit ihnen und legte ihnen mein Missfallen darüber dar. Leider änderte sich damit nichts. Dann versuchte ich es mit Rufen aus dem Fenster. Nun zeigten sie mir nur noch den Stinkefinger, machten extra viel Lärm und sie gaben über die Nächte verteilt Hupkonzerte. Ungehalten darüber, weil beide Kinder und ich keine Ruhe mehr fanden, nahm ich mir Eier und bewarf die krachmachenden Autos vor unseren Fenstern, später griff ich mir die Pflanzen aus unserer Wohnstube.

Ich hielt das nicht aus. Neben der finanziellen Last nun auch noch so etwas. Wir sahen oft Dinge und Handlungen, die von Straftaten herrührten beziehungsweise zu einer Straftat führten.

Im Dunkeln kamen viele Autos, bei denen die Nummernschilder fehlten. Diese wurden in ihren Hof gebracht. Oder sie fuhren mit verschiedenen Autos vor und entluden massenweise Kaffee, Zigaretten, Alkohol, Drogeriewaren und vieles mehr. An manchen Tagen stellten sie drei, vier Wohnwagen in unserer Straße ab, in denen meist die männliche Gattung unserer Art ihren Spaß fand.

Eines Nachts, Henriette meldete sich so gegen 03:00 Uhr, sie hatte Durchfall bekommen und schrie und schrie. Relativ rasch bemerkte ich ihre Unpässlichkeit, als ich in ihr Zimmer kam. Um sie und das Bett wieder zu reinigen, öffnete ich das Fenster und legte sogleich die abgezogene Bettdecke auf das Fensterbrett.

Unsere „netten" Nachbarn luden bereits mal wieder ein vollgepacktes Auto aus. Sie bemerkten mich nach sehr kurzer Zeit
und brüllten: „Zieh deinen Kopf ein Alte, sonst pusten wir ihn
weg!" Ich war zu viel mit Henriette beschäftigt, gab nichts darauf und ließ das Fenster geöffnet. Als ich fast alles wieder in
Ordnung gebracht und sauber gemacht hatte, holte ich die Bettdecke wieder vom Fensterbrett. Leider nahm ich mir einen kurzen Moment, um noch einmal auf das nächtliche Treiben vor
unserer Haustür zu schauen. Da bellte es wieder: „Kopf rein!",
und im selben Moment ertönte ein ohrenbetäubender Knall
und etwas traf mich an der linken Wange. Schnell schloss ich
das Fenster. Mein Atem setzte für einen Augenblick aus und
mein Herz krampfte sich schmerzhaft zusammen, um im selben Moment aus meiner Brust zu springen. Dann hämmerte
es so stark wie ein Presslufthammer. Meine zittrige Hand legte sich auf meine Wange und ich spürte eine warme, klebrige,
zähe Flüssigkeit. Tatsächlich! Da war eine Schramme. Henriettes Schreie klangen auch komisch, nicht leiser aber gedämpft.
Charlotte war auch erwacht.

Geschockt nahm ich beide Mädchen mit in die Wohnstube
in mein Bett. Konnte sie nicht allein lassen. Meine Angst war
zu einem gigantischen Ausmaß angewachsen. Die Müdigkeit
und der Schlaf waren davongestürmt.

Am nächsten Tag kam Mo wieder heim und ich berichtete
ihm von dieser Nacht. Weil ich mich nicht mehr traute, nachzusehen, was mich da am Fenster getroffen hatte, übernahm
es Mo. Da war links, so ca. zwanzig bis fünfundzwanzig Zentimeter neben dem Fenster, ein Loch und rundherum war der
Putz etwas abgeplatzt. Wir zählten eins und eins zusammen.
Das ging zu weit!

Durch ein anderes Ereignis eines ehemaligem Mitbewoh-
ners dieses ehrenwerten Hauses, in der Zwischenzeit waren nur
noch wir, die in diesem Haus wohnten, übrig, besaß ich eine Vi-
sitenkarte des leitenden Kriminalbeamten aus dem Polizeirevi-
er unseres Stadtviertels, bei welchem ich mich jederzeit melden durfte. So führte mich zu Wochenbeginn mein erster Weg

zu ihm. Seine Kollegen nahmen meine Bitte, mit ihm sprechen zu dürfen, entgegen und ein paar Minuten darauf schilderte ich diesem Beamten meine neusten nächtlichen Erlebnisse. Bei seinem ersten Besuch bei mir zu Hause, wegen des anderen Falles, hatte ich ihm bereits von unseren Erlebnissen der „netten" Vis-à-vis-Nachbarn berichtet. Er machte sich ausführliche Notizen darüber, aber ich zeigte den „netten" Nachbarn aus Angst nicht an. Der überaus höfliche Kriminalbeamte versprach, sich darum zu kümmern: „Ich werde mich bei Ihnen noch einmal melden. Halten Sie sich bitte absolut von der Straße und diesen Nachbarn fern. Rufen Sie mich bitte an, wenn es zu einem weiteren Vorfall kommt."

Dass ich mit diesem Mann darüber ausführlich gesprochen hatte, beruhigte mich etwas und ich konnte wieder ruhiger in die Nächte gehen. Mo ließ sich in dieser Woche einen Tag frei geben, er hatte echt Angst um uns.

Es war in derselben Woche am Freitag. Den ganzen Tag hatte es geregnet. Auf der Straße standen riesige Pfützen gefüllt mit Wasser und die Dämmerung hatte bereits eingesetzt. Nach dem Abendessen öffnete Mo das Wohnstubenfenster, wir rauchten zur Entspannung eine Zigarette und sahen auf die Straße hinaus. Etwas hatte sich verändert. Es dauerte eine Weile, bis wir bemerkten, was es war.

Eine gespenstische und angespannte Ruhe hüllte alles ein. Kaum ein Geräusch war hörbar. Sonst lärmte es pausenlos. Nur jetzt war absolute Funkstille. Wir fanden es seltsam. Kein Auto, keine Straßenbahn, keine Sirenen und es waren auch keine Menschen zu sehen. Wie im Film war diese Umgebung eingefroren.

Unsere Zigaretten hatten wir aufgeraucht und wir machten uns verwundert ran, das Fenster zu schließen. In dieser Sekunde hörten wir endlich ein Fahrzeug auf der Straße fahren und wir steckten unsere Köpfe wieder nach draußen.

Ein schwarzer VW-Bus hielt auf dem gegenüberliegenden, jedoch ein paar Meter weiter entfernten, rechten Fahrbahnrand an. Dann tauchten weitere schwarze Fahrzeuge auf. Keiner stieg aus diesen aus, sie parkten nur. Wir machten unsere

Hälse ganz lang und schauten zu den Kreuzungen. Diese wurden von Einsatzfahrzeugen und von Einsatzkräften abgesperrt. Nun begriffen wir, warum es so still war.

An den etwas entfernten Straßenecken tauchten Einsatzkräfte, sicherlich Polizeibeamte, in schwarzer Kleidung, mit voller Ausrüstung, Helmen und Hauben, bei welchen nur die Augen nicht verhüllt waren, auf. Dann ging alles blitzschnell. Die Türen der schwarzen VW-Busse öffneten sich und plötzlich besiedelten unzählige Einsatzkräfte den gesamten Straßenabschnitt. Drei Hauseingänge von Gegenüber wurden geöffnet und fast alle Beamten verschwanden hinter den Türen.

Weil Henriette wieder einmal lautstark weinte und Charlotte auch einmal hinausschauen wollte, kümmerte ich mich um die zwei Mäuse und Mo blieb am Fenster.

Ich bekam durch neugierige Blicke meinerseits mit, dass alle „netten" Nachbarn in Handschellen aus den Häusern gebracht wurden. Damit meine ich wirklich alle Männer und Frauen. Auch alle Jugendlichen und die Kinder traten auf die Straße heraus, allerdings ohne dem Zwillingsarmschmuck. Jeder der Männer und Frauen wurde für sich in die bereitstehenden Fahrzeuge verfrachtet. Oh, höflich waren die Einsatzkräfte zu ihnen schon. Dann fuhren alle wie auf Kommando davon. Für die Kinder und Jugendlichen gab es einen gemeinsamen Wagen, in welchen noch zwei weitere Personen miteinstiegen. Fotoapparate blitzen überall. In den Wohnungen genauso wie auf dem Hof.

Plötzlich klingelte es bei uns. Ich machte noch einmal eine Aussage zum vergangenem Wochenende und zu den Beobachtungen. Dann wurde unser Kinderzimmer besiedelt und tatsächlich steckte in der Hausmauer eine Patrone. *[Echt gruselig.]*

In dieser Nacht und in den folgenden Tagen wurde das Nest ausgehoben. Endlich!

Entscheidung Widerwillen

Mo und ich waren trotz aller Widrigkeiten glücklich. Wir kämpften uns gemeinsam durch das Leben und hatten den Plan, dies bis in alle Ewigkeit, bis zu unserem Lebensende, durchzuziehen. Wir waren nicht mehr so sehr verliebt ineinander, nein, wir liebten uns und diese Liebe wuchs von Tag zu Tag immer höher empor.

Autofahren zum Beispiel gehörte für Mo im Leben dazu wie Essen und Trinken. Folglich musste ich nun einen Führerschein machen. Diesen konnte ich damals in einem zweiwöchigen Kurs erwerben. Alles klappte tadellos, nur die praktische Prüfung habe ich verhauen.

An diesem Tag, wie auch schon an drei, vier Tagen davor, fühlte ich mich hundeelend. Mein Körper spielte mit mir. Mal war alles gut und im nächsten Moment war mir schlecht und mein Herz raste.

Leider hatte ich aus Stolz, und weil ich mich und Mo nicht enttäuschen wollte, als der Fahrprüfer fragte, ob ich in der Lage wäre, an der Prüfung teilzunehmen, nicht die Wahrheit gesagt. Es kam, wie es kommen musste. Ich fiel durch.

Am nächsten Tag kam die Übelkeit bereits am frühen Morgen, da kannte ich den Grund. Bei einem Besuch beim Frauenarzt bestätigte sich mein Verdacht der Schwangerschaft. Leider war ich mit dieser Situation vollkommen überfordert und ich ließ meine persönlichen Sachen und die Dokumente beim Arzt zurück und rannte hastig davon. Erst eine Stunde später war ich in der Lage, mit Mo darüber zu sprechen. Wir wünschten uns von Herzen ein gemeinsames Kind. Doch nicht jetzt, wo wir nicht in der Lage waren, Charlotte und Henriette durchzubringen ...

Ich konnte es mir nie verzeihen.

Zur Ergänzung möchte ich noch folgende Situationen schildern, welche sich ebenso in diesem Zeitraum entwickelt hatten:

Ich wohnte nur noch knapp vierzig Kilometer entfernt vom Maxim und seiner großen Familie, wodurch wir wieder einen gute Beziehung zueinander aufbauten.

Um einer Arbeitslosigkeit zu entgehen, übernahmen meine Eltern einen Imbissstand am See. Der Vater ging damit in die Selbstständigkeit. Es lief aber bei weitem nicht so, wie sie es sich ausgemalt hatten. Vater fuhr eine Plus-Minus-Null-Strategie, um so wenig Steuern wie möglich zahlen zu müssen. Demnach wollte er keine Gewinne erzielen und die Zahlung von Personalkosten für seine Frau versuchte er gleich total unter den Tisch zu kehren. Hinzu kam, dass die Wirtschaft mehr schlecht als recht lief. Die Einnahmen reichten nicht, um die Kosten zu decken.

Mit Dalia und diesem kleinen Kiosk hatten sie sich stark übernommen. Aus diesem Grund gaben sie Dalia für lange Zeit in andere Obhut. Sie hofften, so aus ihren Schwierigkeiten zu gelangen.

Dalia blieb keine Zeit oder Gelegenheit, sich von ihren Freunden zu verabschieden, denn sie wurde in diese Entscheidung nicht miteinbezogen. Mal wieder wurde nicht mit der betreffenden Person darüber gesprochen. Bei einem schnellen und ungeplanten Besuch, in einem weit entlegenen kleinem Dorf der Verwandtschaft, blieb sie gleich bei ihnen zurück und die Eltern fuhren allein nach Hause. So wurde Dalia von heute auf morgen aus ihrer Welt gerissen. Sie hasste ihre Eltern extrem dafür. Kurz darauf kauften sich die Eltern einen Hundewelpen der Rasse Labrador.

Jilaiya war mit ihrem Mann zurück in die nähere Umgebung unseres Städtchen am See gezogen.

Ihr Mann betrieb einen kleinen angrenzenden Kiosk, welcher ebenso nicht ihre gewünschte finanzielle Lage verbesserte.

Mos Oma und seine Geschwister mochten mich von Anbeginn nicht sonderlich. Da ich andere Lebenserfahrungen als sie mitbrachte, auf ihre Ratschläge nicht hörte, selbst schon sehr jung auf eigenen Füßen stand und Haushalt und Kinder gut unter einen Hut bekam, meine Aussprache und Formulierungen ohne Dialekt waren, hielten sie mich für neunmalklug. Unsere unterschiedlichen Erfahrungen sprengten so manches Gespräch. Die verschiedenen Blickwinkel auf die Dinge des Lebens, die wir bisher ungleich erworben hatten, machten es uns zusätzlich schwer, miteinander auszukommen. Manchmal war aber auch Mo mit seinen Bemerkungen und Ausdrücken nicht hilfreich. Was er da auf Lager hatte, da komme ich heute noch nicht mit.

An einem Donnerstag machten wir einen Besuch bei seiner Oma. Er erzählte ihr irgendeine Gegebenheit aus seinem aktuellen Arbeitsleben. Da achtete er nicht auf seine Wortwahl, auf welche seine Oma stets großen Wert legte, und beendete seine Episode mit den Worten: „Der hat geschaut wie ein frisch geficktes Eichhörnchen!" Dabei lachte er sich schlapp. Doch Oma war ganz entsetzt über diese Worte ihres Enkels. Sowas hatte er ja noch nie in ihrer Gegenwart geäußert. Sie schaute mich erbost an und sagte entrüstet aber verwundert: „Aber Mo!" Schlagartig erstarb das Mos Lachen.

Sie hielt mich in dieser Beziehung für schuldig, ihrem Enkel sowas beizubringen, ich war ein schlechter Umgang für ihn, um es in ihren Worten auszudrücken.

Mein Eindringen in ihre Familie war nicht erwünscht.

Allerdings hatte sich die Freundschaft zu Gretel weiterentwickelt. Wir machten gegenseitige Besuche. Charlotte und Henriette liebten sie über alle Maßen hinaus. Obwohl sie bereits über dem achtzigsten Lebensjahr war, kam sie mit ihrem Fahrrad die fünf Kilometer durch die Großstadt zu uns geradelt, und wenn es mal nicht so ging, schob sie ihr Fahrrad.

Sie brachte sich immer frische Wäsche mit, weil sie gern bei uns duschte oder badete, da sie selbst dazu in ihrer Wohnung keine Möglichkeit hatte und ich ihr dabei helfen konnte.

Auch trug sie eine einfache, fesche Mode für ihr Alter. Nie sahen wir sie in dunklen, tristen Oma-Klamotten, keine schlappernden Kleider, keine Wollröcke, sie trug Jeans und farbenfrohe Oberteile, welche ihre hervorragende Figur so richtig unterstrichen. Mit einem Wort, sie war vollkommen schick gekleidet.

Robert, den ich bereits zu Zeiten von Kevin kennengelernt hatte, ist ebenso ein Freund und ehemaliger Arbeitskollege von

 192

Mo. Zwischendurch wurde er auch Mos Arbeitgeber, denn er hatte sich im logistischen Geschäft selbstständig gemacht und Mo fand eine Zeit lang Arbeit bei ihm.

Alte und neue Freunde

Die Sonne zeigte an einem Sonnabend im Frühjahr ihr wunderschönstes Gesicht vor einem stahlblauen Himmel und wir waren auf dem Weg zu Mos Freunden Thomas und Larissa. Thomas war sein langjähriger Klassenkamerad und Jugendfreund und seine Frau Larissa, kannte Mo bereits aus seiner Sturm- und Drangzeit.

Sie wohnten im benachbarten Stadtviertel neben einer schönen Gartenanlage. Wir fuhren die wenigen Straßenzüge mit dem Auto zu ihnen, da ein Spaziergang für meine Mädchen zu weit gewesen wäre.

Nach einer schüchternen Begrüßung folgte ein ausgedehntes, lockeres Kaffeetrinken und am Abend lud uns Larissa spontan zu Spaghetti mit Tomatensoße ein.

Schnell merkte ich, dass die Chemie zwischen Larissa und mir stimmte. Wir fanden gemeinsame Gesprächsthemen, begegneten uns bei aktuellen Thematiken auf Augenhöhe, hatten ähnliche Interessen und konnten uns zu unseren Kindern miteinander austauschen.

Ihre Tochter Paulina war im selben Alter wie Charlotte und Henriette. In Paulina fanden Charlotte und Henriette eine tolle Spielkameradin und alle drei freundeten sich sofort gut miteinander an.

Viele gemeinsame Nachmittage und Wochenenden folgten. Unsere Freundschaft machte das Leben für uns alle reicher.

Wie das Leben eben ist

Einen Monat vor Henriettes erstem Geburtstag hörte ich mit dem Rauchen auf, weil ich gesundheitlich stark angegriffen war. Mo folgte in der Weihnachtszeit und rauchte von heute auf morgen nicht mehr. Weil er mit hohem Fieber erkrankt war und in dieser Zeit nicht rauchen konnte, ließ er es auch gleich für immer sein.

Unser erstes gemeinsames Weihnachtsfest war alles andere als besinnlich. Zu unseren gesundheitlichen und finanziellen Desastern kam hinzu, dass Henriette an Heilig Abend in eine Weihnachtskugel aus Glas gebissen hatte. Dabei hatte ich extra wegen ihr, weil sie ständig alles essen wollte, keine zerbrechlichen Kugeln an unseren Weihnachtsschmuck gehangen. Sie fand trotzdem eine Schachtel mit glasigen Kullern, welche Mo von seiner Oma mitgebracht und diese in einem Schrank in der Küche verstaut hatte. Sie glaubte sicherlich, dass es Schokolade sei, so hübsch silbern, wie diese glitzerten.

Vor Schreck drückte ich sachte ihren Hals ab und spülte mit der Dusche ihren kleinen Mund aus, wobei ich versehentlich gleich ihren gesamten Kopf flutete. Dann kam auch schon die Rettung mit Blaulicht und Sirene.

Im Krankenhaus gab es nach dem Röntgen Entwarnung, denn das Spülen mit Wasser hatte scheinbar geholfen, doch es sei trotzdem gefährlich und nicht richtig gewesen. So durften wir wieder nach Hause. Da stand ich nun vor dem Krankenhaus im schlapprigen Hausanzug mit Hausschuhen, beide Kinder an den Händen, ohne Geld und weit weg von daheim. Ich schämte mich für mein Lumpenoutfit. Ein Taxi brachte uns zurück.

Da Mo mit über vierzig Grad Celsius fieberte, kam an den Weihnachtsfeiertagen die nächste Rettung ins Haus. Alles hielt über eine Woche an. Den Jahreswechsel verbrachten Mo und ich nochmals in der Notaufnahme im nahegelegenen Krankenhaus. Aus Sicherheitsgründen fuhren jedoch keine Straßenbahnen und Taxis in diesen Stunden und wir mussten nach Hause laufen, was mit den Schmerzen für Mo fast unerträglich war. Gegen 03:00 Uhr hatten wir es dann endlich geschafft.

Da sich bei mir, neben der immer schlechter werdenden Haut, noch weitere gesundheitliche Probleme einschlichen, war ich gezwungen, einen Allgemeinarzt aufzusuchen.

Noch immer waren beide Mädchen jeden Tag zu Hause, ich hatte aber begonnen, als Henriette so ca. ihren ersten Geburtstag hatte, mich nach Kindertagesstätten umzuschauen. Bei fast allen in unserer Umgebung fragte ich nach freien Plätzen. Leider bekam ich überall eine Ablehnung. Keine Einrichtung wollte Charlotte oder Henriette aufnehmen.

So hatte ich auch meine beiden Mädchen bei meinem Arztbesuch dabei. Sie spielten im Warteraum mit den angebotenen Spielsachen. Ich machte mir keine Gedanken darüber.

Als ich ins Behandlungszimmer kam, durften sie nicht mit hinein und die Schwester passte für diese Minuten auf beide auf.

Frau Dr. Montag musterte mich sorgenvoll und war sehr nett und freundlich zu mir. „Was führt Sie zu mir?" Ich schilderte ihr kurz meine gesundheitlichen Probleme, wobei ich explizit auf die Schmerzen, welche sich in den letzten Wochen eingeschlichen hatten, hinwies. Sie hörte mich ab, nahm alle Messwerte wie Puls, Blutdruck, Gewicht, Größe und sie entnahm mir Blut für eine Kontrolluntersuchung. „Sind das ihre Kinder im Warteraum und sind sie immer so laut?", fragte sie mich, woraufhin ich stumm nickte, denn die Lautstärke war mir noch nie aufgefallen. „Warum sind sie nicht in einer Kindereinrichtung?" „Leider bekomme ich keine Kindertagesstättenplätze für sie. Ich habe schon überall nachgefragt." An diesem Tag bekam ich nur einen neuen Termin und ich sollte in einer Woche noch einmal in ihre Sprechstunde kommen.

Bei meinem zweiten Termin gab es eine Auswertung der Laborergebnisse und der genommenen Messwerte. Ohne Umschweife sagte mir Frau Dr. Montag, dass sie sich große Sorgen um mich machte. Meine Werte waren echt nicht gut. Die Schmerzen kamen von einer entwickelten Gicht. Bedenklich waren auch mein Körpergewicht von nur noch achtunddreißig Kilogramm sowie weitere Laborwerte, die nicht im normalen Bereich lagen. Frau Dr. Montag verschrieb mir Tropfen gegen die Schmerzen, wenn sie mal zu heftig werden sollten, und ich bekam etwas Vitamine mit Mineralien verordnet. Weiters reichte sie mir ein Schriftstück, auf welchem Kindertagesstätten vermerkt waren, mit denen sie bereits gesprochen und dringend um Plätze für Charlotte und Henriette gebeten hatte. Bei einem hatte ich schon vorgesprochen und wurde bereits abgelehnt. Den zweiten kannte ich noch nicht.

Das Weinen und Schreien von Henriette hielten bis nach ihrem ersten Geburtstag noch ungefähr fünf Monate an. Das war so genau ein Jahr, nachdem Mo und wir zusammengezogen waren.

Aber hier mal einen kleinen Schritt zurück.

Rettung in Sicht

Mit dem Zettel in meiner Tasche und den zwei Mädels an meiner Hand begab ich mich in diese Kitas, verwies auf die Telefonate von Frau Dr. Montag und bat um Kita-Plätze. Tada! Zu meinem Erstaunen klappte es und es wurden sehr zügig Verträge darüber abgeschlossen.

Bei Charlotte ging es ganz schnell, ohne Eingewöhnung, da sie bereits zwei Einrichtungen besucht hatte. Sie hatte keinerlei Schwierigkeiten und fühlte sich pudelwohl.

Mit Henriette war es wesentlich schwieriger. Beim Planen der Eingewöhnungstermine wies ich auf ihr ständiges Schreien hin. „Das ist doch kein Problem. Damit kommen wir zurecht. Sie sind ja die ersten Tage mit ihr gemeinsam in der Gruppe. Sie werden sehen, sie gewöhnt sich ganz schnell ein", erhielt ich zur Antwort.

So war es dann. Von Montag bis Donnerstag waren wir von 09:00 bis 11:00 Uhr gemeinsam in ihrer Kitagruppe. Henriette löste sich erst am Mittwoch etwas von mir und ließ sich zum Spielen mit den anderen Kindern ein.

Am Freitag war vorgesehen, dass ich sie 09:00 Uhr abgeben und um 11:00 Uhr wieder abholen sollte. Ich denke, dass ich ganz schön nervös darüber gewesen war. „Soll ich wirklich gehen?" „Aber ja, sie war doch ganz lieb dieser Tage bei uns." Skeptisch, aber froh, mal zwei Stunden für mich zu haben, verließ ich die Einrichtung und ging heimwärts.

Kurz vor 11:00 Uhr erreichte ich wieder die Straßenecke, in welcher sich die Kita von Henriette befand. Oh! Polizei und Krankenwagen. Ist da was passiert? Als ich näherkam, standen beide Fahrzeuge direkt vor der Kita. Nun schwante mir Böses, denn ich hörte Henriette lauter schreien als gewöhnlich.

Im Hauseingang waren Rettungskräfte, Polizei und das Pflegepersonal dabei, Henriette zu beruhigen. Es klappte jedoch nicht. Sie schrie und schrie. Sie war inzwischen schweißgebadet, machte sich steif wie ein Brett, ließ sich von keinem anfassen und wehrte sich aus Leibeskräften. Plötzlich wandte sie ihr knallrotes, nassgeschwitztes Köpfchen in meine Richtung. Sie erblickte mich, augenblicklich trat Stille ein, es legte sich ein erschöpftes Lächeln auf ihr erhitztes Gesicht, spontan streckte sie sofort ihre Ärmchen nach mir aus.

Noch einmal so ein Experiment wollte keiner. Jeden Tag war ich nun gemeinsam mit Henriette in der Kita. Mit dem Pflegepersonal wurde die Vorgehensweise neu besprochen. Da Henriette extrem starke Probleme hatte, allein in der Gruppe zu bleiben, verließ ich, zur Übung, ab und an den Gruppenraum. Dann steigerte ich mein Verlassen des Raumes um einzelne Minuten, bis Henriette sicher war, dass ich zurückkommen werde. Etwas über zehn lange Wochen hat die Eingewöhnung von Henriette in die Kita auf diese Art und Weise gedauert.

Zukünftig gab es danach nie wieder Schwierigkeiten solcher Art. Ganz im Gegenteil. Henriette wurde ein total froher Sonnenschein, fand im Handumdrehen stets neue Freunde, war offen zu jedem und hatte keine Probleme im Umgang mit anderen Menschen.

Ein ABER gab es dennoch. Mehr dazu etwas später in meiner Erzählung.
[Viele unserer entstandenen Probleme lösten sich allmählich auf, mit einigen kämpften wir noch mehrere Jahre und, wie bei jedem, kamen neue hinzu.]

Unser reizvolles Haus

Aber erst noch einmal zurück zu dem Haus, einst zu Zeiten der Jahrhundertwende war es eines der Herrschaftshäuser im Arbeiterviertel, in das wir gezogen waren, als ich mit Mo zusammenkam.

Wie in der gesamten Großstadt stand es eingepfercht in einem zugepflasterten, lärmenden Straßenzug mit Straßenbahnverkehr. Es war darüber hinaus eine Zufahrtsstraße für jegliche Rettungsfahrzeuge. Oberhalb der Eingangstür saß ein steinerner Fuchs. An der rechten Seite klebte das leerstehende Nachbarhaus, eingekeilt von einem Kino des Reviers und hinter dem Haus führte eine verwilderte Parkanlage zum Marktplatz des Stadtviertels. Durch die Hintertür des Hauses gelangte man in einen winzigen Hof mit einem baufälligen Holzschuppen und einem maroden, noch funktionstüchtigen Waschhaus. In der Mitte des Hofes stand eine wackelige Bank und es wuchs ein riesiger Nadelbaum. Das Pflaster des Hofes war bröckelig, kaputt und hatte bereits riesige Löcher gebildet.

Gleich gegenüber des Hinterausgangs ging es in den feuchten, kalten Keller. Muffiger Gestank überfiel einem schon beim Öffnen der Tür. Die eingeschaltete Beleuchtung spendete nur spärliches dunkelgelbliches Licht und gab somit für kurze Zeit den bizarren Schatten an den Wänden im Gewölbe plötzlich eintretende Freiheit. Eine schmale, aus abgetretenen Steinen gemauerte Treppe führte hinab. An den Wänden waren unterschiedliche

 198

Wasserstände von den Hochwassern der vielen Jahrzehnte zu erkennen. Einige gingen über mein Schultermaß hinaus. Überall hingen Spinnweben, mit und ohne ihrer Bewohner, von der Decke und den Wänden herab. Die wenigen Kohlen in unserem Kellerabteil waren bereits ergraut, bröckelten und waren nass. Vor diesem mickrigen Haufen stand ein alter rissiger Holzklotz, auf dem ein angerostetes Beil steckte.

Im Treppenhaus war alles aus altem, abblätterndem, dunkelbraun gestrichenem Holz. Die Lichtschalter waren längst abgegriffen und es fehlten mitunter schon die Schutzabdeckungen. Zwölf Briefkästen, welche ebenfalls aus Holz und von längst vergangenen Zeiten erzählten, strotzen frech, links neben der Kellertür, der bröckeligen und von weißen Salzausblühungen bedeckten Wand. An ihnen schimmerten noch etwas alte grünliche Farbreste hervor, die jedoch mit jedem Tag etwas mehr abblätterte.

Die zwei abgeschlossenen Türen im Erdgeschoss führten einstmals in Geschäftsräume. Mo wusste, dass es einst eine Bäckerei und ein Buchgeschäft gewesen waren.

Auf den Zwischenpodesten gab es hellgrün angestrichene Holztüren der Toiletten. Auch bei ihnen löste sich die ins Alter gekommene Farbe vom trockenen Holz und sie schien mehr grau als grün zu sein.

Die großen Fenster waren teilweise notdürftig mit hölzernen kleinen Platten repariert worden. Langfinger hatten viele kleine Bleiglasscheiben gestohlen, oder sie waren im Laufe der Zeit einfach kaputt gegangen und entfernt, aber nicht ersetzt worden.

Die erste Etage war inzwischen unbewohnt. Eine höher, links in der Wohnung, lebte eine nette, freundliche Frau. Ihre Kinder waren erwachsen geworden und waren vor noch nicht allzu langer Zeit ausgezogen.

Wir hatten in der vierten Etage auf der linken Seite unsere Wohnung. Auch hier dominierte die dunkelbraune Holzfarbe die Wohnungstür, alle Zimmertüren und den gesamten Eingangsbereich. Jedoch schimmerte diese hier glänzend und machte so einen frischeren Eindruck.

Auf der rechten Seite lebten ein tätowierter, kahlköpfiger Mann und eine unstete und unzüchtige Frau im mittleren Alter. Oft bekamen wir sie nicht zu Gesicht und wenn wir uns manchmal im Treppenhaus begegneten, waren beide höflich, doch recht kurz angebunden. Sie bedienten sich an Nachbars Kohlen, schlossen sich an fremden Antennen an und zapften den Hausstrom an, da ihnen die Stromlieferung aufgekündigt worden war. Beide führten auch sonst kein konventionelles Leben. Kurz gesagt, sie waren auf die schiefe Bahn geraten und der Grund dafür, warum ich etwas später den netten Kriminalbeamten kennengelernt hatte.

Ganz oben gab es gegenüberliegend der Treppe eine kleine, ebenfalls leerstehende Wohnung. Links ging es zum Wäscheboden sowie zwei Verschlägen und rechts zu zwölf Bodenkammern. Beide Seiten bedeckte eine über viele Jahrzehnte angesammelte Staub- und Schmutzschicht. Unrat und viel nostalgisches Gerümpel waren noch in den Kammern verstaut und fristeten hinter abgeschlossenen Türen ihr Dasein. Taubendreck kleisterte überall und Spinnengewebe zierte Wände und hingen verstaubt von den Dachziegeln herab.

So ging alles weiter:

Wir fanden halt

Mit der Unterbringung von Charlotte und Henriette und der Fürsprache unserer neuen Freundin Fiete bekam ich eine einjährige Arbeitsstelle im Tiefbau bei der Stadt und erwarb in dieser Zeit die Berechtigung zum Führen eines LKWs bis vierzig Tonnen Gewicht.

Wir freundeten uns weiterhin mit Charlottes Erzieherin Kristina an. Im gegenseitigem Vertrauen betreuten wir, oft ganz

 200

spontan, wechselseitig unsere Kinder. Wir verbrachten oft viel Freizeit miteinander, wobei auch Paulina mit einbezogen wurde. Kristinas Sohn Alexander, sein Cousin Ben und alle drei Mädchen wuchsen die folgenden vier Jahre gemeinsam auf. Selbst an diesen neuen Freunden ließ Mos Schwester oft kein gutes Haar. Auch hier gingen alle Anschauungen auseinander. Selten kam es zu Übereinstimmungen. Seine Schwester lehnte in der Folgezeit Zusammentreffen wie gemeinsame Feiern ab. Wir respektierten ihre Entscheidung. Doch ich dachte mir, dass ihre Ablehnung gegenüber Menschen, die ihren Weg allein ins Leben finden und meistern, nicht allein nur mehr an mir liegen kann. Oft hörte ich sie in Gesprächen zu Mo sagen: „Höre doch mal zu! Ich bin deine große Schwester und habe mehr Erfahrungen als du", oder: „Immer wisst ihr alles besser!"

So kam es, dass die Familientreffen immer seltener wurden.

Vom Verschwinden der Himmelskörper

Es war an einem Wochenende beim allwöchentlichen Hausputz. In unserem Regal, gleich an der Sitzecke in unserer Küche, klaffte ein Loch. Beim Staubwischen bemerkte ich das Fehlen einer kleinen goldenen Sonne aus Tonmaterial, welche stets zusammen mit einem silbernen Mond zwischen weiteren Andenken stand.

Da dies eines meiner Erinnerungsstücke an einen lieben Freund war, achtete ich ungemein darauf. Sofort fielen mir meine zwei spielenden Mädchen als Täter ein und ich bat sie darum, die Sonne wieder auf ihren Platz zurückzustellen. Verdutzt sahen mich beide an. „Die haben wir nicht genommen", kam es wie aus einem Mund spontan von beiden zurück. „Dann sucht sie bitte, sie muss ja da sein." So suchten wir gemeinsam überall, doch ohne Erfolg. Nun stieg der Ärger darüber in mir hoch und es wurde alles auseinandergenommen. „Was habt ihr mit meiner Sonne gemacht?", wollte ich von beiden wissen. „Wir haben sie nicht", antwortete Charlotte. Total aufgebracht scheuchte ich beide von Zimmer zu Zimmer und schrie sie nun auch heftig an: „Bringt mir meine Sonne zurück!"

So gingen Stunden ins Land, und jeden Tag ließ ich beide suchen, was sie mir mit heißen Tränen quittierten. Irgendwann ließ ich jedoch total verärgert darüber ab, beide auf die Suche zu schicken. In mir fand ich mich nur schwerlich damit ab, diese schöne Erinnerung verloren zu haben.

Am Wochenende darauf hatte uns Mos Schwester zum Kaffee eingeladen. Während dieses Beisammenseins fiel mein Blick in ihre Vitrine. Hierin befand sich eine Setzkastensammlung und plötzlich trafen meine Augen einen wohlbekannten Sonnenstrahl. Da stand meine goldene Sonne! Ich traute meinen Augen nicht. Das darf doch nicht wahr sein!

Ohne zu zögern stand ich von der Kaffeetafel auf: „Was soll das? Warum befindet sich meine Sonne in deiner Vitrine? Du hast sie mir gestohlen. Ohne zu fragen hast du sie mir einfach weggenommen!" Dabei öffnete ich ihren Glaskasten und entnahm ihr mein Eigentum. „Das war doch nur Spaß. Ich habe sie dir nicht weggenommen", entgegnete sie mir schnippisch mit einem grinsenden Gesicht. „Du nennst es Spaß? Frage mal Charlotte und Henriette, was für einen Spaß sie bei der täglichen Suche mit Tränen in den Augen hatten! Das war kein Spaß, das war ein ganz gemeiner Diebstahl von dir!"

Ich konnte es echt nicht fassen. Das war zu viel! „Mo, ich gehe. Ich kann hier nicht atmen." In meiner Hand hielt ich die Sonne. Nun schaute ich sie mir nicht nur flüchtig an. Ich stellte fest, dass sie zerstört war, weil ihr zwei Strahlen fehlten und diese abgeschlagen waren. Vollkommen verärgert sagte ich dazu: „Kaputt hast du sie auch noch gemacht! Nun ist sie wertlos!" Das war auch Mo zu viel. So brachen wir das Kaffeetrinken ab und machten uns auf den Heimweg.

Daheim nahm ich beide Erinnerungsstücke und warf sie in den Müll. „Warum machst du das? Man konnte doch noch sehen, dass es eine Sonne ist", entgegnete Mo ganz erschrocken daraufhin. „Ja. Aber ich sehe nicht mehr die schöne Erinnerung daran, sondern nur noch den gehässigen Diebstahl." Darauf konnte Mo nichts mehr erwidern und er überließ Sonne und Mond ihrem Schicksal.

Diese Situation war einschneidend – für alle Beteiligten.

Versuchter Betrug

Nach einem Jahr lief mein Arbeitsvertrag bei der Stadt leider wieder aus und ich fand danach so schnell keine neue Stelle mehr. Auf dem Arbeitsamt hieß es nur: „Wir warten, bis ihre Kinder zur Schule gehen, dann sehen wir weiter." Ich war mächtig unglücklich darüber, denn die Zeit in der Arbeit war sehr schön und brachte uns nicht nur finanziell weiter, sondern es förderte in mir einen guten Ausgleich zum Familienleben.

Da meine Eltern, speziell meine Mutti, etwas Unterstützung nötig hatten, half ich ihnen in dem Imbiss etwas aus. Und wie ihr euch denken könnt, bei freier Kost und Logie, aber ohne finanziellem Ausgleich. Wenn Mo ein langes Wochenende hatte, kam er hinzu.

Der Hund meiner Eltern war überall dabei. Mir ging es in seiner Gegenwahrt nicht gut und allein konnte ich gleich gar nicht mit ihm sein.

An einem Nachmittag geschah es wieder einmal, zur Garnierung wurde Petersilie benötigt und ich wollte sie aus dem im Gelände befindlichen Garten holen. „Nimm den Hund doch mit, dann kann er auch gleich sein Geschäft erledigen", sprach der Vater. „Aber nur mit der Leine, auf mich hört er nicht", gab ich zu bedenken zurück. Da er die Leine nicht fand, sagte er schließlich: „Das Stück geht auch ohne. Sind doch nur hundert Meter." Missmutig ging ich in Begleitung des Hundes nun in den Garten.

Auf dem Rückweg, ich kam bis zu einer Straßenlaterne, baute sich dieser Hund böse knurrend vor mir auf und ließ mich keinen Schritt mehr machen. „Wo ist denn Resa?", fragte Mo bei meinen Eltern nach, als ich nicht zurückkam. „Sie ist mit dem Hund in den Garten gegangen und wollte kurz Petersilie holen", gab der Vater zurück. „Aber wo du das jetzt sagst, sie ist echt schon sehr lange fort." „Sag mal, geht's noch? Hoffentlich hat sie die Leine dabei!" Zornig darüber stürmte Mo los und nahm den Weg zum Garten.

Endlich sah ich Mo den Weg entlangkommen, nach ca. vierzig Minuten wurde ich aus dieser angsterfüllten Situation von diesem Hund befreit. Noch bis zum Abend zitterten mir die Beine und immer, wenn ich in die Nähe des Hundes kam, konnte ich mich nicht mehr kontrollieren, mein Herz machte sonst irgendwas, meine Sinne setzten aus und ich schwitzte und fror gleichzeitig.

Bald darauf machte uns der Vater auf ein leerstehendes Objekt aufmerksam. Nicht weit weg von der Autobahn gelegen, mit einem gastlichem Gebäudeteil, inklusiv einzelner Zimmer und zwei möglicher Wohnungen sowie einem großen Hof lag dieser Dreiseitenhof eingebettet in der grünen, ländlichen Umgebung und nahe dem Dorf, aus welchem wir einst fortgezogen waren. Alles nur sechs Kilometer entfernt vom derzeitigen Versorgungsstand gelegen und sehr gut erreichbar. Wir sprachen in der folgenden Zeit oft darüber und schmiedeten Pläne dazu.

Eines Tages kamen mehrere Vertreter von Banken und Versicherungen und es wurden Angebote für besagtes Gebäude und des Grundstückes erstellt. Mit der Gemeindeverwaltung des Ortes, vertreten durch die Bürgermeisterin, ging es bald um Kaufverhandlungen zur Inbetriebnahme der Gaststätte. Die Gemeinde bemühte sich zur Erstellung eines Verkehrsgutachtens und beauftragte einen Sachverständigen.

Da meine Eltern dies erwerben wollten, war ich bei den Verhandlungen nicht zugegen. Allerdings bekamen meine Eltern zu den vorläufigen Unterlagen auch eine Finanzierungsanfrage mit Selbstauskunft. Hier wusste mein Vater, dass er daran scheitern würde. Daraufhin bat er mich, die Kosten zu übernehmen, denn wer es von uns finanzierte, war schließlich egal. So kamen Mo und ich ins Spiel.

Mit der Bank und den Versicherern musste nun ich Kontakt aufnehmen und ich reichte alle relevanten Unterlagen zur Überprüfung unserer Möglichkeiten zur Finanzierung ein. Nach allen Berechnungen hätten Mo und ich einen Geldbetrag in Höhe von 250.000,00 DM erhalten und hätten aber knapp 800.000,00 DM, trotz erbrachter Eigenleistungen, zurückzahlen müssen. Da alles Zeit brauchte, warteten wir jeden Tag auf einen Anruf zum Ergebnis der Geldgeber.

Es war Sonnabendvormittag und wir steckten in den Vorbereitungen des Tages. Mo war mit Charlotte und meinem Vater im Wohnzimmer bei meinen Eltern, als ich das Telefon klingeln hörte. Ich war zu diesem Zeitpunkt mit Henriette und meiner Mutter in der Küche. Plötzlich kam Mo zu mir und holte mich in eine stille Ecke in unser Zimmer. „Du, dein Vater hat soeben mit Jilaiya telefoniert. Er hat ihr einen größeren Geldbetrag versprochen, um ihren Kiosk auszubauen. Rate mal, wo das Geld dafür herkommen soll!" Ungläubig und fassungslos schaute ich Mo an und fasste den Beschluss, mal wieder zu verschwinden.

Ein paar Stunden darauf klingelte abermals das Telefon. Ich hob ab, meldete mich. Die Finanzierer meldeten sich am anderen Ende. Ein Mann gratulierte mir: „Die Finanzierung kann beantragt werden, Sie bekommen die Zustimmung." „Nein, danke. Ich habe kein Interesse mehr", gab ich leise, aber spontan zur Antwort und legte gleich wieder den Hörer auf die Gabel.

Am Abend, als die Eltern in ihrem Imbiss standen, legte ich ihnen einen handgeschriebenen Zettel auf den Küchentisch. Dann packten wir unsere Sachen und verließen enttäuscht und erleichtert zugleich abermals diese kleine Stadt am See.

Später erfuhren wir, dass die Eltern durch mehrere Einbrüche und zahlreicher Schäden an der Imbissbude, welche ihre Versicherung ihnen nun auch nicht mehr entschädigte, sowie der Fehlwirtschaft, ihre Imbissbude schließen mussten.

 205

Beide wurden arbeitslos und lebten fortan nur noch von der Sozialhilfe. Sie nahmen einen Job als Regaleinräumer an und polierten so ihre prekäre finanzielle Situation wieder etwas auf.

Da Charlotte ihre Großeltern sehr liebte, hielten wir den Kontakt dennoch, sie verbrachte nahezu alle Ferien bei ihnen und wir besuchten sie weiterhin.

(K)eine Verwechslung?

Unsere Henriette erkrankte an einem hässlich heiseren Husten kurz vor ihrem Geburtstag. Fast jeden Tag lief ich mit ihr zum Kinderarzt. Leider war jedes Mal nur eine junge Vertretungsärztin in der Praxis, weswegen ich sie nicht bei der erfahreneren und etwas älteren Ärztin vorstellen konnte. Immer wurde ich mit Henriette heimgeschickt, denn die Lunge war laut der Ärztin frei und der Husten war bestimmt bald wieder weg.

Leider war dem nicht so. Genau an ihrem Geburtstag, ich hatte beide Mädchen bereits im Bett, kam die kleine Maus tränenüberströmt und blau im Gesicht zu sehr später Stunde wieder zu mir. Bei diesem Anblick läuteten alle Alarmglocken in schrillem Ton. Ohne viel zu tun, zogen wir ihr die Jacke über, griffen nach den Papieren, rannten mit ihr zum Auto und Mo fuhr in hoher Geschwindigkeit hupend und mit eingeschaltetem Blinklicht in das Kinderkrankenhaus.

Er selbst nahm seine Kleine in die Arme und trug sie in den Wartebereich der Notaufnahme. Ich hielt ihre Unterlagen und stellte mich zur Anmeldung. Da stand unvermittelt Mo mit leerem Arm gleich wieder neben mir. Irritiert schilderte er: „Da kam jemand im weißen Kittel in den Raum, blieb stehen, schaute sich um, kam sofort zu uns und nahm mir Henriette ohne zu zögern aus meinem Arm. Gleich darauf verschwand sie mit ihr wieder durch die Tür. Ich weiß jetzt auch nicht, warum, was los ist und ob das eine Verwechslung war."

Besorgt meldete ich unsere Kleine an und wir nahmen unruhig und nervös im Wartebereich Platz. Alle möglichen schlimmen Gedanken huschten uns durch die Köpfe. Leise sprachen wir darüber, weil wir es uns nicht erklären konnten. „Ich war doch immer beim Arzt mit ihr gewesen, wenn es schlimmer wurde. Die Lunge war doch frei und es wurde nichts gefunden, was den Husten betraf", sagte ich zur Selbstberuhigung zu Mo.

Fünfundvierzig Minuten später kam die Ärztin im weißen Kittel wieder in den Wartebereich. Nur dieses Mal hielt sie nach uns Ausschau. „Wer sind denn die Eltern der kleinen Henriette?", fragte sie in den Raum hinein, wir meldeten uns und folgten ihr anschließend in die Behandlungsräume.

„Wissen Sie eigentlich, dass es Rettung in letzter Not für Ihre Kleine war? Sie war kurz davor, an ihrer Atemnot zu ersticken. Sie bekam durch den Husten keine Luft mehr. Ich habe ihr ein Mittel gespritzt, was ihre Atemwege wieder geöffnet hat und sie hat etwas zur Beruhigung bekommen. Sie ist ja vollkommen am Ende gewesen. Dafür wird sie nun lange schlafen. Lassen Sie ihr diese Zeit, sie braucht sie, um sich von diesen Strapazen zu erholen. Warum haben Sie sie nicht schon früher einem Arzt vorgestellt?" Wie vor den Kopf geschlagen sagte ich: „Schauen Sie mal in ihr Heft, ich war fast jeden Tag deswegen beim Kinderarzt. Aber da wurde nichts festgestellt. Nur, dass ihre Lunge frei wäre und dass sich der Husten geben würde." „Oh, nein, da hätten Sie in diesem Fall lange warten können. Henriette hat eine Pseudokrupp-Virusinfektion bekommen, bei der sich der Kehlkopf entzündet und manchmal, wie in ihrem Fall, anschwillt. Dies ist an der Heiserkeit und am bellenden Husten zu erkennen. Warum Ihre behandelnde Ärztin dies nicht diagnostizieren konnte, ist mir schleierhaft. Übrigens ist ihre Henriette ein kleiner süßer Fratz und ich habe mich sehr gefreut, sie kennenzulernen. Das auch ich Henriette heiße, brachte sie zum Lächeln und sie vertraute mir sofort. Ach, lassen Sie die Kleine nachts nicht mehr allein schlafen. Besser sie schläft bei Ihnen.

Da können Sie beim nächsten Krupp sofort handeln. Ich gebe Ihnen Zäpfchen mit. Diese lassen Sie sich auch weiterhin verschreiben, denn es wird sicherlich bis zu ihrem sechsten oder siebten Lebensjahr immer mal wieder vorkommen."

Den kompletten nächsten Tag, bis fast zur Mittagszeit des darauffolgenden Tages schlief Henriette ohne Komplikationen durch. Alle paar Stunden lief ich schauen, ob sie noch atmete. Ich war so in Sorge um sie. Als sie endlich erwachte, strahlte sie wieder über das ganze Gesicht. Himmel, waren wir froh über den Ausgang dieser bedrohlichen Situation.

Nun das erwähnte ABER: Sie schlief fortan bis über ihr vierzehntes Lebensjahr hinaus jede Nacht bei uns im Bett, wobei sie stets die Mitte zwischen uns bevorzugte. Nach ihrem achten Geburtstag versuchten wir sehr oft, dass sie allein in ihrem Bett schlief. Doch ohne Erfolg.

Leider war diese Begleitung im Ehebett nicht zuträglich für das Liebesleben zwischen Mo und mir. Doch wir fanden heraus, dass Henriette in ihrem Bett blieb, solange der Fernseher zu hören war. Mo ist in dieser Beziehung schon immer sehr rücksichtsvoll, denn mit meiner schlimmen Haut traute er sich nicht, mich zu berühren. Er war einfach zu gehemmt, um mir nicht weiter zu schaden. So war es seit Anbeginn unserer Beziehung so, dass stets ich bei der schönsten Sache der Welt den Anfang machte.

Kinder, Kinder, Kinder

Mo hatte aus seiner ersten Beziehung zwei Kinder. Dies erwähnte ich bereits, und auch, dass die Kindsmutter oft Schwierigkeiten in finanzieller Hinsicht machte. Dennoch kamen nach einiger Zeit Karoline und Niclas sowie etwas später die jüngeren Kinder von ihr zu uns und alle durften auch ab und an über Nacht bei uns bleiben.

Als Karoline zur Schule kam, sie war vier Jahre älter als Charlotte, hatte sie starke Probleme, das Lesen und Schreiben zu erlernen, da sie auch schon fehlerhaft sprach und oft Silben wegließ oder die Worte mit falschen Buchstaben begann.

Daraufhin redete ich mit ihrer Mutter darüber. Gemeinsam sprachen wir bei der Schulleiterin vor und veranlassten, dass Karoline vorerst in einer LRS-Klasse, für Lese-Rechtschreib-schwache Kinder, weiterbeschult wird. Ab der 2. Klasse wechselte sie, wie vorgesehen, die Klasse und es wurde für Karoline leichter, das Lesen, Schreiben und das richtige Aussprechen der Worte zu erlernen.

Es ergab sich, dass Karoline für mehrere Wochen vorübergehend bei uns wohnte. Sie bekam ein eigenes Kinderzimmer und fühlte sich insgesamt sehr wohl bei uns. Da ihre Schule nicht weit weg von uns lag, durfte sie den Schulweg allein und unbegleitet meistern, was sie bisher auf diese Weise nicht durfte. Das führte bei ihr schnell dazu, dass sie selbstsicherer wurde.

Die Kindsmutter fand die Lösung, dass sie bei uns wohnte, sehr gut, und sie schien dadurch auch entlastet zu sein. Zu einem nachmittäglichen Kurzbesuch ihrerseits hegte sie den Gedanken, Karoline für immer bei uns zu lassen. „Auf Karoline kann ich verzichten, aber das Unterhaltsgeld für sie zahlst du mir trotzdem", sprach sie dazu weiter. Mo war sehr verärgert darüber, dass ihr die Kleine so egal war, ließ es sich jedoch nicht sofort anmerken. Auch ich schluckte heftig.

Dreizehn Wochen blieb Karoline bei uns, dann wollte sie selbst wieder heim.

Urlaub mit lebenslänglichen Folgen

In diesem Jahr lud uns Fiete am Jahresende zu einem gemeinsamen Urlaub ein. Jedoch hatte sie damit die Absicht verbunden, dass Mo und ich am Urlaubsort den Bund der Ehe schließen sollten. Sie hatte dies bereits bei der Buchung des Urlaubes terminlich festgelegt und hatte uns mit diesen Urlaubsplänen im Herbst überrascht.

Da ich ein paar Wochen zuvor geschieden worden war und wir ohnehin die Absicht hatten, unseren Lebensweg gemeinsam weiterzugehen, nahmen wir diese Gelegenheit und dieses Geschenk dankend entgegen.

Noch vor Beginn des neuen Jahres war ich damit zum 2. Mal in meinem Leben verheiratet und ich träumte davon, dass diese Ehe ewig halten würde. Denn anders als bei Kevin wuchsen meine Gefühle für Mo ständig weiter. Allerdings hatten nun Mo und ich einen gemeinsamen Familiennamen und Charlotte und Henriette mussten vorerst ihren Familiennamen, den ich nach der Eheschließung mit Kevin trug, beibehalten. Doch sie wehrten sich täglich dagegen. Das ging sogar soweit, dass Henriette auf ihren Familiennamen nicht mehr hörte. Sie wollte ihn nicht mehr.

Bei den zuständigen Standesämtern stellten wir für beide Mädels einen Änderungsantrag des Familiennamens. Nach einer Menge Papierkram wurde dem Antrag ein knappes Jahr später stattgegeben. Zur Freude von Henriette trugen wir vier endlich denselben Familiennamen.

Und manchmal ist vieles unerklärlich. Denn als die Mutter von Karoline und Niclas erfuhr, dass wir geheiratet hatten, durfte Mo seine Kinder nicht mehr wiedersehen. Zusätzlich und scheinbar aus Trotz darüber, klagte sie dann noch jedes Jahr auf mehr Unterhalt, auch die zweijährige Wartefrist bis zum Neueinklagen auf Anpassung des Unterhaltes hielt sie nicht ein. Erfundene Gründe und haltlose Unterstellungen, Mo würde seine Kinder um den Unterhalt bringen wollen, klagte sie stetig aufs Neue. Einmal veranlasste sie sogar die Pfändung seines Gehaltes, obwohl seine Firma den Unterhalt auf Bitten von Mo gleich jeden Monat vom Gehalt überweisen ließ. Uns kostete die Pfändung jede Menge Nerven, es war sehr aufwendig, dies rückgängig zu machen und wir waren damit fast vierzehn Tage beschäftigt.

210

Im Gegenzug wollte Mo seine Kinder sehen. Obwohl auch er den Umgang einklagte und um sein Recht durch Vorsprachen beim Jugendamt und außergerichtliche Einigungen kämpfte, durften sie nie wieder zu uns. Er schaffte es jedoch einmalig, ihm zustehende Informationen und Bilder beider Kinder zu erlangen. Wahrscheinlich auf Drängen ihrer Rechtsanwältin ließ sie ihm nach einer Gerichtsverhandlung veraltete Fotos von beiden zukommen.

Mo war sehr traurig darüber, doch er erfreute sich täglich über unsere zwei Mädchen. Wir vier fanden das gemeinsame Glück.

Männer und die Technik

Meine Eltern hatte es inzwischen wieder zurück aufs Dorf verschlagen. Hier bewohnten sie nun eine kleine, offene Dreiraumwohnung. Offen, weil es dafür keine Wohnungstür gab.

Im Frühjahr, vor Charlottes Schulbeginn, machten wir vier uns an einem Wochenende auf den Weg zu meinen Eltern. Wir hatten ein paar gemeinsame Tage mit ihnen geplant.

Nach der mehrstündigen Fahrt waren wir froh, endlich wieder aus dem Fahrzeug aussteigen zu können. Beide Mädchen hatten es sehr eilig, hoch zu ihrer Oma zu kommen, und liefen gleich voraus. Mo und ich nahmen unser weniges Gepäck und folgten unseren Kindern. Jedoch hatten sie es noch nicht bis hoch zu Oma geschafft, denn wir trafen sie noch im Treppenhaus an. Im gesamten Haus war ein herber und starker Motorölgeruch wahrzunehmen. Dieser hemmte beide Mädels am Weitergehen und sie hielten sich die Nasen zu. Auch wir hielten inne und schnüffelten. In einem Wohnhaus hat dieser Geruch nun wahrlich nicht zu sein. Wir vier stiegen nun langsamer nach oben, und tatsächlich: Der Werkstattmief nach Öl wurde noch strenger.

Oben angekommen stand meine Mutti in der Küche am Herd und kochte offensichtlich etwas in einem alten Topf. Das war die Geruchsquelle! Mutti erhitzte Motoröl! Sofort wollte Mo wissen, warum sie dies tat. „Der Vati braucht es warm und flüssiger. So dickflüssig bekommt er es nicht ins Auto eingefüllt, die Öffnung ist dafür viel zu klein."

„Hä? Was? Mach das aus! Ist er unten? Wir haben ihn gar nicht gesehen!" Schon nahm er den Topf vom Herd und lief damit hinunter.

Und tatsächlich: Der Vater wollte das Öl in die Öffnung des Kontrollmessstabs einfüllen. Er hatte den dafür vorgesehenen gelben Schraubstopfen, auf welchem sogar eine Ölkanne abgebildet war, nicht gesehen, und meinte eben, dass er das Öl dafür erwärmen musste, um es besser in die Miniöffnung gießen zu können. „Das, was in der Betriebsanleitung steht, versteht doch kein Mensch! Versteh mich mal richtig! Und es wird nichts ausführlich erklärt. Darüber habe ich darin kein Kapitel oder irgendeine Passage gefunden. Mir fiel eben nur diese Lösung mit dem Trichter dazu ein", schimpfte er.

Nun war er aber erleichtert, dass sich Mo Zeit dafür nahm und sich darum kümmerte. Im Anschluss besichtigten sie gemeinsam das komplette Innenleben seines Wagens und Mo zeigte und erläuterte ihm so einiges im Motor- und Innenraum des Fahrzeugs.

Er bedankte sich überschwänglich bei Mo und konnte es dennoch nicht lassen, die Schreiber der Bedienungsanleitung herunterzuputzen: „Solche Idioten!"

Die Schulzeit beginnt für Charlotte

Unsere Charlotte hatte ebenso ein paar Probleme beim Erlernen verschiedener Sachen, jedoch in der Hinsicht, dass sie bei Aufgabenstellungen nicht richtig und vollständig zuhörte. Ständig führte dies zu übereilten Handlungen ihrerseits und dadurch zu fehlerhaften Ergebnissen. Daher kam Charlotte zwar zur Schule, wurde jedoch noch nicht eingeschult, denn sie besuchte erst einmal die Vorschule. In diesem Schuljahr erlernte sie schrittweise das Zuhören und sie konnte die geforderten Aufgaben am Ende dieses Jahres gewissenhaft, zügig und besonnen erledigen. Danach wurde sie feierlich eingeschult, kam in die erste Klasse und war von Anfang an eine sehr gute Schülerin, die ständig nach perfekten schulischen Leistungen strebte.

In dem Sommer zwischen diesen beiden Schuljahren tauchte einmal unverhofft Kevin auf. Es waren fast vier Jahre seit seinem letzten Besuch bei uns vergangen.

Charlotte freute sich sehr, denn sie wusste genau, dass es ihr Vater war. Nur Henriette hatte keine Erinnerungen an ihn, doch nach einem Vorstellen und netten Worten seinerseits kam auch sie mit ihm klar und zurecht. Neugierig probierte und testete sie ihn aus, was er bereitwillig zuließ.

Henriette allerdings testete ihn fast bis aufs Blut. Mir wurde es zu heftig und ich ermahnte sie, dass sie ihm nicht wehtun sollte. Kevin wies ich ebenso darauf hin, dass er nicht alles mit sich machen lassen durfte. „Ach, lass sie doch machen, ist doch nicht schlimm. Mir tut es nicht weh." Kurz nachdem er dies ausgesprochen hatte, griff sich Henriette einen kleinen, roten und sehr spitzen Schraubendreher für die Feinmechanik, der wegen einer Reparatur noch auf dem Tisch lag, und machte sich mit ihm über Kevins Armbanduhr her. Diese musste sie reparieren, weil sie nicht richtig ging, meinte sie wichtigtuend dazu. Doch sie pikste ihn damit absichtlich neben der Uhr in den Arm. „Tut das weh?", fragte sie ihn frech. „Nein, gar nicht, nicht mal ein bisschen", meinte er darauf und lächelte sie dabei freundlich an.

Das nahm die Kleine als Anlass und stach ihm nun den Schraubendreher recht kräftig und unter großer Anstrengung an derselben Stelle nochmals in den Arm. „Und jeeeetzt?", dabei strahlten ihre blauen Augen wie funkende Sterne. Kevin zuckte überrascht heftig zusammen und wollte sogleich zornig werden. Da bremste ich ihn gleich wieder aus: „Du hast es zugelassen, obwohl ich dagegen war. Lass sie in Frieden, sie hat gefragt und ich habe dich gewarnt."

Als sich Charlotte zu ihm setzte und sie sich gegenseitig ausfragten, versprach er ihr, zu ihrer Schulanfangsfeier zu kommen. Seelig vor Glück darüber umarmte sie ihn herzlich und freute sich nun noch einmal mehr auf dieses Ereignis.

Als es dann endlich für sie soweit war, strahlte sie an diesem Tag heller als die prasselnde Sonne. Die eingeladenen Gäste trafen nach und nach ein, und der vorbestellte Gastraum füllte sich mit jeder Stunde. Oma, Opa, Mos Geschwister und Gretel kamen zu Charlotte, um mit ihr diesen großen Tag zu feiern. Freudig nahm sie die Zuckertüte, Geschenke und Blumen entgegen. Ihr Opa schenkte ihr zum Spaß eine Tüte Zucker. Charlotte schaute ihn deswegen stutzig an. Sie wusste nicht, was sie mit dieser machen sollte. „Du wolltest doch eine Zuckertüte", sagte er trocken mit unschuldiger Miene und sie lachte sich daraufhin schlapp darüber.

Charlotte war an diesem Tag so glücklich. Doch sie fieberte noch einem weiteren eingeladenen Besucher entgegen. Immer wieder lief sie hinaus auf die Straße, um ihren Vater nicht zu verpassen. Sie wollte ihn unbedingt dabeihaben.

Zur vorgerückten Stunde, als es bereits dunkel war, weinte sie über die Enttäuschung darüber, dass er nicht gekommen war, obwohl er es ihr so fest versprochen hatte. Traurig sagte sie: „Und ich habe mich schon so auf ihn gefreut." Uns allen schmerzte das Herz ebenso, denn keiner hatte etwas dagegen gehabt, wenn Kevin dabei gewesen wäre.

Zwei Tage darauf, an ihrem allerersten Unterrichtstag, kam Charlotte am Nachmittag weinend heim. Auf unsere Frage, was denn in der Schule los gewesen war, antwortete sich schluchzend: „Nun gehe ich doch richtig zur Schule, aber ich kann immer noch nicht lesen." Langsam und herzlich nahm ich sie in meine Arme. „Das braucht doch etwas Zeit. Aber du wirst sehen, in ein paar Wochen kannst du es." Mir fiel es echt schwer, nicht loszulachen. Aber ein breites Grinsen konnte ich mir nicht verkneifen.

Aus viel Arbeit entsteht die Arbeitsstelle

Acht Monate später trat Mo eine neue, jedoch befristete Arbeitsstelle an. Er machte einen guten Job und wurde ein halbes Jahr darauf fest übernommen. Wir freuten uns wie Bolle.

Meine Untätigkeit nervte mich enorm. Aus mir schleierhaften Gründen kümmerte sich das Arbeitsamt nicht darum, mir freie Arbeitsstellen anzubieten. So kaufte ich mir jede Woche Zeitungen und studierte die Stellenangebote. Eines Tages wurde eine Weiterbildung in der Wirtschaftssicherheit angeboten. Umgehend informierte ich mich unter der angegebenen Rufnummer. Ja, meine bisherigen Qualifikationen passten. Ich sprach mit Mo und mit dem Arbeitsamt darüber, reichte alle möglichen Anträge ein und bekam eine Bewilligung vom Arbeitsamt zugesandt. Ich informierte die Kita und startete etwas später in einer ca. dreißig Kilometer entfernten Kleinstadt und ließ mich im besagtem Fachbereich mit zusätzlichen PC-Kenntnissen ausbilden. Im praktischen Teil interessierte mich der Bereich des Kaufhausdetektivs und ich wurde dies bezogen geschult.

Diese Tätigkeit wurde von Mo stets aktiv unterstützt und im Laufe meines Arbeitsleben mein ständiger alternativer und zusätzlicher Nebenverdienst.

Vom Regen in die Traufe

Ob es die weitentfernte Arbeitsstelle von Mo war oder meine Weiterbildung, unser Tun spielte sich bald außerhalb der Großstadt ab.

In dem baufälligen und schäbigem Haus waren wir mittlerweile die letzten Mieter, wobei wir keine Miete mehr zu zahlten hatten. Der Vermieter hatte uns, nachdem die vorletzte Mieterin ausgezogen war, einen Nutzungsvertag über die Wohnung in Höhe von 100,00 DM monatlich zuzüglich der entstehenden Nebenkosten zugesandt.

So hatten wir alsbald beschlossen, uns einen Wohnraum in der Gegend der Arbeitsstelle von Mo zu suchen. Mithilfe einer seiner Arbeitskollegen ging dies recht schnell. Wir schauten uns eine sanierte Vierraumwohnung an und zogen endlich von dieser vermüllten, dreckigen und lärmenden Großstadt fort. Es ging hinaus ins ländliche Gefilde. Aufatmen. Hier hofften wir, mehr Ruhe und Ausgleich zu finden.

Nun begann für uns vier ein schönes Leben. Trotz der höheren Miete kamen wir finanziell über die Runden, doch es lagen noch immer viele, das Geld betreffende Sorgen auf unseren Schultern.

Hier mal ein kurzer, unvollständiger Überblick: Mo zahlte seinen Kindern Unterhalt, ich erhielt keinen von Kevin für Charlotte und Henriette, bekam aber Unterhaltsvorschuss für beide Mädels, jedoch nicht in voller Höhe, die Miete betrug etwas über 1000,00 DM, Kita- und Hortplatz mussten gezahlt werden und wir hatten nach wie vor von unserem ersten gemeinsamen Jahr noch mehrere Gläubiger im Nacken.

Der Schulwechsel von Charlotte verlief vollkommen problemlos, wobei sie uns an ihrem ersten Tag, den sie mit dem Bus zur Schule fuhr, höllisch erschreckte.

Da stand ich an der Bushaltestelle, um Charlotte abzuholen, als sie mit dem Bus wieder heimkam. Doch sie stieg nicht aus und im Autobus saß sie auch nicht. Panik ergriff mich. Von zu Hause aus rief ich in der Schule an und erkundigte mich, ob Charlotte in den Autobus gestiegen oder ob sie noch in der Schule war und auf meine Abholung wartete. „Sie ist in den Bus gestiegen und mit den anderen Kindern aus ihrem Ort zurückgefahren", kam es aus der Gegensprechanlage zurück. „Schauen Sie, ob sie vielleicht an einer anderen Haltestelle ausgestiegen ist."

So machte ich mich auf den Weg und lief die Fahrtrichtung des Autobusses in entgegensetzte Richtung ab. Schon nach ca. dreihundert Metern kam mir die Erzieherin von Henriettes Kita entgegen und hatte meine beiden Mädels im Schlepptau. Ein große Felsen ist mir vom Herzen gefallen. Charlotte war eine Haltestelle zu früh ausgestiegen. Sie bemerkte ihren Fehler und erkannte die Kita von Henriette. Da hatte sie sich hilfesuchend an die Erzieherin gewandt.

Im Frühjahr kauften wir von einer alten Dame einen Schrebergarten im Wohnort. Dieser wurde sogleich nach unseren Vorstellungen etwas umgearbeitet und wir bauten für unseren Bedarf einige Gemüsesorten an. Allerdings gab es bald Ärger mit dem Vorstand des Schrebergartens über unsere Kinder, da sie die Anlagenwege nutzten, um zu spielen. Einen Spielplatz gab es aber nicht, und die Wiese vom Parkplatz durften sie nicht zum Spielen verwenden. Zum Leidwesen der älteren Generation der Gartenbesitzer wurden es nach und nach immer mehr Kinder, die im gesamten Gartenanlagebereich herumtollten.

Apportieren

Es war an einem schönen Sommertag, da saß ich in unserer großen Küche und füllte die Formulare der Einkommensteuererklärung aus. Charlotte war dabei, sie hatte Ferien und blieb ein paar Tage daheim. Hier und da füllte ich Zahlen in die Spalten ein und ich setzte entsprechende Kreuze in die Kästchen. Weil sie ein sehr neugieriges Kind war, fragte sie mich allerlei Löcher in den Bauch: „Was ist das denn für eine Zahl?" „Eine Eintausendzweihundertsechs", antworte ich ihr. „Warum machst du hier ein Kreuz?" „Na, du bist mein leibliches, also mein richtiges Kind, da kommt ein Kreuzchen hier rein." „Und das Kreuz?" „Das ist vom Papa, ihr seid ja seine Stiefkinder." Ganz entrüstet fuhr sie augenblicklich hoch. Dabei überschlug sich ihre hohe Stimme: „Aber wir haben doch jetzt denselben Namen wie Papa. Warum sind wir dann nicht seine richtigen Kinder? Ich will aber kein Stiefkind sein!"

Lang und breit erklärte ich ihr den Unterschied. „Auch wenn wir alle denselben Namen tragen, bleibt es euer Stiefvater. Nur, wenn er euch adoptiert, dann wird er euer richtiger Papa und ihr seid dann seine richtigen Kinder. Dann kann ich das Kreuzchen hier machen. Papa muss aber auch zustimmen. Da musst du ihn mal fragen, ob er euch als richtige Kinder haben möchte. Aber denke daran, Kevin ist dann nicht mehr euer Vater." Inzwischen hatte ich die Formulare beiseitegelegt. Es wurde Zeit Henriette aus der Kita abzuholen.

Auf dem Rückweg war Charlotte so aufgeregt, sie erzählte alles sofort ihrer Schwester. Beide schnatterten den ganzen Heimweg ganz erregt miteinander. Sie waren vollkommen aus dem Häuschen. Nur ab und zu kam ein: „Stimmt's, Mutti?"

Eine Stunde darauf kam Mo nach Hause. Er parkte gerade das Auto im Hof, da rannten beide Mädels völlig aufgeregt nach draußen, und noch bevor er richtig ausgestiegen war, fragte Charlotte ganz aufgekratzt: „Papa, willst du uns apportieren?" Im ersten Moment war er irritiert und wusste nicht, was Charlotte meinte. „Was will ich?", setzte er nach.

„Uns apportieren, also, unser richtiger Papa werden." Nun lachte Mo ganz laut, nahm Charlotte und Henriette gleichzeitig in seine Arme und sagte: „Na, aber klar will ich euch adoptieren. Das wünsche ich mir schon so lange. Nur Mama hat gewartet, bis ihr das versteht." Strahlend und im höchsten Maße zufrieden trug Mo seine überglücklichen Mädels zu mir herein.

Dieser Tag blieb bis zu seinem Ende ein aufregender, denn nun schmiedeten wir vier zusammen die Pläne unserer Vorgehensweise und machten eine kleine Liste von den Dingen, die wir dachten, erledigen zu müssen.

Vom Regen und der Traufe

Es ist nicht alles Gold, was glänzt.

Als der Sommer so richtig heiß wurde, bildeten sich an unseren Fenstern in der Schlafstube und den zwei Kinderzimmern nasse Scheiben und Wände. Dabei hatte ich doch die Fenster nicht nur gekippt offenstehen, nein, sie waren stets weit geöffnet. Über die Tage hin trocknete es anfangs etwas ab, doch in der Nacht begann das Wasser gar in den Fensternischen von der Wand zu laufen. Jeden Morgen stand ein großer See auf den Fensterbrettern, der die Wände weiter nach unten lief und so in den Fußboden eindrang. Alles war nass, wie nach einem Regenguss. Bald darauf stellte ich beim Betten beziehen entsetzt fest, dass auch all unsere Matratzen klitschnass waren. Diese stellte ich am Tag zum Trocknen im Hof an der Hauswand auf.

Auch die Temperaturunterschiede, von draußen im Hof mit zweiunddreißig Grad Celsius und innen in der Wohnung mit gerade mal achtzehn Grad Celsius, waren heftig.

So ergab es sich, dass Henriette erkrankte. Durch den in der Wohnung befindlichen Rauputz an den Wänden, der kalten Temperatur und der Nässe in den Räumen hatte sie sich eine allergische Erkrankung eingefangen.

Zusätzlich hatte sich Charlotte bei einem Gartennachbarn, in dessen nicht gechlorten Pool, eine sehr seltene, recht böse, ansteckende, bakterielle Lungenerkrankung zugezogen. Diese führte bei ihr zu starkem, schmerzhaften Husten, sie fieberte und wurde schlapp.

Die jetzige Kinderärztin war bereits älter und sehr erfahren, dennoch fand sie nicht gleich heraus, an welcher Erkrankung Charlotte litt. Nach dem dritten Medikament und der dazu verbundenen Diagnose, dass noch immer keine Besserung für die Kleine eingetreten war, entschied die Ärztin, ihr ein Medikament gegen spezielle bakterielle Krankheitserreger zu verabreichen.

Für Henriette hatte ich von dieser Kinderärztin bereits ein wirksames Medikament verschrieben bekommen. Allerdings bezahlte ich dieses selbst, da die Krankenkasse nur geringer wirkende Mittel gegen diese Art von Erkrankung kostenfrei zur Verfügung stellte.

Ich war ebenfalls bei meinem Hausarzt wegen eines hartnäckigem Husten in der Behandlung und musste zum täglichen Inhalieren mit einem speziellem Wirkstoff in seine Praxis kommen. Kurze Zeit nachdem Charlotte erkrankte, kam sie jede Nacht zu Mo ins Bett und suchte Schutz und Geborgenheit. So bekam auch er einen starken und festsitzenden Husten. Er besorgte sich dagegen die freiverkäuflichen Medikamente. Leider zeigten sie keine Wirkung und sein Husten wurde ebenfalls extrem schlimm.

Da Ferien waren und Charlotte bettelte, bei ihren Großeltern eine Zeit verbringen zu wollen, besprach ich dies mit der behandelnden Kinderärztin und mit meiner Mutter. Charlotte musste unbedingt in kurzen Abständen bei einer im Ort ansässigen Kinderärztin vorgestellt werden, dann gab es keine Bedenken, dass Charlotte zu ihren Großeltern in die Ferien fuhr. So brachten wir unsere kleine Maus an einem Wochenende zu ihren Großeltern.

Montag morgens, gleich einen Tag später, nachdem wir Charlotte in die Ferien zur Oma gebracht hatten, machte sich Mo bereit für die Arbeit. Wir saßen gemeinsam am Frühstückstisch, als er vom Küchenstuhl rutschte und für eine kurze Zeit wegtrat. Ich erschrak mächtig darüber, blitzartig hämmerte mein Herz und mein Atem fiel aus. Sofort sprang ich von meinem Stuhl hoch, rannte ins Badezimmer, flutete einen Waschlappen mit eiskaltem Wasser und legte ihm diesen schleunigst auf seine Stirn. Dem Himmel sei Dank, er kam rasch wieder zu sich.

Weil er so geschwächt war, half ich ihm, aufzustehen. Das war dann mal richtig schwer, denn er hatte seinen Körper nicht in seiner Gewalt. Als ich ihn endlich, nach gefühlten Stunden, auf seinen Beinen hatte, sagte er tatsächlich: „Ich gehe trotzdem in die Arbeit."

Mir blieb die Spucke weg und ich musste heftig schlucken. Verärgert darüber und fassungslos, schoss es Worte aus mir heraus, ich schimpfte los: „Ins Auto steigst du schon ein, aber bitte auf dem Beifahrersitz, ich bringe dich sofort zum Arzt und nirgendwo anders hin."

Beim Arzt warteten wir draußen auf einer Bank. Mo verschlief die gesamte Zeit. Im Behandlungszimmer untersuchte ihn der Arzt und entnahm ihm im Anschluss noch Blut, um seine Blutsenkung zu kontrollieren. Ohne neu verschriebener Medikamente fuhren wir wieder heim.

Was noch zu erwähnen ist: Da Ferien waren, hatten wir unseren Neffen für zwei Wochen bei uns zu Besuch und Henriette konnte auch nicht in die Kita gehen.

Nach dem Mittagessen legten wir uns alle schlafen. Dieser Vormittag hatte uns echt geschafft. Mein Neffe versuchte mich, wie verabredet, nach einer halben Stunde mehrfach zu wecken. Doch ich hatte keine Kraft und war noch viel zu müde von all den Ereignissen.

Noch als ich lag, klingelte es an der Wohnungstür. Schlapp und noch immer total groggy ging ich in den Hausflur, um die Tür zu öffnen, da erschrak ich wiederum. Denn die Person vor der Tür füllte mit ihrer Größe die gesamte gemusterte und trübe Glastür aus. Es war nicht zu erkennen, wer davor stand.

Es war unser Hausarzt. „Sie zu finden war gar nicht so einfach. Ich habe viel zu lange dazu gebraucht", sagte er als Begrüßung und ging sogleich an mir vorbei in unsere Wohnung. Besorgt führte sein Weg sofort ins Schlafzimmer zu Mo. Ruhig schaute er nach seinem Befinden. „Ich mache mir große Sorgen um ihren Mann. Die Blutsenkung ist nicht gut ausgefallen." Nun überreichte er mir einen Einweisungsschein für das Krankenhaus. „Er muss sofort ins Krankenhaus gebracht werden. Soll ich die Rettung holen oder bringen Sie ihn selbst gleich hin? Packen Sie ein paar Sachen für ihn zusammen. Ich informiere den zuständigen Arzt über sein Kommen."

Na klar, ich brachte ihn. So war ich nun mit vielen Sorgen, mit Henriette und dem Neffen allein.

Der Gesundheitszustand von Mo wurde mit jeder Stunde dramatischer. Bei Charlotte hingegen wurde es endlich besser.

221

Auch ihr wurde beim Kinderarzt, bevor sie zu ihren Großeltern fuhr, Blut abgenommen. Mo musste sie noch auffangen, weil sie danach kurz in Ohnmacht gefallen war.

Am Mittwoch derselben Woche, es war am Vormittag, erkundigte ich mich telefonisch bei der Kinderärztin nach Charlottes Blutergebnissen.

„Ich bin erleichtert, denn das letzte Medikament, welches ich ihr auf Verdacht verschrieben habe, ist genau das richtige gewesen. Ihre Tochter hat Bakterien in der Lunge und nur dieser Wirkstoff hilft dagegen."

Geistesgegenwärtig schilderte ich ihr den Gesundheitszustand von Mo. „Kann es sein, dass er diese Bakterien auch hat?", fragte ich sie sehr besorgt. „Ja, sicher. Sie sind ansteckend." „Kann ich etwas für meinen Mann unternehmen? Sollte ich das mal im Krankenhaus ansprechen?" „Unbedingt, und zwar sofort. Bitte notieren Sie sich genau den Namen und noch das, was ich Ihnen gleich durchgebe. Sprechen Sie nur mit dem behandelnden Arzt, nicht mit einer Schwester. Lassen Sie sich nicht abwimmeln."

Sie gab mir alles Nötige durch, ich machte mir genaue Notizen darüber und ich wählte im Anschluss sofort die Nummer der Klinik. Ich brauchte fast zwanzig Minuten, um mit dem behandelnden Arzt sprechen zu können. Er hörte mir nur zu und sagte am Ende nur knapp „Danke". Da hatte er das Gespräch schon beendet und aufgelegt. Verwirrt schaute ich auf den Telefonhörer. Was war passiert? Interessierte ihn das nicht?

Am Nachmittag, zur Besuchszeit, kam eine Schwester zu Mo und mir. Ich sollte doch unbedingt zum Arzt kommen. Mir schossen sogleich unangenehme Dinge in den Kopf. Hatte ich alles falsch gemacht mit meinem Anruf, hatte ich ihn von einem wichtigen Patienten weggeholt und er war verärgert?

Im Besprechungsraum sagte mir der Arzt: „Als Sie anriefen, war ich gerade bei Ihrem Mann. Sein Zustand hatte sich weiter dramatisch verschlechtert. Ihr Anruf kam in allerletzter Sekunde. Wir hätten ihn nicht retten können und diesen Nachmittag wäre er verloren gewesen."

Er wollte noch wissen, wie ich an diese wichtigen Informationen gekommen war. Kurz schilderte ich ihm noch, dass Charlotte rätselhaft erkrankt war und dass ihre Kinderärztin mir genau geschildet hat, was zu tun ist.
„Hoffen wir, dass das Medikament weiter gut anschlägt. Über den Berg ist Ihr Mann noch nicht, aber eine leichte Besserung ist bereits eingetreten." Nun war ich erleichtert: „Danke!" War doch nichts falsch an dem, was ich tat. Himmel, nur gut, du hast uns vor einem schlimmen Schicksal bewahrt.

Die Adoption

Auch die Adoption gingen wir in diesem Sommer an.
Doch mal wieder einen kleinen Rückblick in die Zeit der Antragstellung. Wir hatten uns ja zu viert diese Liste an dem Beschlusstag geschrieben. Auf dieser fehlte so viel. Wir waren überwältigt, was von Amtswegen dazu erforderlich war.
Was brauchten wir nun alles? Vom Kindsvater benötigten wir ein notarielles Schreiben, dass er beide Kinder zur Adoption freigab. So mussten wir Kevin erst einmal suchen. Bei dem letzten Brief, in welchem ich ihn bereits darum bat, hatte er die Annahme verweigert. Also fuhren wir zu seiner letzten bekannten Anschrift und erfuhren, dass er dort nicht mehr wohnte. Daraufhin sprachen wir bei seinem mir letzten bekannten Arbeitgeber und auf dem Arbeitsamt vor und erhielten so die Information, dass seine Anschrift, die wir am Vormittag bereits aufgesucht hatten, noch immer stimmt und aktuell ist. Daher warteten wir in Sichtweite, ca. hundert Meter entfernt, bis zum Feierabend nochmals bei dieser Anschrift. Wir hatten Glück. Kevin kam zur Feierabendzeit heim und wir klingelten umgehend noch einmal an diesem Haus.

Er war überrascht, kam jedoch heraus und las den verweigerten Brief nun doch. „Das hatte ich schon einmal versucht, alle meine Kinder, für die ich Unterhalt zahlen muss, zur Adoption freizugeben. Doch das hat nicht geklappt. Leider habe ich auch kein Geld dafür, denn der Notar kostet mir zu viel." „Die Notarkosten tragen wir", sagte daraufhin Mo und ich war stumm einverstanden mit dieser Regelung. Ein paar Wochen darauf traf die notarielle Kindesfreigabe bei uns ein.

Mo benötigte ebenso ein notarielles Schreiben, dass er die Vaterschaft für beide Mädels übernehmen wollte. Dies ging unkompliziert.

Von mir wurde die Bestätigung gebraucht, dass es keine zu erwartenden finanziellen Erbschaften ö. ä., was die Kinder um ihre finanzielle Sicherheit bringen würde, gab und musste ebenso notariell mein Einverständnis zur Adoption geben.

Weiters benötigten wir vier einen Nachweis darüber, dass wir deutscher Abstammung sind. Und das war der verwunderlichste und aufwendigste Teil der Adoption. Ich glaube noch zu wissen, dass wir bis zum Jahr 1918 sämtliche Verwandtschaften mit den dazugehörigen Anschriften, Geburts-, Ehe-, Scheidungs- und Sterbeurkunden unserer Vorfahren in der väterlichen Linie zurückverfolgen und beschaffen mussten.

Mit einfachen Worten erklärt: von Mo zu seinem Vater, zu seinem Opa und zu seinem Uropa – alle mussten deutscher Herkunft sein. Ebenso bei Henriette, Charlotte und mir.

Auch wenn es etwas aufwendig war, bei Mo ging es relativ schnell. Bei mir, dachte ich, mein Vater war ja Einzelkind, sollte es ebenso unkompliziert laufen. Doch genau das war mein Irrglaube.

Bei unserem nächsten Besuch bei meinen Eltern sprachen wir sie darauf an, schilderten, was wir zur Antragstellung benötigten und zeigten ihnen die dazu benötigten Formulare. Mein Vater hatte augenblicklich Einwände dagegen. Es ginge nicht, „irgendjemandem" Urkunden seiner Familie und schon gar nicht seine Geburts- und Eheschließungsurkunde, auch nicht für eine kurze Zeit, zu überlassen. Von ihm bekamen wir nichts in die Hand.

So fragten wir auf dem zuständigen Amt nach, ob wir die Abstammung über meine Mutter, denn sie hatte keine Bedenken dabei, und danach die väterliche Seite ihrerseits weiterverfolgen dürften. Wir bekamen die amtliche Erlaubnis dafür. Doch leider scheiterte es etwas später daran, dass meine Mutter und ihre Schwester, zu ihr hatte sie bisher keinen Kontakt, keine Informationen wie Geburtsdatum oder Aufenthaltsorte ihres Vaters wussten.

Auf diesem Weg lernten wir eine meiner Tanten und eine Cousine mütterlicherseits kennen und erfuhren, dass meine Mutter noch zwei weitere Schwestern hatte. Ihren Bruder kannte ich bereits.

So standen wir dennoch mit leeren Händen da. Was nun? Wie machen wir weiter? Da ich wusste, weil mein Vater damit prahlte, dass mein Großvater in väterlicher Linie einst im Ausland lebte, schrieb ich das dortige zuständige Amt an und bat um ihre Mithilfe bei der Suche nach meinen Vorfahren. Ein paar Wochen darauf hielt ich eine amtliche Rückantwort in fremdländischer Textform in meinen Händen. Sie schrieben zurück, dass sie keinerlei Unterlagen darüber gefunden hatten und die Angaben zu meinem Großvater zu wenig waren. Verdammt! Warum machten meine Eltern aus ihren Herkünften so ein Geheimnis?

Ein paar Tage nach unserem Scheitern besuchten wir Maxim. Mo erzählte ihm traurig von unserem Wunsch der Adoption und dass wir nicht weiterkamen. „Fahrt doch einfach mal zur Tante Ulla, sie kann euch vielleicht helfen", meinte Maxim hilfreich dazu.

So machten wir uns auf den Weg und überraschten Tante Ulla mit unserem plötzlichen Besuch. Sie freute sich riesig über unsere Anwesenheit. Etwas zögerlich fragten wir bei ihr nach, ob sie uns weiterhelfen konnte, da sich mein Vater weigerte, uns in dieser Sache zu unterstützen. Aber nur, weil wir längst vergangene Personen urkundlich wieder ans Licht holen mussten. Dies wollte er auf gar keinem Fall.

Tante Ulla war sofort Feuer und Flamme: „Gerade letzte Woche habe ich meiner Schwester alle unsere Urkunden geschickt.

Ich rufe sie gleich an und frage, ob sie sie uns noch einmal zurückschickt."

Bei diesem Anruf erwähnte Tante Ulla kopfschüttelnd, dass ihrer beider Bruder uns nicht helfen wollte. Wie vor den Kopf geschlagen schaute ich sie fragend an. „Habe ich das jetzt richtig verstanden? Mein Vater ist euer Bruder? Hä? das verstehe ich jetzt nicht. Er hat stets gesagt, er wäre der einzige Junge seiner Eltern. Da bin ich davon ausgegangen, er sei ein Einzelkind." „Nein, dein Vater hat noch sechs Schwestern. Mich eingeschlossen. So ein Dämlack, muss er immer so einen Mumpitz erzählen!" Tante Ulla war ganz entrüstet darüber und sie erzählte uns umgehend ihre Familiengeschichte. *[Zu allen Schwestern meines Vaters hatten wir daraufhin einen kleinen Kontakt aufgebaut. Leider sind inzwischen zwei verstorben. Doch wir hatten das Glück, sie noch kennenzulernen. Mit den anderen telefoniere oder schreibe ich ab und an.]*

Aber nun kam alles doch ins Laufen. Die Urkunden und Anträge wurden eingereicht. Jeder von uns bekam es urkundlich mit Siegel und Amtsfaden versichert, dass wir deutscher Abstammung sind.

Dann kam es zu Jugendamtterminen. Charlotte und Henriette wurden befragt, ob sie sich Mo als Vater wünschten und eine Dame vom Familiengericht tat dies ebenso.

Nun fehlte nur noch der wichtigste und offizielle Gerichtsbeschluss. Mit der Post bekam Mo einen Gerichtstermin, um die Annahme an Kindes statt zu besiegeln, zugesandt.

Zwischenzeitlich hatte die Kindesmutter von Karoline und Niclas wieder geklagt. Nun schon zum sechsten Mal in Folge. Das beunruhigte uns längst nicht mehr, brachte nur haufenweise Arbeit mit sich, da Mo jedes Jahr und zu jeder neuen Verhandlung vor Gericht einen neuen Antrag auf Prozesskostenhilfe stellen musste und diese in Abständen, zu jedem Verhandlungsfall, aktualisiert und geprüft wurden.

Der Gerichtstermin hierzu war zeitnah zum Adoptionstermin datiert. Ich begleitete Mo an diesem Tag und saß bei dieser öffentlichen Gerichtsverhandlung mit im Zuschauerraum.

Aus den Mo zugesandten Unterlagen zu beiden Gerichtsterminen hatte ich herausgelesen, dass für beide Angelegenheiten derselbe Familienrichter zuständig war.

Als es darum ging, um wie viele Kinder es sich handelte, und der Nachfrage, ob er noch weitere leibliche Kinder hatte, bat ich kurz ums Wort. Zu meinem Erstaunen wurde ich angehört. Nach meiner kurzen Vorstellung und der Darlegung, in welchem Verhältnis ich zum Beklagten stand, offenbarte ich, dass Mo die Adoption von Charlotte und Henriette beantragt hatte, und dass, werter Herr Richter, diese Sache ebenso auf Ihrem Tisch lag.

Nach einer längeren Pause ging die Verhandlung in die zweite Runde. Der Richter bezog nun alle vier Kinder ein und berechnete zum Leidwesen der Kindesmutter von Karoline und Niclas den berechtigten Kindesunterhalt in anderer Aufteilung für Mo. Sicherlich brauche ich nicht erwähnen, wie verärgert Karolines und Niclas Mutter darüber war.

Zwei Tage darauf lag uns, wobei man erwähnen muss, für jeden von uns, die urkundliche Entscheidung des Gerichts schriftlich vor. Mo wurde so vierfacher Vater seiner Kinder Karoline, Niclas, Charlotte und Henriette. Glückwunsch!

Allerdings sah er Karoline und Niclas leider nie wieder. Jedweden Kontakt zu ihnen ließ die Kindesmutter nicht zu. Diesen hatte sie bereits mit unserer Eheschließung eingestellt, doch nun verschärfte sie ihre eigenen ihren Kindern gegenüber zustehenden Ansprüche, aber die Rechte des Kindesvaters würgte sie stetig ab.

An dieser Stelle muss ich einschieben, dass sich durch diese Adoption unsere finanzielle Lage sofort entschieden zum Positiven änderte. Viele Anträge stellte nun Mo. Da er nun vier unterhaltsberechtigte Kinder hatte, zwei davon in seinem Haushalt lebten, und wir miteinander verheiratet waren, blieb mehr hängen. Mo erhielt vielerlei Zuschüsse, die uns bisher nicht zustanden, und wesentlich mehr staatliches Kindergeld. Wir schafften es folglich, uns von dem großen Schuldenberg zu befreien, den wir seit unserem ersten gemeinsamen Jahr mitschleppten. Mit diesen finanziellen Nebenwirkungen hatten wir nicht gerechnet, freuten uns jedoch sehr darüber. Unser Leben wurde dadurch wesentlich leichter.

Weiters war Mo nun endlich berechtigt, ohne meinem schriftlichen Einverständnis Entscheidungen in der Schule und gegenüber Behörden im Sinne unsere Kinder zu treffen. Und endlich, zur Freude von Charlotte und Henriette, besuchten wir alle gemeinsam Schwimmbäder. Dies hatte Mo bisher strikt abgelehnt, um dummen Gerede aus dem Wege zu gehen.

Elektronische Daten zum Wundern

Bei mir ging es endlich auch arbeitstechnisch bergauf. Aber mal ganz kurz erklärt, warum auf einmal.

Nachdem wir aus der Großstadt fortzogen, mussten wir alle Ämter wechseln, so auch das Arbeitsamt. Also machte ich mir einen Termin aus und konnte nach einer sehr kurzen Wartezeit vorsprechen. Die nette ältere Dame rief meine Akte auf ihrem PC auf und stutzte. Sogleich fuhr sie mit einer Menge Fragen auf, denn außer meinen Personalien und einer kleinen Info war nichts zu meinen Ausbildungen oder meinem beruflichen Werdegang hinterlegt. Sie konnte sich keinen Reim darauf machen, warum bisher keine Eintragungen eingefügt worden waren.

Ich bekam von ihr einen neuen Termin für die Aufarbeitung meiner elektronisch gespeicherten Akte.

An diesem Tag der dieser Datenaufarbeitung löste die Dame von selbst das Geheimnis, warum keine weiteren Infos hinterlegt waren. Sie bat mich um mein Schulabschlusszeugnis, sie schaute auf die ausstellende Schule, betrachtete den Schulstempel und fragte mich verwundert: „Ich habe gar nicht gewusst, dass Förderschulen bis zur 10. Klasse gehen. Sie waren wirklich in einer Sonderschule?" „Äh, nein, wie kommen Sie denn darauf?" „Na, wegen des Namens. Alle Förderschulen tragen doch den Namen

‚Pestalozzi', oder irre ich mich da?" „Nein, nicht alle. Ich habe einen einfachen Realschulabschluss und den habe ich nicht in der Förderschule gemacht." „Nun verstehe ich, warum bei Ihnen keine Einträge gemacht wurden. Ihre Bearbeiterin ist sicherlich darüber gestolpert und hat es unterlassen, ‚falsche' Vermerke einzufügen. Ihr war es sicherlich ebenso suspekt und fragwürdig. Aber nachgefragt hat sie scheinbar nicht. Da kann ja nichts werden."

Es stand wirklich nicht viel in dieser Akte über meine Qualifikationen und dergleichen. Immerzu schaute ich, während die Dame auf ihrer Tastatur tippte und eine Eintragung nach der anderen hinzufügte, hoffentlich unbemerkt, auf die Uhr über der Tür. Die Zeiger tickten unablässig die verstreichenden Minuten ab. Doch erst über eine Stunde später hatten wir es endlich geschafft, und nun waren sämtliche benötigte Notizen über mich eingeschrieben.

Dann ging alles ganz schnell. Ich bekam in der darauffolgenden Woche Post von diesem Amt und mir wurde eine Umschulung angeboten. Auf diesem Wege würde ich zu einer neuen Ausbildung kommen und somit wieder Arbeit finden, das war der Plan.

Leider musste ich diese Umschulung, obwohl sie mich sehr interessierte und ich große Freude daran hatte, wieder abbrechen, da im praktischen Ausbildungsteil Metall bearbeitet werden musste und die vielen Metallspäne meiner Haut extrem schadeten.

Tatütata

Ende dieses Sommers war es dann für Henriette soweit und sie wurde eingeschult.

Leider regnete es fast den gesamten Sommer über durch. Mensch! Wir hatten doch geplant, die Feier für Henriette im Garten zu machen. Außerdem hatten wir für sie ein himmelblaues kurzes Kleid zum festlichen Anlass dieses Tages besorgt. Ebenso lagen für uns drei festliche Sommersachen bereit. Es kam, dem Himmel sei Dank, wie wir es uns erhofft hatten. Nur an diesem einen Tag schien die Sonne. Sie gab sich große Mühe und machte den einen richtigen Sommertag zum Fest. Alle Eltern, Gäste und Schulanfänger saßen zur Feierlichkeit im Schulhof auf zurechtgestellten Bänken. Gespannt lauschten alle den Worten der Direktorin. Die Schulanfänger wurden nach ihrer Ansprache in ihre Klassen eingeteilt. Nun wurden sie immer unruhiger in der Erwartung auf ihre Schultüten, als plötzlich ein Martinshorn mit lautem Tatütata ertönte. „Was ist denn passiert?", war auf den fragenden Gesichtern aller Eltern zu lesen.

Da bog die Feuerwehr, wieder mit lautem Tatütata, auf den Schulhof ein. „Bewahren Sie bitte Ruhe!", trötete nun die Direktorin ins Mikrofon. „Ich kümmere mich sofort um diesen Ruhestörer." Mit fragenden und wedelnden Armbewegungen lief sie umgehend auf das Feuerwehrauto zu. Daraufhin stieg der Feuerwehrkamerad aus und übernahm das Mikrofon.

„Ich habe da ganz viele Schultüten gefunden und dachte, dass ihr darauf wartet. So schnell wie ich konnte, kam ich mit eingeschaltetem Martinshorn, dem Tatütata, zu euch gefahren. Hinten auf der Ladefläche ist bestimmt für jeden von euch Schulanfängern eine Schultüte dabei. Kommt, helft mir bitte beim Abladen."

Wie eine wilde Horde stürmten augenblicklich sämtliche Kinder im Schulhof los und alle rannten zur Rückseite der knallroten und feierlich geschmückten Feuerwehr.

Vom Glück durchströmt und freudestrahlend kam eine kurze Zeit später unsere Henriette mit ihrer schweren Zuckertüte, wobei Charlotte ihr beim Tragen half, an unseren Platz zurück.

Dieser Tag war in all seinen Facetten nahezu perfekt. Er ging in einen unserer unvergesslichen Tage unserer gemeinsamen, glücklichen Familiengeschichte ein.

Freunde

In all der vergangenen Zeit hielt das Band der Freundschaft zu Nash und Mona fest und gegenseitige Besuche blieben bestehen. Allerdings war es zur Scheidung zwischen den beiden gekommen und sie teilten ihr Kinderglück auf. Wir bewunderten diese getroffene Entscheidung, denn leicht machten sie es sich in diesen Dingen nicht. Das musste man ihnen lassen, obwohl die elterliche Kommunikation zwischen ihnen schwierig geworden war, strebten sie stets ein gutes, für ihre Kinder förderliches, höfliches und rücksichtsvolles Miteinander an, und dies trotz Trennung und neuer Partner.

Nash war so vorerst zum alleinerziehenden Vater seiner großen Tochter Lucia geworden. Bei Mona blieben ihr blonder Junge mit seinen frechen Locken Fin-Luca und ebenso ihre jüngste gemeinsame Tochter Selina.

Unsere fünf gemeinsamen Kinder verbrachten in all den Jahren sehr viel Zeit miteinander, wobei sich ein sehr enges Band zwischen Henriette und Fin-Luca entwickelt hatte. In den Nächten während der wechselseitigen Besuche, wenn wir alle zusammen waren, schlief Henriette stets bei Fin-Luca.

Wie es nun mal ist, verloren sich auch gute und enge Freundschaften im Laufe der Zeit, wobei mein damaliger Umzug in diese Großstadt viele zum Erliegen gebracht hatte. Daher staunte ich nicht schlecht, als ich kurz nach Henriettes Einschulung Post von Mila-Marie bekam. Ich hatte ja so lange nichts mehr von ihr gehört. Beide waren wir aus unseren bekannten Orten und Heimen fortgezogen und wir hatten nicht darauf geachtet, dass unser freundschaftliches Band ebenso fortgeführt werden sollte.

Freudig überrascht von diesem Brief, öffnete ich ihn noch im Hof und las im gehen Mila-Maries Zeilen. Sie schilderte mir, was sie alles unternommen hatte, um mich zu finden. Schließlich fand sie die Adresse meiner Eltern heraus und ging eines Tage zu ihnen, um sie nach meiner Anschrift zu fragen. Direkt, wie Mila-

Marie schon immer war, fragte sie mich in ihren Zeilen, ob ich an unserer Freundschaft weiterhin interessiert war. Da wurden plötzlich meine Augen ganz nass. Was für eine Frage? Ja! Ja! Ja! Mila-Marie schilderte in ihrem Brief kurz, dass sie und ihr Mann heiraten mussten, um ihren Traum nach einer Familie mit Kind leben zu können. Sie hatte bereits zwei Kinder geboren, die aber beide, zwei Jungen, nicht lange gelebt hatten. So hatten sie sich zu einer Adoption entschieden und einen hübschen und kräftigen Jungen namens Danny bekommen.

Ich machte mich sofort daran, Mila-Marie auf ihren lieben Brief zu antworten. Glück ist das falsche Wort. Ich bin ihr bis heute für ihre Mühe, mich zu finden, mehr als dankbar.

Fortan halten wir gemeinsam unser Band der Freundschaft sehr fest in der Hand. Keiner lässt es je wieder los, denn nicht nur wir zwei haben ein inniges freundschaftliches Verhältnis, auch unsere Partner haben sehr viel Freude daran und machen unsere herzliche Beziehung vollkommen komplett.

Ebenso geschah es zu dieser Zeit, dass leider unsere über alles geliebte Freundin Gretel für immer einschlief und wir uns mit schwerem Herzen und auf alle Ewigkeit von ihr verabschieden mussten. Sie war ein schöner Teil unseres Lebens und hatte es um eine Vielzahl von zauberhaften Momenten reicher gemacht. Wir vermissen sie schmerzlich.

Familie

Im Herbst hatte sich ein katastrophaler Wohnungsschaden bei meiner Schwägerin ereignet. Ihre Wohnung wurde unbewohnbar. Ihr Sohn blieb daraufhin für mehrere Tage bei uns. Etwas später zogen sie mit den letzten geretteten Habseligkeiten bis über den Sommer hinweg in eine Notunterkunft. Im Herbst, inzwischen hatte eine Versicherung diesen Schaden weitestgehend ersetzt, konnten sie zurück in ihre alte Wohnung.

Zu dieser Zeit hatte sich ebenso ein Wandel vollzogen. Mo hatte sich bisher um seine Oma gekümmert. Er besorgte ihr die Einkäufe und kümmerte sich um handwerkliche und sonstige Belange. Da ich jedoch nur geduldet war und Charlottes und Henriettes Adoption in den Augen der Oma meinerseits ein finanzielles Ausnehmen ihres Enkels war, lehnte sie Besuche von mir und den Kindern ab, sagte es jedoch nicht direkt, sondern ließ es uns hart spüren.

Nun kam es, dass sich nun die Schwester um Oma kümmern sollte, was sie auch tat. Oft klagte sie bei Mo, dass es ihr zu viel war, die Oma Pflegedienste ablehnte und dass die alte Dame nicht so leicht zufriedenzustellen war.

Da bisher das Verhältnis von Mo zu seiner Oma ein Gutes war, machte er weiterhin regelmäßige Besuche bei ihr, allerdings ohne mich und unserer Kinder.

Es war an einem Donnerstag, ich wusste, wenn Mo bei seiner Oma war, dauerte es immer länger, immerhin hatten sie sich stets viel zu erzählen. Nun kam er allerdings nach sehr kurzer Zeit wieder heim und er war richtig sauer. So hatte ich ihn noch nie erlebt.

Seine Oma hatte Mo gleich zu Beginn seines Besuches zur Rede gestellt, warum er der Kindsmutter für seine beiden Kinder, Karoline und Niclas, keinen Unterhalt zahlte. Alle drei waren endlich vor ein paar Tagen zu einem Kennenlernen bei ihr gewesen. Sie hatte der lieben und fürsorglichen Kindsmutter für ihre über alle Maßen geliebten Urenkel endlich mal etwas gezahlt, Was Mo in der Vergangenheit (angeblich) nie getan hatte, und sie fand es unverschämt und verantwortungslos obendrein, dass er sich um seine eigenen Kinder nicht kümmerte.

Himmel! Er war stocksauer darüber!

Nicht einen Cent war er Karoline und Niclas schuldig geblieben, ganz im Gegenteil! Und sie, die Kindsmutter, zockte seine Oma bei diesem Zusammentreffen erbärmlich ab.

Das gute Verhältnis zu seiner Oma zerbrach nicht nur an diesem Tag, es zersplitterte in abertausende Teilchen. Daraufhin sah er sie nicht wieder. Sie hatte ihn damit zu sehr verletzt. Wenig später ist seine Oma verstorben.

Dorfleben

Unsere Mädchen hatten sich sehr gut im Dorf und in der Schule eingelebt. Im Sommer, zur Ferienzeit, fing Charlotte an, ihren Geburtstag zu planen. Sie gestaltete schon die Einladungen, weil sie sehr gern Kinder aus ihrer neuen Klasse einladen wollte. „Mutsch, wie viele darf ich denn einladen zu meinem Geburtstag?" „Du bist albern! Dein Geburtstag ist doch noch so lange hin." „Na und? Ich will aber jetzt schon alles vorbereiten." „Nun ja, ich denke so an drei bis fünf Kinder."

Gleich zum Schuljahresbeginn verteilte Charlotte fünf Einladungen in ihrer Klasse. Leider sagten da schon zwei Mitschüler ab und Charlotte meinte: „Dafür habe ich zwei andere eingeladen." Damit war aber noch kein Ende des Verschiebens der Einladungen erreicht. „Mutsch, darf ich noch …?" So ging es immerfort. „Ja klar, darfst du. Wer kommt denn nun alles?" Die Antwort blieb bis zu ihrem Ehrentag ein Rätsel.

An diesem Montag hatten wir bereits alles vorbereitet. So konnte die kleine Kinderparty am Nachmittag starten. Wie vereinbart fuhr ich mit dem Auto zur Schule und wollte die Gäste und unsere Kinder abholen. Da löste die Erzieherin der Klasse das Knäuel zu den Einladungen auf. So stand ich nun im Klassenraum und sagte: „Ich möchte alle eingeladenen Kinder zum Geburtstag von Charlotte abholen."

Augenblicklich lachte die Erzieherin fröhlich auf: „Ich denke eher, sie steigen alle in den Bus, denn Sie müssten zu oft fahren. Hände hoch, wer alles mitkommt."

Wie ein Urknall schossen all die gestellten Fragen „Mutsch, darf ich noch …?" in meinen Kopf, denn nun meldeten sich fast alle Kinder. Hatte es doch Charlotte tatsächlich geschafft, fast ihre gesamte Klasse einzuladen. Aus ihren lang vorbereiteten Einladungen hatte sich eine Großveranstaltung der Klasse entwickelt.

Oh nein, bis auf die zwei Kinder, welche gleich zu Beginn des Schuljahres absagten, kamen alle Kinder dieser Klasse zu ihrer Feier. Mir fiel die Kinnlade herunter.

Die vorbereiteten Speisen und Getränke waren nun nicht mehr ausreichend. So bereitete Mo, nachdem er von Arbeit gekommen war, noch so vieles vor und brauchte dabei fast unseren gesamten Wochenvorrat auf. Es gab zum Abend damit einen reich gedeckten Tisch mit viel Abwechslung und einer großen Auswahl an Speisen. Alle schlemmten nach Herzenslust und füllten sich so mit neuer Energie und Tatenkraft. Diese wurden auch für die Spiele benötigt, nachdem die Wohnstube umgeräumt wurde, um Platz zu schaffen. Das Highlight des Abends war der Plapperball. Mit jedem Fangen oder Treffer stieß dieser lustige Worte aus. Treffer! Ziel erreicht! Autsch! Und Tschüss! Volltreffer!

Das Lachen der Kinder dieses Abends begleitete uns noch jahrelang. Ziel erreicht! Und Tschüss!

In sehr kurzer Zeit hatten beide Mädchen richtig feste Freunde gefunden. Sie waren glücklich wie nie zuvor in diesem Dorf.

Leider konnten wir es von uns, Mo und mir, nicht behaupten. Denn die Sorge der nassen, kalten Wohnung und den Erkrankungen, die sich immerfort einschlichen, wuchs höllenhoch empor. Daher begaben wir uns mit schwerem Herzen auf die Suche nach einer neuen Wohnung.

Traurige Veränderung mit Umkehrwirkung

Auf einem meiner Wege in unsere Kreisstadt, entlang des schmalen Flusses Schöne Lare, fuhr ich eines Tages an acht älteren Plattenbauten eines anderen Dörfchens vorbei. Diese waren diesem Dorf in der Höhe und Breite angepasst. Nur zwei Eingänge pro Block, sehr viel Grün, Wald und Feld drumherum, mit Spiel- und Wäscheplatz sowie zahlreichen Parkmöglichkeiten. Oh, es gefiel mir auf Anhieb, daher schaute ich genauer hin und es war eine freie Wohnung dabei. Zumindest sah es so aus, denn an den Fenstern hingen keine Gardinen und es stand nichts davor.

So erzählte ich am Abend Mo und unseren Mädchen von meiner Entdeckung. Alle waren neugierig geworden und wir machten uns sofort gemeinsam auf den Weg, um es uns erst einmal anzuschauen, ob es für uns alle infrage kommen würde. Die Begeisterung und der Zuspruch waren groß, ja das war eine für uns reizvolle Wohnmöglichkeit.

Wir stiegen aus und nahmen alles in Augenschein. Da kam aus dem Nebeneingang ein freundlich wirkender junger Mann. Sofort sprach Mo ihn auf diese Wohnung an und tatsächlich: Sie stand leer. Der junge Mann stellte sich mit Namen Otto vor und besorgte uns eine Notiz mit den Kontaktdaten, um bei der Wohnungsverwaltung nachfragen zu können.

Drei Monate darauf, in den Sommerferien, zogen wir an einem Freitag in diese freie Wohnung. Um alles bewerkstelligen zu können, hatten wir zugesagte Hilfe von Dalia, ihrem Mann, Larissa und Thomas bekommen. Leider sagten eine Woche vorher Dalia und ihr Mann ab. Auch bei Larissa und Thomas klappte es nicht. Larissa nahm uns jedoch Henriette für ein paar Stunden ab. So waren wir nur noch zu dritt.

Den geliehenen LKW dafür brachte Mo erst am Nachmittag von seiner Arbeit mit, jedoch musste dieser bis 22:00 Uhr wieder zurückgebracht werden. Es war ein richtiger kräftezehrender Kampf mit unserem Hausrat. Charlotte schleppte, zerrte und treckte alles, was nicht zu schwer war, nach draußen. Mo und ich kämpften mit den Möbelstücken und Maschinen, um am Ende alles sicher auf der Ladefläche verstauen zu können.

Um es uns besonders schwer zu machen, hatten die Vermieter zwei Tage zuvor noch sperrige Baugerüste am Haus anbringen lassen, denn sie waren mit dem Tag unserer Kündigung der Wohnung verärgert und legten uns nun alle möglichen Steine in den Weg. Es kam sogar soweit, dass wir uns vor dem Gericht stritten.

Gegen 19:30 Uhr hatten wir es endlich geschafft und fuhren mit dem beladenen LKW zu unserem neuen Zuhause. Himmel, wie sollten wir das Entladen in nur zwei Stunden schaffen? Wir waren schon jetzt am Ende unserer Kräfte.

Am Ziel angekommen, fuhr Mo rückwärts an unseren Eingang und öffnete hinten den LKW mit der Ladebordwand. Ich ging rasch nach oben, nahm schon mal den ersten Karton mit und sperrte die Eingangstür sowie alle möglichen Türen unserer Wohnung auf. Dann ging es auch schon los, Mo begann sich durch unseren Hausrat zu wühlen, er packte das Kleinzeug auf die Wiese und Charlotte legte mit dem Schleppen wieder los.

„Ihr zieht wohl heute schon ein?", fragte mich ein Jugendlicher vor unserem Hauseingang. „Ja, klar", kam es von Mo. „Seid ihr allein oder kommt noch Hilfe?" „Nein, nur wir drei." „Na, da helfe ich euch mal mit. Ich bin gleich zurück", sprach er und war verschwunden.

Wir dachten, er zog sich um oder musste noch bei seinen Eltern Bescheid geben. Dann ging alles ganz schnell. Wie aus dem Nichts tauchten immer mehr unserer neuen Nachbarn auf. Alle packten ohne großer Worte mit an, sie schleppten und trugen unsere Sachen in die Wohnung. Mo stellte alles nur noch gemeinsam mit Otto auf die Ladebordwand, große schwere und unhandliche Möbel trugen sie gleich gemeinsam hoch, die Kinder und Jugendlichen hatten Spaß beim Hoch- und Hinunterfahren und ich stand nur noch in unserer neuen Wohnung und sagte jedem das Zimmer, in welchem die Kartons, Säcke, Taschen, Bretter und Möbelteile abzustellen waren.

Henriette wurde zwischendurch, zur abgesprochenen Zeit, von Larissa und Paulina zurückgebracht.

Nach einer Stunde und zwanzig Minuten war der LKW leer und unsere Wohnung voll. Selbst ein Besuch bei McDonalds zum Abendessen war zeitlich noch drin.

Damit hatten wir im Entferntesten nicht gerechnet und hier an dieser Stelle noch einmal einen herzlichen Dank an alle geplanten und unerwarteten Helfer.

Henriette bringt uns zum Staunen

Gleich am nächsten Morgen. Müde quälten wir uns aus unseren Betten, viel Zeit zum Verschnaufen gab es nicht. Aber immerhin hatten wir zwei Tage, um vieles von unserem Kram einzuräumen.

Henriette jedoch hatte andere Pläne und verkündete nach dem Frühstück: „Ich hole jetzt meine Freundin ab und gehe mit ihr hinaus spielen." Wie vor den Kopf geschlagen schauten wir drei Henriette verdutzt an: „Wen willst du abholen? Du kennst doch noch keine Freundin hier." Nun schaute uns Henriette verwirrt an: „Na doch, Adele wohnt doch hier im Haus und sie hole ich ab", sprach sie und schon war sie davongeeilt.

So ging es immerzu. Innerhalb von wenigen Tagen hatten wir so viele Kinder kennengelernt, unglaublich. Aber auch die Freunde und Freundinnen von Charlotte und ihrer Schwester aus dem „alten" Dorf blieben fest im Bestand.

Leider mussten wir die Schule für beide wechseln. So lernte Charlotte in der dritten Klasse zum dritten Mal neue Mitschüler kennen. Sie blieb in der Grundschule hier im Ort, leider nur für dieses Schuljahr, denn sie waren die letzte Klasse, danach wurde diese Schule geschlossen. Henriette jedoch musste ab der zweiten Klasse die Grundschule des Landkreises besuchen.

Es war in der ersten Schulwoche, da klingelte es an unserer Wohnungstür und eine Nachbarin stand mit ihren zwei Jungs davor. In ihrer linken Hand hielt sie eine Hose. „Ist Henriette da?" Überrascht sagte ich: „Ja", und rief sofort nach ihr. Nun hielt die Frau die Hose in die Höhe. Mein Blick fiel sofort auf ein klaffendes, dreieckiges Loch im Hosenbein. Die Jungs hoben nun ihren Blick freundlich flehend auf Henriette gerichtet. „Kannst du mir das bitte mal erklären?"

Mensch, was hat sie denn da angestellt, schoss es durch meinen Kopf. Alle Signale in mir sprangen um, mein Gefühl sagte, das gab Ärger und ich wollte meine Tochter aus der Schusslinie nehmen. Doch bevor ich dazu kam, sagte sie: „Ich habe den Jungs geholfen. Sie hatten Ärger mit vier anderen Jungs, da habe ich sie verteidigt. Leider ist dabei die Hose kaputt gegangen." Meine Ohren wuchsen gen Himmel und meine Augen kullerten förmlich aus meinen Höhlen. Nein, das hatte ich nicht erwartet. Henriette zeigte Zivilcourage. Hut ab! Sie verteidigte zwei ältere Jungs vor dem Verprügelt werden.

Nun übernahm ich Verantwortung: „Darf ich die Hose wieder reparieren, oder soll ich Ihnen die Hose ersetzen?", fragte ich umgehend und wir einigten uns auf die Reparatur.

Am Folgetag bat ich Henriette, gemeinsam mit mir die reparierte Hose zurückzubringen. Bei Kaffee und dem köstlichstem Tortenstück, welches ich bis dahin gegessen hatte, verbrachten wir den Nachmittag gemeinsam bei den neuen Nachbarn.

Den Weg zum Bus wollte Henriette nun auch allein bewältigen, was ich gut verstehen konnte. Da ich ein ganzes Stück des Weges einsehen konnte, fand ich es nicht schlimm, denn ich schaute jeden Tag aus dem Fenster und begleitete sie so auf ihrem Weg.

So sah ich auch an einem Morgen vollkommen erschrocken, wie Henriette in ein fremdes Auto stieg. Blitzartig schossen alle möglichen und schrecklichen Gedanken in meinen Kopf. Mein Hirn wurde vor Angst um Henriette zu Matsch. Klar denken ging nicht mehr. Panisch rief ich in der Schule an. Doch es war noch keiner da. Die zehn schlimmsten durchlittenen Minuten meines Lebens wartete ich völlig aufgelöst vor diesem Scheiß-Telefon. Dann endlich! „Henriette ist in ein fremdes Auto gestiegen, ist sie in der Schule angekommen", gab ich nervös und mit weinerlicher Stimme fragend durch. Weitere zehn Minuten später kamen die Erlösungsworte, „Ja, sie ist da. Sie ist mit einer ihrer Nachbarn angekommen." Himmel! Das geht so nicht!

Am Nachmittag erklärte mir Henriette in einem Gespräch darüber, dass Adeles Mutti sie gleich mitgenommen hatte.

Besuche

Sehr oft fuhren wir nach wie vor an den Wochenenden fort und besuchten unsere Freunde. Doch auch sie nahmen sich dann und wann bei uns eine Auszeit und taten es uns gleich mit einer zweitägigen Stippvisite.

Es trug sich einmal zum Jahresende folgendes zu:

Notiz auf der Rückwand eines Bildes notiert, welches wir zum Hochzeitstag von Mila-Marie erhielten.

Eigentlich wollten uns Mila-Marie und ihre Familie zu Silvester besuchen kommen, doch dann rief sie an und sagte, dass Danny über neununddreißig Grad Celsius Fieber hatte. Sie bat uns, eventuell zu ihnen zu kommen.
Wir, die verrückte Familie, packten ein und fuhren im Schneesturm los.
Das Wetter bereitete uns Freude, da wir kaum Sicht und jede Menge Schnee hatten. Auch die Schneeketten wurden hinter Bergenstadt draufgezogen.
Wir waren dann am 31. 12. um 00:25 Uhr da. Das waren über viereinhalb Stunden Fahrzeit.
Silvester wurde toll. Der Schnee lag hoch (ca. dreißig Zentimeter normal und die Verwehungen gingen schon über die Knie und mitunter hüfthoch).

Bei allen Besuchen, die wir gegenseitig machten, kamen wir wunderbar miteinander aus. Übrigens dauerte eine Fahrt zu Mila-Marie bei normalem und trockenem Wetter maximal zwei Stunden.

Danny ist ein sehr wilder Junge und oft nicht zu bremsen. Aber das haben wir nie negativ empfunden, ganz im Gegenteil, wir tobten mit ihm gemeinsam herum, bis er nicht mehr konnte. Und ihr könnt mir glauben, dass dauerte mitunter Stunden.

Allerdings hatten er und Henriette von Anbeginn eine magische Beziehung, so war es, dass sich nach unserer Herumtollerei, die beiden Kinder eine Auszeit nahmen, um wieder zu Kräften zu kommen. Leider (grins) dauerte das meistens nicht sehr lang und der Spuk ging von vorne los.

Zur Ergänzung möchte ich noch folgende Geschehnisse schildern:

Unseren Garten schafften wir aus Zeitmangel nicht mehr zu bewirtschaften und gaben ihn wieder ab.

Zur Millenniumszeit absolvierte ich eine Umschulung und schloss diese mit sehr guten Ergebnissen und einer Auszeichnung ab.

Wie es der Zufall so wollte. Wir waren auf Besuch bei meinen Eltern in meinem Heimatstädtchen sowie zu einem kurzen Gastspiel bei Jilaiya, die in ihrer Nähe wohnte. Wir trafen Jilaiya gerade an, als sie an einem Sonntagvormittag aus der gemeinsamen Wohnung auszog. Gleich spannte sie uns zur Mithilfe am Nachmittag und Abend ein. Und klar, sie ist meine Schwester, wir waren da und halfen tatkräftig mit.

Ein paar Wochen darauf wandte sich Jilaiya wiederum hilfesuchend an uns, ob wir ihr helfen könnten, sie durfte über ihr Konto nicht mehr verfügen. Und klar, sie ist meine Schwester, ich griff ihr unter die Arme.

Dann zogen meine Eltern in unsere Nähe. Da alle ihre Kinder im ganzen Land verstreut wohnten und meine Mutti ausgezeichnet mit Mo auskam, hatte sie sich gewünscht, in unserer Nachbarschaft wohnen zu wollen.

Drei Jahre darauf bekam ich im Frühjahr meinen Traumjob. Ich liebe alle Pflanzen dieser Welt und das Büro, in welchem ich nun arbeitete, stand mittendrin. Anfangs arbeitete ich zwar nur für vier Stunden am Tag, aber schon im Herbst ging ich in Vollzeit.

Leider erkrankte ich im Herbst dieses Jahres heftig und musste mich gleich zu Beginn des kommenden Jahres einer Operation unterziehen, welche im Frühjahr noch einmal, nach einer kurzen Erholung, wiederholt werden musste.

Erst am Ende des Sommers war ich wieder arbeitsfähig und bekam leider meinen Traumjob nicht zurück, da mein Arbeitsplatz durch die lange Fehlzeit neu besetzt wurde. Als Ersatz dieses Arbeitsplatzes fuhr ich nun einen großen LKW.

Meine Eltern konnten es nicht lassen und sie pachteten in einem nahegelegenem Gartenverein einen verwilderten Schrebergarten, mit einem winzig kleinen und baufälligem Knusperhäuschen als Gartenlaube.

Ebenso kamen sie mal wieder auf den Hund. Und so zog aus dem Tierheim der Nachbargemeinde ein kleiner Pudel bei ihnen ein.

Zur Sommerzeit musste mein Vater dringend operiert werden. Nach seiner im Leben erworbenen Erkrankung half ihm nur noch diese OP, um noch etwas Lebenszeit zu gewinnen. Er erholte sich relativ schnell von den Strapazen dieser Operation. Gleich im Anschluss erhielt er eine Reha und gewann durch alle medizinischen Maßnahmen einen großen Teil seiner Energie, seiner Kraft und seiner Lebensqualität zurück.

Mo und ich organisierten und finanzierten eine Familienfeier. Am Tag danach kamen einige wenige Gäste zur Verabschiedung noch einmal zu meinen Eltern. Mo und ich waren ebenso bei ihnen, weil wir noch den Saal räumten und Geschenke, Blumen und übriggebliebene Speisen zu ihnen gebracht hatten. Dabei trafen wir auf Jilaiya.

Was nun geschah, veränderte gravierend und bis in die Gegenwart hinein mein Leben. Seit es Harry Potter in unseren Köpfen gibt, wissen wir von Verzeihlichem und Unverzeihlichem. Was sich nun zugetragen hatte, war für mich unverzeihlich.

Jilaiya und ich saßen zusammen mit Mutti am Tisch und sprachen noch einmal kurz über das Fest. Da Jilaiya wegen eines Zoffs an diesem Abend scheinbar noch immer sauer war, sagte sie beim Verabschieden ganz hasserfüllt: „Resa, das nächsten Mal zerre und schleife ich dich an den Haaren durch den Saal, bis du krepierst!" Wut wehte dabei in mein Gesicht. Sie drehte sich abrupt um, dabei sah sie wahrscheinlich das entsetzte Gesicht unserer Mutter nicht, und verließ ohne weiterer Worte die Wohnung.

Das gewonnene Glück meiner Eltern, in diesem Eigenheim, dauerte nicht lang an, denn Mutti wurde zusehends immer schwächer und sie schaffte ihren Alltag nicht mehr. Ich begann mich etwas mehr um sie zu kümmern und half ihr nach meinem Feierabend beim täglichen Wohnungsputz und ging oftmals mit ihr noch abends etwas nach draußen.

Vater meinte, sie wäre äußerst streitsüchtig geworden.

Egal, wann ich zu ihnen kam, immer flogen die Fetzen zwischen ihnen. Über die Situationen zu reden, lehnten beide strikt ab. *[Warum auch? Haben sie in ihrem Leben niemals getan.]* Ich saß stets zwischen den Stühlen.

Glück

Fragt mich einer, kennst du das Glück, und weißt du, wie lang es dauert? Da antworte ich stets: Ja, ich bin dem Glück in meinem Leben für dreizehn atemberaubende Jahre begegnet.

Erzählen kann ich von dieser Zeit, doch das Schreiben schmerzt mich zutiefst und fällt mir ungeheuerlich schwer. Es macht mich so traurig, dass ich nicht sehen und lesen kann, was ich aufschreibe, denn die Flüssigkeit in meinen Augen lässt immer wieder meine Welt um mich herum verschwimmen. Alles in mir sträubt sich, geschriebene Worte darüber zu finden und diese zu Papier zu bringen. Für mich käme dies einem Verrat meines intimsten Seelenstückes, meines innerlichen Schatzes, meines Juwels des Lebens gleich. Allesamt dieser Erinnerungen hüte und bewahre ich in meinem Herzen. Gemeinsam mit Mo lasse ich diese dann und wann zum Leben erwachen. Ich mag sie nicht herausgeben, um diese wundervoll gelebte Zeit nicht für immer zu verlieren.

In mir tobt daher seit einigen Wochen ein heftiger Kampf nach schönen, fantasievollen und wunderbaren Worten. Gern möchte ich euch diese schöne und traumhafte Zeit offenbaren, doch jeden Tag suche und beginne ich damit aufs Neue, beschreibe diese Seite, hadere mit mir, empfinde die gefundenen Worte als nicht passend, nicht zutreffend und lösche alles wieder. So geht das nun Tag für Tag. Ein echter ... Kotz. Ich schaffe es nicht. Ich brauche ein Wunder!

Also mal ganz anders

Seit ich mit Mo zusammen gekommen bin, war alles anders. Er liebte mich einfach anders als ich es bisher kennengelernt hatte. Mo brachte mich nicht nur jeden Tag, den wir zusammen verbrachten, zum Lachen, er ließ mich leben und atmen. Er schenkte mir eine Freiheit, die ich nie für möglich gehalten hatte. Dass das Leben mitunter schön ist, weiß ich von ihm. Bei allen Schwierigkeiten und Widrigkeiten, die wir gemeinsam durchlebten und durchlitten, hatte ich nicht einmal das Gefühl oder den Drang, davor fliehen zu müssen oder unsichtbar werden zu wollen. Ganz im Gegenteil. Mo weckte das verschreckte und versteckte Mädchen in mir und ließ mich zur Frau werden. Genauer gesagt zu seiner Frau. Ob ihr es mir glaubt oder nicht, das war und ist bis heute noch schön.

Zu Beginn unserer gemeinsamen Zeit steckte ich noch in meinem Kokon. Ich hatte mir in all den Jahren nicht nur eine

Schutzmauer gebaut, nein, ich wollte ständig unsichtbar werden, da half nur ein Kokon. Mo ließ diesen Kokon reifen und gedeihen. Irgendwann, ich weiß es nicht, wann es geschah, öffnete sich dieser von ganz allein. Auf wundersame Weise waren mir transparente Flügel gewachsen und Mo ließ mich fliegen. Wie ein unsichtbarer Schmetterling der Gattung Resedafalter tanzte ich an seiner Sonnenseite durch unser Leben. Alles, was wir konnten, alles, was wir schafften und erkämpften, alles, was wir erarbeiteten und eroberten, teilten wir mit Charlotte und Henriette. Unsere Mädels machten unser Glück mehr als perfekt.

Ein gelebter Traum. Kein trister Alltag begleitete uns, denn unendlich viele glitzernde Sterne regneten auf uns herab. Immer neue Wunder geschahen. Schillernde und kasperbunte Regenbogenbrücken durchzogen unsere gemeinsamen Wege. Unser Leben pulsierte, es strahlte, es floss lebendig strömend dahin und es wuchs himmelhoch hinauf. Dort oben tanzten wir mit viel Lebendigkeit auf Wolke sieben den Glücksreigen. Den siebten Himmel gibt es wirklich!

Uns ging es nie besser. Wir hatten alles, was zum schönen Leben gehörte. Eine tolle Wohnung, eine schöne Umgebung, Nachbarn, die schwer in Ordnung waren, Freunde, mit denen wir unsere Zeit teilten, Arbeit, die uns erfüllte, und oft einen Sack voller Kinder im Hause. Selbst die Beziehungen zu meinen Eltern und Mos und meinen Geschwistern waren auf einem wünschenswerten Level.

Glück/Charlotte

Trotz des jährlichen Schulwechsels, machte sich Charlotte sehr gut in der Schule. Sie lernte fleißig, erledigte pünktlich ihre Hausaufgaben und übernahm mal ganz gern zusätzliche schulische Herausforderungen.

 245

Daheim half sie schon immer tüchtig mit, sie übernahm viele Aufgaben, ohne dass wir sie einforderten, ganz selbstständig. Sie liebte ihre Schwester Henriette und die beiden waren wie Pech und Schwefel. So oft es ging steckten sie ihre Köpfe zusammen und heckten gemeinsam mancherlei Streiche und Überraschungen aus.

Einmal kamen Mo und ich vom Wochenendeinkauf heim, sie hatten in der Zwischenzeit für den Nachmittagskaffee einen leckeren Kuchen gebacken, jedoch war für beide das Mehl echt lustig und sie hatten damit eine Mehlschlacht in der Küche betrieben. Alles war eingestaubt und es war rutschig geworden. Die Spuren vom Spiel uferten über die Küche hinaus, durch unseren Flur bis knapp ins Wohnzimmer hinein.

Beladen mit dem Einkauf standen nun Mo und ich ebenso mitten im Mehlstaub in der Küche. Der Kuchen duftete jedoch so herrlich. Aller plötzlich aufkommende Ärger war im Handumdrehen verflogen und auch wir lachten. Für uns zählte nur noch: Sie hatten Spaß und waren glücklich.

Glück/Henriette

Henriette liebte ihre große Schwester. Da sie allerlei Probleme mit der Ordnung und bei den schulischen Aufgaben hatte, vor allem in Mathe, ließ sie oft Charlotte diese erledigen, um schnell mit ihr spielen, basteln oder Freunde treffen zu können.

In der Vorbereitung unseres Hochzeitstages hatten sie gemeinsam eine lange Glückwunschkette gefertigt und Henriette probierte ein Rezept für eine Früchtepizza aus. Himmlisch lecker!

Henriette liebte Tiere über alles. Oft ging sie zu den Tieren in den Stallungen, welche von mehreren unserer Nachbarn betrieben wurden. Zu einem Mittagessen am Wochenende, sie war zuvor in diesen Ställen beim Schlachten dabei

 246

gewesen, da zeigte uns Henriette stolz und aufgeregt zugleich ein Schweineohr und legte es neben ihren Teller auf den Tisch. Dabei strahlte ihr Gesicht heller als der hellste Sonnenschein. Himmel, nein!

Glück/Mo

Für Mo änderte sich der Job. Er blieb bei seiner Firma, jedoch fuhr er nun wieder LKW. Allerdings war das alles Schichtarbeit und er hatte anfangs bis zu zwölf verschiedene Schichtanfangszeiten. Tagsüber und nachts war er nun fort. Planen ließ sich da nichts mehr. Gemeinsame Wochenenden für uns fielen weg, denn dieser Job hatte eine rollende Woche. Ihm machte es Spaß. Es füllte sein Arbeitsleben endlich richtig aus. Das machte ihn in diesem Bereich ebenso stolz wie glücklich.

Damit wurde es bei uns auch wieder finanziell ein Stück besser und er erfüllte Charlotte und Henriette vielerlei Wünsche. Doch sie forderten ihn nicht nur mit finanziellen, sondern auch in schulischen Dingen. Er half bei Aufsätzen, malte öfter für sie oder fuhr bei Klassenfahrten mit.

Am liebsten aber tobten alle drei gemeinsam herum. Da ging es so richtig drunter und drüber. Sie kämpften miteinander, krabbelten sich gegenseitig durch und oft flogen die Kissen durch unsere Wohnstube. So manches heimliche Versteckspiel von Dingen heckten sie dabei aus. Da verschwanden plötzlich die Gabeln am Mittagstisch oder unsere Schuhe waren nirgends auffindbar. Verdammt, ihr Lachen klingt noch heute in meinen Ohren.

Glück/Ich

Ich für meinen Teil liebte dieses unser Familienleben, hörte meine Liebsten gern lachen und erfreute mich jeden einzelnen Tag daran. All dieses Glück in unserem Leben war wie ein Geschenk des Himmels.

Einige unserer Freunde sprachen es gar aus, dass sie unsere enge und innige Bindung sowie den liebe- und achtungsvollen Umgang, den wir Vier miteinander pflegten, beneidenswert fanden.

Verschwunden

Die Zeit verging rasend schnell. Plötzlich war Charlotte kein Kind mehr.

Lächelnd stand ich in der Küche, bereitete an diesem Wochenende das Mittagessen vor und schaute dabei kurz aus dem Fenster. Lärmend tummelten sich Kinder und Erwachsene auf der Wiese vor unserem Haus. Ein Fußballspiel mit unseren Nachbarkindern, deren Vater Otto, Mo und unseren Kindern war im Gange. Es war beeindruckend, wie alle um den Ballbesitz kämpften. Charlotte war gerade ganz dicht dran und übernahm die Ballführung. Ihre halblangen Haare wehten bei ihrem schnellen Lauf glänzend im Wind. Von hinten näherte sich nun Otto und machte sich bereit, ihr den Ball abzuschlagen. Mit seinem rechten Bein holte er schon aus, doch Charlotte war eine Sekunde schneller. Sie schwang ihr linkes Bein und schoss den Ball geradewegs Richtung Tor. Dabei hebelte sie das heranschnellende Bein von Otto so stark aus, dass er ohne Halt war. Otto flog rücklinks auf seinen Po. Der Ball verfehlte sein Ziel jedoch nicht: „Toooor!"

Ihre, Charlottes, körperliche Veränderung fiel mir dabei wieder auf. Sie war nun eine hübsche junge Dame. Nur noch ein paar wenige Wochen, dann wird sie in den Kreis der Erwachsenen aufgenommen. Wir alle freuten uns schon sehr auf dieses festliche Ereignis. Charlotte hatte bereits ihre Festgarderobe erhalten. Ganz in Weiß wollte sie zur Feierstunde gehen und wir erfüllten ihr diesen Wunsch gern.

Einladungen hatten wir für diesen wichtigen Tag ihres jungen Lebens bereits gestaltet und versandt. Fast alle geladenen Gäste sagten zu und wir freuten uns riesig. Ein Saal und das Catering waren organisiert und unsere Gespräche, Einkäufe und weitere Besorgungen steuerten auf diesen Tag zu.

Als ich einige Tage später abends von Arbeit heimkam, verschlug es mir beim Anblick von Charlotte die Sprache. Wo waren ihre schönen Haare? Einfach ab! Sie reichten nicht einmal mehr bis auf ihre Schultern. Was soll das? Hatte Mo das erlaubt? Ich stellte ihm diese Frage. Nein, das hatte er nicht und gefragt wurde er auch nicht. Er dachte, ich hatte mein Einverständnis dazu gegeben.

Wut, Traurigkeit und Ärger nagten umgehend an mir, doch diese Gefühle gab ich nach außen hin nicht preis. Wollte nicht, dass meine Kinder mich so sehen. Auch wenn es mir nicht gefällt, ich akzeptiere es.“

Nun war es soweit. Charlotte zählt nun zu den Erwachsenen und sie wird mit „Sie“ angesprochen. Die festliche Stunde, alle Gäste, das Fest und die Geschenke, alles passte wundersam zusammen und unsere Charlotte strahlte vor Glück.

Eigens aus diesem Anlass heraus eröffneten wir für sie ein Konto und zahlten die Geldgeschenke auf dieses Konto ein. Sie wollte davon später ihre Fahrschule oder ein erstes Fahrzeug finanzieren.

Gleich zu Beginn des neuen Schuljahres wurde es bei Charlotte chaotisch. Einige Schüler aus einer nahen Dorfschule, die geschlossen worden war, wurden in ihrer Klasse aufgenommen. Von ihnen kannte sie bereits einige Jungs und Charlotte fühlte sich zu ihnen hingezogen.

Sie begann zu rauchen und wir waren sauer darüber. Es taten doch alle und sie wollte kein Außenseiter sein, war ihre Rechtfertigung. Als jedoch von den Schülern, welche plötzlich zu ihren Freunden zählten, schon frühmorgendlich, vor Schulbeginn zur Bierflasche gegriffen wurde, und die Lehrer es bemerkten, schlug es bei uns Alarm. Es kam zu mehreren unterschiedlichen Aussprachen mit Charlotte daheim und in der Schule.

Alles gipfelte jedoch soweit, dass Charlotte mitten in der Nacht von diesen Jungen abgeholt wurde. Sie schlich sich heimlich aus der Wohnung, doch ich bemerkte ihr Verschwinden und hielt sie auf. Charlotte war nun sehr verärgert darüber. „Die Jungs dürfen von ihren Eltern aus in der Nacht fortbleiben, nur ich darf das nicht. Ihr seid so gemein!"

Was wir auch für Argumente brachten, Charlotte sah es nicht ein, dass sie nachts nicht raus durfte. Sie war doch nicht allein und die anderen Eltern kümmerte es doch auch nicht: „Warum macht ihr da so ein Stress?"

Im selben Zeitraum, Henriettes Elternabend war für diesen Abend geplant, kam ich relativ spät, schon ganz geschafft von der Arbeit und war danach noch bei meinen Eltern putzen. Zu Hause war nichts mehr, wie es war. Aufregung, Angst, Ungewissheit und eine weinende Henriette empfingen mich schon im Hof. „Charlotte ist nicht nach Hause gekommen. Sie ist verschwunden", brach es aus Henriette heraus. Ohne Vorwarnung griff die überspringende Panik von Henriette auf mich über, da kam mir auch schon Mo entgegen. Ihm zersprang sein Herz vor Sorge um Charlotte. Wir waren ratlos. Was ist passiert? Wo kann Charlotte sein?

3. Zyklus

Das Brechen der Flügel
*In meinem Alter von sechsunddreißig
bis fünfundvierzig*

Wo bist du?

Himmel!

Nein!

Wo ist Charlotte?

Wir drei machten uns sofort auf den Weg zur Schule. Keiner von uns verbarg seine Tränen, die unaufhörlich liefen. Nur das Schniefen und Schnäuzen war während der Fahrt im Wagen zu vernehmen. Uns dreien fehlten die Worte, doch in unseren Köpfen tauchten unendlich viele Fragen auf.

Schnurstracks liefen wir zum Sekretariat, aber um diese Uhrzeit war keiner mehr da. So begaben wir uns zum Klassenraum von Henriette. Ihr Klassenlehrer und noch ein paar Eltern waren zum Elternabend schon eingetroffen.

„Wissen Sie etwas von Charlotte? Sie ist verschwunden. Sie kam heute nicht von der Schule heim!" Mo konnte sich nicht mehr zurückhalten und stürmte sogleich mit seinen Fragen auf den Lehrer ein. „Nein, mir ist nichts bekannt. Gehen Sie auf die Suche nach ihr und eventuell auch gleich zur Polizei. Sie muss ja irgendwo sein. Die Unterlagen von heute Abend schicke ich Ihnen dann Henriette in den nächsten Tagen mit", sprach er mit ruhiger Stimme zu uns.

Zurück im Auto berieten wir kurz, wohin wir als nächstes fahren sollten. Also erst einmal zu ihrer Freundin. Dort erfuhren wir, dass es heute eine große Auseinandersetzung mit mehreren Schülern gegeben hatte und Charlotte sehr betrübt und bedrückt gewesen war. Sie wollte weg und Blut war auch irgendwie im Spiel.

Schockiert über diese Nachrichten suchten wir die Gegend nahe des Flusses Schöne Lare, welcher am Bahnhof lag ab, weil es der Schauspielplatz um diese Streitigkeiten gewesen sein sollte. Mo stieg dabei die Böschung der Bahnanlage, unter die Bahnbrücke zum Aufenthaltsort der Jugendlichen herunter. Um diese Umgebung genau in Augenschein zu nehmen, ging er dicht an die Gleise heran, um hinter die Mauern des Viadukts zu schauen.

Ein sehr schnell herannahender ICE tauchte unvermittelt auf und Mo schaffte es gerade noch, sich etwas aus der Gefahrenzone zu bringen. Doch der entstandene Luftstrom ließ ihn mächtig straucheln und er stemmte sich mit aller Kraft dagegen. Henriette wurde ganz steif neben mir und sie griff nach meinem rechten Arm, dabei drückte sie voller Angst ihr Gesicht auf meine Schulter, als Mo auf der anderen Seite der Bahnanlage verschwand. Mir erging es nicht besser. In dem Moment als der Zug heranschnellte hielt ich meinen Atem an. „Nein! Mooo!", entstieg meiner Kehle im nächsten Augenblick ächzend. Meine Augen hatten ihn verloren und ich kämpfte mit meinem von Wasser überlaufenden Blick.

Schließlich, nach einer gefühlten Unendlichkeit, dabei waren es nur wenige Sekunden später, war der vorüberfliegende Tross schon wieder fort und wir erblickten Mo, als er sich den Staub aus seinen Sachen klopfte. Erleichtert, dass ihm nichts als dem fürchterlichen Schreck passiert war, seine Beine zitterten noch eine ganze Weile, trafen wir eine Entscheidung. Das war zu viel für den heutigen Tag und die eingetretene Dunkelheit brachte unsere Suche ohnehin ganz zum Erliegen. So beschlossen wir, dass Mo nach Hause fuhr, um nachzusehen, ob Charlotte wieder daheim war. Inzwischen gingen Henriette und ich zur Polizei. Sollte Charlotte nicht wieder da sein, wollte ich um deren Hilfe bei der Suche bitten.

So kam es dann auch. Ich meldete unsere Tochter Charlotte als vermisst und bat um die Hilfe der Beamten.

Da Charlotte noch minderjährig war, wurde die Suche sofort eingeleitet. Die Beamten nahmen meine Aussage zum heutigem Tag und deren Geschehnisse auf. Weiteres erzählte ich ihnen von unserer Nachfrage bei ihrer Freundin und was sie uns berichtet hatte. Auch die Polizisten wurden hellhörig, als ich von bereits laufendem Blut während dieser Auseinandersetzung der Jugendlichen berichtete.

„Hat Ihre Tochter ein Handy? Sind Sie einverstanden, wenn wir sie darüber orten?", brachte ein junger Mann in ziviler Kleidung als Frage herein. „Ja klar. Ich möchte Charlotte um jeden Preis wiederhaben."

 254

Es dauerte auch nicht lange, da kam die erlösende Mitteilung: „Wir haben sie gefunden." Mir fiel ein extrem mächtiger Stein vom Herzen. In mir war nur noch der Wunsch, Charlotte zu umarmen, sie an mich zu drücken und nie wieder loszulassen. Ich wollte sie spüren und ihren Geruch atmen. Die Stunden der Angst waren vorüber und ich wollte diese nur noch vergessen. So wartete ich in großer Hoffnung auf Charlotte in diesem Revier, in diesem Raum, auf diesem Stuhl.

Da! Ich vernahm ihre Stimme, mich hielt nichts mehr an diesem Platz und ich sprang auf, Henriette, die hinter mir saß, ebenso, und wir stürmten los. „Bitte setzen Sie sich wieder. Wir müssen Charlotte erst noch befragen. Solange müssen Sie sich noch gedulden", sagte der Mann am anderen Ende des Tisches.

Wieder warten. Mir wurde ganz kribbelig zumute, eine gesteigerte Ungeduld hatte mich ergriffen. Unruhe zog ein. Auch Henriette wollte ein Ende haben. Immerhin war es bereits nach Mitternacht.

„Kommst du mal bitte mit?", sagte ein Beamter nun zu Henriette und sie ging zögernd und mit einem fragenden Blick in meine Richtung hinaus.

Noch ehe ich es richtig begriff, befand ich mich wieder mitten in meiner Vernehmung. „Gibt es bei Ihnen Probleme im häuslichen Umfeld?" „Nein, keine sonderlichen Probleme." „Wissen Sie, warum Charlotte weggelaufen ist oder was dazu geführt hat?" „Nein, weiß ich nicht. Aber sie wollte letztens in der Nacht schon einmal fort." „Was ist Charlotte für eine Schülerin, hat sie Schwierigkeiten in den Fächern oder mit ihren Klassenkammeraden?" „Charlotte ist eine gute Schülerin. Mit ihren Klassenkammeraden kommt sie nicht immer zurecht." „Gab es Streit zu Hause? Wie ist das Verhältnis unter Ihnen in der Familie? Was für einen gegenseitigen Umgang pflegen Sie?" „In letzter Zeit schon, doch so schlimm war es noch nie. Wenn jemanden etwas stört oder nicht passt, haben wir bisher darüber gesprochen. Streitigkeiten halten wir sehr kurz. Und wir sind stets freundlich und umsichtig im gegenseitigen Umgang." „Wie kommt Charlotte mit ihrem Vater zurecht, gibt es Besonderheiten unter ihnen?"

„Charlotte liebt ihren Vater und sie kommen gut miteinander aus. Was denn für Besonderheiten? Davon weiß ich nichts." „Ist es ihr leiblicher Vater oder der Stiefvater?" „Weder noch, er hat beide Mädchen adoptiert." „Wie ist es mit Henriette? Kommen die zwei miteinander aus? Haben sie Geheimnisse, von denen Sie nichts wissen sollten, es aber vielleicht gemerkt haben?" „Die zwei sind wie Pech und Schwefel. Immer machen sie alles gemeinsam. Sie sind die besten Freundinnen. Geheimnisse? Ja, klar. Aber ich tu immer so, als würde ich es nicht mitbekommen, wenn sie ihre Köpfe mal wieder zusammenstecken. Oder welche Art der Geheimnisse meinen Sie?" „Sprechen Sie Probleme offen an?" „Ja, Probleme besprechen wir gemeinsam." „Wie ist ihr Mann so, beschreiben Sie ihn bitte kurz. Haben Sie verschiedene sexuelle Neigungen? Gab es in dieser Richtung Schwierigkeiten zwischen Ihnen?" „Er ist fürsorglich, korrekt und nimmt es immer sehr genau, er ist sehr liebevoll und hilfsbereit. Nein, unser sexuellen Vorstellungen sind die gleichen und Schwierigkeiten gab es bisher nicht. Ich würde sagen, dass es in Ordnung ist." „Ist ihr Sexleben in Ordnung? Wie läuft es insgesamt? Schildern Sie bitte genauer." „Ich achte darauf, dass wir allein sind, bevor ich ihm anzeige, was ich möchte, und wir sexuell aktiv werden. Mein Mann mag es, dass wir beide etwas davon haben und tut auch immer alles dafür. Das ist ihm sehr wichtig." „Würde Ihr Mann fremdgehen? Wie schätzen Sie das ein?" „Nein, das würde er nicht. Wir reden öfter mal darüber. Er hat bereits zwei Kinder aus einer Beziehung vor unserer Zeit. Er hat viel zu viel Respekt vor den Folgen einer weiteren Beziehung, denn er möchte keine Kinder mehr, denen er nur Unterhalt zahlen muss. Nein, das will er nicht."

Völlig verwirrt und überrascht von diesen Fragen des Beamten stotterte ich mehr die Antworten heraus, als dass sie mir flüssig von den Lippen kamen. Ich schämte mich gewaltig, solche Fragen zu beantworten. Mein Kopf muss sicherlich geglüht haben wie eine rote Laterne, denn ich spürte mein Blut in den Adern im Schädel hämmern. Alles absolut peinlich und vollkommen unwirklich. In mir zog sich mit jeder weiteren Frage mein

Herz immer mehr zusammen und in meinem Bauch wuchs ein riesiger Felsbrocken heran. Ich wollte nur noch weg, wollte verschwinden und wollte unsichtbar werden. Doch auch in meinem oberen Haupt baute sich ein Fragenturm zusammen. Was sollten diese Fragen eigentlich? Warum muss ich sowas beantworten? Was ist hier los?

„Wissen Sie, wo sich ihr Mann gerade befindet?", war die letzte Frage des Beamten. „Ja, er ist zu Hause und wollte prüfen, ob Charlotte vielleicht wieder da ist."

Ich durfte den Raum nun verlassen und Henriette wartete bereits vor der Tür auf mich. Wir gingen gemeinsam eine Treppe nach oben, da hörten wir einen Mann sagen: „Fahrt zu zweit hinüber und bringt ihn her."

Henriette war augenblicklich wie aufgezogen. Ich sah, dass sie geweint hatte. „Ich rufe Papa an, er muss herkommen." Da hatte sie ihn auch schon am Handy erreicht und sie weinte wieder, als sie mit ihm sprach. Als sie auflegte, nahm ich sie behutsam in meine Arme, strich ihr tröstend über Kopf und Rücken und wischte ihr sachte die Tränen aus ihrem Gesicht. „Warum macht Charlotte so etwas? Warum? Was haben wir ihr getan? Und Papa, nein, der hat ihr nichts angetan. Niemals! Sie macht alles kaputt. Warum?" Henriette schluchzte und ich hielt sie dabei fest umschlungen. Leider konnte ich in diesem Moment nicht mehr für sie tun.

Es war bereits 01:30 Uhr. Wir waren müde und vollkommen erledigt. Charlotte haben wir jedoch noch nicht wiedergesehen.

Als Mo ankam, umarmte er uns kurz und ging sofort hinunter zu den Beamten. Sie hatten ihn noch gar nicht erwartet, denn die Abholung mit dem Streifenwagen hat nicht stattgefunden, er war selbst hergefahren. Sofort wurde auch er vernommen.

Nun kam der Beamte zu mir, welcher mich vernommen hatte, und schilderte mir das Auffinden von Charlotte sowie den Grund ihres Verschwindens. „Sie war in einer Gruppe mit mehreren Jugendlichen in einem Nachbardorf unterwegs. Sie hatte sich extra eine schwarze Kapuzenjacke angezogen und lief in der Mitte, um nicht erkannt zu werden. Doch sie hatte ihr

Handy dabei, mit welchem wir sie schließlich geortet und aufgefunden haben. Vor der Mitnahme machte sie gegenüber ihres Vaters schwere Vorwürfe in sexueller Hinsicht, daher die Vernehmungen. Wir müssen wissen, was tatsächlich an diesen Beschuldigungen ist."

Obwohl mein Bauchgefühl während der Befragung sowas schon andeutete und mein Kopf noch dagegen ankämpfte, stand ich da und weinte, denn ich konnte es nicht glauben. Jetzt nahm mich Henriette in ihre Arme und wir standen wie zwei ineinandergeschlungene und verfluchte Salzsäulen am Treppenabsatz.

Ca. 02:10 Uhr war es, als sich unten wieder etwas regte und eine Tür geöffnet wurde. Schritte klangen in unsere Ohren und nun auch Mos Stimme: „Charlotte, ist das deswegen, weil wir dich nachts nicht rausgelassen haben? Du bist minderjährig! Da sind wir noch für dich und was dir passiert verantwortlich!" Mo war nicht mehr ruhig, er war verärgert und echt angepisst, doch wütend oder ungehalten war er nicht. Zum ersten Mal seit wir zusammen waren, war er sehr bestimmt. Seine Stimme war fest, als er sprach, und eine große Enttäuschung schwang in jedem Wort mit. Es war zu hören und ebenso zu spüren, Charlotte hatte ihn aufs Äußerste verletzt.

Vor solchen Dingen haben wir beide richtigen Respekt. Nicht ohne nachzudenken hatte er damals bis zur Adoption gewartet, um mal mit den Kindern baden zu fahren oder ähnliche Stätten zu besuchen. Zu dieser Zeit hatten wir so viel vom „Missbrauch mit dem Missbrauch" gehört und wir wollten nicht, dass uns jemals dasselbe Schicksal einholt.

Nun waren es nur noch Minuten, aber diese kamen uns ewig vor.

Mo verschwand noch einmal in einem Raum. Dann tauchte mein Beamter wieder auf und fragte mich „Nehmen Sie Charlotte wieder mit nach Hause oder sollen wir sie dem Jugendamt überstellen? Ich lasse Ihnen noch etwas Zeit, darüber zu entscheiden."

Und tatsächlich, in meinem Kopf war dieselbe Frage aufgetaucht. Einfach so. Was ist nun richtig und was falsch? „Nein, sie bleibt hier", war mein erster Gedanke.

Ein anderer Beamter in Uniform tauchte auf „Ihre Tochter hat nach einer Belehrung das Vernehmungsprotokoll nicht unterschrieben. Nehmen Sie sie mit heim oder rufen wir das Jugendamt?"

Da tauchte Mo auf der Treppe auf. Er sah schrecklich fertig und um Jahre gealtert aus. Seine Augen waren glanzlos und das Strahlen derer war verschwunden. Seine immerwährende Fröhlichkeit ist einem steinernem Gesichtsausdruck gewichen. Mo schleppte sich mehr als er ging.

„Sie kommt mit heim", sagte ich, ebenso erschöpft, wie Mo aussah, dem Polizisten und er brachte Charlotte sogleich zu uns.

„Diese Sache wird noch dem zuständigen Staatsanwalt übergeben und Sie werden morgen zu seiner Entscheidung informiert. Ihre Handynummer liegt uns vor. Gute Nacht noch."

Auf dem Weg zum Auto fragte ich Mo: „Hast du Charlotte was angetan?" „Nein, das habe ich nicht. Du weißt, ich hasse solche Menschen abgrundtief."

Kurz nach 03:00 Uhr waren wir endlich daheim und gingen ohne weiterer Worte ins Bett. Da es an einem Wochentag geschehen war, mussten wir alle wieder um 05:30 Uhr aufstehen. Wir hatten ja keinen Urlaub oder Ferien, auch gab es keine Familienkrankschreibung oder dergleichen, so war jeder von uns gezwungen, mehr oder weniger gut, seinen Folgetag zu meistern.

Die Zeit danach

Auch am Folgetag schafften wir es morgens nicht, darüber zu reden. Nur die Höflichkeiten wie guten Morgen, danke und bitte, bis später und tschüss waren uns möglich, auszutauschen. Zu tief saß die Nacht in uns und wollte nicht von uns weichen.

In der Arbeit war ich nicht bei der Sache. Einerseits war ich froh, dass ich zu einer monotonen Arbeit eingeteilt war, andererseits war es schrecklich, denn in meinem Schädel rotierte es noch immer durch die schrecklichen Stunden und ich konnte sie nicht zerstreuen. Das Wasser in meinen Augen machte mich immer mal wieder blind, so war es eher eine Bemühung statt einer erfolgreichen Arbeit an diesem Tag.

Zur Mittagspause kam der Anruf von Mo, dass nicht gegen ihn ermittelt werden wird, denn die Prüfung aller unserer Vernehmungen und deren Auswertung führte zu dem Ergebnis, dass es von Charlotte eine Schutzbehauptung gewesen sein muss, um alles was in letzter Zeit so ablief zu rechtfertigen.

Am Abend sprach ich dann in ihrem Zimmer allein mit Charlotte darüber. Mo war noch immer verärgert und ging Charlotte aus dem Weg. Zu meinem Erstaunen blieb sie nun bei diesen Beschuldigungen gegenüber ihrem Vater. Genaueres wollte sie mir aber nicht schildern.

Wir schafften es nicht, diese Sache mit unserem Gespräch irgendwie wieder einzurenken. Da sie es sicherlich spürte, dass ich ihr meinen Glauben nicht ganz schenkte, nahm Charlotte meine Hilfsangebote, wie ein Gespräch mit Mo oder therapeutische Unterstützung zu suchen, nicht an. Was konnte ich noch tun? Ich kannte mich in diesem Sachgebiet nicht aus. Es war mir fremd.

„Warum hast du dann das Protokoll bei der Polizei nicht unterschrieben?" Sie zuckte daraufhin mit ihren Schultern und sprach: „Eure heile Welt kotzt mich an. Ich will sie nicht mehr."

Als ich ihr Zimmer verließ, konnte ich sie nicht in meine Arme nehmen, wie ich es eigentlich vorhatte, denn mein Magen krampfte sich heftig zusammen und mein Herz war so schwer geworden, ich schaffte es nicht.

Was, wieso und wem sollte ich nun glauben?

Auch in Charlottes Klasse gab es alsbald einen ersten Elternabend.

Klar hatte dieses Ereignis schon seine Runde durch die Schule gemacht. Die Vertrauenslehrerin nahm uns sofort beiseite und sprach uns gleich an, als wir das Schulgebäude an diesem Abend betraten. Sie musste uns schon erwartet haben, war unsere Schlussfolgerung, da sie gleich auf uns zukam.

„Diese Anzeigen sind derzeit ein richtiger Volkssport in unserer Einrichtung geworden. Sie sind nicht die ersten Eltern, die es betrifft. Mittlerweile sind es sieben oder acht Elternhäuser, die mit diesen Missbrauchsvorwürfen konfrontiert werden. Ich weiß wirklich nicht, was sich die Kinder davon versprechen."

Ich kann heute nicht mehr sagen, ob mich diese Aussage beruhigt oder beunruhigt hatte. Es war einfach nur scheiße!

Ein mit vielen Ereignissen vollgepacktes Schuljahr folgte.

Charlotte machte ihren Motorradführerschein, war sehr begeistert beim Lernen der Theorie und der Praxis, uns freute es und wir zahlten ihre Stunden.

Liebe auf vier Pfoten

Nach einem Anflug von gegenseitiger Sympathie mit einem sehr schönen schneeweißen Kater mit silberfarbenen Augen und zur Überraschung aller, weil ich nie ein Tier haben wollte, zog dieser vollkommen unerwartet als neues Familienmitglied bei uns ein.

An diesem Tag waren Mo und ich mit meiner Mutter ihren Schulfreund besuchen gewesen. Die Katze war bereits ein halbes Jahr alt und die letzte verbliebene aus dem Wurf der Zuchtkatzen, welche seine Tochter aufgezogen hatte.

Ich mochte ihn sofort. Nicht nur, dass er sehr groß, kuschelweich und ausgesprochen hübsch war, nein, er ließ sich von mir anfassen, obwohl er sonst jedem aus dem Weg ging. Dabei schnurrte er heftig beim Streicheln. Das war für mich eine absolut neue Erfahrung, da mir bisher kaum ein Tier freundlich gesonnen war.

Die Tochter des Freundes meinte, wir durften ihn sofort mitnehmen, wenn wir es wollten. Da tat sich ein schwacher Moment heranfliegender Liebe in mir auf und ich fragte Mo, ob er ihn haben wollte. Zögernd, nachdem ich diese Frage wiederholen musste, und er meinte sich, verhört zu haben, sagte er vorsichtig und leise: „Ja, klar." Die Freude der jungen Frau war ihr am strahlenden Gesicht und am Glitzern ihrer Augen anzusehen und der Freund meiner Mutter war von dieser Entscheidung ebenso begeistert und sagte: „Ihr braucht ihn auch nicht bezahlen, ich schenke ihn euch und übernehme die eigentlichen Kosten."

So nahmen wir glücklich und mit großer Vorfreude dieses kuschlige, schneeweiße Pelztier mit nach Hause. Auf der langen Autofahrt brauchten wir keine Musik, der Kleine sorgte für viel und lauten Katzenjammer.

Daheim war nur Henriette anzutreffen und wir überließen ihr die provisorische Herrichtung von Fressplatz und Toilette für den Kater, denn Mo und ich mussten noch einmal fort.

Henriette war total überrascht und begeistert. Sie rief sofort Charlotte an. „Du, wir haben eine Katze!", sagte sie glücklich zu Charlotte. „Bist du irre? Schaff sie wieder weg, Mutti schmeißt uns raus!", kam es geschockt von ihr zurück. „Wieso denn? Mutti hat sie selber mitgebracht." Nun war Charlotte am anderen Ende der Leitung platt und irritiert: „Du verarscht mich! Oder?"

Keine (Ver)Änderung

Leider renkte sich im Verlauf der Zeit nichts mehr bei uns ein. Wir schwiegen alle zu dieser beschuldigenden Nacht und keiner sprach das brisante Thema mehr an. Keiner traute sich.

War es Scham? War es Rücksicht? War es nur die Sache zwischen Vater und Tochter? Was war tatsächlich geschehen? Warum? Können wir noch etwas tun? Wenn ja, was? Keiner spricht! Nur offene Fragen in unseren Köpfen!

Seither schwebt nun diese dunkle Wolke der gemachten Vorwürfe über uns. Denn keiner konnte uns diese ungestellten Fragen je beantworten oder den Umgang damit erklären.

Aus unserem vertrauten und sicheren Heim wurde ein Vakuum mit unheimlich scheinenden Gebilden. Wir wurden zu Geistern unseres Familienlebens. Die Monster, die Mo und ich nie sein wollten. Alles, was wir bisher gemeinsam durchgestanden hatten, rutschte aus unserem Leben weg. Auch die gemeinsamen Interessen am Wandern, am Brettspiel und auch die interessanten und lustigen Unternehmungen an den Wochenenden.

Der fiktive Kraft- und Traumanschluss unserer Familie war getrennt. Alles zwischen uns kam zum Erliegen, zum Einsturz, zum Verstummen. Alles weg. Alles vorbei. Alles fortgetrieben. Angst und Stille blieben zurück.

Suche nach Wegen und gefundene Irrwege

Im Frühjahr wurde auch Henriette mit einem schönen Fest und vielen Gästen, gemeinsam mit ihren Mitschülern in den Kreis der Erwachsenen aufgenommen.

Nachdem unser Familienleben nun bis zum anschließenden Sommer abgestumpft war und Mo alle meine Annäherungen von sich wies, wurde es fast unerträglich daheim. Jeder ging jedem aus dem Weg. Zum gemeinsamen Essen, ob früh, mittags oder abends, kam es kaum noch. Ebenso spielten wir abends nicht mehr und das gemeinsame Hobby, unsere Wandergruppe, löste sich auf.

Mo hatte mit seiner Arbeit wie immer genug zu tun. Ich wurde ebenso in der Arbeit voll ausgelastet und machte jeden Tag immens viele Stunden. Nach getaner Arbeit kümmerte ich mich um meine Eltern, bei denen es ständig drunter und drüber ging. Sie schlugen sich jeden Tag ihre Köpfe ein und stritten sich bis aufs Messer. Henriette schwebte ohne Halt im freien Raum. Sie kümmerte sich liebevoll um unser Kätzchen, was ihr scheinbar viel Trost spendete. Charlotte war immerzu fort und schon satt, wenn sie spät heimkam.

Irgendwann bekamen wir mit, dass Charlotte ihre gesamten Ersparnisse mit vollen Händen ausgab. Sie fuhr in die naheliegenden Großstädte, ging ins Kino, zu McDonalds, zum Pizza Hut, doch nicht allein, ihre neuen Freunde waren ihre ständige Begleitung. Zu Hause ließ sie sich an den Nachmittagen selten sehen, sie kam meist nur, um zu schlafen.

So verging unser Sommer und das nächste Schuljahr begann.

Schwierige Wege

Henriette ging nun in das nächste Schuljahr. Sie schien, obwohl sie überall anwesend und mittendrin war, unsichtbar zu sein. Doch sie spürte es und tat so viel, dass wir sie wieder wahrnahmen. Immerzu änderte sie ihre Frisur. Sie ließ ihre schönen, langen Haare abschneiden. Wir nahmen es murrend hin. Sie wechselte ständig ihre Haarfarbe. Wir sahen es nur, blieben jedoch gedankenlos. Sie veränderte ihr Outfit. Wir sahen es nur, blieben jedoch stumm. Sie kümmerte sich viel um unser Kätzchen. Wir ließen sie gewähren.

Charlotte kam selten heim. Wir hatten keine gemeinsame Zeit mehr. Charlotte schwieg. Wir auch.

An den Wochentag kann ich mich nicht mehr erinnern, doch es war bereits am späten Nachmittag, da sprach uns Charlotte an und bat um unsere Hilfe. Sie hatte extrem starke Bauch- und Unterleibsschmerzen und sie hatte schon lange keinen Stuhlgang mehr gehabt. Die Alarmglocken in uns schwangen leise und langsam an. Auf unsere Fragen, seit wann, was sie gegessen und ob sie ausreichend getrunken hatte, reagierte sie mit Ausflüchten, und sagte, dass sie es nicht mehr wusste, was uns zur Sorge trieb und wir mit ihr nach Absprache ins nahe gelegene Krankenhaus in die Notaufnahme fuhren.

Die Anmeldung war irre schwierig. Zum einen wollten dies Mo und ich übernehmen, zum anderen weigerte sich Charlotte, genauere Angaben zu machen. Eine nette Krankenschwester lenkte sich in das Gespräch ein und beruhigte Charlotte, die offensichtlich an starken Schmerzen litt, und brachte sie sofort in einen Behandlungsraum. Uns wollte sie nicht mit dabeihaben. Es kränkte uns zwar, aber wir nahmen es, wie nun üblich in unserer Familie, einfach hin. Was sollten wir auch tun, ihr sollte nur rasch geholfen werden.

So saßen Mo und ich eine sehr lange Zeit im Wartebereich, bis sich der Arzt, welcher sich um Charlotte gekümmert hatte, uns zu einem Gespräch holen ließ. Jedoch ebenso ohne Charlotte, sie war nirgends zu sehen.

Ungläubig hörten wir dem Arzt zu, was er uns berichtete. Charlotte hatte bereits seit mehr als fünf Wochen keine feste Nahrung zu sich genommen. Dies hatte sie nur in ganz seltenen Fällen getan. Ansonsten hatte sie nur Wasser getrunken.

„Haben Sie das nicht bemerkt? Sowas bekommt man doch mit!" „Nein, das haben wir nicht bemerkt. Wir haben zwar jeden Tag Charlotte gefragt, ob sie mit uns essen will, aber sie war immer schon satt gewesen, wenn sie nach Hause kam. Sie hatte Döner, Pizza oder bereits bei Freunden gegessen, gab sie uns stets als Antwort zurück. Dann verschwand sie in ihrem Zimmer. Weitere Fragen haben wir nicht gestellt. Wir hatten dahingehend auch keinen Verdacht."

Der Arzt klärte uns darüber auf, dass Charlotte in einer Erkrankung steckte. Dies war gekommen, weil sie in ihrer Klasse von den Schülern gemobbt wurde und sie als zu fett gegolten hatte, was er auch nicht verstehen konnte, da Charlotte doch so schon sehr schlank und zierlich war und nichts zum Zusetzen hatte. „Sie sollten einen Kinder- und Jugendpsychologen zurate ziehen. So kann Charlotte nicht weitermachen. Das schadet ihr nur. Oder vielleicht kann Ihnen das Jugendamt weiterhelfen, dieses müsste über mögliche Hilfestellen verfügen und Sie gut beraten können. Fürs Erste habe ich ihr ein Medikament verabreicht, um ihren Darm wieder in Bewegung und somit zum Arbeiten zu bekommen. Sie sollte es mit der Nahrungsaufnahme sehr langsam angehen, um ihren Körper nicht überzustrapazieren. Auch wäre es gut, andere Getränke als nur Wasser zu sich zu nehmen, doch der Magen und die Därme müssen sich erst wieder daran gewöhnen." Nachdem wir Charlotte wieder mit nach Hause nehmen durften, war im Auto und daheim mal wieder Schweigen im Wald. Doch wieder schwirrten uns tausend Fragen im Kopf herum. Ob es Mo und Charlotte auch so ging? Ich weiß es nicht. Aber mir zerfetzte der Gedanke an Charlotte mein Hirn. Unablässig zog ein Gewitter, gejagt vom nächsten, mit grellen Blitzen hinter meinen Augen vorüber. Dabei wollte meinen Augen doch nur ein Wasserfall entspringen. Dieser blieb wie immer aus, auch wenn ich es gern gewollt hatte. Das Wasser schwoll förmlich nur in den Augenhöhlen extrem an und sorgte für einen gigantischen Druck in der Stirn und verursachte mir eine undurchdringliche und wabbelnde Kopfdämmerung. Denken ging gar nicht mehr. Alles zog nur so an mir vorüber und ich nahm meine Umgebung und unser Zuhause mit der wartenden Henriette nur noch bizarr schemenhaft wahr.

Ich war so hilflos, so unwissend, so blind, so unfähig, die Bedürfnisse meiner Liebsten aufzunehmen. War völlig abgestumpft, mein Kraftakku tiefenentleert und meine Gefühle hatten sich ganz von mir verabschiedet.

Da waren wir nun, und keiner wusste weiter. Die Erwartungen nach Lösungen, nach Klärungen, die wir wechselseitig herbeisehnten, waren unglaublich hoch. Zu hoch!

Suche nach Hilfe

Angeregt durch den Arzt im Krankenhaus, nahm ich mir in der Mittagspause das Telefonbuch und suchte alle Kinder- und Jugendpsychologen heraus. Umgehend begann ich zu telefonieren. Es musste unserer Charlotte doch jemand helfen. So wie es jetzt war, war der Zustand unerträglich. Eine ganze Woche brachte ich damit zu, in freien Minuten anzurufen. Erreicht habe ich drei psychologische Praxen, aber keiner nahm Charlotte auf oder gab uns die Möglichkeit eines Gespräches. Alle anderen habe ich nicht erreicht und wenn, gab es keinen Rückruf auf die hinterlassene Nachricht auf dem Anrufbeantworter.

Ich brauchte schnell eine neue Lösung, eine weitere Hilfemöglichkeit. So führte mein Weg in der darauffolgenden Woche, ebenso während meiner Mittagspause, zum Jugendamt. Auch hier stieß ich mit meinem Wunsch auf Ablehnung. Keiner interessierte sich für ein junges Mädchen. Keiner!

Da stand ich nun in dem engen Flur. Benommen las ich all die schönen Dinge, bei denen das Jugendamt unseren Kindern hilfreich zur Seite stand, ich war nicht mehr nur den Tränen nahe. Nein, ich hatte mal wieder eine immense Wut in meinem Bauch. Es öffnete sich eine weitere Tür dieser untätigen Behörde und ich spürte, dass ich nicht mehr gewillt war, ruhig, gelassen und freundlich zu bleiben. Ein Vulkan mit mächtigem Magmadruck hatte sich in mir gebildet.

Ruhig sprach mich eine ältere Dame an: „Ist Ihnen nicht gut? Sie sehen blass und erschöpft aus. Zu wem möchten Sie denn?", dabei legte sie ganz behutsam ihre Hand auf meinen rechten Unterarm. Fassungslos schaute ich ihr in die Augen und sagte nur: „Unserem Kind will keiner helfen." Dabei drehte ich mich weg, ließ die einfühlsame ältere Dame stehen und ging. „Warten Sie bitte, ich habe in zwei Minuten Zeit für Sie!" „Nein, meine Mittagspause ist vorüber, ich muss wieder los." Nun staunte ich, denn diese Dame interessierte es, was mit Charlotte geschehen war. Sie ließ mich nicht ohne einem Termin für den nächsten Tag gehen.

Am darauffolgenden Tag saß ich nun in ihrem Arbeitszimmer auf dem Platz, an denen schon so viele Mütter und Väter um ihre Kinder geweint hatten. Nun reihte ich mich in dieser demütigenden Liste ein und schilderte ihr kurz und knapp, was in dem vergangenen halben Jahr bei uns alles geschehen war.

Mein zusammengefasster Bericht im Kleinformat endete mit: „Wir brauchen für Charlotte schnelle und richtige Hilfe. Wir wollen sie nicht für immer verlieren."

Himmel! Nun ging alles rasend schnell. Diese ältere Dame klärte mich auf, dass sie selbst nur noch ein paar Wochen im Amt wäre und dann in Altersrente gehe. Trotz allem möchte sie unserer Charlotte noch helfen. „Da Sie keine psychologische Unterstützung gefunden haben und ich auch der Annahme bin, dass wir keine Zeit mehr verlieren sollten, schlage ich einen stationären Aufenthalt in einer Klinik für Charlotte vor. Wären Sie damit einverstanden? Eine andere Möglichkeit sehe ich derzeit nicht."

Meine Augen versuchten in dieser Situation nun mal wieder, zum Geysir zu werden. Druck und Brennen traten stechend in meine Augenhöhle ein. Ich war plötzlich wie geblendet und kniff meine Augen etwas zusammen, doch das Augenwasser wollte nicht laufen.

Eine Vorstellung davon, was mir beziehungsweise Charlotte hier angeboten wurde, hatte ich nicht. Doch es war ein Anfang, es war eine Möglichkeit, die einzige Chance. Diese wollte ich nicht ausschlagen. Wusste ja auch nicht, was es für unsere Tochter bedeuten sollte. Ob es gut, oder – wie es allgemein ablehnend gesehen wurde, weil man als nicht mehr ganz bei klarem Verstand galt – wirklich falsch und schadenbringend war.

„Ja, ich bin damit einverstanden. Aber ich weiß nicht, wie das nun geht und was wir dafür tun müssen." „Sie kümmern sich nur um einen Einweisungsschein von ihrem Kinderarzt. Ich kenne eine Klinik, nicht zu weit entfernt, da spreche ich gleich mit der Oberärztin. Warten Sie bitte mal kurz draußen?"

Als mich diese tolle Frau wieder in ihr Arbeitszimmer holte, übergab sie mir ein Schreiben mit der Angabe der Klinik. Darauf stand etwas von vier Wochen, und dass es übermorgen schon losging. Nun war ich perplex. So schnell? Damit hatte ich wahrlich nicht gerechnet. Schlagartig fielen mir so viele Fragen ein, wie: Was wird mit der Schule? Wie wird Charlotte reagieren? Erreiche ich die Kinderärztin? Was muss sie alles mitbringen? Fragen über Fragen! Aber eine Art der Erleichterung und des Verstandenwordenseins zogen ebenso durch meinen Kopf, und mein Herz war nicht mehr ganz so schwer.

Allerdings verabschiedete sich nun diese tüchtige, gute Fee von mir: „Ich wünsche Ihrer Tochter und Ihnen alles Gute und hoffe, dass ich Ihnen damit helfen konnte und Sie alle ins normale Leben zurückfinden werden." Wir sahen uns nicht mehr wieder und sie wusste es.

Mir blieb nur, ihr ein herzliches „Danke" zu sagen, und später meine gute Erinnerung an sie.

Hoffnung keimte hinsichtlich einer gesundheitlichen Besserung für unsere Tochter und auf eine Normalität im gemeinsamen Familienleben in uns auf.

Die Wochen des Klinikaufenthaltes gingen schnell vorüber. Wir besuchten Charlotte so oft es uns möglich war. Beim Abschlussgespräch kamen jedoch die gemachten Vorwürfe gegenüber ihrem Vater weiterhin zutage und Mo wurde überall ausgeschlossen.

Von nun an stand all so ein Kram, von dem ich nur eine von Medien verbreitete Vorstellung hatte, in den Akten und für immer zwischen uns. Nichts weiter erfuhr ich. Nicht von Charlotte, nicht von den behandelnden Ärzten. Nur dieses blasse, transparente und nicht greifbare „Es habe da vielleicht etwas stattgefunden".

Charlotte hatte sich, was das Essen anging, wieder gefangen, jedoch entzog sie sich uns bei allen anderen Dingen.

Es wurde für Mo und mich nicht besser. Auch Henriette quälte sich durch Raum und Zeit.

Ohne Halt

Ganz kurze Zeit nach dem Klinikaufenthalt stellte uns Charlotte ihren Freund vor. Bela, ein aufrechtgroßer junger Mann mit hellblondem, sehr kurzem und hübsch gelocktem Haar und blaugrünen Augen. Er kam in Begleitung seines Freundes zu uns zum Abendessen. Zwei Jahre älter als Charlotte und noch in Ausbildung, machte er einen guten Eindruck auf uns.

Sie berichteten, dass sie sich schon etwas länger kannten und dass sie oft zu dritt ihre gemeinsame Freizeit zusammen verbrachten.

Noch vor Charlottes sechzehnten Geburtstages blieb sie, nur mit einer Mitteilung, dass sie es so entschieden hatte, über Nacht bei der Familie von Bela.

Bis zum Weihnachtsfest und darüber hinaus war Charlotte kaum mehr daheim. Sie zog es vor, in dieser Familie zu bleiben. Nur ab und zu nahm sie Henriette mit, doch auch das war sehr selten und eher zu einer Ausnahme geworden.

Für Charlotte hatten im neuen Jahr die Abschlussprüfungen begonnen. Ohne zu erfahren, wie es schulisch bei ihr lief, ob sie die Prüfungen bestanden hatte und mit welchen Ergebnissen, zog das Frühjahr vorüber.

Bei ihrer letzten Prüfung, in Mathematik, fragte sie bei mir nach, ob ich sie zum Termin bringen konnte und ob ich auf sie warten konnte. Klar tat ich dies, bin ja schließlich ihre Mutter.

Am Ende dieser Prüfung kam sie mit einer roten Rose in ihrer Hand aus dem Schulhaus und strahlte über ihr ganzes Gesicht. Sie hatte eine Eins erreicht und war mit Anerkennung und Lob entlassen worden.

Ihr Strahlen schmerzte mich auf eine ganz merkwürdige Weise. Dieses Zusammenziehen in meiner Brust kannte ich bisher nicht. Ich ließ es mir nicht anmerken und schob es achtlos beiseite. Mein Verstand sagte, dass ich mich für sie freuen musste, was ich daraufhin auch tat. Doch ich hatte über mich selbst den Eindruck, dass es plastisch und künstlich, nicht echt, aus meinem Herzen kam. Hoffentlich hatte es Charlotte nicht bemerkt! Meine Angst, sie ganz zu verlieren, war schier immens groß und das wollte ich auf gar keinem Fall bezwecken.

Ein paar Tage darauf erhielten wir von ihr, sie kam in Begleitung von Bela zu uns, die Einladungen zum Abschlussfest. Wir hatten nicht mitbekommen, dass diese bereits in der Verteilung waren. Charlotte fügte hinzu, dass Bela und seine Eltern

 270

ebenso dabei sein wollten. Wieder tauchte dieser merkwürdige Schmerz in meiner Brust auf.

Eines Morgens dann schaffte ich es nicht, meine Hände zu waschen, dieser stechende Schmerz in meiner Brust trat beim Zusammenbringen meiner Hände extrem stark auf. Hinzu gesellten sich an den Abenden und in der Nacht beißende Magenschmerzen. Was ist das nur?

In eigener Sache

An dieser Stelle möchte ich mir erlauben, Gedanken dieses heutigen einzufügen. Zeittechnisch eile ich diesem Buch damit mehrere Jahre voraus.

Nach all den Jahren und meinen Kenntnissen von heute weiß ich, dass Mo und ich auf solche Ereignisse im Leben niemals vorbereitet gewesen waren. Wir stehen dem Ganzen noch immer einfach nur hilflos und ohnmächtig gegenüber.

Weiteres denke ich, dass wohl kaum jemand diese Situation hätte vorhersehen können sowie deren Verlauf in eine andere Richtung, die für uns alle erträglicher gewesen wäre, hätte steuern können.

Charlotte zog damals alle Aufmerksamkeit und unsere gesamte Kraft auf sich, auch, wenn sie sich uns entzog, dabei überhörten und übersahen wir die stummen Hilfeschreie von Henriette.

Zeit ist wie Wasser, sie rinnt dahin

Die letzten Sommerferien verbrachte Charlotte kaum noch daheim und ohne uns. In diesem Zeitraum fand Charlotte einen beruflichen Ausbildungsplatz in unserer Region und sie benötigte nur unsere Unterschrift auf ihrem Ausbildungsvertrag. Allerdings fuhren wir etwas später gemeinsam zum schulischen Ausbildungsort, in der Nähe von Stuttgart, um uns die Unterbringungsmöglichkeiten während ihrer theoretischen Ausbildung anzusehen.

So zog die Zeit an uns vorüber

Charlotte blieb bei Bela und seiner Familie. Sie kam nicht mehr heim. Das Zimmer von Charlotte stand nun leer und verwaiste immer mehr.

Henriette begann nach den Sommerferien ihr letztes Schuljahr. Eines Tages bat uns Henriette, in Charlottes Zimmer ziehen zu dürfen. So renovierten wir beide Räume und tauschten die Möbel aus.

Die Zeit floss dahin

Henriette machte im folgenden Jahr einen guten Schulabschluss und begann im Oktober eine berufliche Ausbildung im chemischen Bereich in einer dreihundert Kilometer entfernten Großstadt. Nun war auch sie weit fort.

Die rinnende Zeit konnten wir nicht aufhalten

So waren Mo und ich nun in der Woche meist allein und wir stürzten uns in unsere Arbeit. Hier wurden wir gebraucht, damit kannten wir uns aus, diese gab uns ein sicheres Gefühl von Halt.

Mit meinen Eltern wurde es stetig schlimmer. Sie kamen nicht mehr miteinander klar. Gegenseitige Vorwürfe und verbale Verletzungen waren an der Tagesordnung. Ich fuhr noch immer jeden Tag nach meiner Arbeit zu ihnen, um deren Haushalt zu reinigen, ihre Probleme zu lösen und mit Mutti etwas spazieren zu gehen. In der Zwischenzeit hatte sie einen Rollator geschenkt bekommen, was sie sehr begrüßte und ihr wieder etwas Freiheit und Selbstständigkeit verlieh. Jedoch war dieser meinem Vater ein Dorn im Auge. Ein paar Wochen später räumte er das gute Ding einfach fort, mit der Begründung, dass er ihn nicht im Auto mitnehmen konnte, ihn im Treppenhaus nicht abstellen wollte und er ihn überall störte. Seit diesem Tag hatte meine Mutter die Wohnung nicht mehr verlassen.

So viel allein, und doch keine Zeit

Einsamkeit gepaart mit Rast- und Schlaflosigkeit überfielen mich in der darauffolgenden Zeit. Wie ich es schon frühkindlich gelernt hatte, durchlebte ich meine Tage mit einer so stark kontrollierten Disziplin und Selbstbeherrschung, welche immerfort zu einer Ermüdung und Kraftlosigkeit führte. Jedoch fand ich keine Ruhe in den Nächten und mit dem abendlichen Eintritt der Finsternis wurde ich im unruhigen Schlaf von Albträumen geschüttelt. In mir durchbohrte sich unablässig eine Spirale ihren Weg und ich suchte im Kopf ständig einen Ausweg aus meinem Irrgarten. Irgendwie musste es doch weitergehen. Das schaffen wir schon! Ich wollte mich nicht kampflos unterkriegen lassen. Nur keine Schwäche zeigen. So hatte es doch schon immer gut funktioniert und ich glaubte fest daran, dass ich mit Mo an meiner Seite stark genug bin, weiterzumachen.

Katastrophale Zeiten

Die weite Entfernung und ihr ins Wanken geratene Leben führten Henriette ebenso zum unstetigen Fall. Entsetzt erhielten wir nach ihrem ersten Ausbildungsjahr die Information, dass die Ausbildung wegen unzähliger Fehlzeiten nicht fortgesetzt wurde. Henriette hatte diese Ausbildung selbst mit einer Aufhebung beendet, obwohl sie noch keine achtzehn Jahre war.

 273

Ja, richtig, wir mussten dieser Aufhebung nicht zustimmen. Doch als ich in ihr Mädchenheim kam, in welchem sie unter der Woche wohnte, rüttelte ich freiwillig nicht daran, sie allein in dieser Stadt zu lassen. Ihr kleines Zimmer, ähnlich eines Hotelzimmers, war zugemüllt. Ich meine mit richtig viel Abfall, Dreck, Essenresten und dergleichen. In einem Gespräch berichtete sie uns, dass sie einen guten Freund verloren hatte und sie darüber so traurig war, da sie in seinem Freundeskreis sehr anerkannt war. Diesen wollte sie nicht auch noch verlieren und sie verbrachte schließlich ihre Zeit mit ihnen.

Da sie uns nie von ihren guten, neuen Freunden berichtet hatte, setzte ein leises Läuten von Alarmglocken in uns ein. Sie rückte nur zögerlich mit der Sprache heraus. All ihre Freunde waren auf dem Bahnhof dieser Großstadt anzutreffen. Ihr verstorbener Freund verstarb an seinen Lebensumständen und sie hätte ihm gern noch weitergeholfen. Sein Schicksal trübte ihre Lebensfreude.

Von meiner Arbeitsstelle lieh ich mir am folgenden Wochenende ein größeres Fahrzeug, fuhr anschließend zusammen mit einer Freundin, aber ohne Mo zum Wohnheim. Wir Mädels reinigten und räumten Henriettes Zimmer. Nach der Übergabe und allen Formalitäten nahmen wir Henriette sofort wieder mit zurück.

Stürmische Zeiten begannen

Da von Henriettes Ausbildungsgeld gespart worden war, entschied sie sich, den PKW-Führerschein zu machen. Allerdings ging es nicht so reibungslos wie einst bei Charlotte. Henriette hielt es nicht für nötig, die Theorie zu lernen und zu üben, daher schaffte sie die Prüfung erst mit der allerletzten Möglichkeit. Ebenso die bei der praktischen Ausbildung. Da sie immerfort mit dem Fahrlehrer diskutierte, wenn sie angebliche Fehler machte, gelang ihr der praktische Teil auch erst, nachdem sie die Hinweise im Straßenverkehr des Ausbilders

 274

beachtete und keine Debatte darüber führte. Es zog sich sehr lang dahin.

Gleich nach dem Erreichen des Führerscheines kaufte sie sich einen kleinen, gebrauchten Volkswagen in ihrer Lieblingsfarbe blau, mit dem sie fortan unterwegs war. Wenn ich abends von meiner Arbeit oder den Verpflichtungen heimkam, erkannte ich oft meine Tochter kaum wieder. Sie wechselte ihre Haarfarbe, ihre Frisur und ihr Outfit nahezu wöchentlich.

Nun folgte mal wieder Schlag auf Schlag. Bei einem kurzen Besuch bei Charlotte betrat ich den Hof von Belas Eltern. Die gesamte Familie und mein Kind waren im Wintergarten und unterhielten sich hitzig, aber sehr gedämpft. Ich weiß bis heute nicht, worüber, doch ich ahnte es, als ich nicht wie gewohnt begrüßt wurde. Da stand ich nun, Charlotte schaute weg und alle sahen mich entgeistert an, als wollte ich sie angreifen. Was hatte ich verbrochen? „Bin ich willkommen?", entfuhr es mir leise aus heiserer Kehle. „Nein", prallte eine noch leisere Antwort zurück und die Mutter von Bela schüttelte kaum merklich ihren Kopf. Nun sah Charlotte zu mir, schaute jedoch nicht in meine Augen und sprach mit belegter Stimme: „Ihr seid nicht mehr meine Familie."

Ich war fassungslos und ein eisiger Orkan überrollte mich augenblicklich und gefror alles in mir ein. Tief bestürzt, kraft- und ratlos verließ ich mit schweren Beinen und schmerzender Brust ihren Wintergarten. Als ich wenige Momente später meine Fassung zurückerlangt hatte, hatte ich keinen Zutritt mehr! Trotz meines riesigen Aufstandes bekam ich keine Möglichkeit eingeräumt, mit Charlotte noch einmal zu sprechen. Ein Gefühl eines so gigantischen Schmerzes in meiner Brust, als ob mir ohne Narkose das Herz herausgebrannt wurde, kehrte schlagartig in mich hinein.

Wovor ich die allergrößte Angst im Leben hatte, war nun eingetreten. Wir hatten Charlotte verloren.

Die Suche nach Zeit für Besserung?

Wenig später begann Henriette eine erneute Ausbildung. Aber unsere Zuversicht verschwand nach wenigen Wochen wieder, als die Kündigung dieser Ausbildung in unserem Briefkasten lag.

Danach fand sie Gefallen an einer anderen Arbeit, sagte, dass es ihr nichts ausmachte, auch an den Wochenenden zu arbeiten.

Mo und ich besuchten sie so oft wie möglich und kümmerten uns um ihre Belange, die sie, bei all der Arbeit, nicht schaffte.

Auch diese Bemühungen waren vergebens. Eines Nachmittages kam Henriette weinend zu mir in die Arbeit. „Ich gehe dahin nie wieder zurück!" Der Chef hatte sich unsittlich an ihr vergriffen, schoss es sofort aus ihr heraus.

In mir kamen sofort kürzliche Erinnerungen hoch und schmerzhafte Vorwürfe, die noch lange nicht vom Tisch waren, mischten sich in meine Sorge ein: „Henriette, du musst sofort zur Polizei." Aber nein, sie wollte es nicht. „Du musst jetzt gleich zum Arzt!" Aber nein, Henriette wollte es nicht. Alles Reden brachte nichts, sie wollte diese und meine Hilfe nicht.

Es wurde für Mo und mich immer schwieriger, mit Henriette umzugehen. Oft war sie mürrisch drauf, lebte in den Tag hinein und sie umgab ein stacheliger und undurchdringlicher Panzer. Sie fuhr mit ihrem Auto und mehreren Freunden ständig durch Tag und Nacht. Über eine neue Ausbildung dachte sie nur noch selten und eher auf Nachfrage nach.

Es kam der Abend, an dem sie nicht mehr heimkam. Unsere Sorge um sie wuchs immens. Sie war nicht mehr erreichbar.

Mit dem „NICHTS" fing alles an

Mo kämpfte sich mehr durch seine Arbeit, als dass er sie lebte. Auch ihm fiel es schwer, nach allen Geschehnissen klare Gedanken zu fassen, doch er kam, anders als ich, besser damit zurecht, seinen Schmerz zu verdrängen.

Mir hingegen ging es körperlich jeden folgenden Tag immer schlechter. Mein rechtes Bein begann heftig zu schmerzen, der Magen meldetet sich mit starken Krämpfen, mir war so oft schwindlig und immerzu tat mir irgendetwas weh. Tiefe Traurigkeit breitete sich in mir aus und legte sich wie ein dunkler Schatten über mich. Die jahrelang aufgestaute Wut auf mich, über die Ohnmacht, nicht im Stande zu sein, meine Kinder zu halten und an ihrem Leben teilhaben zu dürfen, bahnte seinen eigenen Weg.

„Resa, was ist los mit dir?", fragte Mo mich gelegentlich, wenn er meine körperliche Qual bemerkte. Doch meine Antwort darauf war **„Nichts"**, weil ich die richtige Antwort nicht wusste.

In meinem Job funktionierte nun plötzlich auch nichts mehr, wie es mal war. Meine tägliche Arbeit war mir zu viel geworden. Angst, Druck, Unwohlsein und den ständigen Stress konnte ich nicht zusammen händeln. Die zusätzlichen Stunden, die entstanden, weil ich mich nicht mehr auf meine zu erledigenden Dinge konzentrieren konnte, da ich diese ständige Angst und die Gedanken um unsere Kinder nicht abstellen konnte, kamen nun noch erschwerend jeden Abend hinten dran. Zu allem Überfluss gesellten sich täglich durch die bleiende Müdigkeit immens viele Fehler und falsche Entscheidungen hinzu. „Was ist nur los mit Ihnen, Resa?", fragte mein Chef oftmals, und ich sah Sorge in seinem Blick. **„Nichts"**, war stets meine Antwort darauf.

Ich war am Ende meiner Kräfte, doch ich gab wie immer nicht auf. Niemals würde ich dies tun. Niemals!

Tagein, tagaus gab es Aussprachen mit meinem Chef. Meine „Launen" waren für die Firma und unseren Kollegen nicht mehr tragbar. Um mich zu „entlasten", steuerte er der Masse meiner

Aufgaben entgegen und übergab einen großen Teil davon der viel jüngeren Kollegin. Das machte es für mich nicht besser! Nun fühlte ich mich noch schlechter, und auch hier, wo bisher alles gut und vertraut gewesen war, ausgestoßen. Jetzt hatte ich nun vollkommen das Gefühl, unbrauchbar zu sein und auf ganzer Linie versagt zu haben.

Allein zu sein und einsam inmitten von so vielen vertrauten Menschen, erweckte ein weiteres Wutmonster in mir. Warum machte ich so viel Scheiß? Ich bin ein Nichtsnutz, ein Tunichtgut! Ich habe es verdient, verachtet zu werden! Nicht nur, dass die Zeit dahin rinnt, ich bin wie Wasser, einfach überflüssig ...

Eines Abends, zu meinem Feierabend, kam mir auf dem Heimweg Henriettes Auto entgegen. Mein Herz vollzog einen freudigen Hüpfer, doch mein Bauch zog sich schlagartig zusammen, als mein Blick in das Wageninnere fiel. Vier Fremde erblickte ich, doch von Henriette keine Spur. Sie saß nicht im Fahrzeug!

Mo war von meinem sorgevollen und kurzen Bericht darüber ebenso aufgewühlt wie ich. „Du fährst sofort zur Polizei. Ich habe große Angst, dass ihr was zugestoßen ist und wir ihr Fernbleiben tatenlos hingenommen haben."

Oh nein! Nicht schon wieder zur Polizei. Doch was sollte ich sonst tun? Sie konnte überall sein. Ja, wir brauchten Hilfe.

So fuhr ich los und bereitete mich innerlich aufs Schlimmste vor.

Nachdem ich dem Beamten meine Sorgen vorgetragen hatte, wurde ich gebeten, im Nachbarraum zu warten. Mein Hirn überschlug sich: „Nicht noch einmal! Das stehe ich nicht durch!" Nach ungefähr zwanzig Minuten öffnete sich die Tür, durch die ich getreten war, und Henriette kam zum Vorschein. Mein Herz wollte sie einfach nur in die Arme nehmen, jedoch sagte mein Verstand: „Warte ab, du weißt nicht, was kommt." Hinter ihr tauchte der Beamte wieder auf: „Kann und soll ich Sie allein lassen? Ich gebe Ihnen hier Zeit für ein Gespräch." Meine Augen trafen auf Henriettes und sie nickte dem Beamten zu. Er schloss daraufhin leise die Tür.

Ganz zögerlich kam das Gespräch in Gang. Ich fragte nach, ob es ihr gut ging, und warum Fremde mit ihrem Auto unterwegs waren, wo sie sich die ganzen Tage und Nächte aufhielt und ob sie beabsichtigte, wieder nach Hause zu kommen. Sie hingegen klärte viele meiner Fragen auf, beruhigte und beunruhigte mich dabei gleichermaßen, doch am Ende dieser Unterhaltung umarmten wir uns sehr lang und unsere Wege trennten sich ein weiteres Mal.

Mit trübem Blick fuhr ich zurück zu Mo, um ihm von diesem Treffen zu berichten. Was brachte uns das nun? **Nichts!** Wir hatten unsere zweite Tochter verloren.

Am nächsten Tag bei mir in der Arbeit, es war ein heftiger und stressiger Tag, wie immer, da bekam ich ein R-Gespräch. Mein Herz hörte für einen Moment auf zu schlagen, denn es gab nur zwei Personen, die mich mit einem solchen Gespräch kontaktierten.

„Mutti, ich bin es, Henriette. Wir hatten gerade einen Unfall und sind alle verletzt. Was soll ich jetzt machen?" In meinem Kopf legte sich spürbar mit einem Ruck ein Schalter um. Frust, Angst, Verzweiflung und die Traurigkeit der vergangenen Wochen waren wie fortgeblasen. Sie waren direkt in den undurchdringlichen Hintergrund meines Oberstübchens befördert worden. An ihre Stelle traten Fürsorge und eine verantwortende Funktionalität, welche den gesamten Platz dafür im Schädel einnahmen: „Wenn wir wieder auflegen, rufst du die Polizei. Wie viele Personen seid ihr? Sind alle ansprechbar?" „Ja, alle sind aus dem Fahrzeug raus. Wir sind zu dritt. Aber kannst nicht du die Polizei rufen? Ich habe Angst und mein Kopf schmerzt so." „Nein, leider nicht. Sie orten sofort euren Standort und schicken dahin den Streifenwagen und die Rettung. Sag ihnen, dass ihr alle verletzt seid. Sie kümmern sich auch darum. Sag mir bitte, wo ich dich finde, und mache dich nicht verrückt, ich bin in wenigen Minuten bei dir."

Gemeinsam mit meinem Chef fuhr ich zum Unfallort. Wir waren die Ersten, die dort eintrafen. Nach wenigen Minuten waren die heulenden Sirenen der Einsatzfahrzeuge zu vernehmen und gleich darauf begann die medizinische Versorgung, die Unfallaufnahme und die erste Anhörung aller Beteiligten. Henriette wurde als Letzte mit dem Krankenwagen ins Städtische Krankenhaus gebracht. Mein Chef und ich kümmerten uns noch um einen Abschlepper und die Reinigung der Unfallstelle. Der entstandene Schaden am Brückenstein ist noch heute wie ein kleines Mahnmal.

Etwas Gutes hatte es, denn nach dem Krankenhausaufenthalt kam Henriette wieder heim. Jedoch nicht allein. Einer der Jugendlichen aus dem Unfallfahrzeug war ihr Freund und sie zogen es nun vor, ihre gemeinsame Zeit in unseren vier Wänden zu verbringen. Allerdings gingen beide keiner beruflichen Ausbildung oder einem Job nach, was finanziell zu unseren Lasten ging.

Sehr viel später begannen sie sich, auf Drängen aller Elternteile, nach einer Ausbildungsmöglichkeit oder einer bezahlten Stelle umzusehen.

Aus meinem Tagebuch vier
Vom 12. 08.

Mit dem „Nichts" fing alles an.

Wir hatten die letzten drei Tage sehr lieben Besuch zu Gast …

Unser lieber Fin-Luca war da. Fin-Luca, ein hübscher, schlanker, sehr ruhiger fünfundzwanzigjähriger Mann. Ich kenne ihn, seit er ein Jahr alt geworden war.

Ich war damals selbst noch sehr jung aus dem Elternhaus raus und begegnete seiner Mutter Mona. Sie ist noch heute eine enge Freundin für mich. Sie half mir damals, meinen Weg ins Leben zu finden.

Später sind dann ihre Kinder und meine zwei fast zusammen aufgewachsen. Daher waren wir so froh, Fin-Luca nach längerer Zeit wiederzusehen.

Fin-Luca ist es irgendwie gelungen, im Laufe unserer Gespräche mein Ventil zu öffnen. Ich hatte all den Ärger der letzten Jahre nur in mir gespeichert und nicht zugelassen, dass die Sorgen und Probleme an die

Oberfläche gelangten. Sortiert oder unsortiert könnte ich mein jetziges Leben in folgende Stichpunkte zusammenfassen:

Meine große Tochter Charlotte will nichts mehr von uns wissen ...

Meine kleine Tochter hat nach dem Ende der Schulzeit keinen Fuß mehr fürs Leben fassen können, wollen ...

Meine Eltern kommen mit ihrer Beziehung zueinander nicht mehr zurecht.

Und letzten Endes habe ich mich mit meinen Job so verfahren ...

Aber ein Glück habe ich, und das ist Mo, mein Mann.

Aber manchmal, so wie heute, da überkommt einem das Selbstmitleid.

[...] ging es mir durch den Sinn und ich sagte ganz laut:

Ich hasse es, schwach zu sein!

Aber mit dem NICHTs fing alles an ...

Diesen Besuch nahm Henriette zum Anlass, sie entschied sich wiederum für eine Ausbildung. Gleichwohl in einer fünfhundert Kilometer entfernten Stadt. Dazu war sie eingeladen, vorerst bei Fin-Luca zu bleiben, bis sie selbst eine finanzierbare Bleibe gefunden hatte.

Dann musste mal wieder alles ganz schnell gehen. Von heute auf morgen hatte sie den Beginn der Ausbildung erhalten. Nach der Arbeit, mitten in der Woche, machten wir uns mit ihrem vollgepackten Auto auf den Weg zu Fin-Luca. Freudig empfing er uns, Henriette blieb und wir nahmen den letzten Flieger des Tages nach Hause.

Mitten in der Nacht kam eine Nachricht von Henriette. Fin-Luca habe angeblich sein Versprechen nicht gehalten und sie war mit dem Auto wieder auf dem Rückweg und hatte sich mächtig verfahren.

Nach dieser Nachricht war für mehrere Tage Funkstille. Wir kamen um vor Sorge, doch sie meldete sich nicht.

Vier Tage später stand sie wiederum bei mir in der Arbeit. Im ersten Moment war ich erleichtert, sie zu sehen. Doch sie begann umgehend, Vorwürfe gegenüber Fin-Luca zu machen und dass wir ihr niemals Glauben schenken würden. Sie kam nicht mehr heim. Henriette blieb nun bei ihrem Freund. Unsere Zeit mit und für unsere Mädels war endgültig abgelaufen. Immer wieder war unser Leben auf solche Weise auf den Kopf gestellt worden. Ich schaffte es nicht mehr, damit umzugehen. Nachts weckte mich Mo, denn wenn ich doch einmal eingeschlafen war, wurde ich von wilden Tränen oder schrecklichen Albträumen gerüttelt. Ab und zu drehte sich mein Magen spontan um und ich musste mich ohne Vorwarnung übergeben. **Nichts** war mehr, wie es mal war! Nur eines war uns klar geworden, die Zeit mit unseren Kindern war schon lange vorüber. Doch so, wie sie ihr Elternhaus verließen, hatten wir uns das in den schlimmsten Träumen nicht vorgestellt. Dabei war alles, was wir für unsere beiden Mädels wünschten, erhofften und immer wollten, wie einer dieser Luftballons von damals, stets mit überlautem Knall, zerplatzt.

Mo biss die Zähne zusammen und schaffte es, irgendwie und mir vollkommen schleierhaft, damit zu leben. Er blendete es einfach aus, konzentrierte sich auf mich und sein Leben und machte einfach weiter. Nein, bei mir klappte es so nicht. Ich kam mir vor, als müsste ich ständig eine maßlose Last eines riesigen Felses, welcher immerzu wuchs, mit mir herumschleppen.

Eines Morgens dann, ich war dabei, mir etwas zum Frühstück zu machen, da wurde mir so schwindlig, dass ich vom Stuhl rutschte und ohnmächtig in der Küche lag. Mo brachte mich erst ins Bett, begleitete mich zum Arzt und kümmerte sich liebevoll um mich, bis ich selbst wieder zur Arbeit gehen wollte.

Es kam der Tag, an dem meine Schmerzen unerträglich wurden. Schlaf fand ich aus Angst schon lange nicht mehr und meine Arbeit ging mir nicht mehr von der Hand. Beißende Sorgen quälten mich bis aufs Blut und ich hatte mich nicht mehr unter Kontrolle. Mein Chef fuhr mich noch vor der Mittagspause wieder heim. So konnte und wollte er mit mir nicht mehr arbeiten. Einen Tag danach schrieb mich mein Arzt zum ersten Mal für eine sehr lange Zeit krank. Meine Kraft, mein Wille und meine Disziplin waren spurlos verschwunden. Mein Leben hatte sich in **Nichts** aufgelöst. Ich weinte bei diesem Arztbesuch, als ich kurz die Geschehnisse zusammenfaste. Dabei bat ich ihn eindringlich um Hilfe, ich hatte keine Kraft mehr. Daraufhin verschrieb er mir eine Psychotherapie, reichte mir eine dazugehörige Überweisung über seinen Tisch und legte einen kleinen Zettel einer Psychologin mit dem wohlklingenden Namen Helena, ihrer Praxisanschrift und ihrer Erreichbarkeit hinzu.

Nicht viele Wochen später erfuhren wir, dass sich Henriette ebenfalls von ihrem Freund getrennt hatte. Sie lebte nun in einer anderen Beziehung.

Einsam und zu viel allein

Zum allerersten Mal in meinem Leben, dieses schicksalhaften Jahres, suchte ich die genannte Psychologin auf.

Angst davor hatte ich keine, jedoch riesigen Respekt. Bisher war, vom Hörensagen, eine Psychotherapie negativ behaftet. Doch ich brauchte ernsthaft Hilfe! Es war mir egal, was andere darüber dachten und sagten. (Ausgenommen meiner Eltern)

Trotz allem verschwanden die Probleme nicht. Nein, es kamen stetig neue hinzu.

Nach einem Termin beim Jugendamt schrieb ich folgende Zeilen nieder.

Aus meinem Tagebuch vier
Vom 16. 11.

Die Lehre vom Leeren.

Mitten im Glück, total unverhofft tut sich die Erde auf und verschluckt alles, was darauf ist. Zurück bleibt ein gähnend schwarzes Loch, gefüllt mit meiner Leere:

Leeres Zimmer
Leerer Tisch
Leerer Schrank
Leeres Bett
Keine Töne, leerer Schall
   Voller Kopf und trotzdem leer, schweres Herz, auch dies bleibt leer, denn die Flamme brennt nicht mehr. – Leben leer – keine Zukunft mehr.

<u>Vom 21. 11.</u>

Wie soll es weitergehen? Was will ich?
   Habe viele (fast alle) Erinnerungen an unsere Kinder aus der Wohnung entfernt. (Bilder abgenommen, Malereien, Bastelei der Kinder)
   Sind auf der Suche nach einer neuen Wohnung ...
   Möchte eine neue Arbeit finden ...
   [...] Nach der letzten Therapiestunde war ich total von der Rolle, mich macht es einfach fertig, alles, was ich so eisern in all den Jahren verdrängt habe, wieder herauszugramen ... Wisst ihr, eigentlich sollte die Vergangenheit ruhen und ich hatte damit meinen Frieden geschlossen ...

<u>Vom 05. 12.</u>

Konnte diese Nacht wieder nicht schlafen, habe viele Gedanken im Kopf und bin von allem beunruhigt, mich machen die normalsten Geräusche hier in der Wohnung nervös. Immer denke ich, unsere Kinder kommen heim und ich lausche ...

<u>Vom 27. 01.</u>

Mich bewegt so vieles, jedoch kann ich meine Gefühle für die verschiedenen Erinnerungen noch nicht freigeben. Ich weiß, dass mein Kopf dies alles versteht bzw. nicht versteht, jedoch kann ich aus allerlei Gründen den

284

Schmerz nicht loslassen. Was würde ich dafür geben! Einmal weinen! Das habe ich seit dem Tag, als mich mein Vater bissinnungslos geprügelt hat, nie wieder getan. Ich kann die Mauer nicht einreißen ...

Vom 13. 02.

Am 24. 01. Hatte sich am Abend Henriette angemeldet; sie müsse mit uns sprechen. Als sie kam, öffnete ich die Haus- und Wohnungstür. Was nun geschah, kann ich nicht genau gefühlsmäßig beschreiben. Nachdem ich sie mit einem normalen „Hallo" begrüßt habe, trat plötzlich, vollkommen unerwartet für mich, Charlotte vor die Tür. Ich war total überrascht. Ich sagte ebenfalls „Hallo" und nahm sie einfach in den Arm.

Im Gespräch erklärte Henriette, dass sie Unterhalt von uns haben wollte. Das Amt zahlte ihr keine Unterstützung und sie wollte auch nicht mehr zurück nach Hause ziehen.

Henriette stellte klar, dass sie eine eigene Wohnung wolle. (Hintergrund dafür ist, dass auch Charlotte bei ihr mit einziehen wolle, weil sie sich von Bela trenne.)
[...] Tage später habe ich für mich entschieden, dass ich beiden vorerst keine Gelder zukommen lasse.

Dem geschuldet war, dass Henriette seit Beginn ihrer ersten Ausbildung das staatliche Kindergeld in voller Höhe von uns gezahlt bekam. Erst wenn sie wieder einer Ausbildung nachging, ließen wir offen, darüber noch einmal zu verhandeln.

An dieser Stelle sei mal einen Blick in das Buch geworfen, in welchem ich meine Hilfe im Haushalt meiner Eltern zusammengefasst und notiert habe.

<u>22. 01., von 09:00 bis 13:00 Uhr</u>

Überall gelüftet

Schlafzimmer: Fenster, Nachtschrank, Bett, Heizung abgewischt, gesaugt, Wäsche in den Schrank geräumt

Flur: Heizung, Schrank, Regal, Tür abgewischt, gesaugt, gekehrt, gewischt

Stube: Tisch, Fernseher, Schrank, Regal, Heizung abgewischt, gesaugt, gewischt, Sofa, Sessel abgesaugt

Kleines Zimmer: Fenster geputzt, Fernseher, Tisch, Regale, Schränke, Heizung abgewischt, gesaugt

Bad: Waschbecken, WC, Dusche, Konsole, Spiegelschrank abgewischt, gereinigt, gesaugt, gekehrt, gewischt, Fenster geputzt

Küche: Schränke, Schranktüren abgewischt, Fliesen gereinigt, Kühlschrank gereinigt, gekehrt, gesaugt, gewischt

Kleine Hausordnung gemacht

Ich war, wie fast jeden Sonnabend, bei den Eltern putzen. Ich erfuhr, dass Jilaiya in unmittelbarer Umgebung war und dass sie am Mittwoch bei den Eltern zu Besuch war. (Auch hat sie unbedingt putzen müssen, da es ja unerträglich dreckig bei den Eltern wäre.)

Grund für ihr Erscheinen war, dass sie und ihr Mann sich hier in unserer Umgebung niederlassen wollten.

[...] Ich kann nicht in Worte fassen, was und wie ich fühlte. Schon der bloße Gedanke an sie lässt die Wut in mir kochen.

[...] Es berichtete mir Mo, dass es bei uns im Dorf eine Beißattacke durch Hunde gab. Dies war ein großer Schock.

Vom 20. 03.

Heute war es bei den Eltern unangenehm. Ich selbst war komisch drauf und ich spürte, dass etwas anders war als sonst. Es stellte sich heraus, dass Jilaiya die letzten Tage (Di und Mo oder Mi) dagewesen ist. Und nun ist wieder alles besser, was SIE und ihr Mann mitgebracht haben. Nun schmecke dem Vater das Brot nicht mehr, welches er hier zu kaufen bekommt, und er wolle sich solches besorgen, welches SIE mitgebracht habe. Jilaiya hier und ihr Mann da! Er hat es auch nicht begriffen, als ich ihm sagte, dass es mich nicht interessiere, dass SIE heute bei den Eltern angerufen hat. Erst als Mutti ihm sagte: „Jilaiya und Resa lieben sich nicht!", da hat er es vielleicht gerafft. Ich habe alle Gespräche über SIE geblockt.

Auch die schönen Blumen, welche es bei uns nicht gäbe, die SIE mitgebracht hat, wären exquisit.

So ein Dusselkopf, er redet nur jedem nach der Klappe. Hat keine eigene Meinung und kriecht jedem, der gerade da ist, in den Arsch.

Das kotzt mich so an ...

Vom 21. 03.

Gestern habe ich für mich beschlossen, dass ich meinen Geschwistern doch mitteile, dass ich bei den Eltern nicht mehr putzen werde. Dafür werde ich einen Brief (Serienbrief) vorbereiten. Aber das muss in meinem Kopf noch wachsen.

Vom 29. 03.

Sie (ich nenne sie in meinen Büchern aus Schutzgründen stets nur Helena) hat mir eine Reha vorgeschlagen. Eine Klinik irgendwo in Bayern, in der Nähe von München. Ich weiß es trotzdem noch nicht, ob ich dies tu ...

Was soll ich dort? Ich bin nicht krank und andere haben viel Schlimmeres in ihrem Leben mitmachen müssen. Da ist meins doch nur „Pille-Palle". Am liebsten würde ich die Therapie abbrechen.

Am Wochenende waren wir bei Nash. Er sprach offen aus, dass sich er und Mo um mich sorgen. Er hat Angst, dass ich mir was antun würde. (Ja, ich habe gewiss schon des Öfteren daran gedacht. Und was wäre so schlimm daran?) Solange Mo bei mir ist: NEIN!

<u>Aus meinem Tagebuch fünf</u>
Vom 31. 03.

Noch immer bin ich nicht wieder arbeiten. Auch war ich seit fast zwei Wochen nicht mehr bei den Eltern gewesen.

Gestern war ich wieder bei Helena. Auch hier hatte ich das Gefühl, dass es nicht weitergeht. Ich weiß nicht, ob ich die Therapie beenden soll, irgendwie ist alles zum „Stehen" gekommen.

Das Gedankenkarussell (dreht nicht mehr ganz so schnell).

Meine Aktivitäten (mache fast nichts mehr).

Meine Gefühle (kann gar nicht mehr weinen – es ist mir so vieles egal).

Mein Leben.

Bei allem ist es so, als ob es steht. Nur das Ticken der Uhr (in der Küche) verrät, dass das Leben weitergeht.

Wo ist mein Weg?

Alles ist so dunkel, obwohl der Frühling Einzug hält.

Keine Kraft für alleinige Unternehmungen.

Angst vor dem, was kommt.

In so einem komischen Zustand war ich noch nie. Noch nie hatte ich Angst vor den kommenden Tagen. Doch es fühlt sich so an …

Helena meinte über meine Kinder, ich müsse beiden auch mal sagen und zeigen, wie sehr mich alles mitnimmt. Auch sie müssten begreifen, dass ich auch nicht so stark bin, wie ich es ihnen immer gezeigt habe. So im Nachhinein wäre es vielleicht doch nicht ganz so falsch gewesen, auch mal Schwäche zu zeigen …

Im April besuchte uns unverhofft Henriette. Sie berichtete uns ihren Kummer. Sie erzählte, keinen Kontakt zu Charlotte zu haben und dass sie nicht wusste, wie es ihr ging oder wo sie sich aufhielt. Henriettes letzte Beziehung war ebenfalls gescheitert, da die Lebensumstände dieser Familie für sie nicht tragbar gewesen waren. Charlotte hatte sie noch zu Belas Familie gebracht und da wohnte sie jetzt. Charlotte und Bela waren nach all ihren gemeinsamen Jahren nun wieder getrennt.

[...] Was mich beim Besuch von Henriette sehr gefreut hat, ist, dass sie zum ersten Mal keine Forderung gestellt hat. Und sie hat einfach nur aus ihrem Leben erzählt.
Ich war sehr froh darüber.
Na, mal sehen, was die Zukunft so bringt.

Vom 04. 05.

Heute Nacht hatte ich wieder einmal einen ausgewachsenen Albtraum. Ich konnte schon nicht richtig einschlafen, weil ich gleich nach dem zu Bett gehen Angstzustände bekommen habe ... Es war zu dunkel draußen und ich fürchtete mich, den Weg zwischen Schlafzimmer und Küche zu gehen. Irgendwann schlief ich ein, aber total beunruhigt.
In meinem Traum kam jemand, eher Etwas ohne Gesicht, zur Stubentür herein. In der Folge schaffte es das Etwas bis ins Bett von meinem Mann. (Mo hat Nachtschicht). Als das Etwas mich berühren, anfassen wollte, wurde ich von meinem eigenen Gebrüll munter.
Ich habe geschwitzt, obwohl mir eiskalt war. Mein Herz raste und ich zitterte wie Espenlaub. Es ist mittlerweile 01:43 Uhr.

Vom 11. 05.

Die Albträume begleiten mich nun fast wieder jede Nacht. Letzte Nacht bin ich durch meine eigenen Schreie wieder munter geworden. Mo kam kurze Zeit später von der Arbeit nach Hause.

 289

<u>Vom 19. 05.</u>

Gestern kam der Bescheid von der Rentenversicherung. Diese haben die Reha abgelehnt.

Nun bin ich in der Zwickmühle. Chef will mich in diesem Zustand nicht haben.

Die von der Rentenversicherung wissen nicht, in was für einen Konflikt sie mich nun damit stoßen. Muss ich erst von irgendeiner Droge abhängig werden? Oder tatsächlich Selbstmordabsichten hegen und verwirklichen? Oder muss ich erst durchdrehen?

<u>Vom 26. 05.</u>

Bill, mein Bruder, rief am Mittwoch an, weil ich am Vormittag an das Telefon ging, wurde er stutzig. Nach einigen Fragen sagte ich ihm, dass ich krank bin. Er löcherte mich in der Nachfolge mit Fragen, welche ich ihm nicht beantworten wollte und auch nicht konnte. Ich war total überfordert. Ich sagte ihm, dass ich ihm diese Fragen nicht beantworten wolle und dass es ihn nichts anginge, ich es auch nicht wünsche, dass er meine privaten Angelegenheiten ausfrage. Allerdings (wie ich es bereits vermutet hatte) wird darauf keine Rücksicht genommen. Bill versuchte in den nächsten Tagen, dies über Mo bzw. über die Eltern in Erfahrung zu bringen. Er hat tatsächlich (für mich unfassbar und unverschämt zugleich) hinter meinem Rücken meinen Gesundheitszustand erfragt.

Ich glaub es einfach nicht. Aber ich hatte die ganze Zeit recht. Die trampeln auf mir herum, ohne Rücksicht zu nehmen, was ich eigentlich möchte.

Da nun die Mutti Mo auf dem Handy angerufen hat (dies gab es noch nie), werde ich die Reinigungsarbeiten bei den Eltern sofort einstellen. Mit dem Grund, dass auch sie ein „NEIN, ich will mich dazu nicht äußern" nicht akzeptieren.

So wie sie es nicht akzeptieren, wenn ich sage, ich will nichts zu trinken haben, und mir dann doch Tee, Kakao oder dergleichen gemacht wird. Und bedanken soll ich mich dafür dann auch noch. Sie sprechen mich extra darauf an.

Zur Entscheidung der Reha-Ablehnung schrieb ich einen Widerspruch, welchen Helena mit einem Schreiben ihrerseits ergänzte.

Vom 31. 05.

Heute auf der Heimfahrt von Helena:
An der Autobahn standen zwei Handwerkswanderer in Zunftkleidung und wollten ein Stück mitgenommen werden. Da ich das schon immer mal tun wollte, hielt ich an. Sie stellten sich mit Namen Magnus und Oana vor. Ich erfuhr in unserem Gespräch, dass Magnus gelernter Bäcker und Konditor und bereits seit dreieinhalb Jahren auf Wanderschaft ist. Sein Weg führte ihn bisher durch die Schweiz, durch Österreich und durch ganz Deutschland. Oana ist gelernte Stuckateurin und sie ist seit nunmehr drei Jahren unterwegs, ihr Weg führte sie bereits durch viele Länder und sie käme aus der Schweiz. Beide haben sich vor ein paar Stunden hier in der Umgebung kennengelernt. Sie sind nun auf dem Weg zur Ostsee. Ich habe sie bis zum nächsten Rastplatz gebracht. Während unseres Gesprächs erfuhr ich, dass die gesamten Handwerkerberufe auf Wanderschaft gehen können. Diese müssen jedoch grundsätzlich eine Zeit von drei Jahren und einem Tag betragen. Der häufigste Beruf sei dabei der des Tischlers, gleich gefolgt von dem Zimmerer.
Dies war einfach eine schöne Erfahrung.
Bei Helena: Wegen der Reha. Während dieses Gespräches machte sie mir deutlich, dass meine Symptomatik bereits soweit ausgeprägt ist, dass ich auch einen Klinikaufenthalt in Betracht ziehen könne. Dies würde für mich bedeuten, erst einmal aus meinem Umfeld herauszukommen und in einen geschützten Bereich zu gelangen. Dies wäre sehr gut, auch im Vorfeld zur medizinischen Reha.

Habe alle Briefe für die Eltern und Geschwister fertig und ebenso mit Helena besprochen.

In den nächsten Nächten und Tagen verfolgten mich Albträume und Angst im Wechsel und zur gleichen Zeit.

 291

Vom 03. 06.

Die Angst, die irren, wirren Träume zu erleben, ist so grauenvoll.
  Habe über den Vorschlag von Helena mit dem Klinikaufenthalt nach-
gedacht. So richtig kann ich mich damit nicht anfreunden, noch fühle ich
mich nicht krank nur sehr komisch, verstimmt und ängstlich ...

Vom 28. 06.

Im Zoo gab es noch ein Ereignis. Mo erkannte seine Tochter Karoline.
Sie war mit Mann und Kind Heiner auch im Zoo zu Besuch. Mo sprach
sie an, aber sie lehnt den Kontakt ab. Mir selbst tut das sehr leid für Mo.

Vom 02. 07.

Ich bekam den Bewilligungsbescheid für die Reha.

Kaum zu glauben, aber es beunruhigte mich sehr und die starken Schlafprobleme bahnten wieder ihren Weg.

Ach Mensch, ich liebe meine beiden Mädchen. – Aber ich habe sie verloren.
Wie mag es nur Charlotte gehen? Ich mache mir viele Sorgen und Vorwürfe.
Tränen
     Tränen
          Tränen

Vom 04. 07.

[...] ließ nach unendlich vergehender Zeit heute das Licht zum Schlafen
an. Dennoch suchten mich die Dämonen heim. Im Traum: Vor meinem Bett
war jemand und ich versuchte es zu verjagen und fiel dabei aus dem Bett.

Dies nützte nichts und ich stand auf und schrie. Zu der Zeit kam Mo herein und nahm mich in den Arm. – Davon wurde ich munter und lag aber allein in meinem Bett. Ich zitterte noch immer und war total verwirrt. Warum sind diese Träume nur so realitätsnah?

[...] Übrigens habe ich seit ein paar Tagen wieder Schmerzen in der rechten Leiste und mein Bein tut mir weh. Auch fühle ich seit über einer Woche im Rücken, in der Steißgegend, einen ständigen Schmerz. Dafür lässt mein Magen mich zurzeit in Ruhe.

Vom 08. 07.

Ach, spazieren gehen? Toll, würde ich gern tun. Aber hier laufen überall die Hunde frei rum. Da muss ich warten, bis Mo nach Hause kommt. Also den ganzen Tag/Nacht/Nachmittag in der Wohnung warten ...

Ja, ich trau mich nicht allein irgendwo hin. Einfach deprimierend!

Vom 14. 07.

Letzte Nacht hatte ich wieder einen Albtraum. Dieser war ein kleiner Horrortrip in die Naturgewalten. Durch einen Sturm mit sehr ergiebigen Regenfällen wurde unsere Wohnung beschädigt. Als ein Blitz mich traf, war Mo da und rettete mich aus dem Irgendwas. Als ich erwachte, raste mein Herzschlag und ich atmete total schnell. (Ich dachte wirklich, ich muss sterben.) – Warum nur? Kann man diese/solche Träume nicht abstellen?

Gestern waren wir mit Henriette zu einem Vorstellungsgespräch in Bora. Da hat sie sich als Gärtnerin beworben.

Vom 16. 07.

Heute ist Anreisetag zur Reha ...

Eigentlich hatte ich diesen Tag ganz ruhig an mich rankommen lassen wollen. Doch dann ist mir alles durch ein unvorhersehbares Ereignis total entglitten und alles kam anders, als ich je wollte.

Auch heute Morgen war alles ganz entspannt. Mo brachte mich zum Bahnhof. Wir waren ca. zwanzig Minuten zu zeitig da und mussten noch warten. Der Bahnsteig füllte sich mit Menschen. Auf Bahnsteig 1, auf welchem wir warteten, wurde ein durchfahrender Zug angekündigt. Und da ganz plötzlich, aus dem Windzug des vorbeirauschenden Zuges, schlug es aus dem Nichts auf mich ein. Mir wurde die Szenerie von damals wieder bewusst und ich kam mir zeitversetzt vor. Derselbe Luftzug erfasste uns damals, am Abend im Mai, auf der Suche nach Charlotte. Wir standen großen Ängsten gegenüber, da uns gesagt wurde, Charlotte wollte sich das Leben nehmen. Wir suchten sie überall, auch bei den Gleisen. Diese Nacht war der Auslöser für alles kommende Leid.

So schnell ging es. Ich habe die ganze Fahrt nur geweint und entsprechend fühle ich mich gerade.

Auch Mo sagte mir, dass er gerade bei dem Luftzug an diese Nacht und Charlotte dachte.

Vom 19. 07.

Dann noch mein Platz im Speisesaal. Ich komme nicht klar damit, dass eine Frau Typ Jilaiya neben mir sitzt. Das schlägt sehr auf mein Befinden. Ich weiß ja, diese Frau kann nichts dafür und sie mag auch nett und höflich sein. Aber es beeinträchtigt mich total. Ich fühle mich ihr gegenüber wie gelähmt und möchte einfach nur flüchten ...

Diese Reha, ich hatte bereits davor eine unbändige Angst, machte es mir nicht unbedingt leichter. Viele Fragen wurden gestellt, im Vorfeld hatte ich bereits eine Flut von Fragebögen ausgefüllt, doch es wurden hier immer mehr. Die Gespräche mit den Ärzten und Psychologen wühlten mich schließlich vollkommen auf. Angst, Unsicherheit und ein elendes Gefühl ergriff Besitz von mir und es wurde ein spezieller Selbstschutz für mich veranlasst. Hinzu kamen die vielen Therapien und die ganzen Menschen lösten in mir ein unbekanntes Terrain aus. Stress pur!

Erst nach einer ganzen Woche fand ich Anschluss zu anderen Patienten. Dennoch fühlte ich mich recht einsam.

Vom 26. 07.

Es kostete mich jedes Mal Überwindung mich den Wanderungen und den Spaziergängen anzuschließen. Heute hatte ich zum Beispiel unterwegs eine Begegnung mit einem Hund ohne Leine. Nur gut, dass ich ihn schon von Weitem erkannt habe. Da ist eine Frau vorgegangen und hat ihn an die Leine nehmen lassen. Mir war die Situation total peinlich und ich wäre lieber wieder zurückgegangen.

Die Situation im Speiseraum wurde dank meiner Psychologin geändert. Nun saß ich mit den Frauen am Tisch, zu welchen ich Kontakt gefunden hatte.

In der vergangenen Zeit hatten Mo und ich beschlossen, unser Umfeld etwas zu verändern. Wir ertrugen es nicht mehr, mit den leeren Kinderzimmern zu leben, und hatten uns intensiv um neuen Wohnraum umgesehen.

Auch Mo konnte mir heute berichten, dass das mit der neuen Wohnung klappen wird. Diese wird jetzt für uns vorgerichtet. Schön.

Vom 28. 07.

Habe schon viel über meine Krankheit gelernt. Plausibel ist mir vieles, aber das Erlernen geht nicht so schnell. Ich habe bereits begriffen, dass ich zu viele negative Gedanken habe und auch zu viele negative Erlebnisse der Vergangenheit mit mir herumtrage. Dadurch ... und nun fehlen wie so oft die Worte, im Kopf ist alles da, aber ich kann es nicht formulieren und wiedergeben ... Bitte verzeiht mir!

 295

Auch fiel mir heute, so im darüber Nachdenken auf, dass ich vor mir und meiner Krankheit auf der Flucht bin. Da habe ich doch tatsächlich auf die Frage, was ich jetzt spontan am liebsten machen würde, geantwortet: Laufen und erst wieder anhalten, wenn alles vorbei ist.

Auch war ich clever (?) auf die Frage, was ich nicht kann, zu antworten (ich schwöre, das ist wahr): Ich kann nicht lügen. (Das hält mir immer mein Chef vor, weil es geschäftlich hinderlich ist.) Und damit hatte ich im Umkehrschluss beim Gespräch die berühmte Frage – wahrheitsgemäß – beantwortet.

[...] Jetzt ist es 22:34 Uhr und ich bin noch nicht müde. Da will ich mal ins Schwesternzimmer gehen und mich für heute abmelden. Dies müssen nicht alle Patienten, nur die Risikofaktoren. Gute Nacht.

Am darauffolgenden Tag nahm ich mir die Zeit und habe die vergangenen Wochen und Tage noch einmal durchgelesen. Ich fand es sehr erschreckend, Beweise darüber zu finden, wie krank ich tatsächlich bin und dies nie wahrhaben wollte.

Vom 29. 07.

Erst in den letzten Tagen – aber hier – ist mir die Krankheit richtig bewusst geworden. Aber es wird einem ja auch täglich gezeigt, dass man inzwischen <u>falsche</u> Denk- und Verhaltensweisen an den Tag legt. Ich kann für mich sagen; hier bin ich richtig. Hier bekomme ich die Hilfe, die ich brauche.

[...] Irgendwie bin ich derzeit total aufgewühlt.

Seit Donnerstagnachmittag quält mich nun zusätzlich mein Tinnitus. Dieses laute Fiepen geht mir nicht mehr aus dem Kopf. Es ist ständig da.

Diese ständigen Qualen mit und in meinem Körper hörten auch nicht auf. Die Schmerzen waren täglich präsent und mich verfolgte meist beim Essen eine penetrante Übelkeit.

Weiters informierte mich Mo darüber, dass Henriette am nächsten Tag ihre ganzen Sachen von uns abholen wollte.

 296

Aus meinem Tagebuch sechs
[Dieses Tagebuch bekam ich von meiner Oma und meiner Tante zum vierzehnten Geburtstag geschenkt.]
Vom 30. 07.

Dieses Büchlein wird bestimmt schon eine Ewigkeit gedacht haben, dass es sein Dasein nur in einer Schublade fristen muss. Ab heute möchte ich in es nun auch mit meinem Füller kitzeln ...

Bei einer einzelnen Therapie berichtete ich aus meinem Leben zu Kinder- und Jugendzeiten. Dass wir Kinder immer viel im Haushalt und in den Gärten schuften mussten und davon, dass ich ab dem 13. Lebensjahr immer meine kleine Schwester betreuen musste.

[Die Therapeutin] hat es sehr schön auf den Punkt gebracht. Ich habe das Leben einer Dienstmagd geführt und die Eltern haben das so erzogen, gewollt und gefördert. An meiner Person war sonst kein Interesse ihrerseits ...

Vom 31. 07.
Am Abend telefonierte ich mit Mo.

Er erzählte mir, dass Henriette sich den ganzen Tag nicht gemeldet habe. Sie wollte ja ihre Sachen abholen. Als Mo dann am späten Nachmittag bei ihr anrief, hat er sie geweckt ...

Ich war an diesem Tag mit einer Mitpatientin bei einem gemeinsamen Kaffee ins Gespräch gekommen.

[Dabei berichtete sie mir], dass man auch mal nach Hause geschickt wird. Dies warf mich total aus der Bahn und kurze Zeit später wurde mein

Tinnitus so laut, dass er zu vieles überlagert. Dieser weicht mir gerade mal nicht mehr von der Seite (aus den Ohren).

So manches Telefonat, welches ich mit Mo während der Reha führte, war nicht im Geringsten vorteilhaft. Zu viele Informationen stürmten auf mich ein. Da war es oftmals egal, ob sie gut oder schlecht waren. Irgendwie kam ich mir schlecht bei allem vor und mein Körper reagierte heftig mit Übelkeit, Schmerzen und seit Neuestem mit dem Tinnitus.

Die neue Wohnung wurde inzwischen für uns renoviert und einzugsfähig gemacht. Henriette holte allerdings ihre Sachen nicht ab, obwohl sie es mehrfach versprach. Mit ihr steckte ich so richtig in der Zwickmühle. Hilfe nahm sie keine an und mir tat es sehr weh im Herzen, sie nicht länger halten zu können. Kurze Zeit später informierte sie uns, dass sie sich in Hamburg aufhalte. Ach Mensch, schon wieder keine Info zur Abholung ihrer Sachen oder zur Ausbildung, was sie mir vor der Reha versprochen hatte. Sie tingelt eben mal durchs Land.

Mo ging dann und wann zu den Eltern und schaute nach, ob sie sich bereits gegenseitig an die Gurgel gingen. Nach seinem letzten Besuch bei ihnen berichtete mir Mo, dass es schlimm in der Wohnung ausgesehen hatte. Tja, auch er musste es sich von der Seele reden. Das Letzte, was ich wollte, war, dass er auch noch davon krank wird.

Zu allem Überfluss versetzten mich Jilaiya und Bill in Rage und Schrecken. Ich habe Angst!

<u>Vom 01. 08.</u>

Ich kann sie nicht mehr ertragen. Und vor einer Begegnung mit Jilaiya habe ich tierische Angst. Denn dann werde ich sicherlich nicht mehr ruhig bleiben können. Da Jilaiya Auseinandersetzungen meist mit körperlicher Gewalt regelt, wird es sicherlich einen Gewinner (der auch Verlierer ist) und einen Verlierer geben.

 298

„Die Zeit schütze uns vor dieser Begegnung!"
Auch der endgültige Gedanke war heute oft im Spiel. Sicherlich weiß
ich, dass dies nicht gewünscht ist. Doch ich konnte mir die Frage nach dem
Sinn, dies nicht zu machen, noch nicht positiv erklären. Noch immer ist der
einzige positive Grund Mo.
Ich sitze zwischen zwei Stühlen: Glaube ich meinen Kindern, verliere
ich Mo! Glaube ich meinem Mo, verliere ich beide Kinder! Was richtig
ist, weiß ich nicht, aber ich muss mich für einen Weg entscheiden. Warum
bin ich nur dageblieben? [...] Auf jeden Fall, ich bin hier an der richtigen
Adresse. Geholfen wäre mir schon, wenn ich wieder allein irgendwo hin-
gehen kann. Oder dass ich abends normal wieder ins Bett gehen kann und
die Dunkelheit ertrage. Noch immer zögere ich das Zubettgehen hinaus,
obwohl ich hier doch sicher bin. Aber ich habe auch Angst vor dem nächs-
ten Albtraum. Nicht, dass ich da das ganze Haus zusammenschreie. Das
wäre oberpeinlich.

Die Therapien hier sind allesamt erfolgversprechend. Meine
Angst und die entwickelte Depression laufen nach demselben
Muster ab. Denken, Gefühle und das daraus entstandene Verhalten kommunizieren unentwegt miteinander und beeinflussen
so eine Wechselbeziehung. Schön zu hören war, dass „falsch"-
gelebtes wieder berichtigt werden konnte. Heute weiß ich, dass
dies im besten Fall möglich ist, aber nicht jeder erreicht dieses
Ziel. Während der Stunden in Therapie und in vielen Gesprächen hat es mich überrascht, wie die anderen Mitpatienten über
ihre Gefühle sprechen konnten und sie diese auch wahrnahmen.
Bei mir ist es nach wie vor anders, ich nehme meist nur meine
körperlichen Symptome wahr und denke mir etwas dabei, was
mein Verhalten beeinflusst. Aus all meinem bisherigen Leben
ist es mir am angenehmsten, für mich zu sein und andere mit
meinem Denken nicht zu belasten. Entstehende Gefühle schiebe ich weit von mir weg. Ich schaffe es nicht, diese in Worte zu
packen. Sie schmerzen meist nur und machen alles nicht besser.
　　Nun sollte ich hier aber über meine Gefühle sprechen und
schaffte es nicht, welche zu finden.

 299

[...] Mir selbst fällt es auch sehr, sehr schwer, in mich zu hören und zu verstehen, welcher Gedanke manchmal da sein müsste. Ich spüre meist nur die körperlichen Symptome. An Gedanken dabei habe ich nie gedacht.

Vom 02. 08.

Ich weiß nicht, wann ich überhaupt in meinem Leben mit meinen Gefühlen bewusst gearbeitet habe. Was ich weiß, ist das schöne Gefühl der Liebe zu Mo und meinen Mädchen. Aber auch dieses ist traurig und die Traurigkeit lastet schwerer auf mir als das Glücksgefühl der Liebe.

Vom 03. 08.

Dennoch hatte ich heute einen Gedanken, der mich nicht loslässt. Ich weiß, dass ich mit mir selbst immer sehr hart ins Gericht gehe. Fordere von mir viel Disziplin und Durchhaltevermögen. Als ich heute bei der Visite sagte, dass ich keinerlei Süßes esse, kam mir der Gedanke, ob das nicht auch so etwas Ähnliches ist wie Selbstverletzung, ein Zwang? Dennoch stehe ich voll dahinter, weil es mich befriedigt. Es ist gut für mein Ego.

Vom 04. 08.

Hurra ich habe heute gut und lange geschlafen. Fünf Stunden in der Nacht.

Um 13:00 Uhr hatten wir die Gruppe soziales Kompetenztraining. Das ist eine ganz schön schwere Angelegenheit. Verstehen tu ich ja fast alles, aber auf mich bezogene einfache Sachen/Aufgaben, damit komme ich nicht zurecht. Es gibt Denkweisen, da fehlen mir die Worte. Aber ja, klar – es ist für mich nicht greifbar – ich höre an dieser Stelle mit den Schilderungen auf, denn ich kann es einfach nicht.

Ganz banale Dinge, wie zum Beispiel Hilfe holen, fallen mir nicht ein. Das ist undenkbar, nicht zu realisieren ...

Einzelsitzung ...

Vom 05. 08.

Die erhoffte Nachtruhe stellte sich leider nicht ein. Ich habe nur eineinhalb bis zwei Stunden geschlafen. Dementsprechend war heute auch meine Stimmung. Über den Rest des Tages möchte ich gerade nicht sprechen. Das ginge jetzt zu weit. Meine Medikamente bekomme ich ab heute vom Schwesternzimmer zugeteilt.
Ohne Worte.

Vom 08. 08.

Heute hat Henriette all ihre Sachen zu Hause abgeholt. Das schmerzt mich schon seit heute früh. Heute ist für mich der offizielle Tag des Auszuges. Wenn ich nur daran denke, wohin sie gezogen ist, kräuseln sich meine Nackenhaare. Belas Mutter hat mir schon meine Charlotte weggenommen und nun auch meine Henriette. Sollte sie wirklich mit Bela zusammenbleiben, gibt es für mich und Mo kein Happy End.
Tränen,
     Tränen,
          Tränen.

Randnotizen:

Ich habe keine Kraft mehr und ich kann nicht mehr.
Wie lange muss ich das alles noch ertragen?
Schon der Gedanke verursacht Übelkeit in mir.
Sinnlos!
Hoffnungslos!
Total verrannt!
Vom Wege abgekommen!
Ich will einfach nur allem entfliehen, einfach weg!
Welchen Weg soll ich gehen? Welchen?

Gleich in der ersten Woche hatte ich drei Bekanntschaften geschlossen. Einen sehr hübschen, netten und riesengroßen „jungen" Mann und zwei sehr warmherzige Frauen. Beide waren etwas älter als ich. Eine war sehr schlank, die zweite hatte nur wenig mehr auf ihren Hüften. Wir verbrachten viele gemeinsame Stunden miteinander. Gingen spazieren, ließen uns fast täglich Torte und Kaffee im nahegelegenen Café schmecken, wanderten und machten Ausflüge. Ebenso hatten wir so einige Therapien gemeinsam in der Gruppe. Das Schönste für mich war jedoch die tägliche kleine Wanderung mit Wolfgang, dem großen Mann. Jeden Morgen gingen wir vor dem Frühstück unsere Runde, und wenn es mal nicht regnete, gern auch durch den Wald. Uns passierte es auch einmal, dass wir uns im Wald total verlaufen hatten. Da standen wir plötzlich oberhalb an einem steinigen Steilhang und unser wilder Weg quer durchs Gehölz endete mitten im Nirgendwo. Die Orientierung hatten wir kurz verloren und wir lachten und lachten. Nur etwas verspätet erschienen wir fast pünktlich zum Frühstück.

Vom 10. 08.

Mein Kopf ist gerade wie leergefegt. Heute reist Wolfgang ab, das hinterlässt doch ein paar Spuren in mir. Wir zwei konnten über alles reden und kein Thema war tabu. Endlich konnte ich mal ein paar Fragen an jemanden richten, welche generell von fast allen schon beim leisesten Anschnitt dieses Themas auf Gegenwehr stößt. [x]

An diesem Tag war mal wieder Visite. Hier drehte sich alles um meine Suizidgedanken. Und ja, alle haben recht! Mir konnte dabei etwas passieren. Es konnte schiefgehen und bleibende Schäden hinterlassen, mit denen andere zurechtkommen müssten. So fügte nicht nur ich mir den Schaden zu, nein, sondern zum Beispiel auch Mo. Ich sollte doch bittschön daran denken. Was würden meine Kinder denken, wenn es mich nicht mehr gab.

 302

Zum hundertsten Male trafen mich die Worte: Was, wenn, wer, keiner will ... Zu dieser Zeit war ich noch nicht soweit, dass ich die Fragen und Antworten aus meiner Sicht sah. Ich wurde nur mit anderen konfrontiert. Das machte es nicht besser, ganz im Gegenteil, denn ich fühlte mich abermals schlechter und hatte obendrein ein gigantisches und extrem schlechtes Gewissen, welches wiederum auf meine Stimmung drückte. Bei diesem Thema fühlte ich mich vollkommen unverstanden und alleingelassen.

Bei dieser Visite wurde meine Reha, mit meinem Einverständnis, verlängert und ein Antisuizidvertrag für die Laufzeit dieser Reha wurde auch noch mit mir besprochen und gemeinsam abgeschlossen. Ich hoffte so sehr auf Besserung! Es kamen zwei weitere sehr hilfreiche Therapien hinzu. Sie trafen genau den richtigen Punkt, um meinem Denken, Fühlen und Handeln gegensteuern zu können. Dies brach leider meinen inneren Willen und es wurde nicht besser. Nur in der Zukunft wurde ich vorsichtiger mit dem, was ich sagte, um nicht wieder in Ungnade zu fallen. Jedoch half mir alles nicht, aus meinem inneren Dilemma herauszukommen.

Vom 11. 08.

[...] War vorhin von 21:15 bis 22:00 Uhr auf der Bank im Park, welche Wolfgang und ich uns zum Verweilen ausgesucht hatten. Mir kam es in den Sinn, auf dieser bis morgen Früh durchzuschlafen. Und so probierte ich es eine halbe Stunde aus! Aber ich musste feststellen, dass die Parkbänke noch nicht bequemer geworden sind ...

Es kamen auch Zeiten, in denen es mir besser ging. Die Wassertherapie und noch viele verschiedene therapeutische Behandlungen zeigten ihre Wirkung. Hinzu kamen die Einzeltherapien bei der Psychologin. Sie schaffte es, mich von meinem verschlossenen, aber dennoch hohen Ross herunter zu holen und brachte mir ihr Vertrauen entgegen.

 303

Vom 12. 08.

[...] Sie suchte und fand oft Blickkontakt zu mir.

Dieser ist besonders schwer für mich. Mein Vertrauen in diese Welt und deren Menschen hatte ich schon längst verloren. Damit hatte ich aufgehört, den Menschen in die Augen zu schauen. Zur nächsten Einzelsitzung schickte mich die Psychologin auf eine Reise zu einem inneren Ort.

Vom 13. 08.

[...] Anfangs war ich ganz irritiert, damit hatte ich nicht gerechnet. Es fiel mir sehr schwer, alles loszulassen und den Anweisungen zu folgen. Aber es hat dann doch noch geklappt. Eine Sache hat sich zu diesen Reisen geändert. Mein Ort ist heute auf den Namen ‚Windfang‘ getauft worden. Das Gefühl danach ist immer ganz komisch. Wie, wenn man aus dem Tiefschlaf geholt wird. Oder einen nachtwandelnden Menschen aufweckt. Ich brauch' immer etwas Zeit zur Orientierung danach.

Nach dem Abendbrot war ich dann mit der schlanken Frau unterwegs zur nahegelegenen Baude.

Der Weg dahin war ganz schön anstrengend. Auf der Straße kam uns erst ein herrenloser großer Bernhardiner entgegen und ich lief einen Abhang hinunter.

Dann erreichten wir den Waldweg, welchen ich den beiden Frauen schon die ganze Zeit zeigen wollte. Nach wenigen Metern war auch schon Schluss, als uns ein herrenloser Dobermann entgegenkam. Selbst die Frau erstarrte vor Angst zur Salzsäule, und ich bekam eine heftige Panikattacke. Ich schaffte es gerade noch, laut um Hilfezu schreien. Davon aufmerksam geworden, rief der Besitzer seinen Hund zurück. Als sie in

 304

Sichtweite kamen, hatten die Leute drei Hunde dabei. Meine Begleitung musste sich erst einmal Luft verschaffen und sagte denen, dass das unverantwortlich sei.

Das war hier nun schon die vierte Hundebegegnung.

Vom 14. 08.

Während dieser Reha kam mich zu meiner Freude Nash ein paar Mal am Wochenende besuchen. Wir zwei machten gemeinsame Ausflüge und redeten und redeten.

Ich erhielt eine SMS von Nash:

> *Eine wie du.*
> *Eine, die mir zuhört, ohne Vorurteile,*
> *eine, die mit mir redet, egal worüber auch immer,*
> *eine, die mir hilft, ohne zu fragen, warum und weshalb,*
> *eine, die mich und meine Entscheidungen akzeptiert,*
> *eine, die immer für mich da ist und mich versteht*
> *– so eine bist du!*
> *Und ich bin froh, dass du meine beste Freundin bist.*

[...] Zurzeit tobt draußen ein starkes Gewitter. Ich habe heute dem Wolkentreiben zugesehen, wie die sich aufgebaut hatten. Schwarz und bedrohlich zogen sie über mich/uns. Das war ein schönes Naturschauspiel.

Was der Leser dieses Büchleins nicht wissen kann, ist, dass ich sehr oft beim Schreiben innehalten muss, weil mir die Worte fehlen.

Manche Morgenrunden waren einfach wertvoll. Ein toller Arzt schaffte es, all unsere Probleme neutral zu bewerten. Er erklärte, dass wir ein Ziel haben sollten. Wo soll es hingehen? Wer kein Ziel hat, kommt nirgendwo an.

<u>Vom 15. 08.</u>

Auch ist es wichtig, die Zukunftsfrage geklärt zu haben. Was, wenn der Erholungseffekt nach zwei Monaten abgeklungen ist. Was soll dann übrigbleiben? Er machte noch den Vorschlag, zum Ende der Reha an uns selbst einen liebevollen Brief zu schreiben. Dieser sollte in ca. zwei Monaten dann bei uns eintreffen und uns an unsere Ziele erinnern und was wir uns vorgenommen hatten.

Gerade habe ich mit meinem Chef gesprochen. Ich habe ihm mitgeteilt, dass die Reha noch bis zum 14. 09. Gehe. Er war nicht begeistert, das war aber zu erwarten. Vor vier Wochen hätte ich dabei ein schlechtes Gewissen gehabt, aber jetzt is<u>t</u> es <u>o</u>kay so. Un<u>d</u> mir geht es gut.

Auch habe ich mich ertappt, als meine Gedanken wieder zum **Tod** entglitten. Kann mir keiner sagen, was daran so schlimm ist? Noch immer verbinde ich damit ein befreiendes Gefühl. Komisch ist nur, dass ich die Freude und Lust nicht fühlen kann, aber das negative befreiende Gefühl nicht loslassen kann.

Heute Abend waren wir beim Theater, Kabarett oder sons<u>t</u> was. Ich saß <u>so</u> blö<u>d</u>, andauernd schubste mich von hinten eine fette Frau an, dann redete sie immer hinein bzw. versuchte sie, mitzusprechen. Und ihr Gelache war so ätzend wie Säure. Nach dem dritten Sketch musste ich gehen, ich hielt es einfach nicht aus.

Dann wollte ich vorhin bei der Tablettenabholung mutig sein und der Schwester sagen, dass es mir nicht gut geht. Aber das habe ich nicht fertiggebracht. Ich bin so ein Feigling, einfach zu feige, um was zu sagen. Das wäre mir früher nie passiert. Aber im Jetzt am laufenden Band und ich finde keinen Halt. Mir haben die vergangenen **T**age tüchtig zugesetzt. Das mit den Hunden, M<u>o</u> nicht die ganze Wahrheit zu sagen (er will es nicht hören, um sich nicht zu belasten), die Telefonate mit dem Chef (obwohl ganz harmlos), der heutige Tag, <u>d</u>er heutige Abend und jetzt meine Feigheit ...

Vor der morgigen Morgenrunde graut es mir schon wieder heftig. Ich glaube, ich kann meiner Psychologin nicht in die Augen sehen. Ich seh' sie so schon überall. Nach wie vor geht mir die Szene vom 05. 08. Nicht mehr aus dem Kopf. Ich schäme mich so dafür.

Mensch! Wo ist die Tür, die sich Ausweg nennt? Oder pack endlich an! Oder, oder, oder ... Mein Kopf ist leer, leer, leer, leer ...

Vom 16. 08.

[...] Sie sagte mir sehr deutlich, dass ich dann hier nicht mehr weiterbehandelt werden könne und dann käme eine Einweisung ins KH.
   [...] Nach wie vor habe ich ein Problem mit mir selbst. Der Verstand spricht zurzeit eine andere Sprache als meine Gedanken. Wenn ich doch endlich einen Dolmetscher dafür finden könnte ...
Mein Tinni fiept heute wie ein Wasserkessel ohne Unterlass.

Vom 17. 08.

[...] In dieser Visite erklärte mir Hr. Dr. ..., dass meine Erkrankung zu komplex ist und sie würden mich vorerst stabilisieren wollen. Die vergangenen Ereignisse sind scheinbar noch zu frisch. Es müsse erst ein gewisser Abstand dazu sein und ich müsse stabiler sein, um mich therapieren zu können. Auf Deutsch hieße dies; wenn meine Gedanken zum Selbstmord nicht mehr so nah sind und meine Gefühlswelt nicht mehr so heftig Achterbahn mit mir fährt, erst dann kann man mit der Therapie fortfahren und dazu müsse jedes Thema für sich behandelt werden. Themen: Verrufen, Arbeit, Geschwister, Albträume, Borderline, Erniedrigungen, Ziele, Wut, Eltern, Kindheit, Nein sagen, weg, Missbrauch, Erklärungen, Angst, krank, Wünsche, Vertrauen, unsichtbar, Hass, Umzug, verschollen, Hunde und, und, und.
   „Möge die Zeit mir so viel Zeit geben, sodass ich mich wieder erhole.“ Mensch, Resa, sieh dich an! So, wie es im Moment aussieht, kommst du keine tausend Meter weit, ohne nicht über Dreckhaufen aus der Vergangenheit zu stolpern. So viel regt sich in mir, aber ich kann nichts beenden.

Vom 18. 08.

Leider bin ich nach wie vor nicht in der Lage, Gefühle zu fühlen. Ich weiß in dieser Beziehung gar nichts. Als Kind und als Jugendliche konnte ich Gefühle nicht gebrauchen. Diese waren nur hinderlich, um an mein Ziel zu kommen. Und heute muss ich es lernen. Ist schon komisch.

 307

<u>Randnotiz:</u>

An Mo

Trage mich auf deinen Händen,

trage mich in diesen Tag.

Tanz mit mir heut in den Abend,

tanz mit mir bis heute Nacht.

Nimm mich mit auf deiner Wolke,

nimm mich mit bis morgen Früh.

ResA.K.K.

[...] Da hat doch tatsächlich mein Chef bei Mo angerufen. Und ich weiß, was er will. Weil ich am Montag beide Telefonate abgewürgt hatte, will er sich nun bei Mo über mich kundig machen. Das ist hochgradig unverschämt! Auch wenn er damit gute Absichten äußern will.

[...] Und am Ende bin ich wieder zu meiner Bank gegangen und habe in den Himmel geschaut. Heute habe ich keine Sternschnuppe gesehen, aber ein wunderschönes Wolkenspiel.

<u>Vom 19. 08.</u>

Gemeinsame Gruppentherapie PMR mit der schlanken Frau.

[...] Apropos lachen, heute beim PMR mussten wir uns sehr beherrschen, um bei dem Satz „Gelöst und gelockert in der Lockerung und Lösung" nicht loszulachen. Denn vor dem Mittag haben wir uns köstlich über diesen Satz amüsiert. Dabei waren wir dann gelöst und gelockert.

[...] Dann haben die Psychologin und ich Hilfe durch Mo besprochen. Was ich ihm erklären muss und was nicht. Ich habe dazu noch keinen Plan. Nur, dass ich das machen sollte, damit er mir im Alltag helfen kann.

Wenn ich so mit ihr spreche, habe ich immer den Eindruck, dass meine Genesung noch sehr weit entfernt ist. Noch spricht sie für mich eine fremde Sprache, obwohl ich schon weiß, was sie mir sagen will.

<u>Vom 20. 08.</u>

Auf einer Wanderung.
Ich habe mich unterwegs mit Tobias' zu dem Segeltörn unterhalten.
Er beschrieb mir den Ablauf: Dauer unterschiedlich je nach Wunsch, meist um die vier bis fünf Tage. Ankern in Greifswald. Ziel unterschiedlich je nach Wunsch. Besatzung, sieben Stammfahrer, ca. dreißig Gäste und neun weitere Besatzungsmitglieder, die sich um das eigentliche Zusammenspiel kümmern. Kosten ca. 90,00 Euro pro Tag und Person. Vollverpflegung, Küchendienst, Überwachung u. v. a.
Das würde mich wirklich stark interessieren. Das war (ist) mein Lebenswunsch. Hoffentlich wird man davon süchtig.

Eine Unterhaltung mit der zweiten Frau von meinen Bekanntschaften:

[...] Von ihr kam die Frage, warum ich mich um meine Eltern gekümmert habe. Dies verstehe sie nicht, wenn sie wisse, wie es mir im Elternhaus ging. Ich verstehe es heute auch nicht, ich bin von meinem Pflichtbewusstsein ausgegangen. Manchmal ist es besser, man lebt „heiteredei" in den Tag hinein und übernimmt keine Pflichten.

<u>Vom 21. 08.</u>

Heute ist Sonntag und da kam Nash zu Besuch.

<u>Vom 22. 08.</u>

Welche Ängste habe ich?
Vor freilaufenden Tieren, vor allem die Hunde
Vor dem nächsten Albtraum
Vor den alleinigen Nächten zu Hause

Meine Mädchen für immer verloren zu haben
Vor Begegnungen mit der elterlichen Familie
Vor dem Alleinsein
Vor Menschengruppen, die auf mich zukommen
Allein in Läden mit vielen Menschen zu gehen
Vor allem vor mir selbst

<u>Vom 23. 08.</u>

Die Zeit verfliegt nur so wie Wind. Immer in Bewegung, nicht aufzu-halten.

Die Zeit wird mir helfen, alles zu schaffen. Wenn nicht gleich, dann eben etwas später. Ich habe noch mehrere Jahrzehnte vor mir und diese möchte ich schöner erleben als meine Vergangenheit. Es gab auch darin glückliche Zeiten. Da denke ich vor allem an die Zeit, als unsere Kinder noch Kinder waren. Eine Lebensepisode geht mir da nicht aus dem Kopf: Mo und ich gehen spazieren, auch beide Kinder sind dabei. Ich sagte zu Mo, dass ich glücklich sei. Mit ihm und unseren Kindern. Dies war im Sommer/Herbst. Alles war wie im Märchen. Charlotte und Henriette waren traumhafte Kinder. Kinder, um die uns alle beneidet haben. Froh und zufrieden.

[...] Eines wisse ich mit bestem Gewissen:

Ich liebe Charlotte.
Ich liebe Henriette.
Ich liebe Mo.

Dies kann mir keiner nehmen! Diese ...

Tränen
Tränen
Tränen

... Erinnerungen leben in mir und ich lebe diese Erinnerungen.

Ich weiß nicht, wie viel Tränen ich noch vergießen muss, aber dies wäscht die Augen hell und klar. So, wie ich mir meine Genesung vor-stelle.

Aus meinem Tagebuch sieben
Habe noch ganze drei Wochen Reha vor mir. Langsam geht es besser voran, auch wenn ich dann und wann mal niedergeschlagen bin. Doch die Unterstützung, welche ich hier erfahre, ist für mich kaum mit Worten fassbar. Dass fremde Menschen mich so auffangen – Nie im Traum hätte ich an sowas gedacht. Ganz vorsichtig versuche ich, wieder ein Leben für mich zu finden.

Vom 24. 08.

Mit Mo habe ich heute schon gesprochen. Er erzählte mir, dass sich Charlotte gemeldet habe. Sie fordert von uns die Einkommensnachweise ein, für den BAB-Antrag beim Arbeitsamt. Seit dieser Nachricht bin ich wieder traurig. Auch meldet sich Henriette nicht einmal. Das bedrückt mich sehr. Meine beiden lieben Mädchen. Okay, ich berichtige: zwei erwachsene Frauen.

Vom 27. 08.

Heute möchte ich mal mit einer Wunschliste beginnen. Meine Psychologin hatte mich im letzten Gespräch dahin geführt, auch mal meine Wünsche zu äußern. Diese sollten real und durchführbar sein. Sie sollten mit dem Satz „Ich wünsche mir ..." beginnen.
Ich wünsche mir, eines Tages meine beiden Mädchen wieder umarmen zu dürfen, zu können.
Ich wünsche mir, mit Mo alt zu werden.
Ich wünsche mir Nordic Walking Stöcke, auch für Mo.
Ich wünsche mir Mut fürs neue Leben.
Ich wünsche mir die Zeit, die ich dafür brauche, um wieder gesund zu werden.
Ich wünsche mir einen geregelten Arbeitsalltag.
Ich wünsche mir, wieder allein was unternehmen zu können.
Viel zu viele Wünsche.

Vom 28. 08.

Seit ich hier zur Reha bin, hatte ich heute Nacht meinen ersten normalen Traum. Ich träumte von einer neuen Wohnung und dass Charlotte und Henriette noch klein sind. Charlotte wollte immer wieder verschwinden und ich sagte sehr oft: „Charlotte, ich brauche dich." Weil ich sie nicht greifen oder umarmen konnte, wachte ich aus dem Traum auf.

Mo war heute mit Luisa und Otto zu Besuch gekommen. Ja, ich fühlte etwas Gutes in mir, Mo gegenüber. Ich war sehr erfreut und glücklich, ihn zu sehen und mich von ihm auch umarmen zu lassen.

Luisa erzählte mir, dass mein Chef eine neue Anzeige geschalten hat. Er ist auf der Suche nach Ersatz für mich. Ich kann das Gefühl, welches ich bei dieser Nachricht hatte, nicht beschreiben. Es tobte in mir wieder alles Mögliche. Trauer, Wut, Ärger aber auch Freude. Wieder bin ich hin- und hergerissen.

Vom 30. 08.

Habe vorhin die CD von Jimmi Kelly eingelegt. Und da läuft gerade das Lieblingslied von Mutti: „Die Gedanken sind frei" Es stimmt mich nicht traurig. Nur etwas nachdenklich. Ob ich für mich das Richtige tue? Ich komme mir vor wie eine Verräterin. Obwohl auch gleich das Gefühl der Freiheit um mich greift. Es ist noch alles so durcheinander. Was ist richtig? Was tut mir gut? Was ist falsch? Wie sehr tue ich den anderen weh mit meiner Entscheidung? Wie geht es mir damit? Warum ist nur alles so gekommen? Was macht meine Charlotte? Was macht meine Henriette? Wie geht es Mo damit? Wie verletzt ist er? Kann er mich verstehen? Wie sehen die Konsequenzen aus? Wann wird das alles vorüber sein? Wie tief sind die Wunden in mir? Wann kann ich wieder Charlotte in meine Arme schließen? Wann meine Henriette? Wann lasse ich Mo zu? Warum ist das alles so? Ist das bei anderen auch so? Was habe ich noch für Gefühle? Wann kann ich wieder weinen? Wann wieder lachen? Wann vergeht die Sorge? Und, und, und. Nur Fragen keine Antworten. Da ist nicht eine Frage zu mir selbst dabei. Muss ich diese stellen? Ich finde das noch nicht heraus. Die Medikamente blockieren meine Schreibwut.

Oftmals fällt mir nichts mehr ein. Wie jetzt im Augenblick. Es herrscht eine Leere in meinem Kopf.

[...] Ich liebe Mo sehr. Mehr als mein Leben. Mehr als Essen und Trinken. Mehr als Feuer und Wasser. Mehr als die Luft zum Atmen. Bedingungslos.

[...] Dann habe ich gerade mit Luisa gesprochen. Sie hat mir die Stellenausschreibung von meinem Arbeitsplatz zugeschickt. Ich kann es wieder nicht sortieren, was mit mir los ist. Die Gedanken überschlagen sich. Die Anzeige ist seit dem 05. 08. Geschaltet. Also der Tag, an dem ich meine zweite Talfahrt hatte. Das Gespräch mit ihm hatte mich total aus der Bahn geworfen. Alles gelogen, was er mir gesagt hatte. Er gäbe mir die Zeit, die ich brauche. Ha, dass ich nicht lache! Lügner! Feigling! Ihm läuft die Zeit davon.

Aber auch er hat zum großen Teil dazu beigetragen, wie es mir heute geht.

Luisa berichtete dann noch, dass Henriette heute einen Arbeitsvertrag unterschreibt. Na, mal sehen, was das wird.

Nach all diesen Nachrichten fühlte ich mich elend. Da nahm ich meinen ganzen Mut zusammen und hatte mich im Schwesternzimmer gemeldet. Zur Beruhigung bekam ich mein verordnetes Medikament und, da meine Psychologin gerade im Schwesternzimmer war, auch gleich ein Gespräch mit ihr. Nachdem ich von dieser Ausschreibung und meiner Verzweiflung darüber berichtet hatte, sortierte sie es für mich in eine große Enttäuschung ein, ...

[...] wie es wieder gemacht wurde. Also die Art und Weise. Er hat nicht mehr mit mir gesprochen. Die Anzeige hat er an dem Tag aufgegeben, an dem ich nicht mit ihm sprechen wollte, ihm aber mitgeteilt habe, dass meine Reha verlängert wurde.

Wir haben uns so geeinigt, dass ich der Psychologin am Freitag mitteile, welche Entscheidung ich treffe. Entweder eine Wiedereingliederung machen oder nicht mehr an den Arbeitsplatz zurückkehren. Und dann noch, ob ich einer weiteren Verlängerung zustimmen würde.

Über alles muss ich erst einmal nachdenken und die Pros und Kontras herausfiltern.

 313

Vom 02. 09.

Es ist jetzt 09:10 Uhr und die Würfel sind gefallen. Ich habe mich gegen eine Wiedereingliederung entschieden. Denke, diese Entscheidung war schon lange besiegelt, jedoch nur mit mir. Jetzt habe ich kompetente Hilfe an meiner Seite. Das kann nur besser werden.

[...] Dann hatte ich heute Abend noch eine Überraschung gehabt. Nach dem Abendbrot tauchte Wolfgang mit seiner Frau auf. Da war ich total von den Socken. Er und sie machen einen Kurzurlaub und wollen wandern gehen. Vielleicht treffen wir uns morgen zu Mittag auf dem Aussichtsberg. Habe mich wirklich gefreut, ihn wiederzusehen. Seine Frau ist mir sympathisch.

Vom 03. 09.

Gegen 10:15 Uhr ging es dann auf zur Tageswanderung auf den Aussichtsberg mit einer meiner beiden Bekanntschaftsfrauen, Wolfgang und seiner Frau. Dies wurde ein total schöner Tag ...

Mo hat gestern Abend mit Mona gesprochen. Wenn er alles richtig verstanden hat, dreht es sich wieder einmal um Henriette und dass sie uns mit Macht schädigen will. Naja, das wird wohl so schnell nicht aufhören. Ich weiß zwar, dass es nicht gut ist. Aber wer weiß, wofür das mal gut sein kann. Ich für meinen Teil lege beiden Mädchen keine Steine in den Weg. Sie sollen ihr Leben finden ...

Vor mir liegt eine Dankkarte. Diese ist für meine Psychologin. Ich möchte mich bei ihr für alles bedanken. Sie hat mir das Gefühl der Sicherheit wiedergegeben. Auch das Vertrauen erwacht so langsam wieder.

Vom 04. 09.

Heute war wieder Nash bei mir. Wir waren in Pisslitz und zum Kaffee bei Mona. Was sie mir sagen wollte (eine Bemerkung von letzter Woche), drehte sich um Henriette. Sie hat Angst, dass ich mich von Mo trennen würde und mich für die Kinder entscheide. Doch ich konnte sie beruhigen, denn die

 314

Kinder werden ihren Weg ohne mich gehen wollen. Und ich bleibe bestimmt nicht ohne Mo. Er ist meine Lebensversicherung. Solange es ihn gibt, gibt es auch mich, und keinen Tag länger. Ich werde alles dafür tun, dass wir beide unser Leben wieder in den Griff bekommen. Wenn die beiden bzw. die vier Kinder Karoline, Niclas, Charlotte und Henriette uns ablehnen – bitteschön. Eltern zu sein, heißt nicht ein bzw. sein eigenes Leben dafür wegzuwerfen. Auch wir haben das Recht, glücklich zu sein. Kinder haben kein Recht, das Leben der Eltern zu zerstören! Sie sind mittlerweile alle erwachsen, dann sollen sie sich auch um sich kümmern. Und wenn sie uns nicht an ihrem Leben teilhaben lassen wollen, ist das sehr schade, aber nicht zu ändern. Lieben tun wir jeden von euch und das kann uns keiner wegnehmen!

Da war es, das Ende dieser Reha kam in greifbare Nähe. So einige Dinge in meinem Leben hatten sich gravierend geändert. An erster Stelle stand, dass ich begriffen habe: Ich bin krank, auch wenn man dies nicht sieht. Doch ich spüre es überdeutlich. Weiters habe ich gelernt, dass es möglich ist, damit zu leben oder wieder ganz gesund zu werden. Damit dies klappt, nahm ich nun Medikamente, die mir helfen sollten, meine Angst und die Depressionen in den Griff zu bekommen. Zudem sollten mir die Medis helfen, endlich schlafen zu können. Aber wie so oft ist nicht alles Gold, was glänzt. Nachdem ich die Medikamente schluckte, schaffte ich es nicht mehr, Bücher zu lesen. Meist kam ich nun nicht über acht bis zwölf Zeilen hinaus. Des Weiteren hatte ich mich dafür entschieden, nicht mehr an meinen Arbeitsplatz zurückzukehren. Mir fehlten einfach die Kraft und der Antrieb, jede Woche bis zu sechzig Stunden zu arbeiten. Nein, das schaffte ich nicht mehr und wehren konnte ich mich auch nicht dagegen.

Was war mir, was war uns geblieben?

<u>Vom 06. 09.</u>

Mo kommt am Freitag zu mir und bleibt über Nacht. Freue mich schon darauf. Ich könnte meinem Mo auch mal wieder einen Liebesbrief schreiben.

 315

So viel Worte sollten für ihn schon mal rauskommen. Und ich meine, dass er sich darüber freuen würde.

[...] War gerade unten und habe mein Handy zurückbekommen. Als ich so die Treppen wieder hinaufgestiegen bin, bemerkte ich, dass mir mein Bein wieder in der Leiste wehtut. Schon kommt eine kleine, nervige Belastung, ergo: Da sind die Schmerzen zurück. Ist doch alles ein Kotz! Muss ich damit wirklich leben? Ich kann mich auch nicht deswegen mit Tabletten volldröhnen. Da bekomme ich vom Tag nichts mehr mit.

Randnotiz vom 08. 09.
... Ich kann nichts dafür, dass ich geboren wurde.
Ich kann nur was dafür, dass ich lebe.

Meine Gedanken kreisen zurzeit kaum um nervige Sachen. Ich beginne auch, positive Erinnerungen wahrzunehmen. Es ist ja richtig, dass man bzw. ich nicht nur schlimme Dinge in der Vergangenheit gehabt hat/ habe. Einiges Schönes gibt es schon. Und ich arbeite sehr daran, meine Gedanken von anderen Sichtpunkten zu betrachten. Diese Reha ist sehr hilfreich. Ohne dieser wäre ich noch immer in meinen Gedanken gefangen.

Vom 09. 09.

Da melde ich mich schon wieder am frühen Morgen hier im Buch zurück. Habe zwar länger schlafen können, aber heute Nacht hatte ich wieder einen Albtraum. Ich hatte Herzrasen und einen Schweißausbruch. Die innere Unruhe bestimmt wieder meinen Tag. An die Geschehnisse im Traum kann ich mich nicht mehr erinnern. Von der Unruhe und meinen Geräuschen war ich erwacht. Also Fazit; diese Träume bin ich nicht los und das erschreckt mich sehr.

Mo kam heute schon gegen Mittag zu mir und ich hatte mich sehr gefreut. Der Nachmittag und der Abend waren gesprächsgeladen. Er war ja gestern bei Nash.

Vom 10. 09.

Mo ist nun wieder fort. Der Abend ist noch jung und ich bin todmüde. Nur noch zwei bis drei Zeilen, dann gehe ich schlafen. [...]
So, gute Nacht. 20:15 Uhr.
21:58 Uhr. Ich bin wieder zuckend und mit Herzrasen aufgewacht. Nun kann ich nicht wieder einschlafen. Ich hatte wieder einen ekeligen Traum, bei dem auch alle Kinder vor mir und Mo schreiend davonlaufen. Könnte nur noch weinen, aber das geht auch nicht, weil mein Körper das nicht kann. Vor lauter Frust bin ich jetzt aufgestanden und muss alles aufschreiben, bevor ich es wieder vergesse.
Auch krabbelte ständig irgendwas an mir herum. Es war wieder wie das Tor zur Hölle, es hört niemals auf. Und müde bin ich nun auch nicht mehr. Die Verzweiflung in mir wächst von neuem. Was tun? Hilfe! Hilfe! Hilfe!
Und was noch auftaucht; mein Vater, der mich überallhin verfolgt und mit mir unbedingt reden will. Aber ich will nicht!

Vom 11. 09.

Der Tag heute war lang. Und die schlechte Nacht steckte in meinen Gliedern. Mir gehen wieder viele Gedanken durch den Kopf, aber sicherlich, weil es mir seit Mittwoch schlechter geht. Die beginnenden bösen Träume nagen an mir ...

Vom 13. 09.

Die Reha endet und auf mich warten neue Herausforderungen. Nach den letzten Therapien gönnte ich mir einen Stadtbummel, so zum Abschied.

Als ich aus der Stadt zurückkam und ich den Weg an der Kinderklinik entlang ging, kam mir ein kleines Mädchen, ca. neun Jahre jung, entgegen. Sie fragte mich, ob sie mir die Fingernägel lackieren dürfe. So bekam ich

317

an der rechten Hand den kleinen Finger ganz rot lackiert. Dies zauberte mir für eine Weile ein Lächeln ins Gesicht. Meine beiden Mädchen waren auch so.

Da fällt mir ein, ich wurde heute wieder gefragt, ob ich noch Gedanken an den Tod habe. Ja, sicherlich. Diese spuken mir jeden Tag im Kopf herum. Nur zurzeit beherrschen sie nicht meine Gedanken.

Vom 14. 09.

Ich habe schon Angst, wieder nach Hause zu gehen. Aber nicht vor Mo, vielmehr vor der Ungewissheit. Vor dem, was mich erwartet. Finde ich eine Arbeit? Wie geht es weiter?

Vom 15. 09.

Was ich gestern vergessen habe, ist, dass ich mir den Mondaufgang angeschaut habe. Es war sehr beeindruckend. Wie einer Geburt beizuwohnen, um es noch genauer auszudrücken. Es ist zurzeit Vollmond. Er schob sich hinter dem Wald empor und wurde von Wolkenfetzen umschmeichelt. Traumhaft.

Nun zählt dieser Tag heute auch schon wieder zu meiner Geschichte. Und ja, solche Gedanken, mir was anzutun, sind aktuell wieder da.

Das Abschlussarztgespräch liegt auch hinter mir. In der Zusammenfassung lässt es sich so beschreiben: Ich bin noch immer am Anfang meiner Behandlung der Erkrankung. Die ganzen noch nicht funktionierenden Sachen, wie Fernsehen und Radio hören, werden noch eine ganze Weile nicht gehen.

Alles lief da hinaus, dass meine Therapierbarkeit noch nicht gegeben war. Die ganzen Ängste sollten auseinandergenommen werden und, und, und. Sie sprachen von Therapie und Medikamenten, von einer Traumatherapie und ich wurde zu einem

Nachsorgeprogramm angemeldet. Eine rasche Besserung war noch lange nicht in Sicht.

Immer wieder flitzen mir die Gedanken durch meinen Kopf. Immer wieder, immer wieder. Ja, du, lieber Leser, du hast bestimmt auch Gedanken im Kopf, immer wieder. Bei mir sind es die Gedanken, für immer zu gehen. Was ist daran so schlimm? Was lenkt mich davon ab? Was? Und in sechsunddreißig Stunden bin ich auf der Heimreise.

Ich war getrieben und verzweifelt zwischen meinem Wunsch und meinen Versprechen.

Wohin treiben mich die Gedanken und Gefühle noch? Stopp! Stopp! Stopp! Ich muss lernen, damit umzugehen und nicht immer zu flüchten. Eines Tages würde ich aus meinem Leben flüchten. Trauer kommt bei diesen Gedanken nicht auf und auch keine Angst. Ist das normal? Wo ich so tieftraurig und doch so ängstlich bin?
Heute ist auch die Müdigkeit nicht da. Der Tag heute ist wieder so richtig bullshit. Wenn ich nicht müde werde, kann ich nicht schlafen. Ach, wenn alles wieder schlimmer wird, kann das Medikament erhöht werden ...Sportlich sollte ich weiter aktiv bleiben, dies tue mir langfristig gesehen sehr gut und hilft mir, über vieles hinweg.

<u>Vom 17. 09.</u>

Ich komme gerade vom Abschlussgespräch. Die Gedanken, mir etwas anzutun, entspringen meiner Angst vor dem, was kommt. Das ist eine Unbekannte und ich kann diese nicht zähmen. Ich musste viele Versprechen bei meiner Therapeutin lassen: Dass ich mir Hilfe hole, dass ich mit Mo spreche und Nash anrufe. Aber vor allem, dass ich mit Helena darüber spreche. Sie kann mir nicht helfen, wenn sie nichts weiß. Und dass ich mir

319

schnellstens einen Psychiater suche (Hätte ich das doch nie getan!) und mich in weitere Behandlung begebe.

Sie fragte mich, ob sie mich doch mal drücken dürfe. Und ich ließ es zu. Nach so vielen Monden tat das Gedrücktwerden einfach nur gut. Ich versuche, es in meinem Herzen zu bewahren. Dass ich die Nähe so unvermittelt zulassen konnte? Ich habe keine Worte dafür. Doch: Danke! Ich bin gerade blind vor Tränen, Tränen, Tränen …

Die Tränen habe ich auf der gegenüberliegenden Seite sichtbar gemacht.

Vom 18. 09.

Nun sitze ich zu Hause in meiner Küche, naja, was davon noch übriggeblieben ist, und kitzle diese Seiten mit meinem Harley-Davidson-Füllfederhalter. Das musste ich mal erwähnen.

Mo holte mich vom Bahnhof mit einer roten Rose für mich in seiner Hand ab.

Ich bin den ganzen Tag schon wieder wie aufgezogen. Innere Ruhe stellt sich nicht ein. Mo meinte, er merke dies nicht. Aber mein Körper ist total hippelig und nicht müde zu kriegen.

Heute hatte ich den Mut, mit Mo über sehr vieles zu sprechen. Kein Thema war tabu. Aber wie Mo immer sagt: Er wisse nicht, wie er mir helfen soll. Dies irritiert mich ein wenig.

Die Entlassungspapiere habe ich heute bekommen. Darin steht was von wiederkehrenden Depressionen und auch von Burnout, dann noch meine Phobien und vom Tinnitus, beidseitig. Total doof für mich. Im Stillen kann ich noch hinzufügen: Irgendwie finde ich alles wieder total beschissen. Und ich frage mich, ob ich das will und muss. Die Frage, ob alles überhaupt noch Sinn macht. […] Sie meint, es lohne sich zu leben. Ich frage, wofür? Sie meint, für mich selbst. Es fällt mir sehr schwer, daran zu glauben.

Heute Abend habe ich alle liegengebliebenen Papiere erledigt. Bis auf die neue Wohnung, das muss noch zwei oder drei Tage warten. Bei den Papieren war wieder viel Kram von Charlotte und Henriette dabei. Aber diese Sachen ziehen mich hinunter und lassen mich unendlich traurig sein. So schwer, wie da mein Herz ist …

Vorhin, als ich den ganzen Papierkrieg bearbeitet habe, war mir so, als ob jeden Moment mein Gehirn explodiert. Ich kam an meine Grenzen. So langsam werde ich beginnen, unseren Haushalt einzupacken. Denn in vier Wochen ziehen wir dann um.

Vom 19. 09.

Am liebsten hätte ich heute wieder alles hingeworfen. Es gab Minuten, in denen ich nicht mehr wollte. Gerade das Gespräch mit dem Chef. Ich konnte ihm nicht die Wahrheit sagen, dass ich nicht wiederkommen werde. Er tut zwar total freundlich und sagt, dass ich mich auf ihn verlassen könne. Aber im selben Atemzug erzählt er mir, dass ... Ich schaffe es einfach nicht ...

Bei Charlotte war ich heute auch und habe ihr die Papiere und das Familientagsgeschenk gebracht. Leider war sie nicht da, so konnte ich nicht mit ihr reden. Dann haben mich noch die drei Hunde dort nervös gemacht. Meine Gefühle fuhren Achterbahn und ich konnte einfach nichts tun. Mir ist gerade zum Weinen, aber auch das bekomme ich nicht hin. Zum Verrücktwerden!

Auch war ich heute beim Doktor. Er hat mich für die nächsten vier Wochen krankgeschrieben. Das zerreißt mich jedes Mal. Ich fühle mich nicht krank und doch kann ich nicht mehr, bin ausgebrannt und leer. So als ob mir jemand den Stecker rausgezogen hat. Aber auch total komisch. Denn wenn ich die Medizin nicht nehme, läuft in mir alles auf Hochtouren. Ich bin dann total angespannt und weiß nicht, wohin mit der ganzen Energie. Und am Tag komme ich nicht aus dem Knick. Da fällt es mir schon schwer mir Frühstück zu machen, obwohl ich nicht schlafen kann. Irgendwie ist alles verdreht und ich drehe mich im Kreis.

Schön ist, dass Mo Urlaub hat und dass er mit mir spazieren geht. Das lenkt von allem ab, so soll es sein.

Aber gerade eben habe ich das Gefühl, überflüssig zu sein und dass für mich kein Platz mehr ist. Ich war noch nie in meinem Leben so allein und einsam, obwohl doch viele etwas von mir wollen. Ist das nicht komisch?

Da habe ich mein ganzes Leben nur gearbeitet und habe so plötzlich kein Ziel, keinen Wert, keine Herausforderung mehr. Alles weg, spurlos verschwunden.

Naja, auch bei Helena habe ich heute einen Vertrag (Antisuizid) abgeschlossen. Ich kann ja verstehen, dass es allen um meine Sicherheit geht. Ich traue ja im Moment noch nicht einmal mir selbst.

Vom 20. 09.

Sch...-Tag heute. Meine Stimmung ist im Moment auf dem Tiefpunkt. Hätte mich heute beinahe mit Mo gezofft. Er lenkte ein und dann ging es wieder. Ich kann mich gerade mal nicht selbst ertragen. Da staune ich über Mo, dass er das mitmacht. Ich bin zurzeit auch nicht die freundlichste Person.

Heute Nachmittag waren wir wegen Henriette wieder auf der Kindergeldkasse. Sie weist einfach nichts nach. Da kann es passieren, dass wir noch das Kindergeld zurückzahlen müssen. Oder wir verklagen Henriette zur Zahlung. Was das alles, was noch werden soll? Nun entsteht richtiger Familienkrieg. Genau das wollte ich nicht. Na, mal sehen, ob ich mit Henriette darüber reden kann.

Mo und ich können es gerade nicht. Ich mache zu und er schimpft über alles. So kriegen wir auch keine Lösung hin. Und aussitzen wird in diesem Falle nicht funktionieren. Mensch ich will hier weg! Mir ist alles zu viel.

Nun hatte ich heute wieder keine positive sportliche Aktivität. Das vermisse ich sehr. Aber mir fehlt auch der Antrieb und Mo macht nicht mit. Wenn ich nicht solche Angst vor Hunden hätte, könnte ich viel allein machen.

Meine Gedanken fliegen heute nur so an mir vorbei. Ich bin immer woanders. Mal bei Charlotte, mal bei Henriette, in der neuen und in der alten Wohnung, bei Dalia, bei den Eltern, ich mache mir auch Sorgen um meine beruflichen Belange. Wie soll das nur weitergehen?

Vom 21. 09.

Dieser Tag war auch nicht so berauschend. Obwohl Mo zweimal mit mir einen längeren Spaziergang gemacht hat.

Am späten Nachmittag hatte ich meinen ersten Psychiatertermin bei Frau Dr. Traudich. Da saß ich nun einer freundlichen Frau, mit rundlichem Gesicht und kurzen, dunklen Stoppelhaaren gegenüber. Trotz ihrer warmblickenden Augen, war ich generell schon angespannt, besonders während des Gesprächs. Ist jedes Mal so, wenn ich erzählen muss, warum es mir so geht, wie es gerade ist. Langsam nervt es mich und ich will einfach nichts mehr sagen müssen. Auch gegenüber Mo nicht. Ich will Hilfe zulassen. Dann die direkten Fragen zum Suizid. Ist mir nicht so einerlei. Es kommt mir vor, dass alle meine Gedanken lesen können. Warum nur muss ich so sein wie ein offenes Buch? Ich hatte es ja versprochen, dass ich mit offenen Karten spiele. Aber keiner sagte, wie schwer das ist. Als alle Medikamente abgefragt wurden, bekam ich kurz den Hinweis, diese eine Sorte beim nächsten Besuch mitzubringen. Sind nicht gut bei mir aufgehoben – Oh doch, bestens, habe dafür sogar eine Verwendung. Auch holte ich Mo dann noch zum Gespräch hinzu. Das war mir alles oberpeinlich!

Heute ist mein Kopf zwar bis zum Rande gefüllt, ich spüre dennoch eine totale Leere. Jetzt habe ich noch ein weiteres Medikament hinzubekommen. Die Liste der Nebenwirkungen ist lang. Kann mich da nur überraschen lassen. Habe ja auch von mir die Nase voll! Kann mich ja kaum noch ertragen. Wie geht es Mo damit?

Auch dort musste ich versprechen, mich ins Krankenhaus zu begeben, wenn es schlimmer wird. Wie schlimm kann es werden? Mir reicht es jetzt schon! Aber ich habe es dreißig Jahre geschafft, dann werde ich doch kurz vor dem Ziel nicht aufgeben. Nun sind es bestimmt keine dreißig Jahre mehr. Also kann es nur noch der Endspurt sein. Oder liege ich falsch?

23:20 Uhr. Wie immer kann ich nicht schlafen. Zu viele Gedanken rattern durch meinen Kopf. Da habe ich vergessen, zu erwähnen, dass mir die Ärztin angeboten hat, stationär aufgenommen zu werden. Ich tappe irgendwie hilflos in der Gegend herum.

Jetzt sitze ich wieder in der Küche und trinke Kakao.

Vom 22. 09.

Auch dieser Tag war doof. Ich kam nicht so recht aus dem Knick. Meine Gedanken sind immer noch bei demselben Thema. Nur ist es mir inzwischen ganz klar und die Vorstellung nicht mehr so erschreckend.

 323

Wegen des neuen Medikaments: Habe mal im Internet danach gegoogelt. Naja, ein paar Nebenwirkungen werden sicherlich auftreten, wie Mundtrockenheit, Übelkeit und Schwindelgefühl. Aber nicht verrückt machen lassen. Muss ja nicht immer die ganze Palette sein. Man kann ja auch Glück haben. Oder?

Auch ich würde gern mal wieder so richtig lachen und Spaß und Freude haben. Aber mein Körper will das irgendwie nicht. Manchmal denke ich, dass ich gar keine Gefühle mehr habe …

Vom 23. 09.

Vorhin habe ich mit Henriette gesprochen. Sie will am Donnerstag wegen des Kindergeldes und der Steuererklärung zu uns kommen. Hatte es ihr angeboten, ihr dabei zu helfen. – Abwarten. – Das mit dem Kindergeld wäre ärgerlich, denn ich weiß, dass sie sich mehrfach beworben hatte. Sie braucht nur die Bewerbungsschreiben nachweisen. Das muss doch zu machen sein! Habe auch so langsam die Nase davon voll. Will das alles nicht mehr. Einfach Strich darunter! Ruhe! Aus. Alles vorbei! Keine Verpflichtung mehr. Nur noch Mo und ich …

Mein neues Leben beginnt fast so leer, wie mein Kopf ist. Arbeit weg, Eltern, Geschwister weg, Kinder weg, alte Wohnung weg. Da fehle nur noch ich selbst …

Meine Gedanken drehen sich wieder um eine neue Arbeit, Tod, Sorgen um Henriette. Wie soll es weitergehen?

Ich hatte mir heute gedanklich viel vorgenommen, nur zwei kleine Sachen sind erledigt worden. Mir fehlt nach wie vor der Antrieb. Habe einfach keine Lust, irgendetwas zu machen. Kann das jemand verstehen? So viel Arbeit, aber nichts, einfach null, es geht einfach nicht! Komisch ist nur, dass ich jeden Tag schreiben kann. Da brauche ich keinen großen Ruck dafür. Das geht einfach so, so wie früher, wenn ich etwas machen wollte. Jetzt fehlt mir der Zweck.

Vom 28. 09.

Von Helena habe ich Lebenskarten geliehen bekommen. Tolle Sache.
Dann habe ich wieder Hausaufgaben bekommen. An neuen Glaubens-
sätzen arbeiten. Wir haben schon mal drei in der Vorgabe. Dann noch
einen Brief an Charlotte verfassen. Damit tu ich mich schwer. Wird sie
ihn lesen, wenn sie ihn bekommt? Oder wirft sie ihn weg? Diese Idee
hatte ich schon ein paar Mal. Aber ich habe mich nicht getraut. Es stimmt
mich immer sehr traurig. Werde sehen, wie das werden wird. Wie immer:
Abwarten.

Vom 29. 09.

Henriette war heute wegen des Kindergeldes bei uns. Jetzt haben wir
alles soweit fertig. Der Brief geht heute noch zur Post.
Henriette bekommt derzeit Harz IV/ALG II. Das lässt ja mal die
Hoffnung steigen.
[...] Und gebe heute noch meine Betriebsschlüssel von der Arbeit ab.

Tatsache war, es blieb so verzwickt in meinem Leben, wie die
jüngst vergangene Zeit. In meiner Welt ging es täglich mehrfach hoch und hinunter. Meist jedoch abwärts, ohne Halt. Dabei bemühte ich mich heftig und mit Leibeskräften, um diesem
Strudel zu entkommen. Aber das magische, negative Kraftfeld
beraubte mich nicht nur um meine Kraft und Energie. Nein, es
leerte täglich meinen Kopf noch bevor ein Tag begann. Eine unaufhaltsame Spirale bohrte sich in mich hinein und löste eine
Karussellfahrt ohne Stopp- und Haltepunkt aus.

Alles, was auf mich zukam, löste Panik oder eine gigantische
Angst in mir aus. Meinen Schlaf hatte ich ja bereits vor vielen
Monaten verloren. Nur sehr selten schlief ich mal etwas länger
als zwei oder drei Stunden in einer Nacht. Die nächtlichen all-
gegenwärtigen Dämonen waren immerfort, mit dem Einzug der

Dunkelheit erschienen sie und ließen mir bis zum Erwachen des Tages keine Ruhe.

Jede neue Information, sei sie noch so harmlos, ob sie von Mo, von Ämtern, von Freunden oder oder oder kam, sie riss mich um. Mein Fundament gab es nicht mehr. Meine Wurzeln sind gekappt. Ich wackelte mit jedem dahinziehenden Luftstrom, auch wenn es nur ein leichter Hauch war, gewaltig im Wind. Hinzu gesellte sich ein Unwohlsein, welches meinen Magen ab und zu ohne Vorwarnung umdrehte.

Ich versteifte mich auf die Hoffnung, dass sich mit unserem Umzug in wenigen Wochen unser gemeinsames Leben – von Mo und mir – wieder in ein normales, bodenständiges Eheleben verwandelt. Nichts wollte ich lieber, als „normal" zu sein.

Es zogen Wolken, Tage, Monate vorüber. Alles brachte neue Schwierigkeiten mit: Die Wolken brachten Regen, dieser viel Wasser, welches sich im Keller des alten Hauses strömend ergoss. Mehrmals am Tag war ich damit beschäftigt, diesen aus den Kellern zu fegen. Musste retten, was noch zu retten war. Die Tage waren trotz ihrer Fülle leer, wie im Vakuum. Ich suchte aus Erschöpfung, so lange es mir möglich war, den Schlaf. So oft blieb ich den ganzen Tag im Bett, weil nun die Dämonen Ruhe gaben, und stand erst auf, wenn Mo heimkam oder er selbst am frühen Nachmittag aufstand.

Aus meinem Tagebuch acht
Vom 02. 10.

Ich weiß noch immer nicht, was ich meiner Charlotte schreiben soll, will, kann und darf. Es ist inzwischen so viel passiert, vor allem mit mir. Das wird für mich wohl der schwerste Brief meines Lebens. Mir fallen einfach keine passenden Worte ein. Das einzige ist, dass ich sie unendlich lieb habe.

[...] Bis zum Monatsende läuft noch unser Mietvertrag hier. Aber das mit dem neuen Mietvertrag ist noch nicht geklärt und es ist auch noch kein Transport bestellt. In meinem Kopf türmt sich so langsam das Chaos.

[...] Henriette kommt am Mittwoch ab 09:00 Uhr zu uns, so haben wir es vereinbart. Dann machen wir ihre Steuersachen für das Finanzamt fertig. So allein schafft sie es ja nicht. Ich helfe ihr gern. Hoffentlich nutzt sie mich nicht wieder aus. Das würde mich sehr traurig stimmen. Ich liebe meine Henriette doch so sehr.

Vom 03. 10.

Wie immer sitze ich in der Küche und lasse den Tag noch einmal Revue passieren. Am Vormittag schrieb ich zwei Briefe, einen an Mila-Marie und einen an Ralf. Dann versuchte ich mich am Brief an Charlotte. Diesen habe ich nicht hinbekommen, obwohl ich ihr so viel sagen will, ist mein Kopf leer und ich finde partout keine Worte. Es ist wie eine innerliche Ohnmacht. Er gelingt mir einfach nicht. Der Kopf ist leer, obwohl ich so viele Gedanken habe, aber keine Worte.

Mit dem Nordic Walking ging es heute weiter. Wir (Mo und ich) liefen die ganze Trampelpfadrunde, knappe acht Kilometer. Das tat mir echt gut. Vor der Reha wäre da nie daran zu denken gewesen, da ging ich gar nicht mehr hinaus. Ich trau mich jetzt zwar auch nicht allein hinaus, aber morgen muss ich. Da habe ich vier Termine, Frau Dr. Traudich, Helena, Reha-Nachsorge und unsere Rechtsanwältin.

Vom 04. 10.

Bei Frau Dr. Traudich wurden meine Medikamente neu eingestellt. Bei Helena ging es heute um den Notfallplan und im Hauptthema um Charlotte, um den Brief an sie. Schon jetzt sind alle Gedanken weg, einfach weg! Selbst das kann ich nicht niederschreiben. Totale Blockade! Nichts! Nichts! Nichts! Immer nur nichts! Bei der Nachsorge bekam ich nur eine Telefonnummer an der Tür.

[...] Morgen kommt Henriette wegen ihrer Lohnsteuer. Hoffentlich klappt das alles. [...]

Bin dann bei unserer Rechtsanwältin gewesen.

[...] Mo hat gerade angerufen, es wird noch eine Stunde später heute. [...]

Musste heute die besonderen Medis bei Frau Dr. Traudich abgeben. Das Risiko ist zu groß. Damit habe ich mir meine Top-Idee selbst genommen oder vielmehr nehmen lassen. Die Gedanken gehen einfach nicht weg.

Vom 05. 10.

Den Lohnsteuerjahresausgleich haben wir heute für Henriette gemeinsam mit ihr fertiggemacht. Da war nicht viel zu tun. Hatte mich auf sie gefreut und bin auch nicht enttäuscht worden.

Meine Gedanken sind zurzeit mehr zukunftsorientiert.

Des Öfteren am Tag kreisen meine Gedanken jedoch noch immer darum, ob es sich lohnt zu leben. Wenn Mo da ist, habe ich auch eine positive Antwort. Nur jetzt, so allein, denke ich: Wofür noch? Nur um jeden Tag auf Mo zu warten? Das kann es doch nicht sein! Wenn ich doch bloß schon alleinige Unternehmungen machen könnte. Allein hinausgehen ist doof! Zu viele Hunde. Allein einkaufen zu gehen ist doof, zu viele Menschen. Allein zu Hause zu sein ist auch doof, zu viel Nichts! Alles doof! Auch ich! Das war doch nie so kompliziert mit mir! Ich stehe mir gerade wieder selbst im Weg und versperre alle Richtungen. Warum nur?

Morgen hätte Oma Gretel Geburtstag, auch hier werde ich im Stillen an sie denken. Sie war eine wunderbare, liebenswerte Frau.

Vom 06. 10.

Ich muss heute mal mit der letzten Stunde beginnen. Also, vor knapp einer Stunde rief der Vater hier an und sagte: „Die liegt im Krankenhaus Station 3, Zimmer 8." Mo musste erst nachfragen, wen er mit „die" meinte. (Mutti natürlich.) Ich werde mit so einem achtungslosen Verhalten nicht fertig. Da hat sie ihm so viele Kinder geboren, hat sich ihm ihr ganzes Leben lang unterworfen und da hat er keine Achtung davor.

Meine Gefühle toben gerade in mir. Ich bin traurig und verärgert gleichzeitig. Am liebsten würde ich jetzt fortlaufen.

 328

Mo hat die kommende Woche Nachtschicht. Total doof für mich. Was ist für mich jetzt richtig, was falsch? Was gut? Und was schlecht? Nun gehen die Fragen wieder los, auf die ich keine Antwort finde. Nur die Zeit glättet mir meinen Weg. Oder auch nicht.

Den ganzen Tag habe ich an den Brief für Charlotte gedacht. Noch habe ich keinen Anfang gefunden. Mir ist ein Brief noch nie so schwergefallen. Muss ich denn erklären, was mit und in mir los ist? Kann ich nicht einfach nur schreiben: „Ich habe dich, meine Charlotte, sehr lieb und ich vermisse dich"? – Das trifft mein Gefühl sehr genau, aber es reicht nicht. Warum ist das nur so schwer für mich? Warum? Ich weiß, dass ich sie mit meinem Wutausbruch damals so sehr verletzt habe. Aber auch ich wurde verletzt, und das scheint sie nicht mitbekommen zu haben. Hatte damals wirklich sehr überreagiert, aber ich war so verzweifelt und im Kampf um sie am Ende meiner Kräfte. Ich war einfach nur hilflos und plötzlich so einsam und allein. Mein Herz ...

Tränen

     Tränen

          Tränen

... wurde an dem Tag aus meiner Brust gerissen.

Tränen

     Tränen

          Tränen

Ich konnte mich nicht mehr unter Kontrolle bringen und bin total ausgetickt.

Weißt du, Charlotte, ich hatte an diesem Tag sehr gute Laune. Und weil ich noch Zeit hatte, bis Papa von der Arbeit kommt, dachte ich mir, ich kann dich doch auch mal allein besuchen fahren. Ich hatte mich so auf dich gefreut.

Dann kam das Unverhoffte. Als ich bei euch in den Wintergarten kam, schlug mir eine Eiseskälte entgegen und ihr wart ganz plötzlich alle ganz still und ihr saht mich an, als wäre ich der Leibhaftige persönlich. Die Antwort auf meine Frage, ob ich willkommen sei, schockte mich. Denn Belas Mutter und sein Bruder schüttelten ihre Köpfe. Da bin ich zum ersten Mal in meinem Leben (privat) ausgetickt.

Weil Henriette davor erzählt hatte, dass du nicht mehr zu uns gehören möchtest, brach meine Welt zusammen. Und ich habe mich bis heute davon nicht wieder erholt. Ich liebe dich sehr.

 329

Da habe ich euch beigebracht, dass man nie im Streit auseinander-
gehen soll.

Es tut mir sehr leid und ich möchte dich sehr gern um Entschuldigung
bitten.

Tränen

   Tränen

      Tränen.

Nun ist sie wieder da, die tiefe Traurigkeit ...

Vom 07. 10.

Wir waren heute Vormittag im Krankenhaus. Ich wollte, dass Mo da allein
ins Zimmer geht. Aber er hatte Mutti nicht erkannt und bat mich mit hinein.

Sie hatte geschlafen und von unserem Besuch nichts mitbekommen. Für
mich war das erleichternd, war wieder so angespannt, dass mir hinterher mein
Nacken geschmerzt hat und ich fast erfroren war. Das brauche ich nicht wieder.

Nun bin ich allein zu Hause. Mo ist heute schon zeitiger zur Nachtschicht gegangen. Diese Einsamkeit ... Doch was soll ich am Abend und
in der Nacht machen? Ich habe keine Ahnung! Lesen klappt noch immer
nicht. Das bleibt alles nicht im Kopf. Den Haushalt einpacken? Da habe
ich noch keine Lust dazu. Das mache ich besser am Tag, da brauche ich
auch etwas zu tun. Vorhin habe ich wieder Google gefragt. Naja, nichts
Gescheites. Nur wieder Sachen über Tod und Suizid. Aber davon werde
ich nicht klüger. Warum mich dauernd diese Gedanken umgarnen? Warum
nur habe ich davor keine Angst? Nur vor mir selbst, dass ich eines Tages
den Mut dazu habe. Ich weiß nicht, wann, ich weiß nicht, wie, ich weiß
nicht, ob überhaupt. Wie lange noch? Was muss erst noch passieren?

Vom 10. 10.
Im Krankenhaus bei Mutti.

Danach hatte Mo eine Diskussion mit einer Krankenschwester. Hierbei
ging es um die Pflegestufe. Mutter hat es bis jetzt nicht gewusst, dass
sie Pflegegeld bekommt. Aber auch daran sieht man, so wurde uns das

auch nur beigebracht: Nie Hilfe anzunehmen. Das ist ein Zeichen von Unfähigkeit und Schwäche. Dafür muss man sich schämen.

Mo erzählte, dass Henriette gestern bei Oma zu Besuch war. Das hat mich gefreut und etwas stolz gemacht. Es kann nicht alles in der Erziehung falsch gewesen sein.

Mutter erzählte ihm, dass sie zu Hause schon lange nichts mehr machen darf. Selbst ihre Hamster darf sie nicht mehr füttern oder irgendetwas aus einem Schrank oder Regal nehmen. Vater behandelt sie schlimmer als ein Kleinstkind. Er macht alles allein und will sich nicht helfen lassen.

Vom 13. 10.

Wie immer bin ich allein zu Hause. Habe heute schon mal einen Anfang gefunden und habe wieder Sachen für den Umzug zusammengepackt.

Vom 14. 10.

Heute war ich schon fleißig und gönne mir gerade als Belohnung einen heißen Kakao. Habe achtzehn oder neunzehn Bewerbungen per Mail geschickt.

Naja, wenn ich nachher Lust habe, packe ich weiter ein.

Jetzt ist schon Abend und noch immer bin ich allein. Ich habe einfach keinen Antrieb, um allein spazieren zu gehen. Aber ich hätte die Zeit und die Möglichkeit. Noch immer hält mich da noch die Angst zurück.

Mo hat gerade um 18:22 Uhr angerufen, er kommt jetzt heim. War für ihn und für mich ein langer Tag heute. Morgen und am Sonntag hat er frei. Darauf freue ich mich sehr.

Morgen ist gegen 10:00 Uhr Wohnungsübergabe. Dann ist es geschafft. Nur noch der Umzug ...

Mal was Neues. Habe heute zwei kurze Filme mit Mo geschaut. Dafür schrillt mein Tinnitus nun mächtig laut in meinem Kopf. Das ist total nervig. Aber ich kann auch nicht jeden Abend allein in der Küche verbringen. Mal schauen, ob sich mein Tinni wieder beruhigt. Da bin ich schon ganz gespannt drauf, wie lange er braucht. Ach herrje, ich bekomme auch wieder leichte Magenschmerzen. War wohl doch nicht so klug von mir, fernzusehen.

Vom 15. 10.

Die erste Hürde ist genommen. Jetzt haben wir alle Schlüssel für die neue Wohnung.

[...] Oder besser ausgedrückt, das Gefühl der Vorfreude/Freude ist einfach nicht da. Kann mich auch schlecht daran erinnern, wie es war. Noch immer komme ich mir ganz komisch vor. Muss mit mir immer selbst rätseln, was ich fühle.

Vom 16. 10.

Wir sind nun dabei, die Wohnung einzugsfertig zu bekommen. Das Bad ist so dreckig, da habe ich noch lange dran zu arbeiten. Der Fußboden ist sauber und wir haben in einigen Räumen Licht und eine neue Toilettenbrille. Länger als zwei Stunden schaffe ich nicht. Es ist so schon schwer, mich selbst zu motivieren.

Bei uns hier zu Hause ist mittlerweile ein großes Durcheinander und sauber ist es auch nicht mehr. Das stört mich ungemein ...

Mo hatte die letzten zwei Tage frei. Da konnten wir vieles gemeinsam machen. Selbst das Würfeln haben wir geschafft. Ich war fast nur der Verlierer. Aber traurig macht mich das nicht. Traurig macht mich, dass ich von unseren Mädels nichts höre. Schade um die Zeit, die wir verstreichen lassen müssen, ohne beide an unserem Leben teilnehmen zu lassen. Schade! Und eine Schande für mich. Diese Gedanken ziehen mich weit nach unten. In dieser Sache fühle ich mich tatsächlich als Verlierer. Und ich schäme mich dafür. Das kann ich keinem sagen, denn alle würden dagegenreden. Das kann ich nicht akzeptieren. Ich bin an dieser Situation allein schuld. Und das ist eben die Strafe dafür. Mit jedem Tag schwindet in mir die Hoffnung, meine Charlotte noch einmal in meinem Leben umarmen zu dürfen.

Tränen

Tränen

Tränen

Ich kann mich nicht auf die neue Wohnung freuen. Warum, weiß ich nicht. Mo freut sich. Aber auch er hat heute gesagt, dass es die schlimmste

Wohnung ist, die wir bisher hatten oder haben werden. Aber da tröstete ich ihn, dass es nur für fünf bis sieben Jahre ist und schlimmer war doch bisher die Wohnung in der Großstadt. Keine Heizmöglichkeit, als ich dort mit Baby und Kleinstkind einzog. Unrenoviert, Holzdielen, Elektrik noch nicht überall gelegt. In der Küche kein Wasser, kein Abwasser. Geheizt wurde mit dem Gasherd. Da kann das doch jetzt nicht schlimm sein? Das Wohnumfeld dort war wie in den Slums von New York. Es wurde sogar mit scharfer Munition auf mich geschossen. Wo haben sie eines Tages versucht zu überfallen. Und der Dreck überall ...

Ich schreibe morgen weiter. Vielleicht ist es gut, mal alles aufzuschreiben.

Vom 17. 10.

Gestern habe ich noch geschrieben, dass ich doch mal alles aufschreiben könne. Aber wo soll ich beginnen? Meine Gedanken stolpern immer so durcheinander. Oder soll ich je nach meiner Stimmung immer wieder in die Vergangenheit reisen? Die Kurzfassung ist schon lang. Und will das überhaupt jemand wissen?

Sätze aus meinem Tagebuch neun
Vom 18. 10.

Morgen kommt die Spedi und fährt unsere Möbel. Ein komisches Gefühl ist es schon. Hier in dieser Wohnung haben wir bis jetzt am längsten gewohnt und hier sind unsere Kinder aufgewachsen.

Vom 19. 10.

Nun sitze ich in unserer neuen Wohnung. Unser Kätzchen hat sich im Bad hinter der Waschmaschine verschanzt und kommt nicht mehr vor. Es hat Angst vor allem Neuen. Vor allem vor dem Geruch. Alles ist fremd. Ich hoffe, dass es bald wieder zutraulich ist. War ein wenig viel heute für es ...

Mir ging es heute auch wieder besser. Das neue Medikament scheint jetzt richtig zu wirken. Ich bin ausgeglichener. Nur der Antrieb und die Freude fehlen nach wie vor und ich habe oftmals keine Lust, bin schnell am Ende meiner Kräfte und Nerven.

Mo hat heute nach der Nachtschicht nicht geschlafen und er hat bis heute Abend mitgemacht. Er liegt auf dem Sofa und will sich einen Film ansehen. Doch er ist eingeschlafen. Lasse ihn für eine Weile in Ruhe.

Vom 22. 10.

Heute war offizieller Umzugstag. Zum Frühstück waren wir bei Luisa und Otto eingeladen. So ab 08:30 Uhr trafen wir uns alle zum Umzug. Dazu hatten wir unsere bekannte Truppe aktiviert. Da wir im Laufe der Zeit nun schon ein eingespieltes Team geworden sind, gab es keine Diskussion und die Kettenbildung klappte vorbildlich. Da alle einen großen Nutzen in der Krafteinteilung sehen, ging es absolut schnell, ein paar Räume auszuräumen. Wir begannen ca. 08:45 Uhr mit dem Keller und danach die Wohnung. Dann wieder alles aus dem LKW ausräumen und in die neue Wohnung einsortieren. Wir waren mit allem 11:30 Uhr fertig. So ziehe ich gern um.

Unsere Freunde hier im Ort halfen in der ersten Zeit so oft es ging. Nash kam uns auch ein paar Tage besuchen.

Vom 31. 10.

Wir wohnen ja schon seit eineinhalb Wochen hier in der neuen Wohnung und ich hatte bisher nur eine Angst-Panikattacke, in der ersten Nacht hier allein. Zurzeit bin ich mächtig nervös, unruhig, friere sehr schnell, obwohl die Temperaturen sehr angenehm sind, und ich habe wieder Schlafstörungen. Diese sind seit zwei oder drei Nächten wieder da. Im Laufe des Tages kamen wieder Suizidgedanken auf. In meinem Kopf spielte sich der gesamte Ablauf ab. Ende!

 334

Es ist heute Halloween. Naja, die Abwechslung oder Ablenkung tat gut. Zumal Mo heute Morgen schon 07:15 Uhr Dienstbeginn hatte, kam er aber erst gegen 22:00 Uhr nach Hause. Das war DOOF.

Vom 03. 11.

Der Termin gestern bei Frau Dr. Traudich war sehr anstrengend und hat mich viel Kraft gekostet. War viel zu nervös, um zu sprechen. Die Medikamente wurden erneut angepasst. Noch fehlt mir der Antrieb, schaffe es nicht, meine Arbeiten zu erledigen. Sie hat Gott sei Dank nicht nachgefragt, ob ich wieder Gedanken habe, mir selbst was anzutun. Mit Mo darüber sprechen, traue ich mich wieder nicht. Möchte ihn nicht verletzten. Er hat es so schon schwer mit mir, da muss ich ihn nicht noch mehr verunsichern. Noch habe ich mich im Griff. Aber wann nicht mehr? Werde ich es merken? Wenn es so abläuft wie damals, dann ist es wie ein nicht zu stoppender Film, der einfach abläuft. Das macht mir Angst.

Vom 04. 11.

Heute kommt gegen Mittag Besuch und ich freu mich schon laut Kopf, aber das Bauchgefühl, welches dazugehören müsste, stellt sich nicht ein. Dann sitzt mir noch die letzte Nacht im Nacken. Ich erinnere mich, dass Mo mich geweckt hatte, weil ich weinte. Ich weiß, dass es ein Albtraum war. Habe heute wieder Schmerzen, war nicht in der Lage, mit Mo aufzustehen. Bin noch total geschafft. Warum nur, hört das nie auf?

Vom 05. 11.

Mo liegt heute krank im Bett. Er hat Halsschmerzen, Rückenschmerzen und erhöhte Temperatur.

 335

Vom 06. 11.

Gestern Abend habe ich Mo ins Krankenhaus bringen müssen. Seine Schmerzen waren unerträglich und das Fieber stieg rasant an. RTW, um ihn in die Uniklinik zum HNO zu bringen. Wollte ihn begleiten, doch der Arzt sagte, es wäre besser, wenn ich heimfahren würde.

In mir tobt gerade das Chaos. Jilaiya rief heute auf meinem Handy an, und weil ich dachte, es ist jemand von Mos Arbeit, rief ich zurück. Sie meldete sich und ich legte einfach wieder auf. Sie probierte es noch ein paar Mal, aber ich wies diese Anrufe ab. Das hat mich jetzt total von der Rolle geschmissen. Alles Kacke. Was soll ich bloß machen? Mo nicht da! Mo braucht Hilfe! Mo ist krank! Jilaiya meldet sich und nervt! Ich habe Angst! Ich brauche Hilfe! Alles fliegt an mir nur so vorbei. Und ich habe zu nichts Lust ...

Vom 07. 11.

War ich bis jetzt schon fleißig. Wäsche gebügelt, aufgeräumt, eingeräumt, noch zwei Kartons geleert.

Vom 08. 11.

Heute kann ich Mo wieder aus dem Krankenhaus abholen.

Er ist nun wieder zu Hause und er geht seiner Lieblingsbeschäftigung, dem Fernsehen, nach. Seit dem Nachmittag läuft die Kiste und ich kann nicht mehr. Mein Tinnitus ist wieder vorlaut.

Vom 10. 11.

Hätte Mo nicht mit den Arbeiten hier zu Hause angefangen, hätte ich wieder den ganzen Tag nur Löcher in die Luft gestarrt. Ich frage mich wirklich, wann das ein Ende haben wird?

Vom 11. 11.

Krankschreibung nur noch bis zum 30. 11. Danach kommt die Arbeits-losigkeit. Ob ich noch einmal so viel Glück in meinem Leben haben werde und eine unbefristete Arbeitsstelle finde, die mir auch noch Spaß macht?

Gestern war uns Henriette ganz kurz besuchen gekommen. Sie kam von Arbeit direkt zu uns und wollte nur quatschen. Sie kam heimlich und hat Bela und seine Mutter angelogen. Weiß nicht, was ich da tun oder sagen soll. Sage ich ihr, wie ich darüber denke, kommt sie bestimmt nicht mehr zu uns auf Besuch. Aber richtig finde ich das nicht.

Vom 16. 11.

Mo macht gerade Mittagsschlaf und ich konnte, wie so oft, nicht schlafen. Mir spukten viel zu viele Gedanken gleichzeitig durch meinen Kopf. Aber wie auch immer, da hatte ich plötzlich den Mut und den Drang, den Brief an meine Charlotte zu schreiben. So oft und so lang schob ich ihn vor mir her und hatte keine Kraft und viel zu viel Angst. Ganz plötzlich schlugen der Drang und der Mut zu. Genau dieses kleine Fenster in meinem Kopf habe ich genutzt. Ich weiß noch nicht, wie ich mich damit fühlen werde, wenn dieser bei Charlotte ankommt.

Henriette war heute für ca. eine Stunde bei uns. Sie hatte wegen der Kindergeldkasse angerufen. Da sind noch ein paar Unterlagen zu besorgen.

Sie erzählte uns, dass sie und Bela in zwei Jahren heiraten wollen und dass sie vermutet, schwanger zu sein. Alles Nachrichten die mich traurig stimmen. Wie soll das werden, wenn sie doch nur heimlich zu uns kommt?

Vom 25. 11.

Ich habe nun zwischenzeitlich ab und zu mal Kraft, in der Wohnung we-nigstens ein bisschen für Ordnung zu sorgen. Aber allein rausgehen ge-lingt mir nur, wenn ich muss.

[...] Der Abend zu Hause wurde dann auch noch schön. Wir schliefen, nach wer weiß wie vielen Monden, zum ersten Mal wieder miteinander. Ich fühlte mich in Mos Nähe richtig wohl und geborgen.

Dann geschah für mich unverhofft noch das Größte. Als Mo gestern Früh in den Briefkasten schaute, lag ein Brief an mich von Charlotte darin. Voller Angst öffnete ich ihn und meine Hoffnung starb, als sie mich mit „Hallo Resa" ansprach. Dies tat sehr weh! [...] Sie schrieb, wie sie damals unseren Streit erlebt hatte und das viele Missverständnisse zwischen uns liegen. [...] Dass wir uns aussprechen sollten.

Mo berichtete mir heute Morgen, dass ich wieder sehr viel und laut im Schlaf gesprochen habe. – Wo führt mich das alles jetzt hin? – Sollte es doch noch ein Wunder geben?

Es poltert nur eine dringende Frage durch meinen Kopf: Wie geht es ihr?

Aus meinem Tagebuch zehn
Vom 28. 11.

Ich hätte mir gewünscht, dieses Buch mit besseren Nachrichten zu beginnen. Aber ich weiß ja nun aus Erfahrung: Schlimmer geht immer. Diese Sätze soll ich nicht mehr benutzen, ich soll positiv denken. Aber es ist, wie es ist. Hatte diese Nacht wieder einen heftigen Albtraum verbunden mit einer Panikattacke. [...] Ich hatte so große Angst, zitterte und konnte kaum noch atmen. Dies ging so schnell, dass ich keine Luft mehr bekam und ich schrie: „Weg! Weg! Weg!" Doch es passierte nichts. Schon spürte ich den heißen Atem der Hunde an meinem Arm. – Da weckte mich Mo auf.

Zu Mittag meinte Mo zu mir: Beim nächsten Albtraum mit Hunden solle ich mich doch rumdrehen, ein Gewehr nehmen und die Hunde erschießen. Oder das blaue Feuerzeug nehmen und mir die noch größeren Hunde aus dem Märchen „Das Feuerzeug" herbeiholen. Die verjagen dann die bösen Hunde. Werde es mir merken.

Noch immer habe ich die Frage für mich nicht klären können, ob ich die Hunde, den Hund töten darf. Er hat doch auch die Berechtigung, auf dieser bezaubernden Welt zu leben. Wer gibt mir das Recht zu töten?

 338

Menschen haben doch aus ihnen gemacht, was sie sind. Nur, weil sie das Gelernte ausführen, werden sie getötet? Ist doch paradox! Oder?

Zu dieser Zeit waren unsere Freunde mit ihren Kindern hier im Ort ständig um uns. Wir trafen uns für gemeinsame Unternehmungen, wir saßen oft zusammen, feierten auch kleine Ehrentage gemeinsam und ab und zu betreute ich ein Mädchen einer unserer Freundinnen, wenn ihre Mama arbeiten war.

Vom 03. 12.

Am Nachmittag gestern kam die Tochter unserer Freundin zu uns. Wir spielten ein neues Spiel: „Hexenkessel". Da lernt man englische Wörter kennen. Dann lasen wir noch in den Schneemannbüchern und der kurze Besuch von ihr endete mit einer Kissenschlacht auf dem Sofa. Ich fühlte mich einfach nur wohl und befreit.

Randnotiz
Über Dinge, von denen man die Wahrheit nicht kennt, kann man kein Urteil fällen. (Meine Erkenntnis)

Vom 06. 12.

*Das ist paradox und widersprüchlich! Die Wahrheit ist die Form der Wiedergabe vom Erlebten, mit all seinen Verzerrungen und den Urteilen, die ein Mensch besitzt. IRRSINN! Warum muss ein schlechtes Eigenbildnis denn falsch sein? Es ist meine Wahrheit über mich selbst. Aus der Vergangenheit akribisch zusammengetragene Einzelheiten mit allen Verzerrungen und meinen Urteilen. Wahrheit = Wahrheit! Was ist falsch daran? Wer kann mir das **ohne** zu **urteilen** erklären? Ja, der **Tod** ist eine **endgültige Sache** und sollte wohl überlegt sein. Hat uns jemand gefragt, ob wir leben wollen?*
  Heute habe ich meiner Charlotte auf ihren lieben Brief geantwortet.

 339

Henriette habe ich nun auch endlich telefonisch erreicht. Sie sagt, es ginge ihr gut, aber glauben kann ich es nicht. Das hört sich anders an. Ich mache mir Sorgen.

Vom 08. 12.

Ich sehe keinen Sinn in meinem Leben. Irgendwie so, als ob man des Glücks beraubt wurde und keine Hoffnung hat, es wiederzubekommen. Wie kann ich diesen Zustand nur verändern? Die ewige Einsamkeit hat sich wie ein anschmiegsamer Mantel um mich gelegt und ich kann ihn nicht ablegen, so gern ich dies auch täte ...

Vom 12. 12.

Ich verschlafe den halben **Tag** und bin ~~trotzdem~~, oh Wunder, am Abend müde. Ich fühle mich zurzeit einsam und alleingelassen. Kontakt knüpfen fällt mir unglaublich schwer. Bräuchte nur bei Luisa anrufen, aber das traue ich mich nicht. Denke, dass ich ihr zu viel bin. Dass das dann aufdringlich ist. Sie hat doch genug um die Ohren. Da will ich sie nicht noch mit mir belästigen. Da bleibe ich lieber allein.

Mo ist sehr geduldig mit mir. Warum, weiß ich auch nicht. Ich hätte mich schon selbst rausgeschmissen. So ein Zustand ist langfristig auch für den Partner unerträglich. Was kann ich tun, damit es besser wird? Die Tabletten allein helfen auf Dauer auch nicht. Ich brauche eine Beschäftigung. [...] Keine Erholung oder positive Aktivität. Was dann? Muss immer auf Mo warten und er kann nach der Arbeit nicht mehr und möchte nur noch zu Hause sitzen. Betteln kann ich nicht. Falle ihm schon genug zur Last. Ich weiß, dass mein Tief so nicht zu bewältigen ist. Aber ich möchte auch niemanden nerven. = Alles doof!

Vom 15. 12.

Termin bei Frau Dr. Traudich. Das war wieder nicht leicht. Abwarten, was das mit dieser Reha-Nachsorge ab dem 04. 01. ist. Dann will sie entscheiden, ob noch eine weitere Therapie angesetzt werden sollte.

Vorhin habe ich Mo zur Nachtschicht gefahren. Nun bin ich wieder allein zu Hause. Immer allein!

Mit Henriette habe ich gerade gesprochen, wegen der Kindergeldkasse. Diese wollen 1.472,00 Euro zurückhaben. Kann nur zusehen, dass Henriette endlich alle Papier zusammenbringt.

Randnotiz vom 17. 12.

Der Traum.
Endlich weg.
Wozu leben?
Überall nur Steine im Weg.
Nicht ein Weg ist eben.
Hoffnungslos.
Kein Sinn im Leben.
Aussichtslos.
Ich schmiede Pläne.
Sammle meine Kräfte für den letzten Akt.
Dann das Unvermeidliche.
Befreiung.
Ruhe.
Stille.
Endlich weg.
Finde meinen Frieden
und bin erlöst!

Vom 25. 12.

Henriette hat sich nicht gemeldet, und das an Weihnachten. Es schmerzt mir das Herz. Sie hätte doch wenigstens eine SMS schreiben können.

 341

Dass ich von Charlotte nichts höre, war mir klar. Aber auch das tut mir sehr weh.

Dafür hat mir Jilaiya eine E-Mail geschickt. Auf die kann ich gut verzichten. [...] Ich hatte mich über die Weihnachtspost von Dalia sehr gefreut.

Mein Gefühl lässt sich gerade nicht beschreiben. Trauer liegt mit drin. Ansonsten nichts. Nach wie vor hohl, leer. Wann hört das auf?

Als ich vor ein paar Seiten über die Wahrheit nachsinne, wollte ich noch dazusetzen, dass die Wahrheit immer im Hier und Jetzt steckt. Das, was augenblicklich geschieht, ist die Wahrheit. Diese kann nur im Reproduzieren zusammengetragen werden und dabei kommt es zu Fehlern. So geschieht ein verzerrtes Bild. Aber genug jetzt!

Die gesamten Weihnachtstage bis Neujahr verbrachten wir bei Nash. Gemeinsam unternahmen wir Spaziergänge, gingen ins Fitnessstudio (ich zur Probe) und wir verbrachten viel Zeit mit seinen Kindern. Diese Zeit war schön und lenkte mich von meinen Problemen etwas ab. Mein Wohlfühlen ging nach oben, aber oftmals auch rapide bergab. Leider konnte ich in diesen schönen Tagen meine Grübeleien nicht einstellen oder durchbrechen. Es gab genauso die Momente, in denen ich mich unwohl und traurig fühlte. Doch es kam nicht mehr so gewaltig scharf zum Vorschein. Eher lag alles hinter einem trüben Vorhang, oder anders ausgedrückt, es lag alles im nebeligen Morast. Klar denken ging nicht, oft war ich sehr schwerfällig drauf, dabei war ich unruhig und hippelig. Alles in mir passte nicht mehr zusammen.

<u>Vom 29. 12.</u>

Mo rief an diesem Nachmittag bei unseren Freunden an, fragte nach, ob alles in Ordnung war und erkundigte sich nach der Post. Charlotte hatte mir wieder geschrieben. Dieses Mal begann der Brief mit „Hallo Mutsch". Schon dies allein machte mich froh. [...] Ich fühle mich leicht und beschwingt.

Schade ist, dass sich Henriette nicht mehr meldet. Ich hätte gern mit ihr gesprochen. Aber sie wird sich wegen ihres schlechten Gewissens nicht mehr melden. Wegen der Forderung der Kindergeldkasse.

Nur wenige Kilometer trennten uns von Mila-Marie. So besuchten wir sie am 30. 12. Zur Kaffeezeit. Oh, die Freude war auf beiden Seiten sehr groß. Die Kündigung meines Arbeitsplatzes läuft. Der Arbeitgeber hat mir den nicht genommenen Urlaub vor zwei Tagen überwiesen. Jedoch läuft noch eine Klage meinerseits. So sang- und klanglos will ich nicht beigeben. Immerhin habe ich immens viele Überstunden. Dies betrifft allerdings nicht nur mich in dieser Firma. Nein, alle schieben meist vierstellige Stundensummen vor sich her und kaum einer hat die Chance, diese abzubummeln. Da will ich doch wenigstens noch versuchen, etwas für meine lieben Kollegen zu bewirken. Geld wäre schön, ja, ist aber keine Bedingung. Da will ich nur ein Augenmerk der Gerechtigkeit säen.

Ja, der Beginn des Jahres hat es in sich!

Wir bekamen für ein paar Tage Besuch von Mila-Marie. Die Freude war ebenso riesig wie vor wenigen Tagen bei unserem Besuch bei ihr. Jedoch brachte Mila-Marie ihren neuen Lebenspartner mit, sie hatte sich inzwischen von ihrem Mann getrennt und lebt nun mit Ole zusammen. Hoppla! Wo hat sie dieses Exemplar aufgegabelt? Blond, leichte Sonnenbräune, strahlendblaue Augen, die wie das Meer in der Sonne glänzten, und die Figur erst, wow! Das Beste daran war, dass die Chemie zwischen uns vieren sofort stimmte. Ole passt wunderbar zu Mila-Marie und sie lachen glücklich, wenn sie sich ansehen.

An diesem wundersamen Tag gab es eine Sonnenfinsternis. Zu viert standen wir bei uns im Hof und betrachteten sie, während wir erzählten und erzählten.

Zu dieser Zeit begann endlich die Reha-Nachsorge. Fünf Monate hat es nun schon gedauert, dieses Warten. All meine Hoffnung auf Besserung legte ich in diese Therapie. Wollte, dass es mir doch schließlich, nach der ganzen Zeit der Traurigkeit, besser ging. Konnte all die Fürsorge und das Vertrauen, was in mich gesetzt wurde, doch nicht enttäuschen. Jeder zeigte mir auf seine Weise, dass er mich keinesfalls verlieren wollte. Sie sprachen ihre Sorgen um mich meist offen aus. Auch manches Mal über Mo als Überbringer. Ich solle doch an alle denken, die ich zurücklassen und somit verletzten würde. Jedem war ich so wichtig. Jedem!

Mehrfach hatte ich versucht – zwischen den Jahren und gleich zum Beginn des neuen – den Kontakt zu Henriette zu finden. Leider schlugen alle Versuche dahingehend fehl. Es kam keine Reaktion von ihr zurück, was mich sehr traurig stimmte und ich bekam immer mehr Angst um sie.

Es war hingegen gleich in der ersten Januarwoche ein Treffen mit Charlotte geplant. Zurückhaltend, weil ich nicht wusste, was kommt, jedoch sehr optimistisch gestaltete sich meine Vorstellung dazu. Am 09. 01. War es dann soweit.

Vom 10. 01.

Schon die Begrüßung lief gut und herzlich. Das oder die folgenden Gespräche waren von Offenheit gezeichnet. Ich beantwortete ihre Fragen ohne der gewohnten Zurückhaltung. Sie fragte mich nach meiner Arbeit, nach dem Reha-Aufenthalt und nach ihren Großeltern.

Charlotte liebt ihre Großeltern sehr, ganz im Gegenteil zu Henriette. Sie litt stets unter großem Heimweh, wenn sie bei ihnen war. Dies nahm ihr Opa immer für seine bösen Äußerungen zum Anlass, sie sei eben noch ein „Bähbie".]

Wir sprachen gegenseitig von Therapien und Krankenhausaufenthalten. [...] Alle Themen, die wir besprachen, liefen gut. Keiner machte Vorwürfe. [...] Am Ende plauderten wir noch über schöne Erinnerun-

 344

gen. Dies war dann noch lustig und lockerte die Atmosphäre zusätzlich auf.

Auch sprachen wir über Henriette. [...]

Heute war dann wieder Helena-Tag. Diese Fortschritte haben sie sehr gefreut, wobei ich ihr sagte, dass das ihre Arbeit sei. Ich allein hätte nie diesen Weg gefunden.

Vom 12. 01.

Vor lauter Sorge bin ich heute zu Henriettes Arbeitsstelle gefahren. Hatte mich gefreut, sie zu sehen. Und meine Vermutung, vor ein paar Seiten, dass es ihr nicht gut geht, hat sich bestätigt. Als erstes zeigte sie mir einen Brief mit der Androhung zur Haftbeugung. [...] Henriette war ganz aufgelöst. Drei Mal musste ich sie in die Arme nehmen und trösten, [...] bot ihr meine Hilfe an.

Sie erzählte mir von ihrem Leid und dem Streit mit Charlotte. Sie habe auch Angst vor ihren ehemaligen Freunden. Diese würden ihr sehr zusetzen und sie bedrohen. [...] Sie zeigte mir ihren linken Unterarm und den Schnitt, der am heilen ist. Sie habe versucht, sich umzubringen. Sie halte das alles nicht mehr aus. (Warum kommt sie dann nicht zu mir ...?) Ich liebe sie doch sehr. Reicht das nicht? Was mache ich nur falsch? Warum ist das alles so? Warum nur? Ich bin zu schwach!

Vom 14. 01.

Wieso sind beide Mädels so geworden? Ich hatte mir all die Jahre Mühe gegeben, ihnen eine unbeschwerte Kindheit zu ermöglichen. Wir hatten dafür doch so viel getan. Hatten immer alles möglich gemacht, um beiden an nichts mangeln zu lassen. Aber immer dosiert. Alles ging auch nicht. Wenn es Probleme gab, wurde das offen angesprochen. Wie oft haben wir zusammengesessen und haben über alles geredet? Sehr oft! Immer haben wir die Kinder miteinbezogen. Selbst als Charlotte nicht mehr mitwandern wollte, haben wir das und ihre Gründe respektiert. Wir haben beide

 345

als Kinder und Jugendliche respektvoll in unserer Familie integriert. Warum ist dann alles so gekommen?

Die Bücher tragen nun mehr Fragen als Antworten. Aber auch, wenn ich diese mündlich stellen würde, bekäme ich keine bzw. keine ausreichenden Antworten. Weil es keine Antworten darauf gibt. Ich als Mutter kann nur sagen: Ich habe versagt!

Die Zeit floss dahin und es wurde nichts besser. Unsere Freunde hier im Ort hatten keine Zeit mehr. Oft waren Treffen verabredet, aber keiner erschien. Von meinem Fenster aus sah ich sie jedoch zusammenhocken. In der Folge zog ich mich selbst immer mehr zurück. Waren es doch Signale, die mir zu verstehen gaben, dass ich sie nur in ihrem Leben störe und sie mich nicht dabeihaben wollen. Das konnte ich gut verstehen.

*Da störe ich ihre Freundschaft nicht länger. Auch jetzt gerade eben, ist dieser (!) Gedanke für mich richtig. Ja, ich könnte dafür bestimmt noch andere Gründe finden, aber ich will nicht. Da bleibe ich lieber allein. Gerade jetzt fühle ich mich einsam. Wer braucht mich noch? Wozu lebe ich noch? Ich **möchte tot sein**, aber nicht sterben. Geht das?*

Für mich wird der Wunsch immer intensiver, von dieser Welt zu gehen. Immer drängender!

Bei der Therapie schickte mich Helena an meinen sicheren Ort und ich lernte mein inneres Kind kennen. Eigentlich zwei. Beide holte ich aus verschiedenen bedrohlichen Situationen meiner Jugend und brachte sie an meinen sicheren Ort.

[...] Meine Besuche am sicheren Ort funktionieren immer besser. Ich kann meine Gedanken relativ schnell umschalten. [...]

Den beiden Kleinen geht es gut. Erst gestern habe ich ihnen erklärt, dass sie auch schöne Zeiten haben werden und dass sie nicht immer Angst

haben müssen. Das Schlechte habe ich weggelassen. Sie sollen sich doch wohl und sicher fühlen. Dabei kam ich wieder ins Grübeln. Wenn ich beide aus den jeweiligen Situationen geholt habe und sie sich jetzt in der Gegenwart befinden, erleben sie ja mein Leben gar nicht. Für sie beginnt es erst jetzt, wie kann ich beide in meinem derzeitigen Leben teilhaben lassen? Ist das nicht eine Verschiebung meiner Erfahrungen? Kann man diese so leicht manipulieren? Ist das nicht eine Lüge? Darf ich das? Das verzerrt doch mein Leben. Ich kann mir doch keine Traumvergangenheit bauen. Was ist am Ende Wahrheit und was Fiktion? Demzufolge wird doch die Wahrheit verändert, sobald ich die Mädels aus der Situation geholt habe. Und ja, ich sehe gelassener zurück. Verschwindet die Wahrheit im großen schwarzen Loch? Dann möchte oder brauche ich noch viele! Kann ich das auch allein, wenn ich übe? Ist das noch gesund? Werde ich vieles vergessen? Und kann man das auch umkehren? Ich würde schon gern wissen wollen, was an dem Tag, an dem uns der Hund angegriffen hat, noch passiert ist. Da ist so vieles weg, einfach im Nichts verschwunden! Und wie lange ertrage ich es, die schmerzbehaftete Vergangenheit aus dem Unterbewusstsein heuauszuholen? Gibt es hierfür auch eine Grenze?

Warum will ich das alles verstehen? Es reicht mir nicht, dass es einfach passiert. Ich muss und will es hinterfragen. Doch traue ich mir nicht, diese Fragen zu stellen. Meist fällt mir erst alles viel später ein. Das geht bestimmt nach dem Motto: Schau hin, aber schau es dir nicht an! Oder: Solange es funktioniert, muss ich nicht wissen, wie! Ich muss es nur akzeptieren.

Vom 15. 01.

Allein, allein! Jetzt habe ich wieder viel Zeit für mich (oder gegen mich). In meinen Gedanken bin ich zurzeit viel bei Charlotte und Henriette. [...]
Aber heute habe ich das Gefühl, nicht mehr fest im Leben zu stehen. Mein Untergrund ist wackelig geworden. Wann gibt mir mein Körper bzw. meine Seele wieder das Zeichen, um zu kämpfen? Was muss noch alles passieren? Fühle mich zwiegespalten. Eine Seite sagt „Lebe!“, die andere will nicht mehr. Wer gewinnt? Ich möchte wieder frei sein. Nicht gefangen in meiner Vergangenheit und meinen Ängsten. Alles geschieht

 347

wie hinter einem dünnen, schwarzen, durchsichtigen Vorhang. Alles wie vernebelt.

Von unter mir höre ich schöne Gitarrenmusik. Die alte Dame hat Besuch. Sie muss diese Woche Geburtstag gehabt haben. [...] Auch ist es oft sehr fröhlich unter uns. So den Lebensabend zu genießen, ist ein Traum. Sie hatte es bestimmt auch nicht immer leicht. Aber sie hat Lebensmut. Dieser fehlt mir. Darum beneide ich sie. [...]

Meine Gedanken drehen sich im Kreis. Kann gar nicht so schnell schreiben, wie sie kommen und gehen.

An Dalia habe ich auch eben gedacht, hoffentlich geht es ihr gut.

ICH: „boT"

[In meinem Tagebuch schreibe ich nun einige Eintragungen spiegelverkehrt. Diese Notizen werde ich mit einer gestrichelten Unterlinie für euch kennzeichnen.]

Warum fällt mir das Ende so schwer?

Kann es sein, dass ich noch unerledigte Sachen habe, die mich festhalten?

Oder ist die Liebe zu Mo noch zu groß und stark?

Muss ich denn meinen Gedanken vertrauen? Warum will ich dann Tod sein?

Hier stimmt was nicht, aber was?

Am darauffolgenden Tag quälen mich die Fragen, wie alles weitergeht. Morgen steht die Gerichtsverhandlung gegen meinen Arbeitgeber an. Weiß, dass diese für mich nichts bringt. Doch hoffentlich in der Zukunft für meine Kollegen.

Allein, allein. Quälend zieht die Zeit an mir vorüber und das Leben fällt mir immer schwerer. Das Gedankenkarussell dreht sich unablässig und mir fehlt die Energie, um es abzuschalten. Der eigene Tod steht permanent im Raum und ich schaffe es nicht, ihn fortzuschicken.

Alles, worauf ich mich konzentrieren muss, fällt mir schwer. Lesen schaffe ich nicht mehr, dazu fehlt mir die Kraft.

Vom 16. 01.

Was gab es heute Schönes? Nichts!
Weil ich ein Nichts bin.
Oder ich erkenne das Schöne nicht.
Weil ich ein Nichts bin.
Ich komme gerade wieder mit mir nicht klar. Ich mag mich wieder nicht.
Vor morgen habe ich Angst.

Die Gerichtsverhandlung verlief relativ gut. Die Gegenpartei beharrte auf einen anderen, einen kürzeren Kündigungstermin, doch diesem wurde nicht stattgegeben, weil, nachdem meine rechtliche Vertretung erwähnte, dass meine Stelle bereits seit Juni des vergangenen Jahres ausgeschrieben sei, ich hingegen zu dieser Zeit nur krankgeschrieben, jedoch noch nicht genesen war, kam die Gegenpartei so ins Stocken, sodass der Richter den Ausführungen meiner Rechtsanwältin folgte. Allerdings hatte ich bei den Überstunden weniger Erfolg. Hier hätte ich in der nächsthöheren Instanz klagen müssen, jedoch fehlten mir dazu die Energie und die finanziellen Mittel. So blieb für mich nur die Hoffnung, vielleicht das überaus enorm hohe Stundenmaß der Arbeitszeit aller Kollegen etwas zu minimieren und eventuell für die Zukunft einen großen Abbau der Überstunden bewirkt zu haben. Vielleicht und hoffentlich.

Vom 18. 01.

Hatte wieder einen Helena-Termin. Besprochen wurde […] der gerichtliche Gütetermin […], die Henriettes Situation […], ich mache mir Sorgen […], meine Todessehnsucht. Ich musste ihr mein Versprechen geben, dass wir uns kommenden Dienstag wiedersehen. Dieses Mal fiel mir das Versprechen nicht leicht. Ich bekam genug Hausaufgaben, da sollte keine Langeweile aufkommen.

 349

Nun warte ich im Wartezimmer von Frau Dr. Traudich. [...] Wir sprachen über die mich einschränkenden Ängste, [...] dass sie mir von Anbeginn meiner Behandlung gern noch ein weiteres Medikament hinzugeben möchte. [...] bekomme nun dreimal bzw. drei verschiedene Psychopharmaka mit drei Einnahmen am Tag, hinzu noch ein Bedarfsmedikament. [...] Das ist alles Teufelszeug! [...] sprachen über Henriette und wie die Hilfe für sie aussehen könnte. [...] Abschließend beriet mich Frau Dr. Traudich noch zum Thema Schuld und Schuldgefühle. Sie meinte, auch wie Helena, dass ich an dieser Entwicklung keine Schuld trage und dass ich die Schuldgefühle mir nicht annehmen solle. Leider spricht da mein Gewissen eine andere Sprache. [...] Schuld daran bin ich. Nur ich! Ich bin schließlich die Mutter und hätte es wissen müssen. War und bin kein gutes Vorbild für meine Mädels! Das wollte ich schon lange mal loswerden!

Der Nachsorge-Termin war heute doof. Es ging um das Thema Abgrenzung, im Elternhaus. Aber dieses Problem hatte ich nie. Ich bin sauer auf meine Mutter, weil sie nie kontrolliert hat, wie es mir geht. Weil sie nicht neugierig war, wieso ich schon wieder weggelaufen war. Wieso ich so war. Das hat sie nie interessiert ...

Vom 19. 01.

Der Tag heute ist schön. Mein Gefühl gleicht einer Euphorie. Bin vor lauter Übermut im Regen durch die Pfützen gesprungen, als wir vom Einkauf kamen. In mir zittert regelrecht eine Unruhe. Bin wie aufgezogen. Schön, dass mir dieses Gefühl nicht ganz fremd bleibt. Die Unterhaltungen mit Mo sind anders. Fühle mich verstanden. Jedoch kann ich nicht mit allen Themen, die mich beschäftigen, bei ihm aufwarten. Einiges bleibt hübsch bei mir. Will ihn nicht beunruhigen.

Brief an Charlotte

Liebe Charlotte,

heute will ich dir wieder ein paar liebe Zeilen schreiben. Unseren gemeinsamen Abend fand ich sehr schön. Gefreut habe ich mich, dich zu sehen und zu sprechen. Wir haben wieder viel erzählt, wie

 350

es uns zurzeit so geht. Schön fand ich auch, dass wir gemeinsam über vergangene Dinge lachen konnten. Gern würde ich so einen Abend mit dir wiederholen. Wie bist du den Abend noch heimgekommen?

Ich würde dir gern wieder eine gute Mutter sein und am besten fängt man dies mit Ehrlichkeit an. Bitte stelle mir Fragen die du schon immer von mir beantwortet haben wolltest.

Bis demnächst,
in Liebe
Mutti

Nachdem ich heute Mo zur Arbeit gebracht habe, bin ich zu Henriette in die Arbeit gefahren. Sie hat sich sehr gefreut, mich zu sehen. Besser geht es ihr seit unserem letzten Treffen nicht. Wir sprachen über ihre Angst und ihre Erkrankung. Sie würde schon gern wollen, dass sie ärztliche Hilfe bekommt. Aber Bela soll es nicht mitbekommen. [...] Muss auch hier ganz deutlich meine Grenzen ziehen, diese achten und einhalten. Sonst ist es ein Himmelfahrtskommando. [...]
Am zeitigen Abend kam dann Luisa auf einen Tee zu mir. [...]

Sie hatte echt viele Fragen an mich. Was war denn so alles in der letzten Zeit geschehen? Die Gerichtsverhandlung und mein Befinden interessierten sie sehr. Wobei sie mich auf den Film ansprach, der gestern Abend im Fernsehen lief. Sie sah sehr viel Parallelen zwischen dem Film und mir. Sie fragte indirekt, ob dies so ähnlich bei mir wäre. Ich kam nicht mehr drumherum und schenkte ihr reinen Wein ein und berichtete ihr von meinen Suizidgedanken und der Todessehnsucht. Sie versprach mir ihre Hilfe. Weiteres wies sie freundlich darauf hin, dass sie unsere Wohnung glück- und trostlos findet. Etwas mehr helle Farbe und eine schöne, große, gelbe Sonne an der Wand brächten schon eine gute Besserung. Auch ein Happy-Wochenende, nur wir zwei allein, so nur um mal die Seele baumeln zu lassen, um auf andere Gedanken zu kommen, bot sie mir an.

 351

Für mich standen zu viele ABERs im Raum und ein immens schlechtes Gewissen Mo gegenüber. Denn die Vorwürfe betrafen schließlich ihn. Ich kam damit zwar nicht zurecht, ihn aber nun auf seine Kosten allein lassen? Nie! Nein, das konnte ich nicht zulassen. Er ist ständig an meiner Seite, macht mir keine Vorhaltungen, bemüht sich stark um meine gesundheitliche Besserung, da hat er doch eine Auszeit verdient, nicht ich! So viel geistert durch meinen Kopf. Leider habe ich kaum Einfluss auf mein Gedankenkarussell, ich kann es nicht abschalten, so gern ich es auch täte. Allerdings kamen zwischen den tiefen, endlosen schwarzen Löchern meines Daseins auch angenehme Tagesabschnitte. Selten zwar, aber immerhin ab und zu ein Lichtblick.

Mich beschäftigte noch die Schuldfrage, die Frau Dr. Traudich angesprochen hatte.

Vom 21. 01.

Die Schuld, dass das Verhältnis zu unseren Kindern kaputt ist, trage ich. Ich hatte die Wahl: Diese Arbeit oder Familie. Ich habe mich für die Arbeit entschieden. Das war egoistisch und falsch von mir. Das ist meine **Schuld!** *[...]*

Henriette kam uns immer mal wieder besuchen. Oft quasselte sie ohne Pause, was mir gefiel, weil sie dann wieder offen zu mir war. Sie hatte die gleichen Probleme mit Bela, wie einst Charlotte mit ihm hatte. Sie sprach über ihre Sorgen und was sie so beschäftigte. Von mir nahm sie gern Ratschläge entgegen und ich half ihr bei verschiedenen finanziellen Problemen wie auch bei schriftlichem Verkehr mit Ämtern und Co. Von Woche zu Woche kam Henriette meist mit einer anderen Frisur zu uns und sie wechselte ständig ihre Haarfarbe. Sie meinte dazu nur, die Farbe sei ihr zu brav gewesen. Am darauffolgenden Tag erschien sie bei uns mit knallrotem Haar.

Sie war wie immer lustig und schräg drauf. Eben gerade so, wie wir sie kennen.

Die folgende Zeit wog wieder schwer auf meiner Seele. Ohne die Gründe dafür zu kennen, umgab mich eine schmerzhafte Traurigkeit, umhüllt mit einer drückenden Schwermut. Die Gedanken kamen und gingen, kamen und gingen. Alles drehte sich wie ein Mühlwerk, nur dass nichts Neues hinzukam. Nein, ich steckte in einer nicht endenden Dauerschleife fest. Konnte an den Problemen, die mich umgaben, jedoch nichts ändern. In dieser gesamten Zeit kümmerte ich mich ab und zu um die kleine Tochter unserer Freundin.

Vom 22. 01.

[...] Werde sie am Dienstag zeitig vom Hort abholen und mit ihr lesen üben und sicherlich auch etwas spazieren gehen. Mal sehen, was uns da wettertechnisch erwartet. Aber ich freue mich darauf. [...]

Ab und zu machte ich einen Spaziergang, doch nie allein. Hatte einfach zu viel Angst vor dem da draußen. Vor Hunden und Menschen, vor den Blicken der Nachbarn und vor dem Dorftratsch. Manchmal hatte ich auch keine Lust – auf nichts. Da fiel mir bereits das Leben der Tage schwer und ich schaffte es nicht, etwas mit Mo oder jemand anderem zu unternehmen. Mir fehlen einfach die Kraft und die Energie.

Vom 23. 01.

[...] Jeden Tag diese unendlich viele Zeit, die ich bisher nie in meinem Leben hatte. Sie ist ein Gastspiel mit dem Tod. Noch immer ist dieser Weg die Erlösung für mich.

Die wöchentlichen Termine bei Helena hatten es in sich. Mittlerweile kannte sie mich gut genug. Um mir richtig zu helfen,

 353

lehrte sie mir den richtigen Umgang mit der Imagination und wir bauten diese gemeinsam aus. Grundlage dafür war, dass ich diesen Weg bereits unbewusst im Kindesalter beschritten hatte.

Wie ich unlängst schilderte, verfügte ich mittlerweile über einen inneren „sicheren Ort", hatte Zugang zu meinen „innerem Kind" und bei einigen Therapiestunden betrat ich im Inneren Orte meiner Vorstellungskraft, welche Helena mir ermöglichte zu erreichen und mich sanft dahinein lenkte.

Vom 25. 01.

[Mir war bewusst], dass ich Luisa nach ihrem Hilfeangebot auch sehr mit meiner endgültigen Entscheidung verletzten würde. Sie würde nun, wie auch Mo, mit tausend Fragen nach dem Warum zurückbleiben. Da wirft sich bei mir die nächste Frage auf. Was ist besser zu ertragen, diese Fragen oder [...]
Wir machten noch eine Imaginationsübung. Bei dieser bin ich meinem Tod begegnet und ich habe versucht, ihn in die Schranken zu weisen. Es ist schon ein komisches Ding, was man (ich) mit seinem Kopf alles so anstellen kann. Mir fiel es nicht schwer, in diese Bilder zu kommen. Dann war auch der Ort dafür perfekt gewählt, so wie er mir schon immer vorschwebt: Allein auf weiter Flur oder auf einer Lichtung. Der ideale Ort, um auf den Tod zu treffen. Doch waren meine bisherigen Vorstellungen bisher genau das Gegenteil. Ich wollte mit ihm gehen, doch nun habe ich ihn fortgeschickt. Er darf an meiner Seite bleiben, soll sich jedoch in Zurückhaltung üben. Ob das gelingt, weiß ich nicht. [...]
Zum ersten Mal habe ich seine Augen gesehen, wasserblau, schön, zum Verlieben, aber tief zum Reinfallen. Gefährlich [...]
Dass es so etwas gibt, ist und bleibt unglaublich ...
Während dieser Imaginationsübung Hätte ich mich gern für die andere Seite entschieden,
doch das ging ja nicht, mir wurde bei den Handlungen geholfen, was die richtigen Entscheidungen sind. Danke Helena!
Ich hätte es trotzdem gern ein bisschen gewusst.
nur um die Erfahrung zu machen!
Ein kleines bisschen!

 354

Den Nachmittag verbrachte ich mit der Tochter meiner Freundin. Das tat gut und machte den Kopf frei. [...]
Es schneit! [...]
Heute war wieder Nachsorge/Gruppentherapie. Gleich nach der Begrüßung berichtete ich von meinen Gedanken der letzten Woche. [...] Wurden zum Thema, welches wir gern besprechen möchten, befragt. Für mich war das Thema Schuld und Schuldgefühle wichtig. [...] könne im Moment keine klaren Gedanken fassen und möchte eine Nacht darüber schlafen.

Vom 26. 01.

Noch herrscht große Unordnung in meinem Kopf. Was da gestern Abend passiert war, kam urplötzlich für mich. Hatte den Eindruck, überfallen zu werden, was ich selbst verursacht habe. Ich hätte noch nicht ein mich beschäftigendes Thema gebracht, wenn ich das Resultat vorher gewusst hätte. Zwei Mal wurde schon ein Thema verschoben. [...] So kam nun das, was mich überraschte. Alle entschieden sich für Schuld und Schuldgefühle den eigenen Kindern gegenüber.

Vom 31. 01.

Heute Morgen holte mich das Telefon aus dem Bett. Helena rief an und sagte den heutigen Termin ab. Das war nicht so schlimm, da ich mich zurzeit recht gut fühle.
Ich weiß nicht, was der eigentliche Grund dafür ist. Die Freunde, die nicht lockerlassen, die Anmeldung im Sportstudio und die ersten Trainingsstunden, oder die Übungen bei Helena? Auch ist die Nachsorgetherapie nicht schlecht und Besuch hatten wir auch. Vielleicht ist es auch der Mix von allem?

Vom 02. 02.

Gestern war ich zu fertig, um noch in dieses Buch zu schreiben. Ich war am Abend einfach erledigt. Der Dr. hat mich noch etwas krankgeschrieben. Danach beginnt die Arbeitslosigkeit.

Henriette war auch zum Mittag da. Wir haben ihr wieder einmal Geld (185,00 Euro) geborgt, für ihre KFZ-Steuer [der Ordnung halber erwähnt: Mo musste das Kindergeld zurückzahlen, welches an Henriette ausgezahlt worden war].

Was ich noch gelernt habe, ist; unserem Gehirn ist es egal, ob wir uns eine Sache vorstellen, oder ob diese real passiert. Es speichert diese als Erfahrung ab. Bei der Vorstellung einer Sache muss eine innere Überzeugung vorliegen. Glaubt jemand prinzipiell nicht daran, wird es auch nicht als Erfahrung abgespeichert. [...] Wie schon einmal gesagt, schön dass es so etwas gibt.

Habe wieder eine Scheiß-Nacht hinter mir, ein Albtraum hatte mich wieder eingeholt. Von der Handlung weiß ich nichts mehr. Nur noch von den nachfolgenden (?) Träumen. Da brannte es und ich konnte keine Hilfe holen, weil mein Telefon weg war.

Seit über einer Woche schlafe ich nicht mehr durch. Werde alle Stunde munter und es fällt mir mitunter schwer, wieder einzuschlafen. Dennoch fühle ich mich morgens nicht unwohl oder nicht ausgeruht, obwohl ich es für mich schwierig ist, aufzustehen. Manchmal wünschte ich mir, für immer einzuschlafen, dann bräuchte ich mich nicht mehr überwinden, aufzustehen.

Obwohl ich mich zurzeit über den Tag hin ganz wenig müde fühle, bin ich wie aufgezogen. Da kommt mein Inneres nicht so recht zur Ruhe. Ach, alles Mist! Es ist scheißegal, wie es kommt, nichts passt mir! Bin trotz der Fortschritte noch immer unzufrieden. Mir fehlt die Geduld.

Vom 03. 02.

Auch in der vergangenen Nacht hatte ich wieder einen Albtraum. Ich habe Mo damit so sehr erschreckt, dass er danach Probleme hatte, wieder einzuschlafen. Selbst fühle ich mich heute nicht so gut. Stehe mir wieder selbst im Weg und kann mich nicht leiden.

[...] Habe viel über Charlotte nachgedacht und warum sie nicht antwortet. [...] Kann ich ihr schreiben, dass ich stolz auf sie bin? Oder ist das falsch? Denn ich kann mir kein Urteil über sie erlauben. Dazu fehlen mir die letzten zweieinhalb Jahre. Ich bin die letzte, die eine Wertung vornehmen kann. [...] Was ist, wenn sie nun doch entschieden hat, den Kontakt zu mir ganz abzubrechen? Diese Vorstellung allein macht mich vollkommen traurig. – Tränen. – Was soll ich nur tun? Warum verletzt mich das so sehr? Ich werde damit rechnen und leben müssen. Ich kann es nicht!

Dass mich diese Gedanken soeben so runterreißen, hätte ich nicht gedacht. Mir kam gerade in den Sinn, dass ich dann auch nicht mehr leben möchte. Aller Bemühungen zum Trotz. Warum trifft mich das so hart? Volle Breitseite! Diese Enttäuschung könnte ich nicht mehr ertragen. Was mache ich nur? Diese Gedanken wollte ich nicht, nicht jetzt, wo doch so vieles schon besser geht.

Hilfe! Hilfe! Hilfe! Hilfe!

Nun gab es für mich keinen Halt mehr auf dem Karussell. Unablässig drehte es in mir und in meinem Schädel. Die eingelegte Geschwindigkeit, mit welcher alle meine Gedanken, meine Sorgen und Probleme Richtung Himmel auffuhren, konnte ich nicht bremsen und schon gar nicht wieder stoppen. Alles war begleitet von einem sich wirbelnden Chaos und ich erlag im Kampf gegen mich selbst mit einer nie gekannten Energielosigkeit. Ich hatte damit so viel Lebenskraft verbraucht, um nur nicht meine Ängste und Schwächen an die Oberfläche kommen zu lassen. Doch nun begannen meine Sicherungen durchzubrennen.

In mir hatte sich so viel aufgestaut, dass ich absolut auf Krawall gebürstet war. Machte mir gegenüber von Mo ungerechterweise Luft und war Fremden gegenüber ausfällig. Dann wieder fiel ich in so ein Extrem, dass ich nicht mehr sprach und alles für mich behielt. Fraß den ganzen Ärger in mich hinein und wurde so still, dass es Mo ängstigte.

<u>Vom 05. 02.</u>

Unzufriedenheit, Grübeln und Angst vor dem morgigen Tag. Das bin der-
zeit ich. Keine Kraft und kein Lebensmut, Angst vor der Zukunft. Auch
ich!
    Im Moment fehlen mir die Worte beim Reden und Schreiben. Mein
Kopf ist voll, aber ich spüre nur die Leere. Dabei müsste das alles nicht
sein. Ich verstehe mich nicht. Ich mag mich nicht.
    Mo hat Nachtschicht und ich viel Zeit.

Diese Taubheit, diese Leere und die mich umgebende Angst
machten mich aufs Äußerste fertig. Ich konnte diese Hoffnungs-
losigkeit nicht mehr ertragen. Wollte sie nicht mehr ertragen!
Ich spürte mich nicht mehr! Ich brauchte diese Zeit nicht mehr!
Alles hatte für mich in diesen Minuten keinen Sinn mehr. Alles!

Machte nun das, was mich schon so lange bewusst und unbewusst getrieben hatte. Der innere Mut war groß genug. Getrieben von meiner Sehnsucht auf Erlösung, innerlich aufgewühlt,
aber sehr gefasst und gelassen, holte ich mein „Päckchen" hervor und entnahm diesem die gesamte Menge verschiedener Tabletten, die ich einst verschrieben bekommen, aber bisher nicht
benötigt hatte. Ohne Angst oder irgendeiner Gewissensqual
spülte ich diese Pillen nach und nach mit Wasser herunter. Ich
wollte weg! Ich wollte ein Ende!

Der nachfolgende Teil ist beherrscht von meiner Fantasie, ge-
mischt mit den aufkeimenden Träumen in dieser Phase.
    Es kam doch ganz anders, als ich es gewollt hatte.

Mein Ende.
    Himmel!
    Es hört nie auf?
    Ein pausenloser Spießrutenlauf und es gibt kein Entrinnen.
Das Wasser steht mir bis zum Hals. Was für ein Scheiß-Tag!

 358

Total gehetzt, als ob mir Dämonen an den Sohlen heften, abgekämpft von der Jagd durch Zeit und Raum und wie von der Tarantel gestochen, komme ich mir in meinem Heim vor. Diese Scheiß-Angst! Der Fürst der Finsternis ist mir auf den Fersen und greift nach mir. Ich bin nassgeschwitzt bis auf die Haut. In mir flattert mein Herz ganz heftig im unruhigen Takt. Ich bin den inneren Supermarathon gesprintet. Meine Beine sind wie Pudding und ich zittere ganz heftig. Lasse mich im Wohnzimmer erst einmal auf die Couch fallen. Ziehe meine Beine bis hoch zur Brust, schlinge meine Arme um sie, krieche unter die Decke, schließe meine Augen und versuche mich so davon zu beruhigen. Mein Atem geht stoßweise und die einstudierten Übungen bringen nichts. Meine Gremlins toben, hören nicht auf zu denken und lassen mich schwitzend alles und so viel noch einmal durchleben.

Da waren die Termine, die ich wahrnehmen musste, allesamt einfach nur grässlich. Ich ertrage es nicht, in einem Warteraum mit anderen Menschen zu sein. Ist mir zu eng. Angst schnürt mir den Hals ab und nimmt mir die Luft zum Atmen. Dann das Angestarrtwerden, weil ich bei jeder Bewegung im Raum zusammenzucke. Entnervt ziehe ich mich in eine Ecke im Vorraum zurück. Das wird stetig von den anderen Patienten mit unterschiedlichen Reaktionen verfolgt. Neugierige, fragende und mitleidige Blicke haften an mir. Mit vorwurfsvoller Miene schauen mich auch die Schwestern an, die sich hinter dem Tresen verstecken. Auch wenn ich keinen ansehe, meine Augen fest auf meinen Schuhspitzen haften, spüre ich es in der Luft. Dieses feine Knistern und zarte Brennen im Nacken, und meine Haut kribbelt, die Härchen stellen sich auf. Spitze Dornen bohren sich in meinen Kopf. Schmerzliche Blicke, die mich über den ganzen Tag verfolgen. Beim Arzt wird es nicht besser. Berührungen am Hals und auf dem Rücken lösen Panik in mir aus. Ich kann und will es nicht zulassen. Mit jeder Berührung schießen Pfeile und Blitze durch mich hindurch. Anfassen geht gar nicht. Nur noch rennen. Muss weg! Sonst kriegen sie mich zu fassen, die Höllenhunde.

Eine gefühlte Ewigkeit liege ich so da. Die Müdigkeit holt mich endlich ein, doch ich bin zu aufgewühlt, dass ich in keinen Schlaf falle. Immer, wenn ich fortdämmere, tanzen wilde Bilder vor meinen Augen. Gierige, verzerrte Fratzen tauchen auf. Hände greifen nach mir. Ständiges Aufleuchten und Flimmern von gleißendem Licht schießt in meinen Schädel und erleuchtet meine Augäpfel von innen. Vergrabe mich tiefer unter der Decke. Doch es hilft alles nicht. Hilft nie! Benommenheit löst das Entsetzen ab. Langsam und die Umgebung absuchend stehe ich auf. Noch immer zittere ich entsetzlich. Mit wackligen Beinen und unter Hochspannung gehe ich Zimmer für Zimmer ab. Schalte in der ganzen Wohnung die Lichter ein, um die Spielgefährten der Unterwelt zu vertreiben. Fürchte mich vor jedem entstehenden Schatten. Und einmal mehr will ich, dass es aufhört!

Ich kann meine Hände nicht beherrschen. Sie beben, als ich nach meiner Wasserflasche greife. Mühevoll schaffe ich es, sie unter Kontrolle zu bringen und die Flasche zu öffnen. Das Trinken fällt mir schwer. Die Flüssigkeit ist zu kalt für meinen erhitzten Körper. Das Wasser staut sich wie ein Kloß im Hals. Tränen schießen mir dabei in die Augen und ich belasse es bei dem einen Schluck.

Plötzlich kann ich wieder klar denken. Die Gremlins haben aufgegeben. Ich gewinne wieder Oberwasser. Mir schießt es durch den Kopf: Wie lange soll ich das noch ertragen? Entsetzliche Gewissheit macht sich in mir breit. Es wird nie vergehen! Diese Angst beherrscht mich schon immer. Mal mehr, mal weniger. Ich stehe dem Ganzen macht- und kopflos gegenüber. Diese Hilflosigkeit ist unerträglich. Habe doch keine Kraft mehr, dagegen anzukämpfen.

Bin nicht fähig zu atmen. Taub, leer und ohne Emotionen komme ich ganz langsam in Bewegung. Meine Gremlins spulen leise und sanft durch mein Leben. Reißen dabei Wunden auf, schießen Bilder und Erinnerungen in meinen Kopf. Ich schaue teilnahmslos in mich hinein. Verfolge, was da vor meinen Augen sichtbar wird. Doch ich kann damit nichts anfangen. Da ist einfach nichts da, was mich in die reale Welt zurückkatapultiert. Dennoch hegt sich eine kleine Hoffnung auf ein Wunder. Wie damals, als Kind, als ich unbewusst die Schule geschwänzt hatte und ich dafür meine Strafe kassierte, hatte ich den kleinen Funken der Hoffnung auf Trost von meiner Mutti. Doch der Funken der Hoffnung starb ganz langsam mit der verstreichenden Zeit. Die Qual des Alleinseins zerriss mich in der darauffolgenden Nacht. Nun stirbt gerade auch dieser letzte Funken in mir dahin. Ich kann nicht anders. Gehe geduckt und leicht zusammengefallen ins Bad. Spüle meine Hände. Erst sehr heiß, dann eiskalt. Doch in mir rührt sich nichts mehr. Es ist ganz gleich, ob heiß oder kalt. Ich fühle den Unterschied nicht und den Schmerz nicht. Meine Beine werden schwach. Habe die Kraft nicht mehr, stehen zu können. Hocke mich hin. Falle auf meine Knie. Stütze mich mit den Händen vom Boden ab. So schleppe ich mich auf meinen Knien vorwärts bis in das Schlafzimmer und ich krieche hoch auf mein Bett. Lege mich auf den Rücken und starre lange Zeit apathisch an die Decke. Irgendwann drehe ich meinen Kopf. Mein Blick trifft auf meine Tagebücher. Nehme mir eines dieser handgeschriebenen Tagebücher vom Regal und lese. Doch es bleibt stumm in meinem Kopf. Leer. Blätter um. Lese. Nichts! Auch im nächsten und übernächsten Buch. Nichts! Nichts regt sich in mir. Nichts ist in mir. Nichts steht hier. Das Nichts breitet sich überall aus. Ich war nichts und ich bin nichts. Empfindungslos ergreife ich die erste Seite des folgenden Tagebuches am äußeren Rand und ziehe sie aus ihrem Bund. Das reißende Papier lässt mich gleichgültig. Was ich einst über mein Leben mit viel Fleiß und Ausdauer für die Ewigkeit aufgeschrieben habe, ist für mich so sinnlos geworden. Aus den Büchern dringt nur noch Eiseskälte. So reiße ich Seite für Seite heraus und mische alle schriftlich festgehaltenen Tage durcheinander. Manche verarbeite ich zu kleinen Schnipseln. Es bereitet mir keine Kümmernis und keinen Schmerz. Aber auch keine Erleichterung oder Freude. Gefühlskalt.

So verbringe ich einen Teil des Abends. Ich weiß nicht, wie spät es ist, als ich das letzte Tagebuch, eines mit hellbraunem Stoffumband, den ich mit Sternchen bemalt hatte, nehme und in viele kleine Fetzen zerlege. Es ist mittlerweile stockdunkel und es dringen kaum noch Geräusche von draußen herein. Die Seiten, Schnipsel und Fetzen liegen ausgebreitet und wild in dem ganzen Schlafzimmer. Betäubt schaue ich mich um. Doch auch danach kommt keine Regung in mir auf. Fühle mich taub und stumpf. Dann wird mir schwindlig und meine letzte Kraft löst sich auf. Nun tanzen keine Schreckgespenster mehr um mich. Nein, es sind unendlich viele unsichtbare Schmetterlinge. Ich bin berauscht von ihrem Anblick. Glück, Ruhe und endlich Frieden strömt in mich hinein.

4. Zyklus

Was geschieht mit mir?
*In meinem Alter von fünfundvierzig
bis einundfünfzig*

Mit einem heftigen, krampfenden Schmerz im Magen schoss der Pillencocktail wieder aus mir heraus. Die aufgestiegene Säure nahm mir den Atem und das Würgen im Hals und Krampfen vom Magen lähmten mich. Plötzlich erwachte auch meine Hirnmasse wieder aus dieser Schockstarre. NEIN! Verdammt! Nein! – Tränen liefen mir über die Wangen und machten mich in diesem Moment der Erkenntnis blind.

Ich kann nicht sagen, wie lange alles im Einzelnen gedauert hatte, jedoch brach so ganz allmählich der nächste Morgen heran.

Vollkommen neben der Spur und abgekämpft reinigte ich die Wohnstube von meinem Erbrochenen und legte mich erschöpft in mein Bett.

Ganz weit in der Ferne nahm ich irgendwann ein klingelndes, klapperndes Geräusch wahr …

Vom 06. 02.

Warten. Ich warte wieder einmal im Wartezimmer von Frau Dr. Traudich. Bin total von der Rolle. Hoffentlich [...]

Meine Charlotte hat sich noch nicht gemeldet. Das stimmt mich traurig und irritiert mich. [...] Ich hätte mir ein bisschen mehr Kontakt gewünscht. Na, die Hoffnung stirbt zuletzt.

Wenn ich da nicht schneller bin!

Mal sehen, wie dieser Tag noch endet. Ich bekomme es gerade ni...

Nun sitze ich hier auf Station in dem mir zugewiesenen Bett. Nach dem Gespräch mit Frau Dr. Traudich ging es heute gleich noch weiter. Sie wollte mich nicht mehr nach Hause gehen lassen. Zu groß wäre die Gefahr …

Mo war da und hat mir Sachen gebracht. Er ist total erschüttert. Er meinte, jetzt, wo so viel losginge … Und es passe ihm gar nicht. Und erst recht nicht vier Wochen. Nun war ich wieder hilflos und konnte ihn nur trösten. Auch mir gefällt es nicht, wie die Sache gekommen ist. Gleich gar

 365

nicht habe ich mit einer Einweisung auf die geschlossene Station gerech-
net. Selbst das Handy musste ich abgeben. Ich habe nichts mehr bei mir.
– Namenlos. – Ein Nichts auf der großen Leiter. [...]
Scheiße!

Vom 09. 02.

Mo war heute mit Henriette bei mir. Henriette meinte, sie ließe sich nicht
alles verbieten, denn immerhin sind wir ihre Eltern.
Mir ist zurzeit ganz komisch. So zwischen starker Müdigkeit und
Muntersein. Das sind bestimmt die Tabletten, die man auf der Zunge
zergehen lassen muss.
... So wollte ich das nicht, doch zu ahnen war es.
Nur ich habe daran nicht geglaubt.
Hatte den Termin nicht mehr wahrnehmen sollen.

Was ich in dieser Nacht getan hatte, erwähnte ich jedoch mit
keinem Wort. Es ist mein Geheimnis und für keinen anderen
bestimmt. Mir ist es viel zu peinlich, mal wieder versagt zu haben. Mein Schock darüber, dass ich von diesem Tablettenmix
wieder erwacht bin, begleitete mich an diesem schicksalhaften
Tag wie eine schwarze Katze auf dem Buckel eines alten Müt-
terchen. Und: Psst! Es bleibt weiterhin mein Geheimnis und
wird nicht verraten.

[...] Nun bin ich in der Geschlossenen. Das wollte ich nie. Immer noch bin
ich der Meinung, selbst mit meinen Problemen fertig zu werden. Aber
dieses Teufelszeug von Beruhigungstabletten lässt mich einfach nicht klar
denken. [...] Im Moment beherrscht mich mein Chaos. Mein Kopf ist wie
eine Matschbirne, alles wackelt bei jeder Bewegung. Selbst das Schreiben fällt mir sehr schwer.
Noch heute habe ich den Wunsch, allem ein Ende zu setzen.
Die Ruhe und Entspanntheit wären da sicher für alle willkommen.

Heute musste ich wieder einem Arzt in die Hand versprechen,
dass ich mir, solange ich hier bin, nichts antun werde.
So viele Versprechen. Da habe ich den nächsten Sack gleich voll damit.
So wird es auf dem Rücken auch nicht leichter.
[...] Meine Lust zum Schreiben versiegt von Tag zu Tag mehr.

Vom 10. 10.

[...] Das Schwindelgefühl will mir heute nicht von meiner Seite weichen.
Auch die Schrift und das Zeilenhalten sind eine Katastrophe. Lehfühle
mich betrunken, obwohl ich nichts getrunken habe. Ich hor gleich besser
wie der auf, soll ja für die Nachwelt zu m Lesen sein. Mist!

Vom 11. 02.

Dass ich gestern total von der Rolle war, sagt schon das lustige Datum
aus. [...] Finde keinen Frieden mit mir selbst. Mein linkes unteres Hand-
gelenk habe ich schon in Mitleidenschaft gezogen. [...] Schmerzen gibt es
dabei kaum, nur die Angst, erwischt zu werden. [...]

Vom 13. 02.

Vom gestrigen Tag habe ich nicht viel mitbekommen. Habe mich nur gerade über das Datum gewundert.
Mein Kopf stellt schon wieder tausend Fragen
und mein Körper will nur schlafen.

Vom 14. 02.

Am Abend bekam ich wieder so eine ganz kleine blaue Pille. Und ich habe
wieder vergessen, wofür diese ist. Jedenfalls torkle ich nach dieser wie
volltrunken durch die Gegend. Ich konnte nach dem Verrichten des Wasser-

 367

lassens nicht richtig aufstehen und kippte nach hinten um. Erst war es
lustig, doch dann fand ich es nicht mehr komisch. [...]
[...] Heute bin ich beim Kakao holen über die geöffnete Tür
vom Geschirrspüler gestürzt. Dabei schrammte ich mir mein
rechtes Schienbein auf. [...] und ein Trostpflaster für mein Bein. [...]
Jetzt warten wir auf die Visite, es ist schon 10:10 Uhr.
Die Unruhe wächst. Manche Fragen will ich nicht beantworten.
Im Bett schreibt es sich ganz doof.
Wenn ich mich bloß an die Hausaufgaben erinnern könnte.

Vom 16. 02.

Der Tag begann schon total schlecht und ich kam mir überrumpelt vor.
Wir hatten gerade unsere Morgentoilette gemacht, da holte mich eine Vi-
sitenschwester in einen Gruppenraum. Hier wurde nun eine offene Visite
abgehalten und besprochen, dass die Gruppe sich, natürlich in Begleitung
eines Pflegers, Lebensmittel kaufen solle und sich im Anschluss sein Mittag selbst mache.

So an sich war das ja schön gedacht, aber total daneben. Da wären
mir zu viele Menschen um mich herum. Und dann noch mit all denen in
einem Laden?! Nein, Nein, nein. Das ginge gar nicht. Also trödelte ich beim
Anziehen herum und schon war von der Gruppe nichts mehr zu sehen.
SCHÖN!

[...] Die Tagesschwester ist ganz schön ruppig. Ich wollte das Mittag heute am besten verschlafen. Doch sie kam mich selbst holen und ich
musste im Speiseraum essen. Da kann ich nur Ohren, Augen und Sinne
wegschließen. Es ist einfach zu viel für mich. [...]

Vom 17. 02.

Ich schaffe es einfach nicht, Kontakte zu knüpfen. [...] Komme hier auch
nicht raus. Jeder Schritt wird überwacht. [...] Vorhin hieß es von der
Schwester, ich möchte mir etwas überziehen, weil ich zur Sporttherapie
gehen sollte. Das war der reinste Witz. Drei spielten Tischtennis, die

anderen schauten zu. Weil dies scheinbar auch dem Therapeuten zu doof war, gab er Dehnbänder raus. Ohne jegliche Aufwärmung sollten wir Spannungsübungen machen. Da wird der Muskelkater vorprogrammiert sein. Dem Therapeuten war es sichtlich zu mühselig und langweilig, er wusste scheinbar auch nicht so genau, was er mit uns anfangen sollte.

Die Idee für eine Bewegungstherapie ist ja sehr gut, doch auch für den Therapeuten ist es deprimierend, so eine Leistung vorzuführen. […] Und letzten Endes ist dies verlorene Zeit für den Therapeuten, die Klinik und zuletzt die Patienten.

<u>Vom 20. 02.</u>

Als ich gestern die Eintragung in dieses Buch machen wollte, fiel mir der Brief von Henriette, welchen sie mir am Nachmittag gab, in die Hände. Es ist ein schön geschriebener Brief. Ihr Ziel war es, mit den lieben Zeilen zu erreichen, dass ich mich besser fühle. Leider rollen auch jetzt wieder meine
Tränen
     Tränen,
         Tränen.
Seit so langer Zeit hat sie mich glauben gelehrt, dass ich die schlimmste Mutter der Welt wäre. Ich habe die halbe Nacht geweint und konnte nicht schlafen. Um 05:00 Uhr war meine Nacht wieder am Ende.

Sie schreibt, dass ich ihr Vorbild wäre, dass sie mich nur als Starke kenne. Und ich immer lachen würde, so schlecht es uns auch immer ginge. Dass ich stets versucht hätte zu helfen, wo es nur ging. Ich hätte ihr geholfen, durch ihr Leben zu kommen. Und wenn Henriette in der Patsche saß, hätte ich alles im Griff gehabt.

Nun schreibt sie mir, dass ich sie von einem Selbstmord abgehalten habe, weil ich sie genau zum richtigen Zeitpunkt angerufen hätte.
Ich – Tränen
     kann – Tränen
         nicht – Tränen
             mehr – Tränen
                 schreiben – Tränen

Tränen
Tränen trocknen sehr schnell.
Das Herz bleibt schwer wie Blei,
als ob alle nicht geweinten Tränen
sich in meinem Herzen wiederfinden.
Der Kopf tut weh und ist ganz leer,
schön wäre es, ich wär nicht mehr.
Ich habe nur noch Tränen, Schmerz und Liebe. – ResA.K.K.

Wenn ich jetzt die Möglichkeit hätte, meine Ruhe und Erlösung zu bekommen, würde ich dies tun. Denn all die sinnlosen, schwarzen Tage, Jahre, alles umsonst. Nur, um am Ende der Geschichte festzustellen, dass es doch zwei liebe, gute Frauen geworden sind. Doch alles mit VORSICHT!

Das Thema mit Mo ist noch nicht vom Tisch. Beide Mädels buhlen derzeit um meine Gunst. Ich werde sehen müssen,

was uns die Zeit bringen wird.
Mein Herz gehört allen dreien.
Ich werde mich nicht für einen allein entscheiden.
Liebe, Vertrauen, Geborgenheit lassen sich nicht abschalten.
Dies geht zwar zu stoppen, aber nicht zu vernichten.

Insofern man dieses Thema eher ruhen lassen sollte. Aber Mo beschäftigt das ja auch jeden Tag. Er kämpft diesen Teil mit sich selbst aus.

[...], denn nur Papa hatte es geschafft, uns ein halbwegs auskommendes Leben führen zu lassen. Meine Wenigkeit hätte vielleicht zu Nachtasylen und euch ins Heim gebracht. Auch wenn ihr da anderer Meinung seid, halte ich meine schützenden Hände über ihn, solange er lebt. Denn danach braucht mich keiner mehr.

Danke, liebe Henriette, für den wunderschönen Brief, aber meine Entscheidung steht schon lange fest. Ich werde euch niemals um Hilfe bitten, wenn ich euch brauche.

Drei Wochen waren nun auf dieser Station vergangen und ich hegte die leise Hoffnung, wenigstens auf die offene Station verlegt zu werden. Immerhin war ich nun schon so lange hier, hatte

 370

mehrere Mitpatienten kommen und gehen gesehen. Auch hatte sich die Station in den letzten Tagen sehr stark gefüllt und sie brauchten Betten.

Doch daraus wurde wieder nichts! Die kleine Hoffnung, die ich hegte, platze bei der Visite und ich hatte es mir selbst verbockt. Als die Suizidgedanken zur Sprache kamen, berichtete ich kaum hörbar, dass ich ein anderes Ventil gefunden habe, um diese zu unterdrücken. Leider kam dies bei den Ärzten nicht gut an. Ich verletzte mich nun selbst. Das war ihnen auch nicht recht ... Es wurde nun intensiv nach einer Beschäftigungsmöglichkeit für mich gesucht. Dies bekam ich bei der Visite mitgeteilt und ich solle doch sagen, was ich gern täte. Mir fiel nichts ein und ich wollte auch nichts, außer nur noch nach Hause.

Vom 23. 02.

Am zeitigen Nachmittag holte mich eine Schwester zum Spaziergang ab. Als wir mal kurz allein waren, bot sie mir ihre Hilfe an, wegen des Ritzens. Sie meinte auch, ich wäre sehr zurückhaltend, ich wirke wie zurückgezogen. [...] Jedoch ist sie die Erste, die mir dieses Angebot gemacht hat.

Mein Mo kam mich seit dem Beginn des Krankenhausaufenthaltes jeden Tag besuchen und ich fieberte diesem Besuch immer entgegen.

Nun wurde mein innerer Wunsch, wieder nach Hause zu dürfen, immer größer. Aber mit jedem Tag wuchs die Enttäuschung darüber, dass ich nicht entlassen wurde. Die Therapien gefielen mir immer weniger. Am schlimmsten war für mich die Kochgruppe. Nein, diese hielt ich nicht aus, wagte aber auch nicht, mich stark dagegen zu wehren.

Dann kam der Vorschlag, mich in die Klinikwerkstatt zu schicken, und ich wurde gefragt, ob ich daran Interesse hatte. Ja, dies traf es genau.

Allerdings war ich nun nur noch von dem Gedanken beherrscht, dass ich heim wollte. Heim!

Bei mir begannen die Albträume erneut und diese setzten mir immer wieder zu.

Doch ganz plötzlich veränderte sich alles in und um mich herum. Es war wie ein Erwachen aus einem unwirklichem Traum.

An einem Tag war ich am Vormittag noch auf stumm und bockig geschaltet und am Abend lichtete sich der schwere Theatervorhang abrupt. Mir wurde bewusst, wo ich mich befand.

Durch Zufall saß ich da gerade vor meinem klinischem Tagebuch und schrieb nicht nur, nein, ich las, was ich in den vergangenen Wochen geschrieben hatte.

Vom 25. 02.

[...] ich war irritiert, was ich da so alles aufgeschrieben habe. An vieles kann ich mich gar nicht mehr erinnern. Ist schon komisch und ich schämte mich auch ein bisschen ...

Aber ich berichtete auch, dass ich endlich ein Ziel für mich gefunden hatte und nicht mehr so ziellos war. Ich sah nun nach vorne, ließ ein weiteres Mal die Vergangenheit hinter mir. Blieb so gut ich konnte im Hier und Jetzt. Verbannte meinen inneren Schmerz auf eine einsame Insel und gab den Problemen um Charlotte nicht mehr so viel Raum.

Angeregt von der Psychologin dieser Station machte ich Schluss mit meinen Eintragungen hier in meine privaten Tagebücher. Die geschriebenen Bücher würden mich kein Stück weiterbringen. Was ich bis dahin notiert hatte, wird alles gut darin aufgehoben sein.

Ich entschied mich, nun wieder selbst die Kontrolle über mein Leben zu übernehmen. Wusste jedoch nicht, ob dies der richtige Weg war. Nur der Versuch macht klug!

Ein paar Tage später wurde ich auf die offene Station verlegt. Neben der Arbeit in der Werkstatt erhielt ich nun noch sechs weitere Therapien, welche allesamt auf die Therapien der Reha aufbauten. Diese waren auffrischend und ich lernte auch neue Dinge hinzu. Vor allem zu meiner Erkrankung, die ich so ganz langsam zu akzeptieren begann, obwohl mein Kopf sich noch immer dagegen wehrte.

Ich erhielt einen weiteren Brief von Charlotte und musste lange mit mir kämpfen, um diesen zu lesen. Erst vier Tage nach dem Erhalt hatte ich die Kraft dafür und las, was sie mir schrieb. In diesen Momenten begleitete mich Frau Dr. Traudich. Um mir aus meinem Zustand zu helfen, bekam ich vier verschiedene Psychopharmaka verordnet. Die Medis, die Therapien und die medizinische zuzüglich der psychologischen Betreuung brachten mich auf meinen neuen Weg ins Leben. Auf wundersame Weise verschwanden meine Schmerzen im Bein, im Magen und sonst, wo auch immer sie sich einstellten. Auch meine Haut heilte zu, es kam nur noch selten zu Schüben, in denen meine Hauterkrankung zu Tage trat. Dennoch verschwanden die Albträume leider nicht. Sie holten mich oft ein und es kam wieder zu vielen schlaflosen Nächten.

Meine Hoffnung, schnell wieder nach Hause entlassen zu werden, schwand hier jedoch von Tag zu Tag. Es sollten nach den drei Wochen auf der Akutstation noch einmal ganze zwölf Wochen ins Land gehen, ehe ich endlich entlassen wurde.

Ich will nicht leugnen, dass ich zum Ende meines Krankenhausaufenthaltes von mir selbst den Eindruck hatte, nun wieder stark genug für mein Leben zu sein. Doch es blieb von allem ein vergifteter Splitter in meiner Brust zurück. Meine Bestimmung war nun, immer gegen diesen Schmerz, welchen der Splitter verursachte, anzukämpfen. Aber ich hatte tolle Menschen an meiner Seite, um dem Ganzen entgegenzutreten. Ich war bereit dafür und wollte diese Herausforderung meistern.

Was weiß ich! Ob es der Himmel oder die gewesen Hölle ist, mein Schicksal wurde in vollkommen andere Bahnen geleitet, als ich es mir je hätte vorstellen können, denn was und wie ich es auch anstellte, immerzu kam es so, dass etwas anderes daraus gemacht wurde.

 373

Der Kontakt mit beiden Mädels lief endlich gut. Jedoch wurde, auf Bitten von Charlotte, Mo ausgeschlossen. Was nicht leicht für mich war, denn er ist mein besserer und sicherer Teil. Mo fühlte sich elend damit und war, auch wenn er es mir gegenüber nicht offen zeigte, sehr traurig und verletzt darüber. Gern wäre er dabei gewesen und es quälte ihn, so ausgestoßen zu werden. Mich verletzte es ebenso, auch wenn ich es wie immer überspielte. Ich wurde auf diese Art in meiner Seele und meinem Herzen auf eine für mich leidvolle und zermürbende Weise in einzelne Stücke zerhackt. Jeder beanspruchte einen anderen Teil von mir und ich hatte meine Not, alles irgendwie zusammenzuhalten, was mir wiederum viel Energie raubte. Die hätte ich aber gut für mich selbst brauchen können. Doch für mich gingen meine Liebsten allesamt vor. Ich und meine Bedürfnisse stellte ich hinten an. Dadurch war ich abermals vom Leben der anderen getrieben und mein eigenes begann nach und nach ein weiteres Mal zu verblassen.

Eine kurze Zeit schrieb ich mit Charlotte schöne, lange, bunt gestaltete Briefe. Auch trafen wir uns ab und zu, um uns weiterhin auszutauschen in Cafés und Co. Manchmal war auch Henriette dabei, aber nur heimlich. Sie konnte Bela und seiner Familie nicht sagen, wohin sie ging. Als Charlotte dann selbst in Therapie ging, kam alles wieder zum Erliegen. Von ihr kamen nur noch ganz kurze Informationen über ihr Handy, bis mich eines Tages ein Hilfeaufruf für Henriette erreichte.

Henriette hatte sich von Bela getrennt, war schwanger und ist hier in unserem Ort bei einer ihrer Freundinnen untergekommen. Charlotte bat um Hilfe, weil die Lebensumstände bei dieser Freundin – das Wohnen in einer Müllkippe – nicht zuträglich für eine werdende Mutter waren. Sie hatte panische Angst um ihre Schwester und um das ungeborene Kind. Ich sollte doch Henriette ganz schnell da wieder rausholen, was ich auch sofort tat. So zog Henriette für die folgenden Wochen bei uns ein.

Wir brauchten schnell eine Lösung für sie, denn bei uns bleiben ging nicht mehr. Mo, mit seinen vielen Schichten, brauchte zu allen möglichen Tageszeiten Ruhe zum Schlafen. Nein, Henriette wollte auch eine eigene Wohnung. So begleitete ich sie zu allen Ämtern, füllte mit ihr gemeinsam sämtliche Anträge aus und wir hofften auf schnelle Entscheidungen. Unsere ersehnten Wünsche wurden allumfassend entsprochen. Gleich in unserer Straße und nur zwei Hausnummern weiter erhielt Henriette Wohnraum. Sehr zügig und getrieben vom sich nahendem Geburtstermin floss all unsere Zeit und Tatkraft fest entschlossen in dieses Projekt. Beim Malern der Wohnstube erfanden Henriette und ich gemeinsam den Namen für ihre und Belas Tochter. Große rote Buchstaben zierten an einem Nachmittag die Wohnzimmerwand. In sehr hübsch geschwungener Schrift zog unsere Stella Marie so schon vor ihrer Geburt in diese Wohnung mit viel ersehntem Glauben und der Hoffnung auf eine wunderbare Zeit ein.

Aus meinem Tagebuch elf
Vom 28. 10.

Mit Henriettes Wohnung ging alles schnell voran. Das Kinderzimmer ist fertig. Es stehen alle Möbel drin und auch die Wäsche liegt im Schrank. Bett und Kinderwagen sind startklar. Stube, Schlafzimmer und Küche sind gemalert und die Bodenleger sind da. Küche ist fertig, Schlafzimmer ist fast fertig. Nur noch in der Stube und im Flur muss das Laminat gelegt werden.

Morgen kommt der Soziale Dienst und schaut, was Henriette noch für Anfangsmöblierung braucht. [...]

Ich selbst komme mit mir wieder nicht ganz klar. Die Gedanken und Sorgen kreisen wieder um mich herum ...

Vom 09. 11.

[...] Henriette und Charlotte sind ins Krankenhaus gefahren. Wir warten noch alle auf Stella Marie. [...] Henriette ging es in den letzten zwei Wochen gar nicht gut. Von Durchfall und Erbrechen bis hin zu geschwollenen Beinen war alles dabei.

 375

Ich bin wieder die Liebe, die alles geduldig erträgt und auch hilft, wo Not ist. [...]

Gerade kam eine SMS, Henriette muss im Krankenhaus bleiben. [...] Sollen ihr heute noch ein paar Sachen bringen. Naja, nun müssen Mo und ich die Wohnung allein fertigmachen.

Mir ist vieles über den Kopf gewachsen und ich fühle mich nicht mehr wohl in meiner Haut. Habe stark zugenommen. [...]

Wenn wir das mit Henriette geschafft haben, mache ich drei rote Kreuze im Kalender. [...]

Charlotte ist auch in eine neue Wohnung gezogen und sie hat ihre Therapie abgebrochen. Den Grund dafür kenne ich nicht. [...] Mache mir ganz große Sorgen um sie. [...]

Bei mir in der Arbeit (165,00-Euro-Job) geht es gerade auch nicht gut voran. [...] Vergesse auch so viel. Mein Gehirn arbeitet nicht mit mir. Immerzu vergessen, vergessen, vergessen ...

Vom 17. 11.

Unsere Stella Marie ist inzwischen zur Welt gekommen. [...] Am 14. 11. kamen Henriette und Stella Marie nach Hause. So gut hatte ich es damals nicht. [...]

Mo war schon und ist noch sauer, denn Henriette holt Bela in die Wohnung, das ärgert ihn sehr. Er hat keinen Handschlag mitgeholfen, nun kommt er und will sich ins gemachte Nest setzen. [...] Er hätte beim Vorrichten der Wohnung helfen können, das wäre erwachsen und verant-wortungsvoll gewesen. Doch nichts von dem hat er getan.

Dann erzählte mir Henriette, dass Bela ein Problem mit mir habe. Ich würde ihm Stella Marie wegnehmen. [...] Kann er nicht offen darüber sprechen? [...] Wer mich kennt, wüsste, dass ich ein Problem mit Säug-lingen habe. Sie quäken eben und genau das kann ich nicht verkraften. Ich reiße mich sehr zusammen, um Henriette zu unterstützen. Und da soll ich ihm Stella Marie wegnehmen? Das glaubt nur jemand, der meine Vor-geschichte nicht kennt. [...]

Heute fahren wir zu Nash. [...]

Zu meiner und Mos großen Überraschung und Freude bat uns Charlotte um Hilfe in ihrer Wohnung. Da war der Abfluss in der Küche verstopft und noch viele andere Dinge, welche repariert, angebracht oder aufgebaut werden mussten. Da gab es nichts zum darüber Nachdenken – selbstverständlich halfen wir. In der Zwischenzeit waren Henriette und Bela wieder zusammen und hatten ihre Trennungsabsichten beigelegt. Dafür zog sich nun Henriette etwas von uns zurück, dennoch blieb unser Kontakt bestehen, jedoch zum Ärgernis von Bela und seiner Familie.

Ich legte eine mir zu schwer gewordene Last noch vor dem Ende des Jahres, trotz gutem Zureden aller, wieder ab und kündigte endlich meinen Minijob. War der Sache aus vielerlei Gründen einfach nicht gewachsen. Auch wenn daraus eine Vollzeit Arbeitsstelle geworden wäre. Mir fehlte es dafür an Selbstvertrauen, war so unsicher und hatte eine Wahnsinnsangst, Fehler zu machen. Nein, ich wollte für gute Arbeit gutes Geld, wollte mich dabei wohlfühlen und keinen täglichen Spießrutenlauf.

Weil Mo für mich meist zu lang in der Arbeit war, ich mich in seinen Spät- und Nachtschichten daheim sehr einsam fühlte und mich meine Angst sehr oft aus dem Hinterhalt überfiel, halfen mir Helena und Frau Dr. Traudich, beide nach ihren Möglichkeiten, diese Zeiten besser zu überstehen.

In der gesamten Zeit hatte ich mich bei vielen verschiedenen Firmen um unterschiedliche Arbeitsstellen beworben. Hatte durchaus mehrere Vorstellungsgespräche, sagte manches nach reichlicher Überlegung selbst wieder ab, aber ich blieb dran. Ich wollte so gern wieder arbeiten, doch die Arbeit sollte auch richtig zu mir und meinem bisherigen Beruf passen.

So kam es, dass ich mit einem neuen Job begann. Dies wurde auch höchste Eisenbahn, denn wir hatten unser Konto katastrophal überzogen. Einerseits weil ich wesentlich weniger Geld bekam, nachdem ich in die Arbeitslosigkeit geraten war, und andererseits wegen der vielen Ausgaben, welche wir für beide Mädels getätigt hatten. Den letzten Rest gab uns der neu angeschaffte Hund von Charlotte. Nachdem ihr bisheriger Hund sehr plötzlich verstorben war, holte sie nun Balu zu sich. Allerdings erkrankte er nach drei, vier Tagen aufs Heftigste und er musste im Krankenhaus aufwendig behandelt werden. Unserer Charlotte halfen wir gern aus. Wollten sie einfach nur wieder glücklich sehen.

Mir ging es gut. Hatte wieder Hoffnung geschöpft. Mit den Kindern lief es gut und wir freuten uns immer, wenn wir von ihnen besucht wurden oder andersherum. Endlich nahm unser Leben wieder ein normales Miteinander ein und ich hatte einen Job.

Um zu meiner Arbeitsstelle zu gelangen, hatte ich einen ca. dreißig Kilometer weiten Arbeitsweg. Es wurde in zwei Schichten gearbeitet und ich war anfangs voller Tatendrang. Die Frühschicht begann bereits 05:00 Uhr morgens, die Spätschicht endete um 23:00 Uhr. Alles kein Ding, ging ich eben eine Woche um 20:00 Uhr zu Bett und die andere Woche eben erst gegen 01:00 Uhr. Nicht schlimm. Wirklich! Glaubt es mir! Da verschob ich eben einfach meine vielen Medis so, dass es passte. Wird schon! Ich brauchte die Arbeit. Ich kriegte es hin. Ich glaubte an mich.

Bei der Arbeit lief es nach einer guten und längeren Einarbeitung, jedoch mehr schlecht als recht. Nach ca. zehn Wochen hatte ich starke Schwierigkeiten, mich zu konzentrieren. Ich rückte jeden Tag meine Schultern zurecht und startete meine Reserven der Disziplin, rief mich selbst zur Ordnung. Kämpfte jeden einzelnen Tag darum, mit meinen Gedanken bei der Arbeit zu bleiben. Versuchte ständig, die bleierne Müdigkeit zu ignorieren. Musste eben durchhalten und konnte meinen Körpersignalen keinen Raum geben. Meine Qualität in der Arbeit litt mächtig. Sie stimmte an manchen Tagen überhaupt nicht und nur äußerst selten erreichte ich die erforderliche Stückzahl. Nach mehreren Gesprächen, die nicht ausblieben, und einer glaubwürdigen Argumentation meinerseits, dies alles bald zu schaffen, wurde ich nach der Probezeit tatsächlich fest eingestellt.

Die Glaskugel hatte es vorausgesagt.

Vom 08. 05.

Seit ca. zehn Tagen quälen mich wieder Todesgedanken. Wo kommt nur diese Todessehnsucht her? Immer, wenn ich etwas entscheiden muss, schlagen sie zu. In der Arbeit kann ich nicht abschalten. [...]
In einer Stunde habe ich Termin bei Frau Dr. Traudich. Hoffentlich [...]

Vom 13. 05.

In meinem Kopf schwirrt es wie im Bienenkorb. Meine Gedanken kreisen wie ein Karussell. Ständig drängen die Gedanken an den Tod in meinen Kopf. Auch der Tinnitus ist wieder sehr laut und ohne Pause.
Konnte heute in der Arbeit nicht abschalten. Immer dieser Gedanke, immer dieser eine Gedanke. Obwohl ich diesen nicht will, ist er permanent da, in meinem Kopf. Besonders schlimm ist er, wenn ich allein bin. Und ich bin viel allein. [...] War vorhin bei Henriette und Stella Marie. Da waren die Gedanken nicht so drängend. [...]

Vom 15. 05.

Es ist Pfingsten und Mo hatte alle Feiertage Nachtschicht, da war ich wie immer allein. Um die Zeit rumzukriegen, habe ich viel geschlafen. Nun bin ich ganz und gar ausgeruht. Diese Woche hatte ich wieder Termin bei Frau Dr. Traudich. Sie hatte für mich bereits ein stationäres Bett bestellt. Dies wollte ich nicht, da ich Angst habe, meinen Job zu verlieren. [...]

Mo konnte alles nicht verstehen. Uns ging es doch gut, so, wie es jetzt war.

Nach Pfingsten hatte ich Urlaub und nach dieser Zeit ging es mir tatsächlich wieder gut.

[...] Im Moment geht es mir gut. Gestern in der Spätschicht habe ich zum ersten Mal die Stückzahl, die gebracht werden soll, erreicht. Hoffentlich hatte ich keine Fehler gemacht. [...]

Allerdings war es wie immer nur eine Eintagsfliege. Diese Arbeit war mir eindeutig zu schwer und ich fand auch keinen Anschluss zu anderen Kolleginnen. Hier war ich auch allein. Irgendwie ist alles Mist!

Henriette und Bela sprechen seit kurzem über Hochzeitsabsichten und begannen diese auch zu planen.

Uns bereitete es großes Unbehagen und ich sprach mit Helena darüber. Meine Hirnmasse zermarterte sich darüber, wie alles werden soll. Gerade erst hatten sie eine immens große Beziehungskrise. Was sagt das Amt dazu? Schließlich haben sie Henriette sehr schnell mit allem unterstützt. Muss sie es wieder zurückzahlen? Aber meine allergrößten Bedenken lagen bei unserer Beziehung zu Belas Familie. Bei denen sind wir nicht willkommen. Für sie sind wir die Monster, die ihre Kinder gepeinigt und missbraucht haben. Ich hatte kein gutes Gefühl dabei. Und was mich und meine Gremlins noch umherschwirren ließ, war, dass es sicher zu einer gemeinsamen Feierlichkeit kommen wird. Meine diesbezüglichen Sorgen begannen zu wachsen, aber ich schaffte es nicht, mit Henriette und Bela darüber zu sprechen.

Auch steckte Charlotte ein weiteres Mal im Umzugsstress. Langsam verlor ich darüber den Überblick. Sie bat uns nicht um Hilfe und bewerkstelligte fast alles allein. Sie hatte sich schon eine Weile nicht mehr gemeldet. Von Henriette erfuhr ich, dass Balu, Charlottes Hund, wieder sehr erkrankt war und dass die Befürchtung nahe lag, er würde diese Erkrankung wahrscheinlich nicht überleben.

Zum Ende des nachfolgenden Monats bestanden Charlotte und Henriette darauf, dass ich mit zu meiner Mutter kommen sollte und ich ließ mich dazu überreden.

Es war schon erstaunlich, was sich da nach den fast drei Jahren, in denen ich nicht mehr bei ihnen war, alles verändert hatte. Nichts! Ihre Verhaltensweisen sind geblieben wie eh und je. Es war alles ein komisches, zittriges Gefühl für mich.

Vom 01. 08.

[...] Mutti spielt alles hinunter und der Vater ist auf der Mitleidstour. Wir wollten auch nur kurz bei ihnen bleiben, was wir auch einhielten. Vater hatte Kaffee gekocht, ohne uns vorher zu fragen (Henriette trinkt gar keinen). Da war er sauer, als wir diesen ablehnten. [...]

Auf unsere Frage, ob es Neuigkeiten gab, bekamen wir ein „Nein", was sich im Gespräch in den darauffolgenden Minuten gleich wieder änderte. Die Mutter hatte inzwischen eine höhere Pflegestufe und sie bekam von einem Pflegedienst Unterstützung. Den Haushalt überließ sie nunmehr ihrem Mann, weil sie nicht mehr in der Lage dazu war, diese häusliche Wirtschaft zu führen. Hinaus kam sie auch nicht mehr, dies war ohne Unterstützung viel zu anstrengend. Oft erhielten sie jedoch Hilfe von Bill, Jilaiya und ihrem Mann. Der Vater plante eine größere Geburtstagsparty und lud Mo und mich folglich sofort dazu ein. Allerdings lehnten wir diese Einladung augenblicklich ab, was ihm sehr sauer aufstieß.

Keine zwei Wochen später zog Henriette, gemeinsam mit Bela, wieder zurück in den Ort, wo Belas Eltern lebten, nun aber in eine eigene Mietwohnung. Sie hatte nicht einmal ein Jahr in der Wohnung, welche wir so schnell und mit so viel Hoffnung und Herzblut verbunden hergerichtet hatten, gelebt. Nun war sie wieder fort, und mit ihr Stella Marie.

Am Umzugstag sprach ich mich mit Belas Mutter aus, denn auch sie hatte dieselbe Angst vor dieser Hochzeit wie wir, und es wurde beschlossen, dass die Zwietracht der Kinder wegen beigelegt werde.

<u>Vom 12. 08.</u>

[...] Ich kann nicht richtig beschreiben, wie es mir ging. Vielleicht: Wie ein Schulmädchen, das etwas ausgefressen hat.

Angeregt durch meine begründete Angst, Jilaiya hier in unserer Umgebung zu begegnen, durchlief ich Therapiestunden bei Helena, um dieser Panik entgegenzuwirken. Ich war mal wieder in meinen Schreckensgedanken gefangen. Nein, diese Begegnung will ich wirklich nicht! Es kam soweit, dass ich meine Wohnung nur noch verließ, wenn ich Erledigungen zu machen hatte oder in die Arbeit musste. Diese Scheiß-Angst sperrte mich ein. Helena riet mir, dringend mit Frau Dr. Traudich darüber zu sprechen.

<u>Vom 28. 09.</u>

[...] Somit gehe ich ganz selten raus. Vor allem nie allein. [...], dass ich mit Frau Dr. Traudich darüber spreche, aber das habe ich bei dem letzten Arztbesuch nicht geschafft. Mir fehlen dafür die Kraft und der Mut. [...]

Wie unser Leben so spielt! Henriette und Bela hatten ihren Termin zur Eheschließung genau auf den Samstag gelegt, an welchem Mo seinen Geburtstag feiern wollte. Mo war sehr verärgert, schluckte es mürrisch weg und sprach kaum mehr darüber. Leider meldete sich zu seinem Ehrentag fast keiner von unseren Freunden und seinen Geschwistern. Alle hatten ihn vergessen, hatten keine Zeit, an ihn zu denken, oder was es da sonst noch für Gründe gab. Sogar die Feiertagspost blieb aus. Nur Mila-Marie und Ole hatten postalische Grüße geschickt. Mir tat es in der Seele weh, Mo deswegen so sehr leiden zu sehen.

382

Zur Trauung von Henriette und Bela gab es eine sehr schöne Rede und diese Feierstunde war ein bezaubernder Glanzpunkt ihrer bisherigen gemeinsamen Zeit.

Glücklich, die Braut in weißem Kleid und der stolze Bräutigam mit strahlendem Gesicht, so schritten sie gemeinsam mit ihrer Tochter auf Belas Arm die weit ausladende, rot geflieste Rathaustreppe herunter, um anschließend mit allen Gästen ein köstliches Mittagsmahl in einer guten Gaststube einzunehmen. Danach ging es zur Feier, welche von vielen helfenden Händen vorbereitet worden war.

Zum Abend hin bemerkte ich das elende Aussehen von Charlotte. Diese Hochzeit drückte ihr sichtlich auf die Seele und sie fühlte sich von Minute zu Minute immer schlechter. Gegen 21:30 Uhr kam sie zu mir, sie wollte etwas allein sein und sie verließ kurz nach unserem kurzen Gespräch die Feier.

<u>Vom 20. 10.</u>

[...] Nach einer halben Stunde wurde ich unruhig, weil sie nicht wiederkam. Auch die Gäste fragten bereits nach ihr. So bin ich sie dann suchen gegangen. Mein erster Weg führte zum Spielplatz und da traf ich sie auch an. (Eine Mutter spürt sowas eben.) Sie saß auf der Schaukel und schwang vor sich hin. Ich setzte mich dann auf die zweite Schaukel. Und so schaukelten wir eine ganze Zeit gemeinsam. Wir haben viel gelacht und Charlotte stimmte ein Lied an. Ich weiß nicht, wie lange wir gemeinsam auf dem Spielplatz waren, doch danach ging es ihr etwas besser.

<u>Vom 07. 11.</u>

Vergangene Nacht hatte ich einen Weinkrampf. Ich saß in der Stube beim Fernsehen, als ich davon überrascht wurde. Ich fühle mich elend. [...]

Oh Mann, ständig nahm ich zu und das nervt mich gewaltig.

 383

Ich sehe aus wie eine Schwangere im achten Monat. [...] Kämpfe schon lange dagegen. [...] Ach ja, in diesem Buch kann ich jammern.

Alles half nicht! Die Albträume kamen immer wieder, die ständige Angst vor allem Möglichen tauchte mich hin und wieder in mein Chaos. Auch hatte ich wieder vermehrt Schmerzen im Bein und Magen. Meine Haut spielte ebenfalls verrückt. Bekomme Angst vor dem Zubettgehen.

Vom 25. 11.

Bei meinem letzten Besuch bei Frau Dr. Traudich habe ich ein neues Medikament verschrieben bekommen. [...] drei oder vier Tage, nachdem ich mit diesem Medi begonnen habe, geht es mir besser. Ich könnte, für meine Verhältnisse, Bäume ausreißen. So gut ging es mir schon lange nicht mehr. Obwohl der Beipackzettel eher von der Einnahme abrät. [...]
Heute fiel mir auf, dass ich seit ca. fünf Tagen nicht mehr an den Tod gedacht habe. [...]

Vom 26. 11.

[...] Habe es heute zum ersten Mal geschafft, mit meiner Kollegin zu quatschen. [...]

Vom 01. 12.

[...] Mir geht es derzeit recht gut. Ich komme mit meinem Leben gut zurecht. In der Arbeit schaffe ich es auch, Gespräche zu führen, und wenn ich mich mit Mo unterhalte, kann ich ihm nun endlich wieder folgen und schaffe die Unterhaltung innerlich nicht ab. Helena hat sich sehr darüber gefreut. [...]

Es nervte mich jedoch gewaltig, dass ich immens viel zunahm. Damit kam ich absolut nicht zurecht. Ohne dass ich viele Kalorien zu mir nahm, mich so viel bewegte, wie nur irgendwie möglich. Doch nein, immer mehr zeigte die Waage an. Rasend schnell kamen immer mehr Kilos hinzu. Verdammt! Was war das nur?

Vom 08. 12.

[...] Über zwanzig Kilogramm zu viel. Das schafft mich auch im Alltag. Ich finde meine Figur zum Kotzen. Der dicke Bauch sieht verboten aus. Er schwappt über den Hosenbund. Ich fühle mich hässlich und unattraktiv. Ich mag mich nicht mehr im Spiegel sehen. Vor allem nicht nackt. Ich mag mich so auch nicht meinem Mo zeigen. [...]

Zeitgleich machte ich auf der Arbeit noch immer viel zu viele Fehler. Die leichteste Aufgabe bekam ich nicht geregelt. Ständig erhielt ich Mails mit Fehleranzeigen, musste zu unzähligen Gesprächen bei der Leiterin antanzen. Mir war es gegenüber meiner fleißigen Kollegen mehr als peinlich. Dabei war ich bei der Bearbeitung der Unterlagen nicht schnell vorgegangen, um nichts zu übersehen. Stand jeden Tag so unter Druck, weil ich Angst bekam, Fehler zu machen, und die erforderliche Stückzahl gern erreicht hätte, was mir jedoch nur äußerst selten gelang. Mein Kopf, mein Wille und meine Disziplin schafften es einfach nicht, diese zwei simplen Ziele zu erreichen. Ich fühlte mich wie gelähmt und ausgebremst. Warum denn nur?

Das Lesen von Büchern, was ich so liebte, klappte schon lange nicht mehr. Nun kam ich schon bei kleineren Artikeln und Absätzen ins Schleudern. Klar las ich die Texte, doch ich konnte mir nichts mehr merken. Ich las, kämpfte um die Begreifung des Sinnes der Sätze und – schwupps – war alles wieder gelöscht.

Die Albträume nahmen nun wieder massiv viel Raum in meinem Leben ein. Oft kämpfte ich Nacht für Nacht gleich gegen mehrere dieser furchterregenden, lebenszerstörenden, nächtlichen Schlafgiganten an. Manches Mal musste ich mich zwei, drei Mal in der Nacht umziehen, weil ich so nassgeschwitzt war, als hätte ich mit meinem Schlafanzug geduscht. Ganz schlimm ging es zu, wenn Mo auf Nachtschicht war und ich allein zu Hause. Dies konnte ich nicht ertragen, schlief anfangs noch mit Licht, und als alles nicht mehr ging und mich die Angst vor der Dunkelheit mir mein Leben raubte, kam kein Schlaf mehr über mich. Manchmal dämmerte ich vor Erschöpfung für kurze Zeit weg, doch mehr als ein bis zwei Stunden Ruhepause schaffte ich kaum.

Dabei waren die Probleme, warum ich in psychologischer Behandlung bei Helena war, bereits fast alle vom Tisch, mir ging es doch auch schon mal wieder richtig gut. Hatte die stressige Arbeit von damals aufgegeben. Hatte einen neuen Job.

Vom 13. 12.

[...] Dann die Kinder. Da läuft alles wieder im Ruder. [...] haben nun eine normale Beziehung zueinander. Auch die Vorwürfe gegen Mo werden nicht mehr erhoben. Leider sprechen wir das Thema auch nicht an. Vielleicht ist das auch gut so. [...]
Dann die Baustelle der Eltern. Hier bleibt es dabei, dass wir keinen Kontakt zu ihnen aufbauen. Auch zu meinen Geschwistern bleibt es so, wie es jetzt ist. [...] Zu meiner Dalia habe ich wieder normalen Kontakt. [...]
Dafür läuft es mit Mos Geschwistern bestens. [...]

Leider sollte sich in den nächsten Tagen gleich wieder eine für mich plötzliche und schlimme Wandlung der Beziehung zu unseren Mädels einstellen. Henriette und Charlotte hatten sich auf einmal wieder elende verstritten und es kam zwischen ihnen zu einem Kotaktabbruch. Ein Ende dieses Konflikts blieb vorerst offen. Die Zeit musste es einfach bringen und wir werden sehen und hoffentlich miterleben, wie sich ihre Leben weiter verstricken.

 386

Für mich, wieder unverhofft aber durchaus spürbar, bohrte sich eine langsame und unaufhaltsame dunkle Abwärtsspirale in meine Brust. Mir ging es von Tag zu Tag immer mieser. Meine Gedanken begannen wild durcheinanderzuspringen und die täglichen Informationen machten es nicht besser. Von Charlotte erfuhren wir, dass ihre Oma, also meine Mutter, im Krankenhaus lag und der Vater jedoch all seinen Kindern den Besuch an ihrem Krankenbett verbot. Dies verärgerte alle und wirbelte mächtig viel Staub auf.

Vom 16. 01.

[...] Bei Helena sagte ich, dass der Vater den Besuch bei der Mutter am Krankenbett untersagt. Helena war wie geschockt darüber. „Wie unverfroren!" Das ist die größte Bösartigkeit, die er in den letzten Monaten gucken gelassen hat.

Die Sorgen um die Mutter wuchsen bei jedem enorm nach oben, sodass sich Seth, Jilaiya und Charlotte dieser Ansage widersetzten und ihre Krankenbesuche machten, was wiederum dazu führte, dass sich die Mutter sichtlich freute und die teilweise mögliche Genesung gut voranschritt.

Da ich nun aber wusste, dass sich Jilaiya wieder in unserer Umgebung aufhielt, kam bei mir wieder die Angst vor einer Begegnung mit ihr zu meinem schlechten Wohlbefinden hinzu.

Vom 21. 01.

Gestern waren wir, auf Charlottes Bitten, zum Krankenbesuch bei Mutti. Sie hat sich riesig gefreut. Mir selbst ging es schlecht. Ich wollte sie nicht besuchen, aber es war ihr Wunsch. Nach dem Besuch kam Charlotte mit hinaus auf den Flur. Sie hat uns gebeten, wieder normalen Kontakt zu den Eltern aufzubauen, was mir wieder Magenschmerzen einbrachte. Ich will

dies nicht, Charlotte hat aber mit uns geschimpft. Ich bin total hin- und hergerissen. Weiß nicht, was ich tun soll. [...]

Die Albträume setzten mir nun heftig zu. Ich zerbrach mir den Kopf darüber, was richtig für mich war. Wollte meiner Mutti schon gern sagen, dass ich sie lieb hatte. Konnte nicht entscheiden, was ich nun tat.

<u>Vom 24. 01.</u>

[...] Mir ist nicht mehr zu helfen. Was soll ich nur tun? Die Nächte fressen mich auf. [...]

Auch Henriette hatte sich gemeldet und mir bei einem Tee berichtet, dass es ihr sehr schlecht ging. Sie hatte sich ihre Familie und ihr Eheleben anders vorgestellt. So wie es derzeit lief, schaffte sie alles nicht mehr. Sie war völlig überfordert und bat nun mich, mit ihr zu einem Arzt zu gehen, sie brauchte eine Überweisung für eine psychologische Behandlung.

<u>Vom 30. 01.</u>

*[...] Da ich wieder so fertig war, drängten die Gedanken an den **Tod** in den Vordergrund. [...]*

Alles, was sich um uns herum abspielte, war ein schreckliches Fiasko, mit dem ich keineswegs zurechtkam. Sei es der mögliche Kontaktaufbau zu den Eltern, die Abgrenzung zu meinen Geschwistern, meine Arbeit, die ich nicht schaffte, meine Nächte oder unsere Kinder. Alles summte so grässlich in meinem Kopf durcheinander und ich fühlte mich mit den zu treffenden Ent-

 388

scheidungen so elend. In meinem Hirn fingen die Gremlins an, sich über mich lustig zu machen. So einige Folgen meiner Entscheidungen warfen mich aus der Bahn, während andere mir eher Stabilität gaben. Allerdings war die Zahl der hässlichen Dinge, die mich aus meiner Lebensbahn warfen, eine höhere als die der Stabilität. Meine Waage war vollkommen aus dem Gleichgewicht geraten und ich stand allem wieder einmal so hilflos gegenüber.

Randnotiz vom 04. 02.

Ich will kämpfen,
stehe dem aber
kraftlos gegenüber!

So zog sich die Zeit dahin. Ständig ein Hoch und Nieder. Mal war alles gut, mal war totaler Stress.

Gleich Anfang März durften wir unser Enkelchen Stella Marie ein ganzes Wochenende bei uns daheim betreuen. Sie machte es uns leicht und war sehr geduldig mit uns. An diesem Wochenende waren wir mit ihr viel draußen unterwegs und Stella Marie machte ihre ersten zwanzig zusammenhängenden Schritte. Glücklich ist ein zu geringes Wort dafür, was wir in dieser gemeinsamen Zeit empfanden. „Hat sie denn etwas angestellt?" Grins ... Sie hatte bei Großmutter Resa alle Termine im Handy gelöscht. Ups! Naja, damit musste ich leben. Mein Handy war kein Spielzeug, das habe ich gelernt.

Unabhängig voneinander liehen sich Charlotte und Henriette ein paar hundert Euro von uns. Ja, wir sind auch am finanziellen Limit angekommen, und Mo war sehr mürrisch, dass ich dies zuließ. Von Charlotte erhielten wir ein paar Tage später eine Anzahlung von 50,00 Euro zurück. Von Henriette bekamen wir nichts zurück. Das machte Mo sauer, aber er sagte nichts zu ihnen.

Mir ging es in dieser Zeit gut. Die Gespräche mit Frau Dr. Trau-dich waren positiv und voller Vertrauen. Sie und die Medis hal-fen mir durch Zeit und Raum. Auch die Therapie bei Helena brachte mich voran und ließ mein Leben leichter werden. Beide begleiteten mich in meinen guten Momenten und ließen mich nicht mehr so tief in den Abgrund stürzen.

Jedoch war meine Angst allgegenwärtig und die ständig kreisenden Gedanken blieben, ich konnte damit jetzt aber bes-ser umgehen. Meine geistigen Hirngespinste weilten oft beim Tod. Diese ließen sich dummerweise nicht abschalten. Bekam es einfach nicht hin. Frau Dr. Traudich meinte dazu: Diese Le-bensüberdrussgedanken verliefen bei mir chronisch und sie be-dauerte diese Entwicklung sehr.

Leider hielt diese gute Zeit nicht lange an, denn immerfort quälen mich in den Nächten diese schrecklichen Albträume. Sie rissen einfach nicht ab, wurden von Mal zu Mal immer intensiver. Schrie mir dabei nachts die Seele aus meinem Leib, erschreckte damit Mo, was auch ihn um seinen wohlverdienten Schlaf brach-te. So ging es nicht weiter! Bekam viel zu wenig Schlaf, litt ex-trem an Schlafmangel und war wieder vollkommen erschöpft.

Vom 30. 04.

[...] Kann mich auf meine Arbeit nicht so recht konzentrieren. Das ging so weit, dass ich auf die schlechte Qualität, die ich liefere, direkt ange-sprochen werde. Kann ja schlecht sagen, dass ich nicht mehr richtig schlafe. Was soll ich nur tun? Hören diese Albträume nie auf? Ich sage ihnen den Kampf an und verliere. So kann es nicht weitergehen. Da muss ich mich wohl mal krankschreiben lassen?! Aber das kann auch nicht die Lösung sein. Mann, was soll ich nur machen? Dagegen gibt es keine Pille. Es ist zum Kotzen! Ich will es nicht mehr aushalten müssen! Wo und wann ist der Rotz endlich zu Ende?

Weiterhin quälte ich mich mit der Entscheidung herum, die Mutter zu besuchen. Charlotte hatte ja vor ein paar Wochen eindringlich darum gebeten. Sie schaffte es allein nicht mehr, ihre Großeltern zu unterstützen.

Henriette kam uns Anfang Mai mal wieder mit einem selbstgebackenem Schokoladenkuchen besuchen.

Zum Muttertag nahm ich all meinen Mut zusammen und besuchte die Eltern. Zu meiner Überraschung war das Gespräch bei einer Tasse Tee besser als bei meinem letzten Besuch. Mutti berichtete, dass es ihr nicht gut ging und sie viel Hilfe benötigte. Durch ihre starken Schmerzen konnte sie den Weg zum Arzt nicht mehr allein bewältigen und so wurde sie von einem Pflegedienst zu den Terminen abgeholt und begleitet. Der Vater schaffte es nicht mehr, sie dahingehend ausreichend zu unterstützen. Weiters berichtete sie mir von Maxim, und dass er gerade im Umzug in einen betreuten Wohnbereich war, obwohl sie es auch nicht ganz sicher wusste.

Im Stillen nahm ich mir vor, Maxim in nächster Zeit einmal wieder zu besuchen. Immerhin hatten wir ein gutes Verhältnis miteinander und ich wollte ihn gern wiedersehen.

Soweit konnte ich bei diesem Besuch über nichts meckern. Es war entspannt und ein respektvolles Miteinander.

Allerdings mussten sie mir unbedingt das neuste Foto von Jilaiya und ihrer Familie zeigen. Ich spürte, dass sie im Moment die Lieblinge waren. Doch ich ließ es nicht zu, mit ihnen über sie zu sprechen und verließ kurz den Raum.

Etwas später besuchten wir die Eltern noch einmal gemeinsam mit Stella Marie. Sie hatten sie bisher noch nicht gesehen. Henriette besuchte ihre Großeltern nicht.

Der Vater berichtete mir, dass auch Charlotte schon eine ganze Weile nicht mehr bei ihnen gewesen war. Dabei hatte er sich gewünscht, dass sie bei ihnen die Wohnung renovierte.

Zum Kindertag erhielten wir von Henriette telefonisch die Information, dass der neue Freund von Charlotte sie geschlagen hatte und sie mit Bela gleich zu ihr gefahren waren. Sie hatten die Polizei dazugeholt.

 391

Charlotte berichtete, dass sie von einem Kumpel missbraucht worden ist und dass es deswegen zu dieser Auseinandersetzung kam. Ihr Freund hatte umgehend eine Selbstanzeige gemacht und beteuert, dass ihm so etwas nie wieder passiert. *[Mo und ich glaubten ihm nicht.]*

<u>Vom 10. 06.</u>

[...] Und so kam es, wie es kommen musste. Charlotte hatte sich versucht, das Leben zu nehmen. Doch sie wurde rechtzeitig gefunden. [...]
Ich würde gern auf der Stelle zu ihr fahren, doch ihr Freund lässt niemanden zu ihr. Auch Henriette nicht. Ich mache mir weiterhin Sorgen. [...]

Diese Zwickmühle, in der ich mich nun wiederfand, war schrecklich und unüberwindbar für mich. Ich wollte so gern zu Charlotte, sie in meine Arme nehmen, ihr sagen, dass ich nicht böse auf sie bin, und durfte es nicht. Das war die reinste Folter! Wie ging es Charlotte damit? War das tatsächlich ihr Wunsch?
Scheiße!
Beim nächsten Termin bei Helena besprachen wir diese Situation, machten Vorschläge, wie ich mich verhalten konnte. Wir vereinbarten, dass Mo mal in der Klinik anrufen und sich nach Charlottes Befinden erkundigen sollte. Ich war froh und beruhigt, mit ihr darüber gesprochen zu haben, denn ich fühlte mich, als ich ihre Praxis verließ, erleichtert.

<u>Vom 14. 06.</u>

[...] Er wurde regelrecht mies am Telefon behandelt und abgewimmelt. Sie haben ihm keinerlei Informationen gegeben.

 392

Mo hatte wieder den Eindruck, dass die Vorwürfe ihm galten, und er war sehr sauer darüber. Auch ich war über diese Information geschockt.

[...] Hört das denn nie auf? Warum macht sie so etwas? Warum? In den vergangenen zwei Jahren war das kein Thema mehr und es hatte sich alles normalisiert. [...] Nie kam ein erneuter Vorwurf von ihr. Ganz im Gegenteil. Sie brauchte unsere Hilfe. Habe ich sie jetzt ganz verloren? [...]

Helena fragte, warum ich mich nicht krankschreiben lasse. [...]

<u>Vom 19. 06.</u>

[...] Mir selbst geht es total scheiße. Mir fällt alles total schwer. Auch auf der Arbeit bin ich immer durch meinen Gedankenkreisel abgelenkt. Oft sitze ich einfach vor dem PC und mache nichts. Wo soll das noch enden?

<u>Vom 25. 06.</u>

Heute hatte ich Termin bei Frau Dr. Traudich. Mir geht es immer noch total schlecht. Ich erzählte ihr von Charlottes Selbstmordversuch. Sie hat geschimpft, dass ich nicht gleich in ihre Sprechstunde gekommen bin. Schließlich ist das ein Notfall. Ich wusste es nicht … Sie fragte, ob ich mich krankschreiben lassen kann … Ich fühlte mich nicht krank. Noch hatte ich Power den Tag/die Tage zu überstehen. Doch nun ist die Luft draußen. Ich war heute beim Gespräch mit ihr total fertig. Sie schrieb mich für morgen krank und ab Freitag gehe ich in die Tagesklinik.

Ich erzählte ihr auch, dass ich Schuldgefühle gegenüber Charlotte habe. Sie erklärte mir, dass ich keinerlei Schuld an der Situation von Charlotte hätte. Sie ist volljährig und allein für die Situation, und was sie damit macht, verantwortlich. Mich quälte jede Frage, die sie mir stellte.

Ich fragte, wie lange die Tagesklinik ginge. Da rutschte sie näher heran und schaute mir fest und tief in die Augen. Da wusste ich die Antwort von

selbst. [...] Nun ist das Kind in den Brunnen gefallen. Frau Dr. Traudich wollte mich nicht einfach so krankschreiben. Ich hätte auch die Wahl gehabt, stationär in die Klinik zu gehen. Letzten Endes hat Frau Dr. Traudich für mich entschieden. Ich war nicht fähig, irgendeine Entscheidung zu treffen.

Dabei wollte ich nicht krank sein, ich fühle mich doch nicht krank! Nur sehr schwach, kraftlos und müde. Musste doch einfach nur mal wieder schlafen, sonst nichts. Hatte so dagegen gekämpft und wollte einfach nur weiter auf die Arbeit gehen! Und doch wusste ich tief in mir, dass diese Entscheidung richtig und längst wieder überfällig war.

Womit ich nicht gerechnet hatte, war, dass in der Tagesklinik eine andere Ärztin zuständig war. Am Aufnahmetag beantwortete ich ihr so viele Fragen und berichtete noch einmal von meinen Gründen, warum ich erkrankt war. Dies riss mich zurück, wohin ich nicht wollte. Zu meinen eigenen suizidalen Gedanken schlossen wir wiederum einen Vertrag ab, der mich daran hindern sollte, während der Zeit der Behandlung in der Tagesklinik mir selbst was anzutun.

<u>Aus meinem Tagebuch zwölf</u>
<u>Vom 28. 06.</u>

[...] Dann kam der größte Schlamassel. Ich darf für einige Zeit kein Auto mehr fahren. Auch dies wurde mit Unterschriften festgehalten. [...]

Alles wühlte mich so heftig auf und ich war so frustriert, dass ich nach diesem Gespräch zu nichts mehr in der Lage war. An diesem Tag hatte ich nur noch tausend Fragezeichen in meinem Kopf und ich fand keine einzige Antwort darauf.

[...] Am Ende des gestrigen Tages war ich fertig mit der Welt!

 394

Vom 29. 06.

[...] Von Charlotte habe ich bis heute noch nichts gehört. Ich würde sie so gern umarmen und ihr sagen, dass ich sie liebhabe. Es zerreißt mir fast das Herz, dass ich keinen Kontakt zu ihr habe. Aber vielleicht geht es ihr ebenso und sie denkt: sie haben mich vergessen.

Ist sie von mir so enttäuscht? Abends: Läutete es an unserer Wohnungstür. Da stand ein unbekannter, unangenehm aussehender junger Mann vor unserer Tür und drängte uns ein Gespräch über Charlotte und ihrem Freund auf, obwohl Mo eindeutig zu verstehen gab, dass wir davon nichts wissen wollten. Der Mann machte sich trotz allem Luft, weil ihn angeblich beide betrogen hatten. Mit einem Kauf von einem Auto standen sie bei ihm in der Kreide und tätigten die Abzahlung nur stotternd beziehungsweise gar nicht. Er wollte die Kohle nun von uns, da er beide nicht mehr erreichen konnte und er war ziemlich sauer auf sie. Es folgten noch weitere Vorwürfe und Einblicke in Geschehnisse zwischen Charlotte und ihren Freunden. Nach einer langen Debatte schaffte es Mo, diesen Herren wieder loszuwerden.

Mo war, nachdem der Mann endlich fort war, stocksauer und extrem wütend auf Charlotte und vor allem auf diesen Kerl! Ich zitterte am ganzen Leib und war für diesen Abend vollkommen entkräftet. In der Nacht fand ich nicht eine Minute Ruhe und durchwachte diese mit hämmerndem Herzen und einer Angst, die mich eiskalt schwitzen ließ, was mein Zittern weiter nährte.

Vom 03. 07.

Heute Morgen bin ich ganz normal mit dem Taxi in die Tagesklinik gefahren worden. Ich dachte, dass ich mich von dem Gespräch gestern erholt hatte. Doch weit gefehlt. Heute war Chefarztvisite, und da ich total durch den Wind war, bemerkten sie, dass etwas nicht stimmt. [...] Und

was soll ich sagen? Nun sitze ich im Einzelzimmer der offenen Station der psychiatrischen Klinik. Es ist wie im Knast. Das Fenster wurde verschlossen und lässt sich nur noch ankippen. Die Medizin bekomme ich nur unter Beobachtung.

Am liebsten würde ich jetzt weglaufen. Einfach weg. Für alle nicht mehr greif- und sichtbar.

Weg!
   Weg!
      Weg!
         Weg!
           Einfach weg!
              Spurlos verschwinden!

Sicherlich weil ich schon so lange nicht mehr schlafen konnte und ich von den neusten Ereignissen so aufgewühlt und ruhelos war, bekam ich über viele Nächte hinweg eine langsam tropfende Infusion intravenös verabreicht.

In dieser Zeit meines Klinikaufenthaltes besuchten mich Mo, Henriette mit Bela und Stella Marie so oft sie konnten.

Nur sehr schwerlich fand ich mich damit ab, wieder in die Klinik eingewiesen worden zu sein. Immer wieder hatte ich den Drang, einfach meine Tasche zu packen und zu verschwinden. Wusste aber, dass das für mich nicht gut ist. Alle wollen mir helfen, sie unterstützten mich und es würde keiner verstehen, wenn ich alles abbrach und davonliefe. Ich befand mich auf sehr dünnem Eis.

<u>Vom 06. 07.</u>

[...] Der Gedanke an Charlotte wandelt sich in Schmerz. [...] Was ist nun schon wieder passiert? Warum lehnt sie den Kontakt wieder ab? Mo und ich haben keine Erklärung, die realistisch wäre. Mir fällt nur ein, dass wir ihren Hund einmal am Wochenende nicht abnehmen konnten. Dann konnten wir ihr kein Geld mehr geben, weil wir selbst keines hatten.

Gestritten hatten wir uns nicht. Ich habe einfach keine Erklärung dieses Schlamassels. [...]

Ich kann mich nicht mehr leiden. Ich muss wieder mehr an meiner Selbstdisziplin arbeiten. Da verschwinden diese Gedanken. Das hat mir lange Zeit geholfen. Ob dies jetzt noch funktioniert, weiß ich nicht. Ich spüre mich nicht mehr. Nur diese dusseligen Gedanken kreisen in meinem Kopf. Der Tod kommt immer näher. Er spielt mit mir Katz und Maus. [...]

Vom 07. 07.

Noch immer sitze ich in diesem Zimmer der Klinik fest. Meine Arme und Hände sind mittlerweile zerstochen vom Blutabnehmen und vom Tropf. Überall blaue Flecken. [...]

Einzelgespräch. Schon wieder eine neue Therapeutin, die von nichts weiß, mich aber therapieren soll. Mir geht es noch nicht viel besser. Obwohl ich versuche, es vorzutäuschen. Eigentlich habe ich so viel Wut im Bauch. Wut auf wen oder was? Zurzeit auf alles! [...]

Ich hasse mein Leben. Ich fühle mich tot.

Ich bin verärgert. Warum musste Charlotte diese Lawine wieder lostreten?

Ich fühle mich nicht mehr.

Leere, wo immer ich auch bin.

Verbote, was immer ich auch tun wollte.

Abgestürzt! Hilflos wie ein Vogel im Wind.

Ein Nichts, ein Niemand!

Wie es kam, weiß ich nicht, doch ganz allmählich fand ich mich mit der Situation ab. Die Besuche von Mo, unserer kleinen Tochter und ihrer Familie sowie die Kontakte zu einigen Freunden und einem Mitpatienten halfen mir ebenso aus diesem Tief, wie diese stationäre Behandlung, auch wenn ich mich innerlich dagegen sträubte.

Henriette berichtete mir von Charlottes Heiratsplänen, meine Gefühle wurden sehr traurig, noch ein weiteres Stück leerer.

 397

Es sollte noch weitere zwei Wochen dauern, bis ich endlich entlassen wurde. Mir wurde zur Wahl gestellt, wieder in die Tagesklinik zur weiteren Therapie zu gehen oder zur weiteren Erholung noch zwei bis vier Wochen daheim. Genau das alles wollte ich eben nicht. Ich wollte wieder arbeiten gehen und lehnte ebenso eine Wiedereingliederung ab. So wurde ich, trotz gegensätzlicher Meinung, arbeitsfähig entlassen, worüber ich mich sehr freute. Raus aus allen Zwängen, raus aus dem Käfig, fort von der ständigen Überwachung. All das konnte ich kein bisschen länger ertragen. Durch den wiedergefundenen Schlaf fühlte ich mich wieder stark genug und hatte auch wieder Energie für die Herausforderungen meines Alltags.

Der Entlassungstag verlief nicht ganz reibungslos, denn mir fehlte noch eine entscheidende Untersuchung, wobei es zu Unstimmigkeiten zwischen dem Arzt und mir kam. In meiner Erinnerung hatte diese Untersuchung nicht stattgefunden, aber der Arzt war anderer Auffassung. So holte ich diese dennoch nach und wurde endlich entlassen.

Gegen Mittag klingelte dann unser Telefon und mir wurde mitgeteilt, dass ich weiterhin kein Auto fahren durfte und dass ich mich einem Fahrtauglichkeitstest unterziehen musste.

Scheiße! Wie soll ich ohne Fahrzeug die knapp dreißig Kilometer zur Arbeit kommen?

Als Mo am Abend heimkam, berichtete ich ihm von dieser Untersuchung und dem kleinen Streitgespräch mit dem Arzt. Da lachte er und sagte, dass ich diese Untersuchung tatsächlich schon vor knapp drei Wochen gehabt hatte. Wieso wusste ich davon nichts mehr?

Eine Kollegin vom Nachbardorf nahm mich nun jeden Tag mit zur Arbeit. Dort lief alles ganz langsam und ruhig an. Mit meinem Vorgesetzten hatte ich zu meiner langen Krankschreibung ein klärendes Gespräch und mir wurden drei bis vier Wochen Schonfrist eingeräumt. So wurde mir der Wiedereinstieg leicht gemacht.

Da meldete sich dann noch meine Hausarztpraxis telefonisch bei mir. Es müssen dringend noch weitere Blutuntersuchungen in regelmäßigen Abständen stattfinden, da sehr viele meiner Werte sehr schlecht ausgefallen waren.

Tja, ich hatte es befürchtet. Die Auswertung des Fahrtauglichkeitstest hat ergeben, dass ich durchgefallen war. Somit wurde mir aus ärztlicher Sicht das Führen eines Kraftfahrzeuges untersagt.

Meine Kollegin aus dem Nachbarort klärte ich darüber auf und sie war bereit, mich weiterhin jeden Tag mit auf die Arbeit zu nehmen. Danke dafür!

Die Zeit gestaltete sich durchaus sehr holprig. Mit jedem Tag, der kam, war mir anders zumute und ganz allmählich kamen immer mehr Lebensstolpersteine hinzu. Auf der Arbeit war anfangs alles gut und ich fand mehr Kontakt zu meinen Kollegen. Darüber freute ich mich und ich ging noch lieber arbeiten als bisher schon.

Inzwischen ist seit meiner Entlassung aus der Klinik ein ganzer Monat vergangen.

Hier und da schlichen sich wieder Fehler ein und ich war noch immer viel zu langsam, um das Tagesziel meiner Aufgaben zu erreichen.

Meine Empfindungen gaben mir fast unmerklich den Anschein, dass irgendetwas mit mir massiv nicht stimmte. Ich konnte es nicht greifen, konnte es für mich nicht sichtbar werden lassen. Die Gremlins? Waren das die Gremlins in meinem Kopf?

Da war etwas! So ganz leicht und wallend. Durchaus mit Steigerungspotential. Aber nur dieses bekannte, drückende Gefühl und die dazugehörigen dunklen Gedanken. Diese tiefschwarze Leere hüllte mich ganz langsam ein und ich spürte mich von Tag zu Tag immer weniger.

Vom 01. 09.

[...] Am liebsten würde ich vor dem Alltag weglaufen. Und dann ist da noch der Gedanke, nicht mehr Dasein zu wollen. [...]

 399

Vom 11. 09.

*[...] Ein paar Vorschläge, wie ich statt mir Schmerzen beizubri
ngen, anders handeln kann. [...] Mich mit kaltem Wasser zu erfri-
schen, es über Arme und Gesicht laufenzulassen. Das wäre vielleicht eine
Option.*

*Heute auf der Arbeit war das Wasser beim Händewaschen zu heiß
eingestellt. Und ich spürte das heiße Wasser. Warum dann nicht heißes
Wasser nehmen? Da habe ich mehr davon.*

*Dann hatte ich wieder ein tolles Gedankenkarussell auf der Heim-
fahrt von Arbeit. Ich fragte mich erneut, warum diese Gedanken nicht
verschwinden. Ich habe einen lieben Mann. Eine liebe Tochter mit einem
süßen Enkelchen, und auf der Arbeit klappt es auch. Also warum quälen
mich dann Suizidgedanken? Ich tu auch einiges, um nicht immer diesen
Gedanken nachzuhängen. Also kann mir das mal einer erklären? Ich will
nicht immer über Tod und Teufel nachdenken müssen. Warum lassen mich
diese Gedanken nicht los? [...]*

Am vergangenen Samstag hatte ich ein tolles Erlebnis. [...]

Ich schaffte es, allein einkaufen zu gehen. So ganz allein! Allein
raus! Ich war mächtig stolz auf mich.

*[...] Ich hatte auch bis jetzt vergessen zu erwähnen, dass Jilaiya auf mein
Handy angerufen hatte. Mo hat sie abgewimmelt. [...]*

Vom 25. 09.

*Auf der Arbeit lief vor einer Woche gar nichts mehr so richtig. Ich mache
nur noch Fehler. [...] Seit ca. einer Woche quälen mich wieder Albträume.
Es war wieder sehr schlimm. [...] Dann noch der morgendliche Stromaus-
fall. [...] Plötzlich Panik! [...]*

 400

Vom 01. 10.

Das mit dem heißen Wasser klappt gut. Ich spüre mich für wenige Augenblicke. [...] Mir geht es damit ganz gut. [...] Das taube Gefühl ist ein Stück weit entschwunden. [...]

Vom 05. 10.

[...] War bei Frau Dr. Traudich. Dass es mir besser geht, hat sie sofort gesehen. Als jedoch die Sprache auf die Nächte kam, war die Euphorie vorbei. Nächte sind nicht gerade meine Freunde. Ich hasse noch jede Nacht, die kommt. [...] Sie suchte nach einer Möglichkeit, mir zu helfen. Dass die Nächte besser werden und ich endlich schlafen kann. Ohne Ängste, ohne Albträume und ohne dass ich in die Wohnstube gehe und in der ganzen Wohnung Festbeleuchtung mache. Und vor Angst fast sterbe. [...]
Sie gab mir ein neues Medikament. [...]

Zum ersten Mal sprach es Frau Dr. Traudich an, dass ich über eine Rente nachdenken sollte. Nahm es nur in unserem Gespräch als Hinweis wahr, lehnte es aber sogleich innerlich ab, weil ich nicht „sooo" krank bin. Für mich gab es dafür keinen driftigen Grund und ich sprach es von mir aus auch nicht wieder an.

Ich kann es schlecht erklären. Auf der einen Seite standen die Menschen, die mir guttaten und mir ihre volle Unterstützung zuteil ließen. Dann waren da die schönen Momente in meinem Leben, die ich nicht missen wollte. Gute Veränderungen machten sich ebenso über meinen schlechten Empfindungen breit. Auch für mich schwer Erträgliches traf mich in dieser Zeit und ich kam damit zurecht. Was ich gar nicht wollte, war, jemandem Sorgen zu bereiten oder zur Last zu werden.

Dem Ganzen standen meine überhandnehmende Leere, die sich nicht füllte, die Taubheit, die ich heiß abwusch und so versuchte zu bekämpfen, und eine schier für mich nicht händelbare Angst gegenüber.

 401

Stellt es euch bitte so vor: Ihr füllt mit jeder Erfahrung eure Küchenmaschine und lasst auf der geringsten Stufe langsam alles vermengen. Allerdings befindet sich in der Rührschüssel ein Überlauf. Dieser ist jedoch (versehentlich?) im unteren Drittel angebracht worden. Da meine vielen Erinnerungen schon dieses Drittel ausfüllen, ist es sehr schwer, Neues hinzuzufügen. Sobald dann neue Ereignisse in diese Schüssel gelangen, entschwinden sie mit der Zeit durch die Öffnung des Überlaufs. Dort erwartet sie, wie ein gieriger Wolf, die Leere und verschluckt so unstillbar alles, was nicht haften bleiben kann.

Kurze Zeit nachdem ich zwei, drei Mal bei Frau Dr. Traudich und zusätzlich noch bei Helena gewesen war, ging es mir wieder gut. Zu Hause hatten wir fortwährend Stella Marie bei uns, holten sie auch gelegentlich aus der Kita ab und Henriette kam ab und zu einfach so mit ihr vorbei.

Es war in mir ein ständiges Auf und Ab zwischen Himmel und Hölle. Ein Dazwischen gab es für mich nicht. Nur glücklich oder zu Tode betrübt. Zu keiner Zeit konnte ich selbst sagen, ob es mir in den nächsten Minuten noch immer gut ging. Zum Beispiel ging es mir den gesamten Tag auf der Arbeit ganz behaglich und ich hatte geringen Stress, fühlte mich wohl und angenehm, und dennoch änderte sich das ganz übergangslos.

Vom 05. 11.

[...] geht es mir in letzter Zeit ganz gut. Doch heute Nachmittag hatte ich wieder eine Grübelattacke. [...] Hatte wieder Gedanken an den Tod und an die Selbstverletzung. [...] Ich plane im Kopf. [...]

Vom 06. 11.

[...] Die drängenden Gedanken [...] werde ich im Moment nicht los.

402

Glück, Sorge, Ärger, Angst, Trauer und ein schlechtes Gewissen. Dies gestaltete meine nächsten Wochen.

Glück: Bei einem Besuch bei Nash wurde mir von seiner jüngsten Tochter anvertraut, die Patenschaft ihres ersten Kindes zu übernehmen. Der Kleine war gerademal zehn Wochen jung und ich schloss ihn in mein Herz.

Auf der Arbeit bekam ich einen unbefristeten Arbeitsvertrag, trotz all meiner gegenteiligen Vermutungen.

Sorge: Belas Mutter kam zu uns und informierte uns, dass Henriette in den letzten Monaten den Kitaplatz nicht bezahlt hatte und Stella Marie ab sofort nicht mehr in der Kita betreut wurde. Der Schuldenberg war mittlerweile auf über 650,00 Euro angewachsen und sie offerierte uns, die Hälfte davon zu übernehmen.

Mila-Marie hatte sich gemeldet und mir die traurige Nachricht übermittelt, dass nun auch ihr Sohn den Kontakt zu ihr vollkommen abgebrochen hatte. Ich war sehr bestürzt darüber.

Nash war sehr krank.

Ärger: Der Vater versuchte unentwegt, mir anständiges Verhalten nahezulegen, da ich auf seine gestellten Anforderungen nicht einging. Er probierte es mit etlichen Vorwürfen, jedoch nahm ich mir keinen davon zu Herzen. (Das Abschütteln seiner nervenaufreibenden Forderungen gelang mir nach und nach immer besser.)

Angst: Anfang Dezember läutete sich unser Telefon heiß. In einem fort versuchte uns Jilaiya zu erreichen. Irgendwann sprach sie endlich auf unseren AB und zeitgleich erreichte uns über Dalia die Nachricht, dass Maxim verstorben war. Trauer, die ich leider nicht spüren konnte, suchte vergebens einen Weg in mein Herz. Es war blockiert.

Vom xx. xx.

[...] Zu meiner Überraschung spürte ich keine Trauer. Ich nehme stark an, dass das die Tabletten sind, die diese Reize nicht zulassen. [...] Mein erster Gedanke war: Er hat es geschafft.

Von Charlotte hörten wir nichts mehr.

Schlechtes Gewissen: Helena fuhr mit ihrer Tochter zur Reha und machte sich enorme Sorgen um mich, was ich keineswegs gewollt hatte.

Es kam, wie es kommen musste, und ich hatte keinen Einfluss darüber, der kommenden Zeit zu entfliehen. Die elterliche Familie rückte ein großes Stück zusammen und keiner war über diese Entwicklung erfreut.

Die bösen Illusionen, das Geplapper der Gremlins unter meiner Schädeldecke und die Albträume setzten wieder ein und ich war den Nächten und der Dunkelheit wieder machtlos ausgeliefert.

Bei der Urnenbeisetzung von Maxim, ich hatte ihm noch ein paar Zeilen geschrieben, steckte ich diesen Brief in einer alleinigen Minute an seiner Grabstelle unbeobachtet zur Urne unter der Erddecke hinzu. Anders konnte ich meine Trauer nicht ausdrücken. Trotz lieber Worte von Seth, Dalia und der Tochter von Maxim war es unerträglich, denn dieses Familientreffen setzte mich emotional so unter Druck, dass ich meine innere Erregung nur sehr schwer unter Kontrolle brachte.

Wieder bahnten sich die nächtlichen Dämonen ihren Weg. Wieder stifteten die Gremlins ein wirres Chaos in meinem Kopf. Wieder und wieder begann im nicht gewollten Geistesgut die Fantasie meiner Vorstellungen von Sein oder Nichtsein wie ein „fleißiges Lieschen" zu sprießen.

Der Tinnitus nervt gewaltig. Unaufhörlich drehte, spulte und ratterte mein Gedankenkarussell. Um mir selbst zu helfen, suchte ich verzweifelt im Internet nach einer Lösung, die ständigen Albträume zu durchbrechen. Helena half mir ebenso.

Es war verzwickt! Was wir auch unternahmen, es wollte mir einfach nicht gelingen, diese loszuwerden. Nun gab es aber eine Veränderung:

Aus meinem Tagebuch vierzehn
Vom 10. 02.

[...] Das mit dem Umdenken von den Albträumen geht nicht so einfach wie beschrieben. Bei mir hat sich der Traum nun gewandelt. Was gleichgeblieben ist, ist das Gefühl vom Verbrennen bei Berührung.

Dann noch dieser beißende Gedanke, dass Charlotte bald heiraten würde und wir es nicht miterleben dürfen.

Vom 22. 02.

Ich kann nicht mehr! Die Träume sind grausam. [...] Mir geht es im Moment **to**tal beschissen. **D**ie Nacht ...

Vom 25. 02.

[...] richtig schlimm. Die Kollegen auf der Arbeit haben es diesmal auch gemerkt. Sie rieten mir, zum Arzt zu gehen. Ja, das wäre ich am liebs**t**en. **D**och ich kenne auch die Konsequenz dessen. **D**a lande ...

Ablenkung:
Vom 01. 03.

[...] Zum anderen hatte Stelle Marie ausgeschlafen und sie machte die Nacht zum Tage. [...] Unsere Stelle Marie war ganz lieb mit mir. Wir haben viel gespielt und gelacht. Sie tat mir gut.

Alle, die mich nur eine kleine Spur zu kennen glauben, ahnten bereits, welche Sackgasse sich abermals vor mir eröffnete. Schlaf fand ich keinen mehr ... Die nächtlichen Dämonen nahmen Besitz von mir. Die bleierne Müdigkeit ließ mich frühmorgens, wenn ich allein zur Arbeit fuhr, hinterm Steuer mehrfach einnicken. (Übrigens fuhr ich wieder selbst.)

Nun verstarb noch unser geliebter Kater, mein Trostpflästerchen.

Die Angst, noch einmal Henriette und dann auch Stella Marie zu verlieren, nahm enorm zu, obwohl es keinerlei Beweggründe dazu gab.

Ich war nicht nur am Ende meiner Kräfte, nein, ich war fertig. In meinem Tagebuch machte ich mich so klein und tötete selbst den letzten Rest meiner eigenen Achtung.

Vom 03. 03.

[...] Konnte alles stemmen. Jetzt haute mich das kleinste Problem aus der Spur! Warum nur? Warum? Bin ich zu doof, um Wichtiges vom Unwichtigen zu trennen? Was ist nur für ein Weichei aus mir geworden? Nicht ein bisschen bekomme ich auf die Reihe. Nicht den Dreck unterm Fingernagel. Dabei konnte mich nie wirklich etwas umhauen. Meine Nerven waren mal stark. Jetzt sind sie nur noch Pudding. Game over!

Vom 04. 03.

Nächte sind doof. Sollten aus gesundheitlichen Gründen abgeschafft werden!

Termin bei Helena. Oh Mann, diese Unruhe, dieses Zittern, dieses Schwitzen, dieses Gedankenrasen!

Es machte mich kaputt! Diese endlose Angst! Diese elenden Gefühle, die ich nicht zuordnen und bändigen konnte!

Aber meine Gewissheit, was ich wollte und an diesem Tag beabsichtigte, ließen mich die letzte Erledigung, den allerletzten Termin starr und für Worte nicht mehr aufnahmefähig durchlaufen.

War still, sagte nichts. Kaum ein Wort verließ meine Lippen! Wollte nicht, ging auch nicht. Mir versagte meine Stimme. Saß schweigsam auf diesem dunkelbraunen Sessel ganz vorne, nur auf der harten Kante, vorbereitet zum schnellen Davoneilen und meine spröde, schweißige Haut vibrierte. Konnte meine Hände nicht stillhalten. Zwang mich innerlich mit viel Kraft und Disziplin zur Ruhe! Brauchte schnell eine Ablenkung, sonst implodierte ich! Streichelte, vielmehr kratzte ich mit meiner rechten Hand über meinen linken Arm, bis er heiß und korallenrot war. Schmerz! Sei willkommen!

Warum war ich nur zu diesem gottverfluchten Termin gefahren? Warum? Ach ja, Scheiß-Erkenntnis! Weil ich Termine immer einhielt. Kotz! Nun hatte ich den Salat! Leider keinen Rapunzel-Salat, um mich an dem Haar der Schönen wieder aus dieser Scheiße zu ziehen. Nein, Helena verwies mich umgehend zu Frau Dr. Traudich und sie hatte mich eilends bei ihr angekündigt, weil ich da keinen Termin hatte. Kotz! Kotz!

Was soll's! Wieder die geschlossene Station. Wieder ausgeschlossen von dem Leben. Wieder jeder noch so kleine Schritt von mir überwacht! Großer Kotz!

Es war Anfang März und der Frühling wollte Einzug halten. Davon bekam ich nichts mehr mit. Es sollte von neuem acht Wochen dauern, bis ich diese, mir bereits bekannten zwei Stationen der psychiatrischen Einrichtung verlassen konnte. Im schriftlichen Handgepäck hatte ich die nächste Einweisung für eine teilstationäre Behandlung dieser Klinik, zur Aufnahme auf der Psychotherapiestation und mein dreizehntes Tagesbuch, welches ein rein Klinisches geworden ist und nicht in dieses Buch gehört.

Die Entscheidung zu dieser herausfordernden und nicht einfachen Psychotherapie fiel mir nicht leicht, und nicht nur ich hatte große Zweifel am Nutzen dieser Therapie. Frau Dr. Traudich und Helena sprachen sich dagegen aus. Ich haderte viel, wog Bedenken und guten Glauben ab, was mich, nicht ohne meine immense Unsicherheit, mitunter ziemlich missmutig werden ließ. Doch meine überdimensionale Zuversicht, mich aus meinem eigenen Gefängnis befreien zu können, überlagerte alle Besorgnisse und ich wagte diesen schweren Schritt.

Gleich zu Beginn der Psychotherapie lehnte ich so vieles ab und ich musste mich auf Kompromisse einlassen, um überhaupt an der Therapie teilnehmen zu dürfen. Da fällt mir spontan ein, dass ich enorme Schwierigkeiten hatte, an den Mahlzeiten teilzunehmen. Ich hatte so viel Übergewicht zugelegt, was mir extremes Ungemach bereitete, wollte dieses Essen und schon gar nicht diese ungesunden Speisen zu mir nehmen. Weiters konnte ich meine eigenen Spannungsspitzen nicht unter meine Kontrolle bringen, ohne mir Schuld zuzuweisen und mich zu verletzen. War nicht in der Lage, meine Bedürfnisse und verschiedene mich ereilende Gefühle zu äußern und schon gar nicht, diese zu benennen. War ein Einzelgänger, der vorerst den Anschluss zu anderen Mitpatienten ablehnte.

Ich vermisste Mo ganz schrecklich.

Es gab so viel, doch ich möchte mich auch selbst etwas schützen und berichte hier daher nicht alles. Ich hoffe, ihr versteht es.

Vier Monate, statt der angesetzten drei, dauerte für mich diese Therapie. Da meine Blutwerte extrem hoch und grottenschlecht geworden waren und sich eine beginnende Lebertoxizität einstellte, musste die Behandlung mit den vielen Medikamenten unterbrochen werden. Ein Internist wurde hinzugezogen.

Aus meinem Tagebuch fünfzehn
Vom 05. 07.

Hoch! Im Moment ist alles Mist. Meine Leberwerte sind gigantisch hoch, deswegen kommt am Dienstag ein Internist zu mir. [...] Erst einmal sollen alle Medis abgesetzt werden. [...] Ich zweifle im Moment an allem.

Nach leichtem Abklingen der Symptome wurde meine Behandlung erneut mit ähnlich wirkenden Medikamenten auf meine Bedürfnisse eingestellt.

 408

Das stabilisierende Konzept dieser Therapie bewirkte nach und nach in mir ein gekräftigtes Gefühl und einen erneuten Willen, in mein mit vielen Hoffnungen verbundenes und etwas gefestigtes Leben zurückzukehren. Die meisten dieser Therapien konnte ich aktiv und konsequent auf meine Problembereiche beziehen und schaffte irgendwann, ein Hier und Jetzt für mich zuzulassen.

Nur mal kurz an dieser Stelle eine ganz kleine Auswahl dieser Heilverfahren für euch notiert:

Die erholsamste, belebendste und meine liebste war, vor dem Frühstück, die frühmorgendliche Morgenrunde, wenn der Tag im Erwachen lag. Angegrenzt von der unvergleichlichen und herz- und seelenbefreienden Musiktherapie und der unerschöpflichen, hirnaufräumenden Malstunden. Hinzuzufügen wäre da noch Skills. Sie halfen und helfen mir noch immer, mich und meine ausgetickten Gefühlsbereiche zu beherrschen und mich allzu oft in das Hier und Jetzt zurückzubringen.

In dieser Zeit lernte ich sehr nette Menschen kennen und gewann wieder Freude an ausgewählten Vorhaben meines Lebens.

Am Abschlusstag, fast schon Mitte September, bekam ich von meiner Bezugstherapeutin ein besonderes Geschenk. Dies trage ich seither tief in meinem Herzen verborgen und lasse es, nur für mich allein, ab und zu einmal in meiner Erinnerung aufleben.

Hier an dieser Stelle Ihnen einen besonderen Dank dafür. Ihr kraftvoll und mit Leidenschaft aufgeführtes Musikstück sowie das Spiel mit den Tasten auf Ihrem Klavier und den hieraus entsprungenen leise fliegenden und laut klingenden Klängen füllten Ihren Musikraum mit wunderschönen farbigen Tönen für mich aus. Fast als würden Abertausende bunte Schmetterlinge ihren Tanz in diesen wundervollen Tönen vollziehen. Es war sehr ergreifend und beeindruckend, es hüllte mich eine Zeit lang in das erhabene Gefühl, für diesen länger andauernden Augenblick sanft getragen worden zu sein.

[...] Die Verabschiedung von den Mitpatienten bei Kaffee und Kuchen. Das fiel mir sehr schwer und zum Schluss kam noch die Entspannungsgruppe zu mir und brachte mir noch ein Ständchen. Mit Gitarre und umgedichtetem Liedtext zu „Schöne Tage" sangen mir alle dieses Liedchen. Ich hatte Gänsehaut und eine Träne im Auge. Danke an alle, die mir diesen Tag so schön gestaltet haben.

Was trug sich in dieser Zeit sonst noch zu?

Meine Albträume waren noch immer präsent und verfolgten mich nach wie vor in den Nächten.

Der Tinnitus kreischte unaufhörlich in meinem Kopf.

Henriette war schwanger und erwartet ihr zweites Kind.

Hatte wieder angefangen, auf Anregung mancher Therapiestunde, zu laufen.

Charlotte war inzwischen verheiratet und wir waren nicht zur Hochzeit eingeladen.

Henriette hatte wieder Kontakt zu Charlotte aufbauen können. Ich freute mich darüber.

Charlottes Mann hatte seinen Führerschein verloren. Sie hatte nun einen verletzten Fuß, weil sie ihre Wut darüber an einer Wand ausgelassen hatte.

Es stellte sich bei einem Hörtest, den Mo organisiert hatte, heraus, dass ich schwerhörig geworden bin.

Ich musste Mo, mit ärztlicher Unterstützung, meine Gefühlswelt erklären und ihm berichten, was tatsächlich mit mir los war.

[...] Im letzten Telefonat mit dem Vater sagte er mir, dass Frauen doch gern geschlagen werden wollen und ich müsse das doch ganz genau wissen. [...]

 410

Worauf er diese Aussage genau bezieht, kann ich bis heute nicht sagen. Meinte er mich oder seine pflegebedürftige Frau?

Den Beginn an meinem Vollzeitarbeitsplatz bewerkstelligte ich mit einer Wiedereingliederung und erhielt abermals Welpenschutz, bis ich wieder eingearbeitet war.

Einen Monat vor dem Ende dieses ereignisreichen Jahres gebar Henriette ihr zweites Mädchen. Unsere kleine und überaus süße Liese. Wir alle waren total happy!

Vom 18. 01.

[...] Zu Charlotte haben wir leider noch keinen Kontakt. Mir hat Henriette geschrieben, dass sie mir nun von ihr berichten darf. [...] Ich war irre glücklich ...

Es gab nun wieder viele Momente, in denen es mir nicht gut ging. Meine Aktivitäten ließen allmählich nach, weil ich diese einfach nicht schaffte.

Mo, Henriette und ihre kleine Familie hielten für mich alles irgendwie in der Waage.

Vom 15. 03.

Bin gerade happy. Charlotte hat mir geschrieben. Die Geburtsanzeige von Julian. Ich hatte ein tolles Glücksgefühl. [...]

Stella Marie und Liese hatten wir oft an den Wochenenden über Nacht bei uns. Mal im Wechsel, mal zusammen. Henriette brauchte viel Zeit und Freiraum für sich und wir unterstützten sie gern.

Meine Eltern gingen wir nur zusammen besuchen und dies eher sehr selten und sporadisch. Noch konnte ich es nicht er-

 411

tragen, den Vater in meiner Nähe zu haben. Der Abstand tat mir sehr gut. Jedoch trieb es mich zu meiner Mutter, sie wollte ich nicht verlieren. Anfang Mai trafen wir, nach all der vergangenen Zeit, endlich Charlotte wieder.

Vom 05. 05.

[...] Ich habe mich wie irre darüber gefreut. Auch durfte ich sie umarmen und drücken. Das fehlte mir am meisten. [...] Sie zu spüren und zu riechen. Das hat mich glücklich gemacht. [...] Auch durfte ich Julian in den Arm nehmen. [...]

Die Monate vergingen wie im Flug und das Jahr wechselte ein weiteres Mal.

Bei Helena mühten wir uns mit dem Verändern der Albträume ab. Unter ihrer Anleitung und mit meiner charakteristischen Disziplin, viel Ausdauer bei einem einstudierten allabendlichen Ritual und einer mutmachenden Dosis Selbstbeherrschung war es mir nach geraumer Zeit möglich, diese Wandlungen der Träume tatsächlich mit der reinen Vorstellungskraft umzusetzen.

Da war mal eine nächtliche Illusion im Schlaf dabei, in der unzählige gelbblaue Spinnen von oben herab aus dem schwarzen Nichts auf mich zukamen. Mit meiner Willenskraft, die einstudierte Veränderung zu bewirken, und mein Vorstellungsvermögen, diese Dinge einfließen zu lassen, bekam ich es unzweifelhaft hin, diese Kreaturen von mir abzulenken. So konnte ich zum allerersten Mal im Traum diesen gedanklich verändern und endlich der entstandenen und durchaus bedrohlichen Situation entfliehen. Erwachte zwar ebenso schweißgebadet und atemlos aus diesem Traum, jedoch ohne Schreie, ohne von Mo geweckt werden zu müssen. Allerdings änderten sich meine Träume gleichlaufend weiter und mein Hirn inszenierte für mich sehr große und mächtige Gefahren um Leib und Leben für Char-

 412

lotte und in einem weiteren Schlafhirngespinst für Henriette. Denen hatte ich bedauerlicherweise nichts entgegenzusetzen. Gegen diese unermessliche, unterschwellige und tiefsitzende Verlustangst in mir hatte ich leider Gottes kein Gegenmittel. Diese unbändige Angst des Verlustes ist tief in mir verwurzelt und verharrt immerfort.

Mo und ich beteiligten uns in der Folgezeit gemeinsam mit Henriette und zu ihrer Entlastung an der Umsorge von Stella Marie und der Pflege von Liese. Wir holten Stella Marie öfters aus der Kita, um Henriette die benötigte Zeit für Liese einzuräumen. Nahmen die Kinder an vielen verschiedenen Wochenenden und über Nacht zu uns. Wollten Henriette einfach nur das Leben etwas erleichtern, und wir unterstützten sie ebenso in ihrem Haushalt, wenn sie uns darum bat. Sie war schlichtweg bei all der Arbeit mit ihren Kindern und ihrer Häuslichkeit überlastet. Als Eltern halfen wir gern.

Zu unserem Glück baute sich der Kontakt zu Charlotte allmählich auch wieder auf, und so fuhren wir ein paar Mal zu ihr und ihrer kleinen Familie. Bald kam sie, zu unserer großen Freude, mit Julian und ihrem Mann auch zu uns zu Besuch. Endlich!

Der Wandel kam fast unmerklich. In meinen Alltag flossen das Lachen der Kinder und mein eigenes hinein. Die Nächte, auch wenn ich nun mit Licht schlief, waren nur noch gelegentlich von bösen Schreckbildern beherrscht.

Bei mir lief es in der folgenden Zeit richtig gut. Die Medikamente, die Gespräche mit Frau Dr. Traudich und die Therapie bei Helena waren für mich durchaus Rat gebend, wünschenswert aufbauend, sehr positiv lebensbegleitend und machten mir auf ihre Weise mein Leben Schritt für Schritt müheloser. Dabei behielt ich zugleich in sehr schwierigen Lebensphasen die nötige Ruhe und den Überblick, um diese zu bewältigen. Weiterhin erlangte ich einen großen Abstand von all meinen negativen Erinnerungen und den lebensverneinenden Gedanken.

Auf der Arbeit kam ich erstaunlich gut zurecht. Ja, zugegeben eine Pianomeisterin wurde ich nicht auf der Tastatur. Jeden Tag kämpfte ich noch immer um die Erreichung der erforderlichen Stückzahlen und ich machte weiterhin meine Fehler, aber mein Dasein hatte sich bemerkenswert zum Positiven verändert. Mein Ziel war es, diesen Arbeitsplatz zu halten, und dies ging nur, wenn ich endlich die gesteckten Arbeitsziele erreiche. Die verschriebenen Medikamente sorgten dafür, dass ich mich besser fühlte, aber sie bremsten mich auch gewaltig aus. Ich wollte, weil ich wusste, dass ich es schaffen kann, meine Arbeit zufriedenstellend abliefern. Doch diese Medis blockten meinen nur schon sehr geringen täglichen Energiefluss und stellten mich andauernd auf die Kraftprobe und unter enormen Druck.

Um meine Arbeitskraft wieder vollumfänglich herzustellen, weiter zu verbessern und meine psychische Stabilität auszubauen und zu festigen, stellte ich Ende August abermals einen Reha-Antrag.

Drei Tage später erlitt Mo einen schlimmen und gravierenden Arbeitsunfall. Während einer seiner Nachtschichten arbeitete er im tiefschwarzen Dunkeln, wie gewöhnlich allein. In ca. vier Metern Höhe, er wähnte, bereits wieder auf Bodennähe zu sein, stieg er rückwärts aus seiner Arbeitsmaschine und stürzte unvermittelt rücklings in die Tiefe. Erst nach Verstreichen von ca. einer oder eineinhalb Stunden und durch seine Hilferufe, die er in seinen Wachphasen ausstieß, wenn er kurz aus seiner Ohnmacht erwachte, wurde er von einem Kollegen einer Fremdfirma in stockfinsterer Nacht auf einer Fahrbahn liegend aufgefunden. Mo selbst war, außer seiner Rufe, weil er seine Hände nicht bewegen konnte, nicht mehr in der Lage, Hilfe herbeizuholen. Nach dem Alarmieren der Rettung durch diesen Mitarbeiter der Fremdfirma und deren späterem Eintreffen kam es an Ort und Stelle zur Erstversorgung, die wegen unfähiger Security und mangelndem Licht am Unfallort äußerst schwierig ablief. Mo wurde vom herbeieilenden und erstversorgenden Arzt dem städtischen und nahegelegenen Krankenhaus überstellt. Es folgten mehrfach verschiedene Operationen und Mo war für längere Zeit auf fremde und meine Hilfe angewiesen.

An diesem Morgen weckte mich Mo wie üblich telefonisch um 03:15 Uhr. Kurz vor dem Beenden des Telefonates sagte er

 414

noch: „Ach übrigens, Resa, ich liege im Krankenhaus. Hatte heute Nacht einen kleinen Arbeitsunfall. Bringst du mir heute Nachmittag bitte ein paar Sachen vorbei?" Ich war geschockt und hielt kurz inne, bevor wir uns verabschieden konnten. Mo sagte „einen kleinen Arbeitsunfall", da war erst einmal alles gut für mich. Allerdings hielt ich es auf der Arbeit nach vier Stunden trotzdem nicht mehr aus und brach diese nach dem Frühstück ab. Musste doch nun endlich wissen, was geschehen war und wie es Mo tatsächlich ging. Ich war ungeduldig getrieben von dem Wunsch, ihn unbedingt zu sehen. Diese Ungewissheit, diese Angst, nein, die hielt ich keine Minute länger aus! Im Krankenhaus fragte ich mich lange und Nerven aufreibend durch. Dann endlich fand ich ihn vor einem Behandlungsraum. Meine Augen schwitzten plötzlich mächtig, als ich ihn erblickte, und als er mich wahrnahm, sagte er: „Resa, was machst du denn hier? Du sollst doch arbeiten!"

„Oh, Mann! Mo!", krächzte ich. So gern ich ihn in meine Arme genommen hätte, das ging leider nicht. Seine beiden Unterarme und Hände waren mit blauem und rotem Gipsverband versehen, was diese Geste unmöglich machte. Seine Bewegung war wegen extrem starker Rückenschmerzen ebenso eingeschränkt und er konnte nur ruhig liegenbleiben. Mein Inneres füllte sich mit unbändiger Sorge und wärmendem Mitgefühl für Mo.

Jeden Tag zum Feierabend besuchte ich ihn. Der Sommer zeigte sich noch einmal von seiner besten Seite. Er brachte es an diesem Altweibersommertag noch einmal auf über 30 °C. Zu den Mahlzeiten verabreichte ich ihm die Speisen, wenn ich zugegen war, und gab ihm auch zu trinken. Alles andere musste ich ebenso dem Pflegepersonal überlassen, denn auch seine Wirbelsäule war in Mitleidenschaft gezogen worden und auch hier musste er sich einer aufwändigen Operation unterziehen. Da konnte ich nichts machen, als ihn zu bestärken, dass wir seine Genesung gemeinsam schaffen werden.

Im Krankenhaus wurde bereits mit dem dafür zuständigen medizinischen Dienst ein Reha-Antrag für ihn gestellt. Mo wurde nach ca. vierzehn Tagen wieder aus dem Krankenhaus nach

Hause entlassen. Jedoch konnte er mit seinen Händen noch immer nicht schmerzfrei hantieren und so wurde zur Wundversorgung und dem Verbandwechsel ein Pflegedienst bestellt, und ebenso wurde er in den Zeiten, in denen ich auf der Arbeit war, von einem Fahrdienst zu seinen Terminen gebracht.

Leider erhielt ich wiederum nach knapp drei Wochen eine Ablehnung zu meinem erneuten Reha-Antrag, mit der Begründung, dass keine Gefährdung meiner Erwerbsfähigkeit vorlag. Dies sahen meine Psychotherapeutin und ich jedoch vollkommen anders und gemeinsam widersprachen wir diesem Bescheid. Doch nun hatte ich starke Gewissensbisse, denn ich müsste Mo alleinlassen. Wir hofften, dass die Zeit mit uns war.

Zu unserem großen Bedauern war eine weitere Unterstützung von Henriette vorerst nicht gegeben. Jedoch kam sie uns zur Freude aller mit beiden Mädchen ab und an besuchen.

Im November erhielt ich den Bewilligungsbescheid zur Reha über einen Zeitraum von fünf Wochen. Gleich in der darauffolgenden Woche traf das Schreiben der Reha-Einrichtung bei uns ein, dass meine Behandlung noch dieses Jahr beginnen würde.

Auch für Mo erreichte uns eine Bewilligung zur medizinischen Reha und alsbald das Schreiben der Reha-Klinik mit der Zusage, Mo im selben Zeitraum wie ich medizinisch zu rehabilitieren, um eine Verbesserung seiner vom Unfall erlittenen Leiden wieder herzustellen. So sollte es nun sein, so kam es auch.

Mein schlechtes Gewissen schwand, weil Mo mit seinen Händen übte und übte und sehr hart trainierte. Bis zu meiner Abreise war Mo wieder so selbstsicher und relativ schmerzfrei in den Händen, dass ich ihm alles, was kommen sollte, zutraute.

Die Wochen vergingen und die Rehas begannen. So waren wir zwar zur gleichen Zeit auf Reha, aber in unterschiedlichen Einrichtungen.

Mitte Januar waren wir dann wieder vereint. Für ihn ging es mit der Herstellung seiner Gesundheit weiter und für mich ging es ohne Pause wieder auf die Arbeit. Da ich noch immer so viele Medikamente einnahm, schaffte ich es nach wie vor nicht,

 416

mit meinen Kollegen Schritt zu halten. Ich musste es eben akzeptieren, dass es so war.

Mo konnte wieder viel allein, machte einen knappen Monat später eine ambulante Reha und steuerte seinem Ziel, wieder arbeitsfähig zu werden, entgegen.

Wir nahmen wieder öfter Stella Marie und Liese zu uns und erfreuten uns daran, sie glücklich und lachend zu erleben. In unser aller Glück reihte sich auch Julian mit ein, denn auch Charlotte gewährte uns Zeit mit ihm. Ein nicht gewagter und zu denkender Traum wurde wahr!

Im März begann Mo seine Wiedereingliederung mit zwei Wochen je drei Stunden und zwei Wochen mit je fünf Stunden. Danach, es sollte nach den Osterfeiertagen sein, konnte Mo endlich wieder an seinen Arbeitsplatz zurückkehren.

Zu Ostern war unsere Welt vollkommen in Ordnung. Über den Feiertag Karfreitag bis Sonnabend kamen Stella Marie und Liese zu uns. Julian durfte ebenso eine Nacht, von Ostersonntag auf Ostermontag, bei uns schlafen. Am Montag wurde ein Osterfeuer mit gemütlichem Beisammensein von Belas Eltern und Henriette organisiert, Charlotte mit Familie und wir wurden dazu eingeladen.

Aus meinem Tagebuch sechzehn
Vom 06. 08.

[...] Der Abend war sehr schön, ich war richtig glücklich.

Die verabreichten Medikamente dämmten meinen Schreibfluss und meine Betrachtung im Rückblick extrem stark ein. Musste bei diesen Aufzeichnungen gegen das große Vergessen ankämpfen. Sicherlich habe ich nicht alles erfassen und schriftlich festhalten können, weil meine Erinnerungen bereits zu diesem Zeitpunkt nicht mehr vollständig waren und mein matschiges Gehirn sehr große Lücken aufwies.

 417

Was jedoch nicht verschwand, trotz zahlreich verabreichter medizinischer Präparate, waren aufkommende Gefühle und altbekannte Reize, die nur unterschwellig und nicht in meinem Bewusstsein wahrzunehmen waren, da sie nicht in den Vordergrund traten, mich aber während und vor allem nach der Geschehnisse nach und nach einholten. Sie klebten und schlummerten in mir und erwachten ganz allmählich zu neuem Leben. Sie stellten mein gesamtes Dasein auf den Kopf. Dazu aber später, weil ich gerade kurz der Zeit vorauseile, aber dieses Wissen erst drei, vier Jahre später erlangte.

Ich bin wieder einmal im Krankenhaus. [...] Habe schon genügend Blödsinn veranstaltet. Das Schlimmste daran war, dass alles wie automatisch läuft.

Eigentlich wollte ich nicht wieder hier auf die ganzen psychischen Stationen.

Angefangen hat alles kurz nach Ostern.

An dem schönen Abend nach dem Osterfeuer bekamen wir noch einmal Julian über Nacht zu uns.

[...] Charlotte und ihr Mann ließen Julian bei uns noch einmal schlafen, weil es so gut geklappt hat. Sie sind weiter feiern gefahren. Das alles rundete das Fest schön ab. Es war wunderbar.

So hatten wir uns gegen 21:00 Uhr von allen verabschiedet. Naja, jeder kennt es, wenn es am schönsten ist, sollte man gehen. Wir gingen, weil Julian sehr müde war.

Plötzlich meldet sich Henriette nicht mehr. Mehrere Tage habe ich versucht, den Kontakt herzustellen. Doch es ging nicht.

Dann, viele Tage darauf, bekam ich eine WhatsApp-Nachricht von Henriette, in der sie dem Papa Vorwürfe macht, sich nun auch an Stella Marie unsittlich vergriffen zu haben.

Auch Mo erhielt eine WhatsApp-Nachricht. Zu sehen war ein dunkler Hintergrund und das schemenhaft, ebenso verdunkelte und leicht verzerrte, grauleuchtende, jedoch stark verschmälerte Gesicht von Henriette. Ihre Lippen fast schwarz, sehr dünn und mit düsteren wütenden Augen, die durch eine graue Schleierwand starren. „[...] Du hast dich an Stella Marie vergriffen. Ihr seht die Kinder nie wieder". Ich verstand die Welt nicht mehr. Nein! Nein! Nein! Wieso und warum macht sie das? Fängt der ganze Scheiß schon wieder an? Was soll denn gewesen sein? Hört diese Scheiße nie auf? Was ist denn schon wieder passiert? Was? Mo hatte sich überhaupt nicht um die Kinder gekümmert, war mit ihnen nicht eine Minute allein, nur ich. Er hat sich um den Haushalt geschert und ständig aufgeräumt, dass ich Spaß mit den Mädels haben konnte. Denn sie wollten neben ständigem Toben auch mit Spielen und Basteln beschäftigt werden, was ein ziemlicher Spagat bei diesem Altersunterschied ist. Ich weiß es mit hundertprozentiger Sicherheit: Nein! Das ist nicht wahr.

[...] Mir blieben Spucke und Atmung weg. Das, was sie uns vorwürft, stimmte nicht im entferntesten mit dem überein, wie ihre Zeit für Stella Marie und Liese bei uns war. [...]

Nur konnten wir keine Antworten finden, denn Henriette und die gesamte Familie von Bela war nicht mehr erreichbar.

[...] Ich habe mich dann noch ein paar Tage auf die Arbeit geschleppt. Ich war fertig. Doch wir hatten bald Urlaub und da wollte ich ganz bestimmt

nicht in die Klinik. Charlottes Umzug war auch angemeldet und vorbereitet, da ging es nicht.

An dieser Stelle ein kurzer Überblick zu Charlotte und ihren Plänen: Ihre Ehe war von Seiten ihres Mannes durch häusliche Gewalt und psychischen Drohungen geprägt. Der kleine Julian wurde ebenso in diese Ausbrüche mithineingezogen. Daher beabsichtigte Charlotte, ihren Mann zu verlassen. Mit unserer Unterstützung, ihrem Mut und viel Heimlichkeit hatte sie bereits eine neue Wohnung gefunden. In der Zeit bis zu ihrem Einzug kamen sie, Julian, ihr Hund und ein Freund derweil bei uns unter. Seit April unterstützten wir Charlotte auch finanziell.

Ich habe mich dann gegen den Rat von Frau Dr. Traudich und Helena entschieden. Auch mein Bauchgefühl war kaputt. Der Kopf schrie regelrecht „Klinik", doch der Bauch hörte einfach nicht hin.

Dann kam noch die Androhung, dass Mo, wenn ich in die Klinik gehe, seine Sachen packt und für drei bis vier Wochen verschwindet.

Ich habe ihm das nicht krummgenommen. [...] Habe Mo aber verstanden.

So ging unser Leben eben einfach weiter. Mo machte es genauso zu schaffen wie mir. Nur bei mir schwirrten sich langsam, dann lauter und lauter die Suizidgedanken ins Gedankenkarussell ein. Ich konnte mich nicht dagegen wehren.

Der vorletzte Termin bei Frau Dr. Traudich hatte es in sich. Sie machte mir klar, dass Charlotte mich nicht liebt, sondern ausnimmt und ausnutzt. Sie schleuderte mir das bestimmt sechs bis neun Mal um meine Ohren. Ich wurde immer steifer und war kaum zu einer Bewegung, geschweige denn zu einem Wort fähig.

Dann sollte ich mich vor einen Spiegel stellen, meine Arme hochreißen und sagen: „Schön, dass es mich gibt." Das ging gar nicht. [...]

 420

In der Zeit, wenn Charlotte noch zur Arbeit war, holte ich Julian aus der Kita und kümmerte mich um Balu ihren Hund.

Das hatte zur Folge, dass Mo und ich keine Zeit mehr für uns hatten.

Zur Erinnerung Mo hatte viele verschiedene Schichten und ich arbeitete ebenso in Schichten.

[...] Also war ich total am Ende, als ich bei Frau Dr. Traudich aus der Praxis kam. Ich war so fertig, dass ich am liebsten gegen einen Baum gefahren wäre. Aber ich musste ja Julian holen.

Julian war nun sehr oft bei uns. Immer wenn er da war, war ich gelöster und scheinbar glücklicher. Doch ...

[...] ich kam an meine Grenzen.
Helena merkte extrem schnell, wie es bei mir (in mir) aussieht. Sie wollte mich sofort in die Klinik einweisen. Doch das wollte ich nicht. Sie sprach daraufhin telefonisch mit Frau Dr. Traudich. Sie, Frau Dr. Traudich, hörte sich dieses Mal nur alles in Ruhe an und bot mir die Klinik – „zum Ausschlafen" – oder vier Wochen Krankschreibung an, was ich beides ablehnte. Jedoch konnten wir uns auf eine Woche Krankschreibung einigen. [...]

Bevor ich an diesem Tag ihr Sprechzimmer verlassen konnte, musste ich ihr in die Hand versprechen, mir nichts anzutun.

[...] Schlug nach langem Zögern dann doch ein. Schaute sie aber nicht an und vermied den Blickkontakt. [...]

 421

Helena hatte Urlaub. Doch ich sollte mich immer mal per Whats App bei ihr melden.

[...] Nach diesem Termin wünschte ich ihr noch einen schönen Urlaub.
– Für mich war hier das Ende –
Ich war allein zu Hause, wie so oft. Mo war arbeiten und wir telefonierten immer miteinander.
Am Nachmittag, gegen 15:45, bereitete ich alles akribisch vor. So mit Serviette und Kerze. Noch ein schöner Schluck Likör.

Der Fernseher war eingeschaltet und ich hatte vor, in den nächsten Minuten meinem Leben ein Ende zu bereiten.

[...] Da klingelte mein Handy. Charlotte war dran und fragte nach, ob ich Zeit hätte. Und ja, die hatte ich immer für meine Kinder. Ich sollte mich ca. zwei Stunden um Julian kümmern. Sie wollte sich wegen des Kindesunterhalts mit ihrem Ehemann treffen. [...]
Am nächsten Tag, war ich gerade dabei, wieder alles schick vorzubereiten.

Noch einmal war ich von der Absicht getrieben, mein Leben zu beenden.

Da meldete sich plötzlich eine WhatsApp-Nachricht. Ich dachte da schon wieder, Charlotte meldet sich. Aber NEIN – Helena war's.
Sie fragte, ob alles gut sei und was ich nun mit meiner freien Zeit anstelle. L... oder zum Glück konnte ich wieder nicht lügen und ich schrieb ihr vom gestrigen Nachmittag. Nun machte sie den Sack zu. Helena ließ sich von mir nicht mehr erweichen. Sie organisierte alles und etwas später standen vier riesige Männer vor meiner Tür. Ich hatte es gerade noch geschafft, mein Tablettenpäckchen in meiner Unterwäsche zu verstecken

sowie die Wohnung noch von meinem Vorhaben zu reinigen, als ich sie hereinbat. So kam es, dass ich wieder in die Klinik kam. Ich hatte unglaubliche Angst davor. Jetzt weiß ich auch, sie war berechtigt. [...] Alles meine Scheiße!

Gleich zur Aufnahme musste ich eine VA (Verhaltensanalyse, nehme ich an) schreiben. Was für ein Kack!

Die Aufnahme hier auf der Station war normal freundlich und nett. Konnte dann auch gut schlafen und habe wahrscheinlich den fehlenden Schlaf nachgeholt. Ich war ... guter Dinge.
   [...] Hatte ja die Tabletten mitgenommen. Konnte diese auch unbemerkt reinschmuggeln. Und da habe ich gleich einen Suizidversuch unternommen. Doch die Dosis war wahrscheinlich zu gering ...

Ein paar Tage darauf beging meine Mutter ihren Geburtstag. Da die Vermutung jedoch nahe lag, dass dieser ihr letzter sein könne, hatte ich um eine Besuchserlaubnis bei ihr gebeten.

Ich bekam auch zwei Stunden normalen Ausgang [...] und hatte mich sehr darüber gefreut.
   Doch die kommende Nacht war nicht so toll. Kam erst nicht in den Schlaf und dann war ich total unruhig. Kam mir vor, als hätte ich ewig nicht geschlafen.
   In meinem medizinischen Tagebuch und zur Visite bedankte ich mich noch für den Ausgang. [...]
   Ich fühlte mich dennoch immer mehr unter Druck!
   Am Tag danach bekam ich dann meinen Therapieplan. [...] Ich weiß auch nicht, warum, aber mein Frust wuchs und wuchs. In meinem Kopf drehte sich wieder alles. Und das mit dem Missbrauch an den Kindern kippte meine Stimmung gänzlich. Am Abend war ich nur noch wütend! Es war schon gegen 21:00 Uhr, als es bei mir platzte. Ich

 423

suchte mir ein Blatt Papier und meinen Bleistift und schloss mich auf Toilette ein.

Eigentlich sollte es nur ein wütender Brief an die Kinder werden, doch es wurde ein Abschiedsbrief. In dem ich dann auch noch Mo in meinen Suizid einbeziehen wollte.

Ich habe so geweint, was ich seit Jahrzehnten nicht mehr gemacht habe.

Als der Brief gegen 22:00 Uhr fertig war, zitterte ich am ganzen Körper und ich wusste nicht, was ich nun machen soll/will/kann/darf!

(Jetzt eben, in Echtzeit des wiederholten Schreibens dieser Ereignisse, benötige ich eine Pause. Es reibt mich zu stark auf. Bin am Ende meiner Tageskräfte (13:10 Uhr). Sorry! Muss mir erst einmal etwas Schönes gönnen.)

Als ich mich beruhigt hatte, brachte ich das Schriftstück zur Schwester und bat sie, dies in mein Tagebuchhefter zu legen, was sie auch ohne nachzuhaken tat. Eigentlich wollte ich zurück in mein Zimmer, doch das schien mir unpassend, da ich immer noch weinte (was keiner bemerkte). Stattdessen ging ich hinten in die Telefonecke und versteckte mich dort bis kurz vor 23:30 Uhr. Dann ging ich ins Bett und mein Kopf spielte mit mir Ping-Pong. Die Gedanken und das Weinen wollten einfach nicht aufhören.

Tags drauf stand ich schon relativ zeitig auf. Ich war absolut übernächtigt. Da kam mir der Therapieplan in den Sinn. Heute hatte ich Mal- und Bewegungstherapie. Da knallte in meinen Kopf eine Idee, die ich auch ohne weiter zu überlegen umsetzte.

Es lief wie automatisch ab:

Ich ging ins Schwesternzimmer und bat um meine Handtasche, da ich noch etwas aus ihr brauche, weil meine Taschentücher aufgebraucht waren.

Das war kein Problem. Ohne nachzufragen bekam ich meine Tasche mit aufs Zimmer.

Ich nahm mir meinen Wohnungsschlüssel, ein Döschen Reservetabletten und 50,00 Euro heraus. Verstaute alles in meinen Hosentaschen.

 424

Auch die Rückgabe der Tasche war kein Problem. Alles ohne Fragen. So konnte ich meine fixe Idee in die Tat umsetzen. Jetzt muss ich nur noch die Gruppe verlassen können, ohne gesehen zu werden.

An dieser Stelle muss ich gerechterweise hinzufügen, dass, als die Gruppe sich an der Ausgangstür so langsam zusammensammelte, mein Blick, ich denke unbemerkt, zum Schwesternzimmer wanderte. Dies war über die gesamte Flurbreite verglast und bot somit jedem, der hinausblickte und ebenso hineinblickte, ein freies Sichtfeld. Ich erkannte meine Psychotherapeutin, als sie die Tagebuchhefter kurz durchschaute. Dann spürte ich ihren Blick auf mir ruhen. Mir wurde ganz heiß und etwas Unsicherheit und Zweifel kamen auf, aber ich drückte es weg, denn wenige Augenblicke später öffnete sich die Eingangstür und ich war draußen.

Und auch das klappte ohne Probleme. Während der kurzen Therapiestunde bat ich, auf Toilette gehen zu dürfen.

Übrigens leitete wieder der Therapeut diese Gruppe, der auch damals schon kaum Lust hatte, diese Bewegungstherapie mit uns Patienten durchzuführen. Ich hatte darüber berichtet.

Und was soll ich sagen? Es hat geklappt! Ich hätte diesen Tag besser Lotto spielen sollen, alles Volltreffer! (Scherz!)
  Ich ging sofort aus dem Haus. Leider saßen drei ältere Männer vor dem Eingang. (Sie konnten bestimmt bei meiner Richtungswahl Auskunft geben.)

Kannte mich, nach all meinen Aufenthalten, gut aus im Gelände und lief an der angrenzenden Klinik ...

 425

[...] In der Folge schlug ich den kürzesten Weg nach Hause ein, was ein Fehler war. Hinter den Einfamilienhäusern, die erst kürzlich erbaut worden waren, fand ich einen dicken Draht, den ich mir als Schlagstock formte. Ich kam nicht sehr weit: Am Viadukt entlang des Flusses Schöne Lare vorbei, die Ladenstraße entlang, passierte das riesige Hochschulzentrum Richtung Heimat, kurz vor dem Ortsausgangsschild hielt ein silbergrüner PKW auf meiner Höhe an. [...] Das war's! [...]

Eine ältere Krankenschwester saß am Steuer. Das erkannte ich sofort. Sie sprach mich an, ob ich weggelaufen sei. [...]

Rennen, Verstecken, Wehren ... alles keine Option. Ich stieg ohne Widerworte zu ihr ins Auto und so war mein Ausflug nur kurz.

Der Empfang wieder auf Station war sehr eisig. So ein Gefühl kannte ich aus meinem Elternhaus sehr gut. Ich hatte keine Worte mehr. Ich fühlte mich schuldig, hatte das Vertrauen mit Füßen getreten. Das bekam ich auch sofort zu spüren.

Für mich war nun nur eine Behandlungsoption vorgesehen. Einzelhaft!

<u>*Randnotiz:*</u>
***Horror!** Ich will für immer weg!*

In mir tobte nach wie vor eine unzähmbare Wut. Meine innere Beherrschung spannte jede Faser in mir an und mein Hirn schaltete in den Abprallmodus. Auf wen sollte ich nun bitterböse sein? Auf die Menschen, die mir hier helfen wollten? Nein, ich war fuchsteufelswild auf mich selbst. Nie hatte ich es geschafft, für immer zu gehen. Nie!

[...] Ein leerer Raum, in dem die Toilette kombiniert mit dem Waschbecken aus Metall und freistehend ist. Keine spanische Wand, wegen der Kamera zur Videoüberwachung. Drei große Neonröhren an der Decke. Ein verschlossenes Fenster. Der Raum ist in dunkelgrau gehalten. Da wurde mein Bett reingeschoben. Ich musste alle Taschen leeren und mich fast vollständig entkleiden.

Die Schwester, welche mir am Morgen bereitwillig meine Sachen gab, forderte mich nun auf: „Bitte verraten Sie mich nicht", sprach sie in einem alleinigen kurzen Moment leise, fast nur flüsternd auf mich ein.

Nur den Slip durfte ich (auf meine Bitte hin, weil ich ihr sicherlich leidtat) *anbehalten.* (Ich stieß an meine Schamgrenze.) *Ich bekam ein gelbes OP-Nachthemd, dies musste ich Tag und Nacht tragen. Meine eigene Wäsche und die anderen Gegenstände wurden mir ebenfalls weggenommen. Nur meine Zahnbürste mit Zahncreme und ein fremdes Duschbad durfte ich noch behalten.*

Als ich dann soweit fertig war, kamen noch einmal alle Ärzte ins Zimmer und machten mich einen Kopf kürzer. Ich verweigerte daraufhin das Essen und Trinken, was zur Folge hatte, dass die Psychologin zu mir ins Zimmer kam und mir wieder eine Standpauke hielt. Wenn ich das alles verweigere, komme ich in das ISO-Bett und es wird eine Sonde gelegt und ein Flüssigkeitstropf angeschlossen. Ich solle mich doch schnell entscheiden, was ich will. So gab ich auf!

Auch die Chefärztin kam mit zwei weiteren Ärzten und einem Pfleger zu mir aufs Zimmer, und gemeinsam wollten sie von mir wissen, was das sein sollte. Ich bekam drei Spritzen und mehrere Medikamente verabreicht. (Laut Aussage der Ärztin zu Mo, welcher über diesen Vorfall umgehend informiert wurde, hätte ich daraufhin ca. drei Tage schlafen müssen. Habe drei Stunden geschafft.)

An den darauffolgenden Tagen kam die Psychologin ca. dreimal zu mir. Wir sprachen über meine Planung des Suizid und dass ich Mo mitnehmen möchte. [...]

Weiters bekam ich noch zusätzliche Sanktionen. Wie schon erwähnt, waren mir alle privaten Sachen abgenommen worden. Ich durfte den Raum nicht verlassen. Die schlimmste war jedoch, dass die Besuche für mich entfielen. Mo bekam die Erlaubnis, auf meine klägliche Nachfrage hin, mich täglich für fünf Minuten besuchen zu dürfen.

Anfangs war ich immer eingeschlossen worden auf diesem Zimmer. Das Essen wurde mir gebracht.

Mir war alles so peinlich. Beim Toilettengang beobachtet zu werden. Aber mein Mo kam mich trotzdem besuchen und machte mir Mut.

Weil mehrere Tage später das Zimmer für den nächsten Patienten gebraucht wurde, wurde ich auf ein anderes verlegt. Jedoch mit sämtlichen Sanktionen, außer, dass ich nun im Speiseraum mitessen musste. (Ich nur im OP-Hemdchen, Slip und Socken.)

Diese körperliche und seelische Erniedrigung hinterließ starke Kratzer auf meiner Seele.

Gott sei Dank ist die Zimmerpatientin total in Ordnung.

Zur Visite am Morgen, fragte ich, wie lange ich noch so rumlaufen müsse und ob ich meine Sachen wiederbekommen könne. Leider wurde dies verneint, die Suppe, die ich mir eingebrockt hätte, müsse ich auch auslöffeln!

Ich war nach dieser Visite stinksauer. Hätte alles an die Wand schmeißen können. Tränen stiegen mir in die Augen. Kotz, kotz!

War noch den ganzen Tag über bedröppelt. Aber ich fügte mich meinem Schicksal.

Im Speiseraum bekam ich ab und zu zu hören: „Na? Immer noch im Flatterhemd?" Ich gab darauf keine Antworten zurück. Der Tag war einfach nur scheiße!

Randnotiz:
Da will jemand mein Band lösen.
Blöder Arsch, der hat mich betatscht!

Vor dem Abendbrot kam eine Schwester ins Zimmer und erkundigte sich nach dem Kleiderschrank meiner Mitpatientin. [...] Die Schwester räumte alle (mir gefährlich werdenden) gefährlichen Sachen aus dem Bad und schloss diese in ihrem Schrank ein. Dann entnahm sie das Gestell des Schrankes und fuhr damit aus unserem Zimmer. Meine Mitpatientin und ich sahen uns überrascht an.

Nun kam die Schwester mit meinem Schrankgestell und schob es in den Schrank. Ich war völlig perplex! Wusste für den Moment nicht, ob ich heulen oder lachen sollte.

Ich fragte noch nach, wieso. Die Schwester meinte, alle hätten ein gutes Wort für mich eingelegt. Ich dankte ihr noch eintausend Mal. Auch durfte ich meine Kleidung wieder tragen. Ich war happy!
Stopp. Kurzer Rückblick:
Auch waren Charlotte und Henriette da. Leider durften sie nicht zu mir. Aber ich bekam zwei tolle, große Blumensträuße. Sie sind sehr schön und stehen noch heute bei mir im Fenster. Ich trau mich auch nicht, diese wegzuschmeißen! DANKE dafür!
Zurück:
Für die nächste Visite stauten sich nun viele Fragen an. Da diese Oberärztin und ich uns noch nicht kannten, berichtete die Assistenzärztin, was ich verbockt hatte. Fragen: [...]

Vorweg, an den Besuchsregeln wurde für mich fast nichts geändert. Mo war der einzige Besucher, den ich empfangen durfte. Jedoch wurden uns vorerst fünf Minuten länger genehmigt. Es war so schwierig für ihn: Mit seinen verdammten Schichten und dann nur zehn Minuten, es reichte einfach nicht aus. Ebenso durfte er sein Handy während der Besuchszeit nicht benutzen. So konnte er mir meist nichts Aktuelles mitteilen oder Grüße ausrichten. Wir nahmen es nun mal etwas verärgert als gegeben hin.

Wie ich es bereits wusste, wurde die Medizin fast täglich umgestellt und so lange angepasst, bis ich damit klarkam. Die Zeit zog sich zäh dahin.

Unverändert blieben meine heftigen Schlafprobleme. Mehr als ein bis zwei zusammenhängende Stunden bekam ich nicht zustande. Selbst darüber entnervt, hoffte ich dahingehend auf Besserung.

<u>Vom xx.xx.</u>

[...] Nach dem Mittag hatte ich dann auch gleich ein Gespräch mit der Stationspsychologin. [...] Das Gespräch war sehr hart, aber fair. Sie meint, ich hätte ein Problem mit meinen Gefühlen. Ich kann meinem

Gegenüber nicht vermitteln, was ich fühle. Trage immer eine freundliche Maske, aus der keiner lesen kann, was ich tatsächlich fühle.
Mo, stimmt das? Ich werde ihn fragen müssen.
Ich habe ihr die ganze Sache mit den Kindern erzählt. [...]
Jedoch kam sie auch, wie Helena, auf die Erkenntnis, dass meine Disziplin selbstzerstörerisch ist.
Habe noch einen Deal mit ihr machen müssen, wegen der Besuchszeit: Ich solle ordentlich richtig essen und trinken und mal so ein paar Momente notieren, bei denen ich meine Gefühle zeigen kann. [...]

Abgefunden hatte ich mich damit nicht, wieder hier in der Klinik zu sein. Machte aber von nun an das Beste daraus. Was sollte auch werden? Wollte nur noch so schnell wie möglich wieder heim. So ließ ich mich auf alles ein, wehrte mich kaum noch und ersehnte ein schnelles Ende herbei.

Mein Mo kam mich fast täglich besuchen. Irgendwann wurden die Besuchsregeln gelockert, und als ich endlich wieder, jedoch nur in seiner Begleitung, zur Besuchszeit nach draußen durfte, stand Charlotte eines Tages, verborgen vor neugierigen Blicken, weil ihr Besuch für mich noch immer nicht erlaubt war, an einer Häuserecke und erwartete mich freudig. Ihre liebevolle Umarmung spüre ich noch heute.

Auch begleitete mich Nash zu dieser Zeit und rief mich sehr oft über das Stationstelefon an, was mich bei jedem seiner Anrufe sehr freute.

<u>Randnotiz vom xx. xx.</u>

Unser Konflikt!
Es herrscht Waffenstillstand,
kein Frieden
mit Charlotte.

Das stetige Auf und Ab in mir blieb. Es kleisterte wie Pech an mir. Oft hatte ich irgendwelche Schmerzen, die Haut spielte auch verrückt. Ebenso stellten sich verschiedene Nebenwirkungen ein, aber nichts Bedenkliches. War eben nun einmal so. Erst Mitte September wurde ich wieder entlassen.

Vom 23. 09.

[...] Bei mir melden sich Veränderungen im Leben an. Beim letzten Termin bei Frau Dr. Traudich sprach sie von EM-Rente. Ich solle mal darüber nachdenken. [...]

Vom 25. 09.

Ach, ich bin hin- und hergerissen. Ich weiß nicht, was ich machen soll. Das mit der EM-Rente beschäftigt mich sehr. Da wäre ich jetzt schon für immer zu Hause. – Das will ich aber nicht. – Und ich gehe gern arbeiten. Obwohl ich gerade keine Kraft dafür habe. Mein Kopf platzt bald. [...]

Vom 27. 09.

Der Tag heute war schwer. Früh war ich bei Helena. Ich hatte mich die ganze Zeit schlecht gefühlt. Mein schlechtes Gewissen ist noch sehr groß. Aber der Aufenthalt im Krankenhaus war diesmal scheiße. Es war die Hölle! Noch einmal gehe ich da bestimmt nicht hin. Auch wenn Helena drängt. Ich mach das nicht mehr durch. Daran zerbreche ich. Weiß nicht, was ich machen soll. Nach Leben ist mir nicht zumute. Doch ich werde erst einmal nichts machen. Musste das ja auch unterschreiben. Bis zum ... muss ich die Füße stillhalten. Vielleicht geht es mir dann ja auch besser. Abwarten. Eins ist derzeit aber sicher: Das Leben jetzt gefällt mir nicht und das zieht mich runter.

Holterdiepolter, meine Zeit ging beschissen weiter. Manchmal und nur ganz selten gab es ein Hoch, mehr aber ein Tief. Mo fand, dass wir ein neues Kätzchen haben sollten, und besorgte eines. Ich fand mit ihr eine neue Beschäftigung. Sie machte mir jedoch keine Freude. Luisa bot mir ihre Hilfe an, wenn ich zu viel allein war, sollte ich mich einfach bei ihr melden. Doch nein, ich wollte keinem zur Last fallen. Meldete mich daher nicht bei ihr und saß die einziehende Einsamkeit in unseren vier Wänden allein aus.

Henriette meldete sich bei mir und versprach eine Klärung, aber sie versetzte mich immerzu, wenn wir miteinander reden wollten.

Mir ging es wahrlich nicht gut. Fand keinen Halt und schwebte mehr über dem tiefen und pechschwarzen Abgrund, als dass ich an den Tagen lebte oder Erholung fand.

Oft haderte ich mit mir, Helena per SMS anzuschreiben. Wollte sie auch nicht wieder beunruhigen oder zusätzlich belasten. Wollte ihr nicht noch mehr Sorge bereiten, als sie ohnehin schon hatte. In mir war auch die kolossale Angst, wieder in die Klinik zu müssen. Nein, dass alles wollte ich ganz sicher nicht.

Zu guter Letzt konnte ich nicht einmal mehr Mo offenbaren, wie es mir faktisch ging. Da fehlte mir der Mut, und ich wusste auch, dass er dieser ausufernden, nicht zu bändigen Erkrankung von mir genauso ohnmächtig gegenüberstand wie ich selbst. Mo wollte ich nicht auch noch in meinen Abgrund reißen! Nein! Ihn brauchte ich, um wenigstens ein bisschen Licht in meinem Leben zu sehen. Manchmal nahm er mich mit auf seiner Sonnenseite, machte mich etwas befreiter mit seinem Lächeln und seinem unzerstörbaren Optimismus. „Weißt du, Resa, auch ich trage einen Sorgen- und Erinnerungsrucksack mit mir. Doch wenn dieser überläuft, werfe ich ihn einfach ab und setze mir einen leeren auf. So komme ich ganz gut zurecht. Das solltest du auch machen. Lass den alten Mist einfach los, dann fühlst du dich befreiter und gewiss besser!" So sprach er oft über seine eigene Problemlösung. Ich schaffte es nicht, diese leichte, nichtbelastende und sorgenbefreiende Rucksacklösung auf mich zu kopieren. Da war zu viel ICH im Wege. Einfach zu viele Daseinsregeln, so viel beigebrachte Lebensordnung und so viel Selbsterziehung, die ich so verinnerlicht hatte, dass ich aus diesem einstudierten Lebenslabyrinth nicht herausfinde.

Die Termine bei Frau Dr. Traudich wurden ebenso schwierig für mich, weil ich nun nicht mehr alles aussprach. Ich fing an, mich vor diesen Stippvisiten zu fürchten.

<u>Vom 02. 10.</u>

[...] Aber ich weiß auch, dass es nicht gut ist, ständig diese Gedanken zu haben.

Frau Dr. Traudich sprach davon, in EM-Rente zu gehen. Habe lange drüber nachgedacht, das will ich auch nicht. Versuche wieder arbeiten zu gehen. Das ist besser. Da habe ich was zu tun und mein Tag hat eine Struktur. Das ist wichtig. Da komme ich auf andere Gedanken.

Ich halte es nicht mehr aus, ertrage es nicht mehr, immer allein ist doch Mist! [...]

Mein Kopf macht mit mir, was er will. Schluss ist auch eine Lösung. Was ist das für ein Leben, das man nur aushält, wenn das Hirn vernebelt wird? Diese Scheiß-Medis! Die will ich nicht mehr! Dieses Leben quält mich ...

<u>Vom 11. 10.</u>

Ich bin frustriert! Gestern hat mich Frau Dr. Traudich für weitere vier Wochen krankgeschrieben. [...]

<u>Vom 12. 10.</u>

Ihr könnt alles glauben, deswegen muss es noch lange nicht stimmen. (Von Henriette)

 433

Vom 20. 10.

[...] Heute war ich bei Henriette. Wir haben auch über damals gesprochen. Wie's jetzt weitergeht, steht in den Sternen. [...] Was soll ich von allem halten? Bin ich blind oder verblendet? Ich will das alles nicht mehr! Und dann werde ich von Tag zu Tag immer fetter. Scheiß-Medis! Ich halte das nicht ewig aus. Und immer die Einsamkeit um mich. Immer allein, allein!

Pausenlos schaukelten sich meine Gedanken auf. War sehr viel allein und einsam in dieser Zeit.

Charlotte half mir, indem ich sie mit Julian unterstützen durfte, und ich half ihr wiederum, mit ihrem Leben klarzukommen. Anders jedoch die Beziehung zu Henriette. Verabredungen, dann die Absagen, Vorwürfe, ohne diese belegen zu können, einfach irgendwas frei in den Raum gestellt und Forderungen, die ich nicht bedienen wollte oder konnte, wechselten sich rasant ab. Sie und Mo waren nicht bereit, sich auszusprechen. Ich saß genau dazwischen.

Stella Marie und Liese durfte ich einmal sehen. Liese umklammerte mich wie irre. Stella Marie forderte Spielzeit ein. Mo wurde ausgeschlossen, was alles nicht besser machte.

Henriette eröffnete mir Tage darauf, dass ich die Kinder öfter haben dürfte, wenn ich Mo verließ. Auch Helena sprach davon, dass ich meine Ehe neu überdenken sollte. Plötzlich kamen von allen Seiten vergiftete Pfeile geflogen, was mich wieder in ein ständiges Gedankentreiben drängte.

Nein! Mo war kein schlechter Mensch! Warum sollte er seine Familie, die er so von Herzen liebte, für uns alles getan und gegeben hatte, stets bereit war, sein Leben für das seiner Lieben zu geben, so rücksichtslos und lebenslänglich traumatisieren? Er hatte weder einen Grundstein dafür in seiner Kindheit erfahren, denn Mo kam aus einem sehr liebevollen, fürsorglichen, behüteten, ehrlichen und gerechten väterlichen Haushalt. Sein geliebter Vater war bedauerlicherweise bereits sehr

 434

zeitig verstorben. Der Verlust dieses geliebten Menschen hatte Mo damals für sehr lange Zeit so ergreifend mitgenommen, dass er erst mit mir und den zwei Mädels wieder seinen Halt und seine innerliche Ruhe in seinem Leben finden konnte. Er hatte keinen Grund oder Anlass dafür, das Leben seiner Kinder und meines nachhaltig und lebenslang zu schädigen. Wir waren einfach nur eine kleine, glückliche Familie. Unser, Mo und mein, intimes Eheleben fand auf beiderseitiger Befriedigung stets ein beglücktes und zufriedenes Finale. Wenn auch ich es dabei schwer hatte, mit meinen Berührungsängsten und der empfindlichen Haut Zärtlichkeiten zuzulassen, fand Mo einen Weg, um diese gegenseitigen Zuneigungen für uns beide dennoch angenehm und im besonderen Maße erleben zu lassen. Weiters hatte er ja bereits zwei Kinder aus seiner ersten Beziehung, wobei er bedauerlicherweise nur ein Zahlmeister war. Über die gesamten Jahre hinweg hatte Mo so gekämpft, seine beiden Kinder wenigstens ein paar Mal aufsuchen und Zeit mit ihnen verbringen oder sie wenigstens sehen zu dürfen. Mo wollte seine leiblichen Kinder aufwachsen und lachen sehen, doch die Kindesmutter verwehrte es ihm. Daher hegte Mo so viele Scheu, Menschen zu verlieren, die er doch so von Herzen liebte. Oft sprachen wir über Karoline, Niclas, Charlotte und Henriette, dass er sie alle vier so tief und unvergleichlich liebte.

Mos Liebe zu mir war ebenso unerschütterlich, nicht vom rechten Weg abkommend, sehr ehrlich, oft sehr wortreich, voller Vertrauen ohne Hintergedanken, voller Achtung und wertschätzend, freiraumgebend und so liebevoll. Wo bitteschön war da ein Platz für diese ungeheuerlichen Anschuldigungen? Selbst zu diesen schlimmen Zeiten, in denen ich mehr am Tode hing als an meinem und unserem Leben, ließ er mich nicht fallen. Mo war ein Kämpfer und ging nicht den Weg des geringsten Widerstandes. Er war zielstrebig dabei, mein Leben wieder lebenswert zu machen. Er ließ die Menschen ziehen, die ihm nicht guttaten, auch wenn er sie unerschütterlich liebte. Vielleicht auch gerade deshalb.

Egal, was ich auch tat, um selbst wieder leben zu wollen. Henriette stellte immerfort Behauptungen von sexuellen Übergriffen in den Raum, die selbst Charlotte zum Kochen brachte.

Vom 07. 12.

[...] Am Abend habe ich dann mit Charlotte über alles von Henriette gesprochen. Sie glaubt nicht an das, was Henriette erzählt. Sie sagt, das sei eine Lüge. Papa sei nie mit ihnen allein baden gewesen.

Sie wusste genau, dass sowas, was Henriette meinte, erlebt zu haben, niemals stattgefunden haben konnte.

Trotzdem! Alles zerrieb mich und meine Welt stürzte immer wieder zusammen. Dieses Auf und Ab kotzte mich an! Es ließ mich wütend werden. Doch zeigen konnte ich es nicht. Durfte es nicht. Diese Gefühle wurden mir in Kindertagen genommen, sie waren niemals erwünscht und so unterdrückte ich diese permanent. Zu meinem Leidwesen gingen sie jedoch nicht weg, denn sie kehrten sich nur gegen mich.

Da saß ich nun mit all meiner Liebe und wusste nicht mehr, wohin mit ihr. So verfranste ich mich immer tiefer und tiefer mit meinen Gefühlen, die ich ohnehin schon kaum mehr unterscheiden oder bewusst wahrnehmen konnte. Dabei übersah ich allzu oft die Hände, die mir gereicht wurden, um mich aus dieser Höllentiefe zu holen. Nichts wurde für mich besser! Nichts!

Im November begann ich wieder mit der Arbeitsaufnahme. Allerdings mal wieder mit einer Wiedereingliederung und vorerst nur stundenweise. Kam aber recht schnell zurecht, denn meine Kollegen waren allesamt ganz lieb mit mir. Gleich am ersten Tag erhielt ich einen wunderbaren Obstkorb als Präsent und eine sehr liebe Glückwunschkarte zu meinem Jubiläum. Daher war ich bei dieser Begrüßung an meinem Arbeitsplatz hocherfreut.

Bei Mo gab es auch eine Veränderung in der Arbeit. Seine Firma, in der er seit über zwanzig Jahren tätig war, schloss ihren

Standort hier in unserem regionalen Umkreis im kommenden Jahr. Somit benötigte er eine neue Anstellung, denn das Unternehmen, welche die Geschäfte künftig übernahm, entrichtete nur noch drei Viertel seines bisherigen Arbeitsentgeltes, kürzte den Urlaubsanspruch auf das Mindestmaß, leistete keine Zusatzzahlungen – jedoch alles bei gleichen Leistungen der Mitarbeiter wie bisher. Nein, das wollte Mo nicht, und er muss nun gut verhandeln, wie es für ihn weiterging.

Henriette suchte mal wieder über Charlotte Hilfe und Gespräche, setzte mich jedoch weiter mit der Entscheidung, was ich zu erwarten hätte, unter Druck: Sie und die Kinder oder meinen „bösen, pädophilen" Mann.

Ich vermisste Stella Marie und Liese unwahrscheinlich schmerzhaft und meine Gedanken waren pausenlos bei ihnen. Oft weinte ich darüber, wenn ich allein in meinem Auto unterwegs war und so mancher Liedtext diese bleischwere Traurigkeit in mir zum Überlaufen brachte, was mir sogleich die Luft zum Atmen nahm.

Henriette schickte mir über einen meiner Hausbewohner die Fotoalben und eine Vielzahl verschiedener Aufnahmen zurück. Diese hatte ich schon längst nicht mehr in meinem Bewusstsein.

Vom 16. 01.

Henriette hat ein paar Fotos ganz geschwärzt. Die habe ich vernichtet. Die restlichen habe ich Charlotte mitgegeben. Soll sie sich noch was raussuchen, was sie will.

Mir geht es soweit ganz gut.

Darf es mir besser gehen? Jetzt, wo Henriette nicht mehr bei mir ist? Jetzt, wo ich sie verloren habe? [...]

Vom 17. 01.

Heute habe ich wieder darüber nachgedacht, ob ich weg sein will oder ob ich leben will. Ich zweifle [...]

Habe noch immer ein Päckchen bei mir. Nur so zur Sicherheit. Ich fühle mich besser, wenn ich es griffbereit habe.

Mein Problem daran ist noch, dass ich kein Ziel für meine Zukunft habe. Weiß nicht, wofür es sich zu leben lohnt. Wozu kämpfe ich?

Vom 25. 01.

[...] Was, wenn Charlotte uns auch nicht mehr will? Was mache ich dann? Ich habe eine Heidenangst vor der Zukunft. Wieviel Schmerz müssen wir noch ertragen?

Wieso? Warum? Weshalb? Auf alles habe ich keine Antwort.

Wie macht es Mo? Er hat schon Karoline und Niclas verloren. Wie steckt er das alles weg? Er hat auch schon seinen Vater verloren. Irgendwie ist er mit allem ins Reine gekommen. Wieso kann er das, und ich nicht? Ich will auch so stark sein!

Vom 31. 01.

[...] Das mit Henriette verdränge ich. Nur das mit den Kindern fällt mir sehr schwer. Ich denke jeden Tag an sie. Wie gern würde ich sie drücken. Leider geht das nicht. Von Henriette höre ich im Moment keine guten Nachrichten. Sie hat sich auch von einigen Freunden getrennt, weil sie Kontakt zur Charlotte haben. Ich verstehe Henriette nicht. Sie geht auch wieder zur Disco, hat total abgenommen und isst fast nichts mehr. Mach mir trotz allem Sorgen um sie und die Kinder. Was macht sie nur? Wo führt das hin?

Der Lauf meines Lebens schob sich zäh dahin. Auf der Arbeit kam ich mit Unterstützung meiner lieben Kollegen zurecht. Al-

 438

lerdings war es sehr schwer für mich, wach zu bleiben. Schon frühmorgens fielen mir auf der Fahrt zur Arbeit mehrfach die Augen zu, und am PC ebenso. Irgendwann kam ich auf eine Idee und warf mir mehrfach täglich Koffeintabletten ein, um ein Einschlafen zu verhindern.

Bei Mo kam es, wie bereits angekündigt. Alle Kollegen verloren ihren Arbeitsplatz. Manche ließen sich von der neuen Firma übernehmen, aber der größte Teil suchte sich einen neuen Job. So auch Mo. Ohne Schwierigkeiten ging es für ihn weiter, allerdings nun als Kraftfahrer, wobei er nur noch Früh- und Spätschicht hatte. Leider waren wir jetzt mit den Schichten in den entgegengesetzten Wochen und so sahen wir uns unter der Woche kaum noch. Wir freuten uns dafür auf die Wochenenden.

Durch diesen ungewollten Firmenwechsel erhielt Mo eine Abfindungszahlung. Diese konnten wir gut brauchen, denn es waren ja mal wieder so enorme finanzielle Schwierigkeiten entstanden, die unser Leben ebenso mitbrachte. Zu einem musste Mo das staatliche Kindergeld, welches er damals für Henriette beantragt hatte und Henriette vom Amt auf ihr Girokonto gezahlt bekam, zurückzahlen. Weiters war ja Henriette Hals über Kopf zwischenzeitlich hier im Ort in eine eigene Wohnung gezogen und sie hatte inzwischen zwei Kinder. Dann hatten wir Charlotte unter die Arme gegriffen. Und selbst mussten wir auch unsere laufenden Kosten begleichen. Da kam es uns ganz recht und übrig blieb davon auch etwas.

Julian machte seiner Mutter ungewollte Sorgen. Es keimten die ersten Vermutungen auf, dass irgendetwas in seiner Entwicklung abweichend war.

Vom 05. 02.

[...] Unser kleiner Julian macht uns große Sorgen. Er isst kaum noch was und er nimmt ab. Das ist schon Besorgniserregend. [...]

Was sollte ich sagen? Für mich blieb es, wie es in den vergangenen Jahre war. Mal ging es mir für wenige Stunden gut, und dann – Zack! – zog mir irgendein aufkommender Gedanke den Teppich unter meinen Füßen weg. Leider gab es für mich mehr Talfahrten als Höhenflüge. Alles wechselte stetig ab. Manchmal wurde ich so missmutig, da wollte ich mir am liebsten gleich das Leben nehmen. Dann mal ein guter Tag. Sah dann aber bei einer meiner Besorgungen zufällig Henriette mit Stella Marie und Liese und schon war ich so tottraurig, dass ich jegliche Lust am Leben verlor.

Charlotte und Julian machten mir, gleichwohl mit ihrer Anwesenheit und gegenseitiger Unterstützungen, mein Leben wieder leichter. Dennoch blieb die beklemmende Panik in mir, dass auch sie wieder aus unserem Leben verschwinden könnten. Ich zweifelte an allem und jedem.

Auch bei den Eltern war ich am Zweifeln. Der Mutter ging es immer schlechter. Sie war nun schon lange Zeit ans Bett gefesselt und bekam kaum noch etwas von ihrer Umgebung mit. Der Pflegedienst kam inzwischen mehrfach am Tag. Der Vater konnte verständlicherweise die gesamte Pflege seiner Frau nicht allein abdecken. Wir hatten begonnen, den Vater etwas zu unterstützen.

Vom 12. 06.

[...] Dieses Mal würde ich nichts falsch machen. Hilfe! Will ich nicht! Ich ertrage das Leben nicht mehr. Mir fehlt die Kraft, weiterzukämpfen. [...]
    Ich liebe Henriette, ich liebe Stella Marie und ich liebe Liese. Vermisse sie so schrecklich!
    Die Traurigkeit ist wie eine schwarze Katze, die mir nicht vom Buckel springt.
    Kann ich etwas dagegen machen?

Für mich gab es nur eines, ich musste irgendwie weitermachen! Oder? Dieses immer fortwährende Auf und Ab in mir engte mich schier ein. Aber auf der Arbeit war ich sehr gern. Allerdings zum Leidwesen von Frau Dr. Traudich. Sie fragte mich sehr oft, wie lange ich mir das alles noch antun wollte. Da fassten wir mal ganz knapp eine Aufstellung zusammen, was mich so umtrieb, so sehr zermürbte, so zerstörte und womit ich tief in mir nicht klarkam.

(Verständlicherweise muss ich vorwegschieben, dass ich mit Gewissheit dieses Erkennen, so zu dieser geschehenen Zeit, nicht zusammenbringen konnte, wie heute hier und jetzt bei dieser schriftlichen Niederschrift.)

Weiß grad nicht, wo ich beginnen soll. Nun fehlen mir dazu aus Scham die Worte.

Augenblick ich hab's gleich.

Einen kleinen Moment noch.

Sekunde!

Also: Vielleicht ohne chronologischer Ordnung? Mal sehen, ob das geht.

· Die allerorts anwesende, tiefgründige und beständig angsteinflößende Furcht.
· Dieses kraft- und energieraubende Zügeln und Mäßigen meiner inneren Ansprüche.
· Mein Unvermögen, Entscheidungen zu treffen, und zu sagen, was ich wirklich will und möchte.
· Vertraue meinen Gefühlen nicht mehr.
· Spüre mich nicht mehr, bin leer und füge mir Schmerzen zu.
· Wehre mich gegen meiner Selbst.
· Höre auf zu kochen, der Gestank der Zubereitung löst ungewollte Erinnerungen in mir aus.
· Möchte allein sein, Personen kann ich nicht näher an mich heranlassen.

- Ertrage, so wie ich geworden bin, nicht das allerkleinste Stück von mir.
- Meine Wahrnehmung unterliegt einer Verzerrung meiner Selbst.
- Mein unendlich drehendes, spiralförmiges Gedankenkarussell ist nicht aufzuhalten.

Die Zeit, die Zeit war nicht aufhaltbar.

Der Kontakt zu Henriette und ihrer Familie war abgebrochen. Charlotte war wieder in unserem Leben und bereicherte dieses mit ihrem Julian, den wir von Herzen liebgewonnen haben. Mo und ich gingen in entgegengesetzten Schichten arbeiten. Eines Tages berichtete er mir, dass er darum gebeten hatte, diese Schicht zu tauschen. Endlich! Denn das viele Alleinsein machte alles nur unerträglicher.

Frau Dr. Traudich half mir insofern weiter, dass sie die Medikamente auf meinen Wunsch hin reduzierte. Immer, wenn ich am Boden zerstört war, fand sie Lösungen, indem sie mir ganz nebenbei meinen persönlichen Notfallkoffer aufstockte und mich mit ihm arbeiten ließ. Komisch war nur, dass ich inzwischen auch so große Angst vor diesen Terminen bei ihr entwickelt hatte, dass meine Anspannung schon Tage und Stunden davor so beträchtlich und immens mächtig anschwoll.

Aus meinem Tagebuch siebzehn
Vom 30. 06.

Sitze gerade bei Frau Dr. Traudich. Mir ist schlecht vor Aufregung. Heute ist eine halbe Stunde eingeplant. Mir geht es nicht gut. [...] Sie will mir ja nur helfen und das finde ich sehr gut von ihr. [...], wenn ich Freizeit habe, soll ich mich mit den Skills beschäftigen, weil meine Anspannung immer sehr hoch ist. [...]
Frau Dr. Traudich hat mich nach den Suizidgedanken gefragt. Damit hatte ich nicht gerechnet. Aber Lügen geht auch nicht. So kam das alles ins Rollen, dass ich morgen wieder zu ihr muss. [...]

Um aus dieser ganzen Gedankenwelt zu entkommen, trug sie mir auf, mindestens zwei Stunden Rad zu fahren und einige Aufgaben auszuarbeiten, die ich nur auf dem Papier lösen konnte. Beim Besuch sprach Frau Dr. Traudich davon, dass ich eine liebevolle Beziehung zu mir selbst aufbauen sollte. Hatte nur noch Fragezeichen im Kopf. Wie jetzt?

<u>Vom 04. 07.</u>

[...] Das fällt mir verdammt schwer, weil ich mich im Moment gar nicht richtig leiden kann. [...]

Ebenso bei Helena. Die Aufgaben, die mir Frau Dr. Traudich stellte, lösten wir manches Mal gemeinsam, und blieben weiterhin dran, meine Verhaltensmuster zu therapieren. Wir kamen gut voran. Allerdings musste ich mich seit einiger Zeit in regelmäßigen Abständen per WhatsApp bei Helena melden. Sie vertraute mir nicht. Ich mir ja auch nicht. Sie wollte einfach nur sicher sein, dass ich mich nicht aus meinem Leben stahl. Ja, da verstand ich sie sehr gut. Schließlich trug auch sie eine gewisse Verantwortung. Leicht war es für sie nicht.

Zu meiner großen Freude baute sich wieder der Kontakt zu Wolfgang aus meiner Reha auf. Zwar vorerst per geschriebener Nachrichten auf dem Handy, aber dies tat mir unwahrscheinlich gut.

Bei den Eltern wurde die Sorge um die Mutter immer größer, und aus einem mir schleierhaften Grund begleiteten wir meine Eltern in dieser schweren Zeit.

Dann kam, was jeden ereilen wird. Mutter verstarb im Krankenhaus.

Naja, wie soll ich beginnen? Der Vater war allein zu nichts in der Lage. Keiner meiner Geschwister konnte ihm mit allen auf ihn einströmenden Dingen helfen. Egal! So unterstützte ich ihn weiter und half bei der Vorbereitung und Durchführung der Beerdigung meiner Mutter. Alles ging rasend schnell. Meine Geschwister kamen, um sich von ihrer Mutter zu verabschieden, wobei ich eigene und Ideen meines Vaters umsetzte, um eine friedliche Abschiedsfeier zu wahren.

Irgendwo, an einer mir unbekannten Stelle in meinem Schädel, war ein Hebel umgelegt worden und ich war funktionstüchtig. Nicht mehr und nicht weniger. So wie bei allen Aufgaben, die mir äußerst unangenehm waren, erfüllte ich diese mit meiner inneren Disziplin und einer gewaltigen Portion Pflichtbewusstsein.

Ohne dass ich es wahrnahm, versuchte ich in den Folgewochen, mein entstandenes Chaos darüber zu bändigen.

Die Bemühungen von Helena und Frau Dr. Traudich traten ins Hinterstübchen, denn ich hatte keine Kraft, gegen die erneut aufkommenden Suizidgedanken mit den von mir angelernten Skills zu Ordnung zu rufen. Jeden einzelnen Tag schleppte ich mich mal wieder durch Zeit und Raum.

Vom 10. 08.

Habe heute Helena geschrieben: „Was soll ich sagen, besser wäre anders."
Prompt kommt die Antwort: ‚Meinten Sie, anders wäre besser oder besser wäre anders?" Damit hat sie mir ein Lächeln ins Gesicht gezaubert.
Toll! [...]

Auf der Arbeit lief nichts mehr so recht. Von mir wurden nun zusätzliche Stunden eingefordert, die ich nicht bringen brauchte, jedoch ab und zu welche machte, weil ich bei den Kollegen somit nicht ganz als unkollegial angesehen wurde. Selbst der Chef bat wieder um Gespräche, weil nichts mehr passte.

Vom 01.09.

Sitze gerade bei Frau Dr. Traudich. Bin total angespannt, obwohl ich eigentlich keinen Grund dafür habe. [...] Die Eröffnung des Gespräches war schon eine Herausforderung. Ich sollte erzählen, was ich Schönes erlebt habe. Das konnte ich nicht. [...]

Im Gegenzug berichtete ich von der Beerdigung meiner Mutter, von dem Druck auf der Arbeit, der sehr schwer auf mir lastete, und dass ich mit Mo etwas im Klinsch lag. Sie gab mir viele Hinweise, wie ich den gesamten Druck von mir abbauen konnte und stellte wiederholt eine Aufgabe bezüglich meiner Schwierigkeiten am Arbeitsplatz, welche ich bei Helena erarbeiten sollte.

[...] Ich solle auch überlegen, was mir diese Arbeit nützt. Ach, alles ein Kotz!

Bei Charlotte gab es arge Probleme mit einem Hausbewohner, der ihr auflauerte, ihre Sachen manipulierte und ihren Briefkasten heimlich leerte. Ebenso wurden die Geschehnisse um ihren Freund, welcher ab und zu bei ihr nächtigte, immer gravierender. Er fuhr unbefugt und ohne jeglicher Absprache ihr Auto, obwohl er einst seinen Führerschein wegen Trunkenheit abgenommen bekommen hatte. Der Alkohol schmeckte ihm mal wieder und er floss leise und meist heimlich in unheimlichen Massen. An seinen Händen, die aus Klebmasse zu seien schienen, blieb so mancher unbeaufsichtigte Euro kleben. So ganz allmählich steigerte sich bei Charlotte und Julian die Angst. Bei ihnen daheim wuchsen die unschönen Situationen gen Himmel.

Henriette nahm wieder Kontakt zu ihr auf. Was sie dazu trieb, weiß ich bis heute nicht.

Ich schrieb unterdessen einen langen Brief an Henriette und hoffte so auf Besserung unseres Familienklimas.

 445

<u>Vom 09. 09.</u>

[...] Naja, will nicht jammern. Doch wo soll ich das machen, wenn nicht hier in meinem Buch? Da falle ich keinem zur Last.

<u>Vom 13. 09.</u>

Hatte heute Helena-Termin. Sie will, dass ich in eine Klinik gehe und mich behandeln lasse. [...] Aber ich will nicht. Ich muss es auch ohne Klinik schaffen.

Bald darauf traf eine Antwort von Henriette bei mir ein.

Habe heute einen Brief von Henriette bekommen. Alles verstehe ich nicht. Aber macht nichts.
    Sie beschuldigt mich, dass ich ihr keinen Glauben geschenkt habe, und da hat sie recht. Aber sich richtig helfen lassen wollte sie auch nicht. Sie schreibt, dass sie mich lieb hat, aber sie kann mir nicht vertrauen und das Vertrauen wäre für immer gebrochen. Für alles wäre es zu spät. (Den letzten geschriebenen Satz verstehe ich nicht.). [...]

Nun kündigte sich bei Mo wieder eine Änderung in der Arbeit an. Die Firma, bei welcher er nun arbeitete, wollte den Schichtbetrieb aufstocken. Eine wöchentliche Nachtschicht sollte eingeführt werden.

Mo muss bald wieder Nachtschichten machen. Das kotzt mich so richtig an!

Vom 20. 09.

[...] Henriette ... Soll ich Schuld eingestehen? Aber ich denke, mich trifft keine Schuld. So, wie es damals gelaufen ist, war es richtig. Henriette hat immerzu den Kontakt abgebrochen und ist nie zum Arzt oder zur Polizei gegangen. Ich konnte nie wissen, was Wahrheit und was Lüge ist. Ich werde nie die Wahrheit erfahren. [...]

Knapp drei Wochen vergingen ohne einer Änderung meines Gemütes. Noch immer begleiteten mich die Gedanken an Tod und Teufel, noch immer schaffte ich meine Leistung auf der Arbeit meist nicht, und wenn, dann nur knapp und mit großer Not.

Henriette, Henriette! Vermisste ganz schrecklich Stella Marie und Liese.

Bei Charlotte und ihrem Freund spitzte sich ebenso alles auf ihrer Beziehungsebene zu.

Unsere Henriette wollte nun gar nichts mehr mit uns zu tun haben. Für sie waren wir zu Monstern aufgestiegen.

Vom 13. 10.

[...] Wir waren in ihren Augen Monster. Naja, dann ist es eben mal so. Das hat mich nicht runtergezogen. Kam damit zurecht. Ich bin noch der Meinung, dass sie uns Unrecht tut. Aber lassen wir das. Es tut mir nur unendlich leid. Auch für Stella Marie und Liese. Abgeschlossen.

Mo und ich suchten dringend nach neuen Jobs. Wir benötigten beide eine berufliche Veränderung. Mo wollte keine Nachtdienste mehr fahren. Und mein Job, naja, da gab ich Frau Dr. Traudich recht, dieser nützte mir nichts. Er erfüllte mich nicht und überforderte mich vollends.

Mehr aus Zufall entdeckten wir mehrere Stellenanzeigen im Schaukasten. Genau das, was wir beide suchten, war aus-

 447

geschrieben worden. Ohne Zeit zu verlieren, bewarben wir uns auf die zwei passenden Stellen.

Vom 16. 10.

Ich warte gerade auf Mo. Er ist zum Vorstellungsgespräch. Bin dann auch gleich dran. [...]
Wir haben die Jobs. Cool!

Vom 21. 10.

Wir sind bei Mila-Marie und Ole zu Besuch. Die Gespräche mit ihnen sind gut.

Unsere Freude und Sorgen teilten wir ein paar Tage darauf mit Mila-Marie und Ole.

War heute bei Frau Dr. Traudich. Sie wollte mich noch für den Rest der Zeit bei der alten Firma krankschreiben. Aber ich wollte nicht. Noch ist es mir lieber, arbeiten zu gehen. [...]

Ebenso besuchten wir vier Wochen später Nash mit seiner Frau und seinen Kindern.

Vom 19. 11.

[...] Heute Früh war ich noch ganz schön müde. Habe die Leistung nicht geschafft. Aber das macht nichts mehr. So für mich mache ich mir keinen Stress mehr. Meine Anwesenheit reicht völlig. Nur noch zwei Mal diesen Stress.

Ansonsten geht es mir gut.
Die Stunden bei Nash waren schön. [...]

Doch die Zeit zwischen Kündigung und neuer Arbeitsaufnahme war schrecklich für mich. Die Albträume setzten wieder ein und ich fühlte mich gänzlich gestresst. Hatte wieder zunehmend und extrem große Angst.

<u>Vom 20. 11.</u>

Die letzte Nacht war gruselig. Ich hatte vier, fünf oder sechs Albträume hintereinander. Mo musste mich wecken und das war nicht so einfach. Die Nacht habe ich dann nur zwei bis drei Stunden geschlafen. Mir steckt die Müdigkeit total in den Knochen. Die Albträume saßen wie eine schwarze Katze auf mir. [...]

Eines Tages, an einem gemeinsamen Wochenende, bemerkte Mo ein stetiges Zittern und Zucken an mir. Das war nicht immer da. Doch es fiel ihm auf: „Resa, warum zitterst du so? Hast du Angst?" „Nein. Ich zittere nicht." Doch als ich es sprach, bemerkte ich das Zittern nun auch ganz deutlich.

<u>Vom 22. 11.</u>

[...] Endlich die letzte Schicht geschafft. Meine Kollegen haben mich sehr lieb verabschiedet. [...]
Ich sitze im Wartezimmer. Es ist voll ... Ich hoffe ja, dass das Zittern von den Medikamenten kommt. [...]
Gott sei Dank! Es werden Nebenwirkungen von den Psychopharmaka vermutet ... Allerdings ist ein Medikament trotzdem dazugekommen, was gegen die Nebenwirkungen helfen soll.

 449

Dann kam die große Veränderung für mich. Einen Monat vor Mo begann ich auf der neuen Arbeitsstelle. Mit viel Hoffnung, weil ich wieder mit Kunden arbeiten und den halben Tag draußen verbringen konnte, startete ich in diesen Job. War mir so sicher, so überzeugt davon, dass nun mit dieser Arbeit der Stress vergehen wird. Keine Schichten mehr, kein Einschlafen mehr und jeden Tag auch draußen. Das konnte nur besser werden! Bei Mo kam es zwischenzeitlich zu einer kleinen Operation, noch vor der Arbeitsaufnahme. Da musste noch einmal nachgebessert werden, zu seinen Brüchen der Handgelenke. Wie zu erwarten, ging es relativ unkompliziert und die Heilung sehr schnell. Im neuen Jahr waren wir zu Kollegen geworden. Jedoch hatte Mo immer noch zwei Schichten. Früh und spät. Damit sollten wir klarkommen.

Das Jahr ging rasch zur Neige. Die neue Arbeit gefiel mir und mir ging es gut. Mit gutem Optimismus, dem Glauben an mich selbst und der Hoffnung, dass nun alles wieder gut wird, versuchte ich jeden Tag, ein Stück mehr eine neue Normalität zu erkämpfen.

Ein Aber setzte sich dennoch in mir fest. Meine neuen Kollegen waren sehr nett. Sie halfen mir immerzu und beharrlich bei der Abfertigung unserer Kundschaft und bemühten sich täglich mich auf meinen neuen Job anzulernen. Trotz dessen, dass ich ebenso geduldig mit mir war und ich versuchte, mir alles zu merken, war es für mich äußerst schwierig, Neues zu erlernen. In meinen Kopf passte es nicht hinein, da war viel, viel zu wenig Platz.

Auch für Mo war es schwer, seinen neuen Arbeitsbereich vollumfänglich zu erfassen. Im Gegenteil zu mir schaffte er es jedoch in kurzer Zeit, sich in seinem neuen Arbeitsbereich zurechtzufinden. Ein Aber setzte sich dennoch auch in ihm fest.

Vom 18. 01.

Ach, heute ist es schwer auf der Arbeit. Waren heute schon viele Kunden da. Geht wie das Brezelbacken.
Mo hängt in Bielefeld fest. Sein Feierabend steht in den Sternen. [...]

 450

Vom 31. 01.

War heute (auf der Arbeit) wieder viel allein. Aber soweit hat alles geklappt. [...] Bin super drauf. Das Leben läuft leicht. [...]

Vom 11. 02.

Hatte heute riesigen Bammel vor der Arbeit. Im Moment fühle ich mich nicht okay damit. Mir ging das ganze Wochenende über die Arbeit nicht aus dem Kopf. [...] Scheiße aber auch! [...]

Aus meinem Tagebuch achtzehn
Vom 18. 02.

[...] Habe die Nacht kaum geschlafen. War so sehr aufgeregt, dass ich keine Ruhe gefunden habe, und das liegt mir heute schlecht im Magen. Hatte heute Früh, auf dem Weg zur Arbeit, Suizidgedanken. Es geht schon wieder los! Das darf doch nicht wahr sein! Dabei war ich froh, dass sie weg waren. Naja, vielleicht wird es wieder besser, wenn ich ruhiger werde und nicht mehr so angespannt bin.

   Ach, was ich noch vergessen habe, ist, dass ich wieder Albträume habe. Ich habe einfach zu viel Stress. [...]

Vom 19. 02.

[...] Nun ist es soweit, Charlotte will mit mir reden, wegen Henriette. Sie würde gern hier in unser Dorf ziehen und Henriette würde unsere Unterstützung brauchen.

   Für mich bedeutet das erneutes Chaos in meinem Kopf. Ich habe gerade nicht die Kraft dazu. Was soll ich machen? [...]

[...] Was mach ich nur mit Henriette? Einerseits würde ich sie so gern um mich haben. Andererseits hat sie mir sehr wehgetan. Und was mach ich mit Papa? Er will, dass sich Henriette bei ihm entschuldigt. Und er will nicht aufs Abstellgleis gesetzt werden. Er würde sich schon sehr freuen, wieder Kontakt zu ihr zu haben. Und sie wird ihn brauchen, wenn sie tatsächlich umziehen will. [...]

[...], wenn wir uns mit Charlotte unterhalten haben. Es war doch die Eifersucht gegenüber Charlotte. Henriette glaubt, dass wir dann nicht mehr mit ihr herzlich sind. Da steht Charlotte im Fokus. Das hatten wir schon so geahnt. Ist totaler Bullshit! Wir haben doch beide gleich lieb.

Für mich braute sich mal wieder ein Orkan zusammen.

Ich schaffte meinen Job nicht. Die Fehler, das langsame Arbeiten, meine ständige Angst, die erneut aufgekommenen Suizidgedanken und unser ungeklärtes, unruhiges und problematisches Familienleben setzten mir mehr und mehr zu.

[...] Habe heute mit Mo darüber gesprochen, dass ich den Job nicht schaffe. Er ist ein Dauerstress. [...] auch mit Mo darüber gesprochen, dass ich wieder Suizidgedanken habe. Er meint, dies habe er schon mitbekommen, und er sieht auch, dass es mir nicht gut geht.

Habe gerade Helena angeschrieben. [...]

Sie fand eine bessere Lösung als ich. Himmel, ich war so neben der Spur.

Vom 24. 02.

[...] Nun bin ich wieder krank. Frau Dr. Traudich hat mich drei Wochen krankgeschrieben. [...]

Heute Früh war ich noch einmal auf der Arbeit und habe mit dem Chef gesprochen. Er war nicht stinkig auf mich. Hatte selbst eingeräumt, mir zu großen Stress bereitet zu haben. Der Chef war nur angepisst darüber, dass ich gleich drei Wochen krank bin. [...]

Mach mir keine Hoffnung. Eigentlich wollte ich nie wieder zu Hause sitzen. [...]

Gestern habe ich noch einmal Helena geschrieben. Sie meinte, dass ich in die Klinik soll. Aber das will ich nicht. Sie war sehr bestimmt.

Vom 27. 02.

[...] Die Suizidgedanken sind ständig da und mein Gedankenkarussell tobt immer noch in meinem Kopf herum. [...]

Muss mich jeden Tag bei Helena melden, bis es mir wieder besser geht. [...]

Kennt ihr mich und meine Familie inzwischen? Da erzähle ich euch sicherlich keine Geheimnisse mehr.

Mir selbst ging es, wie bei einer unaufhörlich drehenden Spirale, stetig und nicht aufhaltbar im Abwärtstrend von Tag zu Tag schlechter.

Charlotte und Mo gaben sich große Mühe und suchten alles Mögliche an Ablenkung für mich. Sie beschäftigten mich mit häuslichen Aufgaben, dem Schriftverkehr und zu meinem Miniglück betreute ich Julian sehr oft. Mo ging mit mir spazieren, wir liefen mit den Nordic-Walking-Stöcken und ich bereitete die ersten Gartenarbeiten für Charlottes Garten so langsam vor.

Fand nun auch Zeit, ab und zu beim Vater allein nach dem Rechten zu schauen. Die Einkäufe erledigten wir oft gemeinsam und er schaffte sie teilweise auch wieder allein, nur die schweren Getränkeflaschen besorgten Mo und ich ihm.

Henriette schob alles auf die lange Bank. Erst wollte sie zum Arzt. Dann erst ein paar Therapiestunden hinter sich bringen. Und zuletzt schmiss sie ihre Pläne über Bord, weil sie nun wieder Bela und seiner Familie Glauben schenkte.

Vom 10. 03.

[...] Na, was soll ich sagen? War gerade bei Frau Dr. Traudich. Nur Mist! Sie ist nicht zufrieden mit mir. Ab dem kommenden Montag muss ich in die Gruppe. 10:00 Uhr geht's dann los. Habe einen Anti-Stress-Ring bekommen. Der lenkt tatsächlich richtig ab. Frau Dr. Traudich hat mir geraten, eine Traumatherapie zu machen. [...] Sie hat mich heute nur gehenlassen, weil ich mich regelmäßig bei Helena melden muss. Ich könnte gerade alles an die Wand schmeißen. Habe richtig Wut im Bauch! Weiß nicht, wohin mit ihr. [...]

Vom 19. 03.

[...] Habe mich arbeitslos gemeldet. [...]
Am Nachmittag war ich eine Stunde bei Charlotte zum Kaffee. Konnte ihr leider nur von der Gruppe und vom Ring erzählen. Von der Traumatherapie und den Suizidgedanken konnte ich ihr nicht berichten. Ich schaffe das einfach nicht. [...]

Vom 26. 03.

Wieder kam ich nicht aus dem Bett. Bin total niedergeschlagen. Mein Leben gefällt mir nicht, so wie es jetzt ist. Bin wieder so viel allein. Kann aber auch nicht so lange bei jemandem bleiben. Da bin ich auf Flucht eingestellt, obwohl ich keinen Grund dafür habe. Weder bei Charlotte noch beim Vater halte ich es lange aus. [...]

 454

Vom 27. 03.

[...] Mir geht es echt scheiße! Die Gedanken machen mich verrückt! Irgendwann dreh' ich durch! Mensch, die müssten weg sein, nachdem ich alles Mo und Charlotte erzählt habe. Aber Pustekuchen!

An diesen Tagen war ich sehr viel bei Charlotte und Julian. Half meiner Großen, hörte ihr zu, denn sie hatte auch enorme Sorgen, und wir feierten ein klein wenig, als sie dieser Tage schließlich geschieden wurde. Mit Julian zu spielen ist die allerbeste Ablenkung, meiner Welt zu entfliehen. Endlos genoss ich auch die Zeit mit beiden.

Immer, wenn ich dann selbst nach Hause gehen wollte, räumte Julian alle tragbaren Gegenstände vor seine Wohnungstür und verbarrikadierte diese. Er wollte nie, dass ich wieder ging. Sollte nicht fortgehen und bei ihm bleiben. Die Tränen, wenn ich es schaffte, mich durch sein Chaos zu wühlen und dennoch ging, musste Charlotte jeden Tag ihm aus seinem Gesichtchen wischen, und mir blutete immerfort mein Herz.

Bei Mo auf der Arbeit kam alles anders als ihm in den Gesprächen der Vor- und Einstellung versprochen wurde. Die zwei Schichten, Früh und Spät, verlagerte der Arbeitgeber viel zu oft in die Nachtstunden. Früh begann dann mal um 01:00 Uhr, mal um 04:00 Uhr und auch was dazwischen oder Stunden später. Nie, und ich meine tatsächlich NIE, hatte er gleichbleibende Anfangszeiten. So verschob sich auch immerzu sein Feierabend. Auch die Spätschichten begannen erst, wenn er angerufen wurde. Jeden Tag saß er wie auf Kohlen, denn der Anruf konnte zwischen 07:00 und 17:00 Uhr erfolgen. So der Plan. Viel später gab es jedoch zuhauf. Da begann er um 20:00 oder um 24:00 Uhr mit seiner Schicht. Es war viel verrückter als seine damaligen zwölf verschiedenen Schichten. Da wussten wir, wann er arbeiten musste. Doch nun? Jeden Tag nur Fragezeichen. Das zermürbte nicht nur ihn. Am allerwenigsten kam ich damit zurecht.

 455

Wenn Mo nächtlich unterwegs war, fand ich vor Angst keinen Schlaf. So durchwachte ich ebenso die Zeiten, bis er wieder nach Hause kam. Wir blieben in ständiger telefonischer Verbindung und redeten jede Nacht unendlich viel. Es hielt ihn munter und mich beruhigte es. Konnte ohnehin nicht schlafen. Meine Erinnerungen an die folgenden drei Wochen sind NUR in meinem Tagebuch festgehalten. Die tatsächlichen sind ausgelöscht. Kann mich an nichts davon erinnern, auch nicht, wenn ich meine Aufzeichnungen lese. Da klafft ein gähnend schwarzes Loch in meiner Hirnmasse.

Vom xx. xx.

Alles ist doof! Bin jetzt wieder in der Klinik, jedoch auf einer anderen Station als bisher. [...] Helena hat mich gestern Abend hierhergebracht. [...] Sanktionen gibt es viele. Habe meine ganze Wäsche abgenommen bekommen. Muss nach jedem Stück fragen. Kotz! Kotz!

Vom xx.xx.

Mir ist kalt. Habe meine Jacke nicht bekommen, weil ich suizidal bin. [...] Ich komme einfach nicht an meine Sachen ran. Würde mich gern frischmachen. [...] Huhu, ist mir kalt. [...]
   Ob Helena jetzt ruhiger schlafen kann? Mich würde es freuen. Beim Gespräch gestern mit Helena zeichnete sich das Ende schon ab. Habe vielleicht den größten Fehler gemacht, als ich sagte, dass ich die Whats-App-Nachrichten nicht mehr will. War so sehr angespannt, man hätte mich nur noch anstupsen müssen und schon wäre ich weggeflogen. [...]
   Mich regt hier so vieles auf. Die Schreie der Mitpatienten, die Sanktionen, das hässliche Essen. Habe noch nicht einmal Taschentücher und Handtücher bei mir. [...]

Vom xx. xx.

[...] Ach, wie gern hätte ich jetzt den Igelball! Die Spannung in mir ist kaum zu ertragen. Scheiß-Tav ... Sie sollte diese eigentlich lösen. [...] Wollte mir gerade Tee holen, aber die Tassen sind nicht da. [...] Sie lassen mich hier nicht in Ruhe, mal kommt ein Pfleger, dann mal wieder ein Arzt, und alle wollen wissen, wie es mir geht. Mies eben! [...] Ich denke, dass heute Sonnabend ist. Vielleicht bekomme ich noch Besuch. [...] Am Nachmittag kam Mo. Habe mich sehr darüber gefreut. [...] Er sagte auch, dass er erschrocken war, als Helena ans Telefon ging. Da konnte er es sich schon wieder denken. Ihm war zum Weinen. [...]

Vom xx. xx.

[...] Habe mir heute wenigstens mal frische Sachen anziehen können. Fühl mich einigermaßen wohl in diesem Zimmer. Bin allein und keiner glotzt. [...] Mo war dann heute bis zum Abendbrot geblieben. [...] Nun bin ich wieder in Einzelhaft. Gefällt mir aber ganz gut. [...] Aber wir haben gerade Sonntag. Da läuft so oder so alles nur auf Sparflamme. Mal sehen, was morgen die Visite sagt. Ob sie mich entlassen? Ich hab ja nichts, nur meine Suizidgedanken. Dank Tav ... ist es ruhig um mich geworden.
    Morgen weiß ich nichts mehr von heute.

Vom xx. xx.

[...] Sie haben mir wieder das Medikament gegeben, (das meine Leber zerstört, und das gegen meinen Wunsch, dies nicht mehr haben zu wollen). Scheiße aber auch! Das Dreckszeug will ich nicht! Sie werden gleichzeitig eine Blutprobe entnehmen und ein anderes Mittel einsetzen. Nur ein Kotz! [...]
    Versuche am Wochenende wieder draußen zu sein. [...] Aber ich will heim und da muss es ja einen Weg geben. Ich muss ihn nur finden. [...]
    Scheiß-Laden hier! Ich will heim!

Mo war gerade da. Die Stunde hat mir echt gut gefallen. Konnte auch schon wieder lachen. Ach, ich will heim. Mich nervt hier ziemlich alles. Keine richtige Struktur am Tag. Nur Essen – Essen – Essen – Essen. Das ödet mich dermaßen an. Ich könnte davonlaufen. Aber was dann rauskommt, weiß ich schon. [...]

Ach, ich vergesse schon wieder alles. Ob Mo da war und über was wir gesprochen haben? Ob die Putzfrau heute da war, weiß ich auch nicht mehr so genau. Und wenn ich nicht wüsste, dass das Datum im Buch steht, würde ich das auch vergessen. Nur gut, dass ich noch schreiben kann. Das würde ich dann auch vergessen.

<u>Vom xx. xx.</u>

[...] Ach, das blöde Blutabnehmen funktioniert ja wieder bestens. Nichts geht mehr! Bin heute schon fünfmal gestochen worden, aber immer ohne Erfolg. [...]

Mein Fenster geht nicht zuzumachen und es ist schweinekalt hier drin. [...]

Mo war da. Er hat für kommende Woche seine Schicht getauscht, nur um mich besuchen zu können. Ist total lieb von ihm. [...]

Jetzt ist es 18:00 Uhr und ich bin allein in meinem Zimmer. Lass mal ein paar Gummibären frei. Mal sehen, ob sie sich freuen. [...]

<u>Vom xx. xx.</u>

[...] Mo war wieder da. Er hält fest zu mir. Obwohl er nicht verstehen kann, was ich denke. Es ist doch einerlei, ob ich da bin oder nicht. Das verändert gar nichts. [...] Fürs nächste Mal habe ich gelernt, diese Gedanken für mich zu behalten. [...]

458

Vom xx. xx.

[...] Habe den ganzen Vormittag verschlafen. Werde es gleich wieder tun. Zimmerkontrolle war heute schon. Sie finden meine Heimlichkeiten nicht. Überlege die ganze Zeit, wie ich hier wieder rauskomme. Bin heute schon drei Mal gefragt worden, wie's mir geht. [...]

    Simsalabim und schon waren Mo, Charlotte und Julian da. War ein schöner Abend. Natürlich haben sie Witze über mich gerissen. Aber ich war ihnen nicht böse.

    ICH WILL NACH HAUSE!

Aus meinem Tagebuch zwanzig
Vom xx. xx.

Randnotiz:
Klinik,
    kotz!
[...] Visite ist gerade vorbei. [...] Sie können nicht abschätzen, wie es mir geht. [...]

    Habe die Traumatherapie noch einmal angesprochen und dass ich diese erst nach meinem Urlaub machen würde. Das würde gehen. Muss nur über Frau Dr. Traudich erfolgen. [...]

    Der Dr. meinte auch, dass ich nicht gelöst erscheine. Noch immer bin ich verschlossen und das ist nicht gut. Solle mit Helena wöchentliche Termine machen und die Dinge behandeln, die gerade im Fokus stehen. Dies will er als Empfehlung mitgeben.

    Und morgen ab 13:00 Uhr kann es losgehen. [...]

Vom xx. xx., 06:43 Uhr

Ja! Ich bin schon fix und fertig für den großen Aufbruch nach Hause. Hier ist noch nichts losgegangen. Trotzdem sitze ich schon bereit, um zu gehen. Ich freu mich so.

 459

Bei den Medis heute Abend (gestern) war wieder eine Tav ... dabei. [...]

Musste heute noch einmal eine Blutabnahme über mich ergehen lassen. Die Schwester war ganz toll. Sie wollte wissen, warum ich nicht mehr leben will. Sie versuchte mir klarzumachen, dass ich wertvoll bin und ich doch leben soll. Was ist wenn's schiefgeht und ich zum Pflegefall werde? Auch fragte sie mich nach meinen Kindern. Das war ein totales Tabu. Habe echt geweint, als sie mit mir sprach.

Dann hatte ich noch die letzte Visite. Hier sagte mir die Ärztin, dass sie denkt, dass das zu zeitig ist. Wir hätten das doch alles anders lösen können. Hätte nur darüber sprechen sollen. Doch ich möchte hier raus. Die Sanktionen sind mir zu heftig. [...]

Warte noch auf Mittag, ich darf erst nach 13:00 Uhr gehen. [...] soll mich gleich bei Helena melden und Frau Dr. Traudich ist morgen auch angesagt. Der Dr. hat mit ihr schon gesprochen.

Ich will das alles nicht mehr! **Ich will nicht mehr** dieses **Leben**. [...]

Dann ging alles ganz schnell. Eine Schwester meldete den Taxifahrer an, ich bekam meine restlichen Sachen ausgehändigt und weg war ich. [...]

Dass ich dieses Mal in die Klinik musste, hat Mo geschockt. Er war stinksauer, weil ich es ihm nicht davor gesagt habe. Aber das wusste ich doch selbst nicht, wie der Abend endet. Für mich wars kein Zuckerschlecken. [...]

<u>Vom xx. xx.</u>

Heute hatte ich ein volles Programm. Früh gleich Frau Dr. Traudich. Das war sicher das Schwerste heute. Sie hätte mich am liebsten gleich wieder eingewiesen. Allerdings musste ich Kompromisse eingehen. Von den vielen Tabletten sind jetzt nur drei übriggeblieben. Zwei hat sie ganz und gar wieder rausgenommen. [...] Das sind die mit zweihundert Milligramm. Hierzu sagte sie, dass sie mich gehen lässt, wenn ich diese früh und abends nehme. So ein Scheiß! Ich wollte weg von dieser und nun habe ich die doppelte Ladung. Das sind die, die so fett machen. Da kann man sich einschränken oder nicht. Fett bleibt fett! Dafür muss ich nicht in die Klinik. [...]

Danach war Helena. Das war auch nicht einfach. [...]

Habe noch mit Mila-Marie telefoniert. Wir fahren am Sonntag zu ihr. Die vergangenen vierzehn Tage sind wie ausgelöscht. Hätte ich nicht mein Tagebuch, wüsste ich nichts. Spontan kann ich mich an nichts erinnern.

Muss Helena wieder jeden Tag schreiben. Ohne diesem Versprechen wäre ich heute nicht von ihr fortgekommen. [...]

In meiner Hirnmasse klafft ein leeres tiefschwarzes Loch der vergangenen Zeit dieses Klinikaufenthaltes. Nichts! Nicht ein blasser Schimmer von alledem, nicht eine Minute kann ich in meinen Matschwindungen des grauen Hirns finden. So ein Vakuum, eine Leere, so stelle ich mir ein Koma vor, wie das Gefühl, nicht da gewesen zu sein, gleichwohl aber irgendwie gelebt zu haben.

Wie soll ich das nun schon wieder erklären? Das Leben wurde für mich nicht besser. Alles wurde schwieriger. Konnte mit Mo kaum noch sprechen, er war einfach noch angepisst, was ich wiederum sehr gut verstehen konnte. Trotz dieser schwierigen Situation freuten wir uns auf das Wochenende bei Mila-Marie.

Nach wie vor hatte ich keinen Lebenswillen. Für mich war das Leben kein Geschenk, für mich war es ein Fluch. Meine Träume wollte ich auch nicht leben, sie waren böse und nicht schön.

Am Vortag fragte mich Mo, ob ich die Strecke zu Mila-Marie fahren wollte. Aber nein, dies war mir verboten worden und ich musste es auch unterschreiben. Denn ich war nun mal eine tickende Zeitbombe.

<u>Vom 19. 04.</u>

[...] Mo meinte darauf, dass er vorhat, sehr alt zu werden und dass er dann doch lieber allein fährt. [...]

Am Nachmittag und Abend dieses Tages waren wir dann noch beim Vater, was nicht geplant gewesen war.

[...] Er hat viel über alles geredet. Dann kam von ihm die Frage, „Was für schöne Erlebnisse ich doch in der Klinik hatte". Da war ich schlagartig wie ins Gesicht geschlagen. Ich weiß ja nicht, ob er immer nur gute Erinnerungen aus den Krankenhäusern hatte. Ich jedenfalls nicht! [...]

Eine Antwort darauf blieb ich ihm schuldig.
Hatte längst schon mitbekommen, ...

[...] dass alle wissen, dass ich in der Klinik war. Das fand ich nicht so toll. [...] Das geht in meinen Augen gar nicht. Mo konnte sich das selbst nicht erklären, woher das alle wissen. [...]
Mich umschwirrt die ganze Zeit nur eine Frage. War ich eine gute Mutter? War ich gerecht gewesen? Ich konnte und kann mich bei beiden, Charlotte und Henriette, nur als schlechte Mutter sehen. Kann nur das ernten, was ich gesät habe. Und das ist nicht gut. Tut mir sehr leid, dass meine Liebe nicht ankam. Obwohl sie sie beide so dringend benötigt hätten. Was habe ich falsch gemacht? Habe ich zu egoistisch entschieden, dass ich arbeiten gegangen bin? [...] Aber wir brauchten das Geld.
Was bin ich bloß für ein schlechter Mensch! Alle schimpfen mit mir, dass ich doch hätte mit jedem reden können. Keiner hat gesehen, wie's mir wirklich geht. Und jetzt auch wieder. Alle fragen bei mir nach, aber keiner will es hören! Bin damit allein. Mo würde vor Wut jetzt durch die Decke gehen, wenn ich ihm sage, wie es in mir aussieht. Denke aber, dass er nur abgestumpft ist, weil ich das öfter habe. Diese Gedanken gehen einfach nicht weg.

<u>Vom 20. 04.</u>

Ach, endlich! [...] Endlich haben Mo und ich wiedermal miteinander ge-
schlafen. Das war seit der OP das zweite Mal. [...]
Frage mich, ob ich wirklich so ein schlechter Mensch bin?
Charlotte war für knapp dreizehn Jahre nicht mehr in meinem Le-
ben. Ich traue dem Frieden nicht. Dann ist Henriette schon zwei Jahre
weg. Warum nur? Was habe ich falsch gemacht? Habe als Mutter und
als Ehefrau total versagt! Mich schmerzt das zutiefst. Jetzt habe ich
als arbeitende Frau auch versagt! Habe keine Arbeit mehr und so schnell
komme ich in keine neue rein. Schaffe einfach die Leistung nicht mehr!
Ich versage auf ganzer Linie! Wie soll ich denn glücklich werden? Da
nützt es auch nicht, wenn jemand mir sagt, dass ich wertvoll bin. Das
stimmt nicht! Ich bin wertlos. Nur Ballast für meine Mitmenschen. Mich
braucht keiner. [...] Ich will mich nur noch ganz klein machen und ver-
schwinden. Bin auch gesprächsmüde geworden. Am liebsten sage ich
kein Wort mehr. Ist doch sowieso alles egal. In mir schlägt kein Herz
mehr, sondern ein kalter Stein. Wie soll ich damit nur leben? Am besten,
ich verschwinde einfach. Aber selbst dazu fehlt mir die Kraft. Irgendwo
hin! Aber für mich gibt es nirgendwo einen Platz für mich. Wer will
schon einen Versager haben? Selbst das bekomme ich nicht hin, einfach
zu verschwinden.
– NUTZLOSE VERSAGERIN –

So sprechen alle folgenden Seiten immerzu die gleichen Worte:
Versagerin, nutzlos, überflüssig, Angst, Charlotte ein weiteres
Mal zu verlieren, die Trauer, Henriette und unsere Enkelmädchen
verloren zu haben, dass ich mein Leben nicht mehr wollte, alle
Freude war von mir gewichen. Mein Herz war schwer und kalt.
　　Julian gab mir den größten Grund, hierzubleiben. Gefolgt
von meiner großen unerschütterlichen Liebe zu Mo.
　　Bei unserem Besuch bei Mila-Marie kam es am Abend des
22. 04. dazu, dass ich ihnen …

Vom 22. 04.

[...] von meinen Gedanken erzählte. Ole war ein wenig erschrocken. Habe beiden dann von meinem Aufenthalt in der Klinik erzählt. Sie waren recht entrüstet darüber. Nun wissen sie auch, wie es mir geht, wenn es heißt: Klinik für mich. Das finden sie jetzt ganz scheußlich. [...]

Nach wie vor litt ich an extrem starken Schlafproblemen. Meine Nächte waren niemals von erholendem Schlaf gezeugt. Um meinem Körper jedoch trotzdem etwas Ruhe zu verschaffen, blieb ich einfach wach und ruhig im Bett liegen. Ganz zum Gegenteil, was ich gelehrt bekam. Doch ich hatte mich kennengelernt, wenn ich nämlich aufstand, um mich kurz bis zum Müdewerden zu beschäftigen, konnte ich Wochen und Monate darauf warten. Mit dieser Methode machte ich alles nur schlimmer. Als ich rausfand, dass ich, wenn ich einfach nur ruhig liegenblieb, besser durch meine hellen Tage kam, blieb ich sehr diszipliniert liegen. Oftmals nervte es mich gewaltig. Mein Körper dankte es mir.

Helena schrieb mir, nachdem ich ihr von der letzten Nacht berichtet hatte folgende Info:

Vom 23. 04.

[...], dass Schlafmangel auch stimmungsaufhellend wirken kann. Deshalb bin ich nie schlecht gelaunt, wenn ich kaum oder nicht geschlafen habe. [...]
Habe heute noch ein Termin bei Frau Dr. Traudich. Schon der Gedanke daran lässt mich zittern. Meine Anspannung wächst über mich drüber. Ich kann sie nicht runterschrauben. Auch mein innerlicher Wunsch, zu gehen, ist noch geblieben. **Ich will nicht mehr leben.**

Ein Orkan hatte sich inzwischen heimlich und unerwartet zusammengebraut. Dieser wartete nur auf den winzigen über-

 464

springenden Funken, um seiner Entladung dem ganzen, von mir mühsam zusammengehaltenen Universum Raum zu geben und mein Leben abermals zu zersplittern. Noch an diesem für mich so lebendseinschneidenden Tag wurde damit begonnen, mein Gedankenkarussell und meinem Dasein der Schatten meiner vergangenen acht Jahre zum Detonieren zu bringen. Um mich herum waren, von null auf hundert, nur noch wilde, umherfliegende Fetzen, wie unzählige dunkle Nachtfalter einer auf mich herabrauschenden Schleierwolke, welche hunderttausend Scherben glichen, die ich von nun an gezwungen war, zusammenzukleistern, um mich irgendwie im Lauf meines gebrochenen Lebens festzuhalten.

Meinem ungewollten und in selten gewordenen Augenblicken dennoch geliebtes Leben!

Himmel! Was ist hier los? Was soll ich tun? Was kommt als nächstes? Was geschieht mit mir?

– Was?

Weiter im Tagebuch zwanzig
Vom 23. 04.

[...] Sitze gerade bei Frau Dr. Traudich und mir geht es beschissen. [...] Zittere wie Espenlaub. Meine Anspannung kann ich kaum bändigen. [...] Könnte gerade vor Wut alles an die Wand schmeißen! Ich breche zusammen! Kotz, kotz, kotz!

Gerade beim Termin: Wir haben über das vergangene Wochenende gesprochen, dass es die ersten zwei Tage anstrengend war. Aus diesem Gespräch entwickelte sich das eigentliche Thema. Vater! (Sah ihn noch nicht, aber die Form schälte sich unmerklich in meinem Schädel heraus.) Wie ich mich fühle, wenn ich bei ihm bin und wenn ich wieder von ihm weggehe. Meine Anspannung ist sehr hoch und fällt sofort wieder ab, wenn ich wieder nach Hause fahre. Sie hat nachgefragt beziehungsweise festgestellt, dass ich mit dem Vater Täterkontakt habe. Sie fragte mich daraufhin, was Helena dazu sagt. – Ich solle doch den Kontakt zu ihm

 465

einstellen. – Auch Frau Dr. Traudich ist dieser Meinung. Sie hätte mit Helena auch schon darüber gesprochen.

Da taucht ganz deutlich ein Baum vor meinem inneren Auge auf.

Es geht nicht, dass ich weiterhin Kontakt zu meinem Vater habe. Die Wut, die ich durch meinen Vater habe, richte ich gegen mich. Ich könne es auch gut verbergen und kann verschiedene Masken tragen, nur um mich zu verstecken.
Sie meinte, dass ich alle Hilfen habe, die ich brauche. Kann mit den Skills gut umgehen. – Aber den Kern meines Wesens kann ich nicht greifen. (Mein Inneres nimmt hohe Fahrt auf. Immer schneller und schneller) … weil es der Vater ist.
Auch mit der vorgeschlagenen Tiefenpsychotherapie käme ich nicht weiter und sie würde mich nicht dahin überweisen, da ich mein Übel nicht verändere.
Sie sagt, dass sie mir nicht weiterhelfen könne, (Oh, rumms!
Das hat gesessen! Bin mit voller Wucht gegen den Baum geknallt.) *… und auch bei Helena wäre es nicht anders. Beide würden meine Entscheidung akzeptieren, aber* **was** *verändern muss ich selbst.*
Frau Dr. Traudich kann mir nur noch mit den Medis helfen und für die Gruppe hat sie mich eingetragen. – NICHT THERAPIERBAR!

Implodiert! Ein leerer Schall umgab mich und meine Gedankenwelt war nicht erreichbar, sie waberte im Vakuum. Ganz benommen von diesem Donnerschlag verließ ich die Praxis. Haltlos im Strudel meines selbst angerichteten Desasters.

Was *ich nun aus dem Ganzen mache? Weiß ich noch nicht.*
Werde gleich Helena anschreiben, dass ich mich nicht mehr jeden Tag bei ihr melde. Sie meint, sie hätte schon ein Jahr lang nicht mehr mit Frau Dr. Traudich gesprochen. Wer weiß, ob das stimmt. Jedenfalls sagt sie, dass Frau Dr. Traudich ja nicht ganz unrecht habe. Sie sehe es aber nicht so radi-

 466

kal wie sie. Solle mich nur nicht entmutigen lassen. Auf jeden Fall stimme es, dass ich Täterkontakt habe und dass mir dieser nicht guttue. Ich weiß es ja auch. Aber gibt es da nicht eine andere Lösung, als so radikal? Vielleicht ist der Gedanke an Dalia hilfreich? Aber wie soll ich ihr das erklären? Alle sind doch froh, dass der Vater hier ist. Dass ich mich um ihn kümmere. Ach, alles Scheiße!

Ich überlege ernsthaft, überhaupt noch einmal zur Frau Dr. Traudich und ihrer Gruppe hinzugehen. Meine Gedanken und der Impuls ist es, die Medis alle wegzuwerfen und die Akte Frau Dr. Traudich zu schließen. Vielleicht geht es mir damit schon besser?

Mal sehen, **was** Helena dazu sagt.

So verunsichert, so ohne scheinbaren Halt, so kraftlos, so getrieben, wie ich war, suchte ich nach einer schnellen Lösung. In meinem Kopf machte ich es mir leicht. Wollte den Weg des geringsten Widerstandes gehen. Wusste aber auch, dass dieser sehr, sehr schwer sein würde. Ohne Hilfe wäre auch dieser für mich nicht zu schaffen. Stellte dennoch die Richtigkeit infrage. Zweifel nagten heftig an mir und fraßen an meiner Disziplin. Sollte ich wirklich meine Grundsätze, meine Prinzipien und helfende Hände über Bord werfen? Helfen sie mir wirklich? Was sich da in mir zusammenbraute, widersprach meiner eigenen Richtschnur von Vernunft und Beherrschtheit, es brach meine Regeln und Dogmen. Dazu benötigte selbst ich den ermutigenden sowie kraftgebenden Zuspruch, und nicht nur von mir.

Dann stand der Entschluss tief in mir felsenfest.

Vom 24. 04.

[...] Wenn ich die Medis absetze, geht vielleicht mein Gewicht von allein runter. Das würde mich einfach freuen. Aber erst mal sehen, was Helena dazu sagt. Ich denke nur, dass ich das so oder so machen werde. Zu Frau Dr. Traudich fahre ich nicht mehr hin. Das steht fest. [...]

Habe heute richtiges Gewitter im Kopf. Ich komme mir ziemlich dämlich vor mit all dem ganzen Kram. Denke dauernd daran, zu entfliehen. Mir

 467

gefällt mein Leben nicht und ich würde es gern beenden. Aber wie mach ich das richtig? Diese Gedanken gehen einfach nicht weg.

    Eisige Luft ich erfriere! Eis in der Brust, ich gefrier! So kann ich die gestrige Unterhaltung mit Frau Dr. Traudich einordnen. Sie wurde immer mehr zur Eiskönigin. [...]

    Mo möchte, dass ich die Medis zusammen mit Helena absetze. Aber was ist, wenn Helena mir keine weiteren Termine gibt? [...]

    Kann den Kontakt zum Vater nicht ganz einstellen, kann ihn einschränken. [...]

    So komme ich aus meinem Hamsterrad nicht heraus. Das verstehe ich, aber ändern kann ich's nicht.

    Dann wären noch die Kinder, an diesen Aussagen kann ich auch nichts ändern. Das ist nicht meine Baustelle, werde da aber reingezogen. Auch daher, dass Henriette meint, ich wäre an all dem schuld. Ja, an was genau? Dass ich arbeiten gegangen bin? [...] waren alt genug, mal am Nachmittag die Mama nicht zu haben. War ja nicht aus der Welt. [...]

Trotz allem war die getroffene Entscheidung keine Befreiung für mich. Meine Todesgedanken blieben und meine Probleme waren damit auch nicht weg. Ganz im Gegenteil.

    Pflichtbewusst wie ich nun einmal bin, sagte ich die Gruppentermin bei der Schwester von Frau Dr. Traudich telefonisch ab. Jedoch nicht mit der Wahrheit. Nein, ich schob anderes vor, wie dringende Termine und ein kaputtes Fahrzeug. Ich fühlte mich damit mehr als elend.

    Zwischen Charlotte und Henriette kam erneut Ärger auf.

<u>Vom 26. 04.</u>

Hört das nie auf? [...]

    Habe mir keine Tabletten besorgt. Aber was im Schrank ist, sollte reichen. [...], dass ich von denen nur wieder kotze. [...]

    Leben fühlt sich so falsch und fehl am Platze an. [...]

 468

Vom 28. 04.

Habe wieder Schmerzen in rechten Bein und in der Leiste. Dass das nichts Schlimmes ist, weiß ich ja. Aber es hindert mich trotzdem beim Laufen. [...]
   Charlotte ist heute Nachmittag bei Henriette. Ich würde sie auch gern wiedersehen. Aber dazu braucht es ein Wunder!

Helena hörte mir, wie immer, bei meinen Schilderungen zu. In mir tobte dabei ein wildes Feuer, doch ich konnte es nicht zeigen. Meine Unsicherheit ließ mich zittern und ich fröstelte. Da war diese Zwiespältigkeit, die mich stets überfiel, wenn ich auf wackligen Füßen stand.

Zu meiner großen Überraschung bekam ich keine ablehnenden Worte von Helena zu hören. Meine Befürchtung, sie wäre sicher dagegen, wenn ich mich nicht mehr bei Frau Dr. Traudich behandeln ließ und sie möchten wird, dass ich weiterhin die Termine bei ihr wahrnehme, war unnötig.

Vom 29. 04.

[...], dann sitze ich wieder zwischen zwei Stühlen. Da weiß ich nicht, was ich mache. [...]
   Die Sache ist doch ganz klar. Kann die Medis absetzen. Es gibt nur die Bedingung, diese langsam auszuschleichen. [...] Dann hat Helena nichts dagegen. [...]
   Sie meinte nur, dass ich dann jemand Neuen brauche. Sie hat es aber akzeptiert, als ich sagte, dass ich keinen Psychiater mehr möchte. [...]
   Ich glaube Helena, wenn sie sagt, sie hätte schon seit langem nicht mit Frau Dr. Traudich gesprochen. [...]

Allerdings kam ich nicht ohne eine erneute Vereinbarung drumherum. Über WhatsApp sollte ich mich umgehend melden, sobald es mir wieder schlechter ginge.

 469

Diese Hürde war nun geschafft. Mit Mo kam ich auch überein, was geschehen solle, wenn doch wieder ein Notfall eintritt. Charlotte war von allem nicht ganz so überzeugt, doch sie riet mir, die Tabletten vielleicht erst nach unserem bald anstehenden Urlaub abzusetzen. Wir überlegten und informierten uns viel. Wie geht es richtig, was kann passieren und vor allem: Trage ich einen Schaden davon?

Neben meiner über Bord schmeißenden Verknüpfung der medizinischen Fürsorge spielte sich für unsere Familie ferner das alltägliche Leben ab.

Vom 08. 05.

Jetzt ist es abends und mein Kopf ist schwer. Der Tag heute war eine Überraschung. Habe Henriette und ihre Kinder bei Charlotte angetroffen. Sie hat mich lange umarmt und hat sich für das, was sie mir angetan hatte, entschuldigt. Sie selbst sieht sehr schlecht aus. Alle Kraft scheint weg zu sein, sie ist sehr abgemagert und sie hat sehr schwarze Augenringe. Henriette will sich von Bela trennen und sie habe schon jemand Neuen. [...] ist ebenfalls verheiratet, doch er soll ganz lieb sein.

Henriette hegte die Absicht, wieder in unseren Ort zu ziehen. Da sie kein Fahrzeug besaß, hatte sie Charlotte um Hilfe aller nun anstehenden Änderungen und zum Umzug gebeten.

[...] Ach, wie und was soll werden? Ich trau mich nicht, über diese Brücke zu gehen.

Da waren es nun gleich zwei Trennungen, die unser aller Leben veränderten. Charlotte trennte sich gleichfalls von ihrem Freund.

 470

[...] Meine Anspannung war schlagartig hoch, [...] nach einer kurzen Zeit ging es wieder.

Stella Marie hat sich gefreut, mich zu sehen, und sie hat nachgefragt, wo Opa Mo war. Auch hat sie sich an unser letztes Zusammentreffen erinnert. Daran, dass mich Liese „Oma Handschuh" genannt hatte. Oh Mann, wie geht das nur weiter?

Meine eigenen Neuerungen waren ebenso gravierend. Zum allerersten Mal überhaupt traute ich mich, einen Termin wissentlich entschlüpfen zulassen.

<u>Vom 10. 05.</u>

[...] Den Termin gestern bei Frau Dr. Traudich habe ich nicht wahrgenommen. Habe dennoch ein klein wenig ein schlechtes Gewissen. [...]

Ferner war ich dabei, alle meine zahlreichen Medikamente abzusetzen. So, wie mir geraten wurde, machte ich es für meine Begriffe langsam genug. Von Tag zu Tag nahm ich eine von diesem Teufelszeug weniger. Diese Mittelchen des großen Vergessens wollte ich nicht mehr länger schlucken! Nichtsdestotrotz nagten Zweifel und sehr große Bedenken an mir, ob es die richtige Entscheidung gewesen war. Allerdings breitete sich desgleichen eine gewisse Vorfreude in mir aus, die einer Befreiung aus einer jahrelangen und quälenden Gefangenschaft gleichkam.

Mit der mich ab und zu nervenden Übelkeit, die relativ häufig auftrat, kam ich soweit klar. Charlotte hatte mir dagegen ein neues Medikament besorgt. Jaja, ein Mittelchen gegen die Schlechtigkeit, um den Brechreiz zu unterbinden. Dies musste nun ebenso ein Dasein in meinem Arzneischrank führen und fügte sich gut in die Gesellschaft der anderen ein. Leider blieb diese bösartige und tückische Übelkeit in leichter Form ein ständiger Begleiter meinerseits.

Sonst ging es mir gut, was das Absetzen anbetraf.

Vom 15. 05.

Gestern war wieder Helena-Tag. Konnte ihr von drei guten Nachrichten berichten. [...], dass ich alle Medis abgesetzt hatte, dass es wenige negative Nebenwirkungen gab und dass Henriette wieder in meinem Leben war.

Allerdings werde ich Henriette mit Vorsicht genießen. [...]

Dass es mir soweit gut geht, steht jetzt außer Frage. Auch Helena hat das gesehen. [...] Die suizidalen Gedanken kommen nicht mehr in Dauerschleife. Sie sind wie gestückelt, immer mal und dazwischen alles gut.

Charlotte findet es toll, dass es mir besser geht. Sie sagt, nun endlich habe sie ihre Mutsch wieder und keinen Zombie.

[...] finde mich jetzt besser fürs Leben gerüstet. Obwohl ich so vieles noch immer nicht kann. Zum Beispiel ist das Fernsehen noch sehr schwierig. Da kann ich mich einfach noch nicht lange konzentrieren. Auch das Lesen klappt noch nicht. Aber ich bin guter Dinge, dass ich das auch bald wieder schaffen werde. Jetzt fahre ich erst einmal mit Mo in den Urlaub nach St. Wolfgang in Österreich. [...]

Nebenbei kümmerte ich mich um meinen Vater. Er war gesundheitlich sehr angeschlagen und auf meine Hilfe angewiesen. Oft nahm ich allerdings Mo mit zu ihm, um nicht mit ihm allein zu sein.

Mein Gewissen gegenüber von Frau Dr. Traudich plagte mich jedoch ziemlich heftig und bald schon schmerzhaft wegen des anstehenden Urlaubs, in den ich in wenigen Tagen mit Mo reisen würde. Konnte es einfach nicht so stehenlassen, dass ich ständig ausreden erfand, um nicht mehr an der Gruppentherapie teilzunehmen und ihre Praxis nicht mehr aufsuchte.

Irgendwie fand ich das alles auch nicht richtig von mir. Die ganzen Jahre hatte sie mich in meinen schlimmsten Phasen begleitet. Sie hatte mir ebenso geholfen, aus meinen dunklen und sehr, sehr tiefen Abgründen herauszukommen. Mein Hirn verwies mich oft genug auf meine Verantwortung ihr gegenüber, da konnte und wollte ich nicht einfach in den Urlaub reisen. Dies hätte mir meine liebgewonnene Ruhe genommen und vielleicht das ganz leicht aufkeimende Feuer der Freude zerstört.

So nahm ich mir drei Tage vor unserer Abreise und kurz vor einem Wochenende, um dem folgenden Schreiben genug Zeit zum Eintreffen einzuräumen, Zettel und Stift. Schrieb mit enormer Anstrengung, weil meine Anspannung mich fast platzen ließ, in den wenigsten Zeilen, die ich je in einem Brief geschrieben hatte, dass ich nicht mehr ihre Praxis, weder zu einem Arzttermin bei ihr noch zur verschriebenen Gruppe, aufsuchen würde.

Heute kann ich nicht mehr sicher sagen, ob ich wenigstens freundlich dabei gewesen war. Denn ich tat dies alles so in Windeseile, damit ich nicht wankelmütig wurde. Mein Ziel war nur, ihr eine endgültige Nachricht zu hinterlassen, damit ...?

Das war unbewusst mein letzter Schritt der Befreiung meiner Selbst!

5. Zyklus

Eine Frage bleibt offen ...

*In meinem Alter von zweiundfünfzig
bis fünfundfünfzig*

Mit Mo spazierte ich an den folgenden zehn Tagen in den Wäldern des Salzburger Landes. Wir waren an traumhaft schönen Gewässern unterwegs, ließen uns hier und da in den Gastlichkeiten mit erstaunlichem Charm garniert mit Scherzhaftigkeit und Frohsinn bedienen, stiegen an einem nicht enden wollenden Regentag pitschenass und durchgefroren zur Festung Hohensalzburg hinauf und bummelten durch verschiedene liebreizende Städtchen. Den Schafberg erklommen wir gleich zweimal – mithilfe der Zahnradbahn. Beim ersten Mal landeten wir im schneebedeckten Wintertreiben und das andere Mal wurde der hohe Berg, der sich gerade noch im wunderbaren Sonnenschein aalte, flugs von einem undurchdringlichen Wolkendickicht umhüllt.

Mo verschaffte mir an diesen Tagen eine Atempause sowie die Ablenkung, die ich so dringend benötigte. Er wusste, Bewegung und die frische Luft werden heilend wirken. Nicht zuletzt wirkte seine ständige Anwesenheit Wunder und lösten so in mir die Gefühle von Sicherheit und Geborgenheit aus. Seine Liebe und Fürsorge schenkten mir wiederum einen kleinen Lebenssinn und den zaghaften Zukunftsglauben auf Erleichterung. Noch immer umgab mich die Sorge, und so mancher Zweifel löste sich nicht von mir ab, zu meinem Wagnis, die medizinische Betreuung von mir gestoßen zu haben.

Leider geht die schönste Zeit auch einmal vorbei.

Vor unserem Urlaub hatte sich ganz zaghaft wieder ein Kontakt zu Henriette und ihren zwei Kindern eingestellt. Wir waren von sehr großer Hoffnung erfüllt, dass nun alles wieder gut werden würde. Zu unserer allergrößten Freude hatten wir uns dann gleich am Wochenende nach unserem Urlaub verabredet. Henriette nahm unsere Einladung auf eine Kaffeestunde dankend an. Diese ergriff sie gleichsam, um uns ihren neuen Freund vorzustellen.

Stella Marie und Liese waren überglücklich, uns zu besuchen, wobei sich Liese leider nicht mehr an uns erinnern konnte. Beide spielten mit den Spielsachen, die wir einst aufgehoben hatten, und von Julian war inzwischen auch so einiges hinzugekommen. Liese folgte mir in einem Moment in die Küche, als ich das Geschirr hinaustrug. Mit ihren drei Jahren und der kindlichen Neugier, fragte sie mich: „Habt ihr auch eine Toilette?"

Sie trug doch noch Windeln, schoss es mir explosionsartig in den Kopf. Da musste ich spontan lachen. Stella Marie sprang sofort für mich, als ihre große, allwissende Schwester ein: „Komm, Liese, ich zeig sie dir." Im Gegensatz zu Liese hatte Stella Marie nichts vergessen. Zu zweit besichtigten sie nun unsere Wohnung und kurze Zeit später fanden wir sie ausgelassen tobend auf unseren Betten im Schlafzimmer wieder.

Dieser Besuch glättete etwas die Wogen zwischen uns, aber räumte nicht die Anschuldigungen aus dem Weg. Jedoch durften unsere zwei Enkelchen wieder zu uns kommen. Ihre Besuche füllten wir mit Unternehmungen zusammen mit Julian.

Gleich in der ersten Woche nach unserem Urlaub organisierte ich mir eine passende Fortbildungsmaßnahme. Wie schon immer konnte ich meine Füße nicht stillhalten und daheim rumsitzen. Warten, bis alles besser wurde? Nein, ich musste aktiv daran arbeiten.

Zu meinem Erstaunen klappte dies auch sehr zeitnah und ich saß zwei Wochen später mitten in einem Klassenraum, allerdings befand sich meine Klasse in einem virtuellen Raum im Computer eines Weiterbildungsanbieters.

Es war mitten in der Ferienzeit, als ich in jener Einrichtung mit dieser Fortbildung begann. Daher waren dort auch nicht so viele Teilnehmer anzutreffen und im Aufenthaltsraum herrschte meist gähnende Leere. Mir war dies sehr recht, denn es verschaffte mir die ersonnene Erholungspause zwischen den Unterrichtsstunden, wenn ich mich so stark auf den Lehrstoff konzentrieren musste. Schnell bemerkte ich in mir den Stress und die Schwierigkeit, allem zu folgen. Einfach ist eben einfach anders. Meine Aufmerksamkeit schweifte oft genug ab. Allerdings blieb ich dennoch am Ball und arbeitete an meinen guten Tagen auch emsig mit. Da war so ein aufkeimender Ehrgeiz in mir, der das alles unbedingt und um jeden Preis auf die Reihe bekommen und schaffen wollte.

Da ich meine Klassenkameraden nur als Avatare mit ihren Originalstimmen kennenlernte, hatte ich keine sonderlichen Probleme, mich in diese Gruppe einzufügen. Aus allen Ecken von Deutschland war meine Klasse zusammengestellt worden.

Nach und nach gesellte sich ganz vorsichtig etwas Freude an den Tagen dazu, wenn wir in virtuellen Räumen und in Minigruppen eingeteilt unsere Aufgaben gemeinsam lösten. Schnell hatten sich unterschiedliche Lernbanden gebildet, die dann auch zusammenblieben.

Nach jedem Teilabschnitt des Lehrstoffes gab es einen Prüfungstag. Nur vor dem allerersten Check hatten wir kleine Ängste ausgestanden. Geschwind fanden wir heraus, dass wir die Lösungen zu den gestellten Aufgaben als eigene schriftliche Aufzeichnungen, und die Lehrmaterialien, die uns zur Verfügung gestellt wurden, vor uns liegen hatten und diese zu unserem Erstaunen bei den Beantwortungen der vielen Fragen verwenden durften.

Wer mich ein kleines bisschen kennt, weiß, dass ich sehr gerne schreibe. Daher hatte ich stets gut gefüllte Aufzeichnungen, von denen ich abschrieb, was dazu führte, dass meine Prüfungsnoten relativ gut ausfielen.

Dann neigte sich der Feriensommer dem Ende entgegen, was die Räume in der Weiterbildungseinrichtung füllte. Ich bekam Nachbarn zu meiner rechten und linken Seite. Die aufgestellten Trennwände, zur Abschirmung, gaben mir vor all diesen neuen Personen ein unangreifbares Gefühl.

An dem Platz, an welchem ich zu den Pausenzeiten saß, drängten sich nun von links weitere Lehrwillige, die ihre Speisen verzehrten. Ein für mich sehr unangenehmer Geruch nach Essen quoll auf, füllte jeden noch so kleinen Winkel mit einem anderen Mief, was mich bis zur Übelkeit trieb. Hinter mir wiederum befand sich das Spülbecken, weshalb sich nun immerfort jemand von den Auszubildenden hinter mir bewegte, lief und hantierte. Ein Gefühl der Beklemmung und des Ausgeliefertseins legte sich wie ein kratziger und stinkender Mantel um mich herum. Dies konnte ich nicht mehr länger ertragen, und ich verbrachte fortan meine Pausen bummelnd durch die von mir bevorzugt meist leeren Straßen ziehend. Fast jeden Tag telefonierte ich dabei mit Mo, da für mich die Situation, so schutzlos allein zu sein, durchaus sehr beklemmend war.

Vielleicht zwei oder drei Wochen später, nachdem ich den Pausenraum mied, sprach mich, auf meinem Weg nach draußen, die Leiterin dieser Einrichtung an: „Ist mit Ihnen alles in Ordnung, Resa? Sie kommen nicht mehr in den Pausenraum. Was ist denn passiert? Auch sehen Sie nicht mehr so munter aus. Sind Sie krank?" „Nein, nein", sagte ich schnell, „bei mir ist alles gut." Dabei trieb mich das Fluchtgefühl hinaus und in Windeseile flitzte ich die Stufen vom Treppenhaus herunter. Unten angelangt riss ich die Eingangstür auf, den aufkommenden Luftzug atmete ich tief ein, nachdem ich mich flüchtig davon vergewissert hatte, dass keine Menschenseele zu diesem Augenblick in dieses Haus vordrang. Mein Herzschlag hatte sich unvermittelt verdoppelt und die Sturzbäche meiner Haut liefen mir in Strömen meine Kehrseite herunter. Mir war zum Ersticken und etwas Scham durchströmte meine menschliche Masse. Ein Zwicken in der Brust rührte an meinem Gewissen, doch sie zogen wie dunkle Wolken tiefhängend und bedrohlich vorüber.

Nachdem ich mit Mo telefonierte und meine Pause beendete, war in mir wieder ein helles und zaghaftes Leuchten. Dies überlagerte mit seinem Schein das vorhin aufkommende elende Gefühl. Ich dachte nicht weiter darüber nach und ging meinen schulischen Pflichten nach.

Jedes Modul dieser Ausbildung brachte mich einer neuen Arbeitsstelle entgegen und ich befand mich nunmehr im Bewerbermodus wieder. Hatte ja nun auch wieder bekräftigende Argumente, um einen neuen Job zu erlangen, obwohl ich wusste, dass es dieses Mal nicht leicht werden würde.

Unsere Stella Marie kam zum Schuljahresbeginn in die erste Klasse. Leider freute sie sich gar nicht darauf, was ich verstehen konnte. Immerhin gab es für sie und ihre Schwester extrem starke familiäre Veränderungen. Ihre Eltern hatten sich getrennt. Mama hatte nun einen neuen Partner, und sie mochten ihn und seinen Hof anfangs nicht sonderlich. Dann raus aus der vertrauten Kita. Dafür ging nun ihre kleine Schwester Liese in diese Einrichtung. Ihr geliebter Papa war nicht mehr daheim. Er hatte inzwischen eine eigene Wohnung. Allerdings ganz in der Nähe. Nun lebten sie zwei Wochen bei Mama und zwei Wochen bei Papa. Diese Umstellung machte den zwei Mädchen stark zu schaffen.

Bela war nun wieder oft bei Charlotte anzutreffen und so bahnte sich hier eine neue (alte) Beziehung an. Manchmal trafen wir uns alle im Garten von Charlotte und verbrachten gemeinsam eine zauberhafte Zeit. Doch wir waren noch immer gehörig unbekannt für Liese. Sie erinnerte sich keineswegs mehr an uns. So kam es, dass sie, als wir einmal in den Garten kamen, zu Julian sagte: „Das ist nicht meine Oma, ich habe eine andere! Julian, das ist deine Oma!" Trotz eines kleinen Stiches in meinem Herzen musste ich darüber schmunzeln.

An anderen Tagen fragte mich Stella Marie leise zurückhaltend, weil es ihr Geheimnis war, mit flehendem Blick: „Oma, kann ich bei dir wohnen?" Oh, diese Frage schmerzte mich heftig und sie fragte mich sehr oft danach. Leider konnte ich ihre berechtigte Frage und ihr dringendes Bedürfnis nach harmonischer Nestwärme nicht annähernd nach ihren kindlichen Vorstellungen positiv genüge tragen. Ich machte mir sehr große Sorgen. Für sie war alles aus den Fugen geraten und ihre Welt stimmte absolut nicht mehr. Auch unsere Liese versuchte eine kurze Zeit später ebenfalls bei uns unterzukommen. Leider konnte ich nichts in dieser Richtung für sie beide tun. Auch wenn ich es gewollt hätte. So weinten wir still unsere schmerzlichen Tränen. Oft jeder für sich allein. Zeitweilig auch gemeinsam.

Weiterhin unterstützten wir Charlotte bei der Pflege von Julian. Manchmal brachte ich ihn frühmorgens in die Kita, wenn Charlotte es kaum schaffte, aus ihrem Bett aufzustehen. Am Nachmittag holte ich ihn wieder ab. Dann gingen wir auf vielen abenteuerlichen Pfaden zu uns nach Hause, wobei ich mit diesem kleinen Krümel, Julian, für die vierhundert Meter Heimweg meist vierzig Minuten benötigte.

Egal, welches der drei Kinder da war, oder ob sich alle drei zur selben Zeit bei uns unterhaltsam vergnügten und zugleich unsere vier Wände dabei in ein wüstes Spielchaos stürzten, ich war immer mittendrin. Jeder von ihnen flutete mich in dieser Zeit ihres Aufenthaltes bei uns mit belebender Energie und Kraft. Unser Unternehmungsgeist sowie die Tatkraft überfielen uns unbändig jedes Mal von Neuem. Mit ihnen zusammen konnte ich atmen und fühlte mich unglaublich gut.

Aus meinem Tagebuch neunzehn
Vom 04. 10.

[...] Am späten Nachmittag bis 20:00 Uhr hatte ich Stella Marie und Liese bei mir. Das war zwar chaotisch, aber sehr schön. Haben zusammen gespielt, getanzt, gemalt und gekocht. [...]

Vom 08. 10.

[...] Waren dann heute Nachmittag bei Henriette zu Kaffee und Kuchen. Wir hatten Julian dabei.

Dankbar bin ich heute für: Die Umarmung von Mo, die Küsse und Neckereien von den Kindern, für den Regen und die kalte Luft. [...]

Vom 10. 10.

[...] habe Julian in die Kita gebracht, obwohl ich es auch verschlafen hatte. Kam einfach nicht hoch heute.

Dann war wieder Helena-Zeit. Ihr habe ich berichtet, dass ich wieder an Suizid gedacht habe. [...]

Vom 11. 10.

[...] In der Mittagspause war ich wieder unterwegs. Da bin ich meinem alten Chef über die Füße gestolpert. Er meinte, ich sehe gut aus. Der Hammer ist, er hat mir ein Arbeitsangebot gemacht und gefragt, ob ich wiederkommen möchte. [...] Weiß noch nicht so recht, ob es richtig wäre. [...]

Habe mit Helena geschrieben – es wäre eine Option!

Gleich nach diesem Gespräch schrieb ich Helena und rief Mo aufgeregt an. Hey, immerhin stand ab sofort die Möglichkeit im Raum, wieder in meinem Traumjob zu arbeiten. Diese Tätigkeit war in meinem Leben die, die ich am allerliebsten gemacht hatte. Keine nachfolgende konnte mir die Erfüllung geben, welche ich damals gespürt hatte. Ich liebte es, so zwischen den Büroherausforderungen und der wachsenden und zu pflegenden Natur meinen Arbeitsplatz zu haben. Mit all den Pflanzen und Bäumen, deren schönklingenden Namen, der Augenpracht und dem würzigen, erdigen, frischen und feuchten Geruch, der mich umgab. Nicht zu vergessen: Die zahlreichen Schmetterlinge in den Sommermonaten, die über den langen, weitreichenden Feldern tanzten und im Sonnenschein ihre Farbenpracht zur Schau stellten. Ebenso liebte ich es, auch mal im Regen zu arbeiten oder an eisigen Tagen auf den Feldern zu stehen und die Waren der Jahresproduktion für den Transport einzupacken. Doch auch die unzähligen Gespräche mit den Kunden konnte ich nicht vergessen. Zugegeben, an manchen Tagen waren es enorm viele und sie tauchten oftmals meine Hirnmasse in ein bizarres Blitzlichtgewitter, aber dennoch tat ich dies unwahrscheinlich gern. An den folgenden zwei Tagen, für die mir der Chef eine Bedenkzeit eingeräumt hatte, war ich nun hin- und hergerissen. Meine Überlegungen gingen zurück zu der Zeit, in welcher ich so stark erkrankt war und es kamen Zweifel auf. Nicht nur in der Hinsicht, ob es richtig war, noch einmal in derselben Firma anzufangen. Nein, eher, ob ich dem Ganzen noch gewach-

 483

sen war. Wie sollte ich mich entscheiden? Noch saß ich bei der Weiterbildung und war noch vertraglich gebunden. War damit abhängig vom Amt. Die Arbeit würde mir aber meine finanzielle Unabhängigkeit zurückgeben. Was kam nach den acht Wochen, wenn ich den Job ablehnte? Hatte ja schon die Erfahrung gemacht, dass die Jobsuche sehr schwierig war. Und hier wird mir mein Traum angeboten, ohne nervenaufreibende Bewerberphase. Mo setzte mir nichts entgegen, was meine Zweifel schlimmer werden ließ. Er freute sich für mich. Und Helena sah darin eine Chance, der drohenden langen Arbeitslosigkeit zu entkommen. *(Leider war ich nicht so clever und habe mir meine damaligen Tagebücher durchgelesen. Leider!)*

Im ersten Gespräch erzählte mir der Chef, dass es nur noch ganz selten zu Überstunden kommen würde. Ebenso würde es nun eine Arbeitszeiterfassung geben, denn er habe viel aus meinem damaligen Fortgehen gelernt. Diese Fehler gäbe es nun schon lange nicht mehr, dank seiner neuen Mitarbeiterin im Büro. Sie wäre eine ganz liebe, berufserfahrene und engagierte Beschäftigte, aber allein wäre es im Büro noch immer nicht zu schaffen. Über eine Unterstützung würde sie sich sehr freuen.

Was hätte denn bei diesen Aussagen noch Schlimmes kommen können? Was?

Wie die auftauchenden Gedanken während einer der imaginären Übungen ließ ich all meine Bedenken und Zweifel sowie die meiner Freunde und klare Worte dazu von Charlotte wie ergraute Wattewolken vorüberziehen und folgte ihnen nicht länger. Am Montag rief ich am Morgen beim Chef an, seine Telefonnummer konnte ich noch immer im Schlaf aufsagen, und sagte ihm bezüglich des Jobangebots zu. Für mich war es besser, arbeiten zu gehen, als Gelder vom Amt zu kassieren.

Vom xx. xx.

[...] Habe heute den Arbeitsvertrag bekommen. Ganz zufrieden bin ich nicht. [...]

 484

[...] Der Arbeitsvertrag passte nicht. Habe auf die Mindestangaben bestanden. [...] Die Schule habe ich heute gegen 10:00 Uhr verlassen. [...] Bin dankbar für [...] alle guten Wünsche von meiner Gruppe. Dem Regen [...]

Habe gelebt und Luft geholt. [...]

Weiß nicht, ob ich das Zukünftige richtig mache. [...]

Nachdem ich mit dem Arbeitsvertrag etwas zufriedener war und die Arbeitszeiten abgestimmt wurden, weil ich mich weiterhin um Julian mitkümmerte, unterschrieb ich diesen.

Nun begann ich bei meinem alten Arbeitgeber von Neuem, nur viele Jahre später. Himmel! Wo war die Zeit geblieben?

Zu meiner eigenen Überraschung hatte ich eine große Anzahl der Fachbegriffe noch immer auf dem Schirm. Kam auch, für mein Dafürhalten, mit dem PC-Programm schnell wieder zurecht. Der Chef versuchte, mir den Einstieg nicht so schwer zu machen. Vieles, was ich früher erledigte, war nun auch wieder mein Aufgabengebiet. Grundlegend hatte es sich verändert, dass alle Anfragen und Angebote nicht mehr auf dem Papier ins Büro geflattert kamen, sondern nun als E-Mail im Postfach auffindbar waren. Allerdings gab es nicht nur ein E-Mail-Fach, sondern eine Vielzahl. Obwohl diese sehr schön sortiert angelegt waren, bereiteten sie mir manche Mühe. Dies war jedoch noch lange nicht alles. Denn so nach und nach, arbeitete ich ebenso für unsere weiteren, weit entfernten Firmen mit.

Doch anfangs brauchte ich mich nur um unsere eigenen Betriebsstätten kümmern und mich nur ganz wenig mit allen Weiteren befassen, denn von unseren Betriebsabläufen hatte ich so ziemlich keine Ahnung mehr.

Die Kollegin, welche nun auf meinem damaligen Posten arbeitete, ist genauso jung wie Charlotte und Henriette. Dies sollte kein Problem darstellen. Wir kamen gut miteinander zurecht.

Einen vollen Monat lief alles gut. Mir machte es Freude, zur Arbeit zu gehen. Telefonierte gern und extrem viel, dazu erledigte ich meine Arbeit.

Privat half ich, wo es mir möglich war. Putzte weiterhin am Sonnabend beim Vater die Wohnung. Half Charlotte, meist als frühmorgendlicher Wecker, und brachte dann und wann Julian in die Kita, um ihn am Nachmittag wieder abzuholen. Gemeinsam verbrachten wir die Nachmittage und warteten auf Mama Charlotte. Mo arbeitete weiterhin in seinen nervigen Schichten. Nachts war ich sehr oft allein zu Hause und telefonierte in unzähligen Nächten stundenlang mit Mo, denn diese Beklemmung, hier allein zu sein, ist nicht einen Tag von mir gewichen.

Vom 30.–31. 10.

[...] Waren zu Halloween bei Charlotte. Sie hatte Kostüme fertig gemacht und wir waren mit unseren drei Enkeln im Dorf zu „Süßes oder Saures" unterwegs.

Für alle Beteiligten: Glück pur!

Vom 05. 11.

Es ist angenehm auf der Arbeit. Komme klasse zurecht und habe noch nichts Negatives gehört.

Am Nachmittag und Abend hatten wir Julian bei uns. Er ist ein sehr liebes Kind.

Charlotte kam heute sehr spät. Bei ihr auf der Arbeit klappt es nicht gut. Die eine Kollegin mobbt sie.

Am Abend rief dann noch Bela an. Mit Henriette gibt es Probleme. Und Stella Marie mag die Schule nicht mehr. [...] Habe Bela zugehört. [...]

[...] Bei Henriette läuft so viel verkehrt. Ihr Freund verbietet ihr alles und kontrolliert sie schon zwanghaft. [...]

Oh Mann! Da hatte sich von allen Seiten mal wieder etwas zusammengebraut. Seit ich diese ganzen Pillen nicht mehr schluckte, kam ich mit dem aufkommenden Stress besser zurecht. Ich half hier und da. Eben genau dort, wo meine Hilfe willkommen war. Dafür hatte ich endlich das Familienleben, wovon ich geträumt hatte. Plötzlich zog es jedoch mir selbst den Teppich unter meinen Füßen weg. Denn zwei Tage später wurde mir der Arbeitsplatz gekündigt. Bei meiner Einstellung wurde verpasst, eine Förderung beim zuständigen Arbeitsamt seitens des Unternehmens zu stellen, was somit nachgeholt werden sollte.

[...], das war's. Ein kurzer Traum vom Glück! Ich glaub nicht daran, dass ich wieder eingestellt werde [...]
Bei Henriette: Rein in die Kartoffeln – raus aus den Kartoffeln!
Von Charlotte habe ich heute nichts gehört.
[...] Ach, ich könnte heulen! Es war zu schön, um wahr zu sein! Scheiße!

[...] Chef hat nachgefragt, wie es mir geht. Und er hat festgestellt: Nicht gut. [...]

Nun tat ich daheim das, was ich am besten kann: In allen Räumen putzte ich alles blitzeblank. Reinigte die Fenster und mach-

 487

te den Balkon für den kommenden Winter startklar. Mo und ich halfen Charlotte, ihre Wohnung noch etwas wohnlicher zu gestalten. Ich kümmerte mich weiterhin um Julian und wir hatten oftmals Stella Marie und Liese bei uns.

Meine freie Zeit nutzten wir für den geplanten Urlaub in den Bergen. Leider war das Hotel sehr enttäuschend. Dafür gab die Umgebung auch im kalten Herbst seine Schönheit preis.

Dankbar war ich Mo und ...

Vom 17. 11.

[...] die Luft, die Berge, dem Sonnenschein und selbst dem Regen. Für alles: DANKE!
    [...] Laufen, laufen, laufen! Am liebsten allen Problemen davonlaufen! [...]

Vom xx. 11.

Nun habe ich meinen Arbeitsvertrag erhalten. Aber glücklich war ich nicht. Es tat eher weh. Na, mal sehen, ob sich das wieder ändert. [...]

Vom 29. 11.

[...] Zurzeit läuft alles gut. [...] Bin dankbar. [...] Dass Julian mich mag. Dass sich Stella Marie freut, wenn sie uns sieht. Und dass Liese immer mit mir spielen will. [...]
    Schlafen ist derzeit sehr schlecht möglich. Fühle mich auch nicht mehr so glücklich. Bringe alles ein bisschen durcheinander.

Bis zum Weihnachtsfest lief es relativ gut. Schaffte es jedoch nicht, Aufzeichnungen darüber zu fertigen, denn ich war restlos demotiviert.

Ein ständig nervender Nachbar von Charlotte machte ihr das Leben in ihrer Wohnung echt schwer. Dieser Mann lauerte ihr im Keller auf, bedrängte sie, machte mit Absicht Krach über ihr in seiner Wohnung, spielte irrelaute Musik und schob es ihr bei den anderen Nachbarn zu, er entwendete ihre Post aus dem Briefkasten und zerstörte die Spielsachen von Julian. Nun eskalierte alles in ihrem Haus. Der Nachbar donnerte mit Fäusten und Tritten gegen ihre Wohnungstür. Charlotte und Julian schliefen bereits. Ihr Hund Balu verbellte den nervtötenden Anwohner durch die verschlossene Wohnungstür. Kurz danach kam es zum Wortgefecht, welches Charlotte aufnahm und so als Beweis dokumentierte. Leider waren wir nicht im Ort, um eingreifen zu können. Charlotte rief Bela als Hilfe hinzu. Bela machte es kurz und ohne mit dem bösartigen Zeitgenossen aneinanderzugeraten und ließ sie ihre sieben Sachen packen. Er nahm die beiden vorerst bei sich auf.

Das neue Jahr fing ganz ereignisreich an:

Zum Jahreswechsel hatten wir viele Besucher. Nash war zweimal mit seinen Kindern bei uns.

Ich hatte zum 12. 01. einen Überraschungsbesuch für Mo von seiner Freundin Larissa organisiert. Das war vielleicht eine Riesenfreude!

Anfang Januar kündigte Charlotte ihre Mietwohnung zum 31. 01. mit außergewöhnlich kurzem Auszugstermin, da die Wohnsituation für Mutter und Kind unerträglich geworden war. Neuer Wohnraum für Charlotte und Julian war schnell gefunden.

Und Ende Januar fuhren wir noch zum großen, runden Geburtstag von Mila-Marie.

Mo plagte sich die gesamte Zeit mit starken Rückenschmerzen herum und bei mir startete die Arbeit bereits wieder. Allerdings ging es mir von Tag zu Tag immer schlechter. Mich plagten erneut Magenschmerzen, mein Bein tat mir auch wieder weh, die Übelkeit war zurück und ich war trotz dessen, dass ich keinen Schlaf fand, im Bett wie festgeklebt. Das Aufstehen wurde jeden beschissenen Arbeitstag mehr und mehr zur Schwerstarbeit.

Am Ende dieses Monats zog Charlotte wieder mit Julian aus unserem Ort fort. Selbstverständlich halfen wir, ihre Möbel und alles, was dazugehörte, in die neue Wohnung zu bringen. Jeden Feierabend schleppten Charlotte und ich und wir fuhren mit dem Anhänger ihre Sachen zur neuen Heimstätte. Auch die alte Wohnung half ich, bis zur Rückgabe zu renovieren, zu reinigen und zu übergeben. Sie zogen fort und wurden wieder fester Bestandteil im Leben von Belas Eltern.

Ich hasste den doofen, aufdringlichen, verlogenen und gewaltbereiten ehemaligen Mitbewohner von Charlotte noch mehr als mich selbst. Er hat mir meine gerade wiedergefundene und letztverbliebene Familie vertrieben! Das verzeihe ich ihm nie!

Vom 10. 02.

[...] Habe Probleme auf der Arbeit. Die nette Kollegin mag mich nicht und sie lässt es mich ständig spüren. Habe schon wieder angefangen, Bewerbungen zu schreiben!

Nein, der Job passte nicht mehr. Immer mehr geriet ich beim Chef wegen schlechter, nachlässiger oder zu langsamer Ausführung meiner Arbeit ins Visier. Dabei hatte ich so auf Gründlichkeit geachtet und konnte mir selten einen Reim darauf machen. Mitunter war ich mir sehr sicher, die Arbeitsschritte richtig abgearbeitet zu haben. Leider häuften sich trotzdem die Klagen.

Vom 12. 02.

[...] Bin nicht mehr glücklich mit der Arbeit. Soll nun mit den Kollegen Pause machen. Das will und kann ich aber nicht. Will die Zeit für mich und nicht in diesen doofen Raum! Mit meiner Kollegin geht es auch nicht. [...] Am Mittwoch nächste Woche habe ich ein Vorstellungsgespräch. [...]

 490

Naja, so zog sich mein schlechtes Befinden durch die Zeit. Auf der Arbeit lief nun nichts mehr und es spitzte sich weiter zu. Nach und nach bekam ich große Angst vor den Arbeitstagen, und wie ihr mich nun alle kennt, konnte ich dieses Leben nicht ertragen. Meine Gedanken, für immer von diesem Planeten zu verschwinden, wurden wieder mehr und mehr.

Vom 23. 02.

[...] Die letzte Woche war ein reines Fiasko! Nichts hat funktioniert. Habe Bestellungen versemmelt und die dazugehörigen Transporte. Komme mit allem nicht klar und am wenigsten mit der Kollegin! Diese Frau kotzt mich einfach nur an. Ich ertrage sie nicht! [...] Mir selbst geht es wieder beschissen! Mir ist dauerhaft schlecht, habe Schmerzen und rede nicht mehr.

Oh je! Das hätte ich nicht gedacht. [...]
Ich mag mein Leben nicht!

Im Privaten hingegen unterstützten wir Charlotte und Henriette, wo es uns möglich war, aus Leibeskräften. Glücklich fühlte ich mich, wenn unsere drei Enkel bei uns waren. Mit ihnen konnte ich atmen, lachen, leben.

Leider reichte es als Ausgleich nicht mehr aus, mich mit meinen Lieben zu beschäftigen. Jeden beschissenen Tag zog ich mich mehr zurück. Der Chef verpflichtete mich zudem an zwei Tagen der Woche in diesem engen, vollgestopften, nach alten Speisen und Schweiß riechenden Pausenraum, gemeinsam mit den Kollegen die vorgeschriebene Auszeit von der Arbeit zu nehmen. Dabei beauftragte er die „nette" Kollegin, mich zu kontrollieren. Dies brachte meine Hirnwindungen so auf Hochtouren, dass sie sich förmlich überschlugen. Mein Bogen war überspannt und nun kam nur noch Mist heraus.

All das hielt ich nicht länger aus, dann musste ich die Notbremse für mich ziehen. In der Hoffnung, gekündigt zu werden, räumte ich zum Feierabend meinen Schreibtisch von allen privaten Dingen. Am Tag darauf wurde ich bei meiner Hausärztin vorstellig. Ich hatte keine Kraft mehr, konnte schon seit sehr, sehr vielen Nächten keine Ruhe mehr finden und war buchstäblich am Boden zerstört.

Vom 24. 03.

[...] Hatte einen kurzfristigen Helena-Termin. [...] Habe vom Thema mit der Pause erzählt, [...] und ich das aber nicht will, schon gar nicht wegen des Raums! Und der Geruch – alles erinnert mich an die Psych., und an die Sache mit meinem Abhauen und die Strafen danach. Ich komme mir in diesem Raum bei den Kollegen vor, als müsste ich wieder im Flatterhemdchen rumlaufen.

[...] Am Ende der Stunde fragte sie mich noch, wie es mir wirklich ginge. Das sollte nicht passieren, denn ich wollte nicht auf dieser Welt bleiben. Weil ich nichts sagte und einfach schwieg, muss ich mich nun wieder jeden Tag bei ihr melden. Kotz, kotz, kotz, kotz.

Echt! Vier Tage später war ich wieder arbeiten. Der Chef überließ es nun uns, miteinander klarzukommen. Inzwischen ist die Kommunikation zwischen der „netten" Kollegin und mir auf ein Maß unter fünf Sekunden am Tag heruntergerutscht. „Guten Morgen" und „bis morgen" waren bei uns an vielen Tagen die einzigen Worte untereinander. Ansonsten lief es weiterhin über den Chef oder die Kollegen der Produktion.

Vom 28. 03.

[...] Wenn ich gehe, sind sie alle ihre Probleme mit mir los.

 492

Vom 30. 03.

20:00 Uhr. Ich hatte gerade wieder Wut im Bauch! Helena hat mir per WhatsApp „das Versprechen" (mir nichts anzutun) abgerungen. Sie traut mir nicht. Sie ist sich nur mit dem Versprechen sicher! Hätte am liebsten mein Handy an die Wand geklatscht! Warum nur? [...] Der Tag war wie immer scheiße! Das wird der morgige Tag auch und der nächste wieder und so weiter und weiter … Helena fragt, wie lange ich das noch, bzw. wie lange ich mich da noch hin quälen will. Naja, sie hat ja auch recht. Mir geht es derzeit wieder nicht gut und das soll so nicht sein.

Auf der Arbeit ging es ständig hoch und hinunter. Mal, wenn der Chef die „nette" Frau ins Gebet genommen hatte, lief es eine Zeit lang gut. Dann hatte ich auch wieder Freude am Arbeiten. Leider hielt dies nie lang genug an.

Auch Mo sprach mit dem Chef und sagte ihm eindeutig, dass dies eine hässliche Form von Mobbing war. Der Chef wiederum versprach gemeinsame Gespräche und Besserung. Zu diesen Gesprächen kam es trotz zahlreicher Möglichkeiten nicht ein Mal.

An einem Tag nach meiner Mittagspause bemerkte ich, dass die letzten Eingaben, die ich am Vormittag noch gemacht hatte, nicht mehr stimmten. Hatte ich doch vergessen, mich vom PC abzumelden. Verdammt! Zur „netten" Kollegin machte ich daraufhin eine irritierte Bemerkung darüber und erhielt die Info, dass zwischenzeitlich kurz eine andere Kollegin an meinem PC gewesen war, um etwas auszudrucken. Da mein Programm offen gewesen war, hatte sie es gleich genutzt. *(Ein Schelm, der Böses dabei denkt!)* Wusste ich's doch. So viele sinnlose, unerklärliche Fehler …? Nur beweisen konnte ich nichts. – Klappe halten!

Immer tiefer ritt ich mich in die unzählige Mangelhaftigkeit meiner schöpferischen Leistungen im mir anvertrauten Arbeitsbereich. Mit einfachen Worten erklärt: Ich schaffte diese Arbeit ebenso wenig wie die vorherigen.

493

Daheim lief derzeit alles prima. Wir hatten sehr oft Stella Marie und Liese bei uns, und um Julian kümmerte ich mich ebenfalls so gut es noch ging, um unsere Charlotte weiterhin zu entlasten.

Henriette hatte ihre Wohnung ebenso aufgelöst und war mit beiden Kindern zu ihrem neuen Freund gezogen, den wir nur äußerst selten zu Gesicht bekamen. Um ihre Wohnung bis zum Übergabetermin an den Vermieter wieder in einen guten Zustand zu bekommen, half ich ihr an meinen freien Nachmittagen beim Malern und Reinigen.

Meinem Vater ging es ergänzend berichtet auch recht gut für sein Alter.

Für mich war mal wieder eine Zeit der Bewerbungen eingetreten. Wie viele ich auch schrieb und teilweise telefonisch nachfragte, leider ergab sich so rasch nichts Neues.

Manchmal versuchte meine „nette" Kollegin auch, nett zu sein.

Vom 05. 05.

[...] War heute bei Helena. Sie ist bestürzt darüber, wie es mir arbeitsmäßig geht. Ich solle doch zum Arzt gehen und mich krankschreiben lassen. Im Gespräch mit ihr habe ich mich noch geweigert. (Gehe einfach viel zu gern arbeiten und ich sah darin keinen Sinn.) Aber jetzt, so ein paar Stunden später und einer reiflichen Überlegung weiter, sollte ich das wirklich tun. [...]

Vom 09. 05.

So, habe tatsächlich den Weg zum Arzt gewählt. Quäle mich ja nur noch rum. [...] Kann so nicht weiter machen, und ignorieren kann ich das auch nicht länger. Weiß nur nicht, wie und was ich als nächstes tun muss. [...]

494

Vom 11. 05.

Glaube, mir ist gerade klar geworden, worauf Frau Dr. Traudich letztes Jahr hinauswollte. Ich war zu nichts mehr zu gebrauchen, war restlos ausgebrannt und obendrein austherapiert. [...] Und war nur wütend auf sie und auf alles und jeden.
Nun sitze ich hier in der Stube und mir ist klar, dass mein Arbeitsleben vorbei ist. Schaffe es einfach nicht mehr und bin mit allem überfordert. Es fängt schon früh morgens an, dass ich kaum aufstehen kann, obwohl alle meine Sinne danach drängen. Finde nichts mehr motivierend und die Wut auf alles kehrt zurück. Mir ist alles völlig gleichgültig, nur unsere Kinder nicht. [...]
Irgendwie muss ich heute mit Helena anders reden. Brauche Hilfe, um mich neu zu orientieren. Mir geht es nicht gut. Wo muss ich ansetzen? Wie geht es weiter?
Tja, heute war es soweit. Habe Helena die ganze Wahrheit gebeichtet, wie es mir wirklich geht und dass ich keinen Ausweg mehr habe. Sie war wie immer ganz toll. [...]

Also bat ich Helena darum, für mich wieder Kontakt zur Frau Dr. Traudich herzustellen. Hatte keine andere Wahl, um aus diesem Schlamassel herauszufinden.

In einer Woche habe ich nun einen Termin in der Praxis von Frau Dr. Traudich und ich schwitze bereits jetzt Blut und Wasser. Doch Helena hatte versprochen, vorher noch einmal telefonisch mit ihr zu sprechen und die Wogen etwas zu glätten. Mir blieben noch ein paar Tage, um mich irgendwie zu stärken, und ich hoffte so sehr, dass sie mich nicht ablehnte.

Kennt ihr mich?

Klar!

Wohin gingen meine ständig auftretenden und nervenden Gedanken?

Ja! Alle wären ohne mich besser dran!

<u>Vom 14. 05.</u>

Oh Mann, ich schäme mich, dass ich das auf der Arbeit nicht mehr schaffe. Die Unmengen von Fehlern sind schrecklich. Mir ist das alles so peinlich! Auch denke ich, dass es bezüglich der „netten" Kollegin an mir liegt. Kann aber auch nicht raus aus meiner Haut. Will das alles nicht. Ja, ich ziehe mich zurück und lasse Kontakt und Kommunikation nicht zu. Auch wenn ich das bisher anders gesehen habe. Mir ist klar geworden, dass ich sowas schon ständig mache. [...] So funktioniert Arbeit nicht. Oh ich hasse mich dafür!

Dann bin ich auch nicht zufrieden mit mir.

Ich hätte gern, dass das Fett vom Bauch auch noch verschwindet. Aber dass ich im Moment zu Hause bin, macht mir das alles nicht leichter [...]

<u>Vom 15. 05.</u>

Habe so irre Schiss vor Montag. [...]

Hatte so richtig alles verbockt, was man nur falsch machen konnte. Aber so richtig!

<u>Aus meinem Tagebuch zwanzig</u>
<u>Vom 18. 05.</u>

Oh Mann, ich fühl mich so elend.

[...] Und ich lag richtig, die erste Frage, welche mir Frau Dr. Traudich gestellt hatte, bezog sich auf mein Äußeres. Ich wäre wohl sehr schmal geworden und wie ich das gemacht hätte. Habe ehrlich geantwortet: Essen umgestellt und die Medis abgesetzt. [...]

Das Gespräch war nicht lang, aber sehr aufklärend, es beinhaltete fast alle Antworten auf meine gestellten und nichtgestell-

 496

ten Fragen. Dennoch meinte ich, einige Fragen in ihren Augen gelesen zu haben, die sie mir nicht stellte.

Frau Dr. Traudich übernahm ab sofort wieder die Behandlung meiner psychischen Erkrankung und sie schrieb mich weiterhin krank.

Wir sprachen auch kurz darüber, dass sie es schon einmal angedacht hatte, mich in die EM-Rente gehenzulassen. Hatte es nur bejaht. Meine Gedanken habe ich dazu nicht geäußert, dass ich nicht bereit dafür war und damals alles unternehmen wollte, um das zu verhindern.

Naja! Einsicht ist der erste Weg zur Besserung!

Auf ihr Anraten, da ich endlich die Einsicht erlangt hatte, aus dem Arbeitsleben auszuscheiden, müsse ich einen erneuten Antrag zur Rehabilitation beim Rententräger stellen.

[...] Wollte zwar auch so eine Reha nie wieder machen, aber das lässt sich leider nicht vermeiden. [...]

Mein Chef rief mich auch noch an diesem Tag an. Er wollte nun genau wissen, wie es mir ging, welche Erkrankung ich hatte und ob diese an meinem Arbeitsplatz lagen. Verarschte der mich in diesem Moment? So viele Gespräche und deutliche Hinweise, was nicht stimmte, konnte er doch nicht einfach ignorieren oder vielmehr vergessen haben! Nun war ich wieder der Buhmann!

Im Gespräch bot er mir einen Job draußen auf den Feldern und in der Produktion an. Himmel! Wie sollte ich das schaffen? Kam aus meinem Bett frühmorgens kaum heraus und dann nur mit der allergrößten Kraftanstrengung, da sollte ich schwere körperliche Arbeit verrichten? Die „nette" Kollegin war dann meine unmittelbare Vorgesetzte? Nein, danke! Das wird nichts. Da drehe ich mich weiterhin im Kreis.

Er informierte mich darüber, dass er für mich bereits Ersatz suchte.

Ich erhielt die Information, dass das Jugendamt an einem Nachmittag unangemeldet bei Henriette und ihrem Partner aufgetaucht war. Sie hatten berichtet, dass Charlotte sich Sorgen um Stella Marie und Liese machte. Daher dieser überraschende Besuch. Daraufhin ging Henriette Charlotte an die Gurgel und sie verstritten sich aufs Heftigste.

[…] Bin direkt zu Henriette gefahren. Sie hat mich reingebeten und mir unerlaubterweise den ganzen Hof gezeigt. Dann hat sie mir auch alles erzählt, was aus ihrer Sicht heute alles gewesen ist. Ach du Scheiße!

Die Kinder haben sich gefreut, mich zu sehen. Wir können am Freitag beide Mädels zu uns holen.

Am Tag darauf berichtete ich Helena von diesen Ereignissen. Leider war sie darüber nicht erfreut und sie schimpfte mit mir.

Vom 20. 05.

[…] Solle doch meinen Kindern wenigstens mal andeuten, dass es mir selbst nicht gut geht. Diese beiden sind erwachsen! Soll mich versuchen, abzugrenzen, wenn es zu viel wird. Ich muss nicht immer parat stehen! […]

Zu gestern noch mal: Henriette hat Papa angerufen und mit ihm lange gesprochen, was geschehen war. Auch heute hatte sie mit Papa noch einmal über eine Stunde telefoniert. (Mann, manchmal fall ich einfach vom Glauben ab!)

Waren Tage später abends zum Grillen bei Henriette und ihrem Freund eingeladen.

 498

[...] Wir haben viel gequatscht. Sind auch übereingekommen, dass wir uns alle vier Wochen mal wenigstens für eine Stunde zum Kaffee treffen. Gott, freu ich mich darüber. Möchte nicht, dass sie sich von uns zurückziehen. Das löst nur Sorge und Ängste aus und genau das soll nicht sein. [...] Gestern habe ich auch erkannt, dass ihr Freund sehr fleißig ist. [...] haben ein uraltes Knusperhaus und er hat darauf einen neuen Anbau gesetzt, damit die Zimmer für alle reichen.

Es ist eben ein alter Bauernhof mit vielen Altlasten, Materialien, Fahrzeugen, Maschinen, Tieren und Unrat sowie an allen Ecken Baustellen. Dies wird immer so sein. Sie haben eben eine ganz andere Lebenseinstellung, als wir es für gewöhnlich kennen. [...]

Kann nicht behaupten, dass es mir in der ganzen Zeit besser ging. Nach wie vor fühlte ich mich abgewrackt. Dachte dauernd, dass mein Leben am Ende war.

Vom 25. 05.

[...] Warum nicht gleich den richtigen Schlussstrich ziehen? Habe alles für die Endgültigkeit da und greifbar. [...]

In den letzten Tagen habe ich Charlotte geholfen, ihren Garten hier im Ort zu räumen. Heute war Übergabe. [...] Als wir uns dann verabschiedet haben und ich ihr nachschaute, bis sie aus meinem Blickfeld verschwunden war, hatte ich den Eindruck, dass sie wieder aus meinem Leben verschwindet. Das tat ganz schön weh! Ich hatte das Gefühl, allein und verlassen zu sein, und etwas von Panik hat mich ergriffen. Ach, Mist! Hänge ohne meinen Kindern total in den Seilen.

Die Spirale gen Abwärts setzte unglaublich schnell ein. Jeden verfluchten Tag befand ich mich tiefer und tiefer.

Möchte nicht alles wiedergeben, was mir da so durch meine graue Hirnmasse fegte. Diese ewige Leier kennt ihr bereits. Nur ein knapper Einblick sei mir dann und wann gewährt.

 499

[...] Helena und Mo tun mir echt leid. Mit mir ist es kein schönes Zusammensein. Ständig machen sie sich Sorgen. Das würde ich gern ändern. Aber wie? Ins Leben finde ich nicht wieder zurück. Ja, ich bin da, atme, esse, schlafe, bewege mich und versuche zu denken. Ich komme mir absolut eingesperrt vor. Weiß, dass das nur mein Kopf ist. Irgendwann kann ich vielleicht wieder, wie ich will. Träume sind erlaubt. Einen anderen Traum habe ich nicht. – Ich habe in meinem Leben versagt! – Fakt!

Wie immer zog sich die Zeit dahin. War nun wieder sehr, sehr viel allein. Wollte auch keinem zur Last fallen. Zog mich mehr und mehr zurück. Lebte auf, wenn die Kinder um mich waren. Ab und zu trafen wir Freunde und auch hier hielt ich mich oft zurück.

Da war etwas aufgegangen in mir, von dem ich nichts ahnte. Ich war viel zu verletzt von meiner Vergangenheit und den immens vielen Ereignissen. Sah nicht mehr klar, was um mich herum alles geschah. Sah nur noch mein eigenes Spiegelbild, und dieses wollte ich nun wahrlich nicht sehen. Die Wut in mir nahm gewaltig an Fahrt auf, doch ich hatte nicht gelernt, sie herauszulassen. Schon gar nicht an der richtigen Stelle.

[...] Der Tag war nervig. Früh kam ich nicht hoch. Das Bett hatte mich an sich gefesselt, [...] musste noch die WhatsApp-Nachricht an Helena schreiben. Nun ja, war wieder zu ehrlich. Hätte ich lassen sollen. Die Retourkutsche kam umgehend. Dumm gelaufen für mich.
Ich will keine Kontrolle mehr!
[...] Nachdem ich den Skills-Ordner geholt hatte, *(Helena forderte dringend und umgehend eine Antwort ein.) blätterte ich widerwillig darin, um den Notfallplan zu finden. (Ich kochte und schäumte*

 500

vor Wut.) Fand die entsprechende Seite nicht. [...] Habe den Ordner
wütend durch die Stube geschleudert!
War nicht mein Tag heute.
Musste die Situation verlassen. Das war klar für mich.

Jeden Tag trafen weitere Schreiben, Anträge und Forderungen
zu Stellungnahmen bei mir ein. Die ganze Arbeit wuchs mir
über den Kopf. Auch dies alles machte nichts besser für mich.

[...] Habe Scheiß-Magenschmerzen! Der Tag heute zerreißt mich! Oh,
bitte macht, dass es aufhört! Oder [...]

So oft verstand ich mich selbst nicht. War hundemüde, konnte nicht schlafen. Wollte meine Ruhe, und fand sie nicht, weil
ich wie elektrisiert war. War so emsig und mochte Unordnung
nicht, dabei ließ ich versehentlich den Mittagstisch unaufge-
räumt zurück, was mir sehr peinlich war. Freute mich auf aufregende Zeiten und zog mich plötzlich schnell wieder zurück.
Wollte gehört werden, redete aber nicht. Hatte gute Einfälle und
kam mir damit ziemlich dämlich vor. Gab mir enorme Mühe mit
allem, was auf mich einströmte, doch ich scheiterte schon beim
Versuch, dem beizukommen.

Vom 02. 06.

[...] Keiner darf merken, wie es mir wirklich geht. Keiner! Kämpfe jeden
Tag darum, keinen geht es was an. Schuld bin nur ich selbst! Mit mehr
Disziplin, Zucht und Ordnung in meinen Gedanken würde ich auch alles
schaffen. Scheiße ist nur, dass ich schon so lange kämpfe, kein Ende in
Sicht ist und mir die Kraft dafür entschwunden ist. [...]

Besser wurde es nicht.

Das viele Alleinsein war extrem schlimm für mich und feuerte meine Ängste immer wieder hoch. Wie in den letzten Jahren wollte ich kein Teil dieser Welt mehr sein.

Dennoch blieb ich hier. Warum? Ich weiß es nicht so genau. Wollte wahrscheinlich nur wieder anderen einen Gefallen damit tun. Nur mir selbst nicht. Vielleicht war dies auch eine Form von Selbstverletzung.

Übrigens, Selbstverletzung: Nach wie vor versuchte ich die schnelle Lösung, der innerlich und plötzlich aufkommenden Anspannung mit heißem Wasser beizukommen. Was mir oftmals auch gelang, aber nicht immer.

Habt ihr auf den vergangenen Seiten aufgepasst? In einigen Abschnitten hatte ich, so für mich, einige Buchstaben fett markiert. Diese sind den Tagebüchern entnommen und ich wollte sie keinem vorenthalten. Die nachfolgenden Bücher sind ebenso damit auf so einigen Seiten markiert. Dabei geht es vornehmlich um das Wort **TOD**. Irgendwie musste ich es für mich festhalten, da ich nicht gewillt bin, so offen davon zu schreiben. Es sollte mein Geheimnis bleiben. Verratet mich bitte nicht!

Nun waren sechs Wochen seit meiner ersten Krankschreibung vorüber und ich fiel mal wieder ins Krankengeld, was unsere Haushaltskasse ein weitres Mal schmälerte. Gegenüber Mo fühlte ich mich diesbezüglich mehr als erbärmlich.

Vom 10. 06.

Tage gibt's, die sollten aus dem Kalender gestrichen werden. Der heutige ist so einer!

Nachdem ich in der Früh für Mo alles fertig gemacht habe, bin ich wieder ins Bett zurück. Das war ein schwerer Fehler! Kam dann heute Morgen nicht hoch. Hatte mit Ach und Krach geschafft, die WhatsApp-Nachricht an Helena zu schreiben. War vollkommen breit und zu kraftlos, um aufzustehen. Irgendwann hatte ich es dann geschafft, mich aus dem Bett zu quälen. Erschwerend kam hinzu, dass mir meine Knie,

Beine und Schultern regelrecht schmerzten. So fing mein Tag beschissen an! [...]

Es blieb, alles blieb, nichts verschwand ... Und täglich grüßt das Murmeltier!
An manchen Tagen schaffte ich es, die Natur draußen wahrzunehmen und achtsam zu sein.

<u>Vom 14. 06.</u>

[...] Hurra! Heute haben wir alle unsere Kinder gesehen, gesprochen, gedrückt, geknuddelt und umarmt.
Dann waren Mo und ich zwei Stunden unterwegs. Tat das gut! Es war richtig schön. Kaum jemand war anzutreffen. Sicherlich wegen dem bisschen Regen. Ich finde die Zeit im und nach dem Regen am schönsten. Da ist die Luft gewaschen und ein irrer Duft schwebt über allem. Kann gar nicht so schnell atmen, wie ich riechen will. Und die Achtsamkeit funktioniert von ganz allein, ohne darüber nachzudenken. [...]

Diese Tage wurden jedoch immer seltener.
Doch vorerst fuhren wir in den Urlaub an den Bodensee. Am Tag der Abreise hatte ich noch einen Termin bei Frau Dr. Traudich. Nahm die ausgefüllten Unterlagen zum Reha-Antrag mit, fügte von ihr noch die fehlenden Informationen hinzu und steckte alles zusammen in einen Briefkasten auf unserem Weg zum Urlaubsort.
Gemeinsam ging es auf in ein kleines Abenteuer. Die schönste Zeit des Jahres war auch mal für mich ein Raus aus meinen Ängsten und mit Mo an meiner Seite ohnehin eine unbezahlbare Auszeit. Auch wenn dann und wann die hässlichen Hirngespinste auftauchten. Zusammen mit ihm war ich noch stark. So meine Theorie. Grins ...

Allerdings war ich nach wie vor an Helena gebunden. Die WhatsApp-Nachricht mit meiner Meldung, wie es mir ging, hatte sie mir auch für die Zeit im Urlaub nicht von der Schulter genommen. Als ich ihr am 17. 06. Schrieb, bekam ich von ihr ...

Vom 17. 06.

[...] eine Überraschung. Helena hat nun einen Hund in der Praxis. So eine Scheiße aber auch! Muss das sein? Mir war schon beim Gedanken daran heiß und kalt. Die Angst stieg sofort in mir auf. Habe zwar rumgeflachst, aber mir war eher zum Davonlaufen. [...]

Vom 18. 06.

Ach, wie herrlich! Kirschen vor dem Frühstück. Ein Spaziergang vor dem Frühstück. Frühstück, wie ich es mag. [...]

Noch im Urlaub setzte sich meine Gedankenspirale wieder unter meiner Schädeldecke fest, bohrte sich tiefgehend, gedankenreich fest und vermieste mir die letzte verbleibende Zeit. Gegenüber von Mo ließ ich es mir kaum anmerken, obwohl er es sicherlich wahrnahm, aber auch nichts dazu äußerte. Wir wollten eben unsere gemeinsame Zeit nicht durch meine eintretenden Unzulänglichkeiten verderben lassen. Trotzig gegenüber der aufkommenden Quälereien in mir, spulten wir unsere beabsichtigten und spontanen Unternehmungen unserer letzten gemeinsamen Erholungszeit ab. In einer ortsansässigen Glasbläserei kam Mo mit den Besitzern ins Gespräch. Sie kamen einst aus einem Nachbarort unserer heimischen Gefilde. Sie sprachen Mo wegen seines Dialekts an, da sie sich sichtlich darüber freuten.

Schade, schade! Schon wieder vorbei, diese herrliche Zeit ...

Vom 25. 06.

[...] Gestern habe ich von der Rentenkasse meine Bewilligung für die Reha bekommen. Leider nicht ambulant, weil es nicht erfolgversprechend ist. [...] Fünf Wochen [...] Wenigstens haben sie meinem Wunsch des Ortes entsprochen.

Aber ehrlich, ich habe abgekotzt. [...] Zwischen der Antragstellung und dem Eingang der Bewilligung liegen nur neun Tage! Spinnen die? [...] Irgendwie wird es mit mir nicht besser. Warum bin ich jeden Tag so niedergeschlagen? Fühle mich kraftlos und leer. Akku kaputt! Füllt sich nicht mehr auf. [...]

[...] der Gedanke an die Reha. Wollte sowas nicht wieder mitmachen müssen. Noch einmal viele Wochen weg von zu Hause. Hoffentlich das letzte Mal. Habe keine Kraft mehr, um zu kämpfen. Genau das wird dort verlangt. Alles daran zu setzen, um wieder ins Leben zurückzufinden. Auf dieser Suche war ich nun lang genug. Finde den Weg einfach nicht und bin inzwischen zu schwach, um weiterzumachen. Diese Hoffnung habe ich längst aufgegeben.

Was schlimm für mich ist, ist, dass sich Mo Hilfe von dieser Reha erwartet. Will ihm diese Hoffnung nicht nehmen! [...]

Alles verärgert mich zutiefst. Mein Kopf steht nun wieder unter Hochspannung und ich komme da wieder nicht raus!

[...] waren noch beim Vater. [...] Ihm geht es derzeit nicht gut. Hatte wegen seines Gartens eine große Aufregung und sein Herz spielt nun wieder verrückt. Er nimmt wieder öfter den Spray. Ihm war aufgefallen, dass er um mehrere Hundert Euro Bargeld beschissen wurde. Das hat ihn aus der Bahn geworfen. [...]

Mo hatte noch etwas Urlaub und diesen nutzten wir, um unsere Mitbringsel aus dem Urlaub zu verteilen. Stella Marie und Liese freuten sich sehr über die neuen Spielsachen und auch Henriette nahm ihr Geschenk gern an.

Charlotte war ebenso erfreut über die kleine Aufmerksamkeit und für Julian gab es eine kleine hölzerne Eisenbahn mit Schienen. Diese ließ er bei uns.

 505

<u>Vom 29. 06.</u>

[...] Die Reha spukt mir im Kopf herum. Will da nicht hin! Aber ich muss!
Immer wieder derselbe Scheiß! Fragt mich mal einer, was ICH WILL? Ich
bin so fremdgesteuert, seit das mit dieser Scheiß-Erkrankung ist. Ständi-
ge Kontrolle! Ist das normal? Neeeeein! Warum kann ich nicht entscheiden,
was gut für mich ist? Ich mag mein Leben so nicht!
Klar, alle wollen nur das Beste für mich. Sie wollen, dass ich lebe,
aber ich nicht! Und dann das Eingeredete eines schlechten Gewissens!
„Das kannst du nicht machen, weißt du, wie es mir dann geht? Ich wäre
traurig u. u. u." Aber dass es mir beschissen geht, und das geht nicht so
weg wie die Traurigkeit, dieses Gefühl ist ständig da. Keiner kann es sich
vorstellen, dass ich an kaum noch etwas Freude habe. Und wisst ihr, wie
das ist? Es ist unerträglich!
Jeden Tag muss ich kämpfen, um weiter zu atmen! Das könnt ihr euch
alle nicht vorstellen. Und mich macht es immer schwächer!

Einmal verdrehte Welt: Mo hatte einen Termin bei Helena. Ihm
brannten so viele Fragen unter den Nägeln, die ich ihm nicht
beantworten konnte, deshalb diese Krankheitsaufklärung meines nächsten Angehörigen.

<u>Vom 01. 07.</u>

[...] Auch haben sie darüber gesprochen, dass ich gern zu Fuß gehe und
dabei abschalten kann. Leider trifft das nicht auf Mo zu. Er fährt lieber
Fahrrad. Ja, das mache ich auch gern. Aber ich kann da nicht so abschalten
wie beim Laufen.
Finde das nicht schlimm. Da gehe ich eben allein. Nur eine Sache daran
ist hinderlich. Hunde!

Oh Mann! Egal, was wir auch unternahmen, Freunde treffen, liebe Verwandte besuchen, Spaziergänge in der Natur, Gartenarbeit

bei Charlotte, Grillen mit Henriette und den Kindern, Gespräche, Gespräche – nichts änderte sich an meiner beschämenden Situation und dass es mir in einem fort gnadenlos erbärmlich ging. Ganz im Gegenteil! Als zudem noch der Termin zur Reha hereinschneite, gesellte sich in mir davor eine wachsende Angst hinzu. Nur gut, dass es noch viel Zeit bis dahin war. Denn es ging nicht wie vermutet umgehend los, sondern erst zu Beginn des neuen Jahres. Also noch über fünf Monate Zeit!

Zeit – zum endlosen Grübeln!

Zeit – der anschwellenden Angst!

Zeit – der nervenaufreibenden Vorbereitungen. Für was auch immer!

Zeit – die nie vergeht.

Zeit – für gefühlte einhunderttausend Fragen und deren Antworten.

Zeit – die mich innerlich zerreibt und kaum aushaltbar ist.

Zeit – die ich nicht will!

Zeit – die mich nervt.

Zeit – die ich erdulden muss.

Zeit – in der ich nicht schlafen kann.

Zeit – ohne Ruhe.

Zeit – die kraftraubend ist.

Zeit – der weiteren Kontrolle und Überwachung.

Zeit – Scheiß-Zeit!

Meine Antennen hielten diesen ganzen Druck nicht aus. Ich wollte alles von mir stoßen, um endlich mal wieder durchatmen zu können. Dabei entstand das nächste Debakel.

<u>Vom 04. 07.</u>

01:18 Uhr. Ich kann wieder nicht schlafen und bin in der Grübelschleife hängengeblieben. Mein Kopf beschäftigt sich gerade mit der täglichen WhatsApp-Nachricht. Sie ist großer Mist, weil ich jeden Tag gestoppt werde. Denn sobald ich preisgebe, wie es um die Suizidgedanken steht, knallt ein Stopp hinein. Komme dann schwer vom Fleck und fühle mich beobachtet. Ja toll! Ich weiß, dass das für Helena ein echt guter Effekt ist und für mich ein Fallschirm. Aber eben das will ich nicht! Das ist genau wie ein videoüberwachter Raum. Kacke! Bin überzeugt davon, dass Helena das nicht weiß. Sie sagte heute, dass ich äußerlich nicht so wirke wie das letzte Mal. Ja, ich habe mehr Kontrolle über mich selbst. Durch die Medis war ich mehr weggedreht gewesen. Nun ist alles klarer für mich. Beherrschbarer! Trotz der Anspannung ist Ruhe in mir. Werde still, wenn es schlimmer wird, und bin nicht mehr fähig, zu sprechen, und wenn, dann nur im Flüsterton. Das kennen Mo, Charlotte und Henriette ganz gut. Wenn ich aus dem Korsett springe, dann ohne Ton und ganz leise. Daher auch meine Reaktion gegenüber von Frau Dr. Traudich. Bin ihr gegenüber nicht in der Lage zu sprechen, ich bekomme kein Wort heraus. Und wenn ich gerade darüber nachdenke, war das schon immer so. Wenn ich in schwierige und ausweglose Situationen geraten war, habe ich geschwiegen. Genau das ist auch der Grund, warum ich mich verbal nicht verteidigen kann. Ich werde ruhig, schweige und ziehe mich zurück. Jeder kocht eben anders vor Wut. Die einen laut und die anderen leise.

Und genau das stört Mo! Er sagt es ja auch immer wieder, wenn ich nicht sage, was los ist, kann er mir nicht helfen. Das ist der springende Punkt zwischen uns. Ich kann nicht reden. Habe keine Worte, finde keine, weiß nicht, was ich sagen soll. Weil ich selbst nicht weiß, was mit mir los ist. Warum es so gekommen ist und warum es nicht wieder weggeht. Weiß nur, dass es nicht mehr so schlimm in meinem Leben ist.

01:25 Uhr. Aber jeder kleine Mist wirft mich aus der Bahn und ich komme ins Trudeln. Raus komme ich nur noch mit Hilfe. Aber genau um diese kann ich nicht bitten. Es ist ein Kreis, den ich nicht durchbrechen kann, genauso wenig wie die Grübelei.

So! Gedanken aufgeschrieben. Vielleicht ist das Grübeln nun in kurzer Zeit vorbei und ich komme wieder in den Schlaf.

09:15 Uhr. Oh nein! Helena hat zur WhatsApp-Nachricht nachgehakt. Scheiße! Dumm gelaufen! Wollte keine Antwort von ihr. Hab ihr die letzten zwei Einträge von heute Nacht geschickt. Hoffentlich beruhigt sie das.

07:30 Uhr. Guten Morgen, Frau Helena, übrigens danke noch einmal, dass Sie mich gestern terminlich eingeschoben hatten.

Letzte Nacht war katastrophal. Ich kam aus dem Grübeln nicht raus. Wünsche ihnen noch einen schönen Tag!

09:15 Uhr. Guten Morgen, Frau Resa!

Ich nehme mittelmäßige Anspannung mal an, ohne zu hinterfragen. Aber Sie sollten wirklich mal den Inhalt Ihrer Grübeleien mitteilen. Werde den Gedanken nicht los, dass ich vieles nicht weiß. Liege ich da richtig? LG!

09:20 Uhr. Naja, schicke Ihnen nachher mal die Aufzeichnungen von heute Nacht (Weiß, was Sie dazu sagen, grrr ...), plus [...]

09:26 Uhr. Ja, gut!

11:50 Uhr. Na dann ...

11:51 Uhr. Ich kann wieder nicht schlafen und bin in der Grübelschleife hängengeblieben. Mein Kopf beschäftigt sich gerade mit der täglichen WhatsApp-Nachricht. Sie sind großer Mist, weil ich jeden Tag gestoppt [...]

12:02 Uhr. Plus ... Wie geht es weiter? Finanziell ist bald das Ende erreicht. Bin nutzlos geworden. Kann nur noch mit meinen Kindern richtig reden. Bin oft patzig, wenn ich überhaupt was sage. Und ... (geht nicht)

14:36 Uhr. Ich danke Ihnen für das Vertrauen, dass ich Ihre Zeilen lesen durfte.

Also doch Klinik, wenn ich das richtig verstehe. Dann werde ich mal versuchen, das für Montag zu organisieren. Oder noch heute? LG!

15:03 Uhr. Nein!

15:03 Uhr. Nein!

15:03 Uhr. Nein!

15:08 Uhr. „Raus komme ich nur noch mit Hilfe. Aber genau um die kann ich nicht bitten ..." Welche andere Hilfe könnte jetzt noch helfen, bis die Phase überstanden ist? (Und irgendwann ist auch die wieder vorbei!)

15:09 Uhr. Darf ich später antworten? Sitze gerade mit Nash und einer Freundin zusammen.

15:10 Uhr. Ja, sicher!

15:10 Uhr. Danke!

15:11 Uhr. Freundlicher Smiley.

19:33 Uhr. Ja, es ist eine Phase. Und diese schaffe ich. Und zwar ohne Klinik! Habe Ihnen gestern versprochen, dass ich nichts tun werde, was mich schädigt. Ich werde das Versprechen halten. Da muss ich durch, ohne mein Hirn wegblasen zu lassen. Schaffen Sie es nicht über diese Brücke zu gehen?

19:57 Uhr. Doch, das klingt doch schon ganz anders! Ich vertraue Ihnen, dass Sie Ihr Wort halten. Und da ich jetzt weiß, welch unangenehme Empfindungen mit der täglichen WhatsApp-Nachricht verbunden sind, können wir diese auch weglassen. Wenn nächste Woche ein Termin frei wird, sage ich Ihnen Bescheid. Ist das ok für Sie?

20:01 Uhr. Ja, sehr gern! Sie sind ein Schatz! Danke vielmals!

20:01 Uhr. Freundlicher Smiley.

22:22 Uhr. Die WhatsApp-Nachrichten mit Helena heute haben mich sehr bewegt und aufgeregt. Konnte meinen Gedanken und Gefühlen da gerade keinen Raum geben. Ganz im Gegenteil, ich musste mich arg zusammenreißen, mich bei Gesprächen zu beteiligen und etwas witzig zu sein. Das hat so viel Kraft gekostet, dass ich auf der Heimfahrt sehr angespannt war, was mir meine letzte Energie raubte.

Dann habe ich mit mir gehadert. Musste mich bei Helena melden, bevor sie was unternimmt. Konnte aber das Ruder rumreißen, obwohl mir die Worte, die ich geschrieben habe, nicht gefallen haben. Nun habe ich mich gesperrt, obwohl mir Helena wieder Luft zum Atmen gegeben hat.

Ich bin frei!

Werde vorerst mein Versprechen halten, aber mein Kopf darf träumen!

02:51 Uhr. Tja, und wieder kann ich nicht mehr schlafen. Die Gedankenspirale dreht und dreht.

Endlich bin ich aus dem Fokus gerückt. Kann mich nun endlich wieder frei bewegen, ohne Kontrolle, was mein Kopf ausheckt.

Frei denken ist wie frei atmen!

Vom 05. 07.

[...] Übrigens hätte Helena gestern Erfolg haben können, wenn sie mich angerufen hätte. Doch ich denke auch, dass sie sehr fair ist und es per WhatsApp gelassen hat, weil sie weiß, dass ich in so einer Situation nicht reden und mich verbal verteidigen kann.

Auch wäre die Variante gegangen, wenn sie mir klargemacht hätte, dass sie nun verantwortlich für mich gewesen wäre. Ja, das ist die Aussage, aus der ich nicht mehr rausgekommen wäre!
Gedanken, Gedanken, Gedanken!

Meine Welt konnte somit ein weiteres Mal klarer werden. Jedoch leider erst wieder nach und nach. Umschalten in meinem Gehirnkasten war da nicht möglich. Dieser war so verramscht und verschleiert, dass ich ihm nur mit disziplinierter Ordnung beikommen konnte. Nur gewusst hatte ich es zu diesem Zeitpunkt noch lange nicht.

So zogen die Tage, Wochen und Monate weiterhin leer, einsam, mühselig, herunterreißend, angstbesetzt, hilflos fühlend und vereinzelt etwas belebend an mir vorüber.

<u>Vom 08. 07.</u>

[…] Habe keine Kraft für irgendwas. Am liebsten würde ich den Schlussstrich ziehen!
Diese Leere ist quälend und auch berauschend zugleich. Bin gestresst vom NICHTSTAG! Ständig habe ich Druck bei Pille-Palle. Mache den Haushalt nur, weil ich keine Diskussion mit Mo haben will. Eher würde ich lieber verschwinden wollen! Die Freude am Leben habe ich irgendwo verloren und finde sie nicht wieder. Nur wenn meine Kinder kommen, gibt es einen Schalter. Sie kommen – AN – sie gehen – AUS!
[…] Allein spazieren zu gehen, erfordert täglich Unmengen von Kraft und Lust, und beides habe ich nicht! Habe Angst unterwegs. Jeden beschissenen Tag, jeden beschissenen Weg. Führen mich meine Schritte wieder heim? Überall, wo ich bin, sehe ich Hunde! Ist das der Tag der Tage? Wann holt die Vergangenheit mich ein? […] Wenn es endlich so wäre, wäre endlich Ruhe!

Manchmal stellte ich mir selbst Fragen.

<u>Vom 09. 07.</u>

Gefühle? Was sind Gefühle? Wie kommen diese, was machen sie, wie gehen sie wieder? [...]

Wollte auch Antworten auf die Frage der Fragen geben.

[...] Oft werde ich nach den Suizidgedanken gefragt. Wenn ich versuche zu antworten, werden mir meine Gründe ausgeredet, dass das so nicht wäre und dass ich das dem oder dem nicht antun könne. Aber keiner will genau wissen, warum ich so denke. Alles nur oberflächlich!

Okay, ich bin da auch nicht sehr kommunikativ und es sprudeln mir die Antworten ja auch nicht aus meinem Mund. Ja, ich bin sehr still, wenn es darum geht. Doch ich denke, dass es einen Weg, eine Tür, eine Schleuse dafür gibt.

Das ist auch ein großer Teil, warum ich von diesen Gedanken nicht lassen kann.

Mein Fazit dazu: Mich braucht keiner, ich kann keinen für mich interessieren.

Nur, weil alle den Gedanken an Suizid nicht ertragen können, soll ich stillhalten?

Warum?

Okay, ich werde still – werde halten – bis mich meine Kraft endgültig verlässt!

<u>Vom 13. 07.</u>

[...] Letztens fragte mich eine Freundin, was mein größter Wunsch wäre.

– Ich: Ich habe keinen Wunsch mehr. [...]

20:30 Uhr. Aber gerade ist mir einer eingefallen: Ich möchte mal wieder glücklich sein!

 512

Das Tagebuch ist voll von solchen Dingen, die mich täglich beschäftigten.

Meinen Schlaf fand ich nicht wieder, er war mir völlig entschwunden. Schlief nur vor Erschöpfung und dann nicht lang genug. Nach ein bis drei Stunden war ich wieder hell wach, doch schwach und niedergedrückt.

Oftmals fand ich Einträge von mir, in welchen ich berichtete, unsere drei Enkel bei uns zu haben. Mal waren sie an den Nachmittagen da, mal gemeinsam, dann einzeln und oftmals über die Nächte an den Wochenenden. In diesen Stunden fühlte ich mich gut, wenn ich die glücklichen Augen meiner Lieben sah.

Charlotte und Henriette waren ebenso froh über meine Hilfe und sie gaben mir emotional viel zurück.

Mo und ich hatten uns nach dem vorletzten Urlaub E-Bikes gekauft und wir fuhren sehr oft, wenn es unsere Zeit und Gesundheit zuließ, damit an den Seen und den öffentlichen Wegen entlang.

Beim Vater wurde es auch etwas mehr, was ich in seinem Haushalt übernahm. Anfangs fiel es mir ungeheuerlich schwer und Mo war immer mit dabei. Nach einiger Zeit, und als ich merkte, dass ich mich gegen seine Äußerungen endlich wehren konnte, wurde es für mich leichter und ich konnte ohne Begleitung zu ihm. Trotzdem blieb es schwierig, bei ihm zu sein und oftmals brachte er mich an den Rand der Detonation.

<u>Vom 16. 07.</u>

[...] Heute beim Vater: Ich wollte nichts essen und er hat mir drei oder viermal was zum Essen angeboten. Habe es jedes Mal verneint. Und siehe da! Ich will eine kleine Pause machen und da stehen Weintrauben auf meinem Platz. – Was ist an meinem NEIN nicht zu verstehen? – Ich sagte es locker, bestimmt, bestimmt lauter und energisch! Aber es stehen trotzdem Weintrauben auf meinem Platz! Ich hätte platzen können vor Wut. Und genau das bekomme ich nicht hin. Und so wird sowas immer wieder mit mir gemacht. Ich werde ignoriert, bin Luft, überflüssig! Warum?

 513

Ich verstehe es nicht!
Warum wird denn so auf mir drauf rumgetrampelt?
Seine Antwort: Er wollte mir was Gutes tun!
Hä? Verstehe ich nicht! Was Gutes wäre gewesen, mein NEIN zu
akzeptieren!

Und so kam mir heute wieder der Gedanke, dass meine andauern-
de Beziehung zu ihm mein Verhältnis zur Frau Dr. Traudich zerstört
hat, [...] weil ich den TÄTERKONTAKT nicht unterbreche! Ich weiß,
dass es nicht gut für mich ist, aber ich kann nicht anders! Ich weiß auch,
dass er sich nie ändern wird. Aber da er mich braucht, verhält er sich ganz
annehmbar und hat mir viel anvertraut. – So kann ich es aushalten und
naja, nicht verkraften. Aber ich kann es immer wieder versuchen. Vielleicht
habe ich später auch mal ein gutes Wort für ihn?

Ich sehe es so: Bei Angst zum Beispiel soll ja die Konfrontation hilf-
reich sein und die schlechten Erfahrungen werden mit neuen, guten und
schönen überschrieben. So kann die Angst weggehen. Genauso ist das in
diesem Fall. – Ich werde versuchen, die alten schrecklichen Erfahrungen
mit guten zu überschreiben. Ob mir das gelingt, ist zwar fraglich – aber
einen Versuch wert!

Ob es richtig ist – hin oder her! Ich entscheide, ob ich das will oder nicht!
Und, wenn es mich ins Fegefeuer bringt! Na und? Dann ist es so!
Ich schaffe mein Leben mit oder ohne ihn sowieso nicht!

Weiterhin kümmerte ich mich um verschiedene Formulare und
Anträge. Nicht nur für mich und Mo. Alle hatten herausgefun-
den, dass ich an Langeweile litt! Neben unserem Schriftkram erledigte ich auch den von Charlotte, Henriette, Bela und manchmal welchen seiner Mutter.

Wir ließen, meist durch die Fülle der Kontakte von Mo, nie
einige uns nahestehende Verwandte und verschiedene Freunde aus den Augen und trafen uns regelmäßig mit Nash, Mila-
Marie und Luisa.

Dann kam uns auch unsere Dalia ein-, zweimal im Jahr besuchen. Sie hatte, nachdem ich den Kontakt damals nach einem
kurzen Zeitraum wieder zuließ, von der Ferne vieles mitbekom-

men, wie es mir ergangen war. Nun freute sie sich sichtlich, dass ich keine Pille mehr schluckte, mein altes Gewicht und damit mein normales Erscheinen zurückhatte und dass all unsere fünf Kinder wieder an unserem Leben teilhaben konnten. Mit Mo habe ich mich zu dieser Zeit ständig gestritten. Ständig passte ihm was nicht und ich selbst war voll genervt. Sogar vor anderen, was nun gar nicht meine Art ist, zankten wir uns. Oft wusste ich wenig später nicht mal mehr, worum. Diese Phase machte mich einfach fertig und auch an Mo ging sie nicht einfach nur vorüber.

Nachdem ich so viel klarer sah und mein Hirn wieder begann, etwas mit mir zu arbeiten, der Pillencocktail allmählich aus meinem Körper verschwand und sich der dunkle, zugezogene Vorhang mehr und mehr lichtete, war mein Blick auf so viele Dinge ungetrübter, dass ich nicht mehr alles nur hinnahm. Da kam ein kleiner Wille in mir hervor, so wie sonst meine Gremlins in meinem Kopf. Nun sagte ich, was ich für richtig hielt. Doch es passte Mo ebenso wenig, wie die Zeit, als ich alles nur aufnahm und für mich banal und farblos war.

Hey, das erste wahrnehmbare Gefühl in mir war meine Wut. Leider schoss sie auch auf Menschen, die gerade zur falschen Zeit am falschen Ort waren.

Da war ich doch gerade mit Dalia an einem Vormittag beim Quasseln in der Wohnstube, als mich eine WhatsApp-Nachricht von Helena erreichte.

Vom 27. 07.

[...] Da bin ich vom Glauben abgefallen. Es war Sonntag und sie hat Urlaub! Als ich diese auf meiner Uhr gesehen habe, bin ich wie ein plötzlicher Knall ausgeflippt und rausgerannt. Musste kurz weg und erst einmal Luft holen. Hey, ich war gerade dabei, meinen Kopf von dem ganzen Mist zu erholen und dann – Peng – voll eine drauf! Der ganze Stress war sofort wieder da. Also nichts mit Kopfurlaub! Scheiße!

Die WhatsApp-Nachricht war zwar ganz harmlos und sehr freundlich. Sie hatte sich für den schönen Tee bedankt. Aber ich weiß, dass das nur ein Vorwand ist. Sie wollte, dass ich mich mal wieder kurz melde. – Oh, diese Kontrolle! Wie ich das hasse!

Leider flüchtete ich aus dieser Situation ins Treppenhaus. Die grenzenlose Wut kochte in mir so überraschend und blitzartig hoch. Mein Inneres schrie nach Zerbersten und ich stieß meinen Kopf mit der Stirn heftig gegen die Hausmauer. Dieser plötzliche Schmerz brachte mich wieder aus meiner Wildheit heraus und beendete meinen Tobsuchtsanfall augenblicklich. Bedauerlicherweise lief mir ein wenig Blut von meiner Stirn und Dalia war fassungslos und wusste erst nicht, woher ich mir diese Verletzung geholt hatte. – Sorry!

Dennoch wurde der Tag richtig herrlich. Das Wetter spielte mit, ...

[...] Nieselregen, Sonne, bedeckt, starker Regen, Regen, Sonnenschein. Genau diese Reihenfolge. [...]

Dann kam der Hammer für diesen Tag. Ich konnte mein Glück nicht fassen! Als wir ins Bett gegangen waren, kam Mo ungewöhnlich zu mir kuscheln, hielt mich fest. [...] Dann gab die Situation die Romanze frei ... Endlich, nach all dieser sinnlosen Zeit, hat Mo mal wieder mit mir geschlafen. Schön, irre, toll, happy!

Nachdem Dalia wieder abgereist war, kam mein lähmender Alltag zurück.

Einmal hatte ich Mut und machte mich allein auf einen längeren Spaziergang. Hatte viel Zeit zum Totschlagen. Leider kam ich nicht weit, denn meine unbändige Angst holte mich ein und mit enormer Anstrengung und Selbstbeherrschung schaffte ich den Rückweg nur mit Müh und Not. Am Abend wollte ich Mo davon berichten, aber er hörte mir nicht zu. Mitten im Erzählen brach ich meinen Bericht ab. Er bemerkte es nicht einmal. – Superfluous for this world!

Auch Henriette ging es nicht gut. Sie suchte einen neuen Psychiater, dem sie vertraute. Wie ich schon immer war, half ich mit Ratschlägen und der Suche. Fand jemanden und ich vereinbarte einen Termin für sie. Als sie Tage später diesen Termin hatte, kam sie ganz aufgelöst zurück. Sie benötigte dringend beruhigende Wort, welche ich ihr gern gab. Doch spurlos und ohne über alles nachzudenken ging dieser Termin nicht an ihr vorüber.

Vom 03. 08.

Ich möchte schwerelos sein. Endlich die verborgene Schwere los sein!

Zwischendurch suchte ich neue Interessenten für den Garten vom Vater. Er schaffte diesen nun wirklich nicht mehr. Hatte viele gesundheitliche Probleme und wollte diesen wegen des Betrugsfalls loswerden. Uns gelang es, Käufer zu finden, wir stritten mit dem Vorstand und schafften den Verkauf. Puh!

Bei Charlotte stellten sich ebenfalls gesundheitliche Probleme ein, welche sie vorerst wieder in einen Ausnahmezustand versetzten.

Was wir ebenfalls schon so lange beobachteten, war, dass unser Julian in seiner Entwicklung nicht den typischen kindlichen Fortschritten entsprach. Charlotte kämpfte, um ihm sein Leben zu erleichtern. Leider wollte keiner aus seiner Kindertagesstätte ihn und seine Mutter dabei unterstützen, obwohl diese die Eignung dafür aufwies und sie dazu ärztlich und zusätzlich von der Gemeinde aufgefordert worden waren. Die Kita sperrte sich, mit dem Argument kein Personal dafür zu haben, taten jedoch nichts dergleichen, eine Besserung für Julian herbeizuführen. Die Sorge um ihn wuchs von Tag zu Tag und erschwerte so das Leben von Mutter und Kind.

 517

Der Chef meldete sich auch ein paar Mal bei mir. Fairerweise muss ich sagen, er blieb nett und gab vor, mir helfen zu wollen. Die Sprache kam auch zu einem Aufhebungsvertrag. Doch ich konnte es in meiner derzeitig schlechten Verfassung nicht entscheiden. Zu viel hing davon ab. Nein, so leicht ging es für ihn und für mich nicht. Wollte auch nichts unterschreiben, was sich als Fehler und großer Nachteil für mich herausstellen könnte. Immerhin haben mich diese Arbeit und seine Anweisungen aus der Bahn geworfen. Da mussten wir durch und zwar, bis eine amtliche Entscheidung getroffen wurde, und keine, die ihm gefallen wird.

Ich war nur froh darüber, dass ich mittlerweile klarer sehen konnte und nicht durch weitere Pillen und Medis abgeschossen und nicht denkfähig gewesen war. Alles wäre dann anders gekommen.

Vom 11. 08.

Etwas Bedauern schlummert in mir. [...] Oder mein Traumberuf? Alles wirbelt in und um mich herum. Ich schaffe es nicht einmal, meinen Scherbenhaufen aufzuräumen. Dazu fehlt mir einfach die Kraft.

Vom 12. 08.

[...] Es ist eine Qual, so von Tag zu Tag zu leben, wenn ich das nicht will! Und kein Mensch wird gefragt, ob er auf diesem Planeten leben will. Ich weiß, das geht ja auch nicht. Aber warum tun alle dann so, dass es ihnen gefällt?

[...] Oh, der Prosecco! Und die Wärme! Passen nicht zusammen!

Hab grad Luisa gefragt, ob sie gegen 18:00 Uhr mit mir eine Stunde spazieren gehen würde. Na, mal schauen.

So, gehe putzen! Muss mal Mo etwas abnehmen! Bad fast fertig! Nur noch einräumen.

Ich will nicht das Paradies! Ich müsste lügen! Nein!

Flasche geschafft! Ich bin die verborgene Schwere los! Schwerelos!
[...] Luisa hat sich nicht gemeldet. Naja, hätte sie mal gebraucht. So
ist es, wenn man Freunde hat. Sie haben auch nicht immer Zeit. [...]
War am Abend noch bei Luisa Sekt auf dem Balkon trinken. Ich habe
mich darüber gefreut. [...]

Dieses viele Alleinsein machte mich mürbe. Mo gab sich viel Mühe, mir die Zeit nicht zu lang werden zu lassen. Wenn er arbeiten war, telefonierten wir viele Stunden, nur um mein Dasein erträglicher zu machen. Bis Mo wieder heim war, konnte ich ohnehin nie schlafen. Seine unregelmäßigen Arbeitszeiten machten uns das Leben in allen Bereichen so schwer, dass er einen neuen Ausweg suchen musste. Zu seinem Leid kam noch hinzu, dass der damalige Arbeitsunfall eine Arthrose bei ihm ausgelöst hatte, er dafür jedoch keinerlei Entschädigung erhielt, weil diese irgendwann im Alter ohnehin ausgebrochen wäre. An einigen Tagen konnte er nicht mehr laufen oder sich bewegen. Die Arthrose im Rücken, welche vom Sturz hervorgerufen war, bereitete ihm seither, nun schon vier Jahre, beim Hinlegen enorm starke Schmerzen.

Zu allem Überfluss waren seine Kollegen und Chefs nicht rücksichtsvoll und sein Arbeitgeber vernachlässigte seine Fürsorgepflicht in Bezug auf das Rauchen. Mo war jeden Tag dem extrem starken Qualmen von Zigaretten und Co. seiner Kollegen ausgesetzt. Die Chefs kamen seiner fortwährenden Bitte der Unterlassung des Rauchens in den Fahrzeugen, auf engstem Raum, nicht nach.

Alles zusammen führte zu einer gesundheitlichen Verschlechterung von Mo, welche am Ende sogar zu einer heftigen und riskanten Operation ausuferte.

<u>Vom 26. 08.</u>

[...] Therapie [...] Geht ja auch nicht länger, dass ich jedes Mal im OP-Hemd dastehe, wenn ich ein Essengeruch in die Nase bekomme oder wenn

ich in einen Speise- oder Aufenthaltsraum komme. Ist echt ätzend! Da macht Kochen auch keinen Spaß. Das Schlimmste war aber der Aufenthaltsraum auf der Arbeit. Ich konnte da nicht hin. Es war wie untertänig oder ausgeliefert. Wie allein, gezwungen, nackt in einer Gruppe fremder Menschen zu sein, und jeder darf mich so sehen und die schmierigen Hände an dich legen ... Kopfkino – AUS!

Dieser Sommer neigte sich dem Ende zu.

Mir ging es noch immer so, wie eben in all meinen Zeilen geschildert. Meine Wahrnehmung von vielen Sachen und Gegebenheiten war trügerisch. Ich selbst zweifelte oft genug, auch wenn ich recht behielt.

Luisa zog sich von mir nach und nach zurück. Irgendetwas stimmte da auf einmal gewaltig nicht und ich wusste und ahnte es auch nicht.

Um Charlotte wurde es auch ganz ruhig. Sie hatte ja nun Bela und drei Kinder. Dabei auch die große Sorge um Julian.

Ich fühlte mich zunehmend flüssiger als Wasser = überflüssig!

War nur noch ein Klotz am Bein und eine zusätzliche Last. Das fünfte Rad am Wagen.

Zu meinem eigenen Erstaunen liefen mir einmal ganz spontan die Tränen darüber über mein Gesicht. Viel zu lange war es her, dass mir das passierte. Und ...

<u>Vom 02. 09.</u>

[...] Es gibt doch noch Wunder. – Sie sind so schnell wieder weg, wie sie kamen! Ich kann nicht mehr leben! Schaffe es nicht mehr!

Versuchte mich daraufhin, mit künstlerisch malerischen Worten auszudrücken. *Mein Bild:*

 520

Schwarzer Vorhang. Davor fliegen rote und blaue Schmetterlinge und ich schwebe zwischen ihnen. Mein Blut läuft aus mir raus und hinterlässt ein rotes Rinnsal, aus welchem die Schmetterlinge entspringen.

Einen Tag darauf versuchte ich, eine andere Version für mich zu erschaffen. Wollte einfach mal wieder schöne Worte schreiben. Wenigstens mal aufschreiben.

<u>Vom 03. 09.</u>

[...] so, wie ich es gern tun würde.
Ein herrlicher Tag liegt hinter mir. Geschlafen habe ich wie ein Stein, und ich könnte Bäume ausreißen! Die Sonne lacht und erhellt meine Seele. Wunderschöne Blumen und Schmetterlinge umgeben mich. Bäume so stark, dass keiner es schafft, diese zu fällen. Wasser umspült alles so blau und klar. Ich kann ganz weit hinunterblicken. Farbenfrohe Fische und andere Wesen toben und tollen im Wasser herum. – Kein Müll, soweit mein Auge reicht. Und über allem beugt sich ein farbenprächtiger Regenbogen.
Ja, auch ich erinnere mich [...]
Das tatsächliche Bild für heute: Meine Finger krallen sich in Gestein. Hänge am Abgrund und kämpfe noch um mein erbärmliches Leben. Es geht Hunderte von Metern in die Tiefe. Ein Grund ist nicht zu erkennen, nur Leere. Weiterkämpfen? Loslassen? H... flehen?
So wie bei allem in meinem Leben: Ich kann mich nicht entscheiden!

<u>Vom 21. 09.</u>

[...] habe derzeit viele Bilder bzw. Abschnitte im Kopf. So eines: Bin von Wasser umgeben, liege im Schatten von Bäumen. Das dunkle Wasser leckt am Inselrand und schnappt nach mir. Ich, benommen in allen meinen Sinnen, lasse geschehen, was mit mir passiert. Ruhe zieht ein. Das Vergessen beginnt. Meine Gedankenschleifen lösen sich in Wohlgefallen auf.

 521

Ich spüre nichts mehr. Die Leere umschließt mich gänzlich. Ich löse mich auf. Nur noch ich, die Bäume, das Wasser und NICHTS! Fort!

Immer mehr hasste ich die Tage, die kamen. Fürchtete mich davor.

Vom 25. 09.

Och nee! Schon wieder! Ein Tag! Und ich atme!
– Scheiße!

Je näher ich dem Jahresende zusteuerte, desto verrückter wurde es. Immer öfter wollte ich allein sein. Konnte die fremden Menschen nicht mehr ertragen. Der Gedanke, Räume mit ihnen zu teilen, bereitete mir nicht nur Unbehagen, nein, ich wäre am allerliebsten unsichtbar geworden!

Die mich überhäufenden Briefe und Forderungen nach Antworten waren echt lästig, unumgänglich und für mich händelbar. Da brauchte ich ja keinem begegnen.

Nun gesellte sich eine neue Sorge zu all dem bereits aufgestauten Gedankenmist hinzu.

Vom 08. 10.

[…] Die Sorge um Stella Marie und Liese. Henriette schafft es kaum, den Kindern kindgerecht nachzukommen. Ach herrjeh! Was soll das alles noch werden? Stella Marie malt und spricht vom Tod. Wieder nur kindliche Neugier? Oder Alarm? Ich weiß es echt nicht. […] Mensch, sie ist erst sieben Jahre. Was soll das werden? […]

<u>Vom 14. 10.</u>

[...] Dann beschäftigt mich immerzu Stella Marie. Habe echt Angst, dass sie krank wird wie ich. Was dann? Eins ist klar – Ich lasse sie nicht allein. Egal, wohin sie geht.

Habe heute mit ihr gesprochen und sie erzählte mir was von einer Freundin Lea. Dann sagte sie, sie habe sie nur erfunden und mich veräppelt. Aber hey, ich erklärte ihr, dass das aber schön ist, wenn sie eine Freundin für sich hat. Auch, wenn es sie nicht wirklich gibt. So eine Freundin ist doch schön und immer für einen da. Es wäre nicht schlimm, sowas zu haben. Nur in der Schule solle sie von ihr nichts erzählen. Da sagte Stella Marie: „Gut, das mache ich." [...]

Bei Henriette lief es nicht so, wie sie es allen vormachte. In der Beziehung mit ihrem Freund gab es für uns alle von Anfang an Dinge, die wir nicht guthießen. Wir sprachen zuweilen mit Henriette darüber. So eine Entwicklung in einer Beziehung war nicht gesund. Es war zum Beispiel so, dass sie sich von sämtlichen nahestehenden Freunden trennte, alle bestehenden Kontakte vom Handy zu entfernen hatte und Besuche durfte sie nicht empfangen. Bald schrieb sie uns nur noch heimlich, weil ihr Partner alles überwachte. Henriette löste dennoch sämtliche bestehende Verbindungen auf und meinte dazu, es wäre „ihre" Entscheidung und längst überfällig.

Um ihr dennoch eine Unterstützung zukommen zu lassen, kam ich ihrer Bitte nach, eine Psychologin für sie zu finden und gleich einen Termin zu vereinbaren. Ein paar Tage drauf hatte ich für sie alles in Sack und Tüten.

<u>Vom 09. 11.</u>

[...] Henriette hat sich per SMS gemeldet. Sie braucht eine Wohnung. Will weg von da. Weg von ihrem Freund.

Charlotte ist bereits dabei, ihre Sachen aufzunehmen und im Keller zu verstauen. Bei uns sind heute zwei Matratzen von ihr gelandet. Die warten nun im Keller auf ihren nächsten Einsatz. [...]

 523

Aus meinem Tagebuch einundzwanzig
Vom 13. 11.

[...] Sie will in unserem Ort eine Wohnung finden. Na, mal sehen, ob ich [...]

Zum Termin bei Helena. Eine ihrer vielen Fragen, worauf ich keine Antwort fand, und doch mir diese eine Frage schon Hunderte Male davor selbst stellte, war ich vorerst noch nicht in der Lage zu beantworten. Erst ein eingetretener Notfall brachte da ein kleines bisschen Licht hinein und ich fand einen kleinen Teil der Klarheit in mir zu diesem Thema.

[...] Allerdings waren die Fragen heute sehr schwer für mich zu beantworten. Ich frag mich ja schon selbst, warum es in mir nicht besser wird. Habe keine Antwort darauf. [...]

Balu musste zum Tierarzt, um 23:30 Uhr rief mich Charlotte an, er wurde in der Tierklinik gleich notoperiert.

Vom 16. 11.

[...] Doch so wie Helena anfing, die Frage zu formulieren, fiel ich ihr ins Wort, weil ich wusste, welche Frage kommt. Ich hatte oder habe auch oft darüber nachgedacht und kam nie zu einer richtigen Antwort.
Als ich da so mit Charlotte unterwegs war, kam die Antwort von selbst. – Ich kann es schlecht beschreiben und möchten keinem ein schlechtes Gewissen machen oder eine Schuldzuweisung. Dies liegt mir fern, da alles an mir selbst liegt.
Damals, als wir im Mai Charlottes Garten geräumt und sie sie ihn wieder abgegeben hatte, fing das „ALTE" wieder an. So, wie ich Charlotte nachschaute, als sie nach der Übergabe heim nach ... fuhr (zurück

 524

in den Ort von Belas Eltern), überkam mich das kalte Gefühl, dass ich SIE wieder verloren habe und Julian dazu. Ich wurde beim Nachblicken so traurig, einsam und leer. Mein Akku leerte sich Tag für Tag. Die selten gewordenen Treffen machten nichts besser. Eher schlimmer! (Tränen blitzen mir in den Augen.) Ja, das ist der Grund! [...]

Das allein war es nicht, da war das mit meiner Arbeit, das mit Charlottes Nachbarn, der Umzug und, und, und.

[...] Das raubt mir die Energie! Denn alles, was sie nun plant, und wenn sie Hilfe braucht, bin ich nicht mehr in ihrem Leben. Sie wickelt nun alles mit Belas Mutter ab. Ich existiere (Tränen) nicht mehr. [...] Bin nur der Notnagel, wenn Belas Mutter nicht kann und sie keine andere Lösung hat. [...]
– Aber nein, alles schick in meinem Leben! Habe keine Probleme mehr. Mir geht es prima! Hey, ich feiere jeden Tag das Leben. Habe eine schöne Zeit. Mache was ich will. Hand aufs Herz – mir geht es gut und ich bin gut zu mir! – Kein Zweifel daran!
Sorry an die, die sich jetzt anders fühlen! – Kann nicht mehr schreiben, obwohl noch was in meinem Kopf ist. Mir ist schlecht, kalt und ich zittere. [...]
22:18 Uhr. Im Bett. Mir ist immer noch schlecht. Beim Zähneputzen dachte ich schon, ich muss mich übergeben. Kann meine Gedankenspirale nicht stoppen. Das Schreiben hat mir schwer zugesetzt und es hat mich runtergerissen. Ich lebe doch schon eine ganze Weile nicht mehr. Nur noch meine Hülle existiert und vegetiert dahin. [...]

Vom 17. 11.

01:11 Uhr. Ein kurzes Gespräch im Auto mit Charlotte, als wir am Sonnabend in die Klinik fuhren. Sie erzählte, dass sie für Julian die kommende Therapie telefonisch abgesagt habe, weil sie zu dieser Zeit einen anderen Termin habe und Belas Mutter nicht abkömmlich sei. Außerdem traue sich Belas Mutter ja nicht mit dem Auto in die Groß-

stadt. Da hat Charlotte eben Julians Termin abgesagt. Ich fragte, warum sie mich nicht gefragt hatte. Sie meinte, dieser Gedanke sei ihr gar nicht gekommen. Naja, ich habe ja so viel zu tun, dass ich für nichts und niemanden Zeit habe. – Genau dieses Gespräch hat mich zu diesem Gedanken gebracht.

08:50 Uhr. Weiter ist mir nun bewusst aufgefallen, dass Belas Mutter Julian aus der Kita abholt, wenn Charlotte mal nicht kann. Ich wohne nicht weit von der Kita und bin in fünf Minuten zu Fuß dort. Ach ja, mir mangelt es ja an der Zeit!

Es war tatsächlich dazu gekommen: Mo und ich waren das fünfte und sechste Rad am Wagen geworden. Wir wurden unbrauchbar. Mo ärgerte sich darüber und mich quälte es. Wie wir darauf kamen? Zum Beispiel mit der anstehenden OP von Mo.

<u>Vom 24. 11.</u>

[...] Übrigens: Alle wissen, dass Mo heute operiert werden sollte. Keiner hat nachgefragt. Niemand interessiert es. [...]

<u>Vom 25. 11.</u>

Kam vergangene Nacht vor lauter Gedanken nicht in den Schlaf. Mir schwirrte das letzte Gespräch mit Mo noch im Kopf herum. Wir hatten nachgefragt, ob Julian von Freitag zu Sonnabend bei uns sein möchte. Leider will er nicht! Da kam Mo mit der Sprache raus. Er sagte mir, dass er sich nur noch als Notnagel für seine Kinder fühle. Sie melden sich nur noch, wenn sie keinen anderen Weg mehr sehen. Charlotte wie Henriette. Das tue ihm sehr leid und sehr weh.

Ich sagte mal nichts, als er das im Auto ansprach. Weil meine Gedanken schlagartig zum 16. 11. sprangen und ich nichts, außer „Ja, mir geht es auch so" bestätigen konnte. Ach, na schau an! Ich täusche mich nicht. Nicht nur ich fühle mich einsam. (Tränen)

 526

Albträume setzten wieder ein, je näher ich dem Jahresende zusteuerte.

Henriette zahlte oftmals die Rechnungen für das Mittagessen in der Kita und in der Schule nicht. So hatten die Mädels nichts zu essen. Liese wurde daraufhin für die Kita tageweise gesperrt und bei Stella Marie brachte ihre Lehrerin ihr oft genug etwas zum Essen mit, weil sie ihr sehr leidtat.

Vom 05. 12.

[...] hatten alle drei Kinder. [...] Nach dem Abendbrot brachte ich sie wieder heim. Liese war sehr traurig, weil sie bei mir bleiben und hier schlafen wollte. Auf dem Heimweg fragte mich Stella Marie, warum ihre Mama es damals verboten hatte, dass sie zu mir kommen durfte. Und sie erzählte, dass sie sogar nicht mehr von mir (auch von Opa) reden durften. Sogar wurde ihnen verboten, Oma Resa und Opa Mo zu sagen. Sie meinte noch ganz traurig, dass sie mich sehr vermisst hat. [...]

Vom 24. 12.

[...] Über Stella Marie mache ich mir nach wie vor große Sorgen. Letztens saßen wir im Auto gemeinsam und ich fragte ob sie glücklich sei. Da meinte sie ganz traurig: „Nein, ich bin nicht glücklich." Das war für mich, als ob mir ein Messer ins Herz gestoßen wird. (Tränen) Mich schmerzt es so sehr, dass ich nicht mehr helfen kann.
Oh Mann, dieses Thema ...

Vom 26. 12.

Ein „ruhiger" Heiligabend ist nun vorbei. [...] Schneechaos in der Stube. [...] Nur meine Stella Marie hat mir wieder Sorgen bereitet. Sie konnte und <u>wollte</u> sich nicht freuen. Oh, ihr Herz ist so schwer. Sie wollte allein sein. [...] Ich ertrage es nicht, sie so leiden zu sehen. – Wie kann ich nur helfen?

Vom 29. 12.

Heute war Frau Dr. Traudich-Zeit. Ich bin nun nicht mehr so angespannt wie früher bei diesen Terminen. Das hat sich deutlich verbessert. Auch sind die Gespräche besser. [...] Sie konnte mich wieder etwas beruhigen, was die Reha betrifft.

Fakt war: Die Zeit war unnachgiebig angsteinflößend für mich. Sie rückte immer näher heran. Mo nahm sich einen Tag frei, um mich sicher an mein auferlegtes und unvermeidliches Ziel zu bringen, und die Rehaeinrichtung begrüßte mich gleich zum Beginn des neuen Jahres.

Gleich am allerersten Tag, hundeelend trifft es nicht annähernd, die nötigen Voruntersuchungen konnte ich an mir nicht zulassen. Wollte nicht berührt oder angefasst werden. Dies stieß beim ersten Arzt nicht gerade auf Verständnis. Auf die gestellten Fragen ...

Vom xx. 01.

[...] musste ich meine paar Worte rauswürgen.
Zweiter Arzt, alle zu neugierig. Fragen, die ich nicht mehr beantworten will. Die nur mich was angehen. Demzufolge widerwillige Antworten. Ein flüssiges Gespräch kam nicht zustande. Egal.
Fragen nach der ambulanten Psychotherapie. Habe ehrlich geantwortet. Er meinte, dass das nicht richtig sein könne. War vollkommen verwirrt. Na klar, ist die Therapie seit 20__ ...
Dann noch zu den Suizidgedanken. Nein, derzeit nicht. Seit wann? Warum nicht? Was hat sich geändert? – Er war mit meinen kurzen Antworten nicht zufrieden. Egal! [...]
Mann, irgendwann bekomme ich wegen dem ganzen Scheiß noch richterliche Anordnungen. Dann darf ich nichts mehr in meinem Leben entscheiden. Dann mache ich – einen Punkt!
Also, es läuft! – Na klar, alles gegen den Baum!

 528

Vom xx. 01.

Um 06:15 Uhr war Blutentnahme. Die Schwester hat mich gleich an-
geblafft, weil ihr meine Körpersprache nicht gepasst hat. [...] Es reicht,
wenn mein Körper spricht, da braucht es mein Mund nicht tun! – Da hatte
ich alles schon wieder um 06:20 Uhr satt.

[...] das große Psychologengespräch. Habe immer ehrlich geantwortet.
Nur kam auch kein richtiges Gespräch zustande und sie meinte, dass sie
nur noch die kurzen Fragen stellt, dass der Fragebogen fertig wird.

Oh, Scheiße! Ich wollte diesen ganzen Mist nicht mehr. Die reißen nur
alle Wunden wieder auf, aber bekommen keine zu und abgedichtet.

– Das kotzt mich richtig an. Aber so richtig! [...]

Einerseits gab ich mir große Mühe, um hier meine Zeit zu überstehen. Anderseits raubte mir die Zeit mit den unzähligen und
fremden Menschen ungeheuerlich viel Energieeinsatz. So setzte ich eben auf meine innerliche Trumpfkarte, um irgendwie alles zu überstehen: Disziplin war nun mit harter und zielgerich-
teter Ordnung bei den Therapien angesagt. Wollte auch nicht,
dass sich die ganzen Menschen so viel Arbeit mit mir machten
und ich ständig genervt, patzig und ungehalten war. Keiner von
denen konnte etwas dafür, dass es mir so ging. Keiner! Sie traf
keine Schuld! Ich bin das Problem, ich bin der Fehler!

Als guten Ausgleich für diese stressige Situation telefonierte
und schrieb ich jeden Tag mit allen erreichbaren mir nahestehenden Menschen. Da waren Mo, Wolfgang, Mila-Marie, Charlotte, Henriette, ...

Tage kamen und gingen. Die Zeit war dennoch ziemlich lang.
Mit allem war ich nicht zufrieden. Nur am Wetter konnte ich
mich etwas erfreuen und hätte dies doch lieber daheim mit Mo
getan. Dreißig Zentimeter hoch lag der Schnee und es kam unablässig mehr hinzu. Genau mein Ding!

Morgenrunde.

<u>Vom xx. 01.</u>

[...] Nach der Stunde musste ich wieder dableiben. Wie ich das hasse! Dann der Lebensfragebogen. Wieder Kotz – großer Kotz! [...]
   Aber dann kam's. Sie, also die Psychologin, hat natürlich meine An-spannung bemerkt. Klar, ich weiß, sie ist nicht zu übersehen! Ob ich mich doch jeden Tag mal im Schwesternzimmer melden wolle. Ob alles i. O. ist. Äh, nein! Kontrolle, Kontrolle! Alarm! Flucht! Weg! Neeeeeein, [...] Ich komme klar.

Anderer Ort:

[...] die Hausdame fragte, ob ich Hilfe brauchte. „Nein!", sagte ich. Den-ken tat ich: „Lasst mich doch einfach in Ruhe." Diese permanente Auf-sicht! Hey, ich habe in den zehn Jahren gelernt, mit dem Scheiß zu leben! [...]

Zurück in meinem Zimmer, welches ich selten verließ, schrieb ich Briefe an Stella Marie, Liese, Julian und Dalia.

Meine Aussicht auf einen verschneiten Wald und weißglitzernde Berge aus meinem Zimmerfenster war sehr angenehm und traf meinen erfreuten Nerv. Es war Winter, alles war zugeschneit, da stellte ich mir die Aufgabe, etwas Futter für die vielen Vögel da draußen auf dem Fensterbrett bereitzulegen. Das füllte meine langen Tage. Doch einigen Spaziergängen im Wald konnte ich auch nicht widerstehen. Da durch den Schnee alles hell und übersichtlich war, fühlte ich mich sicher genug.

Die ganzen Therapien dieser Tage waren schwer aushaltbar für mich. Gab mich jedoch nicht unbedingt geschlagen und beteiligte mich auch mit kleinen Antworten und Erfahrungen bei den Gruppen. Das fiel mir, so müde und ausgemergelt wie ich war, unglaublich schwer. Was mich jedoch verdutzte und auch sehr nachdenklich stimmte, war, dass ich bei körperlichen Aktivitäten nicht in der Lage war, die Mindestanforderungen zu erfüllen. Schaffte es einfach nicht! Mein Körper und meine Muskeln streikten regelrecht.

Vom xx. 01.

[...] Mal so nebenbei angemerkt: Das Essen schmeckt prima. Ein Lob an den Koch! Nur der Speiseraum ist der Horror. Schon wenn jemand hinter mir ist, zucke ich irre zusammen. Der Essensgeruch macht es nicht besser. Die Bilder von damals verschwinden nicht einfach. Sie kommen andauernd wieder hoch.
KOPFKOTZE.

Vom xx. 01.

[...] Nach dem Mittag nun noch Visite. Ach herrje! Fünf Mann stark. So, wie ich in den Raum kam, hat es mich gleich wieder rausgewedelt. Alle Signale standen auf Flucht. Das ist schlimmer als auf der Anklagebank. Ich war aber heilfroh, dass nur Dr. ... mit mir sprach. Das letzte Mal bei ihm im Raum konnte ich wenigstens aus dem Fenster schauen. Das war diesmal nicht möglich. So schaute ich mir die Schuhe an.

Es ist so schwer für mich geworden, mit Ärzten, Schwestern und Therapeuten in einem Raum zu sein und alle schauen mich an. Da kommt sofort wieder der Scheiß-Raum in der Einzelhaft zum Erwachen. So viel Ärzte, Pfleger, Psychologen, Schwestern, o. Ä. prügeln verbal auf mich ein. Dann die vielen Spritzen und Vorwürfe, Maßregelungen und Sanktionen. Das Gefühl werde ich nicht mehr los.

Der Arzt war nett. Habe es auch geschafft, zu sprechen. [...] Soll das eine Medikament noch absetzen. Sie fragten, warum ich dies überhaupt einnehme. Habe ihnen gesagt, dass ich Adipositas hatte und ich dies verschrieben bekommen habe. Sie fragten ungläubig noch einmal nach, bei welchem Gewicht ich war. Als ich es ihnen sagte, bei 75, war kurz Ruhe im Raum.

Ich fühlte mich wie verprügelt, als die Visite endlich vorbei war. Wollte nur noch weg!

 531

Achtsamkeit vom xx. 01.

[...] war wie immer achtsam unterwegs.

- *Das Knarren des Schnees unter den Schuhen.*
- *Das Betrachten der Bäume und Sträucher, alles schneebedeckt.*
- *Habe mir meine Spuren betrachtet, und den Schnee, der an meinen Beinen klebte.*
- *Ein Specht war zu hören, leider nicht zu sehen.*
- *Ein schwarzes Eichhörnchen, das auf einen Baum klettert.*
- *Die Zwitscherlinge ringsum.*
- *In den Schnee gepustet und zugeschaut, wie er schmilzt.*
- *Vor ein paar Tagen fünf Rehe gesehen, bin sofort still stehengeblieben, konnte sie gut beobachten, da sie mich nicht bemerkten.*
- *Das Stiefeln durch den Schnee, das Wegschieben, die Löcher, die ich hinterlasse.*

Alles habe ich im Kopf festgehalten!

<u>Aus meinem Tagebuch zweiundzwanzig</u>
<u>Vom xx. 01.</u>

[...] beim Einzelgespräch. [...] Sie fragte mich auch zu meinen Selbstverletzungen. Mein Kopf brüllte in diesem Moment: Scheiße! Aber so nach und nach legte es sich in mir. Ich konnte darüber reden. Sie hakte mehrmals nach, bis dann alles raus war. Naja, habe ganz schön gebröckelt, aber das nützt nichts. Ich will ja auch, dass es irgendwann mal weg ist und ich nicht ständig unters heiße Wasser muss. Mich quält daran ja nicht das Wasser, auch nicht der Schmerz. Mich quält, dass ich es verheimlichen muss. [...]
    Dann war meine Psychologin echt baff, weil ich bei der letzten (ersten) Wochenauswertung bei der Skala der Zufriedenheit von null bis zehn knapp neben der Null mein Kreuzchen gemacht habe. Auch hier hakte sie tüchtig nach. Ja, ich war gar nicht zufrieden. Aber das liegt an mir. Da fällt mir wieder einmal meine Disziplin auf die Füße. Ohne Rücksicht auf

 532

mich, ob ich das überhaupt schaffe und verkrafte, nehme ich jeden Termin und jede Therapie wahr. Sie hat sich sehr darüber gewundert und im nächsten Zug hat sie es für mich runtergekurbelt. [...] müsse unbedingt darauf achten, wie es mir geht. Wenn ich an einigen Therapien nicht teilnehme, dann ist das so. Sie sage den anderen Bescheid [...]

Vom xx. 01.

[...] Der Schlaf letzte Nacht war wieder sehr schwierig. Dauernd war ich munter.

Einmal, ich schlafe ja bei offenem Fenster, kam ein lautes Grollen. Es gab ein ohrenbetäubendes Geräusch. Da krachte eine große Dachlawine Schnee mit lautem Donnerschlag vom Dach.

So habe ich es noch nie erlebt. Der Aufschlag war heftig. Ich saß im Bett und habe erst einmal realisieren müssen, was das gewesen war.

Vom xx. 01.

[...] Hier die Therapien halte ich nicht durch. [...] muss ständig alles abbrechen. Das nervt mich nicht nur, es ist mir auch absolut peinlich. Ich versinke jedes Mal im Erdboden. Mensch, bin ich immer wieder froh, wenn ich aus der Situation raus bin. Ich schaff' das nicht!

Dann war heute Visite. Ich kann ganz schlecht beschreiben, wie es mir schon davor ging. Echt zum Davonlaufen! Heiß, kalt, habe gezittert, Herzrasen, Atemnot, weiche Beine und alles in mir schrie: „Lauf weg!" Gott, wie ich diese Situation hasse. So schlimm ist es nach den letzten zwei Klinikaufenthalten geworden.

Als ich zum Sprechzimmer kam, war einer vor mir. Wir mussten warten, weil schon jemand drin war. Nach neun Minuten war er als nächster Patient dran. In der Zwischenzeit kamen noch zwei andere Patienten, [...] nach weiteren dreizehn Minuten war ich an der Reihe. Anspannung auf einer Skala von null bis zehn: Siebenhundert!

[...] Der Arzt war nett und begrüßte mich gleich mit: „Oh, wieder so viele hier, die was von Ihnen wollen." [...] Ohne Umschweife erzählte er, dass das Beraterteam von Ärzten, Therapeuten und Psychologen plus Sozialberater zu dem Ergebnis gelangt sind, dass (mein erster Gedanke: Bitte keine Einweisung! Das stehe ich nicht durch.) ich erwerbsunfähig sei und sie dies der RV mitteilen.

[...] haben es so entschieden, dass ich nicht erst in ein finanzielles Loch falle. Da ich nicht in der Lage bin, da wieder rauszufinden. Jedoch sprach er weiter dazu, dass der Entlassungsbericht nur eine Empfehlung für die RV sei und es könne noch weitere Schritte [...] geben.

[...] wusste ja, dass die Reha darauf abzielt, und es war mein eigener Wunsch. Dennoch hat es mich total umgehauen heute. Ich wusste auf einmal nicht, wohin mit mir, und es machte sich etwas breit in mir, was Unbekanntes. Das macht mir Angst. Komme mir so hilflos vor. – Ich will heim ...

Vom xx. 01.

[...] Das Gespräch mit der Psychologin war echt gut und ich konnte meine wirren Gedanken etwas entfilzen. Sie erklärte mir, weil ich von der gestrigen Arztvisite total aus der Bahn geworfen wurde, dass dies schon vermutet wurde und mir deshalb schon so zeitig das Entlassungsergebnis mitgeteilt wurde. [...] Mir fehlen echt mal die Worte. Kann nicht glauben, dass Ärzte, Pfleger, Psychologen und Therapeuten gut zu mir sind. [...]

Allerdings war meine Psychologin nicht begeistert, als ich sagte, dass ich mich gestern wertlos gefühlt habe. Aber nach der Visite kam ich mir so überflüssig vor. Es legte sich etwas im klärenden Gespräch. Solle daran denken, dass [...]

Wobei sie meinte, dass der Stress und die Anspannung damit vielleicht verschwinden und dass ich lang genug dagegen gekämpft habe.

Dann haben wir noch den Stress mit dem Speiseraum geändert. Habe nun einen neuen Platz. Weg von allen. Es ist keiner mehr hinter mir und [...]

Aber ich kam nicht aus dem Gespräch ohne eines netten, hartnäckigen Satzes: „Wenn Sie sich wieder überflüssig vorkommen, stehen Sie auf meiner Matte!"

Im gesamten Verlauf dieses Gespräches klärte mich meine Bezugstherapeutin über scheinbar alles auf: In Bezug zur EM-Rente und wie es hier und später daheim weitergeht.

[...] Dachte schon, dass ich am Mittwoch entlassen werde. [...] Nein, nicht bevor ich wieder stabil genug bin. Solle die Zeit hier nutzen, um auf mich zu achten, und nur das in Anspruch nehmen, was mir guttue. Solle eine Überforderung vermeiden. [...] Kann das alles sehr gut wertschätzen und bin auch sehr dankbar dafür. [...]

Bekam noch eine liebe Mitteilung im Gespräch, dass ich gern meine damalige Bezugstherapeutin zu einem kleinen Gespräch treffen könne. Sie hatte sich bei den Besprechungen an mich erinnert und bietet es mir in der kommenden Woche an.

Vom xx. 01.

[...] Mo hat mir vorhin eine tolle WhatsApp-Nachricht geschickt. Weil mir von den Gedanken schlecht war, schrieb er: „Du sollst nicht so viel grübeln, das bringt nichts! Mach aus dem, was du hast, im Hier und Jetzt das Beste. Alles andere ist nicht gut für dich! Denke bitte an meine Worte, versuche es wenigstens. Ich habe dich ganz doll lieb, dein Mo!"

Vom xx. 01.

[...] Nun muss ich mich mit dem Gedanken anfreunden, dass ich einfach nur DA SEIN darf, ohne dass ich was schaffen muss. Noch sträuben sich meine Gremlins im Kopf dagegen. Sie sind zwar sehr hartnäckig, aber mal schauen, ob ich sie vom Gegenteil überzeugen kann. Hab ja tolle Hilfe!

Als ich heute ein bisschen draußen unterwegs war, grummelte in mir die Frage nach dem Unterschied zwischen Willenskraft und Disziplin. Ich

kam für mich zum Schluss, dass Disziplin erlernbar ist, doch Willenskraft bekommt man in die Wiege gelegt. [...]

<u>Vom xx. 01.</u>

Oh, der Tag war schlimm! Mir geht es nicht gut. Habe Bauchschmerzen [...]

Die Zeit der Visiten löste meine Anspannung jedoch nicht auf. Hatte immerzu sämtliche Symptome einer Panikattacke.

<u>Vom xx. 01.</u>

[...] Kann meinen Atem kaum regulieren und die Gremlins arbeiten mit Spitzhacke und Presslufthammer. Wie ich das hasse! Und zu allem Überfluss waren es heute sechs Personen. Sonst fünf. Hey, ich habe echt Probleme damit. Das ist schlimmer als ein videoüberwachter Raum und ständige Kontrolle. Ich komme mir da wieder so ausgeliefert vor. Nur im Nachthemd und auf mein Bitten der Slip. Da kann ich anziehen, was ich will. Würde am liebsten mit einem dicken Mantel, fünf Pullover, Unmengen an BHs und Slips, zehn Hosen mit fünfzig Gürteln reingehen. Aber selbst da bin ich fast nackt. Am besten wäre ich unsichtbar!
   Denke, dass ich daher kaum Blickkontakt aufbauen kann. Außer den Arzt mal ab und zu kann ich keinen ansehen. Geht einfach nicht!

Sie machten sich alle große Sorgen um mich, da ich so dünn und kraftlos und es mir so eisigkalt war, wollten sie mir gerne helfen, um eine weitere Erkrankung bzw. Verschlimmerung zu verhindern.
   Doch ich fühlte mich gut so mit dem Gewicht und kalt war mir auch nicht. Musste mich nur immer selbst festhalten, sonst hätte die Anspannung mich zerfleischt. Kraftlos stimmte.

 536

[…] ob ich bereit wäre, probiotische Drinks zu mir zu nehmen. […]

Schon wieder Chaos im Kopf. Da habe ich das eine noch nicht fertig, schon hämmert das nächste! Gedankenkotze! Es hört wohl nie auf, dass ich ständig kontrolliert und überwacht werde. Ich will das nicht! Leider habe ich im Zimmer nichts, was ich an die Wand klatschen kann. Ich bin so irre wütend! […]

Am Tag danach ließ ich durch das Schwesternzimmer einen erneuten Termin beim Arzt vereinbaren und nahm meinen gesamten Mut zusammen, als ich ins Sprechzimmer zu ihm ging. Was er nicht wusste, innerlich tobte und wehrte sich alles in mir. Die unbändige Wut schäumte, die Gremlins machten heiter mit und polterten in meinem Hirn.

Womit ich nicht rechnete, war, dass der Arzt wartete, bis ich das Gespräch eröffnete. Dies tat Frau Dr. Traudich schon immer und ich kann es nicht ausstehen. Alles feuerte auf mich ab und ich hatte große Mühe, ruhig zu bleiben. Mir fehlen da stets die Worte und die Gremlins brüllen: „Hau ab! Flüchte!"

<u>Vom xx. 01.</u>

[…] fragte, warum. Und was im Raum stehen würde. Jetzt, da nur noch er und ich im Zimmer waren, konnte ich mich darauf konzentrieren, was der Arzt sagte und meinte. Also: Durch die Unterlagen und von Sporttherapeuten ist er bzw. das Team aufmerksam gemacht worden, dass ich körperlich keine Kraft habe. Bei den sportlichen Übungen könne ich am normalen Level nicht mithalten. Dies bereite eben Sorge und er würde mir gern helfen, wieder zu körperlichen Kräften zu kommen.

[…] schlechtes Gewissen und Gremlins auf Kriegspfad. Habe mich überzeugen lassen, es wenigstens zu probieren. […] ist nachvollziehbar, dass ich ein Stück Kontrolle zurückhaben möchte.

Ich will heim!

<u>Vom xx. 01.</u>

[...] An meinem Fenster war wieder die Mönchsmücke. Echt scheue Vögel. Ich staunte nicht schlecht, als ich einen knallroten Vogel entdeckte. Auch er kam an mein Fenster, eine echte Augenweide. Ich befragte das Internet, wer mein Gast wohl ist. Es ist ein Gimpel. Auch bekannt unter dem Namen Dompfaff. Cool!

Beim Spaziergang heute musste ich mal wieder den Weg, welchen ich genommen hatte, am Wasser entlang abbrechen. Hatte wieder so große Angst bekommen, dass ich den Rückzug antreten musste. Ich hasse es, da will ich auch mal die Natur genießen können, aber die Gremlins wehren sich und schicken Gefühle, Geräusche, Gedanken und Panik! Zum Kotzen!

Endlich kam so langsam das Ende der Reha in Sicht. Über die einsamen Tage hatte ich viele Telefonate geführt, habe Henriette geholfen, eine Wohnung zu suchen und ihr bei den ersten Terminen ihrer Psychologin unter die Arme gegriffen, hatte begonnen mit Mila-Marie Briefe der besonderen Art zu schreiben, liebte die Zeichnungen, die mir unsere drei Enkel fertigten und mit der Post bei mir eintrafen und habe noch so viel wie es mir möglich war, an den Therapien teilgenommen. Selbst mein Ergo-Großprojekt habe ich in meinem Zimmer fertigbekommen. Auch Dalia hat meine Einsamkeit in diesen Tagen vertrieben, sie gab mir einen Zugang zu Prime-Video. So waren die langen Abende auch gerettet, obwohl ich oftmals beim Schauen der Filme einschlief.

<u>Vom xx. 02.</u>

[...] Wieder Visite. Heute war vier gegen einen. War auch nicht besser, denn neben dem OA saß meine Therapeutin. Oh, ich hatte hart zu kämpfen. [...] schaffte es mich nur auf den Arzt zu konzentrieren, blendete die anderen aus und war froh, dass nur der Dr. mit mir sprach. [...] Er fand

es gut, dass ich letztens noch einmal das Gespräch gesucht habe [...], es zeige nunmehr, dass ich mich auf ärztliche Vorschläge und Bedenken einlasse, dies wäre ein guter Neubeginn ...

Ich hatte es mir nicht nur eingebildet, hatte es hier noch nicht geschrieben, weil ich dachte, ich litt nun noch zusätzlich an Paranoia, doch meine Wahrnehmung und meine Gefühle hatten mir im Speiseraum ein „Beobachtetwerden" signalisiert.

Vom xx. 02.

[...] war beim Arzt zum Abschlussgespräch. Mann, die Anspannung in mir ist fast greifbar. Absolut irre, was da mein Körper abzieht. Naja! So, die Kontrolle im Speiseraum gab es wirklich. Denn das Team ist beruhigt, dass ich esse. [...]

Psychologisches Abschlussgespräch. (Zusammenfassungen ihrer Beobachtungen und meiner Erfahrungen.)

So, nun zum Kern: Die Diagnosen, welche sie festgestellt hatten, wurden und mit mir jetzt besprochen und geklärt. Schmerz, Depression, persönlichkeitsstörende ... nach ... Sie gehen davon aus, dass es in den letzten Klinikaufenthalten während der Behandlung geschehen ist. Zu verzeichnen ist, dass ich jegliches Vertrauen gegenüber dem ärztlichen Personal verloren habe. Fremde Menschen machen mir Angst und ich habe große Schwierigkeiten, Kontakt zu finden. Da ich permanent unter einer sehr großen Anspannung stehe, fehlen mir auch die Kraft und die Konzentration. Ich habe nicht das Vermögen, meine Meinung, Wünsche und Bedürfnisse durchzusetzen. Da fehlt noch was. Egal, das, was ich mir merken konnte, habe ich aufgeschrieben.

Im weiteren Verlauf sagte sie: „Dank Ihrer Disziplin haben Sie es überhaupt so lange durchgehalten. Andere hätten da schon längst aufgegeben. Auch das ist nicht gut für Sie. Sie verbrauchen so viel Energie für die Kontrolle, dass eben durch diese Kraftlosigkeit und die Konzentration vom Körper gemeldet wird, damit aufzuhören. Ihr Körper und Ihr Kopf sind an ihre Grenzen gekommen. Daher auch sicherlich die Schmerzen." Es ist ein Teufelskreis. Ich musste erst einmal raus! [...]

 539

Es war durch meine neuerlichen Erfahrungen so viel anders geworden. Hier waren sie nicht nur um eine medizinische Behandlung bemüht, nein, sie waren aktiv daran, eine Besserung oder zumindest keine Verschlechterung herbeizuführen. Auch wenn ich noch lange nicht bereit bin, allem und jedem in dieser Hinsicht zu vertrauen. Dieses Team hat den Anfang gemacht. Ich danke Ihnen sehr dafür!

Aus meinem Tagebuch dreiundzwanzig
Allerdings, nachdem ich eine Nacht über alles geschlafen hatte, musste ich mich für die Zukunft schützen und ich legte für mich die glasklare Grenze mit der unumstößlichen Regel fest: *Vom xx. 02.*

[...] Wenn ich noch einmal in die Klinik akut muss, dann nur noch mit richterlichem Beschluss! Und Medis auch nur, wenn dies ein Richter anordnet!

Ich genoss noch das verwünschende, zauberhafte und sternenglitzernde Wetter. Wundersam fielen die Temperaturen unter die Zwanzig-Grad-Marke, die prüfte ich morgens, kurz nach 06:00 Uhr, am Thermometer beim Speisesaal, da war außer den fleißigen Schneeräumern noch keiner unterwegs. Den watteweichen Schnee hätte ich am liebsten ein paar Tage später als Souvenir mit nach Hause genommen.

Vom xx. 02.

[...] Nun bin ich wieder in meinen sicheren vier Wänden. Keine Anspannung, keine fremden Menschen. ... Als wir nach Hause kamen, wurde ich von Charlotte, Liese, Julian und Stella Marie buchstäblich überrascht. Sie hatten sich in die Stube geschlichen und auf mich gewartet. Sie hielten eine lange Kette mit „Willkommen zurück, Oma" hoch. Ich habe mich so sehr gefreut. Eine echt tolle Überraschung!

 540

<u>Vom xx. 02.</u>

[...] Dann war der Frau Dr. Traudich-Termin. [...] Sie hat sogar gefragt, wie es mir dort ging. Als ich erklärte, nicht gut, meinte sie, das war zu erwarten. [...] Im Brief las sie dann, dass eine EM-Rente beantragt werden sollte. [...] Oh Mann! Alles so schwere Arbeit. Mir fehlten oft die Worte! Aber nach etwas Zeit bekam ich es sortiert auf die Reihe. [...] Meine Kraft ist heute geflohen und nicht auffindbar. [...]

Die folgende Postflut der Wochen brachte mich an den Rand der Verzweiflung. An manchen Tagen war ich frühmorgens schon am Ende meiner Kräfte. Mo half mir nach seiner Arbeit, mit allem fertig zu werden.

Zu allem Überfluss war trotz des Hinweises, dass wir keine Werbung wünschen, jeden Tag der Briefkasten vollgestopft. Ich versuchte, mich zu wehren. Es klappte nicht. Sprach sogar mit einem Filialleiter, er war ohne Einsicht und schob anderen den schwarzen Peter zu. Da knallte mal eine Sicherung in mir durch. Beim Verlassen dieses Scheiß-Ladens, zerfetzte ich die Werbung in kleine Stücke, welche ich noch in meiner Hand trug, und warf sie auf dem nach draußen führenden Weg verstreut durch die Gänge. Sagte keinen Ton mehr und hob nur noch meine rechte Hand zum Gruß, ohne mich dabei umzudrehen. Der Chef tobte. Mir egal!

An einem zeitigen Abend bekam ich die Nachricht von Mila-Marie, dass ihre geliebte „Muttel" nach sehr schwerer und kurzer Erkrankung zur Mittagszeit friedlich für immer eingeschlafen ist. Schade, dass sie nicht noch ein kleines bisschen mehr Zeit füreinander hatten. Ich hatte es ihnen von ganzem Herzen gewünscht. Auch ich liebte ihre Mutter sehr. War sie doch die Mutti, welche sich zu meiner Jugendzeit, oftmals um mich sorgte und mir Freiheiten gab, die ich nie kennenlernen durfte. Sie hatte ein liebes Herz und war ein großer Schatz dieser Welt!

<u>Vom 16. 02.</u>

[...] Aufstehen ging dann heute Früh auch wieder nicht. Und ich habe noch so viel zu tun. Scheiße! Warum? Warum ich?

<u>Vom 05. 03.</u>

[...] An Ruhe und Schlaf war nicht mehr zu denken. Doch diesmal habe ich den Gedanken, der sich immer mal aufdrängte, **richtig** fassen können. Oft hatte ich überlegt und nachgedacht, was ich doch mit meinen geschriebenen Büchern anstellen soll. Bisher gingen meine Überlegungen meist darum, wem ich diese mal vermache. Seltener darum, ob diese mal gelesen werden. Manchmal dachte ich mir, dass ich diese mal ordne, und schaue, ob ich was davon irgendwie verwenden sollte. Bisher fehlte es mir an der Umsetzung. So gegen 22:30 Uhr ordnete es sich im Kopf zu den Büchern. Ein greifbarer Gedanke folgte dem anderen. Da ich nicht aufstehen wollte, griff ich nach dem Handy. Erfand ein neues Pseudonym als Kontakt. Tauziehen 008. Angelehnt an mein Tagebuch 007. Ich kramte im Hirn nach den ersten Worten. Meine EMDR-Therapie. Weil ich alles nur loswerde, wenn ich schreibe. Die ganze Scheiße wurde ja losgetreten. Auf weiteres Grübeln und Selbstmitleid habe ich kein Bock. Also werde ich, neben der EMDR-Therapie schreiben. Ich weiß nicht, ob es zusammenpassen wird. Ob es gut oder schlecht ist.

Den Anfang habe ich auch schon geschrieben. Und einen Titel habe ich auch: Unsichtbarer Schmetterling. Weiß nicht, wie weit ich komme, doch es ist eine Aufgabe, auf die ich mich freue, was ich gern tu, auch, wenn es mich sicher ab und an in eine Krise stürzen wird. [...]

Arztbesuch bei Frau Dr. Traudich. Viele Fragen, gutes Gespräch, sehr hohe Anspannung, Übelkeit und sorgende Worte.

<u>Vom xx. 01.</u>

[...] fragte, wie sie mir doch helfen könne. Ich könne auch alle Skills anwenden, auch hier bei ihr in der Sprechstunde. Sie habe gesehen, dass ich im Wartebereich schon so war. Könne beim nächsten Besuch die Schwester fragen, ob ich in einem anderen Raum warten könne. Ich solle doch versuchen, für mich gut zu sorgen.

Genau DAS ist der Punkt! Das kann und will ich nicht! Ich habe es nicht verdient! Oder besser, das ICH, welches ich nicht will, hat es nicht verdient.

Warum soll ich das tun? Ich hasse dieses ICH von mir abgrundtief.

Es/ich habe versagt, auf ganzer Linie!

Schaffe es nicht, meinen Kindern zu helfen.

Finde für Henriette keine Wohnung.

Bin für Charlotte nur eine weitere Belastung!

Und da soll ich mich bauchpinseln? Geht's noch?

Eher sollte ich mich zusammenreißen. All meine Dinge hintenanstellen.

Ich sollte mich ..., weil ich es nicht schaff!

Und ich soll mich belohnen? Hä? Grrr ...

So oft verstand ich es nicht, welchen Weg, dabei wurde mir dieser offen gezeigt, ich einschlagen sollte. War nicht bereit, über meinen Schatten zu springen. Klammerte nicht nur an meinem Mann und den Kindern, nein, ich klammerte auch an meinem ALTEN ICH. Eine Vielzahl von helfenden Händen wehrte ich ab. Konnte nicht mehr unterscheiden, wer es gut mit mir meinte. Am allerwenigsten ICH selbst.

Langeweile hatte ich nie. Da war stets so viel zu tun. Aber ich schaffte sämtliche Aufgaben nicht. Ich begann mit einer klaren Wochenstruktur, nur für mich allein. Die hereinstürzenden Fluten bekam ich mehr und mehr in den Griff. Konnte nicht nur für andere ihren Kram sortieren, ich schaffte es auch, mich selbst zu sortieren. Die Zeit, welche ich nun Tagein und Tagaus stemmte, wurde ganz allmählich für mich aushaltbar und erträglicher.

 543

Manchmal schäumte meine Wut über Dinge, die ich nicht verändern konnte, manchmal genoss ich das Dasein meiner Lieben. Bei meinem Befinden änderte sich nichts. Nach wie vor ging es mir schlecht und ich bekam es nicht verändert. Ich bekam nun viel Post, in denen mir geschildert wurde, mir so einige Lasten von meinen Schultern zu nehmen. Mit jedem Schreiben, was eintraf, bekam ich wieder mehr Luft zum Atmen.

Leider war ich seit meiner Veränderung durch alle Geschehnissen mit und um diese/meine Erkrankung oftmals auch mit mir nahestehenden Menschen angeeckt. Sie gaben Verständnis vor, wollten mich und meine Einstellungen jedoch nicht akzeptieren. Dies machte mir mein Leben nun auch nicht leichter. Egal.

Ich lernte aber auch liebe, hilfsbereite und entgegenkommende Menschen kennen. So bekam ich Hilfe an meine Seite gestellt, angeregt von der Sozialberaterin der Reha, die mich in allen Fragen und bei den Anträgen unterstützte. Heilfroh darüber, weil ich es nicht auf die Reihe bekommen hätte.

Vom 18. 03.

[...] habe Post von der Rentenversicherung erhalten. Sie würden den Reha-Antrag in den EM-Rentenantrag umwandeln.
[...] Diese Frau unterstützt ehrenamtlich die Antragsteller. [...]

Vom 30. 03.

Nun war ich gestern bei Frau ... Sie hat meinen EM-Rentenantrag online fertiggemacht und an die Rentenversicherung abgeschickt. Puh, endlich!

Vom xx. 04.

Die OP von Julian, alles schick! Hatte Mittwoch und Donnerstag Stella Marie und Liese hier. Echt, die waren ganz lieb und es hat wie immer alles reibungs-

los geklappt. Aber sie sind eben nun mal zwei Chaoskids. Da bin ich perma-
nent am Aufräumen. Das stört mich aber nicht. Da habe ich was zu tun. [...]
Henriette ist nun nicht mehr krankenversichert, da sie nun keine Leis-
tungen mehr erhält. Sie fragte, ob wir sie Familienversichern können.

Es war ein Sonnabend, da lag ein Brief der Rentenversicherung in unserem Briefkasten. Der Rentenbescheid.

<u>Vom 13. 04.</u>

[...] konnte es nicht freudig annehmen. In mir ist dabei eher etwas im-
plodiert. Wie ein Feuerwerk, das nicht in den Himmel steigt, sondern in
mich hinein. Nun bin ich auf dem Abstellgleis angekommen. Ich bin wieder
unbrauchbar, überflüssiger Ballast, Abschaum, minderwertig. Genau das,
was ich nie mehr sein wollte!

Die folgenden Monate veränderten nichts an meiner Situation. Rein gar nichts. Ich machte weiter, oder auch nicht, wie ich es gelehrt bekommen hatte. Aufgeben war keine Option, aber die Lösung.

In den vergangenen Monaten hatte dann Mo endlich seine Operation. Die dafür anberaunten zweieinhalb Stunden dehnten sich zu vier Stunden, in denen ich bald vor Angst gestorben wäre. Als es sich meldete, krachte der Felsen von mir.

War nun sehr viel allein, auch in den Nächten. Das bereitete nicht nur ihm eine enorme Sorge, sondern auch mir. Kenne mein ICH. Vertraue ihm nicht.

Nach seiner Genesung fuhr er ebenso zur Reha. Jedoch nicht wegen der OP-Nachsorge, sondern noch einmal wegen des erlittenen Arbeitsunfalls.

Henriette und Charlotte unterstützten mich, indem ich die Kleinen abwechselnd in den Nächten zu Gast hatte. Alle drei freuten sich riesig. Und ich erst!

Leider ließen mich in dieser schweren Zeit verschiedene Freunde trotz Versprechen und bereits vereinbarten Zeiten hängen. Ja, das war äußerst schwer für mich zu verkraften.

Aus meinem Tagebuch vierundzwanzig
Vom 19. 07.

[...] Dalia hat sich auch angemeldet. Sie will uns in drei Wochen besuchen kommen. – Freue mich riesig!
Henriette hat an Charlotte einen hässlichen Brief geschrieben. Charlotte weinte sehr darüber. Sie versteht es nicht. Die ganze Zeit über hat sie Stella Marie schulisch betreut, hat mit den Kindern viel in der Freizeit gemacht, hat gebastelt, hat viel dafür geholt, [...] und sie hat Henriette bei ihrem Umzug geholfen. Hat dafür nichts verlangt. Tat es gern. Doch nun gibt Henriette ihr die Schuld. Wofür? Weiß sie nicht. Angeblich hätte sie sich nicht mehr gemeldet und wäre nicht zur Henriette gekommen. Ach, ich weiß es nicht.

Nun bin ich kurz in Erklärungsnot.

Über fremde, tatkräftige Hilfe bekam Henriette für sich und ihre beiden Kinder eine Wohnung mit drei Räumen.

Henriette ist an einem frühen Morgen im Frühling mit Hilfe von Charlotte, mir, einem ihrer alten Freunde, und einer weiteren männlichen Hilfe heimlich ausgezogen. Morgens ging es los, nachdem die Kinder in ihren Einrichtungen untergebracht waren und ihr Freund auf die Arbeit fuhr.

Alle, außer mir, denn ich wusste nur davon, packten an.

Leider hielt die Nachbarin ihre Füße nicht lang genug still und informierte Henriettes Freund, nachdem der letzte Transport abfuhr.

Ergebnis des Tages? Am späten Nachmittag war sie wieder bei ihm, im grasgrünen Haupthaus, des Bauernhofes, nahe des Flusses Schöne Lare, eingezogen.

 546

<u>Vom xx. 05.</u>

[...] Oh, warum muss es immer der Mai sein? Im Mai ist Muttertag. Ich hasse ihn! Schon wieder scheint er mein Leben aus den Fugen zu heben. Noch lasse ich es in mir nicht zu, doch ich spürte es gestern, beim Zubettgehen ganz deutlich. Mir liefen auch zwei kleine Tränen. Jedoch ließ ich alles nicht zu. Wollte keine Diskussion mit Mo.

Bei Henriette läuft mal wieder alles aus dem Ruder.

Gestern war Tag X! Sie ist mit Sack und Pack von dem Hof ausgezogen. Sie hat vollkommen auf unsere Hilfe verzichtet. Charlotte war dabei.

Alles lief soweit, wie Henriette es geplant hatte. Doch ihr Freund bekam ein paar Stunden zu zeitig die Info darüber. Er schob Panik. War klar! Er hörte sofort auf zu arbeiten und suchte Henriette überall. Er rief bei mir an und kam Minuten später hierher. Merkte schnell, dass wir außen vor sind. Danach ließ er Bela nicht mehr in Ruhe. Irgendwie tat er uns allen dennoch ziemlich leid.

Charlotte informierte mich über den Tag zum Stand der Dinge. Doch Henriette meldete sich kein einziges Mal. Auch antwortete sie auf keine WhatsApp-Nachricht. Nachdem mir Charlotte dann gestern Abend, so gegen 21:00 Uhr, von Henriettes neuen Freunden berichtet hatte, tat mir alles weh. Es ist wie damals, als die Leute vom Bahnhof der Großstadt, in welcher sie ihre erste Ausbildung machte: Sie hat im neuen Ort diese Szene gefunden. Oh Mann! Scheiße! Ich weiß, wir verlieren sie ...

Daher will sie nicht, dass wir auf ihrer Bildfläche erscheinen.

Was mich auch schockierte, war, als ihr Freund uns sagte, dass Henriette ihre neue Arbeit nicht will. Was für ein Scheiß! Kann denn nicht mal Normalität werden?

Ich hasse dieses Leben!

Daher dieser böse Brief. Dabei hatte Henriette alles angestrebt und organisieren lassen. Alle anderen hatten nur geholfen, sie und Stella Marie mit Liese aus diesem Vorzeitmilieu zu holen.

Henriette sagte noch, nun hatte ich ihn da, wohin ich ihn haben wollte.

Wir verstehen SIE, Henriette nicht mehr!

Alles hat sich überschlagen. Mir ist elend zumute. Weiß nicht, warum alles so doof ist. Ich weiß aber, dass ich auf ganzer Linie versagt habe. Mir ist es nicht gelungen, meine zwei Mädels in ein geordnetes Leben zu bringen, und ich hatte es mir so sehr gewünscht. Wollte doch nur, was fast alle Eltern wollen: Ein schönes Leben für die eigenen Kinder. Da muss ich bei der Erziehung und Entwicklung irgendwo falsch abgebogen sein. Ich hasse mich dafür, so versagt zu haben!

Unsere Charlotte ist trotz allen Umständen eine gute Seele für unsere Familie. Doch NEIN kann sie sie genauso wenig sagen wie ich. Irgendwann geht sie daran kaputt. So gut wie sie es auch meint. An sich selbst denkt sie nie! Doch sie ist ein wahrer Schatz!

Bei Henriette weiß ich nicht mehr, was ich denken soll und was ich noch tun kann. Da bin ich vollkommen ratlos. [...]

Übrigens ist Henriette nun wieder auf dem Hof und ihre Liebe sei stärker und schöner als je zuvor. – Hä? Was haben da alle falsch verstanden? [...] Aber nicht nur ich, Stella Marie und Liese sind gänzlich daneben und wissen mit der durchgeknallten Stimmung nicht umzugehen.

Stella Marie begibt sich, absolut zu zeitig, in die Pubertät. Sie probiert schon jetzt, was sich zwischen Mädels und Jungs mal ergeben wird. Sie beginnt, Himmel, sie ist acht (!), mit Jungs rumzuknutschen.

Und Liese will krepieren, so wie sie sich ausdrückt. Mag nicht mehr Leben.

Ach, was für Scheiße ist das eigentlich?

[...] Heute bei Helena hatte ich keinen Nerv, darüber zu sprechen. Möchte es nur weit von mir schieben. Das reinste Chaos! Wenn ich meinem Impuls folgen würde, dann ... Nur Schmerz reicht nicht aus, um mal alles zu verdampfen!

[...] Sie ist erwachsen, sie entscheidet, und wenn sie sich so einlullen lässt, ist es auch ihr Ding! Umgang formt den Menschen. Und da kommt auch sie nicht dran vorbei!

Ich wünsche ihr alles Glück dieser Welt! Jeder sieht sein Glück auf seine Weise.
Hab alle lieb!

Henriette war noch immer willkommen bei uns. Auch wenn die familiäre Situation sehr schwierig wurde. Leicht kann jeder! Leicht war es bei uns nur selten. Wir hatten gemeinsam über den missglückten Auszug gesprochen. Die Wochen und Monate kamen und gingen. Der Sommer war vorüber und der Herbst zog ein. Es geschah auch so einiges in dieser Zeit.

Aus meinem Tagebuch fünfundzwanzig
Vom 26. 08.

[…] Mo hat heute den Arbeitsvertrag bei … unterschrieben. Mehr Geld, mehr Urlaub, keine Schichten und es sollen weniger Überstunden sein. Ich hoffe nur, dass auch alles stimmt. […]

Charlotte bewirtschaftete seit Frühjahrsbeginn ihren Garten, den sie nun von Belas Eltern übernommen hatte. Ich half ihr sporadisch und wenn sie mich brauchte.

Julian kam in eine neue Kita. Hier fand er endlich die Hilfe, die er dringend nötig hatte, und er wurde ernsthaft in die Gruppe integriert. So lange schon hatte Charlotte dafür gekämpft. Über zwei Jahre, nun ist es geschafft.

Vom 02. 09.

[…] Und nun das Beste vom Tag! Charlotte hat heute alle noch fehlenden Bewilligungen für Julian erhalten. Nun bekommt er die benötigte Dop-

549

pelförderung! Yippie! Lang hat es gedauert. Über zwei Jahre. Und viele Nerven hat es gekostet. Endlich hat Charlotte diesen Kampf gewonnen. Endlich!

Julian, alles für DICH! Alles aus Liebe zu dir!

Ansonsten das normal verrückte Treiben. Schlafen ging bei mir nur ab und zu und meist nur für eine, höchstens zwei Stunden am Stück. Meine Gremlins machten richtig Radau, das Gedankenkarussell drehte mal schnell, mal langsam, aber unaufhörlich.

Hatte es mir zur Gewohnheit gemacht, alle Medien, wie Fernseher, Radio, Alexa und dergleichen, am Tag, wenn ich allein zu Hause war, nicht einzuschalten. Mein Kopf platzte so schon vor lauter neuen Ereignissen, da brauchte ich das Weltgeschehen nicht auch noch so dicht an mich heranlassen. War so schon immerzu erschöpft genug, hatte kaum Kraft, irgendetwas länger als zwei Stunden zu machen. Wenn ich mich dennoch verausgabte, benötigte ich mehrere Tage, um meine Energiespeicher wieder einigermaßen zu füllen. Dies machte mich allzu oft ärgerlich Mo und anderen gegenüber.

<u>Vom 02. 10.</u>

Mann! Doch nur noch Wochenberichte. Nervt! Ich schaffe es einfach nicht, regelmäßig zu schreiben. Oft fehlt mir einfach die Kraft und nichts treibt mich an. Zeit habe ich genug und Stoff zum Schreiben auch. [...]

Derweil kümmerte ich mich noch um meinen Vater. Meine Unterstützung lag beim Saubermachen und bei den Einkäufen. Aufräumen und dergleichen war seine Sache. Auch kümmerte er sich noch selbstständig um seine Körperpflege. Ab und zu war ich mal da für ein kleines, aber kurzes Gespräch, dann war bei mir die Grenze erreicht. Mehr hielt ich leider nicht durch.

 550

Wir betreuten nach wie vor unsere Enkel, wenn sie zu uns wollten oder ich nach ihnen fragte, aber auch, wenn ihre Mamas verhindert waren. Sehr oft waren alle drei bei uns. Wir fünf bastelten, malten, hörten Kinderlieder und spielten gemeinsam. Oft, wenn wir von unserer Glückszeit alle geschafft waren, schaltete Opa Mo den Fernseher ein und es wurde gemeinsam gekuschelt und ferngeschaut. Manchmal besuchten wir alle fünf zusammen auch Tiergärten und Zoos in unserer Umgebung. Dies wurde unsere Lieblingsbeschäftigung.

Es war nie abschätzbar, wann ich ins nächste Hirnloch fallen würde. Oft ging es blitzschnell, ohne Vorwarnung und aus heiterem Himmel, obwohl es keinen sichtlichen Auslöser dafür gab.

<u>Vom 06. 10.</u>

[...] Mir selbst geht es nach wie vor total mies. Ich fühle mich elend. Innerlich bin ich so zerquetscht und wie ausgekehrt. Oft steigt ein unangenehmes Gefühl nach oben. Es presst meine Lungen leer und lässt mich schneller atmen. Wie eine plötzliche Panikattacke – nur wovor? Mein Herz rumpelt, ich bin fahrig und unruhig. Die Konzentration verschwindet. Im Kopf prallen tausend Blitze aufeinander und ich würde am liebsten wegrennen. Ah, habe das Zittern vergessen. [...]

<u>Vom 18. 10.</u>

[...] Der Vater ist noch immer krank. Hat Husten und will den Dr. nicht sehen. Ist mir egal! Er hat sich nicht bei Charlotte, wie verabredet, am Wochenende gemeldet. (Wir waren nicht da.) Der Vater will es aussitzen. Wenn er meint ... Er ist über achtzehn Jahre alt und im vollen Besitz seiner geistigen Fähigkeiten. Punkt.

<u>Vom 25. 10.</u>

Mir geht es heute so richtig Scheiße. Nicht nur, dass mir schlecht ist, nein, ich kam nicht aus meinem Bett. Diese Übelkeit nervt. Wenigstens muss ich davon nicht kotzen. Mein Kopf ist mit glibbrigem Matsch gefüllt, obwohl er mir leer scheint. Mein Körper macht, was er will. [...] wieder heftige Magenschmerzen. [...] die Haut ist zur Abwechslung mal gut.

Lust, Kraft und Motivation machen frei und sind aus mir ausgewandert. Was soll's?!

Der Vater ist immer noch krank. Erst beim letzten Putzen am Freitag hat er mich belehrt, dass man nicht wegen eines Hustens zum Arzt müsse. Das stand auch in der Zeitung. Dieser glaubt er schon. Er musste mir diesen Artikel unbedingt unter die Nase reiben, weil ich ständig fragte, ob er nicht mal seinen Dr. anrufen wolle. Aber nein, das ist nicht nötig. Gibt ja genug Medis zu kaufen.

So hat er sich von seinem Nachbarn beraten lassen. Er solle doch Hustenstiller nehmen, weil sie ihn nachts so sehr husten hören.

Ich brachte ihm diese mit. Versuchte ihm zu sagen, wie er sie einnehmen solle. Doch ich traf auf taube Ohren. Er habe die Beschreibung gelesen und wisse nun alles. Okay. Ich ließ es, ihm da was dazu zu sagen. Bringt nichts. [...]

Der Vater knallte sich den Hustenstiller alle paar Stunden rein. Hä? Naja, über achtzehn und so ...

Heute fragte ich telefonisch nach, wie es ihm geht. Sehr schlecht. Der Husten ist nun schlimmer. Am Mittwoch kommt der Dr. – Idiot!

Beim Vater stellte der Dr. Wasser in seiner Lunge fest und verschrieb ihm nun endlich die entsprechenden Medis. Er erholte sich nun rasch wieder von seiner gesundheitlichen Pein.

<u>Vom 27. 10.</u>

Ach, ich weiß nicht, zum wievielten Mal ich in Gedanken Abschiedsbriefe schreibe. Fast täglich. [...] Meine Gremlins befeuern mich noch. Jedoch

 552

mein Verstand weigert sich. Einfälle habe ich reichlich. Der ausschlaggebende Punkt fehlt. [...]

 Gründe hatte ich genug. Wie: Ständig der Notnagel zu sein. Habe es echt satt. Warum ist das so? Mach' ich denn alles falsch? Bin ich nicht mehr zurechnungsfähig? Oder was gibt es für Gründe? Weiß nur eines: So kann es für mich nicht besser werden. Ganz im Gegenteil.

 [...] eigne mich nur noch als Putze. Selbst Mo hält damit nicht hinterm Berg.

 Letztens rieb er mir unter die Nase, dass auf dem Stubenschrank Staub wäre. Ja, na und? Er merkte, dass er mir damit auf die Füße getreten ist und versuchte, es ins Lächerliche zu ziehen. Dabei hatte der Magenschlag bereits gesessen. Und genau in solchen Fällen schreibe ich in Gedanken meine Zeilen des Abschieds. [...]

 Bin so nutzlos wie Wollmäuse unterm Schrank. Oder darauf, grins! Schaffe es nicht, für mich selbst da zu sein. Warum auch? Für wen? Ich brauch' mich am wenigsten. In diese Welt geboren zu werden, ist die **Strafe** Gottes. Lucifer hat seine Freude daran!

 Mir fehlen derzeit der Mut und die Entschlossenheit, dem Ganzen ein Ende zu machen. Die Unzufriedenheit wächst jeden beschissenen Tag mehr. [...]

Vom 15. 11.

[...] Mo und ich waren gestern mal wieder kurz draußen unterwegs. Eigentlich ganz gut. Doch als wir heimkamen, machte sich Mo einen Scherz und stützte sich mit seinen Fingern, welche er da besonders steif gemacht hatte, auf meinem Rücken ab. Schlagartig blitze es mal wieder im Hirn und ich spürte die Berührungen von damals. Auch hat sich für einen langen Augenblick mein Standort geändert. Nun stand ich in der Wartereihe zu Essenfassen im Aufenthaltsraum der Klinik. Das hat mich voll umgehauen. Musste mich an unserer Tür abstützen, nur um nicht umzufallen. Grrr ...

Vom 20. 11.

[...] Alles, was mir wichtig ist, habe ich bereits jedem gesagt.

Ich bin an einem Punkt der Gleichgültigkeit, doch noch unentschlossen, angekommen.

Was ist für mein Leben noch wichtig? Hier ist nicht gemeint, wer in meinem Leben wichtig ist. Denn auf diese Frage habe ich sieben Antworten. Doch zur anderen Frage habe ich keine Antwort. Was? Was? Was?

Vom 23. 11.

Grrr ... Schlaf wird überbewertet! Wer braucht schon einen einigermaßen guten Schlaf, wenn man auch total fertig und ausgelaugt über den nächsten Tag kommt. Mein Körper behauptet: Ich nicht!

Habe mit Dalia telefoniert, ihr geht es nicht gut. [...] Nun ist Game over. Seit Anfang Oktober ist sie schon krankgeschrieben und fällt nun ins Krankengeld. [...] Sie möchte sich neu orientieren [...] Egal, wofür sie sich entscheidet, ich drücke ihr fest die Daumen und gebe ihr alle Unterstützung, die sie von mir erhalten kann und will.

Dalia lässt kein gutes Haar an ihrer bzw. unserer Ursprungsfamilie. Mit ihren Worten mal zu sprechen: „... ist einfach nur grottig." Diese Vergangenheit mag sie nicht. Alles, was es hier gibt, Menschen, Natur, Städte, sind abartig und für sie nicht akzeptabel. [...] Naja, ihre Sache. Zum Glück darf jeder seine eigene Meinung haben und diese baut sich durch Erfahrung, Erlebnisse, Ereignisse und Erziehung auf.

Vom 25. 11.

[...] erzählte Dalia, dass der Vater damals darauf bestanden hätte, dass sie unbedingt Seega spielen lernt. Sie bemerkte dazu, er hatte nur einen neuen Gegner gebraucht. Sie hatte kein Interesse daran.

<u>Vom 09. 12.</u>

[...] Dank einer vollkommen schlaflosen Nacht habe ich endlich mal wieder Ordnung und etwas Sauberkeit in unserer Chaosbude. [...]
10:35 Uhr. Henriette hat sich gerade gemeldet. Stella Marie und Liese können abgeholt werden. Bleiben über Nacht.

<u>Vom 13. 12.</u>

Die beiden Mädels waren ganz lieb. Wir hatten eine sehr schöne Zeit miteinander.
Robert (Mos langjähriger Freund) kam zum Mittag. Stella Marie und Liese sind absolut begeistert von ihm. Er hatte es geschafft, beide binnen weniger Minuten in seinen Bann zu ziehen. So viel Quatsch, Musik, Spaß, Wissen und Erfahrungen auf einmal. Die Mädels waren kaum zu bremsen. Aber Robert auch nicht. Alle fühlten sich richtig wohl und gut. Selbst Liese, unser zurückhaltendes, schüchternes Mädchen, kam sofort aus sich raus. Robert hat schon immer eine Aura um sich, die fesselt fast jeden. Ich bewundere ihn auch etwas für seine Lebensart. [...] Robert ist wie ein Kätzchen. Scharfe Krallen, faucht und kratzt, lässt sich nur von bestimmten Personen umgarnen und fällt immer wieder auf seine Füße. Ich mag ihn sehr. Der Mann aus den Bergen, der in einer Großstadt lebt.
Gott, als Robert gegenüber den beiden Mädels erwähnte, dass er im Heim aufgewachsen ist, fiel Stella Marie die Kinnlade herunter. Er sagte ihr, dass er sich ein Zimmer mit dreißig Kindern teilen musste. Und wenn alle pupsen mussten, stank es ganz doll. Hm..., das war toll.
Dabei weiß ich, dass es ihm da nicht so gut ging. Der Mann, der jedem Sturm die Richtung gibt. [...]

Zu allem privaten und selbstgemachten Kummer gesellte sich in unterschiedlichen Etappen ein nettes globales Virus, mal hier mal da, mit dazu. Auch die Angst, dass die Erkrankungen Schäden hinterlassen. Von der Regierung war allen Bürgern daher nach Ansteckung eine Quarantänezeit auferlegt worden.

<u>Vom 17. 12.</u>

[...] Übrigens, Henriette hat mir heute um 07:31 Uhr ihren Schnelltest per WhatsApp geschickt. Nun ist auch sie positiv. Scheiße!

<u>Vom 21. 12.</u>

Wie ich es hasse! Wie ich mich hasse! Wieder so ein Tag heute, den ich in die Tonne drücken kann. [...] Game over!

Der Einkauf hat mich total geflasht. Wollte nur so schnell wie möglich wieder nach Hause. [...]

An der Kasse stellte ich, natürlich nach dem Zahlen, fest, dass ich was vergessen hatte. Kotz! Grrr ... Also noch einmal hinein. War fürchterlich überfordert. Wollte nur weg. Unsichtbar wäre mir das Liebste.

[...] zurück an der Bezahlstation übernahm die Angestellte dann den Vorgang. Ich war zu nichts mehr zu gebrauchen. Viel zu viele Menschen auf einem Haufen. Langsam und geduldig ging nicht mehr. Rannte nur noch weg! [...]

Dieser Tag füllte sich weiter rapide mit negativen Ereignissen auf. Nach dem Einkauf ärgerte ich mich über Nachbarn beim Vater, die ihren Hund nicht anleinten und ich so in eine Panik fiel. Dann ärgerte ich mich über den Vater, weil er mich noch scheinheilig fragte, was denn los mit mir wäre. Daraufhin war ich so in Eile, wieder in meine sicheren vier Wände zu gelangen, und fuhr schnell heim. Leider fand ich meinen Schlüsselbeutel im Auto nicht. Den hatte ich beim Vater liegenlassen. Wollte schon wieder zurück, da pikste mich was in der Hosentasche. Puh, mein Schlüssel. Erleichterung. Doch der Vater rief mich gleich wegen des vergessenen Beutels an. Weil ich diesen nicht gleich abholte, war er etwas verstimmt. Egal. Nur heim!

[...] Nun warte ich auf die drei Zwerge. Habe mich etwas erholt und abgelenkt. Wir wollen heute basteln. Habe ein paar Weihnachtsbäume aus Papier vorbereitet, die wollen noch geschmückt und aufgestellt werden. [...]

<u>*Vom 27. 12.*</u>

[...] hatte einfach keine Zeit mehr zum Schreiben. [...] Weihnachten steckt nun im Geschichtsregal 20... Es war sehr schön. [...]
Leider waren nun Henriette und ihr Freund nicht dabei. [...]
Dann geschah noch das Weihnachtswunder. An Heiligabend ging ich hinaus zum Auto, um das vorbereitete Essen zu holen, da fielen die ersten weißen Flocken vom Himmel. Es wurde richtig knackig kalt da draußen. Himmlisch! Wir machten einen ganz ausgedehnten Spaziergang bei minus sieben Grad Celsius. Ich war hin und weg, und Mo verzaubert. Ja, das mögen wir.
Die Temperatur sank in diesen Tagen bei uns auf minus dreizehn Grad Celsius. Es blieb weiß.
Das Weihnachtswunder! Perfekt!

Leider kam es so, dass Henriette und ihr Freund zur Weihnachtszeit und über den Jahreswechsel positiv auf den Test des globalen Virus waren. Für sie hieß es damit Quarantäne. Genau am 01. 01. sollte die Quarantänezeit für sie beendet sein.

Um ihnen zu helfen und alles leichter zu machen, besorgte ich und sicherlich noch weitere Personen, ihre kleinen Wünsche. Ich backte Kuchen für sie und brachte ihnen unsere Geschenke an Heiligabend in den Hof.

Heiligabend und den Jahreswechsel hatten aus diesem Grund Charlotte und wir gemeinsam geplant, denn keiner wollte diese wirklich allein verbringen.

Aus Rücksicht auf Henriette verschwiegen wir, dass zu Silvester auch bei Charlotte gefeiert wurde. Ohne voneinander zu wissen verschwiegen wir es vor Henriette. Wollten sie nicht verletzen oder ihren Freund verärgern. Dies lag uns fern.

 557

Bei Charlotte, Bela und Julian verbrachten Mo und ich also die letzten Stunden des Jahres. Es war geplant, dass Mo und ich, zum allerersten Mal überhaupt, bei Charlotte schlafen würden. Denn, jeder kennt es, Alkohol, selbst nur in kleinen Mengen, und Autofahren passen nicht zusammen.

Mir ging es wie gewöhnlich nicht gut. Der sich fast nie einstellende Schlaf der gesamten Krankheitszeit, die Kraftlosigkeit, der Alkohol, alles schaffte mich. Wir begrüßten dann um 00:00 Uhr das Jahr. Ich war heilfroh, als Julian gegen 00:30 Uhr heim wollte. Er war fertig vom Tag, ich auch. So trug ich ihn die dreihundert Meter nach Hause und brachte ihn zu Bett. Ich selbst machte mich bettfertig und die anderen trudelten ebenso wieder ein, und alle gingen in die Betten.

Vom 10. 01.

Den Nachmittag und Abend verbrachten wir bei Charlotte.

Trotz Knallerverbot, Ein- und Verkauf, hatten wir uns welche besorgt. Die waren echt schön. Allen hat es gefallen.

Da wir bei Charlotte schlafen wollten, schickten wir sie und Bela zu Bett und wir blieben bei Julian. Vorher machte ich noch das Gröbste sauber. Hatte noch ein bisschen Zeit. Mo war im Bad. Gegen 02:00 Uhr rief Henriette an. Und, was soll ich sagen, das ging gehörig nach hinten los.

Ich war müde wie Sau, habe ja kaum noch geschlafen. Wenn ich viel schlafe, dann meist ca. zwei bis zweieinhalb Stunden. Mehr wird es nicht mehr. Fühlte mich elend und unpässlich. Stand nur noch mit Slip und BH bekleidet im Wohnzimmer. Wollte nur noch ins Bett. Ach ja, ein bisschen Alkohol hatte ich auch getrunken. Nicht viel. War eben nur sehr müde.

Da fragte mich Henriette: „Wo seid ihr?" Ich antwortete: „Liege gleich im Bett zu Hause." Da sprang sie förmlich durchs Telefon. „Du lügst! Ich war gerade bei euch! Dein Auto ist weg! Das steht bei Charlotte!" „Ja", sagte ich. Warum fragst du da erst? Sie beschimpfte mich.

Nun fühlte ich mich nicht nur elend, sondern auch dreckig und beschmutzt. Mein Hirn marterte los. Die Müdigkeit war weg. Lag den

 558

Rest der Nacht wach. Mein Karussell wurde von meinen Gremlins so richtig in Schwung gebracht. Die Tränen liefen etwas. Ich hätte mir meine Augen gern aus dem Kopf geweint.

Gegen 09:30 Uhr kam eine grässliche WhatsApp-Nachricht von Henriette. Ich hätte ihr gesamtes Leben verpfuscht und das ganze Vertrauen zerstört. Und, und, und.

Ich hätte nur eine Lieblingstochter. Sie hätte ich nie geliebt. Nie hätte ich sie bei irgendwas unterstützt. Alle würden nur auf ihr herumtrampeln. Und dass du es weißt, Stella Marie und Liese seht ihr nie wieder. Ich untersage euch den Kontakt.

Ich probierte es noch ein paar Mal mit Entschuldigungen, aber es war zwecklos.

Ich habe die WhatsApp-Nachrichten gelöscht, daher nur noch eine Gedächtnisaufzeichnung. In Wirklichkeit war sie noch heftiger, als ich sie hier jemals darstellen kann. Kurz: Sie war niederschmetternd.

Schaffte es nicht, mit Mo darüber zu sprechen. Beim Verabschieden flüsterte ich Charlotte ins Ohr: „Henriette zickt." Erst am Abend schaffte ich es, Mo davon zu berichten. Dies alles hatte mich veranlasst, einen Brief an Henriette zu schreiben. Leider kommt keine Reaktion. Dabei habe ich mich bei ihr in aller Form mehrfach entschuldigt.

Stella Marie schrieb mir per WhatsApp diese Woche. Nun ist da auch Funkstille.

Alles Scheiße! Ich bin schuld! Warum habe ich das gemacht?

Kennt ihr mich? Was passiert mit mir? Was?

Das neue Jahr fing in seinen ersten wenigen Stunden für mich und für alle anderen unserer Familie schrecklich an und ich war schuld daran!

Damit müssen wir nun alle leben. Für jeden von uns ist dieser Bruch unerträglich.

 559

Ich trage die Verantwortung und fühle mich so klein und schuldig. So belastet und jeder Freude beraubt.

Vom 14. 01.

Henriette meldet sich nicht mehr. Das ärgert mich ungemein. Die Traurigkeit beherrscht mich wieder. Dabei würde ich Henriette so gerne in meine Arme nehmen. Scheiße! Selbst die kleinsten Fehler, die ich mach, sind unverzeihlich. Mir darf sowas nicht passieren. Damit zerstöre ich alles, was mir wichtig ist.

Fehler – Knall – Scherbenhaufen! Grrr ...

Besser ist, ich bleibe für mich. Da kann mir nichts passieren. Vor allem nicht sowas!

Was soll oder kann ich noch tun?

So leben? – Will ich nicht!

Das ertragen? – Kann ich nicht!

Dieses Leben? – Brauch ich nicht!

Vom 18. 01.

Naja, es gibt nichts Neues. Ich puzzle so über den Tag meinen Haushalt dahin. Bin müde wie Sau. Habe kaum Kraft, etwas zu machen. Bleibe daher länger liegen. Ja, das war gestern und heute. Könnte im Stehen schlafen, wenn das ginge.

Mein Kopf fühlt sich matschig an. [...]

Vom 24. 01.

Es kam am Freitag völlig anders. Ich selbst hatte nicht den Eindruck von mir, dass ich mich durch die neue, schwierige und strittige Situation mit Henriette so runterreißen lasse oder mich auf einem Klippensturz befinde. Doch als ich bei Helena eintraf, hatte sie es sofort bemerkt. Die ersten Fragen zielten genau in diese Richtung. Kotz! Dabei wollte ich nichts dazu sagen.

Egal! Es ist der fortwährende Resa-Wahnsinn. Es bleiben, wie es schon immer für mich war, sehr schwer zu ertragende Familienverhältnisse.

Pupsegal! Dafür haben wir Gesprächsstoff und langweilig ist es auch nicht. Jeder Tag ist für eine Überraschung gut!

[...] kann es für mich nicht zulassen, dass ich mir Gutes tue, wenn ich doch weiß, dass ich den Mist verzapft habe. Henriette leidet bestimmt genauso und Stella Marie und Liese haben sicherlich Sehnsucht.

Da schaffe ich es nicht, meine Seele zu streicheln. Zu einem ist es mir unangenehm, mir zuwider und obendrein falsch!

Andererseits löst es in mir nur noch mehr Schuldgefühle aus. – Ach, Menno!

Wut auf mich allein staut sich in mir auf. Sie blockiert mal wieder alles.

Aus meinem Tagebuch sechsundzwanzig
Vom 31. 01.

[...] Heute kommt Krümel Julian zu uns. Er darf, wenn er dann will, auch über die Nacht bleiben.

Charlotte hat Bescheid bekommen. Am Mittwoch, also übermorgen, geht es für Julian und sie zur Reha. – Endlich!

Ich hoffe und wünsche ihnen dafür nur das Beste!

Vom 01. 02.

[...] Nun war Julian von gestern auf heute bei uns. Als ich ihn heute an Charlotte übergab, kam eine liebgemeinte Vorwarnung von ihr. Henriette trifft ein weiters Mal eine riesengroße Lawine los. Sie will sich dabei auf die Ereignisse vor fünf Jahren beziehen. Sie unterstellt uns, Stella Marie und Liese missbraucht zu haben. [...]

Nun
　Folgt
　　Der
　　　Steil
　　　　Abwärts
　　　　　Stürzende
　　　　　　Teil.

　　　Ich
　　　　Will
　　　　　Nicht
　　　　　　Aufgefangen
　　　　　　<u>Werden!</u>
　　　　　　　Chaos, steh mir bei!

<u>Vom 03. 02.</u>

00:21 Uhr. Eins, zwei, drei, Schlaf vorbei.

Seit genau dreißig Minuten liege ich wach. Der Schlaf kommt nicht wieder zurück. Ach, egal! Meine Gremlins schießen kreuz und quer durch meine Hirnwindungen. Geben keine Ruhe. Mich beschäftigt es so sehr. Wir dürfen Stella Marie und Liese nicht sehen, hören oder sprechen. Henriette hat vollkommen dichtgemacht. Ich formuliere in meinem Kopf einen weiteren Brief an sie. Doch macht es überhaupt Sinn? Sie ist in ihre Unterwelt abgedriftet. Lässt nichts mehr zu. Sie ist wie ein zusammengerollter Igel. Nur nicht mit Stacheln, sondern ausgerüstet mit Sprengköpfen. – Nur nicht anstoßen!

Dabei hatte ich in der vergangenen Zeit so viel für sie getan. Habe ihr geholfen, wo es mir möglich war. Zum Beispiel bei der Renovierung der alten Wohnung, um sie übergabebereit zu machen. Sie hat Wäsche von mir bekommen. Viel und gute. Stühle, Bücher, Geld, brauchbare Dinge. Habe für sie Behördenbriefe geschrieben, meist auch das Porto gezahlt. Hatte viel beschafft, als sie ausziehen wollte, was sie dann nicht mehr haben wollte. Habe so manches untergestellt und ihr zurückgegeben. Machte die ersten Termine mit ihrer Psychologin, welche mir Helena empfohlen hatte.

 562

Unterstützte sie in der Quarantänezeit. Besorgte so manche Sachen und Medikamente. Und hatte immer ein offenes Ohr für ihre Probleme.

Oh Mann! Alles zählt nicht! Ein Fehler von mir – alles zerstört! Ich bin die Pest, die keiner will. Ja, der Umgang mit mir muss verboten werden. Eine falsche Klapperschlange. Ein NICHTS auf dieser Welt. Untragbar ...

[...] Was ich gerade gern täte? (15:00 Uhr)

Alle Schimpfworte dieser Welt in die Welt brüllen. Doch mein minimales Repertoire reicht dafür nicht aus. Allenfalls kommt es über SCHEIBE nicht hinaus.

Tja, mit dem Brüllen hätte ich mir dann auch zu viel vorgenommen. Da entfleucht meiner Kehle eher ein Krächzen als ein Brüller. [...]

Am
  Ende
    Des
      Lebens
        Zahlt
          Man
            Den
              Preis
                Dafür!

Ich werde alle Kontakte einstellen. Keiner soll mehr wegen mir leiden.

Meine Erkenntnis: Ich mache keine Fehler – ICH BIN DER FEHLER.

Hat mal wer einen Korrekturstift?

Vom 05. 02.

[...] Zum Kaffee waren wir, nach eineinhalb Jahren, mal wieder bei Wölfchen.

Sie hat in der Zwischenzeit einen neuen Lebenspartner und sie sind zusammengezogen.

[...], das ließ ihren neuen Partner hellhörig werden. Ohne Umschweife fragte er, ob ich Suizidgedanken habe. – Klar, immer und ständig. Sie gehen schon sehr lange nicht mehr weg.

Er fragte weiter, wie ich meinen Körper fühle und ob ich mit ihm klarkäme. – Nein [...]

 563

Frage – Frage – Frage. Alle saßen genau dort, wo auch meine für mich richtigen Antworten waren.

Ganz zum Schluss – Frage (Feststellung): Du kannst dich nicht einfach aus deinem Leben nehmen. – Ich bekomme es nicht richtig zusammen. Mist!

Doch er schob den Fokus nur auf mich. Ließ alle dieser Welt weit weg. Stellte nicht sich oder andere davor, dass ich wegen ihnen es nicht machen könne: NUR WEGEN MIR NICHT.

Er kam nicht mit Verständnis. Er hat verstanden.

Er kam nicht mit meinem schlechten Gewissen. Er kam mit Wissen.

Er kam nicht mit Traurigkeit und Resignation. Er schob mir Kraft zu.

Mit ihm hatte ich einen Gesprächspartner auf meiner Augenhöhe. Er, Mischka, tat in meinen leeren Katalysator eine Chemie, die etwas in Gang setzte.

[...] So, nun noch ein paar Erinnermichs zu Henriette:

Ich lasse nicht mehr zu, dass sie oder jemand anderes so auf uns herumtrampelt!

Keiner hat das Recht, so verletzend zu sein!

Ich hatte gar keine Chance, wurde in die Falle gelockt!

Es hat nichts mit ihrem Papa zu tun!

Wollte sie nicht traurig machen, weil sie ja schon Weihnachten nicht dabei waren.

Damit hat sie mir gigantische Schmerzen zugefügt.

Habe ständig schützend meine Hand über sie und ihren Freund gehalten. Unverständnis, sie will mit mir nicht reden und gibt Papa die Schuld.

NEIN, ICH LASSE ES NICHT ZU!

ICH WERDE UM STELLA MARIE UND LIESE KÄMPFEN!

ICH KÄMPFE AUCH UM SIE! [...]

Vom 07. 02.

11:42 Uhr. Belas Mutter ist bei mir und berichtet soeben: Letzte Woche Montag stieg Stella Marie aus dem Bus und weinte. Sie sagte: „Oma, ich habe heute kein Essen bekommen."

Henriette hatte es nicht bestellt, da andere Dinge wichtiger waren ...

 564

Vom 10. 02.

[...] In einer meiner vielen Therapiestunden wurde ich gefragt bzw. aufgefordert, meinen Mann zu beschreiben. Jedoch nicht sein Äußeres. Damals hatte ich keine Worte dafür. War viel zu weit, zu viel und zu oft mit Medikamenten abgedriftet und abgeschossen worden. Mein Hirn war regelrecht blockiert.

So, heute finde ich bestimmt mal ein paar Worte. Er ist:

- Warmherzig,
- liebevoll,
- stets lustig und tanzt auf Sonnenstrahlen,
- leider kein empathischer Mensch,
- er ist der Mensch, der Regeln korrekt einhält (gerade in einer Parklücke steht, nie zu schnell fährt, ausgeschilderte Hinweise und Verbote einhält, ...),
- kann Ungerechtigkeiten und Gewalt nicht ausstehen,
- hilft gerne, aber nur auf Bitten,
- ist nicht zuvorkommend,
- manchmal zornig, wenn was nicht klappt, was er tut,
- wenn ihm was nicht passt, sagt er es frei heraus,
- hat einen starken Geduldsfaden,
- hält mich in all den trüben Jahren fest – auch wenn er die Erkrankung nicht versteht.

Als nächstes wurde gefragt, was ich an ihm nicht mag.

- Seinen Dialekt und die daraus resultierende falsche Aussprache,
- verwendet falsche Worte (in meinen Augen),
- wechselt begonnene Themen sprunghaft,
- bleibt nicht beim Thema,
- lässt sich mitunter Ansichten und Auffassungen anderer unterjubeln.

Vom 16. 02.

[...] (zu Henriette) – Wir sind diesem Ganzen vollkommen hilflos ausgesetzt. Können uns nicht dagegen wehren. Sie darf sowas ungestraft behaupten. Sie ist erwachsen und es ist ihre freie Entscheidung.
Wir (Mo und ich) haben gemeinsam beschlossen:

* Wir geben ihr keinen Raum mehr in unserem Leben.
* Wir halten unsere Türen vor ihr fest verschlossen.
* DAFÜR GIBT ES KEINE ENTSCHULDIGUNG!

Vom 09. 03.

Tada! Überraschung. Charlotte und Julian sind wieder da. [...]

Vom 20. 03.

Ja, die Helena-Zeit am Freitag war wieder einmal gut. Sie beschrieb mir eine imaginäre Übung, sodass ich mich vielleicht mal wieder leiden kann. Aber dazu mehr, wenn ich meine Erfahrungen gemacht habe. [...]
Besuch von Wölfchen und Mischka. Allerdings ging es wieder um mich. Gern würden sie es wieder ändern und mein ICH hervorholen. Genau da setzt Mischka an. Augenkontakt ist ihm sehr wichtig. Ja, manchmal schaffe ich es, aber nur kurz. Auch habe ich eine Übung zu erfahren bekommen. Mich im Spiegel ansehen und sagen: „Ich bin wichtig." Puh! Das ist echt hart.

Vom 04. 04.

Helena-Time. Dieses Mal konnte ich ihr berichten, dass es mir gut geht. Da lag echte Skepsis in ihrem Gesicht und sie fragt noch zwei-, dreimal, ob dies auch stimmte. Sie war sehr ungläubig. Und ja, ich kann es nachvollziehen. Viel zu selten kam dies in den vergangenen dreizehn Jahren vor.

Es war ihr noch immer unklar, warum es, seit Mischka in mein Leben kam, sich so wendete. Was hat er anders gemacht als alle anderen?

Ja, ich erklärte ihr, dass Mischka mich nicht einmal in unseren Gesprächen wegen meiner negativen Gedanken in die Enge getrieben hat. Nein, er gab mir stetig das Gefühl, frei darüber denken, reden und entscheiden zu können. Obwohl ich eine Scheiß-Angst hatte, darüber mit ihm zu sprechen.

Doch er legte den Fokus nur auf mich. Räumte alle anderen Menschen einfach weg. – NUR DU BIST WICHTIG!

Tja, ich berichtete noch weiter, dass ich glaube, das dies das gemeinsame Zusammenspiel aller Faktoren ist, da wären:

Helena + Mischka + Buch + Frau Dr. Traudich = Es geht mir gut!

- Helena gibt mir die Sicherheit, nicht wieder eingesperrt zu werden.
- Mischka gibt mir die Kraft und Freiheit, so denken und leben zu können, wie ich will.
- Dieses Buch lässt die hässliche Vergangenheit hinter mir und schließt die Wunden wieder.
- Frau Dr. Traudich bringt mir endlich Vertrauen entgegen und akzeptiert meine Entscheidungen.

= Diese Mixtur ist heilend bzw. verbessert alles.

Helena meinte, sie habe dadurch auch etwas begriffen und gelernt. [...] Mo stützt und hält mich in diesem Leben.

So, gestern Abend hat sich Dalia gemeldet. Nicht so wie sonst. Denn sie fragte sofort, ob ich mit ihr mal zehn Tage Urlaub machen wolle. Sie schickte auch gleich einen Link mit, was sie dafür geplant hat.

Ich fiel aus allen Wolken. Total irre, die Maus! Noch immer traue ich mich nicht, daran zu denken. [...] Diese Aufregung hat mich um den gesamten Nachtschlaf gebracht.

Eine Kreuzfahrt. Noch dazu im Herbst oder Winter. Himmel!

Ein irrer Traum!

Was soll ich nun tun? Da habe ich Beklemmungen, mit Mo darüber zu sprechen, denn er wird absolut traurig und enttäuscht sein, weil er nicht mitkommen kann.

Oh Mann! Was nun?

Wie soll ich mich denn bloß entscheiden?

Wie?

Daheim weiterhin warten, dass alles in mir besser wird?

Dieses einmalige Angebot aus Scheu und Zweifel ablehnen?

Meiner unstillbaren Todessehnsucht freien Lauf lassen?

Meinem Jugendtraum endlich mal Raum geben?

Die jüngsten Ereignisse schlicht beiseiteschieben?

Meine immens große Verlustangst aushalten und durchstehen?

Endlich neue Erinnerungen schaffen?

Wie?

Hier ist Mo.

Wie wird sich Resa nun entscheiden?

Wer kennt Resa wirklich?

Der Verlag

> *Wer aufhört*
> *besser zu werden,*
> *hat aufgehört*
> *gut zu sein!*

Basierend auf diesem Motto ist es dem novum Verlag ein Anliegen, neue Manuskripte aufzuspüren, zu veröffentlichen und deren Autoren langfristig zu fördern. Mittlerweile gilt der 1997 gegründete und mehrfach prämierte Verlag als Spezialist für Neuautoren in Deutschland, Österreich und der Schweiz.

Für jedes neue Manuskript wird innerhalb weniger Wochen eine kostenfreie, unverbindliche Lektorats-Prüfung erstellt.

Weitere Informationen zum Verlag und seinen Büchern finden Sie im Internet unter:

w w w . n o v u m v e r l a g . c o m